Gunhild v. d. Recke · Annette Wolter
Unser Backbuch No. 1

Gunhild v. d. Recke · Annette Wolter

Unser Backbuch No.1

Das GU-Backbuch
für junge Leute

Unkompliziert · zuverlässig
vielseitig · international

GU
Gräfe und Unzer

Die Farbfotos auf der Einband-Vorderseite zeigen von oben nach unten einen Pfirsichkuchen, Rezept Seite 48; Brioches, Rezept Seite 438 und eine Schwarzwälder Kirschtorte, Rezept Seite 116.
Die Farbfotos auf der Einband-Rückseite zeigen von oben nach unten ein Grahambrot, Rezept Seite 425; eine Auswahl von köstlichen Plätzchen, Rezepte Seite 248 bis 291 und eine Offenburger Zwiebeltorte, Rezept Seite 395.

Die Farbfotos gestaltete das Foto-Studio Teubner, ergänzt durch Aufnahmen von Susi und Pete A. Eising (Seiten 113, 158, 281, 325, 326, 387, 414), C. P. Fischer (Seiten 69, 88, 176, 282, 388), Union Deutsche Lebensmittelwerke (Seiten 44 und 132) und Langnese-Iglo GmbH (Seite 238).

CIP-Kurztitelaufnahme der Deutschen Bibliothek

Recke, Gunhild von der:

Unser Backbuch N[umer]o 1: d. GU Backbuch für junge Leute; unkompliziert, zuverlässig, vielseitig, international / Gunhild v. d. Recke; Annette Wolter. – 3. Aufl. – München: Gräfe und Unzer, 1990.
ISBN 3-7742-4625-4
NE: Wolter, Annette:

3. Auflage 1990
© Gräfe und Unzer GmbH, München
Alle Rechte vorbehalten. Nachdruck, auch auszugsweise, sowie Verbreitung durch Film, Funk und Fernsehen, durch fotomechanische Wiedergabe, Tonträger und Datenverarbeitungssysteme jeglicher Art nur mit schriftlicher Genehmigung des Verlages.

Redaktion: Nina Andres
Herstellung: Robert Gigler
Zeichnungen: Gerlind Bruhn
Einbandgestaltung: Heinz Kraxenberger
Satz: Georg Appl
Reproduktionen: SKU Reproduktionen GmbH
Druck und Bindung: Richterdruck

ISBN 3-7742-4625-4

Gunhild von der Recke

hat Publizistik und Theaterwissenschaft studiert und nach dem Besuch einer bekannten Münchener Schauspielschule lange Jahre erfolgreich auf der Bühne gestanden.
Nach der Geburt ihres Sohnes verlagerte sie ihr künstlerisches Können mit großem Engagement ins Küchengeschehen. Mit ihren Erfahrungen, die sie in vielen Jahren in In- und Ausland gemacht hatte, verwöhnte sie ihre Familie und viele Gäste mit immer neuen Gerichten.
Daß sie eine richtige Entscheidung traf, als sie ihr großes Hobby zum Beruf machte, beweist die Prämierung ihres ersten Buches mit einer Medaille der Gastronomischen Akademie Deutschlands sowie der große Erfolg in etlichen Fernsehauftritten, die ihre Ideen einem breiten Publikum zugänglich machten.

Annette Wolter

gehört zu den führenden Kochbuch-Autoren im deutschen Sprachraum. Seit zwei Jahrzehnten sind Kochen und Haushalt ihr Ressort. Annette Wolter begann als Mitarbeiterin großer Frauenzeitschriften. Heute ist sie anerkannte Expertin im Bereich Küche und Keller, Verfasserin erfolgreicher Kochbücher und mehrfache Preisträgerin der Gastronomischen Akademie Deutschlands.

Bei jedem Rezept finden Sie die Angabe Joule und Kalorien. Dies ist die umgangssprachliche Bezeichnung für Kilojoule und Kilokalorien.

Sie finden in diesem Buch

Ein Wort zuvor 6

Was backe ich, wenn ... 7

... Freunde zum Kaffeeklatsch kommen 7
... zur Teerunde geladen wird 7
... es besonderen Grund zum Feiern gibt 8
... viele Gäste kommen 8
... Wein oder Bier ausgeschenkt wird 9
... es schnell gehen soll 9
... es mit Vollkornmehl sein soll 10
... Ebbe in der Kasse ist 10
... Silvester, Fasching oder
      Karneval gefeiert wird 11
... der Osterhase kommt 11
... es weihnachtet 11

Genau erklärt von A bis Z 12

Unsere schönsten Rezepte 41

Saftige Obstkuchen 42

Große Torten, feine Törtchen 76

Unsere schönsten Kuchen 137

Stollen, Striezel und Stuten 181

Beliebtes Kleingebäck 205

Plätzchen mit Tradition 248

Kücherl, Krapfen und Karnevalsgebäck 292

Süße und herzhafte Strudel 309

Süßes Backwerk aus Vollkornmehl 323

Pasteten, Pizzen und Piroggen 345

Herzhaftes Kleingebäck 400

Brot, Brötchen und Brezen 424

Rezept- und Sachregister 446

Ein Wort zuvor

Zum Kochbuch No. 1, das seit Jahren das Lieblingskochbuch von über hunderttausend Kochbegeisterten ist, hat sich das Backbuch No. 1 gesellt. Wie sein bewährter »Zwilling« wendet es sich vor allem an junge Leute, die ohne viel Theorie und ohne Umschweife mit der Praxis beginnen möchten und kein Risiko eingehen wollen. Mit diesem Buch können sie Kuchen, Torten, Brot und Plätzchen backen, die sofort gelingen und hervorragend schmecken.

Aus 600 Rezepten, nach dem »Schritt-für-Schritt-System« geschrieben, können Sie wählen, ob Sie mit einer Torte von großer Tradition glänzen wollen, mit verführerischen Plätzchen, mit Süßem aus Vollkorn, mit Spezialitäten aus den Bereichen Pizzen und Pasteten oder mit selbstgebackenem Brot. Selbstverständlich finden Sie auch Rezepte für Stollen und Stuten oder für feine Obstkuchen, für Butter-, Marmor- und Sandkuchen, für Kücherl und Krapfen. Sie können Strudel mit süßer und herzhafter Füllung backen, außerdem Waffeln, herzhafte Teilchen, eine ganze Palette von Calzoni, Fladen und Piroggen sowie Kuchen oder Torten mit Fleisch, Fisch und Gemüse.

Wenn Sie ein bestimmtes Backwerk suchen, so finden Sie das Rezept schnell über das Register. Anregungen für geeignetes Gebäck für bestimmte Anlässe finden Sie in der Rubrik »Was backe ich, wenn . . .«. Sind Sie dennoch unschlüssig, was Sie wählen sollten, dann lassen Sie sich durch die vielen brillanten Farbbilder dieses Buches inspirieren. Die Schritt-für-Schritt-Abbildungen von etwas schwieriger zuzubereitenden Backwerken machen zugleich Mut! Denn es ist einfach, nach den Rezepten dieses Buches zu arbeiten, wenn Sie Punkt für Punkt vorgehen.

Für ganz Ungeübte haben wir am Ende vieler Arbeitsvorgänge, die wir beschrieben haben, aber auch bei besonderen Zutaten oder Geräten ein Sternchen * gesetzt. Das heißt, daß Sie im Kapitel »Genau erklärt von A–Z« unter dem zutreffenden Stichwort eine ausführliche Beschreibung dazu finden, oft durch informative Zeichnungen unterstützt. Zudem signalisieren die Hinweise über den Rezepten sofort, ob Sie sich ein einfaches, ein preiswertes, ein nicht ganz einfaches, ein etwas teureres oder ein zeitaufwendiges Rezept ausgesucht haben. Die Angaben über Joule/Kalorien sind Ernährungsbewußten sicher willkommen. In den vielen Tips unter den Rezepten finden Sie Variationsmöglichkeiten, Serviervorschläge oder Hinweise über das Aufbewahren und Einfrieren von Gebäck.

Bei der Auswahl der Rezepte hat Gunhild von der Recke vor allem auch die Erwartungen berücksichtigt, die an ein modernes Backbuch hinsichtlich der Vielseitigkeit und dem Wunsch nach Vollständigkeit gestellt werden. Unter den Rezepten, die sie in vielen Jahren gesammelt und oft erprobt hat, finden Sie bekannte und berühmte Spezialitäten aus unseren Regionen sowie zahlreiche Besonderheiten, die die Autorin auf ihren vielen kulinarischen Entdeckungsreisen kennengelernt hat. Viele traditionelle Rezepte wurden aus alten Kochbüchern übernommen und modernen Techniken angepaßt und beliebte Rezepte aus dem Bereich der Berufsbäcker für die Heimbäckerei »backbar« aufbereitet.

Annette Wolter hat sich des praktischen Kapitels »Genau erklärt von A bis Z« angenommen, hat die Kalorien errechnet und als Lektorin mitgearbeitet.

Wir wünschen Ihnen ebensoviel Freude am Backbuch No. 1 wie wir am Planen und Schreiben hatten. Viel Spaß und Erfolg beim Backen, beim Probieren und Genießen!

Gunhild von der Recke und Annette Wolter

Was backe ich, wenn...

Zum Backen gibt es immer einen Grund. Gerade die junge Generation beiderlei Geschlechts hat ihren Spaß an Selbstgebackenem entdeckt und werkelt guten Mutes in der Küche, um Freunde mit würzigem Brot, süßem Gebäck oder herzhaften Kuchen zu überraschen. Wenn Sie noch unschlüssig sind, was Sie für eine bestimmte Gelegenheit backen wollen, dann schauen Sie sich folgende Rezeptübersicht an. Sie ist nach Anlässen gegliedert und will Ihnen helfen, schnell das Passende zu finden. Was auch immer Sie auswählen, wir wünschen gutes Gelingen und guten Appetit.

...Freunde zum Kaffeeklatsch kommen

Apfelkuchen mit Calvados 42
Bolzaner Zwetschgenkuchen 50
Sauerkirschenkuchen 51
Stachelbeerkuchen 53
Johannisbeerkuchen mit
    Eierguß 55
Mirabellenkuchen 58
Gedeckter Apfelkuchen 60
Normannischer Apfelkuchen 63
Bunter Obstkuchen 72
Polnische Torte 77
Gunhildatorte 81
Schokoladentorte 82
Schwarze Torte 89
Tessiner Brottorte 91
Gelbe-Rüben-Torte 92

Orangentorte 94
Linzer Torte 95
Cremetorte mit Johannis-
    beeren 100
Brombeertorte 107
Kirsch-Gittertorte 109
Erdbeertorte mit doppeltem
    Boden 111
Flockentorte 115
Zigeunertorte 117
Traubentörtchen 129
Schwäbischer Guglhupf 146
Berliner Napfkuchen 146
Kaffeeklatschkuchen 147
Marmorkuchen 151
Gesundheitskuchen 151
Rehrücken 156
Amerikanischer Kranzkuchen
    159
Budapester Schokoladenkuchen
    164
Marzipankuchen 167
Rosenkuchen 168
Berliner Käsekuchen 173
Moosbrot 174
Sahnewindbeutel 226
Brandenburger Törtchen 228
Erdbeermeringen 230
Mohrenköpfe 231
Petit fours 233
Ischler Plätzchen 265
Ausgezogene Nudeln 292
Hollerkücherl 302
Bayerische Schneeballen 304
Wiener Apfelstrudel 311
Feiner Kirschstrudel 312
Türkenstrudel 314
Mohnstrudel 315
Brioches 438
Niederrheinische Stütchen 439
Hetwichs aus Holstein 439

...zur Tee-Runde geladen wird

Bretonischer Apfelkuchen 45
Nektarinenfladen 57
Feiner Aprikosenkuchen 59
Versunkener Apfelkuchen 60
Brauner Kirschkuchen 63
Feiner Zwetschgenkuchen 74
Baumkuchentorte 77
Berner Nußtorte 78
Französische Walnußtorte 80
Schokoladentorte mit Rotwein
    84
Punschtorte 85
Spanische Vanilletorte 89
Möhrentorte 91
Kastanientorte 92
Zitronentorte 93
Gestürzte Stachelbeertorte 99
Weintraubentorte 103
Mandelcremetorte mit
    Aprikosen 103
Johannisbeertorte 104
Kiwitorte 110
Grammeltorte 122
Fruchtige Reistorte 125
Erdbeer-Torteletts 127
Himbeertörtchen 128
Kirschtörtchen 129
Reistorte aus Havanna 133
Margaretenkuchen 141
Rotweinkuchen 153
Fruchtiger Zitronenkuchen 154
Whiskykranz 156
Feiner Sandkuchen 161
Kissinger Nußkuchen 163
Königskuchen 164
Früchtekuchen 165
Ingwerkuchen 165
Madeirakuchen 166

Klassischer englischer Kuchen 167
Mailänder Aprikosentorte 179
Gefüllter Teekranz 200
Hefenschlick 206
Zitronenroulade 221
Eclairs 227
Florentiner Rollen 230
Madeleines 232
Gewürzmuffins 236
Shortbreadfingers 248
Schwäbische Eßle 252
Krachkuchen 264
Pariser Cognacplätzchen 266
Heidesand 267
Florentiner 290
Teeknoten 301
Scones 440
Käsescones 441

...es besonderen Grund zum Feiern gibt

Ländlicher Festtagskuchen 51
Haselnußtorte 79
Engadiner Walnußtorte 79
Kaiserhoftorte 81
Crostata di ricotta 82
Giraffentorte 83
Aidatorte 86
Frankfurter Kranz 96
Birnen-Biskuittorte 97
Biskuittorte mit Beerensahne 98
Pariser Apfeltorte 99
Cremetorte mit Johannis-
   beeren 100
Feine Birnenpie 106
Erdbeertorte à la Café Kranzler 106
Tarte tatin 111

Schwarzwälder Kirschtorte 116
Weincremetorte 117
Buttercremetorte 118
Moccacremering 120
Doboschtorte 120
Zuppa romana 122
Cassata-Torte 123
Zuger Kirschtorte 125
Cranberrytorte 134
Ostfriesischer Küsterkuchen 144
Tiroler Festtagskuchen 148
Savarin 148
Eischwerkuchen 160
Simnelkuchen 169
Festlicher Honigkuchen 171
Schweizer Festtagskuchen 178
Punschkuchen aus der
   Kolonialzeit 180
Gefüllter Hefefladen 197
Ladiner Festkuchen 200
Profiteroles 229
Walnußstanitzel 259
Finnische Fischpastete 346
Schweinefleischpastete 349
Artischockenpastete 351
Pizza con tutto 354
Pizza quattro stagioni 355
Prager Schinken im Teig 372
Quiche lorraine 376
Portugiesischer Fleischkuchen 379
Krabbentorte 392
Herrentorte 394
Zwiebeltorte 396
Bunte Minipizzen mit Fisch 405
Tatar-Taschen 405
Wildpastetchen 407
Käsewindbeutelchen 412
Roquefort-Torteletts 415

...viele Gäste kommen

Burgenländer Apfelkuchen 42
Apfelwähe 45
Sepps Apfelkuchen 47
Zwetschgendatschi 49
Aprikosenkuchen vom Land 48
Rhabarberkuchen 52
Zitronenkuchen vom Blech 53
Drei-Beeren-Kuchen 56
Streuselkuchen 137
Butterkuchen 137
Dresdner Eierschecke 138
Bienenstich 139
Sächsischer Klackskuchen 142
Böhmischer Kleckerkuchen 143
Landfrauenkuchen 145
Graubündener Rahmkuchen 177
Mohnstriezel 190
Lienzer Zopfstriezel 192
Safranzopf 193
Niederrheinischer Honigkuchen 203
Hefeschnecken 205
Windmühlen 211
Hahnenkämme 212
Vanillecremetaschen 213
Dänischer Honigkuchen 247
Nußzwieback 260
Urgroßmutters Mandelschnitten 271
Milaneser Pangani 272
Hamburger braune Kuchen 286
Gewürzschnitten 289
Tiroler Topfenstrudel 309
Schweinefleischpastete vom
   Blech 350
Pizza ferragosto 353
Fleischwurstpizza 357
Anchovispizza 359
Thunfischpizza 361

Was backe ich, wenn…

Patchwork-Pizza 362
Zwiebelpizza 363
Calzoni rustico 366
Calzoni nach Bauernart 367
Leningrader Piroggenring 368
Lauchfladen nach Bauernart 373
Schweizer Käsekuchen 374
Elsässer Lauchkuchen vom Blech 384
Badener Zwiebelkuchen 390
Würzige Fleischtorte 393
Piroschki 400
Kurländer Speckkuchen 406
Brasilianische Empanadas 408
Spinattaschen 409
Französisches Käsegebäck 412
Chesterstangen 416
Griebenplätzchen 422
Rissoli italiani 422
Schwedenbrote 443

…Wein oder Bier ausgeschenkt wird

Speckwaffeln 302
Käsekrapfen 308
Fritierte Käsebällchen 308
Fleischstrudel 317
Utrechter Käsestrudel 317
Sauerkrautstrudel 318
Niederösterreichischer Krautstrudel 319
Fränkischer Pilzstrudel 320
Armenische Fladen 337
Südfranzösischer Walnußkuchen 345
Normannische Fischtorte 347
Kapostoi 348
Hackfleischpizza 358

Räucherfischpizza 359
Pizza mit Meeresfrüchten 360
Zwiebelpizza 363
Calzoni con funghi 364
Calzoni alla Campofranco 364
Calzoni aus Apulien 366
Gefüllter Blätterteig auf ungarische Art 371
Bauern-Wähe 375
Räucherfischkuchen 377
Hackfleischkuchen 378
Gemüsekuchen aus Marseille 379
Selleriekuchen aus Ligurien 380
Auberginentorte 381
Gemüsekuchen aus Umbrien 382
Sojabohnenkuchen 383
Lauchkuchen nach Schwyzer Art 384
Kartoffelkuchen aus der Emilia 386
Tomatenkuchen mit Kräutern 389
Pilzkuchen mit Schinken 389
Pissaladière 391
Hackfleischtorte 392
Offenburger Zwiebeltorte 395
Tomatentorte 397
Broccolitorte 398
Piroschki altrussische Art 400
Piroschki mit Bratwurstfülle 401
Fischpiroschki 402
Krimpiroschki 403
Anchovistaschen mit Knoblauch 403
Fischrissolen 404
Käsebiskuits 410
Käsepastetchen 411
Käsehörnchen 411
Käsetörtchen 415
Tantchens Käsestangen 419

Käseknusperchen 419
Debrecziner Hörnchen 420
Sardellenschnecken 421
Schinkenrissolen 423
Bulgarisches Käsebrot 433
Speckfladen 434
Zwiebelbrötchen 443
Riemische Weckerl 444
Münchner Laugenbrezen 445

…es schnell gehen soll

Zitronenkuchen vom Blech 53
Frischer Erdbeerkuchen 71
Ananastorte 109
Wiener Orangentorte 115
Bienenstich mit Honig 139
Mohrchen im Hemd 153
Kartoffelkipferl 214
Biskuitomeletts 218
Biskuitrolle 221
Sahneroulade mit Beeren 222
Apfelbeutel mit Rosinen 225
Bananen in Blätterteig 243
Prasselteilchen 244
Elizatörtchen 246
Zuckrige Schuhsohlen 249
Amaretti 250
Brauner Hausfreund 261
Schottische Haferplätzchen 273
Löffelbiskuits 277
Schneebälle 301
Apfelkücherl 302
Salbeimäuschen 306
Schwedische Knusperwaffeln 306
Pariser Waffeln 307
Walliser Käsepastetchen 345
Pizza alla casalinga 365
Spinatkuchen 386

Tomatenkuchen mit Kräutern 389
Krim-Piroschki 403
Pinneberger Röllchen 404
Käsestangen 417

...es mit Vollkornmehl sein soll

Haferfrüchtebrot 199
Haferflockenhäufchen 273
Vollkörniger Streuselkuchen 323
Rhabarberstrudel 323
Vollkornkuchen mit Schwips 324
Mohnschneckenkuchen 327
Lüneburger Buchweizentorte 328
Schweizer Rüblitorte 328
Mandelhonigkuchen 330
Vollkorn-Honigkuchen mit Walnüssen 330
Reformierter Käsekuchen 331
Schwäbisches Schnitzbrot 332
Belgrader Brot 333
Mürbe Seelen 334
Aniszwieback 334
Ahornsiruphörnchen 335
Vollkornpfefferkuchen 335
Gewürzherzchen 336
Hafermehlkekse 337
Sesamschnitten 338
Sesam-Moppen 338
Hirse-Leckerli 340
Kernbeißer 340
Gesundheitsplätzchen 341
Plätzchen nach Linzer Art 341
Schrotmakronen 342
Sonnenblumenbrot 424
Schweizer Bauernbrot 425

Schinkenbrot 426
Einfaches Schwarzbrot 428

...Ebbe in der Kasse ist

Bretonischer Apfelkuchen 45
Aprikosenkuchen vom Land 48
Pfirsichkuchen 48
Heidelbeerkuchen 54
Ribiselkuchen 55
Johannisbeerkuchen 57
Aprikosenkuchen 59
Apfelquarkkuchen 61
Straßburger Apfelkuchen 62
Englischer Apfelkuchen 62
Französischer Birnenkuchen 64
Schwedischer Apfelkuchen 65
Kirsch-Quarkkuchen 66
Schlupfkuchen mit Kirschen 67
Kirschfladen 68
Zürcher Kirschkuchen 71
Pflaumenmuskuchen 73
Zwetschgenkuchen mit Biskuit-guß 74
Nußtorte mit Quark 76
Kartoffeltorte 90
Rhabarbertorte 105
Haferflockentorte mit Äpfeln 112
Bitburger Reistörtchen 130
Falsche Mandeltorte 134
Udineser Polentatorte 135
Thüringer Kartoffelkuchen 144
Ofenkater 160
Barbarakuchen 162
Kastenpickert 167
Kubanischer Rumkuchen 170
Pumpernickelkuchen 170
Rosinenstuten 194
Quarkstuten 194

Mozartzopf 195
Gewürzkuchen aus Holland 204
Äpfel im Schlafrock 226
Amerikaner 235
Tag- und Nacht-Stangerl 239
Apfeltaschen 244
Cremeschnitten 245
Schweinsöhrchen 250
Münchner Mürbchen 267
Amerikanische Ingwerschnitten 283
Berliner Brot 284
Hefewaffeln 303
Buttermilchwaffeln 305
Kartoffelbrot 332
Pizza Margherita 352
Pizza bavarese 356
Fleischwurstpizza 357
Anchovispizza 359
Zwiebelfladen 373
Selleriekuchen aus Ligurien 380
Niedersächsischer Kartoffel-kuchen 385
Kartoffelkuchen aus der Emilia 386
Zwiebeltorte 396
Englische Lauchtorte 397
Karottentorte 399
Langos 418
Jiddische Zwiebelplätzchen 420
Blitzbrot 424
Grahambrot 425
Hafer-Kräuterbrot 427
Maisbrot 428
Vinschgauer Fladen 436
Baguettes 437
Berliner Schusterjungen 440

Was backe ich, wenn...

...Silvester, Fasching oder Karneval gefeiert wird

Berliner Pfannkuchen 292
Rosinenkrapfen aus Amsterdam 293
Schürzkuchen 294
Quarkkrapfen 295
Doughnuts 295
Karnevalsmuzen 296
Rheinische Muzemandeln 296
Schmalzzöpfli 297
Polsterzipfel aus Bassano 298
Quarkballbäuschen 298
Schneebälle 301
Eberswalder Spritzkuchen 305
Speckwaffeln 307

...der Osterhase kommt

Burgenländer Ostertorte 76
Quarktorte aus Siebenbürgen 96
Rhabarbertorte mit Baiser 101
Schweizer Zimtpitte 140
Baba au Rhum 149
Bremer Wickelkuchen 150
Genter Schokoladenkranz 159
Griechischer Osterkranz 186
Colomba pasquale 187
Trentiner Osterpinza 188
Bremer Klöben 188
Leipziger Osterfladen 189
Osterküchlein 234
Pikanter Käsekuchen 382
Florentiner Ostertorte 394
Salziger Osterfladen 436
Hot Buns 442

...es weihnachtet

Englischer Dreikönigskuchen 154
Irischer Fruchtkuchen 155
Irischer Weihnachtskuchen 171
Festlicher Honigkuchen 171
Christstollen 181
Pistazienstollen 182
Quarkstollen 183
Panettone 183
Nikolausbrot 184
St.-Martin-Brot 185
Adventskuchen 185
Marzipanstriezel 190
Stockholmer Kardamomstriezel 191
Früchtebrot 198
Tiroler Kletzenbrot 198
Weckpuppen 205
Plumcakeschnitten 218
Bûche de Noël 224
Mailänderli 249
Feines Buttergebäck 251
Vanillekipferl 258
Zedernbrot 262
Fingerkolatschen 263
Brunsli 265
Pfaffenhütchen 268
Totenbeinli 270
Rosinenhöckerli 271
Haselnußmakronen 274
Mandelmakronen 275
Hägenmakronen 275
Schweizer Chräbeli 276
Schokoladenstangen 277
Anisplätzchen 278
Zimtsterne 278
Schokoladenmuscheln 279
Springerle 279
Spitzkuchen 280
Spekulatius 284

Aachener Printen 285
Basler Leckerli 286
Pfefferkuchen 287
Honigkuchen vom Blech 288
Gewürzschnitten 289
Nürnberger Lebkuchen 289
Elisenlebkuchen 290
Großmamas fruchtiger Lebkuchen 291

Genau erklärt von A bis Z

Auf den folgenden Seiten finden Sie von A bis Z backtechnische Begriffe erklärt, die in den Rezepten dieses Buches wiederholt vorkommen. Ungeübte profitieren vielleicht gerne von diesen zusätzlichen Erklärungen, während Geübte beim Lesen der Texte die Sternchen übersehen dürfen, die jeweils auf einen Vorgang, eine Zutat, ein Gerät oder auf einen Tip verweisen, auf den wir in den folgenden Ausführungen näher eingehen. Die * im Text stehen immer am Ende eines Begriffes, also bei »den Teig gehen lassen*«, hinter lassen, bei »Eiweiß zu Schnee schlagen*«, hinter schlagen, wenn es sich nicht um einen Ein-wort-Begriff handelt. Außerdem werden spezielle Zutaten erklärt, Wichtiges zu den einzelnen Grundteigarten sowie Herdtypen, Herdtemperaturen, Einschubhöhen und Backformen.

Abgießen: Koch- oder Einweichwasser so abgießen, daß das behandelte Gut weiterverarbeitet werden kann; Teigwaren, Reis, Rosinen oder dergleichen schüttet man in ein Sieb und läßt es abtropfen. Kartoffeln, Rote Bete oder Eier nach dem Kochen abgießen, indem der Deckel einen Spalt breit geöffnet über dem Topf liegt, mit einem Tuch festgehalten wird und der Topf gekippt wird; dabei steigt heißer Dampf auf, deshalb Vorsicht.

Abkühlen lassen: – auch auskühlen lassen – Gebäck stets 5–10 Minuten je nach Größe in der Form oder auf dem Backblech abkühlen lassen, ehe man es auf ein Kuchengitter gibt. Denn beim Abkühlen in der Form wird das Gebäck etwas fester und zerbricht nicht so leicht beim Stürzen oder Transportieren auf das Kuchengitter. Kleingebäck gleich nach dem Backen mit einem breiten Spatel vom Blech heben und auf ein Kuchengitter legen. Bleibt Gebäck zu lange in der Form oder auf dem Blech, besteht die Gefahr, daß es beim Erkalten Metallgeschmack annimmt. Das Kuchengitter ist wichtig, weil darauf die Hitze nach unten entweichen kann und der Boden des Kuchens nicht feucht wird.

Abschmecken: Die Würze einer fertigen Speise gegebenenfalls nach dem persönlichen Geschmack intensivieren. Zum Abschmecken einer Speise werden stets die Gewürze verwendet, die bereits für die Zubereitung im Rezept angegeben sind.

Abschrecken: Plötzliches Abbrausen mit kaltem Wasser von heißem Gargut, um einen Kochvorgang zu unterbrechen oder durch den Kälteschock eine gewisse Reaktion zu erreichen; beispielsweise Eier abschrecken, damit sie nicht fester werden und sich leichter schälen lassen, Teigwaren, damit sie nicht aneinanderkleben.

Ahornsirup: Er wird vor allem im Staate Vermont der USA und in Kanada aus dem Saft der Ahornbäume gewonnen. Sein besonders feiner Geschmack macht Ahornsirup vor allem für Desserts und Leckereien wertvoll. Man bekommt ihn in Reformhäusern und Naturkostläden, auch in den Lebensmittelabteilungen großer Kaufhäuser.

Alufolie formen: Werden beim Backen mehrere kleine Tortelettes- oder Schiffchenformen

Aus doppelt gefalteter, extra starker Alufolie lassen sich Förmchen in jeder gewünschten Größe herstellen.

gebraucht, so kann man diese auch selbst aus doppelt gefalteter starker Alufolie herstellen. Entweder ein Originalförmchen mit Alufolie gut auslegen, die Ränder umknicken und abschneiden und aus dem Modellförmchen herausheben. Oder kleine Tassen oder Untersetzer oder Kompottschälchen mit Alufolie auskleiden, die Ränder umknicken und abschneiden. Auf die gleiche Weise lassen sich aber auch größere Formen mit Alufolie auslegen, wodurch das Stürzen eines Kuchens erleichtert wird. Die Alufolie stets vor dem Einfüllen des Teiges einfetten.

Angelika: Aus der Angelikapflanze, die auch als Engelwurz bekannt ist, werden die getrockneten Stengel kandiert und hauptsächlich zum Verzieren von Kuchen und Torten verwendet. Die grünen, kandierten Stengel vermitteln einen zwar bitteren, aber angenehm aromatischen Geschmack.

Anis: Dieses Gewürz aus der Frucht der Anispflanze ist reich an ätherischen Ölen und wegen seines ausgeprägten Aromas ein beliebtes Gewürz für Süßspeisen. Allerdings verflüchtigt es sich rasch, wenn Anis bereits zerkleinert oder pulverisiert zu lange gelagert wird. Man sollte Anis deshalb immer in kleinen Mengen und vor allen Dingen unzerkleinert vorrätig halten. Den Anis erst kurz vor dem Verwenden im Mörser zerreiben oder mit einem Messer kleinhacken. Da Anis sehr geschmacksintensiv ist, sollte man ein Gebäck ausschließlich mit Anis würzen und auf weitere Würzzutaten verzichten.

Äpfel schälen: Ein Kartoffelschäler mit beweglichem Messer eignet sich auch sehr gut zum Schälen von Äpfeln. Er entfernt die Schale schnell, leicht und gleichmäßig dünn.

Apfelausstecher: Ein röhrenförmiges, etwa daumendickes Messer, mit dem man aus den ganzen

Äpfeln die Kerngehäuse aussticht, um die Äpfel füllen zu können oder Apfelringe daraus zu schneiden.

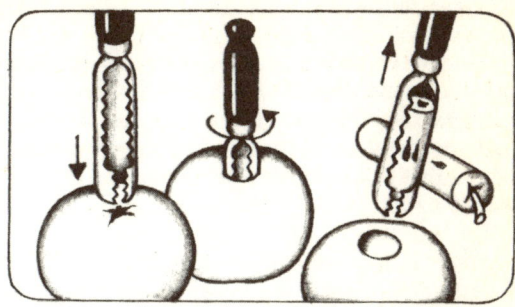

Mit dem Apfelausstecher können Äpfel und Birnen bequem vom Kerngehäuse befreit werden.

Apfelkraut: Ein Brotaufstrich aus eingedicktem Apfelsaft aus frischen, nicht geschälten Äpfeln mit säuerlichem Geschmack. Apfelkraut ist geleeähnlich und kann auch zum Backen verwendet werden.

Aprikotieren: Erhitzte, durchpassierte Aprikosenkonfitüre mit einem feinen Backpinsel über ein Gebäck streichen, entweder als Glasur oder als Isolierschicht unter einer Glasur, einer Creme oder Obstfüllung.

Arrak: Ein hocharomatischer Branntwein aus Reis. Arrak wird nicht nur als geschmackliche Nuance in den Teig von süßem Gebäck gemischt, sondern vor allem für Zuckerglasuren verwendet.

Aufbacken: Kurzes, nochmaliges Backen von bereits fertigem Gebäck, das durch langes Lagern an Frische eingebüßt hat. Beispiel: Brötchen, Hefe-, Plunder- oder Blätterteiggebäck, aber nur möglich, wenn es nicht mit Zuckerguß oder anderer Glasur überzogen ist. Eingefrorenes Gebäck wird entweder beim Aufbacken aufgetaut oder, bei größeren Stücken, erst aufgetaut und kann dann durch Aufbacken wieder ofenfrisch serviert werden.

Aufwallen: Erreicht eine Substanz beim Kochen den Siedepunkt, kräuselt sich die Oberfläche zunächst leicht. Die Substanz wallt auf, ehe sie zum sprudelnden Kochen kommt. Dieses einmalige Aufwallen genügt oft zum Garen bestimmter Lebensmittel.

Ausbacken: Gebäck schwimmend in heißem Pflanzenfett oder Schmalz backen. Siehe auch fritieren.

Ausbraten: Fetthaltige Substanzen wie Speck oder Flomen zerkleinert bei mittlerer Hitze so lange unter Umwenden braten, bis der größte Teil des Fetts ausgetreten ist; je nach gewünschtem Resultat die ausgebratenen Substanzen im eigenen Fett so lange weiterbraten, bis sie kroß und gebräunt sind.

Ausrädeln: Zum Ausrädeln von Gebäck brauchen Sie ein Teigrädchen. Es gibt zweierlei Teigrädchen, eines mit scharfem glattem Rand, das eigentlich nichts weiter als ein Ersatz für ein scharfes Messer ist, mit dem man aber Bogen und Rundungen besonders gut aus dem Teig schneiden kann. Das Teigrädchen mit dem gezackten Rand wird immer dann verwendet, wenn die Ränder zugleich verziert werden sollen, zum Beispiel für Kekse.

Ausrollen: Wird Teig nicht mit der Hand zu Stollen, Kränzen, Zöpfen oder anderweitig geformt, rollt man ihn auf einer glatten Arbeitsfläche oder auf einem Backbrett mit dem Wellholz – auch Teigrolle oder Rollholz genannt – aus. Dafür stets ganz wenig Mehl auf die Arbeitsfläche streuen, damit der Teig nicht anhängt, aber beim

Ausrollen auch nicht zuviel weiteres Mehl aufnimmt; bei Kleingebäck wird auch auf Zucker ausgerollt. Auch das Wellholz ab und zu mit Mehl bestäuben und den Teig unter leichtem Druck nach allen Seiten hin bis zur erforderlichen Stärke dehnen. – Für Kuchen, die auf dem Backblech gebacken werden, rollt man den Teig gleich auf dem Backblech aus; dafür die beiden Handgriffe vom Wellholz entfernen und das Wellholz mit den Handflächen über den Teig rollen.

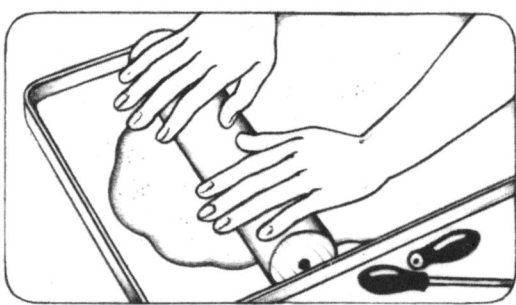

Teig kann auch direkt auf dem Blech mit einem Wellholz, von dem man die Griffe entfernt hat, ausgerollt werden.

Ausstechen: Mit kleinen scharfkantigen Formen Figuren, Kreise, Dreiecke, Rechtecke oder Ovale aus ausgerolltem Teig ausstechen. Die Förmchen während des Ausstechens wiederholt in etwas Mehl »tauchen«, damit der Teig beim Ausstechen nicht am Förmchen haften bleibt.

Ausstechförmchen: Es gibt sie aus Weißblech, Aluminium oder auch aus Plastik. Metallförmchen haben schärfere Ränder, weshalb man mit ihnen leichter ausstechen kann. Es gibt verschiedenste Förmchen in unterschiedlichen Größen. Am besten kaufen Sie sich einen ganzen Satz aller möglichen Formen und Größen. Am häufigsten werden Kreise, Ringe, stilisierte Blumenformen, Dreiecke und Quadrate gebraucht. Für die Weihnachtszeit brauchen Sie aber unbedingt einige Sterne, Tannenbäume und Figürchen menschlicher und tierischer Art. Beim Ausstechen von Teig mit Förmchen erleichtern Sie sich die Arbeit, wenn Sie die Förmchen vor dem Ausstechen immer wieder in Mehl tauchen.

Backblech: Zur Standardausrüstung eines Backherdes gehört mindestens ein Backblech. Wird viel Kleingebäck auf einmal gebacken, ergeben sich bei nur einem Backblech lästige Wartezeiten und Energieverlust. Kaufen Sie sich für die Weihnachtsbäckerei vor allem mindestens ein zweites Backblech. Dann können Sie, während ein Backblech im Ofen ist, das zweite in Ruhe belegen. Stollen, Zöpfe und Laibe, die auf dem Backblech gebacken werden, können aus einer Teigmenge von etwa 1 kg Mehl bereitet werden. Für Blechkuchen aus Hefeteig reicht eine Teigmenge aus 350 g Mehl, für Mürbeteig oder Honigkuchenteig aus 500 g Mehl zum Auslegen eines Backblechs; von Blätterteig brauchen Sie etwa 600 g, um ein Backblech zu füllen.

Backformen: Es gibt Backformen aller Arten aus dem verschiedensten Material. Z. B. Weißblech, Schwarzblech, Aluminium, Aluminium mit einer Kunststoffbeschichtung, innen verzinktes Kupfer, Steingut, Ton, feuerfestes Glas und schließlich Einwegformen aus Aluminiumfolie. Welches dieser Materialien in Ihrem eigenen Backherd die besten Backeigenschaften aufweist, ist Erfahrungssache. So werden Weißblechformen vor allem für Gasbackherde empfohlen. Schwarzblechformen eignen sich gut für Elektrobackherde; in Gasbackherden wird das Material leicht zu heiß. Hervorragende Backeigenschaften haben Aluminiumformen; wenn sie innen mit einer Kunststoffschicht ausgekleidet sind, so soll sich dadurch ein Antihafteffekt ergeben, dennoch sollte man auch die beschichteten Formen wie alle anderen ausfetten und mit Mehl,

Grieß oder Semmelbröseln ausstreuen oder mit Backtrennpapier auslegen. Vorzügliche Backeigenschaften haben Kupferformen, die innen verzinkt sind. Gute Backeigenschaften für alle Herdtypen haben auch Steingutformen, sie erfordern jedoch eine etwas längere Backzeit, da es einige Zeit braucht, ehe sich die Form richtig erhitzt hat. Tonformen sind in erster Linie für Brotteig und Hefeteig mit wenig Zucker zu empfehlen. Eine Tonform sollte immer in den kalten Backofen gestellt werden, damit sich die Form allmählich erwärmen kann und nicht springt. Formen aus feuerfestem Glas haben die gleichen Backeigenschaften wie Steingutformen. Die leichten Einwegformen aus Aluminiumfolie ermöglichen es, aus einer Teigmenge mehrere kleine Kuchen zu backen. Da das blanke Aluminium aber etwas Hitze abstrahlt, müssen die Backzeiten ein wenig verlängert werden. Besonders praktisch sind diese Formen aus Aluminiumfolie für Kuchen, die eingefroren werden sollen; man verpackt die Kuchen gleich in der Form, friert sie ein und bäckt sie später noch gefroren bei milder Hitze in der Form im Backofen auf.

Backformen, die wichtigsten: Es ist Tradition, daß bestimmte Gebäckarten in bestimmten Backformen gebacken werden. Die Kastenkuchenform

Die gebräuchlichsten Backformen, die es in verschiedenen Größen zu kaufen gibt.

oder Kastenform wird für Rührkuchen, Sandkuchen, Hefekuchen, Königskuchen, Teekuchen und Früchtekuchen verwendet.

Die Guglhupf- oder Napfkuchenform wird für Guglhupf oder Napfkuchen aus Hefe- oder Rührteig, für Früchtekuchen und für Marmorkuchen verwendet.

Die Kranzkuchenform nimmt man für Hefekränze und für Nußkränze.

Die Ringform wird für Sandkuchen, für Savarin und für Rührkuchen gebraucht.

Die Rehrückenform ist für den Rehrücken bestimmt, für feine Biskuitkuchen und für Zwieback.

Die Obstkuchenform mit einem flachen gerillten oder glatten Rand ist für flache Obstkuchen aus jeder Teigart gedacht. Die Springform ist für Torten und Tortenböden bestimmt. Für Spring-

formen gibt es auch einen auswechselbaren Boden, wodurch man niedere Kranzkuchen backen kann.

Die Pieform gibt es rund und viereckig mit niedrigem glattem Rand und ist für süße und herzhaft gefüllte Pies gedacht.

Außerdem können Sie für beliebige Kuchen Herzformen, Kleeblattformen und Sternformen kaufen. Es gibt auch ovale, rechteckige und quadratische Formen für Obstkuchen und Tortenböden.

Backofen: In den Rezepten dieses Buches werden die Backtemperaturen in Grad Celsius angegeben, auch wenn wir auf das C bei den Empfehlungen verzichtet haben, da unsere Herde alle nach dieser Temperaturskala arbeiten. Damit aber Besitzer von Gasbacköfen die Temperatur-

	Stufenregelung Gasherd		Elektroherd °C		Heißluftherd °C	
500 g Weißbrot in Form	5 2	10 min. + 45 min.	250° 180°	10 min. + 45 min.	210° 150°	10 min. + 30–35 min.
1½ kg Roggenbrot auf Blech	4 1	60 min. + 60 min.	220° 150°	60 min. + 60 min.	200° 170°	70 min. + 60 min.
500 g Hefezopf auf Blech	3	35 min.	200°	35 min.	160°	35 min.
500 g Guglhupf in Form	3	40–50 min.	200°	40–50 min.	160°	50–60 min.
500 g Savarin in Form	3	30–40 min.	190°	30–40 min.	150°	30–40 min.
500 g Marmorkuchen in Form	3	60–65 min.	200°	60–65 min.	160°	60 min.
Biskuitrolle	3	8–10 min.	200°	8–10 min.	170°	10–12 min.
Mürbeteig-Pflaumenkuchen 28 Ø Springform	4	45 min.	220°	45 min.	160°	40–50 min.
Apfelhefekuchen auf Blech	3	40 min.	200°	40 min.	150°	30 min.
Schwarzweiß-Gebäck auf Blech	3	15 min.	190°	15 min.	150°	15 min.
Spritzgebäck auf Blech	3	10 min.	200°	10 min.	160°	8–10 min.
Anisplätzchen auf Blech	1	25–30 min.	140°	30 min.	120°	30 min.
Makronen auf Blech	1	25–30 min.	150°	25–30 min.	100°	30 min.
Elisenlebkuchen auf Blech	1	25–30 min.	140°	30 min.	120°	30 min.

angaben auf die entsprechende Schaltstufe übertragen können, geben wir Ihnen hier eine Aufstellung für die Gas-Schaltstufen:

Temperaturen in °C	Entsprechende Schaltstufen für den Gasbackofen
150–175°	1–2
175–200°	2–3
200–225°	3–4
225–250°	4–5
250–300°	5–8

Die Temperaturangaben in °C für den konventionellen Elektrobackofen müssen für den elektrischen Heißluft- oder Umluftherd verändert werden. Hierfür muß die Bedienungsanleitung des jeweiligen Herdmodells benützt werden. Fehlen detaillierte Angaben, so kann die folgende Aufstellung helfen, für eine Gebäckart die im Heißluftherd geeignete Temperatur herzustellen. Die Tabelle wurde nach Versuchen in der verlagseigenen Versuchsküche zusammengestellt und gibt für die typischen Gebäckarten Mittelwerte für die Temperatur im Elektroherd, im Gasbackofen und im Heißluftherd an.

Der konventionelle Elektroherd muß vor Backbeginn etwa 10–15 Minuten vorgeheizt werden, um die benötigte Temperatur zu erreichen. Der Heißluftherd und der Gasbackofen erreichen die gewünschten Temperaturen innerhalb von wenigen Minuten; ein Vorheizen erübrigt sich.

Backoblaten: Siehe Oblaten.

Backpinsel: Man sollte mehrere Backpinsel haben. Einen braucht man zum Ausstreichen der Backformen mit zerlassenem Fett. Zwei bis drei weitere Pinsel in verschiedener Breite mit möglichst zarten Borsten werden ausschließlich zum Bestreichen von Gebäck mit Eiweiß, Eigelb, Glasur, Wasser oder Milch verwendet. Einen weiteren Backpinsel sollte man für die »trockenen« Arbeiten haben, nämlich um Brösel, Zucker oder Mehl vom Backblech oder von der Arbeitsplatte zu entfernen. Wenn Sie Backpinsel mit Naturborsten und hitzebeständigen Griffen kaufen, können Sie die Pinsel in der Geschirrspülmaschine reinigen; Pinsel mit Kunststoffborsten werden am besten in warmes Wasser mit etwas Spülmittel getaucht und gründlich unter klarem Wasser abgespült.

Backpulver: Das bekannteste Triebmittel, das vorwiegend aus Natriumcarbonat besteht und in kleinen Tütchen angeboten wird. Ein Päckchen Backpulver ist für eine Mehlmenge von 500 g bestimmt. Trotz der Angaben auf den Päckchen empfiehlt es sich, die jeweilige Dosierung in den Rezepten dieses Buches genau einzuhalten. Backpulver im Päckchen stets kühl und trocken aufbewahren. Beim Zubereiten des Teigs das Backpulver mit dem Mehl zusammen sieben und dieses Gemisch möglichst erst kurz vor dem Backen mit den anderen Zutaten verrühren oder verkneten.

Back-Spray: Back-Spray aus der Dose erleichtert das Einfetten von Formen und Backblechen. Wie bei anderen Spray-Präparaten kommt auf Druck auf die Düse aus der Back-Spraydose reines Pflanzenfett, das sich mühelos und gleichmäßig in der Form verteilt. Eine Dose reicht etwa zum Einfetten von 25 Backformen.

Backtrennpapier: Es ist ideal zum Auslegen des Backbleches beim Backen von Plätzchen und Kleingebäck; es kann für mehrere Backgänge verwendet werden. Am besten bestreicht man das Backblech zuvor mit wenig Öl, damit das Backtrennpapier auf dem Blech nicht rutscht. Eckige Kuchenformen können gut mit Backtrennpapier ausgelegt werden; in diesem Fall erübrigt sich das Einfetten einer Kuchenform.

Baiser: Ein traumhaft zartes Gebäck aus Eiweiß und Zucker, das auch mit Schokolade oder geriebenen Mandeln gemischt wird. Seine Bezeichnung kommt aus dem Französischen und bedeutet Kuß oder küssen, womit wohl die Zartheit des Gebäcks angedeutet wird. Baiser ist aber auch unter der Bezeichnung Meringue, Meringe oder Schaumgebäck bekannt. Meist wird das Schaumgebäck mit dem Spritzbeutel in Streifen, Kreisen oder Schnecken geformt und mit Schlagsahne, Früchten oder Eiscreme gefüllt.

Besieben: Gebäck mit Puderzucker oder mit Kakaopulver bestreuen, wobei Zucker oder Kakao in ein Haarsieb gegeben und durch Schwenken des Siebs gleichmäßig über das Gebäck verteilt werden.

Birnendicksaft: Sirupartige Substanz aus süßen reifen Birnen, dessen Süßkraft sich ausschließlich aus dem Fruchtzucker der Birnen ergibt.

Bittere Mandeln: Bittere Mandeln wachsen nicht am gleichen Baum wie süße Mandeln. Sie enthalten giftige Blausäure und dürfen deshalb nur in kleinsten Mengen als Aroma verwendet werden. Bis zu 30 g geriebene bittere Mandeln auf 500 g Mehl sind jedoch völlig unbedenklich und als würzige Zutat für spezielle Gebäckarten wie beispielsweise Weihnachtsstollen erforderlich. Bittere Mandeln stets für Kinder unerreichbar aufbewahren.

Blanchieren: Rohes Obst oder Gemüse je nach Vorschrift einige Minuten lang in kochendes Wasser tauchen. Dazu am besten einen Blanchierkorb oder ein Blanchiersieb benützen. Die Blanchierzeit vom Wiederaufkochen des Wassers nach dem Eintauchen berechnen. Das Blanchiergut anschließend in Eiswürfelwasser abschrecken und auf einem Tuch abtropfen lassen. Der Topf mit dem kochenden Wasser sollte groß genug sein, um dem Blanchiersieb genügend Spielraum zu geben, so daß das Blanchiergut von allen Seiten vom Wasser umspült werden kann.

Blätterteig: Wichtig beim Ausrollen von Blätterteig: Niemals nur in einer Richtung, sondern stets in zwei Richtungen, nämlich von unten nach oben und von links nach rechts rollen. Wird Blätterteig nur in einer Richtung ausgerollt, so schrumpft er beim Backen leicht nach einer Seite zusammen. Blätterteig stets mit einem sehr scharfen Messer oder Teigrädchen schneiden, damit die einzelnen Teigschichten nicht zerdrückt werden; die Ränder kleben sonst leicht aneinander und der Teig kann beim Backen nicht gleichmäßig aufgehen. Blätterteig stets auf ein mit kaltem Wasser abgespültes Backblech legen, in kalt ausgespülte Förmchen oder Kuchenformen legen und vor dem Backen 15 Minuten möglichst kühl ruhen lassen.

Brandteig: Brandteig wird stets nach dem gleichen Grundrezept hergestellt und anschließend mit süßen oder salzigen Substanzen gefüllt oder verziert. Besonders gut gelingt der Brandteig, wenn man zu Beginn des Backvorganges in den vorgeheizten Ofen eine halbe Tasse Wasser schüttet. Die Backofentür dann sofort schließen, damit sich starker Dampf im Inneren des Ofens entwickeln kann, der das Aufgehen des Gebäcks fördert. Der Fachmann nennt dies »Schwaden geben«.

Während der ersten zwei Drittel der Backzeit darf die Backofentür unter keinen Umständen geöffnet werden, da das Gebäck sonst zusammenfällt, weil seine Kruste noch nicht stabil genug ist.

Butter zum Backen: Butter gilt als ideales Fett zum Backen, weil sie den gewünschten geschmacklichen Effekt vermittelt und hervorragende

Backeigenschaften besitzt. Es bleibt jedoch jedem überlassen, statt der in den Rezepten angegebenen Butter Margarine zu verwenden, die der Butter ebenbürtig ist und aus ernährungsphysiologischen Gesichtspunkten sowie aus preislichen Gründen von vielen bevorzugt wird.

Dressieren: Das Formen von Teig zu feinem Gebäck oder von Sahne oder Creme zu Verzierungen mit dem Spritzbeutel (Dressierbeutel).

Eier zum Backen: In den Rezepten dieses Buches werden Eier in Stückzahlen angegeben, ohne die Größe und das Gewicht der Eier zu erwähnen. Wir gehen dabei stets von Eiern mittlerer Größe und von einem Gewicht von etwa 65 g aus. Eier der Gewichtsklasse I wiegen 70 g und mehr. Eier der Gewichtsklasse II wiegen 65–70 g. Eier der Gewichtsklasse III wiegen 60–65 g. Wenn Sie also extrem große oder kleine Eier zur Verfügung haben, so wiegen Sie am besten 1 Ei und errechnen das Gewicht der gebrauchten Eiermasse. Werden zum Beispiel für ein Rezept 5 Eier benötigt, so bedeutet das 5 Eier zu je 65 g = 325 g Eimasse. Wiegen Ihre Eier vielleicht nur 55 g, so ergeben 5 Eier nur 275 g. In diesem Fall sollte man von den leichteren Eiern eines mehr verwenden.

Einfrieren: Kuchen, Torten und Kleingebäck lassen sich gut einfrieren und bei 150–180° im Backofen auftauen und zugleich aufbacken. Allerdings eignet sich nur Gebäck zum Aufbakken, das nicht mit Glasur, Guß oder mit einer Füllung versehen ist. Nicht geeignet zum Einfrieren sind Baisers oder Meringen und Makronen. Alle anderen Gebäckarten können je nach Fettgehalt 3–9 Monate im Gefriergerät gelagert werden. Außer Biskuitteig lassen sich alle anderen Teigarten auch roh einfrieren. Am besten bereits in der Form oder geformt, um sie später unaufgetaut oder nur angetaut zu backen.

Einschubhöhe: In den Rezepten dieses Buches wird jeweils angegeben, auf welcher Schiene (Schiebeleiste) des Backofens ein Gebäck gebakken wird. Leider gibt es für diese Schienen keine Norm. Manche Herde bieten nur 2 Schienen, andere 3 oder gar 4. Heißluftherde haben 4–5 Schienen. Damit Sie die Angaben in den Rezepten auch bestimmt auf Ihren eigenen Herd übertragen können, halten Sie sich an folgendes Prinzip: Ganz flaches Gebäck wie Plätzchen oder Blechkuchen werden in der Mitte des Backofens gebacken. Mittelhohes Gebäck wie beispielsweise Törtchen, Kuchen in der Springform, Obstkuchen oder Brötchen auf der zweiten Schiebeleiste von unten. Hohe Kuchen wie Guglhupf, Stollen, Zöpfe oder Brotlaibe werden auf der untersten Schiebeleiste gebacken. Wichtig ist immer, daß das jeweilige Gebäck auch nach dem Aufgehen nach oben hin noch mindestens 10 cm Raum hat und in keinem Fall die Begrenzungen des Backofens berührt.

Die Einschubhöhe richtet sich immer nach der Höhe des Gebäcks. Hohe Kuchen wie Guglhupf zum Beispiel werden auf der unteren Schiene gebacken.

Eischnee schlagen: Eischnee aus Eiweiß kann nur gelingen, wenn keine Spuren vom Eigelb ins Eiweiß geraten sind. Die Schüssel und den Schneebesen oder die Schneebesen des Rührgerätes müssen zum Schlagen von Eiweiß völlig fettfrei sein. Gibt man einen Teelöffel kaltes

Eischnee sollte immer so fest sein, daß ein Einschnitt mit einem Messer einige Minuten sichtbar bleibt.

Wasser pro Ei zu, wird der Eischnee besonders steif. Auch eine Prise Salz oder einige Tropfen Zitronensaft, für Süßspeisen auch Zucker, zum Eiweiß gegeben, bringt glänzenden und steifen Eischnee. Ist der Eischnee gut steif, nicht mehr · weiterschlagen, da er sonst wieder zusammenfällt. Wird Zucker zum Eischnee gegeben, so schlägt man das Eiweiß zunächst schaumig, läßt den Zucker einrieseln und schlägt weiter, bis der Eischnee steif ist und glänzt. An der Oberfläche von wirklich steifem Eischnee sollten Einschnitte mit einem Messer über einige Minuten deutlich sichtbar bleiben und nicht zusammenlaufen. Eischnee stets unter einen Teig oder eine Creme

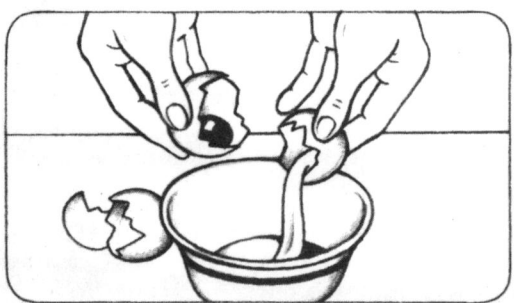

Eier müssen sorgfältig getrennt werden. Eiweiß, das auch nur eine Spur Eigelb enthält, läßt sich nicht mehr steifschlagen.

mit einem Rührlöffel heben, nicht rühren, weil die feinen Luftbläschen dabei zerstört würden.

Eiweiß und Eigelb trennen: Das Ei in der Mitte an den Rand einer Schüssel oder Tasse schlagen. Die Eischale dann an der Knickstelle auseinanderbrechen und das Eiweiß in das darunterstehende Gefäß fließen lassen; dabei das Eigelb behutsam von einer Schalenhälfte in die andere gleiten lassen, damit das gesamte Eiweiß abtropfen kann. Zuletzt das sogenannte Hagelschnürchen, mit dem das Eigelb im Zentrum des Eis gehalten wird, entfernen.

Elektrisches Rührgerät: Es ist beim Rühren und Kneten von Kuchenteig eine gute Hilfe. Handrührgerät und Küchenmaschine arbeiten nach dem gleichen Prinzip, auch wenn die einzelnen Arbeitsteile von unterschiedlicher Form sind. Zum Rühren von Cremes, flüssigem bis leichtem Teig, sowie zum Schlagen von Sahne und Eischnee verwendet man die elektrisch betriebenen Rührbesen, Schneebesen oder Rührquirle, zum Kneten von festen Teigen kommen die Knetwedel oder Rührhaken zum Einsatz. Das Handrührgerät bearbeitet Mengen bis zu 500 g, die Küchenmaschine ohne weiteres die doppelte Menge.

Beim elektrischen Bearbeiten von Teig, Creme, Sahne oder Eiweiß sollte man sich nach den Ratschlägen in der Bedienungsanleitung des jeweiligen Gerätes richten. Sind dort keine detaillierten Angaben gemacht, beginnt man am besten mit der niedrigsten Schaltstufe und geht schrittweise auf die höheren Drehzahlen über. Steifgeschlagene Sahne, fester Eischnee, gut gemischter Teig sollten nicht überrührt werden, also nicht länger, als bis zum gewünschten Bestergebnis.

Bei der Anschaffung eines elektrischen Rührgerätes oder einer Küchenmaschine sollte man sich zuvor informieren, welche Zusatzgeräte dazu angeboten werden. Viele Modelle lassen sich zusätzlich noch mit einem elektrischen Mixer zum schnellen Mischen von leichten Substanzen oder zum Zerkleinern von beispielsweise Nüssen, Früchten, Kräutern ausstatten, mit einer Zitruspresse, einem Schnitzelwerk, einem Fleischwolf, einer Getreidemühle und einem Messerschleifer.

Nicht für alle Teigarten eignet sich jedoch das elektrische Rührgerät gleich gut. So ist es ideal für Rührteig, für Biskuitmasse, für leichten Hefeteig, für kleinere Mengen von schwerem Hefeteig – bei Mengen über 1 kg Hefeteig muß man zusätzlich mit den Händen kneten –. Mit dem Handrührgerät kann man gut Brandteig bearbeiten, da die Knetwedel leicht auch am Herd einzusetzen sind. Blätterteig, Plunderteig, kleinere Mengen von Mürbeteig und Strudelteig müssen dagegen aber immer in reiner Handarbeit hergestellt werden.

Entsteinen: Steinobst – Aprikosen, Kirschen, Pfirsiche, Pflaumen – wird vor dem Backen häufig entsteint. Das gewaschene abgetrocknete Obst halbieren und die Steine auslösen; den Kirschstein mit einem spitzen Messer, einer Nadel, am besten geht es mit einer Haarnadel, oder mit dem Kirschentsteiner, einem praktischen Kleingerät, entfernen.

Farinzucker: Brauner Zucker, der leicht karamelisiert aus Zuckerablaufsirup hergestellt wird und würziger schmeckt, wird vor allem für Honig- und Lebkuchen verwendet.

Fettgebäck: Siehe Schmalzgebäck; Gebäck in heißem Pflanzenfett oder Schmalz schwimmend ausgebacken (fritiert).

Fladen: Flaches, rundes Gebäck aus der Pfanne (Eierkuchen) oder vom Backblech (flaches Brot oder flaches Hefegebäck).

Form ausstreuen oder ausstäuben: Je nach Größe der Backform gibt man in die ausgefettete Form 1–2 Eßlöffel Mehl, Semmelbrösel, gemahlene Nüsse oder eine im Rezept angegebene Substanz und verteilt diese durch Schwenken und Drehen der Form gleichmäßig über dem Boden und auf den Rändern. Die restliche nicht fest haftende Menge wird einfach durch Stürzen der Form wieder entfernt.

Form einfetten: Backblech, Kuchen- und Tortenformen sowie Tortelettesförmchen werden für die meisten Teigarten eingefettet, oft auch noch zusätzlich mit Mehl, Semmelbröseln, Biskuitbröseln, gemahlenen Nüssen oder Kokosflocken ausgestreut, für salzige Kuchen mit geriebenem Käse. Zum Einfetten Butter, Margarine oder Schmalz zerlassen. Das geschmolzene Fett oder Öl mit einem Backpinsel gleichmäßig in die Form streichen. Darauf achten, daß auch die Ecken gut ausgefettet werden. Wenn in einem Rezept betont wird, daß der Rand einer Springform nicht mit Fett bestrichen werden soll, was für bestimmte Biskuitkuchen zutrifft, sollte das auch präzise eingehalten werden.

Formen, kleine: Für Törtchen, Tortelettes und Pastetchen gibt es kleine flache Formen, rund,

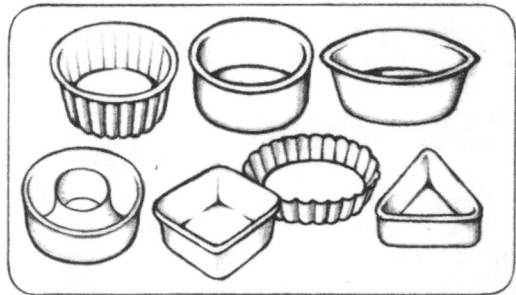

Kleine Formen für Törtchen, Pastetchen und Brioches werden in großer Auswahl vom Fachhandel und den Haushaltsabteilungen der Warenhäuser angeboten.

oval, mit glattem oder gezacktem Rand. Es gibt Schiffchenformen, kleine Ringformen für Savarinchen, kleine Guglhupfformen für Baba, sowie verschieden geformte Miniförmchen für die feine Patisserie. Reichen die vorhandenen Förmchen für die Teigmenge einmal nicht aus, so drücken Sie in eines der Förmchen Alufolie und stellen Sie auf diese Weise die benötigte Anzahl der Förmchen her.

Friteuse: Siehe fritieren.

Fritieren: Ausbacken von Gebäck schwimmend in heißem Pflanzenfett oder Schmalz bei Temperaturen von 175–190 °C. Zum Fritieren eignen sich nur Fette, die völlig wasserfrei sind und bei hohen Temperaturen nicht rauchen oder verbrennen, also einen hohen »Rauchpunkt« haben. Zu diesen Fetten gehören Öl, Butterschmalz, Palmin, Biskin und Margarineschmalz.

Bei der elektrischen Friteuse läßt sich jede gewünschte Temperatur einschalten. Das Kontrollämpchen erlischt, wenn das Fett die erforderliche Temperatur erreicht hat. Wird in einem gewöhnlichen Topf oder in einem speziellen Fritiertopf ausgebacken, so erhitzt man das Fett auf dem Herd und kontrolliert die Temperatur mit dem speziellen Fritierthermometer.

Größere Mengen werden portionsweise nacheinander ausgebacken. Dabei nach dem Herausnehmen einer Portion immer warten, bis das Fett wieder die erforderliche Temperatur erreicht hat.

Zur elektrischen Friteuse und zum Fritiertopf gehört ein Einsatzsieb. Kleine Teile wie beispielsweise Mutzenmandeln werden im Einsatzsieb gegart. Ist der Fritiervorgang beendet, läßt sich das gesamte Fritiergut mit einem Handgriff im Siebeinsatz aus dem heißen Fett nehmen. Größere Gebäckstücke wendet man nach der halben Garzeit mit dem Schaumlöffel um und hebt sie, wenn sie fertig gebacken sind, mit dem Schaumlöffel aus dem Fett.

Nach dem ersten Abtropfen auf dem Sieb oder auf dem Schaumlöffel wird Fritiertes auf Küchenkrepp oder Papierservietten gelegt und soll dort noch weiter Fett abgeben. Ausgebackenes stets erst nach dem Abtropfen salzen, würzen oder mit Zucker bestreuen.

Fritierthermometer: Siehe fritieren.

Garprobe: Werden Plätzchen gebacken, braucht man keine besondere Garprobe zu machen. Ist die Oberfläche der Plätzchen goldgelb bis goldbraun, sind sie auch durchgebacken.

Bei flachen Honigkuchen oder bei Biskuitplatten macht man die Garprobe durch Fingerdruck. Ein durchgebackener Honigkuchen und eine durchgebackene Biskuitplatte hinterlassen auf Fingerdruck keinerlei Spuren; bleibt der Fingerdruck sichtbar, ist der Kuchen noch nicht gar.

Am wichtigsten ist die Stäbchenprobe. Kuchen in der Form aber auch Stollen, Zöpfe und Laibe prüft man, ehe man sie aus dem Backofen nimmt, ob sie auch wirklich durchgebacken sind. An der dicksten Stelle des Gebäcks sticht man mit einem Holzstäbchen in den Teig; bleiben beim Herausziehen des Holzstäbchens keine Teigspuren hängen, ist das Gebäck durchgebacken. Bleiben Teigreste am Holzspießchen kleben, sollte das Gebäck noch weitere 5–10 Minuten backen. Vorsichtshalber legt man auf bereits gebräuntes Gebäck ein Stück Pergamentpapier, damit es beim Nachbacken nicht zu dunkel wird.

Geeichtes Schnapsglas: Kleinste Flüssigkeitsmengen messen Sie am besten in einem geeichten Schnapsglas. Es gibt sie in allen Kaufhäusern mit den Eichstrichen für 1 cl und für 2 cl.

Gehen lassen: Hefeteig muß meistens zwei- bis dreimal gehen. Zunächst läßt man den Hefevorteig (siehe Seite 24) mit einem Tuch zugedeckt gehen, bis die leicht bemehlte Oberfläche Risse zeigt. Das dauert etwa 15 Minuten. Dieser Vorteig wird dann mit allen Zutaten verrührt oder verknetet. Den Teig dann noch einmal zugedeckt so lange gehen lassen, bis er sein Volumen verdoppelt hat. Das dauert je nach Teigmenge und Schwere des Teiges 30–60 Minuten. Den Teig dann formen und auf das gefettete Backblech legen oder in die gefettete Backform füllen und noch einmal zugedeckt etwa 15 Minuten gehen lassen.

Sollte die Küche einmal nicht warm genug sein, kann man auch den Backofen auf 50° erhitzen, abschalten und den Teig dann auf die geöffnete Backofentüre stellen.

Gelatine: Gelatine eignet sich hervorragend zum Binden oder Steifen von kalten oder warmen Flüssigkeiten. Gelatine wird gemahlen in Päckchen oder in Form von Blättern jeweils farblos oder rot gefärbt angeboten.

Blattgelatine stets in reichlich kaltem Wasser einweichen und 10 Minuten quellen lassen. Gemahlene Gelatine in etwa 3–5 Eßlöffeln kaltem Wasser 10 Minuten quellen lassen. Blattgelatine danach ausdrücken und in einem Sieb abtropfen lassen. Die ausgedrückte Gelatine in heißer – niemals in kochender – Flüssigkeit unter Rühren auflösen. Gemahlene Gelatine hat während der Einweichzeit das Wasser fast völlig aufgesogen. Die gequollene gemahlene Gelatine bei sehr schwacher Hitze unter ständigem Rühren leicht erwärmen, bis sie flüssig geworden ist, dann wie Blattgelatine in heißer aber nicht kochender Flüssigkeit restlos lösen und mit ihr mischen.

Soll kalte Flüssigkeit mit Gelatine gebunden werden, so löst man die ausgedrückte Blattgelatine erst in ganz wenig heißem Wasser auf und rührt dieses Gemisch unter die kalte Flüssigkeit.

Gerinnen: Zarter Teig oder Creme kann gerinnen, wenn die einzelnen Zutaten ungleich temperiert sind. Ein geronnener Teig oder eine geronnene Creme bilden winzig kleine Klümpchen und lassen sich nur durch Erwärmen im heißen Wasserbad wieder zu einer homogenen Masse verrühren (siehe Wasserbad).

Germ: Österreichische Bezeichnung für Hefe.

Glacieren: Im Bereich des Backens heißt glacieren das Gebäck durch eine Glasur oder auch durch einen Zuckerguß glänzend machen. Für dünnflüssige Glasuren verwendet man am besten einen zartborstigen Backpinsel, für kompaktere Glasuren bestreicht man das Gebäck am besten mit dem Spatel.

Größe der Kuchenformen: Viele Kuchenformen gibt es in 2 oder sogar in 3 verschiedenen Größen. Runde Formen werden im Durchmesser von 24, 26, 28, manchmal sogar auch noch von 30 cm angeboten. Rechteckige Formen werden in Längen von 24, 26, 28 und 30 cm angeboten.

Der Rauminhalt von hohen und halbhohen Backformen wird nach Litern bemessen. Wenn Sie nicht wissen, wieviel Teig eine Form faßt, dann füllen Sie die Form mit Wasser und messen die Wassermenge. Für eine Teigmenge aus 500 g Mehl brauchen Sie mindestens eine Form von 2 l Inhalt, da die Form ja nur zu zwei Drittel mit Teig gefüllt werden darf, damit der Teig beim Backen noch genügend aufgehen kann.

Bei runden flachen Formen ergibt sich aus dem Durchmesser die Größe eines Kuchens oder einer Torte. Je nach Teigmenge erhalten Sie einen dünnen oder einen dicken Boden.

Hagelzucker: Besonders groß kristallisierter Zucker zum Verzieren und Bestreuen von Gebäck.

Haut abziehen: Tomaten, Pfirsiche, Aprikosen, große Pflaumen sind die Früchte, die für die feine Küche oder beim Backen gehäutet werden.

Diese verlockende Pfirsich-Biskuit-Torte gelingt nicht ▷
nur dem Konditor so schön, sondern allen, die genau
nach Anweisung vorgehen. Rezept Seite 124.

Tomaten am stiellosen Ende kreuzweise einschneiden; die Haut von Obst rundherum mit
Gabelstichen versehen. Die Früchte mit soviel
kochendheißem Wasser übergießen, daß sie vom
Wasser bedeckt sind und 1–2 Minuten darin ziehen lassen. Die danach aufgeplatzte Haut läßt
sich dann leicht mit einem Messer abziehen.

Hefe: In Verbindung mit lauwarmer Flüssigkeit
und gegebenenfalls auch mit etwas Zucker
beginnen die Kleinstpilze, aus denen Hefe
besteht, zu sprossen. Dabei entsteht Kohlensäu-
re. Diese lockert und treibt den Teig zusammen
mit der durch Schlagen und Kneten in den Teig
eingearbeiteten Luft.

Abgepackte Hefe ist in Würfeln zu etwa 40 g
im Handel. Frische Hefe fühlt sich geschmeidig
weich an, ist grau bis hellgelb und läßt sich leicht
bröckeln. Frische Hefe darf keine Risse zeigen,
keine ausgetrockneten, harten, rissigen Ränder
haben, die sich schon dunkel verfärben. Nur frische Hefe kann ihre volle Triebkraft entwickeln.

Hefe sollte stets kühl aufbewahrt werden. Frische Hefe kann man auch gut einfrieren und
etwa 4 Monate im Gefriergerät lagern. Nach
dem Auftauen ist die Hefe dann allerdings brei-
artig, sie besitzt aber die gleiche Triebkraft wie
frische Hefe.

Der Inhalt eines Beutels Trockenhefe entspricht etwa 25 g frischer Hefe. Sie hält kühl
gelagert bis zu dem auf der Verpackung angegebenen Datum. Trockenhefe stets nach Vorschrift
auf dem Beutel verwenden.

Hefe geht nicht auf, wenn sie direkt mit Salz,
Eigelb oder Fett in Berührung kommt. Deshalb
vor dem Mischen des Hefevorteigs mit allen
anderen Backzutaten diese auf den Mehlrand
um den Hefevorteig geben und anschließend die
gesamte Mehlmenge mit allen Zutaten und dem
Hefevorteig verkneten.

Im allgemeinen rechnet man für einen Kuchen
aus 500 g Mehl 30–40 g Hefe. Je mehr Hefe im
Verhältnis zum Mehl zugeführt wird, desto lok-
kerer und höher wird das Gebäck. Der nötige
Hefeanteil ist aber nicht nur von der Mehlmenge, sondern auch von den zusätzlichen Beigaben
an Zucker, Fett und Eiern abhängig.

Hefevorteig: Auch Hefeansatz, Hefedämpfe
genannt! Am besten gelingt der Hefeansatz,
wenn man in das in eine Schüssel gesiebte Mehl
eine Mulde hineindrückt, die Hefe mit den Fingern zerbröckelt und in der Mehlmulde mit
etwas Zucker, etwas Mehl und lauwarmer Flüssigkeit verrührt. Den Hefeansatz dann leicht mit
Mehl bestäuben und mit einem Tuch zugedeckt
so lange bei 25 °C gehen lassen, bis das Mehl auf
der Oberfläche des Hefeansatzes deutlich Risse
zeigt; das dauert je nach Raumtemperatur
15–30 Minuten.

Hirschhornsalz: Lockerungs- und Triebmittel für
schwere Teigarten, vor allem für bestimmte Spezialitäten. Hirschhornsalz stets gut verschlossen
aufbewahren, da es sich zersetzt, wenn es längere
Zeit mit Luftsauerstoff in Berührung kommt.

Instant-Kaffee: Sofort löslicher Kaffee in Form
von gekörnter gefriergetrockneter Masse oder
pulverisiert. Instant-Kaffee ist sehr geschmacksintensiv. Die Mengenangaben für Instant-Kaffee
in den Rezepten genau beachten, da ein Zuviel
die geschmackliche Qualität des Gebäcks unangenehm verändern kann.

Karamel: Durch Erhitzen geschmolzener Zukker, der sich dabei hellgelb bis bräunlich färbt.
Am leichtesten schmilzt Zucker unter Zugabe
von etwas Butter, wodurch auch eine angenehme
Geschmacksnuance entsteht.

Kneten: Alle Zutaten für einen Teig mit dem
Mehl locker mischen – dafür die Hand, einen
Rührlöffel oder ein breites Messer verwenden –.

◁ Damit Kuvertüre schön glänzt, muß sie stets im Wasserbad geschmolzen, bis zum Erstarren wieder abgekühlt und nochmals im Wasserbad auf 30–35° erwärmt werden. Text Seite 29.

Dann den Teig wiederholt unter Umwenden von allen Seiten mit beiden Händen kräftig auf der Arbeitsfläche oder in einer großen Schüssel zusammendrücken, damit sich alle Substanzen mit dem Mehl mischen und verbinden.

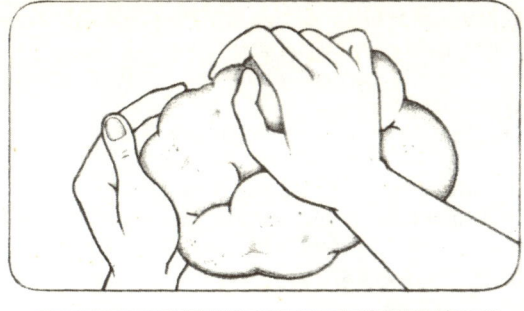

Alle Zutaten für einen Hefeteig werden zuerst gründlich durchgeknetet. Dann wird der Teig so lange geschlagen, bis er Blasen wirft und sich vom Schüsselrand löst.

Knoblauchpresse: Pikantes Gebäck bekommt mit einem Hauch Knoblauch oder auch mehr eine pfiffige Note. Das Aroma verteilt sich am besten, wenn die geschälten Knoblauchzehen durch die Knoblauchpresse gedrückt werden.

Köcheln lassen: Eine Speise bei sehr milder Hitze so wenig kochen lassen, daß sich die Oberfläche nur leicht kräuselt.

Kokosraspel: Auch Kokosflocken genannt, ist das feingeraspelte Fruchtfleisch von Kokosnüssen. Wegen ihres hohen Fettgehaltes sind Kokosraspel nur begrenzt haltbar. Sie werden in geschlossenen Beuteln abgepackt angeboten. Geöffnete Packungen sollen rasch verbraucht werden. Kokosraspel vor dem Verwenden zwischen den Händen reiben, damit sich die feinen Klümpchen auflösen. Zum Bestreuen eines Gebäcks mit Kokosraspel erhitzt man sie kurz auf dem Backblech im Backofen bei etwa 200°, weil sie danach nicht mehr aneinander kleben. Geschmacklich von bester Qualität sind selbstgeraspelte frische Kokosflocken.

Korinthen: Kleine, luftgetrocknete, kernlose dunkle Weintrauben, vor allem aus den griechischen Anbaugebieten kommend. Korinthen müssen stets mit heißem Wasser gut gewaschen werden. Nach dem Abtropfen läßt man sie auf Küchenkrepp trocknen. Korinthen werden wie Rosinen für Napfkuchen verwendet.

Krokantstreusel: Aus Krokantmasse hergestellte Streusel, die in Päckchen oder Beuteln zu kaufen sind, und sich zum Bestreuen und Verzieren von Kuchen und Torten eignen.

Kuchen aus der Form stürzen: Das Kuchengitter auf den Kuchen in der Form legen. Die Form mit einem Küchentuch mit beiden Händen greifen, umdrehen und den Kuchen so aus der Form stürzen. Löst sich der Kuchen nicht leicht aus der Form, so legt man auf die gestürzte Form ein feuchtwarmes Tuch, bis sich der Kuchen löst. – Sollte der Kuchen einmal trotzdem beim Stürzen brechen, so bestreicht man die Bruchstellen mit verquirltem Eiweiß, setzt den Kuchen unter leichtem Druck wieder zusammen und überzieht ihn mit Glasur.

Kuchenform mit Papier auslegen: Kuchenformen (eckig oder rund) kann man mit Pergamentpapier, besser noch mit Backtrennpapier, auslegen. Eine Kastenkuchenform stellt man auf die Mitte eines Papierbogens und zeichnet sich mit Bleistift oder mit dem Teigrädchen den Boden der Form ab. Dann kippt man die Form nach allen 4 Seiten und markiert anschließend an die Bodenfläche die Seitenwände. Jetzt kann man die Fläche mit der Schere ausschneiden und an allen 4 Ecken einen schrägen Einschnitt bis zum Beginn des Bodens machen. Damit das Papier in der Kuchenform nicht rutscht, streicht man am Boden und am Rand der Form etwas Fett auf; dann haftet das Papier gut. Für eine runde Form schneidet man das Papier für Boden und Rand

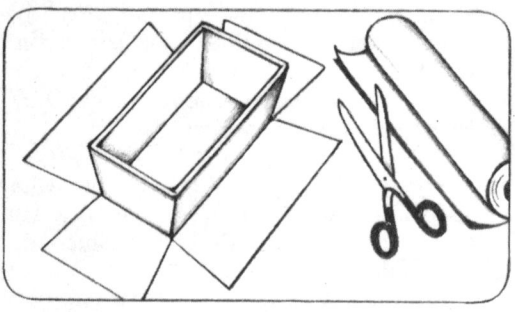

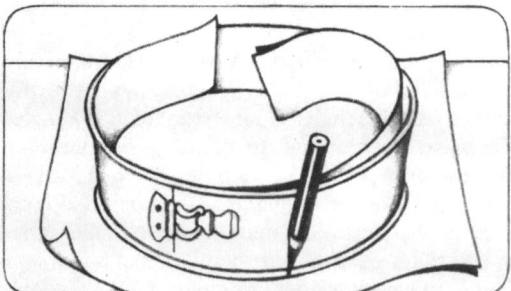

So werden Kasten- und Springformen mit Pergament- oder Backtrennpapier ausgelegt. Pergamentpapier wird etwas eingefettet, damit es in der Form gut haftet.

getrennt aus. Das Pergamentpapier wird auch innen mit zerlassener Butter oder Öl bestrichen, während Backtrennpapier nicht mehr gefettet werden muß. (Zeichnung)

Kuchengitter: Am besten besitzt man mindestens ein rundes und ein eckiges Kuchengitter. Beide Formen werden für die entsprechenden Kuchen oder für Kleingebäck gebraucht, die stets auf einem Kuchengitter abkühlen sollten, damit die Hitze auch nach unten entweichen kann.

Küchenkrepp: Auch als Küchentuch oder Haushaltstuch bekannt. Es wird in Rollen angeboten und besteht aus stark saugfähigem Papier, das man stückweise an der Perforation von der Rolle abreißen kann.

Küchenwaage: Zum Backen ist eine Küchenwaage unverzichtbar. Sie muß Gewichte von 5 g bis 1 kg zuverlässig wiegen. Ein Modell, das fest an der Wand montiert werden kann, ist besonders vorteilhaft, weil es keine Stellfläche benötigt. Achten Sie aber darauf, daß die Waage nicht zu hoch angebracht wird, daß der Platz gut beleuchtet ist und daß die Waagschale leicht abzunehmen ist. Wenn Sie bereits eine Küchenwaage besitzen, die aber kleine Mengen nur ungenau wiegt, so könnten Sie sich zusätzlich noch eine Löffelwaage kaufen. Sie wiegt kleine Mengen aufs Gramm genau und braucht nur wenig Platz.

Kunststoffbeschichtete Pfanne: Sie eignet sich durch Antihaft-Beschichtung besonders zum Rösten von Nüssen, Haferflocken, Mandelblättchen oder ähnlichen Substanzen ohne Fett oder unter Zugabe von wenig Fett, da die Beschichtung ein rasches Anhängen oder Anbrennen verhindert. Selbstverständlich muß das Röstgut aber wie in jeder anderen Pfanne ständig umgewendet werden, damit alle Bestandteile gleichmäßig erhitzt werden und bräunen können.

Kuvertüre (Bild Seite 26): Ein Überzug aus reiner Schokolade von unterschiedlichem Kakaobuttergehalt.

Kuvertüre ist in den Geschmacksnuancen von Milchschokolade, halbbitterer und bitterer Schokolade erhältlich. Sie eignet sich nicht nur zum Überziehen von Gebäck, sondern auch als Teig- oder Cremezusatz.

Wenn sie wie folgt verarbeitet wird, erhält man das beste Resultat:

Die Kuvertüre mit einem scharfen Messer zerkleinern. Die Hälfte der Kuvertüre in einem Töpfchen oder einer Schüssel im Wasserbad unter ständigem Rühren auflösen, dabei darauf achten, daß kein Wasser in die Schokolade spritzt, das würde den Guß verderben. Die Temperatur der aufgelösten Schokolade sollte 32° nicht überschreiten.

Die restliche Kuvertüre hineingeben und ebenfalls schmelzen. Dann so lange in den Kühlschrank stellen, bis sie dickflüssig und kalt geworden ist.

Die Kuvertüre erneut im Wasserbad so lange erwärmen, bis sie wieder dünnflüssig geworden ist. Dann wie in den Rezepten beschrieben weiterverarbeiten. Während der Verarbeitungszeit im Wasserbad stehen lassen, damit sie nicht fest wird. Ab und zu umrühren.

Legieren: Das Binden von Cremes, Saucen oder Desserts durch mit Sahne verquirltem Eigelb. Da Eigelb leicht gerinnt, wenn man es in eine heiße Flüssigkeit gibt, ist es besser, das verquirlte Eigelb zunächst mit 1–2 Eßlöffeln der heißen Flüssigkeit zu verrühren. Die Flüssigkeit dann vom Herd nehmen, die Eigelbmischung unterrühren und die Speise unter Rühren noch einmal erhitzen, aber nicht mehr kochen lassen.

Liebesperlen: Kleine bunte Zuckerperlen von etwa 3 mm Durchmesser, die zum Verzieren von Gebäck verwendet werden.

Lochtülle: Lochtüllen gibt es in verschiedenen Größen; mit ihr lassen sich glatte Stränge spritzen, aus der großen Lochtülle spritzt man zum Beispiel auch Teigkugeln für Windbeutel und kugelförmiges Kleingebäck.

Mandelmühle: Wer viel bäckt, sollte sie sich unbedingt anschaffen, da frisch gemahlene Mandeln und Nüsse am besten schmecken. Sie sollten auch nicht auf Vorrat gemahlen werden, denn zerkleinert werden sie rasch ranzig. Deshalb ist es auch riskant, bereits fertig gemahlene Mandeln und Nüsse zu kaufen, so praktisch das sein mag. Übrigens läßt sich auch Blockschokolade bequem damit reiben.

Mandeln: Je nach Gebäckart werden Mandeln mit der braunen Haut oder geschält verwendet. In den Rezepten ist es stets ausdrücklich erwähnt, da die braune Haut der Mandeln gewisse Geschmacksstoffe vermittelt. Braucht man abgezogene Mandeln und kann sie – vor allem während der Sommermonate – nur mit brauner Haut kaufen, so schüttet man die Mandeln in kochendes Wasser, nimmt sie vom Herd und läßt sie etwa 10 Minuten darin weichen. Anschließend kann man die elastisch gewordene Haut mühelos abziehen.

Margarine: Siehe Butter.

Marillen: Österreichisch für Aprikosen.

Marzipan-Rohmasse: Marzipan wird als Rohmasse in Blöcken schon ab 125 g angeboten. Aus der Marzipan-Rohmasse lassen sich Füllungen und Garnierungen bereiten, sie wird als Teigzusatz verwendet oder zu gleichen Teilen mit gesiebtem Puderzucker verknetet für Marzipanfigürchen oder Konfekt.

Mehl: Die Typenzahlen, mit denen Mehl ausgezeichnet ist, geben dem Verbraucher Auskunft über die Wertstoffe wie Vitamin B_1, B_2, B_6, Vitamin E, Niacin und die Mineralstoffe Eisen, Kupfer, Magnesium, Mangan und Kalium, die in der jeweiligen Mehltype noch enthalten sind. Je höher die Typenzahl, desto reicher ist der Gehalt des Mehls an essentiellen (lebenswichtigen) Nährstoffen. So enthält 100 g Weizenmehl der Type 405 etwa 405 mg dieser Stoffe, die Type 550 etwa 550 mg, die Type 1050 etwa 1 050 mg, und die Type 1700 etwa 1 700 mg. Mehl mit einer niedrigen Typenzahl ist also weniger reich an Wertstoffen als eines mit höherer Typenzahl. Zusätzlich kommt es darauf an, wie lange Mehl nach dem Mahlen lagert; denn sofort nach dem Mahlen beginnt durch Oxidation der Abbau der Wertstoffe.

Mehl sieben: Mehl beim Backen stets sieben, damit Klümpchen und Unreinheiten nicht in den Teig gelangen. Dafür entweder ein Mehlsieb benützen oder ein Haarsieb. Das Mehlsieb faßt nur kleinere Mengen. Dennoch geht das Sieben damit am schnellsten; denn über den gespannten Siebboden bewegt sich eine Metallschiene hin und her, die das Mehl rasch durchrieseln läßt. Beim Sieben kann man Mehl auch gleich mühe-

Durch eine Metallschiene am Boden des Schüttelsiebs, die bewegt wird, läßt sich Mehl rasch sieben.

los und gründlich mit Backpulver oder anderen Substanzen mischen.

Meringe: Auch Meringue, Meringel, Baiser genannt, ist Schaumgebäck aus Zucker und Eiweiß. Meringen werden meist mit dem Spritzbeutel mit Sterntülle geformt und bei milder Hitze im Backofen mehr getrocknet als gebacken. Siehe auch Baiser.

Meßbecher: Zum Abmessen von Flüssigkeit und kleineren Mengen fester Stoffe ist ein durchsichtiges Modell mit detaillierten Maßangaben unentbehrlich.

Mixer: Hohes Rührgefäß, in dem ein elektrisch betriebenes Messerkreuz rotiert, das eingefüllte Zutaten zerkleinert und zugleich mischt.

Modeln: Geschnitzte Holzförmchen, in die Teig gedrückt wird, dessen Oberseite dann mit dem geschnitzten Figürchen verziert ist. Modeln gibt es seit kurzem wieder in Haushaltsgeschäften und vor allem in Küchenboutiquen zu kaufen.

Mohn: Mohnsamen werden meist gemahlen als Füllung oder als Teigzusatz für Gebäck verwendet. Allerdings wird gemahlener Mohn schnell ranzig und ist nicht zum Lagern geeignet. Am besten kauft man unzerkleinerte Mohnsamen und mahlt sie selbst im Mixer oder in der Getreidemühle. Ganzer Mohnsamen wird zum Bestreuen von Brot und Brötchen verwendet.

Mörser: Zum Pulverisieren von Gewürzen und anderen trockenen Substanzen oder zum Zerreiben von weichen Produkten wie Kräutern, Sardellen, Kapern zu einer Paste eignet sich der Mörser hervorragend. In dem kugelig ausgehöhlten Gefäß kann ein passend großer Stößel nach allen Seiten hin drücken und reiben. Wichtig ist, daß Mörser und Stößel aus demselben

Material sind und daß dieses keine Geschmacksstoffe abgibt. Mörser und Stößel aus Glas, Porzellan, hartem Stein oder Hartholz sind ideal. Mörser und Stößel unbedingt nach jedem Gebrauch heiß auswaschen und anschließend gut trocknen lassen.

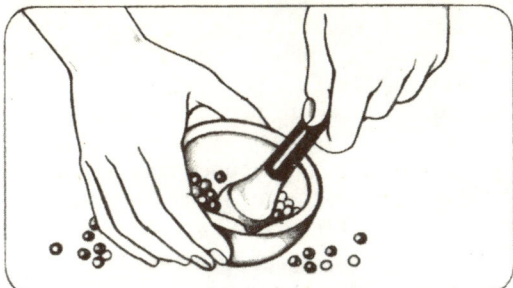

Gewürzkörner werden im Mörser nach Belieben grob oder fein zerstampft. Am besten eignen sich solche aus Porzellan oder Holz.

Mürbeteig: Das Originalrezept für diesen besonders feinen Kuchenteig besteht aus der Formel 1/2/3; das heißt 1 Teil Zucker oder Puderzucker, 2 Teile Fett, 3 Teile Mehl. Aus geschmacklichen Gründen oder wegen der leichteren Verarbeitung wird Mürbeteig aber häufig auch unter Zusatz von Wasser, Milch, Sahne oder Eiern bereitet. Die große Streitfrage zwischen passionierten Hausfrauen und erfahrenen Konditoren ist die: Läßt man den Teig vor dem Ausrollen oder Formen 30–60 Minuten im Kühlschrank ruhen oder verzichtet man auf diese Kühlzeit. Die einen schwören auf diese, andere auf jene Methode. Am besten probieren Sie selbst aus, wie Sie den Mürbeteig am liebsten verarbeiten.

Natron: Pulverförmiges Trieb- und Lockerungsmittel für schwere Teigarten. Natron stets genau nach Rezept immer kurz vor dem Backen unter den bereits fertigen Teig mischen.

Nonpareille: Siehe Liebesperlen.

Nougatmasse: Die Masse besteht aus gerösteten, feingemahlenen Haselnüssen oder Mandeln mit Zucker und etwas Kakao gemischt und wird meist geschmolzen als Teigzusatz, für Füllungen oder zum Zusammensetzen von Plätzchen verwendet.

Nüsse: Alle Arten von Nüssen sind sehr fetthaltig und werden daher bei längerer Lagerdauer leicht ranzig. Wer gerne Gebäck mit Nüssen herstellt, sollte Nüsse möglichst frisch im Herbst kaufen, aus der harten Schale lösen und einfrieren. Die aufgetauten Nüsse möglichst kurz vor dem Bakken reiben oder mahlen und als Teigzusatz verwenden oder halbiert zum Dekorieren. Sollen Haselnüsse noch von der braunen Haut befreit werden, so schüttet man sie noch gefroren auf ein Backblech und röstet sie bei etwa 200°. Die braune Haut platzt in der Hitze auf und läßt sich nach dem Abkühlen zwischen den Händen abreiben. Werden die Nüsse mit der braunen Haut gemahlen für Gebäck verwendet, so sind sie wesentlich geschmacksintensiver als von der braunen Haut befreite Haselnüsse.

Obers: Österreichische Bezeichnung für Sahne.

Oblaten: Papierdünnes weißes Dauergebäck aus Mehl oder Speisestärke, als Unterlage für Makronen, Lebkuchen und Konfekt. Backoblaten gibt es rund und viereckig in verschiedenen Größen zu kaufen.

Palette: Das ist ein langes, breites aber dünnes Metallblatt an einem Stiel. Es sollte möglichst stabil und scharfkantig sein. Die Palette braucht man zum Abheben von Kleingebäck und Plätzchen vom Backblech, zum Glattstreichen von Füllungen und Glasuren.

Paprikaschoten putzen: Die Paprikaschoten entweder längs halbieren, aus dem Inneren die weißen Rippen und alle Kerne entfernen, die Stielansätze abschneiden, die Schotenhälften gründlich waschen, abtrocknen, und wie im jeweiligen Rezept beschrieben in Streifen oder Würfel schneiden. Werden Paprikaringe gebraucht, so schneidet man die ganzen Schoten vorsichtig mit einem scharfen Messer in Ringe, entfernt aus dem Inneren ebenfalls die Rippen und Kerne, wäscht die Ringe anschließend lauwarm ab und läßt sie gut trocknen. Will man die feine Seidenhaut von den Paprikaschoten abziehen, weil diese schwer verdaulich ist, so steckt man die Schoten auf eine Gabel und erhitzt sie über einer Flamme oder über der heißen Elektroplatte so lange, bis die Haut aufplatzt. Anschließend läßt sie sich mit einem Messer leicht abziehen.

Pie: Englisch/amerikanische Bezeichnung für gefüllte Teigkrusten aus Mürbeteig oder Blätterteig in runden oder viereckigen flachen Formen gebacken. Die Füllung besteht aus Obst, Nußmasse, Fleisch oder Geflügel.

Pinienkerne: Nußartige Samenkerne der Pinie, die gerieben als Teigzusatz und im ganzen zum Belegen von Gebäck verwendet werden.

Pistazien: Die mit einer feinen hellgrünen Haut überzogenen Früchte des Pistaciastrauches werden als Teigzusatz feingehackt oder zum Garnieren grobgehackt oder halbiert verwendet.

Pottasche: Kaliumcarbonat, das vor allem für Honigkuchenteig als Triebmittel verwendet wird.

Puderzucker: Puderzucker ist pulverisierte Zuckerraffinade, die sich vor allem zum Besieben von feinem Gebäck eignet oder für Puderzuckerglasuren. Puderzucker sollte stets gesiebt werden, um eine Klümpchenbildung zu verhindern.

Quellen lassen: Im Bereich des Backens sind es meist Trockenfrüchte, die man durch Übergießen mit heißer Flüssigkeit, mit einer Spirituose oder Fruchtsaft zugedeckt einige Minuten oder mehrere Stunden lang die Flüssigkeit aufsaugen läßt. Dadurch werden die Früchte weich und lassen sich gut verarbeiten.

Rand formen: Den Teigrand eines Kuchens kann man formen, indem der Teig etwas größer als der Boden der Form ausgerollt und aus dessen Rändern dann mit den Fingern der Rand geformt wird. Der Rand kann aber auch aus einem Teigrest entstehen, indem man diesen zu ein oder zwei Strängen rollt (zwei Stränge zur Spirale dre-

Der hochgezogene Teig wird mit dem Daumen an den Rand der Form gedrückt.

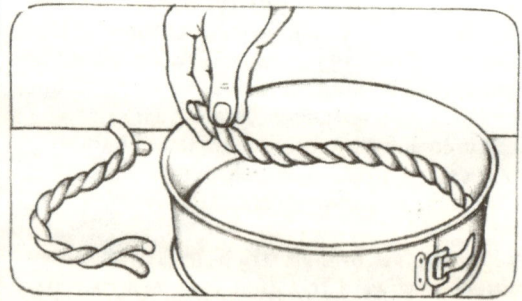

Eine Spirale, aus Teigresten gedreht, wird an den Rand des Teigbodens gelegt und leicht angedrückt.

hen), als Rand auf den Teigboden legt und leicht andrückt.

Rhabarber putzen: Rhabarber unter fließendem lauwarmem Wasser gründlich waschen und abtrocknen. Bei sehr jungem Rhabarber nur schadhafte und verfärbte Stellen sowie die Blattansätze und Stielenden abschneiden. Bei großen dicken Rhabarberstangen je nach Beschaffenheit die Haut abziehen. Dafür mit dem Messer an einem Ende der Rhabarberstangen etwas unter die sehr dünne Haut fahren und in Längsrichtung die Haut abziehen. Die Rhabarberstangen dann je nach Rezept in 4–5 cm lange Stücke schneiden und weiterverarbeiten.

Rohrzucker: Rohrzucker ist ein aus dem Zuckerrohr gewonnener Zucker, dessen Süßkraft gegenüber dem Rübenzucker schwächer ist und der eine eigene zarte Geschmacksnuance vermittelt.

Rosenwasser: Es fällt als Kondensat bei der Gewinnung von Rosenöl an und wird in kleinen Mengen als Aromastoff für spezielles Gebäck und für die Herstellung von Marzipan gebraucht. Rosenwasser kann man in Drogerien und Apotheken kaufen.

Rosinen: Auch Sultaninen oder Sultanas genannt, es sind luftgetrocknete helle und dunkle Weintrauben aus verschiedenen Anbaugebieten in Griechenland, der Türkei, in Kalifornien und in Australien. Rosinen müssen vor dem Verwenden gründlich heiß gewaschen und nach dem Abtropfen trockengetupft werden. Um zu verhindern, daß sie während des Backens in einem leichten Rührteig nach unten sinken, wendet man sie vor dem Unterheben unter den Teig leicht in Mehl.

Rösten: Rösten und toasten ist dasselbe, nämlich ein Bräunen in trockener heißer Luft durch Kon-

taktwärme. Im privaten Haushalt wird hauptsächlich Brot oder Gebäck geröstet. Die Brot- oder Gebäckscheiben können nach Belieben mit wenig Fett bestrichen werden. Getoastet wird entweder im Spezialtoastgerät oder in der Bratpfanne oder auf dem Backblech des Backofens.

Rübensirup: Ein aus Zuckerrüben gewonnener Sirup, der sich hervorragend als Brotaufstrich und zum Süßen von Desserts und Gebäck eignet.

Rühren: Flüssige oder cremige Substanzen durch Rühren mit dem Kochlöffel, dem Schneebesen oder dem Rührbesen des elektrischen Rührgerätes in eine homogene Masse verwandeln.

Rührschüssel: Zum Backen sollte man drei bis vier verschieden große Rührschüsseln aus Edelstahl oder aus schlagfestem, bruchfestem und hitzebeständigem Kunststoff besitzen. Kunststoffschüsseln haben oft einen Gummiring am Boden, der Standfestigkeit vermittelt. Fehlt dieser Haltering, so legt man am besten ein doppelt gefaltetes feuchtes Tuch unter die Schüsseln, damit sie beim Rühren nicht wegrutschen.

Rührteig: Rührteig darf nicht dünnflüssig sein, aber auch nicht zu fest. Er hat die richtige Beschaffenheit, wenn er zähflüssig, schwer »reißend« vom Rührlöffel fällt. Ist das gesamte Mehl gut mit dem Teig verrührt, so sollte man nicht weiterrühren, da »überrührter« Teig einen weniger lockeren Kuchen ergibt.

Rum: Ein Branntwein, aus Zuckerrohr hergestellt, der vorwiegend aus den mittelamerikanischen Ländern importiert wird. Brauner Rum ist durch Zuckercouleur gefärbt, weißer Rum ist der unveränderte Originalbrannt. Rum wird wegen seines unnachahmlichen Aromas nicht nur zum Mixen verwendet, sondern auch als Würzzutat für Gebäck und vor allem für Zuckerglasuren.

Safran: Safran ist ein teures Gewürz, das aus den Blütenstempeln einer Krokusart gewonnen wird. Beim Backen wird Safran vor allem wegen seines kräftig gelben Farbstoffes verwendet; sein leicht bitterer Geschmack kommt dabei nur schwach zur Geltung.

Sahne steif schlagen: Die Sahne bis kurz vor dem Schlagen im Kühlschrank aufbewahren. Soll Sahne mit Zucker gesüßt werden, so gibt man den Zucker schon zu Beginn des Schlagens zur Sahne, damit sich der Zucker auch gut lösen kann. Die Sahne mit dem Schneebesen oder mit dem Rührbesen der Küchenmaschine bei mittlerer Schaltstufe schlagen. Beginnt die Sahne steif zu werden, das elektrische Rührgerät auf niedrigste Schaltstufe zurückschalten und die Sahne fertig schlagen. Wird Sahne mit Likör oder Obstpüree, Kuvertüre, Schokolade oder sonstigen Substanzen angereichert, so mischt man diese Zutaten erst nach und nach in kleinen Mengen unter die fertig geschlagene Sahne.

Muß Schlagsahne als Füllung für Kuchen oder Torten über längere Zeit steif bleiben, so fügt man der Sahne beim Schlagen ein Sahnesteifmittel bei; dieses nach Vorschrift auf dem Päckchen verwenden. Soll Sahne 1–2 Tage im Kühlschrank steif halten, so muß man sie mit Gelatine mischen. Für ½ l Sahne 4 Blätter farblose Gelatine oder entsprechend viel gemahlene Gelatine gründlich aufweichen, in wenig warmer Flüssigkeit auflösen und unter die fertig geschlagene Sahne rühren. Die Sahne anschließend im Kühlschrank erstarren lassen.

Sauerteig: Um Sauerteig selbst herzustellen, verrührt man 4 Eßlöffel Mehl mit wenig Wasser zu einem dicken Brei. Den Brei in eine Schüssel geben und so viel Wasser darübergießen, daß er etwa 3 cm hoch davon bedeckt ist. Den Brei dann zudecken und etwa 7 Tage lang bei Raumtemperatur säuern lassen. Sauerteig ist dann richtig zum Brotbacken, wenn er wirklich säuerlich riecht und an der Oberfläche Bläschen bildet. Für 2 kg Mehl braucht man etwa 4 Eßlöffel Sauerteig. Vom fertigen Brotteig dann wiederum 4 Eßlöffel abnehmen und mit Wasser bedeckt 7 Tage lang bei Raumtemperatur gären lassen. Wird in absehbarer Zeit kein Brot mehr gebakken, so kann man den gegorenen Sauerteig auch einfrieren und vor dem neuen Backtermin bei Raumtemperatur zugedeckt auftauen lassen. – Fertiger Sauerteig wird in Reformhäusern angeboten.

Schlagen: Teig kann man mit einem kräftigen Rührlöffel oder mit den Händen schlagen, nicht jedoch mit dem Rührgerät. Wichtig ist dabei, daß mit dem Rührlöffel oder mit den Händen der Teig von unten hochgehoben und wieder fest mit dem restlichen Teig zusammengeschlagen wird.

Schmalz: Ausgelassenes, wasserfreies, reines Fett vom Schwein oder von der Gans oder aus ausgeschmolzener Butter hergestellt. Schmalz ist kühl gelagert lange haltbar und vermittelt je nach Ausgangsprodukt einen typischen Eigengeschmack. Schmalz eignet sich hervorragend als Backfett und zum Fritieren oder Ausbacken.

Schmelzen lassen: Fett, Kuvertüre oder Schokolade läßt man am besten bei milder Hitze im Wasserbad – siehe Wasserbad – schmelzen. Auf der elektrischen Automatik-Platte des Elektroherdes kann man auch bei kleinster Temperatureinheit ohne Wasserbad schmelzen. Oder man läßt eine Substanz schmelzen, indem man zwischen Hitzequelle und Topf ein Drahtsieb legt. – Kleine Mengen kann man auch im Schöpflöffel über einer Kerzenflamme schmelzen lassen.

Schrot/Vollkornschrot: siehe Vollkornmehl.

Sesamsamen: Kleine flache Samenkörner der Sesampflanze. Sie enthalten hochwertige Öle und werden geschrotet als Teigzusatz, unzerkleinert zum Bestreuen von Gebäck oder Brot verwendet.

Sieben: Kakaopulver, Puderzucker, Backpulver, Mehl und andere pulverige Zutaten sollten gesiebt verwendet werden, um eine gleichmäßige Verteilung im Teig zu erreichen; eventuelle Klümpchen, die sich auch beim Rühren und Kneten nicht auflösen, könnten den Geschmack beeinträchtigen. Zum Verzieren »besiebt« man die Oberfläche von Gebäck durch Schwenken eines kleinen Haarsiebs gleichmäßig und so dick wie gewünscht mit Puderzucker, Kakaopulver oder anderen pulvrigen Substanzen. – Siehe auch Mehl sieben.

Spatel: Langes dünnes Metallblatt mit Griff, ein Küchengerät, mit dem man Bratgut wendet, Kleingebäck vom Backblech hebt oder Gebäck mit Creme, Sahne oder anderem bestreicht.

Speisestärke: Sie ist unter den verschiedensten Markennamen im Handel. Speisestärke wird meist aus Mais, selten aus Kartoffeln gewonnen. Wird für einen Teig ein Teil des Mehls durch Speisestärke ersetzt, so ergibt dies ein besonders lockeres duftiges Gebäck. Für Teige aus einer Mischung aus Mehl und Speisestärke gibt man Mehl und Speisestärke portionsweise in ein Sieb und siebt sie zusammen in eine Schüssel. Wird Speisestärke zum Binden verwendet, muß man sie stets in kalter Flüssigkeit anrühren, ehe sie in einer heißen Flüssigkeit unter Rühren einmal aufkochen soll.

Spritzbeutel: Er ist unerläßlich zum Verzieren von Torten und Kuchen sowie zum Spritzen von Windbeuteln und Baisergebäck. Spritzbeutel aus Stoff müssen zwar nach jedem Gebrauch ausge-

kocht werden, halten aber beim Spritzen den Druck von festen Teigen ohne weiteres aus. Wird ein Stoffbeutel verwendet, darauf achten, daß die Naht stets außen ist, damit sie sich auf der Creme oder auf dem Teig nicht abzeichnet. Es gibt aber auch Einwegspritzbeutel aus Kunststoffmaterial, die man nach einmaligem Gebrauch wegwirft. Statt eines Spritzbeutels kann man aber auch einen Gefrierbeutel aus Plastik verwenden. Man schneidet in der gewünschten Größe eine Ecke des Plastikbeutels ab und setzt in das Loch die gewünschte Spritztülle.

Selbstgebastelter Spritzbeutel aus einem Gefrierbeutel.

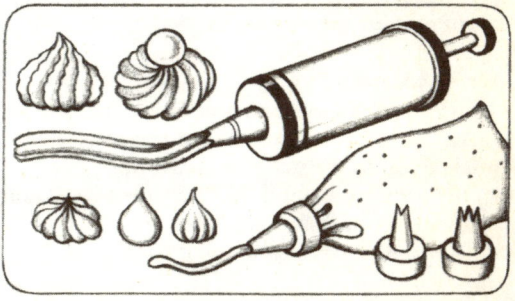

Gebäckspritze aus Kunststoff und Spritzbeutel aus Stoff mit verschiedenen Spritztüllen.

Stäbchenprobe: Siehe auch Garprobe; mit einem Holzstäbchen in die Mitte eines Kuchens stechen und wieder herausziehen. Bleiben keine Teigspuren am Holzstäbchen haften, ist der Kuchen durchgebacken.

Sterntülle: Sterntüllen für den Spritzbeutel gibt es in verschiedenen Größen. Mit der Sterntülle werden Baisers gespritzt, Spritzgebäck, Girlanden, Rosetten und feine Verzierungen auf Torten und Desserts.

Streusel: Ein Gemisch aus Mehl, Butter und Zucker, nach Belieben mit etwas Zimt gewürzt, das zwischen den Händen zu Streuseln zerrieben wird und als Kuchenbelag dient. Das Verhältnis der Zutaten besteht meistens aus 2 Teilen Mehl, 2 Teilen Zucker und 1½ Teilen Butter; für besonders feine Streusel werden ebenfalls 2 Teile Butter verwendet.

Teigboden einstechen: Damit der Teigboden beim Backen keine Blasen wirft oder Risse bildet, sticht man mit einer Gabel in gleichmäßigen Abständen in den Teigboden. Dadurch kann die Feuchtigkeit im Teig während des Backens als Dampf entweichen und der Boden bleibt glatt.

Teigrädchen: Früher war das Teigrädchen mit gezacktem Rand aus Bein, heute ist es aus festem Kunststoff und schneidet Teig mit leicht gezackten Rändern. In die perfekte Backstube gehört aber auch ein zweites Teigrädchen aus Metall mit scharfem glattem Rand, das vor allem für Blätterteig und Mürbeteig gebraucht wird.

Teigspatel: Es werden zwei Arten von Teigspatel angeboten: Ein Kunststoffschaber in rechteckiger Form, dessen eine Seite sich scharfkantig verjüngt und ein Gummispatel an einem Holzgriff. Beide sind nicht kostspielig. Am besten besitzen Sie beide; denn mit dem Gummispatel läßt sich leicht Eischnee, Sahne oder dünnflüssiger Teig aus einer hohen Schüssel oder aus dem Mixer schaben. Mit dem breiten Kunststoffschaber werden schwere Teige aus der Schüssel geholt und auf dem Backblech glattgestrichen.

Mit einem Teigspatel aus Kunststoff wird schwerer Teig auf das Blech gestrichen.

Tomaten häuten: Siehe Haut abziehen.

Topfen: Österreichische Bezeichnung für Quark.

Torte überziehen: Die zusammengesetzte Torte auf eine Platte geben, unter die Torte aber etwa 5 cm breite Papierstreifen schieben, damit die Platte beim Verzieren nicht bekleckert wird. Die Sahne, die Glasur oder die Creme dann auf die Tortenoberfläche füllen und mit einem breiten

Glasuren oder Cremes werden mit einem breiten Spatel über Oberfläche und Rand der Torte gestrichen.

Spatel gleichmäßig über die Oberfläche und den Rand der Torte streichen. Soll der Rand der Torte mit gemahlenen Nüssen, Mandelblättchen, Krokant oder Schokoladenstreuseln »bestreut« werden, drückt man diese Substanz mit einem Teigschaber oder mit dem Spatel auf den mit Sahne oder Creme bestrichenen Rand der Torte. Ist die Torte verziert, zieht man die Papierstreifen behutsam unter der Torte hervor und hat sie anschließend servierfertig.

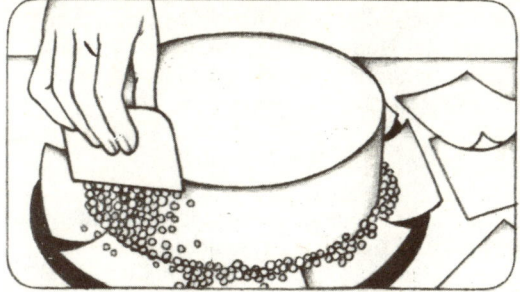

Pergamentpapierstreifen, unter die Torte geschoben, verhindern, daß die Platte schmutzig wird.

Tortenböden durchschneiden: Soll ein hoher Teigboden horizontal durchgeschnitten werden, um mehrere Tortenböden zu erhalten, so sticht man in der gewünschten Höhe mit einem spitzen langen Messer bis zur Mitte des Tortenbodens

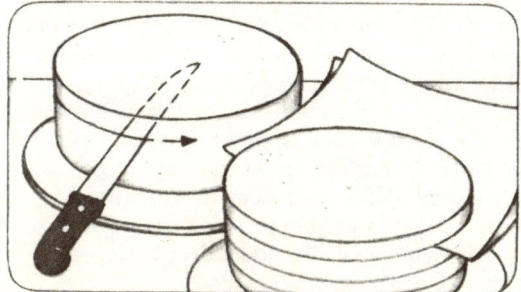

Torten werden mit einem langen Messer geteilt und die Schichten mit einer Pappe abgehoben.

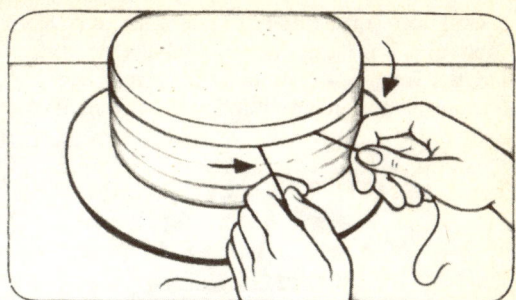

Die Biskuittorte kann auch mit einem festen Zwirn in Schichten geteilt werden.

durch und dreht den Teigboden behutsam, bis das Messer die erste Schicht abgeschnitten hat. Am besten dann vorsichtig doppelt gefaltetes Pergamentpapier oder eine dünne Pappe in die Schnittfläche schieben und die Schicht abheben. – Man kann aber auch in der gewünschten Höhe einen starken Faden oder Küchengarn um den Teigboden legen, den Faden langsam zusammenziehen und so eine Schicht abschneiden.

Tortenguß: Tortenguß gibt es farblos (klar) und rot zu kaufen. Das Geleepulver wird nach Vorschrift auf dem Päckchen mit Wasser, Obstsaft oder Wein zubereitet und meist noch flüssig über den Obstbelag eines Kuchens oder einer Torte gegossen. Der Tortenguß muß danach genügend Zeit haben zum Erstarren.

Touren: Touren spielen beim Entstehen von Blätterteig und Plunderteig eine besondere Rolle. Der Teig wird nämlich mehrmals in einfachen oder doppelten Touren zusammengeschlagen und nach jeder Tour 15–20 Minuten im Kühlschrank gelagert. Für eine einfache Tour rollt man den Teig etwa zur Größe von 30 × 50 cm aus, klappt die linke Teighälfte zur Mitte hin um und legt die rechte Teighälfte darüber. Für eine doppelte Tour schlägt man die linke sowie die rechte Hälfte zur Mitte hin zusammen und klappt den Teig dann noch einmal übereinander, so daß 4 Teiglagen übereinander liegen. Die Zeichnungen zeigen deutlich, wie es gemacht wird.

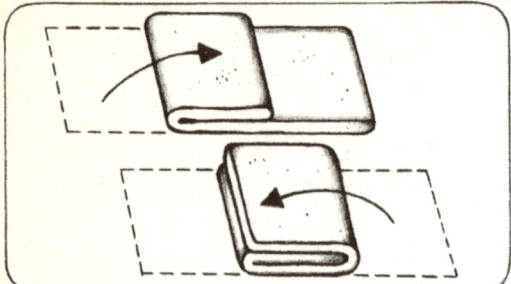

Das einfache Tourenschlagen für Blätter- oder Plunderteig.

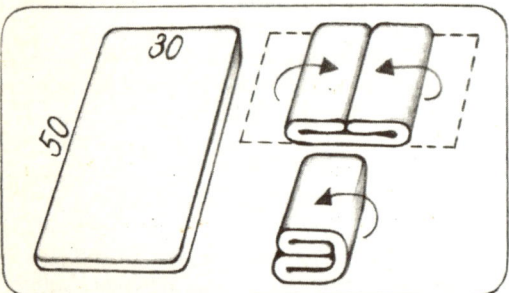

Bei der doppelten Tour wird der Teig vierfach zusammengeschlagen.

Tourieren: Blätterteig oder Plunderteig in Touren zusammenschlagen und im Kühlschrank ruhen lassen. Siehe auch Touren.

Tränken: Fertiges Gebäck mit Fruchtsaft, Zuckerlösung oder Sirup oder Spirituosen beträufeln, bis es sich vollgesogen hat. Soll die Krume durch und durch feucht werden, kann man das Gebäck auch in die jeweilige Flüssigkeit stellen und sich vollsaugen lassen.

Überbacken: Auch überkrusten oder gratinieren genannt. Gemeint ist das Bräunen der Oberfläche eines bereits garen Gerichtes oder Gebäcks durch starke Hitzeeinwirkung von oben. Zum Überbacken eignet sich am besten der Elektrogrill oder der Backofen bei eingeschalteter Oberhitze und hoch eingeschobenem Backblech.

Überbrühen: Obst oder Gemüse in einer Schüssel mit kochendheißem Wasser überbrühen und anschließend einige Minuten im Wasser liegen lassen. Meist dient das Überbrühen dem Aufplatzen der Haut einer Frucht, um sie leichter häuten zu können, manchmal auch, um einer Pflanze Bitterstoffe zu entziehen.

Überziehen: Siehe Torte überziehen.

Unterheben: Am häufigsten wird vom Unterheben von Eischnee gesprochen. Am besten benützt man zum Unterheben den Kochlöffel und hebt die unter dem Eischnee befindliche Teigmasse immer wieder über den Eischnee, bis er völlig vom Teig bedeckt ist.

Unterziehen: Zum Unterziehen benützt man ebenfalls am besten den Kochlöffel. Man verrührt damit die Zutaten eines Teiges nicht rasch, sondern zieht sie langsam untereinander.

Vanille: Das Mark der exotischen Vanilleschote gibt Gebäck und Süßspeisen einen hervorragenden Geschmack. Entweder schneidet man die Schale der Vanilleschote längs auf und läßt sie in Flüssigkeit kochen, damit sie ihr ganzes Aroma abgeben kann. Oder die Vanille wird ungekocht verwendet; dann schneidet man die Schote auf und kratzt das Vanillemark heraus und mischt es unter den Teig oder die Creme.

Vanillezucker: Zucker mit einem Zusatz von mindestens 5% zerkleinerter Vanilleschote, die als dunkle Pünktchen im Zucker sichtbar sind.

Vanillezucker kann man auch selbst herstellen, indem man Zucker in ein Schraubglas füllt und 3–4 Vanillestangen in den Zucker steckt. Das Glas gut schließen und mindestens 1 Woche lang die Vanille im Zucker »ziehen« lassen. Der selbst gemachte Vanillezucker läßt sich etwa 1 Jahr lang aufbewahren, ohne sein Aroma zu verlieren.

Vanillinzucker: Zucker mit Vanillin, einem künstlichen Vanille-Trockenaroma, angereichert. Vanillinzucker ist in den bekannten Päckchen im Handel und kann anstelle von echtem Vanillezucker verwendet werden.

Verquirlen: Flüssige oder dickflüssige Substanzen wie Eier, Sahne, Joghurt, angerührtes Mehl oder Puddingpulver mit etwas Flüssigkeit gut mischen, indem man sie mit einem Quirl oder mit einer Gabel rasch zu einer homogenen Masse verrührt.

Vollkornmehl: Ein Mehl, für das im Gegensatz zu den handelsüblichen, lange lagerfähigen Mehlsorten alle Bestandteile des Korns – also der Mehlkörper, der Keimling, die Aleuronschicht, die Frucht- und Samenschale, sowie die Schalen – gemahlen werden. Und gerade dadurch enthält Vollkornmehl, vor allem frisch gemahlen, alle von Natur aus vorhandenen Inhaltsstoffe des Korns. Allerdings ist Vollkornmehl deshalb nur kurz lagerfähig und sollte möglichst erst unmittelbar vor dem Gebrauch gemahlen werden. Wie fein Vollkornmehl gemahlen wird, ist für seinen Wert unerheblich, das hängt ausschließlich vom Verwendungszweck ab und vom persönlichen Geschmack. Grobgemahlene Körner bezeichnet man als Schrot, feingemahlene als Mehl. Die Art des Korns spielt keine Rolle, Vollkornmehl und -schrot kann aus Weizen, Grünkern, Roggen, Gerste, Hafer oder Buchweizen bestehen.

Vollkornweizengrieß: Grieß ist ein körniges Produkt, das in Mühlen vor allem aus Weizen oder Mais hergestellt wird. Vollkornweizengrieß wird aus dem vollen Weizenkorn erzeugt, in ihm sind daher alle Wertstoffe des Korns enthalten. Vollkornweizengrieß ist wie alle zerkleinerten Vollkornprodukte nicht lange haltbar und sollte möglichst bald nach dem Einkauf verbraucht werden.

Vorteig: Siehe Hefevorteig.

Waffeleisen: Moderne Waffeleisen werden elektrisch beheizt. Die beiden meist kunststoffbeschichteten Bodenflächen ergeben 4–5 Herzen mit Waffelmuster. Vor dem Einfüllen des Waffelteigs werden die Innenseiten leicht eingefettet. Zum Füllen für einen Backgang genügt meist 1–3 Eßlöffel Teig. Alte Waffeleisen aus Schmiedeeisen ergeben oft reizvoll verzierte, besonders dünne Waffeln. Die Eisen müssen über dem Herdfeuer – ersatzweise über der Gasflamme oder auf der Elektroplatte – erhitzt werden.

Elektrische Waffeleisen werden in großer Zahl vom Handel angeboten.

Wasserbad: Im Wasserbad werden hitzeempfindliche Substanzen geschmolzen oder unter Rühren erhitzt, bis sie eine cremige Konsistenz angenommen haben. Für das Wasserbad füllt man einen größeren flachen Topf etwa halb voll mit heißem Wasser, legt am besten auf den Boden des großen Topfes noch ein Drahtsieb und stellt da hinein einen kleineren Topf mit der zu bearbeitenden Substanz. Man muß stets darauf achten, daß kein Tropfen aus dem Wasserbad in den kleineren Topf gerät und daß das Wasser im Wasserbad unterhalb des Siedepunktes gehalten wird, also nicht zum Kochen kommt. Seit einiger Zeit werden im Handel auch doppelwandige Töpfe, Simmertöpfe genannt, angeboten.

Im Wasserbad werden Schokolade oder Kuvertüre geschmolzen und feine Cremes dicklich geschlagen.

Wellholz: Auch Rollholz, Teigrolle oder Nudelwalker genannt. Meist aus Holz mit zwei Griffen, um die sich die Rolle dreht, zum Ausrollen von Teig. Moderne Wellhölzer können auch kunststoffbeschichtet sein. Wer sich ein neues Wellholz zulegt, muß darauf achten, daß beide Griffe abnehmbar sind, um den Teig eventuell gleich auf dem Backblech ausrollen zu können, wobei die Griffe stören würden.

Zimmertemperatur: Auch Raumtemperatur genannt, sie beträgt 20–24 °C.

Zitrusfrüchte, unbehandelte: Vor allem Zitronen und Orangen dürfen chemisch nicht behandelt

sein, wenn man die Schale zum Backen verwendet. Eine chemisch unbehandelte, also ungespritzte Zitrusfrucht muß im Geschäft als solche ausgezeichnet sein. Vor dem Abreiben oder Abschneiden der Schale die Früchte in jedem Fall heiß abwaschen und gut abtrocknen.

Zwetschgen einschneiden: Für Kuchenbelag Zwetschgen oder Pflaumen längs bis zum Stein einschneiden, den Stein auslösen und die Früchte auseinanderklappen, so daß beide Hälften noch zusammenhängen. Die spitzeren Enden der beiden Hälften noch längs bis etwas über die Mitte hin einschneiden; so lassen sich die Zwetschgen oder Pflaumen gut reihenweise oder kranzförmig in dichten Reihen wie Dachziegel auf den Kuchenboden legen.

So werden Zwetschgen und Pflaumen für Kuchen und Torten »zurechtgeschnitten«.

Unsere schönsten Rezepte

Die folgenden Rezepte für Kuchen, Torten, Stollen, Plätzchen, Kleingebäck, Brot und viel Herzhaftes gelingen sicher, auch ohne besondere Erfahrungen auf diesem Gebiet. Damit Sie wirklich von Anfang an Freude am Backen haben, sollten Sie die folgenden Punkte in Ihrer »Backstube« unbedingt beherzigen.

Wir wissen aus vielen Leserzuschriften, daß gerade beim Backen schon geringfügige Ungenauigkeiten den Erfolg trüben können. Jeder Grundteig verlangt die für ihn richtige Bearbeitung. So kann man beispielsweise Hefeteig nicht lang genug rühren oder kneten, Rührteig dagegen überrühren und den Lockerungseffekt von Eischnee zunichte machen, indem man durch schnelles Mischen seine Luftbläschen zerstört. Denken Sie deshalb beim Backen immer daran:

• Alle angegebenen Mengen genau wiegen oder messen, niemals nur schätzen! Bei Eiern auf deren Gewicht achten. In den Rezepten dieses Buches werden stets Eier der mittleren Gewichtsklasse verwendet.

• Alle benötigten Zutaten bereits vor Backbeginn in den gebrauchten Mengen rechtzeitig bereitstellen, so daß sie alle Raumtemperatur haben. Dies gilt vor allem für Zutaten, die dem Kühlschrank entnommen werden.

• Vor allem für Hefeteig sollten die Zeiten für das Gehenlassen eher höher angesetzt werden, da die Raumtemperatur maßgebend ist für das vollständige Aufgehen des Teigs.

• Die vorgegebenen Größen der Backformen stimmen mit den jeweiligen Teigmengen überein. Wenn Sie eine größere Form verwenden, wird der Kuchen flacher, bei einer kleineren Form kann der Teig über den Formrand treiben.

• Die Backtemperaturen sind in den Rezepten in °C angegeben. Elektrobackherde lassen sich exakt nach diesen Angaben schalten. Allerdings benötigen elektrische Heißluft- oder Umluftherde meist niedrigere Temperaturen. Besitzer dieser Herdtypen sollten sich an der Bedienungsanleitung orientieren, die der Hersteller für den jeweiligen Herd mitgeliefert hat. Außerdem finden Besitzer von Heißluft- und Gasbacköfen in der Tabelle auf Seite 16 für bestimmte Gebäckarten Schaltangaben, die der in den Rezepten angegebenen Backtemperatur in °C entsprechen.

• Unabhängig vom Herdtyp sollte jeder mit seinem Herd Erfahrungen sammeln. Prüfen Sie am besten von Zeit zu Zeit mit einem Herdthermometer, ob Ihr Herd die eingestellte Temperatur auch immer erreicht.

• Versäumen Sie gerade aus den oben genannten Gründen niemals, die Garprobe zu machen, ehe Sie das Gebäck aus dem Ofen nehmen. Näheres darüber finden Sie auf Seite 22.

• Mögen Sie Ihren Kuchen beispielsweise weniger süß, so dürfen Sie mit Zucker oder sonstigen Süßmitteln gerne etwas sparsamer umgehen, niemals aber umgekehrt; denn der Teig könnte durch zuviel Zucker überlastet werden und der Erfolg wäre in Frage gestellt. Bei herzhaftem Gebäck wurden Mittelwerte für die Würzmengen angegeben. Mögen Sie es etwas schärfer oder milder, so können Sie ohne Gefahr für das Ergebnis nach Ihrem Geschmack würzen.

• Wichtigstes Backfett ist von alters her Butter! In den meisten Rezepten wird deshalb auch Butter angegeben, wenn nicht aus speziellen geschmacklichen Gründen ein anderes Fett bevorzugt wurde. Wer aber statt mit Butter lieber mit Margarine backen möchte, sollte dies bedenkenlos tun. Butter und Margarine lassen sich ohne Einfluß auf das Backergebnis gegeneinander austauschen.

✳ Alle Begriffe, die in den Rezepten mit einem Sternchen* gekennzeichnet sind, werden auf den Seiten von 12 bis 40 in alphabetischer Reihenfolge erklärt.

Saftige Obstkuchen

Braucht etwas Zeit

Apfelkuchen mit Calvados

Bei uns heißt der saftige Kuchen vom Blech scherzhaft »apfeliger Apfelkuchen«, weil der Calvados (Apfelschnaps) den frischen Fruchtgeschmack zusätzlich hervorhebt.

Zutaten für 1 Backblech:
Für den Teig: 500 g Mehl · 1 Päckchen Trockenhefe · 100 g Zucker · abgeriebene Schale von 1 unbehandelten Zitrone · 1 Prise Salz · knapp ¼ l lauwarme Milch · 125 g weiche Butter
Zum Belegen: 1 kg säuerliche Äpfel · Saft von 1 Zitrone
Zum Bestreuen und Beträufeln: 50 g Mandelstifte oder abgezogene gehackte Mandeln · 50 g Butter · 6 Eßl. Calvados · 100 g Zucker
Für das Backblech: Butter
Bei 24 Stücken pro Stück etwa 905 Joule/ 215 Kalorien

Zubereitungszeit: 40 Minuten
Zeit zum Gehenlassen: 30 Minuten
Backzeit: 45 Minuten

• Das Mehl in einer Schüssel mit der Trockenhefe mischen. Den Zucker, die Zitronenschale, das Salz, die Milch und die Butter dazugeben und alles zu einem geschmeidigen Teig verarbeiten. Den Teig zugedeckt an einem warmen Platz etwa 30 Minuten gehen lassen.
• Die Äpfel schälen, vierteln, vom Kerngehäuse befreien und in Spalten schneiden. Mit dem Zitronensaft beträufeln, damit sie nicht braun werden.
• Das Backblech einfetten*. Den Backofen auf 200° vorheizen.
• Den Hefeteig auf dem Blech ausrollen. Die

Apfelspalten dicht nebeneinander in Reihen auf den Teigboden legen und leicht andrücken. Den Kuchen auf der mittleren Schiene des Ofens etwa 45 Minuten backen.
• 10 Minuten vor Ende der Backzeit den Kuchen mit den Mandeln bestreuen und mit Butterflöckchen belegen.
• Den gebackenen Apfelkuchen noch heiß mit dem Calvados beträufeln, mit dem Zucker bestreuen und in 24 Stücke schneiden.

Nicht ganz einfach

Burgenländer Apfelkuchen

Zutaten für 1 Backblech:
Für den Teig: 600 g Mehl · 1 Päckchen Backpulver · 50 g Zucker · ½ Teel. Salz · 200 g Butter · ¼ l Milch
Zum Belegen: 100 g Rosinen · 100 g Haselnußkerne · 1½ kg Äpfel · 125 g Zucker · abgeriebene Schale von 1 unbehandelten Zitrone · 4 Eßl. Zitronensaft · 1 Teel. Zimt
Für die Glasur: 200 g Aprikosenmarmelade
Zum Besieben: 3 Eßl. Puderzucker
Für das Backblech: Butter
Bei 24 Stücken pro Stück etwa 1 195 Joule/ 285 Kalorien

Zubereitungszeit: 50 Minuten
Ruhezeit: 30 Minuten
Backzeit: etwa 30 Minuten

• Das Mehl mit dem Backpulver sieben*, mit dem Zucker und dem Salz mischen und auf die Arbeitsfläche geben. Die Butter in Flöckchen darüberschneiden. Alles mit kühlen Händen zu einem geschmeidigen Teig verkneten*, dabei die

Milch nach und nach dazugeben. Den Teig in Alufolie wickeln und 30 Minuten im Kühlschrank ruhen lassen.
• Die Rosinen waschen und auf Küchenkrepp trocknen. Die Haselnüsse grobhacken. Die Äpfel vierteln, schälen, vom Kerngehäuse befreien und auf einer Reibe grobraspeln.
• Die Apfelraspel mit dem Zucker, der Zitronenschale, dem Zitronensaft, dem Zimt, den Rosinen und den Nüssen vermengen.
• Das Backblech einfetten*.
• Die Arbeitsfläche mit Mehl bestäuben, drei Viertel des Teiges darauf ausrollen*, auf das Blech geben. Die Apfelmischung darauf verteilen.
• Den Backofen auf 200° vorheizen.
• Den restlichen Teig ausrollen, in daumenbreite Streifen schneiden und als Gitter über die Apfelmischung legen.
• Den Kuchen auf der mittleren Schiene des Ofens 30 Minuten backen.
• Die Aprikosenmarmelade mit etwas Wasser erhitzen und das Gitter des abgekühlten Kuchens damit bestreichen. Den Apfelkuchen mit Puderzucker besieben* und in 24 Stücke schneiden.

Preiswert · Schnell · Ganz einfach

Bretonischer Apfelkuchen

Zutaten für 10 Stücke:
600 g Blätterteig, tiefgefroren oder selbstbereitet (Rezept Seite 240) · 4 mittelgroße säuerliche Äpfel · 4 Eßl. Zucker · 1 Päckchen Vanillinzucker · 350 g Apfelmus, aus dem Glas oder selbstbereitet
Zum Bestreichen: 1 Eigelb
Pro Stück etwa 735 Joule/175 Kalorien

Zubereitungszeit: 25 Minuten
Backzeit: 30 Minuten

• Den Blätterteig nach Vorschrift auf der Packung auftauen lassen.
• Die Äpfel vierteln, schälen und vom Kerngehäuse befreien. Die Apfelviertel in kleine Würfel schneiden, mit dem Zucker und dem Vanillinzucker in das Apfelmus geben.
• Den Backofen auf 240° vorheizen. Das Backblech mit kaltem Wasser abspülen.
• Die Arbeitsfläche mit Mehl bestäuben, jeweils 3 Blätterteigplatten aufeinanderlegen und darauf nacheinander zu zwei etwa 2 mm dicken Rechtecken ausrollen*. Eine Platte auf das Blech legen, mehrmals mit einer Gabel einstechen und die Apfelfüllung gleichmäßig daraufstreichen, dabei ringsum einen Rand von 1 cm Breite freilassen. Den Rand mit Wasser bestreichen.
• Die zweite Teigplatte ebenfalls mehrmals mit einer Gabel einstechen und über die Füllung legen. Die Ränder fest andrücken und mit dem Messerrücken ringsum leicht einkerben.
• Das Eigelb verquirlen* und den Kuchen damit bestreichen. Auf der mittleren Schiene 30 Minuten backen. Nach 5 Minuten Backzeit die Temperatur auf 220° zurückschalten.
• Den Apfelkuchen auf dem Blech etwas abkühlen lassen, in 10 Portionsstücke teilen und lauwarm servieren.

Braucht etwas Zeit

Apfelwähe

Zutaten für Pie- oder Pizzaform von 28 cm Ø :
Für den Teig: 250 g Mehl · 1 gute Prise Salz · 125 g Butter · 5 Eßl. eiskaltes Wasser
Zum Belegen: 50 g Haselnußkerne · 600 g feste säuerliche Äpfel · 1 Eßl. Zitronensaft ·

75 g Zucker · 75 g Semmelbrösel
Für den Guß: ⅛ l Sahne · 1 Ei · 2 Eigelb ·
1 gehäufter Eßl. Speisestärke
Zum Überziehen: 3 Eßl. Zitronengelee ·
1 Eßl. Rum
Für die Form: Butter
Bei 16 Stücken pro Stück etwa 1030 Joule/
245 Kalorien

Zubereitungszeit: 50 Minuten
Ruhezeit: 30 Minuten
Backzeit: insgesamt 55 Minuten

● Das Mehl mit dem Salz auf die Arbeitsfläche
sieben*. Die Butter in Flöckchen darüberschneiden. Alles mit einem Messer bröselig hacken,
dann mit kühlen Händen zu einem geschmeidigen Teig kneten*, dabei das Wasser nach und
nach hinzufügen. Den Teig in Alufolie wickeln
und 30 Minuten im Kühlschrank ruhen lassen.
● Die Haselnüsse durch die Mandelmühle* drehen. Die Äpfel vierteln, schälen, vom Kerngeh-
häuse befreien und in dünne Scheiben schneiden. Die Apfelscheiben mit dem Zitronensaft
beträufeln, mit dem Zucker vermischen und kühl
stellen.
● Die Form einfetten*. Den Backofen auf 200°
vorheizen.
● Die Arbeitsfläche mit Mehl bestäuben und
den Teig darauf ausrollen*. Die Form mit der
Teigplatte auslegen und einen Rand formen*.
Den Boden mit einer Gabel mehrmals einstechen. Den Kuchen auf der mittleren Schiene des
Ofens 20 Minuten vorbacken, dann etwas
abkühlen lassen.
● Die geriebenen Nüsse mit den Semmelbröseln
mischen und auf den Kuchenboden streuen. Die
Apfelscheiben darüber dachziegelförmig verteilen.
● Die Wähe auf der mittleren Schiene des Ofens
20 Minuten backen. Die Temperatur auf 180°
zurückstellen.

● Die Sahne mit dem Ei, dem Eigelb und der
Speisestärke verquirlen* und über die Äpfel gießen. Den Kuchen nochmals 15 Minuten auf der
mittleren Schiene backen.
● Das Zitronengelee mit dem Rum glattrühren
und über die heiße Apfelwähe streichen. Die
Wähe in der Form erkalten lassen.

Braucht etwas Zeit

Birnenkuchen vom Blech

Zutaten für 1 Backblech:
Für den Teig: 500 g Mehl · 30 g Hefe ·
2 Eßl. Zucker · ¼ l lauwarme Milch · 80 g weiche
Butter · 1 Ei · 1 Prise Salz
Zum Belegen: 8–10 Birnen · Saft und abgeriebe-
ne Schale von 1 unbehandelten Zitrone ·
2 Eßl. Mandelblättchen
Für den Guß: 6 Eier · 150 g Zucker · ¼ l saure
Sahne
Für das Backblech: Butter
Bei 24 Stücken pro Stück etwa 860 Joule/
205 Kalorien

Zubereitungszeit: 40 Minuten
Zeit zum Gehenlassen: 55 Minuten
Backzeit: 30 Minuten

● Das Mehl in eine Schüssel sieben*, in der Mitte eine Mulde drücken. Die Hefe in die Vertiefung bröckeln und mit dem Zucker, der Hälfte
der Milch und etwas Mehl zu einem Vorteig*
verrühren. Mit einem Tuch zugedeckt an einem
warmen Platz 15 Minuten gehen lassen*.
● Die restliche Milch, die Butter, das Ei und das
Salz hinzufügen. Alles gut verkneten* und den
Teig so lange schlagen, bis er sich vom Schüssel-

rand löst und Blasen wirft. Den Teig zugedeckt an einem warmen Platz etwa 30 Minuten gehen lassen*.

● Die Birnen schälen, vierteln und vom Kerngehäuse befreien. Die Birnenviertel der Länge nach in etwa 4 Scheiben schneiden, in eine Schüssel geben und sanft mit der Zitronenschale und dem Zitronensaft mischen.

● Das Blech einfetten* und den Hefeteig darauf ausrollen*, ringsum einen 2 cm breiten Rand formen*. Die Birnenscheiben dicht nebeneinander auf die Teigplatte legen und mit den Mandelblättchen bestreuen. Den Kuchen nochmals 10 Minuten gehen lassen*.

● Den Backofen auf 200–220° vorheizen.

● Den Birnenkuchen im Ofen auf der mittleren Schiene 15 Minuten backen.

● Die Eier verquirlen* und gut mit dem Zucker und der sauren Sahne verrühren.

● Den Kuchen aus dem Ofen nehmen und mit dem Eierguß gleichmäßig begießen, zurück in den Ofen schieben und in etwa 15 Minuten fertig backen.

● Den Birnenkuchen etwas abkühlen lassen, in 24 Stücke schneiden und vom Blech nehmen.

Braucht etwas Zeit

Sepps Apfelkuchen

Sepp, der gelernte Bäcker und Konditor, betreibt sein Geschäft in einer bayerischen Kleinstadt. Wenn die Äpfel von den Bäumen fallen, erfindet er immer wieder neue Rezepte, um dem reichen Obstsegen Herr zu werden. Sein Spezial-Apfelkuchen schmeckt besonders gut.

Zutaten für 1 Backblech:
300 g tiefgefrorener Blätterteig
Für den Mürbeteig: 300 g Mehl · 1 Prise Salz ·
80 g saure Sahne · 100 g Zucker · 150 g kühle Butter
Zum Belegen: 1½–2 kg Kochäpfel · 1 Teel. Zimt · abgeriebene Schale von 1 unbehandelten Zitrone · 2 große mürbe Äpfel
Zum Beträufeln: 6 Eßl. flüssiger Honig
Bei 24 Stücken pro Stück etwa 945 Joule/ 225 Kalorien

Zubereitungszeit: 1 Stunde
Ruhezeit: 1 Stunde
Backzeit: 30–40 Minuten

● Den Blätterteig nach Vorschrift auf der Pakkung auftauen lassen.

● Für den Mürbeteig das Mehl auf die Arbeitsfläche sieben*, in die Mitte eine Mulde drücken. Das Salz, die saure Sahne und den Zucker hineingeben. Die Butter in Flöckchen auf den Mehlrand schneiden. Alle Zutaten mit einem Messer bröselig hacken, dann mit kühlen Händen zu einem glatten Teig kneten*. Den Teig in Alufolie wickeln und 1 Stunde kühlstellen.

● Die Kochäpfel waschen und kleinschneiden, dabei nur die Blütenansätze und die Stiele entfernen. Die Apfelstücke mit möglichst wenig Wasser weich kochen, dann durch ein Sieb in einen zweiten Topf passieren. Das Apfelmus mit dem Zimt und der Zitronenschale unter ständigem Rühren zu einem dicken Brei einkochen. Die Masse abkühlen lassen.

● Die Arbeitsfläche mit Mehl bestäuben, die Blätterteigplatten darauf übereinander legen und gut in Backblechgröße ausrollen*. Das Blech mit kaltem Wasser abspülen und die Teigplatte darauflegen, ringsum einen Rand formen*.

● Den Mürbeteig auf der bemehlten Arbeitsfläche 2 mm dünn zu vier Rechtecken ausrollen*, die zusammen so groß sein müssen, daß sie den Blätterteig ganz bedecken. Die Teigplatten auf den Blätterteig legen, so daß die Stoßkanten leicht überlappen.

- Den Backofen auf 200° vorheizen.
- Die Äpfel vierteln, schälen, vom Kerngehäuse befreien und in Scheibchen schneiden.
- Das Apfelmuß dick auf die Teigplatten streichen, die Apfelscheiben in regelmäßigen Abständen hineindrücken. Den Kuchen mit dem Honig beträufeln und auf der mittleren Schiene des Ofens 30–40 Minuten backen.
- Den Apfelkuchen etwas abkühlen lassen, dann auf dem Backblech in 24 Portionsstücke schneiden.

Preiswert · braucht etwas Zeit

Pfirsichkuchen

Zutaten für 1 Backblech:
Für den Teig: 125 g weiche Butter · 150 g Zucker ·
1 Päckchen Vanillinzucker · 2 Eier · 1 Prise Salz ·
500 g Mehl · 1 Päckchen Backpulver · ⅛–¼ l Milch
Zum Belegen: 1¼ kg Pfirsiche · 2 Eßl. Aprikosen-
marmelade
Für das Baiser: 5–6 Eiweiße · 200 g Zucker
Für das Backblech: Butter
Bei 20 Stücken pro Stück etwa 925 Joule/220 Kalorien

Zubereitungszeit: 1 Stunde 10 Minuten
Backzeit: 40 Minuten

- Die Butter schaumig rühren. Nach und nach den Zucker, den Vanillinzucker, die Eier und das Salz unter die Butter rühren. Das Mehl mit dem Backpulver mischen, über die Schaummasse sieben und unterrühren. So viel Milch in den Teig rühren, bis der Teig schwer reißend vom Löffel fällt.
- Den Teig auf dem Backblech verteilen und mit einem Teigschaber glattstreichen. Ein Stück doppelt gefaltete Alufolie an die offene Blechkante legen, damit der Teig während des Backens nicht vom Blech läuft.
- Das Backblech einfetten*. Den Backofen auf 220–240° vorheizen.
- Die Pfirsiche mit kochendem Wasser überbrühen, die Haut abziehen, die Früchte halbieren und entsteinen.
- Die Pfirsichhälften dicht nebeneinander auf den Teig legen.
- Den Kuchen auf der mittleren Schiene des Ofens etwa 30 Minuten backen.
- Das Eiweiß zu sehr steifem Schnee schlagen und den Zucker nach und nach einrieseln lassen.
- Die Aprikosenmarmelade mit 2 Eßlöffeln heißem Wasser verrühren und die Pfirsiche damit bestreichen. Die Baisermasse in einen Spritzbeutel mit großer Sterntülle füllen und als Gitter über den Kuchen spritzen.
- Den Kuchen so lange in den Ofen geben, bis das Baiser leicht Farbe angenommen hat.
- Den Kuchen herausnehmen, auf dem Blech etwas abkühlen lassen und in 20 Stücke schneiden. Die Kuchenstücke auf einem Kuchengitter kalt werden lassen.

Preiswert · Braucht etwas Zeit

Aprikosenkuchen vom Land

Zutaten für 1 Backblech:
Für den Teig: 500 g Mehl · 30 g Hefe ·
2 Eßl. Zucker · ¼ l lauwarme Milch ·
75 g zerlassene Butter · 1 Ei · 1 gute Prise Salz
Zum Belegen: 1 kg Aprikosen · 500 g Quark
(20% Fettgehalt) · 3 Eier · 2 Eßl. Speisestärke ·
Saft und abgeriebene Schale von ½ unbehandelten
Zitrone · 3 Eßl. Zucker
Zum Bestreuen: 2 Eßl. Mandelblättchen

Für das Backblech: Butter
Bei 24 Stücken pro Stück etwa 860 Joule/
205 Kalorien

Zubereitungszeit: 40 Minuten
Zeit zum Gehenlassen: 55 Minuten
Backzeit: etwa 35 Minuten

• Das Mehl in eine Schüssel sieben*, in die Mitte eine Mulde drücken. Die Hefe in die Vertiefung bröckeln und mit dem Zucker, der Milch und etwas Mehl zu einem Vorteig* verrühren. Mit einem Tuch zugedeckt an einem warmen Platz 15 Minuten gehen lassen*.
• Die zerlassene Butter, das Ei und das Salz dazugeben. Alles gut verkneten* und den Teig so lange schlagen, bis er sich vom Schüsselrand löst und Blasen wirft. Den Teig zugedeckt an einem warmen Platz etwa 30 Minuten gehen lassen*, bis er fast das doppelte Volumen erreicht hat.
• Die Aprikosen waschen, abtrocknen, halbieren und entsteinen*. Den Quark mit den Eiern cremig rühren, die Speisestärke, den Zitronensaft, die Zitronenschale und den Zucker untermischen.
• Das Backblech einfetten*. Den Hefeteig auf dem Blech ausrollen*, rundherum einen Rand formen*. Den Quark auf die Teigplatte streichen und die Aprikosen mit der runden Seite nach oben darauflegen. Die Mandelblättchen darüberstreuen. Den Kuchen nochmals 10 Minuten gehen lassen*.
• Den Backofen auf 220° vorheizen.

Unser Tip Die feinere Art ist es, wenn Sie die Aprikosen vor dem Entsteinen mit heißem Wasser überbrühen und häuten. Auf dem Lande verzichtet man lieber auf die etwas mühsame Arbeit!

• Den Aprikosenkuchen auf der mittleren Schiene des Ofens etwa 35 Minuten backen. Auf dem Blech etwas abkühlen lassen, dann in 24 Stücke schneiden.

Preiswert · Braucht etwas Zeit

Zwetschgendatschi

Der Zwetschgendatschi, auf hochdeutsch Pflaumenkuchen, ist der Höhepunkt spätsommerlicher Genüsse. Vor dem Hineinbeißen die Wespen verjagen!

Zutaten für 1 Backblech:
Für den Teig: 500 g Mehl · 30 g Hefe ·
50 g Zucker · ¼ l lauwarme Milch ·
75 g zerlassene Butter · 1 Ei · 1 gute Prise Salz
Zum Belegen: 1½ kg Zwetschgen
Zum Bestreuen: 50 g Zucker · 1 Teel. Zimt
Für das Backblech: Butter oder Öl
Bei 20 Stücken pro Stück etwa 755 Joule/
180 Kalorien

Zubereitungszeit: 40 Minuten
Zeit zum Gehenlassen: 1 Stunde
Backzeit: 25 Minuten

• Das Mehl in eine Schüssel sieben*, in die Mitte eine Mulde drücken, die Hefe hineinbröckeln und mit 1 Eßlöffel Zucker, der Milch und etwas Mehl zu einem Hefeansatz* verrühren. Mit einem Tuch zugedeckt an einem warmen Platz 15–20 Minuten gehen lassen*.
• Den restlichen Zucker, die zerlassene Butter, das Ei und das Salz auf den Mehlrand geben, mit dem gesamten Mehl und dem Hefeansatz gut verkneten* und so lange schlagen, bis der Teig sich vom Schüsselrand löst und Blasen wirft.
• Den Teig an einem warmen Platz so lange

gehen lassen*, bis er das doppelte Volumen erreicht hat, das dauert etwa 25–30 Minuten.
● Die Zwetschgen waschen, abtrocknen, der Länge nach einschneiden und entsteinen. Die zusammenhängenden Hälften nochmals längs einschneiden*.
● Das Backblech einfetten*.
● Den Hefeteig auf dem Blech ausrollen* und rundherum einen Rand formen*. Die Zwetschgen dicht in Reihen auf den Teigboden legen und leicht andrücken. Den Kuchen nochmals 15 Minuten gehen lassen*.
● Den Backofen auf 220° vorheizen.
● Den Datschi auf der mittleren Schiene des Ofens 25 Minuten backen.
● Den Zucker mit dem Zimt mischen und den noch heißen Zwetschgendatschi damit bestreuen. Den Kuchen in 20 Stücke schneiden und noch warm oder kalt servieren.

Unser Tip Zwetschgen sind von recht unterschiedlicher Süße. Wenn Sie säuerliche Früchte erwischt haben, einfach mehr Zucker über den Kuchen streuen.

Ganz einfach

Bolzaner Zwetschgenkuchen

Zutaten für 1 Backblech:
Zum Belegen: 600 g Zwetschgen · 3 Eßl. Zucker
Für den Teig: 4 Eier · 200 g weiche Butter · 1 Prise Salz · 200 g Zucker · ½ Päckchen Backpulver · 100 g Speisestärke · 300 g Mehl
Zum Bestäuben: 1 Päckchen Vanillinzucker · 4 Eßl. Puderzucker

Für das Backblech: Butter · Semmelbrösel
Bei 20 Stücken pro Stück etwa 1155 Joule/ 275 Kalorien

Zubereitungszeit: 35 Minuten
Backzeit: 1 Stunde

● Die Zwetschgen waschen, abtrocknen, halbieren und entsteinen. In eine Schüssel geben und mit dem Zucker bestreuen.
● Die Eier in Eiweiß und Eigelb trennen*. Die Butter in einer Schüssel geschmeidig rühren. Das Salz und den Zucker löffelweise dazugeben, so lange weiterrühren, bis der Zucker ganz aufgelöst ist. Das Eigelb untermischen.
● Das Backpulver mit der Speisestärke und dem Mehl sieben*, auf die Schaummasse geben und gut einrühren.
● Den Backofen auf 180° vorheizen. Das Backblech einfetten* und gut mit Semmelbröseln ausstreuen*.
● Das Eiweiß zu steifem Schnee schlagen* und unter den Teig heben. Die Hälfte des Teiges auf das Backblech streichen und 10 Minuten auf der mittleren Schiene des Ofens vorbacken.
● Das Blech aus dem Ofen nehmen. Den Teigboden mit den Zwetschgen belegen, den restlichen Teig darüber verteilen. Das Blech in den heißen Ofen zurückschieben und den Kuchen weitere 50 Minuten backen.
● Den Vanillinzucker mit dem Puderzucker mischen und den noch warmen Zwetschgenkuchen damit bestreuen. Den Kuchen in 20 Rechtecke schneiden. Warm oder kalt servieren. Dazu gehört unbedingt Schlagsahne.

Braucht etwas Zeit

Ländlicher Festtagskuchen

Der saftige Blechkuchen ist wirklich nicht für alle Tage gedacht. Sie können den Drei-Schichten-Kuchen auch mit Kirschen zubereiten.

Zutaten für 1 Backblech:
Für den Teig: 250 g weiche Butter · 250 g Zucker ·
1 Päckchen Vanillinzucker · 4 Eier · 300 g Mehl ·
100 g Speisestärke · 4 Teel. Backpulver
Zum Belegen: 2 kg Zwetschgen · 275 g Zucker ·
125 g weiche Butter · 1 Päckchen Vanillinzucker ·
2 Eier · 750 g Magerquark · 100 g Speisestärke ·
2 Teel. Backpulver
Für die Streusel: 400 g Mehl · 200 g Zucker ·
200 g kalte, aber nicht zu harte Butter
Zum Bestreuen: 2–3 Eßl. Puderzucker ·
1 Teel. Zimt
Für das Backblech: Backtrennpapier*
Bei 24 Stücken pro Stück etwa 2330 Joule/
555 Kalorien

Zubereitungszeit: 50 Minuten
Backzeit: 55 Minuten

● Die Butter in einer großen Schüssel cremig rühren. Den Zucker und den Vanillinzucker dazugeben und weiterrühren, bis der Zucker ganz aufgelöst ist. Ein Ei nach dem anderen dazuschlagen.
● Den Backofen auf 180° vorheizen. Das Backblech mit Backtrennpapier auslegen.
● Das Mehl mit der Speisestärke und dem Backpulver sieben* und portionsweise gründlich in die Crememasse einrühren.
● Den Teig gleichmäßig auf das Backblech streichen und auf der mittleren Schiene des Ofens 15 Minuten vorbacken.

● Die Zwetschgen waschen, abtrocknen, halbieren und entsteinen. Die Zwetschgenhälften in ein Sieb geben, mit 3 Eßlöffeln Zucker bestreuen und etwa 10 Minuten abtropfen lassen. (Den Saft auffangen und anderweitig verwenden.)
● Die Butter mit dem übrigen Zucker und dem Vanillinzucker schaumig rühren. Die Eier und den Quark dazugeben und alles geschmeidig schlagen. Die Speisestärke mit dem Backpulver sieben* und in die Quarkmasse rühren. Die Zwetschgen vorsichtig unter die Quarkmasse heben.
● Den Belag gleichmäßig auf den vorgebackenen Kuchen verteilen.
● Für die Streusel das Mehl in eine Schüssel sieben*, den Zucker hinzufügen und die Butter in Flöckchen darüberschneiden. Alles mit kühlen Händen zu einer bröseligen Masse verarbeiten. Die Streusel locker über die Zwetschgenmischung streuen. Den Kuchen bei 200° auf der mittleren Schiene 40 Minuten backen.
● Den Puderzucker mit dem Zimt mischen und auf den abgekühlten Festtagskuchen sieben*. In 24 Rechtecke schneiden und möglichst frisch servieren.

Braucht etwas Zeit · Ganz einfach

Sauerkirschkuchen

Zutaten für 1 Backblech:
Zum Belegen: 1 kg Sauerkirschen ·
4 Eßl. Zucker · ⅛ l trockener Weißwein
Für den Teig: 200 g Haselnußkerne · 250 g weiche
Butter · 250 g Zucker · 4 Eier · 300 g Mehl ·
3 Teel. Backpulver · 2 Eßl. Schokoladenpulver ·
⅛ l Milch
Für den Guß: 3 Teel. Speisestärke · 5 Eßl. Kirschlikör
Für das Backblech: Butter

Bei 24 Stücken pro Stück etwa 1 115 Joule/
265 Kalorien

Zubereitungszeit: 1 Stunde
Ruhezeit: 1 Stunde
Backzeit: 40 Minuten

• Die Kirschen waschen, abtrocknen und entsteinen. In eine Schüssel geben, mit dem Zucker
bestreuen, mit dem Weißwein übergießen und
1 Stunde durchziehen lassen.
• Die Haselnüsse durch die Mandelmühle* drehen.
• Die Butter mit dem Zucker cremig rühren, bis
der Zucker ganz aufgelöst ist. Die Eier nach und
nach hinzufügen.
• Das Backblech einfetten*. Den Backofen auf
200° vorheizen.
• Das Mehl mit dem Backpulver und dem Scho-
koladenpulver sieben* und abwechselnd mit der
Milch und den Nüssen in die Crememasse rühren.
• Die Kirschen abtropfen lassen, dabei den Saft
auffangen.
• Den weichen Teig gleichmäßig auf das Backblech streichen und mit den Kirschen belegen.
Ein Stück doppelt gefaltete Alufolie an die offene Blechkante legen, damit der Teig nicht vom
Blech läuft.
• Den Kuchen auf der mittleren Schiene des
Ofens 40 Minuten backen.
• Die Speisestärke mit wenig Wasser verrühren.
Den Kirschsaft in einem Töpfchen erhitzen und
mit der angerührten Speisestärke unter Rühren
binden. Den Kirschlikör hinzufügen.
• Den Kirschkuchen auf dem Blech etwas
abkühlen lassen*, den Guß darüberträufeln und
fest werden lassen.

Braucht etwas Zeit • Nicht ganz einfach

Rhabarberkuchen

Die Wurzeln des Rhababers waren schon im
Altertum als Arzneipflanze bekannt. Die flei-
schigen, angenehm säuerlichen Blattstiele wurden erst um 1860 als »Kompottpflanze« entdeckt und erst um die Jahrhundertwende in ganz
Deutschland populär.

Zutaten für 1 Backblech:
Für den Teig: 500 g Mehl · 40 g Hefe ·
75 g Zucker · ¼ l lauwarme Milch ·
1 Päckchen Vanillinzucker · 50 g weiche Butter
Zum Belegen: 1 kg Rhabarber · 200 g Marzipan-
Rohmasse · 150 g Puderzucker · 1 Eßl. Rum ·*
1 Eigelb · 1 Eßl. Dosenmilch
Zum Bestreuen: 4 Eßl. Hagelzucker
Für das Backblech: Butter
Bei 24 Stücken pro Stück etwa 820 Joule/
195 Kalorien

Zubereitungszeit: 45 Minuten
Zeit zum Gehenlassen: 1 Stunde und 10 Minuten
Backzeit: 30 Minuten

• Das Mehl in eine Schüssel sieben* und in die
Mitte eine Mulde drücken. Die Hefe in die Vertiefung bröckeln und mit 1 Eßlöffel Zucker, der
Hälfte der Milch und etwas Mehl zu einem Vorteig* verrühren. Mit einem Tuch zugedeckt an einem warmen Platz 15 Minuten gehen lassen*.
• Den restlichen Zucker, die restliche Milch,
den Vanillinzucker und die weiche Butter dazugeben. Alles gut verkneten* und den Teig so lange schlagen, bis er sich vom Schüsselrand löst
und Blasen wirft. Den Teig zugedeckt an einem
warmen Platz 35 Minuten gehen lassen*, bis er
das doppelte Volumen erreicht hat.
• Den Rhabarber putzen* und in Stücke schneiden. In einem Topf mit ½ Tasse Wasser 10 Minu-

ten köcheln und dann abtropfen lassen.
• Das Backblech einfetten*. Den Backofen auf 200° vorheizen.
• Drei Viertel des Hefeteigs auf dem Backblech ausrollen*. Die Marzipan-Rohmasse* mit dem Puderzucker und dem Rum verkneten*. Die Masse dünn ausrollen* und auf den Hefeteigboden legen. Den belegten Hefeteig nochmals zugedeckt 20 Minuten gehen lassen*.
• Die Arbeitsfläche mit Mehl bestäuben, den restlichen Teig darauf ausrollen* und aus der Teigplatte fingerbreite Streifen ausrädeln*.
• Den Rhabarber auf die Marzipanschicht verteilen und die Teigstreifen als Gitter darüberlegen.
• Das Eigelb mit der Dosenmilch verquirlen* und das Teiggitter damit bepinseln. Den Kuchen auf der mittleren Schiene des Ofens 30 Minuten backen.
• Den Rhabarberkuchen auf dem Blech etwas abkühlen lassen, mit dem Hagelzucker bestreuen und in 24 Stücke schneiden.

Schnell · Ganz einfach

Zitronenkuchen vom Blech

Zutaten für 1 Backblech:
350 g weiche Butter · 350 g Zucker · 1 Päckchen Vanillinzucker · 6 Eier · abgeriebene Schale von 2 unbehandelten Zitronen · 350 g Mehl · 3 Teel. Backpulver
Zum Belegen: 250 g kandierte Zitronenscheiben
Für den Guß: 200 g Puderzucker · 3–4 Eßl. Zitronensaft
Für das Backblech: Butter
Bei 24 Stücken pro Stück etwa 1 090 Joule/ 260 Kalorien

Zubereitungszeit: 35 Minuten
Backzeit: etwa 20 Minuten

• Die Butter mit dem Zucker und dem Vanillinzucker sehr schaumig rühren, bis der Zucker ganz aufgelöst ist. Nach und nach die Eier unterrühren. Die Zitronenschale hinzufügen.
• Das Backblech einfetten*. Den Backofen auf 200° vorheizen.
• Das Mehl mit dem Backpulver sieben* und eßlöffelweise in die Crememasse rühren.
• Den Teig auf das Blech streichen. Einen doppelt gefalteten Streifen Alufolie am offenen Rand des Blechs hochstellen, damit der Teig nicht herunterläuft.
• Den Kuchen auf der mittleren Schiene des Ofens etwa 20 Minuten backen.
• Den Kuchen auf dem Blech abkühlen lassen*.
• Die kandierten Zitronenscheiben halbieren. Den Puderzucker mit dem Zitronensaft glattrühren und den Kuchen damit gleichmäßig bestreichen. Sobald der Guß beginnt anzuziehen, die kandierten Zitronenscheiben darauf verteilen und leicht andrücken. Wenn die Glasur fest ist, den Zitronenkuchen in Rechtecke aufschneiden.

Ganz einfach · Braucht etwas Zeit

Stachelbeerkuchen

Zutaten für 1 Backblech:
Zum Belegen: 1½ kg Stachelbeeren ·
100 g Zucker · ½ Tasse Wasser · 1 Stückchen Zimtstange
Für den Teig: 500 g Mehl · 1 gute Prise Salz · 4 Eigelb · abgeriebene Schale von ½ unbehandelten Zitrone · 200 g Zucker · 250 g Butter
Für den Baiserguß: 6 Eiweiß · 200 g Zucker
Zum Bestreuen: 4 Eßl. Biskuit- oder Semmelbrösel

Für das Backblech: Butter
Bei 24 Stücken pro Stück etwa 1 155 Joule/
275 Kalorien

Zubereitungszeit: 45 Minuten
Ruhezeit: 1 Stunde
Backzeit: etwa 40 Minuten

• Die Stachelbeeren putzen und waschen, in einen Topf geben und mit dem Zucker, dem Wasser und dem Stück Zimtstange 5 Minuten bei schwacher Hitze köcheln lassen. Die Beeren abtropfen lassen, den Zimt entfernen.
• Das Mehl mit dem Salz auf die Arbeitsfläche sieben*. In die Mitte eine Mulde drücken und das Eigelb, die Zitronenschale und den Zucker hineingeben. Die Butter auf den Mehlrand schneiden. Alle Zutaten mit einem Messer bröselig hacken, dann mit kühlen Händen zu einem glatten Mürbeteig kneten*. Den Teig in Alufolie wickeln und etwa 1 Stunde im Kühlschrank ruhen lassen.
• Das Blech einfetten*. Den Backofen auf 200° vorheizen.
• Den Mürbeteig auf dem Blech ausrollen* und auf der mittleren Schiene des Ofens 15 Minuten backen.
• Den Kuchen aus dem Ofen nehmen, mit den Biskuit- oder Semmelbröseln bestreuen und die Stachelbeeren darüber verteilen. Den Backofen auf 150° herunterschalten.
• Das Eiweiß zu steifem Schnee schlagen*, den Zucker nach und nach darunterrühren. Die Baisermasse in einen Spritzbeutel* mit großer Sterntülle* füllen und als Gitter über den Stachelbeerkuchen spritzen. Den Kuchen auf der mittleren Schiene in etwa 25 Minuten fertig backen.

Preiswert · Nicht ganz einfach

Heidelbeerkuchen

Zutaten für 1 Backblech:
Für den Teig: 500 g Mehl · 30 g Hefe · knapp
¼ l lauwarme Milch · 80 g weiche Butter · 1 Ei ·
1 Prise Salz · 2 Eßl. Zucker
Zum Belegen: 1 kg Heidelbeeren · 2 Eßl. Zucker
Zum Bestreichen: 2 Eßl. zerlassene Butter
Für das Backblech: Butter
Bei 20 Stücken pro Stück etwa 775 Joule/
185 Kalorien

Zubereitungszeit: 40 Minuten
Zeit zum Gehenlassen: 1 Stunde
Backzeit: 30–40 Minuten

• Das Mehl in eine Schüssel sieben*, in die Mitte eine Mulde drücken. Die Hefe in die Vertiefung bröckeln und mit der Hälfte der Milch und etwas Mehl zu einem Hefeansatz* verrühren. Mit einem Tuch zugedeckt 15–20 Minuten an einem warmen Platz gehen lassen*.
• Die restliche Milch, die Butter, das Ei, das Salz und den Zucker auf den Mehlrand geben, alles gut mit dem gesamten Mehl und dem Hefeansatz verkneten und so lange schlagen, bis der Teig sich vom Schüsselrand löst und Blasen wirft.
• Den Teig an einem warmen Platz zugedeckt so lange gehen lassen*, bis er das doppelte Volumen erreicht hat, das dauert etwa 25 Minuten.
• Die Heidelbeeren verlesen, waschen und gut abtropfen lassen.
• Das Backblech einfetten*.
• Den Hefeteig auf dem Backblech ausrollen* und rundherum einen Rand formen*. Die Teigplatte mit der zerlassenen Butter bestreichen und mit den Heidelbeeren gleichmäßig belegen. Den Kuchen nochmal ca. 15 Minuten gehen lassen*.
• Den Backofen auf 220° vorheizen.

• Den Kuchen auf der mittleren Schiene des Ofens 30–40 Minuten backen.

• Den noch heißen Kuchen mit 1 Eßlöffel Zucker bestreuen, einige Minuten auf dem Blech abkühlen lassen*, in 20 Stücke schneiden und diese auf einem Kuchengitter völlig kalt werden lassen. Den Kuchen vor dem Servieren mit dem restlichen Zucker bestreuen.

Braucht etwas Zeit

Johannisbeerkuchen mit Eierguß

Zutaten für 1 Backblech:
Für den Teig: 500 g Mehl · 30 g Hefe ·
80 g Zucker · knapp ¼ l lauwarme Milch ·
8 Eßl. Öl · 1 Prise Salz
Zum Belegen: 1½ kg Johannisbeeren · 2 Scheiben
Zwieback
Für den Guß: 100 g Zucker · 2 Eßl. Speisestärke ·
4 Eier · 200 g Sahne · 1 Prise Salz · abgeriebene
Schale von ½ unbehandelten Zitrone
Für das Backblech: Butter
Bei 24 Stücken pro Stück etwa 905 Joule/
215 Kalorien

Zubereitungszeit: 50 Minuten
Zeit zum Gehenlassen: 55 Minuten
Backzeit: 45 Minuten

• Das Mehl in eine Schüssel sieben*, in die Mitte eine Mulde drücken. Die Hefe in die Vertiefung bröckeln und mit 1 Eßlöffel Zucker, der Hälfte der Milch und etwas Mehl zu einem Vorteig* verrühren. Mit einem Tuch zugedeckt an einem warmen Platz 15 Minuten gehen lassen*.

• Den restlichen Zucker, die restliche Milch, das Öl und das Salz dazugeben. Alles gut verkneten*

und den Teig so lange schlagen, bis er sich vom Schüsselrand löst und Blasen wirft. Den Teig zugedeckt an einem warmen Platz 30 Minuten gehen lassen*, bis er das doppelte Volumen erreicht hat.

• Die Johannisbeeren waschen, gut abtropfen lassen und von den Stielen streifen.

• Das Backblech einfetten* und den Hefeteig darauf ausrollen*. Ringsherum einen daumenbreiten Rand formen*. An der offenen Seite des Blechs zusätzlich einen doppelt gefalteten Alufoliestreifen legen, damit der Belag nicht herunterlaufen kann. Den Teig noch einmal 10 Minuten gehen lassen.

• Den Backofen auf 200° vorheizen.

• Den Zwieback zerbröseln und auf die Teigplatte streuen. Die Johannisbeeren gleichmäßig darauf verteilen.

• Den Zucker mit der Speisestärke in einem hohen Gefäß mischen und mit den Eiern, der Sahne, dem Salz und der Zitronenschale gut verquirlen. Den Guß gleichmäßig über die Johannisbeeren gießen. Den Kuchen auf der mittleren Schiene des Ofens etwa 45 Minuten backen.

• Den Johannisbeerkuchen auf dem Blech etwas abkühlen lassen, dann in 24 Portionsstücke schneiden.

Braucht etwas Zeit · Preiswert · Ganz einfach

Ribiselkuchen

Unsere österreichischen Kollegen haben besonders für Gemüse und Früchte treffliche Bezeichnungen. Unsere Johannisbeeren nennen sie liebevoll Ribiseln.

Zutaten für 1 Backblech:
500 g rote Johannisbeeren (entstielt gewogen) ·
2 Eier · 250 g Mehl · 160 g Butter ·

250 g Zucker · abgeriebene Schale von ½ unbehandelten Zitrone · 5 Eßl. Wasser
Für das Backblech: Butter
Bei 30 Stücken pro Stück etwa 460 Joule/
110 Kalorien

Zubereitungszeit: 45 Minuten
Ruhezeit: 1 Stunde
Backzeit: etwa 40 Minuten

• Die Johannisbeeren waschen, abtropfen lassen und von den Stielen abzupfen. Die Eier in Eiweiß und Eigelb trennen*.
• Das Mehl auf die Arbeitsfläche sieben*, die Butter in Flöckchen darüberschneiden und beides mit einem Messer bröselig hacken. Das Eigelb, 3 Eßlöffel Zucker und die Zitronenschale hinzufügen und alles mit kühlen Händen zu einem glatten Mürbeteig verkneten*. Den Teig in Alufolie 1 Stunde im Kühlschrank ruhen lassen.
• Das Wasser mit 2 Eßlöffeln Zucker zum Kochen bringen. Die Johannisbeeren hineingeben und 2 Minuten köcheln lassen. Die Johannisbeeren mit dem Schaumlöffel aus dem Sirup in eine Schüssel heben und beiseite stellen. Den Sirup bei schwacher Hitze dickflüssig einkochen.
• Das Backblech einfetten*. Den Backofen auf 190–200° vorheizen.
• Die Arbeitsfläche mit Mehl bestäuben und den Teig darauf möglichst dünn ausrollen*. Die Teigplatte auf das Blech legen, ringsherum einen kleinen Rand formen* und den Teigboden auf der mittleren Schiene des Ofens in 15–20 Minuten hellgelb vorbacken.
• Den Kuchen erkalten lassen, dann mit dem Sirup bestreichen und die Johannisbeeren gleichmäßig darauf verteilen.
• Das Eiweiß zu sehr steifem Schnee schlagen*, den restlichen Zucker nach und nach einrieseln lassen. Die Eiweißmasse über die Johannisbeeren streichen. Den Kuchen in den Backofen zurückstellen, die Hitze auf 150° reduzieren und

die Baisermasse in etwa 20 Minuten mehr trocknen lassen als backen.
• Den Ribiselkuchen in 30 Schnitten teilen und heiß oder kalt servieren.

Ganz einfach

Drei-Beeren-Kuchen

Zutaten für 1 Backblech:
Zum Belegen: 350 g rote Johannisbeeren ·
300 g Heidelbeeren · 300 g Stachelbeeren
Für den Teig: 250 g weiche Butter · 200 g Zucker ·
1 Päckchen Vanillinzucker · abgeriebene Schale
von 1 unbehandelten Zitrone · 4 Eier ·
400 g Mehl · 100 g Speisestärke · 3 Teel. Back-
pulver
Zum Bestreuen: 4 Eßl. Zucker
Für das Backblech: Butter
Bei 24 Stücken pro Stück etwa 945 Joule/
225 Kalorien

Zubereitungszeit: 1 Stunde
Backzeit: 30–40 Minuten

• Die Beeren getrennt waschen und abtropfen lassen. Die Johannisbeeren abzupfen, die Heidelbeeren verlesen und die Stachelbeeren vom Blütenansatz befreien. Jede Sorte wieder getrennt auf Küchenkrepp trocknen lassen.
• Die Butter mit dem Zucker und dem Vanillinzucker schaumig rühren. Die Zitronenschale und ein Ei nach dem anderen untermischen.
• Den Backofen auf 200° vorheizen. Das Backblech einfetten*.
• Das Mehl mit der Speisestärke und dem Backpulver mischen, über die Schaummasse sieben* und langsam einrühren.
• Den Teig gleichmäßig auf das eingefettete Backblech streichen.

• Aus doppelt gefalteter Alufolie zwei 3 cm hohe Streifen in Breite des Backblechs schneiden und in gleichen Abständen leicht in den Teig drücken. Jedes Teigdrittel mit einer Beerensorte belegen.
• Den Kuchen auf der mittleren Schiene des Ofens 30–40 Minuten backen.
• Den Kuchen abkühlen lassen*, mit dem Zucker bestreuen und in 24 Stücke schneiden.

Braucht etwas Zeit

Nektarinenfladen

Zutaten für 1 Springform von 28 cm Ø :
300 g tiefgefrorener Blätterteig · 750 g kleine Nektarinen · 100 g Zucker · ¼ l Wasser
Für die Creme: ⅛ l Sahne · 3 Eigelb ·
75 g Zucker · Mark von ¼ Vanilleschote ·
2 Eßl. Marillengeist oder Rum · 1 Eßl. Speisestärke
Zum Bestreichen: 3 Eßl. Johannisbeergelee ·
1 Eßl. Rum
Zum Bestreuen: 2 Eßl. Mandelblättchen
Bei 12 Stücken pro Stück etwa 1 010 Joule/ 240 Kalorien

Zubereitungszeit: 40 Minuten
Backzeit: 30 Minuten

• Den Blätterteig nach Vorschrift auf der Packung auftauen lassen.
• Die Nektarinen häuten, halbieren und entsteinen. Den Zucker mit dem Wasser aufkochen, die Nektarinen einlegen, 2 Minuten bei schwacher Hitze mitköcheln und in der Zuckerlösung abkühlen lassen.
• Die Sahne in einem Topf mit dem Eigelb, dem Zucker, dem Vanillemark, dem Marillengeist oder dem Rum und der Speisestärke gut verquir-

len und unter ständigem Schlagen mit dem Schneebesen bei mittlerer Hitze einmal aufkochen, dann abkühlen lassen.
• Die Arbeitsfläche mit Mehl bestäuben, die Blätterteigscheiben darauf übereinanderlegen und sanft nach allen Seiten rund ausrollen*. Die Form mit kaltem Wasser ausspülen und mit der Teigplatte auslegen, dabei einen daumenbreiten Rand formen*.
• Den Backofen auf 220° vorheizen. Die Nektarinen abtropfen lassen.
• Die Creme auf den Teigboden streichen und die Nektarinen darauf mit der Rundung nach oben verteilen. Den Fladen auf der mittleren Schiene des Ofens etwa 30 Minuten backen.
• Das Johannisbeergelee mit dem Rum glattrühren. Die Mandelblättchen in einer Pfanne ohne Fett goldbraun rösten.
• Den Kuchen aus dem Ofen nehmen und die Nektarinen mit der Geleemischung bestreichen, die Mandelblättchen darüberstreuen. Den Fladen warm oder kalt servieren.

Preiswert

Johannisbeerkuchen

Zutaten für 1 Springform von 26 cm Ø :
je 250 g rote und schwarze Johannisbeeren ·
300 g Zucker · 125 g weiche Butter · 4 Eier ·
abgeriebene Schale von 1 unbehandelten Zitrone ·
175 g Mehl · 100 g Speisestärke · 1½ Teel. Backpulver · 50 g Mandelblättchen · 2 Eßl. Puderzucker
Für die Form: Butter
Bei 12 Stücken pro Stück etwa 1 490 Joule/ 355 Kalorien

Zubereitungszeit: 40 Minuten
Backzeit: etwa 50 Minuten

- Die Johannisbeeren abbrausen, von den Stengeln zupfen und auf Küchenkrepp trocknen. Die Beeren in eine Schüssel geben und mit 100 g Zucker bestreuen.
- Die Butter mit 125 g Zucker, 2 Eiern und der Zitronenschale cremig rühren, bis der Zucker ganz aufgelöst ist. 125 g Mehl mit 50 g Speisestärke und 1 Teelöffel Backpulver dazusieben* und mit der Crememasse verrühren.
- Die Form einfetten* und den Teig einfüllen. Die Mandelblättchen darüberstreuen und die Johannisbeeren darauf verteilen.
- Den Backofen auf 200° vorheizen.
- Die restlichen Eier in Eiweiß und Eigelb trennen*. Das Eiweiß mit 2 Eßlöffeln kaltem Wasser zu steifem Schnee schlagen*, den restlichen Zucker einrieseln lassen.
- Das restliche Mehl mit der restlichen Speisestärke und ½ Teelöffel Backpulver sieben* und mit dem Eigelb unter den Eischnee heben. Die Masse über die Johannisbeeren streichen.
- Den Kuchen auf der mittleren Schiene des Ofens etwa 50 Minuten backen.
- Den Kuchen 10 Minuten im ausgeschalteten Ofen stehen lassen, dann aus der Form nehmen und auf einem Kuchengitter erkalten lassen. Mit dem Puderzucker besieben*.

Braucht etwas Zeit · Ganz einfach

Mirabellenkuchen

Zutaten für 1 Springform von 28 cm Ø :
Für den Teig: 250 g Mehl · 1 Eigelb ·
100 g Zucker · 1 Prise Salz · 4 Eßl. trockener
Weißwein · 125 g Butter
Zum Belegen: 1½ kg Mirabellen · 4 Eßl. Zucker ·
4 Eßl. Biskuitbrösel · ½ Teel. Zimt
Für die Form: Butter

Bei 12 Stücken pro Stück etwa 1345 Joule/ 320 Kalorien

Zubereitungszeit: 35 Minuten
Ruhezeit: 1 Stunde
Backzeit: etwa 30 Minuten

- Das Mehl auf die Arbeitsfläche sieben*, in die Mitte eine Mulde drücken. Das Eigelb, den Zucker, das Salz und den Weißwein in die Vertiefung geben. Die Butter in Flöckchen auf den Mehlrand schneiden. Alles mit einem Messer krümelig hacken, dann mit kühlen Händen zu einem glatten Teig verkneten*. Den Teig in Alufolie wickeln und etwa 1 Stunde im Kühlschrank ruhen lassen.
- Die Mirabellen waschen, auf Küchenkrepp trocknen, halbieren und entsteinen. Die Früchte in eine Schüssel geben und mit dem Zucker bestreuen.
- Die Arbeitsfläche mit Mehl bestäuben und den Teig darauf ausrollen*. Die Form einfetten* und den Boden und den Rand der Form mit der Teigplatte auslegen.
- Den Backofen auf 200° vorheizen.
- Den Teigboden mehrmals mit einer Gabel einstechen und mit 2 Eßlöffeln Biskuitbröseln bestreuen. Die Mirabellen dicht nebeneinander kranzförmig auf den Teigboden legen. Den zurückgebliebenen Saft in der Schüssel mit dem Zimt und den restlichen Biskuitbröseln verrühren und in kleinen Häufchen auf die Mirabellen setzen. Den Kuchen etwa 30 Minuten auf der zweiten Schiene von unten im Ofen backen.
- Den Kuchen etwas abkühlen lassen, aus der Form nehmen und auf einer Tortenplatte erkalten lassen. Nach Belieben mit Schlagsahne servieren.

Preiswert · Ganz einfach

Aprikosenkuchen

Zutaten für 1 Springform von 26 cm Ø :
Für den Teig: 150 g Mehl · 50 g weiche Butter ·
1 Eßl. Zucker · 1 Prise Salz · 1 Eigelb ·
1 Eßl. Crème fraîche
Zum Belegen: 750 g Aprikosen · 50 g Mehl ·
50 g Zucker · 3 Eßl. Crème fraîche · abgeriebene
Schale von ½ unbehandelten Zitrone · 1 Eigelb
Für die Form: Butter
Bei 12 Stücken pro Stück etwa 715 Joule/
170 Kalorien

Zubereitungszeit: 35 Minuten
Ruhezeit: 30 Minuten
Backzeit: 40–45 Minuten

• Das Mehl in eine Schüssel sieben*. Die weiche Butter, den Zucker, das Salz, das Eigelb und die Crème fraîche dazugeben. Alles schnell zu einem glatten Teig kneten*.
• Den Mürbeteig 30 Minuten zugedeckt im Kühlschrank ruhen lassen.
• Die Aprikosen mit kochendheißem Wasser überbrühen und die Haut abziehen*. Die Früchte halbieren und entsteinen*.
• Das Mehl mit dem Zucker in einer kleinen Schüssel mischen und mit der Crème fraîche, der Zitronenschale und dem Eigelb cremig rühren.
• Die Springform einfetten*.
• Die Arbeitsfläche leicht mit Mehl bestäuben und den gekühlten Teig darauf ausrollen. Den Boden der Form mit der Teigplatte auslegen und einen etwa 1 cm hohen Rand formen*. Den Boden mit einer Gabel mehrmals einstechen*. Die Crème fraîche-Masse gleichmäßig daraufstreichen. Die Aprikosenhälften mit der Rundung nach oben darauflegen.
• Den Kuchen auf die mittlere Schiene des kalten Backofens schieben. Den Backofen auf 200°

schalten und den Kuchen 40–45 Minuten backen. Den Aprikosenkuchen in der Form etwas abkühlen lassen*, auf eine Platte gleiten lassen, teilen und warm oder kalt servieren.

Preiswert · Ganz einfach

Feiner Aprikosenkuchen

Zutaten für 1 Springform von 26 cm Ø :
850 g Aprikosenhälften aus der Dose ·
100 g Butter · 75 g Farinzucker · 2 Eier ·*
125 g Zucker · abgeriebene Schale von ½ unbehandelten Zitrone · 2 Teel. Backpulver ·
180 g Mehl · 7 Eßl. Milch
Bei 8 Stücken pro Stück etwa 1 720 Joule/
410 Kalorien

Zubereitungszeit: 30 Minuten
Backzeit: 45 Minuten

• Die Aprikosen abtropfen lassen. Die Butter in einem Töpfchen zerlassen.
• Die Springform mit 3 Eßlöffeln der zerlassenen Butter einfetten* und mit dem Farinzucker ausstreuen. Die Aprikosen mit der Wölbung nach unten auf den Formboden verteilen.
• Den Backofen auf 175° vorheizen.
• Die Eier mit dem Zucker schaumig schlagen, die Zitronenschale dazugeben. Das Backpulver mit dem Mehl sieben* und abwechselnd mit der Milch in die Schaummasse rühren. Zuletzt die restliche zerlassene Butter unterrühren.
• Den Teig über die Aprikosen in die Form geben. Den Kuchen auf der untersten Schiene des Ofens 45 Minuten backen.
• Den Aprikosenkuchen auf ein Kuchengitter stürzen und auskühlen lassen*.

Braucht etwas Zeit · Ganz einfach

Versunkener Apfelkuchen

Zutaten für 1 Springform von 26 cm ⌀ :
750 g Äpfel · Saft von ½ unbehandelten Zitrone ·
150 g Zucker · 125 g weiche Butter · 1 Päckchen
Vanillinzucker · 3 Eier · 200 g Mehl · ½ Päckchen
Backpulver
Zum Besieben: 2 Eßl. Puderzucker
Für die Form: Butter · Mehl
Bei 12 Stücken pro Stück etwa 1110 Joule/
265 Kalorien

Zubereitungszeit: 40 Minuten
Backzeit: etwa 1 Stunde

● Die Äpfel vierteln, schälen, vom Kerngehäuse
befreien und die Oberseiten mit einem scharfen
Messer der Länge nach mehrmals einkerben. Die
Apfelviertel mit dem Zitronensaft beträufeln und
mit 2 Eßlöffeln Zucker bestreuen.
● Die Butter mit dem restlichen Zucker und
dem Vanillinzucker schaumig rühren. Die Eier in
Eiweiß und Eigelb trennen*. Das Eigelb nach
und nach in die Buttermasse rühren. Das Mehl
mit dem Backpulver mischen, über die Schaummasse sieben* und langsam daruntermengen.
● Die Springform gut einfetten* und mit Mehl
ausstäuben*. Den Backofen auf 180° vorheizen.
● Das Eiweiß zu steifem Schnee schlagen* und
vorsichtig mit einem Rührlöffel unter den Teig
heben. Den Teig in die Form füllen und die
Äpfel kranzförmig darauf verteilen.
● Den Kuchen auf der mittleren Schiene des
Ofens in etwa 1 Stunde goldgelb backen.
● Den Apfelkuchen auf einem Kuchengitter
erkalten lassen, mit dem Puderzucker besieben*
und in 12 Stücke schneiden.

Braucht etwas Zeit · Nicht ganz einfach

Gedeckter Apfelkuchen

Zutaten für 1 Springform von 26 cm ⌀ :
Für den Teig: 300 g Mehl · 100 g Zucker ·
1 Päckchen Vanillinzucker · 1 Prise Salz · 2 Eier ·
150 g kalte, aber nicht zu harte Butter
Für die Füllung: 750 g mürbe Äpfel (Boskop oder
Cox Orange) · Saft und abgeriebene Schale von
½ unbehandelten Zitrone · 75 g Zucker ·
1 Eßl. Butter · 75 g Rosinen · 1 Teel. Zimt
Für die Glasur: 100 g Puderzucker · 2 Eßl. Zitro-
nensaft
Für die Form: Butter
Bei 12 Stücken pro Stück etwa 1555 Joule/
370 Kalorien

Zubereitungszeit: 35 Minuten
Ruhezeit: 20 Minuten
Backzeit: 45 Minuten

● Das Mehl auf die Arbeitsfläche sieben*, in die
Mitte eine Mulde drücken und den Zucker, den
Vanillinzucker, das Salz und die Eier hineingeben. Die Butter in Flöckchen darüberschneiden.
Alles mit dem Messer durchhacken und mit kühlen Händen zu einem glatten Teig kneten*.
● Den Teig zugedeckt 20 Minuten im Kühlschrank ruhen lassen.
● Die Äpfel in Achtel schneiden, schälen und
vom Kerngehäuse befreien. Die Apfelspalten mit
dem Zitronensaft und der -schale, 2 Eßlöffeln
Zucker, der Butter und 1 Eßlöffel Wasser in einem Topf bei schwacher Hitze in einigen Minuten nicht zu weich kochen. Die Rosinen
waschen, abtropfen lassen, zu den Äpfeln geben
und alles abkühlen lassen.
● Die Springform einfetten.
● Die Arbeitsfläche leicht mit Mehl bestäuben

und reichlich die Hälfte des Teiges darauf ausrollen*. Den Boden der Form mit der Teigplatte auslegen; den Teigrand formen*. Den Teigboden mehrmals mit einer Gabel einstechen*.
• Den Backofen auf 200° vorheizen.
• Die Apfel-Rosinen-Mischung abtropfen lassen und auf dem Teigboden verteilen. Den restlichen Zucker mit dem Zimt mischen und über die Äpfel streuen.
• Die zweite Teighälfte ausrollen* und als Deckel auf die Äpfel legen. Die Teigränder gut zusammendrücken und den Kuchen auf der mittleren Schiene des Ofens 45 Minuten backen.
• Für die Glasur den Puderzucker mit dem Zitronensaft verrühren. Den fertigen, noch heißen Apfelkuchen damit bestreichen. Auf der Oberfläche 12 Kuchenstücke markieren, die Glasur trocknen und den Kuchen abkühlen lassen*.

Unser Tip Am besten schmeckt der Apfelkuchen noch lauwarm mit eisgekühlter, halbsteif geschlagener Sahne!

Preiswert · Ganz einfach

Apfelquarkkuchen

Zutaten für 1 Springform von 24 cm ⌀ :
2 Eßl. Rosinen · 2 Eßl. Rum · 2 Eier · 100 g weiche Butter · 125 g Zucker · 1 Päckchen Vanillinzucker · 2 Eßl. Speisestärke · 1 Messerspitze Backpulver · 3 gehäufte Eßl. Grieß ·
500 g Magerquark · 2 große Äpfel · Saft und abgeriebene Schale von 1 unbehandelten Zitrone
Für die Form: Butter · Grieß · 2 Eßl. Mandelblättchen
Bei 12 Stücken pro Stück etwa 860 Joule/205 Kalorien

Zubereitungszeit: 30 Minuten
Backzeit: 1 Stunde und 10 Minuten

• Die Rosinen heiß waschen, trockentupfen, in eine Tasse geben und mit dem Rum begießen. Die Eier in Eiweiß und Eigelb trennen*.
• Die Butter mit dem Zucker, dem Vanillinzucker, und dem Eigelb schaumig rühren. Die Speisestärke mit dem Backpulver und dem Grieß mischen und in die Schaummasse rühren. Den Magerquark einmengen.
• Die Äpfel schälen, vierteln, vom Kerngehäuse befreien und in feine Blättchen schneiden. Mit dem Zitronensaft beträufeln.
• Den Backofen auf 180° vorheizen. Die Form einfetten* und mit Grieß ausstreuen*. Die Mandelblättchen auf den Formboden streuen.
• Das Eiweiß zu steifem Schnee schlagen*.
• Die Rosinen mit dem Rum, die Apfelscheiben und die Zitronenschale in den Quarkteig mischen, den Eischnee unterheben. Den Teig in die Springform füllen – zur Mitte hin etwas höher streichen!
• Den Kuchen auf der unteren Schiebeleiste des Ofens 60–70 Minuten backen. Den Kuchen anschließend 5–10 Minuten im ausgeschalteten Ofen stehen lassen.

Unser Tip Der Quarkkuchen läßt sich häufig etwas mühsam vom Formrand lösen. Um dem vorzubeugen, legen Sie den Rand vor dem Einfüllen des Teiges mit einer Manschette aus gefettetem Pergamentpapier aus.

Preiswert · Ganz einfach

Straßburger Apfelkuchen

Bild Seite 44

Zutaten für 1 Springform von 26 cm Ø :
Für den Teig: 125 g weiche Butter · 75 g Zucker ·
1 Prise Salz · 250 g Mehl · ⅛ l trockener Weißwein
Zum Belegen: 700 g Äpfel · Saft von 1 Zitrone ·
3 Eßl. Zucker
Für den Guß: 2 Eier · 50 g Zucker · 2 Päckchen
Vanillinzucker · abgeriebene Schale von ½ unbe-
handelten Zitrone · ⅛ l Sahne
Für die Form: Butter
Bei 12 Stücken pro Stück etwa 1345 Joule/
320 Kalorien

Zubereitungszeit: 30 Minuten
Ruhezeit: 30 Minuten
Backzeit: 40–45 Minuten

● Die Butter mit dem Zucker und dem Salz
cremig rühren, bis der Zucker ganz aufgelöst ist.
Das Mehl abwechselnd mit dem Wein in die
Crememasse rühren. Den Teig zugedeckt
30 Minuten im Kühlschrank ruhen lassen.
● Die Äpfel halbieren, schälen und das Kerngehäuse herausschneiden. Die Rundungen mit
einem Messer der Länge nach mehrmals einkerben. Mit dem Zitronensaft beträufeln.
● Die Form einfetten*. Den Backofen auf 220°
vorheizen.
● Die Arbeitsfläche mit Mehl bestäuben und
den Teig darauf ausrollen*. Die Form mit der
Teigplatte auslegen, dabei einen Rand von 3 cm
Höhe formen*. Die Äpfel mit der eingekerbten
Seite nach oben dicht auf den Teigboden legen,
mit dem Zucker bestreuen.

● Den Kuchen auf der mittleren Schiene des
Ofens 30–35 Minuten backen.
● Die Eier mit dem Zucker und dem Vanillinzucker schaumig schlagen. Die Zitronenschale
und die Sahne unterrühren, über die Äpfel verteilen und weitere 10 Minuten überbacken.
● Den Apfelkuchen aus der Form nehmen und
auf einem Kuchengitter erkalten lassen.

Preiswert · Ganz einfach

Englischer Apfelkuchen

Zutaten für 1 Springform von 26 cm Ø :
Für den Teig: 200 g Mehl · 1 gute Prise Salz ·
2 Eßl. eiskaltes Wasser · 150 g Butter
Zum Belegen: 500 g Äpfel · 2 Eßl. Zitronensaft ·
500 g Apfelmus · 100 g Aprikosenmarmelade ·
3 Eßl. Marillengeist · 75 g Mandelstifte
Für die Form: Butter
Bei 12 Stücken pro Stück etwa 1070 Joule/
255 Kalorien

Zubereitungszeit: 35 Minuten
Ruhezeit: 30 Minuten
Backzeit: 30 Minuten

● Das Mehl auf die Arbeitsfläche sieben* und
mit dem Salz mischen. Das Wasser darüberträufeln und die Butter in Flöckchen dazugeben.
Alles schnell mit kühlen Händen zu einem glatten Teig kneten*. Den Teig in Alufolie 30 Minuten im Kühlschrank ruhen lassen.
● Die Äpfel halbieren, schälen, vom Kerngehäuse befreien und in dünne Scheiben schneiden. Mit dem Zitronensaft beträufeln.
● Die Form einfetten*. Den Backofen auf 200°
vorheizen.

• Die Arbeitsfläche mit Mehl bestäuben und den Teig darauf ausrollen*. Die Springform mit der Teigplatte auslegen, dabei einen hohen Rand formen*.
• Das Apfelmus auf den Teigboden verteilen, die Apfelscheiben kranzförmig darauflegen.
• Die Aprikosenmarmelade mit dem Marillengeist verrühren und die Apfelscheiben damit bestreichen. Die Mandelstifte in die Mitte und an den Rand darüberstreuen.
• Den Apfelkuchen im Ofen auf der mittleren Schiene 30 Minuten backen.
• Den Kuchen aus der Form nehmen und auf einem Kuchengitter abkühlen lassen*.

Braucht etwas Zeit

Normannischer Apfelkuchen

Zutaten für 1 Springform von 26 cm Ø :
Für den Teig: 250 g Mehl · 1 Eigelb · 2 Eßl. kaltes
Wasser · 1 Prise Salz · 125 g Butter
Zum Belegen: 150 g Mandeln · 6–8 säuerliche
Äpfel · 3 Eßl. Crème fraîche · 1 Eßl. Mehl ·
1 Teel. Zimt · 1 Eßl. Semmelbrösel ·
4 Eßl. Johannisbeergelee
Für die Form: Butter
Bei 12 Stücken pro Stück etwa 1385 Joule/
330 Kalorien

Zubereitungszeit: 40 Minuten
Ruhezeit: 2 Stunden
Backzeit: 1 Stunde

• Das Mehl auf die Arbeitsfläche sieben*, in die Mitte eine Mulde drücken. Das Eigelb, das Wasser und das Salz in die Vertiefung geben. Die Butter in Flöckchen auf den Mehlrand schnei-

den. Alles mit einem Messer bröselig hacken, dann mit kühlen Händen zu einem geschmeidigen Teig kneten*. Den Teig in Alufolie wickeln und 1 Stunde im Kühlschrank ruhen lassen.
• Die Mandeln durch die Mandelmühle drehen. Die Form einfetten*.
• Die Arbeitsfläche mit Mehl bestäuben und den Teig darauf ausrollen*. Die Form mit der Teigplatte auslegen und einen 2–3 cm hohen Teigrand formen*. Den Teigboden mehrmals einstechen. Etwas Teig zurückbehalten.
• Einen Apfel schälen, vierteln, entkernen und feinreiben. Die Mandeln mit der Crème fraîche, dem Mehl, dem Zimt und dem geriebenen Apfel verrühren. Den Teigboden mit Semmelbröseln bestreuen und mit der Mandelmasse bestreichen. Die restlichen Äpfel schälen, halbieren und das Kerngehäuse herausschneiden. Die Apfelhälften in gleichmäßigen Abständen der Länge nach mehrmals einschneiden und dicht nebeneinander auf die Mandelmasse legen.
• Den Backofen auf 180–190° vorheizen. Den restlichen Teig zu einer Rolle formen, zu einer Spirale drehen und auf den Teigrand legen.
• Das Johannisbeergelee verrühren und mit der Hälfte davon die Äpfel und die Teigspirale bestreichen. Den Kuchen im Ofen auf der mittleren Schiene etwa 1 Stunde backen.
• Den Apfelkuchen noch heiß mit dem restlichen Johannisbeergelee bestreichen, aus der Form nehmen und lauwarm servieren.

Unser Tip Der normannische Apfelkuchen wird nach einem original französischem Rezept ohne Zucker zubereitet. Sollte Ihnen das zu herb sein, geben Sie in den Teig und die Füllung je 1 Eßlöffel Zucker. Oder servieren Sie den Kuchen mit gut gesüßter Schlagsahne.

Preiswert · Ganz einfach

Französischer Birnenkuchen

Zutaten für 1 Springform von 26 cm ⌀ :
Für den Teig: 150 g weiche Butter · 150 g Zucker ·
1 Prise Salz · abgeriebene Schale von ½ unbehan-
delten Zitrone · 2 Eier · 350 g Mehl ·
2 Teel. Backpulver · 4–6 Eßl. Milch
Für die Füllung: 650 g feste saftige Birnen
Zum Belegen: 50 g kühle Butter
Für die Form: Butter
Bei 12 Stücken pro Stück etwa 1 430 Joule/
340 Kalorien

Zubereitungszeit: 30 Minuten
Backzeit: 45 Minuten

• Die Butter mit dem Zucker und dem Salz cre-
mig rühren, bis der Zucker ganz aufgelöst ist. Die
Zitronenschale und ein Ei nach dem anderen unterrühren.
• Das Mehl mit dem Backpulver sieben* und
abwechselnd mit 4 Eßlöffeln Milch in die
Crememasse rühren. Der Teig muß reißend vom
Löffel fallen. Eventuell die restliche Milch unter-
rühren.
• Die Birnen der Länge nach halbieren, schälen,
vom Kerngehäuse befreien und längs in dünne
Scheiben schneiden.
• Die Form einfetten*. Den Backofen auf 200°
vorheizen.
• Eine dünne Schicht Teig in die Form füllen,
eine Lage Birnenscheiben darauflegen und wie-
der dünn mit Teig bedecken. So fortfahren, bis
die Birnen und der Teig aufgebraucht sind. Den
Abschluß bildet eine Teigschicht. Die Butter in
Flöckchen darauf verteilen.
• Den Kuchen auf der untersten Schiene des
Ofens 45 Minuten backen.

• Den Birnenkuchen aus der Form lösen und
auf einem Kuchengitter abkühlen lassen. Frisch
servieren. Dazu schmeckt leicht gesüßte Schlagsahne.

Preiswert · Ganz einfach

Schwedischer Apfelkuchen

Zutaten für 1 Springform von 24 cm ⌀ :
Für den Teig: 150 g weiche Butter · 150 g Zucker ·
3 Eier · abgeriebene Schale von 1 unbehandelten
Zitrone · 1 Prise Salz · 200 g Mehl ·
1 Teel. Backpulver · ½ Teel. Zimt
Für die Füllung: 2 Eßl. Korinthen · 8 kleine
Äpfel · 3 Eßl. Zucker · 1 Eßl. Butter ·
3 Eßl. Mandelblättchen · 4 Eßl. Preiselbeer-
konfitüre oder Johannisbeergelee
Für die Form: Butter
Bei 12 Stücken pro Stück etwa 1 405 Joule/
335 Kalorien

Zubereitungszeit: 40 Minuten
Backzeit: 1 Stunde und 10 Minuten

• Die Butter mit dem Zucker cremig rühren. Die
Eier nacheinander hinzufügen und die Zitronen-
schale und das Salz unterrühren.
• Das Mehl mit dem Backpulver und dem Zimt
sieben* und nach und nach unter die Crememas-
se rühren.
• Die Form einfetten* und den Teig einfüllen.
• Die Korinthen waschen und auf Küchen-
krepp trocknen. Die Äpfel schälen und das
Kerngehäuse mit dem Apfelausstecher heraus-
stechen.
• Den Backofen auf 180–200° vorheizen.
• Die Äpfel in den Teig setzen. Die Korinthen

mit 1 Eßlöffel Zucker vermischen und die Äpfel füllen. Auf die Füllung Butterflöckchen setzen.
• Den Kuchen im Ofen auf der zweiten Schiene von unten 60–70 Minuten backen. 10 Minuten vor Ende der Backzeit die Mandelblättchen und den restlichen Zucker über den Kuchen streuen.
• Den Kuchen aus der Form nehmen und auf die Apfellöcher jeweils etwas Preiselbeerkonfitüre oder Johannisbeergelee geben.

Ganz einfach

Baskischer Apfelkuchen

Zutaten für 1 Springform von 26 cm Ø :
Für den Teig: 100 g Mandeln · 3 Eier ·
150 g Zucker · 150 g weiche Butter · 2 Eßl. Mehl
Für die Creme: ⅛ l Milch · ⅛ l Sahne ·
3 Eßl. Zucker · ½ Päckchen Vanillepuddingpulver
Zum Belegen: 6–8 mittelgroße säuerliche Äpfel ·
2 Eßl. Butter · 4 Eßl. Zucker · 1 Teel. Zimt ·
2 Eßl. Apfelgelee · 2 Eßl. Calvados
Für die Form: Butter · Semmelbrösel
Bei 12 Stücken pro Stück etwa 1720 Joule/ 410 Kalorien

Zubereitungszeit: 45 Minuten
Backzeit: 35 Minuten

• Die Mandeln durch die Mandelmühle drehen.
• Die Form einfetten* und mit Semmelbröseln ausstreuen*. Den Backofen auf 180° vorheizen.
• Die Eier mit dem Zucker cremig rühren, bis der Zucker ganz aufgelöst ist. Die Mandeln abwechselnd mit der weichen Butter und dem Mehl dazugeben. Den Teig kräftig durchrühren und in die Form füllen. Auf der mittleren Schiene des Ofens etwa 30 Minuten backen.

• Aus der Milch, der Sahne, dem Zucker und dem Puddingpulver nach Vorschrift auf der Packung eine Creme zubereiten. Die Creme abkühlen lassen, dabei öfter umrühren.
• Die Äpfel schälen, halbieren und das Kerngehäuse herausschneiden. Die Butter in einer großen Pfanne erhitzen und die Apfelhälften darin von beiden Seiten bei schwacher Hitze weich dünsten, sie sollen aber nicht zerfallen. Den Zucker mit dem Zimt mischen und darüberstreuen.
• Den Kuchenboden aus dem Ofen nehmen (den Ofen noch nicht abschalten) und in der Form etwas abkühlen lassen, mit der Vanillecreme bestreichen und die Apfelhälften dicht daraufsetzen. Die Form noch einmal 5 Minuten in den Ofen stellen.
• Das Gelee in der Pfanne schmelzen lassen und mit dem Calvados verrühren. Den Kuchen aus dem Ofen nehmen und mit der Geleemischung beträufeln.
• Den Apfelkuchen aus der Form lösen, in Portionsstücke schneiden und warm servieren.

Braucht etwas Zeit

Rhabarberkuchen mit Makronenhaube

Zutaten für 1 Springform von 26 cm Ø :
Für den Teig: 200 g Mehl · 1 Prise Salz ·
2 Eigelb · 75 g Zucker · 1 Päckchen Vanillinzucker · 1 Eßl. saure Sahne · 125 g Butter
Für die Füllung: 500 g Rhabarber · 100 g Zucker · knapp ⅛ l Wasser
Für die Makronenhaube: 50 g Haselnußkerne · 50 g ungeschälte Mandeln · 2 Eier · 100 g Zucker
Für die Form: Butter
Bei 12 Stücken pro Stück etwa 1385 Joule/ 330 Kalorien

Zubereitungszeit: 45 Minuten
Ruhezeit: 1 Stunde
Backzeit: etwa 40 Minuten

• Das Mehl mit dem Salz auf die Arbeitsfläche sieben*. In die Mitte eine Mulde drücken und das Eigelb, den Zucker, den Vanillinzucker und die saure Sahne hineingeben. Die Butter in Flöckchen auf den Mehlrand schneiden. Alle Zutaten mit einem Messer zerhacken, dann mit kühlen Händen zu einem geschmeidigen Teig kneten*. Den Teig in Alufolie wickeln und 1 Stunde im Kühlschrank ruhen lassen.
• Den Rhabarber* waschen, putzen und in kleine Stücke schneiden. In einen Topf geben, mit dem Zucker bestreuen und 1 Stunde ziehen lassen.
• Die Form einfetten*. Den Backofen auf 200° vorheizen.
• Die Arbeitsfläche mit Mehl bestäuben und den Teig darauf ausrollen*. Die Form mit der Teigplatte auslegen, dabei einen 3 cm hohen Rand formen*. Im Ofen auf der mittleren Schiene 20–25 Minuten backen.
• Den Rhabarber mit dem Wasser erhitzen und etwa 5 Minuten köcheln lassen. In ein Sieb geben, abtropfen und auskühlen lassen.
• Die Haselnüsse und die Mandeln durch die Mandelmühle drehen. Die Eier in Eiweiß und Eigelb trennen*. Das Eiweiß zu steifem Schnee schlagen*, den Zucker nach und nach dazugeben. Das Eigelb verquirlen* und mit den Nüssen und den Mandeln unter den Eischnee heben.
• Den Kuchen aus dem Ofen nehmen und den Rhabarber auf den Mürbeteigboden verteilen. Die Makronenmasse gleichmäßig darüberstreichen. Im Ofen nochmals 15 Minuten bei 190° auf der mittleren Schiene überbacken.
• Den Rhabarberkuchen aus der Form nehmen und auf einem Kuchengitter abkühlen lassen*. Ganz frisch servieren.

Preiswert · Ganz einfach

Kirsch-Quarkkuchen

Zutaten für 1 Springform von 26 cm ⌀:
Für den Teig: 75 g weiche Butter · 75 g Zucker · 1 Päckchen Vanillinzucker · 3 Eier · 2 Teel. Backpulver · 175 g Mehl
Zum Belegen: 400 g Kirschen · 150 g weiche Butter · 100 g Zucker · 4 Eier · 650 g Magerquark · knapp ¼ l Milch · 1 Päckchen Vanillepuddingpulver
Für die Form: Butter
Bei 12 Stücken pro Stück etwa 1745 Joule/ 415 Kalorien

Zubereitungszeit: 40 Minuten
Backzeit: etwa 50 Minuten

• Die Butter mit dem Zucker und dem Vanillinzucker schaumig rühren. Die Eier nacheinander dazurühren. Das Backpulver mit dem Mehl sieben* und löffelweise in die Schaummasse mengen.
• Die Form einfetten*. Den Rührteig in die Form füllen und die Oberfläche glattstreichen.
• Die Kirschen entstielen, waschen, abtropfen lassen und entsteinen*.
• Die Butter mit dem Zucker cremig rühren. Die Eier nach und nach dazurühren. Den Quark mit der Milch und dem Puddingpulver vermengen und in die Crememasse mischen. Die Kirschen unter die Quarkmasse heben.
• Den Backofen auf 200° vorheizen.
• Die Kirschquarkmischung auf den Rührteig in die Form geben, die Oberfläche glattstreichen.
• Den Kuchen auf der zweiten Schiene von unten etwa 50 Minuten backen.

Braucht etwas Zeit

Streuselkuchen mit Kirschen

Zutaten für 1 Springform von 26 cm Ø :
Für die Füllung: 750 g frische Sauerkirschen
Für den Teig: 500 g Mehl · 1 Prise Salz ·
200 g kalte Butter · 200 g Zucker · 1 Prise Zimt ·
abgeriebene Schale von ½ unbehandelten Zitrone
Für die Form: Butter oder Margarine
Zum Besieben: Puderzucker
Bei 12 Stücken pro Stück etwa 1 700 Joule/
405 Kalorien

Zubereitungszeit: 1 Stunde
Backzeit: 1 Stunde und 10 Minuten

• Die Kirschen waschen, abtrocknen und ent-
steinen*.
• Das Mehl auf die Arbeitsfläche sieben*. Das
Salz, die Butter in Flöckchen, den Zucker, den
Zimt und die Zitronenschale darüber verteilen.
Alles mit einem Messer gut durchhacken, dann
schnell mit kühlen Händen zu einer krümeligen
Masse kneten*.
• Die Form einfetten*.
• Den Backofen auf 200° vorheizen.
• Zwei Drittel des Teiges in die Form geben und
den krümeligen Teig leicht am Boden und am
Rand festdrücken. Die Kirschen einfüllen und
den restlichen Teig darüberbröseln.
• Den Kuchen auf der mittleren Schiene des
Ofens 60–70 Minuten backen.
• Den Kuchen auf einem Kuchengitter abküh-
len lassen*, mit Puderzucker besieben* und in
12 Stücke schneiden.

Preiswert · Ganz einfach

Schlupfkuchen mit Kirschen

Schlupfkuchen deshalb, weil die Kirschen in
dem Teig versinken, also hineinschlüpfen! Sie
können den Kuchen auch mit Aprikosen oder
Äpfeln zubereiten. Die Kirschen sollen nicht entsteint werden, das ist zwar etwas mühsam beim
Verzehr, aber der Kuchen gelingt besser.

Zutaten für 1 Springform von 26 cm Ø :
Zum Belegen: 750 g Kirschen oder Sauerkirschen
Für den Teig: 150 g weiche Butter · 150 g Zucker ·
3 Eier · 200 g Mehl · 50 g Speisestärke ·
2 Teel. Backpulver · 4–6 Eßl. Milch
Zum Besieben: 2 Eßl. Puderzucker
Für die Form: Butter · Mehl
Bei 12 Stücken pro Stück etwa 1 260 Joule/
300 Kalorien

Zubereitungszeit: 35 Minuten
Backzeit: 45 Minuten

• Die Kirschen waschen, entstielen und gut abtropfen lassen.
• Die Butter mit dem Zucker schaumig rühren.
Ein Ei nach dem anderen dazugeben und weiterrühren bis die Masse cremig ist.
• Die Form einfetten* und mit Mehl ausstäuben*. Den Backofen auf 200° vorheizen.
• Das Mehl mit der Speisestärke und dem Backpulver mischen, über die Crememasse sieben*
und langsam unterrühren. So viel Milch unter
den Teig mischen, bis der Teig weich ist, aber
noch schwer vom Löffel fällt.
• Den Teig in die Form füllen und die Kirschen
darauf gleichmäßig verteilen.
• Den Kuchen auf der mittleren Schiene des
Ofens etwa 45 Minuten backen.

Mit sommerreifen frischen Beeren zubereitet, ist die ▷
Biskuittorte mit Beeren-Sahne ein Hochgenuß. Rezept
Seite 98.

• Den Kuchen in der Form etwas abkühlen lassen*, aus der Form nehmen und kalt werden lassen. Den Kuchen mit dem Puderzucker besieben* und in 12 Stücke schneiden.

Braucht etwas Zeit · Preiswert · Ganz einfach

Kirschfladen

*Zutaten für 1 Tortenbodenform oder Pieform von
26 cm Ø :
Für den Teig: 200 g Mehl · 1 Ei · 3 Eßl. Zucker ·
1 Prise Salz · 150 g kalte Butter
Für den Guß: ¼ l Milch · 1 Vanilleschote ·
100 g Crème fraîche · 4 Eier · 150–200 g Zucker
Zum Belegen: 500 g Herzkirschen
Für die Form: Butter*
Bei 12 Stücken pro Stück etwa 1870 Joule/
445 Kalorien

Zubereitungszeit: 35 Minuten
Ruhezeit: 2 Stunden
Backzeit: 30 Minuten

• Das Mehl auf die Arbeitsfläche sieben*. In die
Mitte eine Mulde drücken und das Ei, den Zukker und das Salz hineingeben. Die Butter in
Flöckchen auf den Teigrand schneiden. Alles mit
einem Messer bröselig hacken, dann mit kühlen
Händen schnell zu einem glatten Teig verkneten*. Den Teig in Alufolie wickeln und 2 Stunden im Kühlschrank ruhen lassen.
• Die Milch mit der aufgeschnittenen Vanilleschote zum Kochen bringen, dann die Crème
fraîche hineingießen. Den Topf vom Herd nehmen und die Vanilleschote aus der Milch entfernen.
• Die Eier mit dem Zucker leicht verquirlen und
unter ständigem Rühren die heiße Milchmischung dazugießen. Die Masse abkühlen lassen.

• Die Form einfetten*. Den Backofen auf 200°
vorheizen.
• Die Arbeitsfläche mit Mehl bestäuben und
den Mürbeteig darauf ausrollen*. Den Boden
und den Rand der Form mit der Teigplatte auslegen. Den Teigboden mit einer Gabel mehrmals
einstechen und auf der mittleren Schiene des
Ofens 10 Minuten vorbacken.
• Die Kirschen waschen, abtrocknen und entsteinen.
• Den vorgebackenen Boden mit den Kirschen
belegen und die Eier-Milch-Mischung darübergießen. Den Fladen in den heißen Ofen zurückschieben und weitere 15–20 Minuten backen.
• Den Kirschfladen lauwarm oder kalt aus der
Form servieren.

Preiswert · Ganz einfach

Brauner Kirschkuchen

*Zutaten für 1 Springform von 26 cm Ø :
150 g Haselnußkerne · 80 g Blockschokolade ·
4 Eier · 140 g weiche Butter · 140 g Zucker ·
50 g Semmelbrösel · etwa 250 g entsteinte Kirschen aus dem Glas (Schattenmorellen)
Für die Form: Butter*
Bei 12 Stücken pro Stück etwa 1345 Joule/
320 Kalorien

Zubereitungszeit: 35 Minuten
Backzeit: 50–60 Minuten

• Die Haselnüsse mahlen, die Schokolade feinreiben. Die Eier in Eiweiß und Eigelb trennen.
• Die Butter mit dem Zucker cremig rühren. Ein
Eigelb nach dem anderen und die Schokolade
dazugeben, alles kräftig durchrühren.
• Die Form einfetten*. Den Backofen auf
180–190° vorheizen.

◁ Engadiner Walnußtorte schmeckt fast schon wie Nuß-
konfekt. Weil sie einige Wochen haltbar ist, läßt sie sich
gut verschenken. Rezept Seite 79.

• Das Eiweiß zu steifem Schnee schlagen*. Den
Eischnee abwechselnd mit den Nüssen und den
Semmelbröseln vorsichtig in die Crememasse
mengen.
• Die Kirschen abtropfen lassen. Den Teig in
die Form füllen und die Kirschen locker darauf
verteilen. Den Kuchen im Ofen auf der mittleren
Schiene 50–60 Minuten backen.

Preiswert • Ganz einfach

Zürcher Kirschkuchen

Zutaten für 1 Springform von 28 cm ⌀ :
1 kg Sauerkirschen · 100 g Haselnußkerne · 300 g
Weißbrot ohne Rinde · ½ l Milch · 8 Eier · 170 g
weiche Butter · 200 g Zucker · 2 Eßl. Mehl ·
2 Teel. Backpulver · 1 Teel. Zimt · 2 Eßl. Semmel-
brösel
Zum Besieben: 2 Eßl. Puderzucker
Für die Form: Butter · Semmelbrösel
Bei 16 Stücken pro Stück etwa 1450 Joule/
345 Kalorien

Zubereitungszeit: 45 Minuten
Backzeit: 1 Stunde

• Die Kirschen waschen, abtrocknen, von den
Stielen zupfen und entsteinen. Die Haselnüsse
mahlen. Das Weißbrot würfeln, in eine Schüssel
geben und mit der Milch übergießen. Die Eier in
Eiweiß und Eigelb trennen*.
• Die Butter geschmeidig rühren. Den Zucker
dazugeben und weiterrühren, bis der Zucker
ganz aufgelöst ist. Ein Eigelb nach dem anderen
hinzufügen.
• Das Mehl mit dem Backpulver, dem Zimt
und den Nüssen unter die Schaummasse rühren.
• Die eingeweichten Brotwürfel gut ausdrücken
und in den Teig mengen.

• Den Backofen auf 200–220° vorheizen. Die
Form einfetten* und mit Semmelbröseln aus-
streuen*.
• Das Eiweiß zu steifem Schnee schlagen* und
unter den Teig ziehen. Die Kirschen mit den
Semmelbröseln mischen und behutsam unter
den Teig heben.
• Den Teig in die Form füllen und auf der mitt-
leren Schiene des Ofens 1 Stunde backen.
• Den Kirschkuchen aus der Form nehmen, mit
Puderzucker besieben* und warm oder kalt ser-
vieren.

Schnell · Ganz einfach

Frischer
Erdbeerkuchen

Zutaten für 1 Springform von 26 cm ⌀ :
Für den Teig: 2 Eier · 125 g Zucker · abgeriebene
Schale von ½ unbehandelten Zitrone ·
125 g Mehl · 1 Teel. Backpulver · ½ Tasse heißes
Wasser
Zum Tränken: 1½ Eßl. Grand Marnier
Zum Belegen: 750 g frische Erdbeeren ·
2 Eßl. Zucker
Für die Form: Butter · Mehl
Bei 12 Stücken pro Stück etwa 525 Joule/
125 Kalorien

Zubereitungszeit: 40 Minuten
Backzeit: 12–15 Minuten

• Die Form mit Butter einfetten* und mit Mehl
ausstäuben*. Den Backofen auf 180° vorheizen.
• Die Eier in Eiweiß und Eigelb trennen*. Das
Eigelb mit dem Zucker schaumig schlagen. Die
Zitronenschale dazugeben.
• Das Mehl mit dem Backpulver mischen und

abwechselnd mit dem heißen Wasser in die Schaummasse sieben* und unterrühren.

• Das Eiweiß zu steifem Schnee schlagen* und mit einem Rührlöffel unter den Teig heben. Den Teig in die Form füllen und auf der zweiten Schiene von unten im Ofen in 12–15 Minuten goldgelb backen.

• Die Erdbeeren waschen, von den Kelchblättern befreien, auf Küchenkrepp trocknen lassen und große Früchte halbieren.

• Den Kuchen einige Minuten in der Form abkühlen lassen*, auf ein Kuchengitter stürzen und völlig kalt werden lassen.

• Den Biskuitboden auf eine Kuchenplatte legen, mehrmals mit einem Hölzchen einstechen und mit dem Grand Marnier tropfenweise tränken.

• Die Erdbeeren kranzförmig in dichten Reihen auf den Biskuitboden legen und mit dem Zucker bestreuen. Den Kuchen in 12 Stücke schneiden.

Unser Tip Wer es mag, kann die Erdbeeren mit einem Tortenguß aus dem Päckchen überziehen und zusätzlich mit Schlagsahne garnieren.

Braucht etwas Zeit

Bunter Obstkuchen

Zutaten für 1 Springform von 26 cm ∅ :
Für den Teig: 250 g Mehl · 1 Eigelb · abgeriebene Schale von ½ unbehandelten Zitrone ·
75 g Zucker · 1 Prise Salz · 125 g Butter
Für die Creme: ½ Päckchen Vanillepuddingpulver · ¼ l Milch · 100 g weiche Butter ·
75 g Puderzucker · 1 Päckchen Vanillinzucker ·
2 Eigelb

Zum Belegen: 3 Kiwifrüchte · 3 Pfirsiche · 3 Bananen · 200 g blaue Trauben · Saft von ½ Zitrone
Zum Bestreichen: 2 Eßl. Aprikosenmarmelade
Für die Form: Butter
Bei 12 Stücken pro Stück etwa 1 805 Joule/ 430 Kalorien

Zubereitungszeit: 50 Minuten
Ruhezeit: 30 Minuten
Backzeit: etwa 25 Minuten

• Das Mehl auf die Arbeitsfläche sieben*, in die Mitte eine Mulde drücken und das Eigelb, die Zitronenschale, den Zucker und das Salz hineingeben. Die Butter in Flöckchen auf den Mehlrand schneiden. Alles mit einem Messer krümelig hacken, dann mit kühlen Händen zu einem glatten Teig kneten*. Den Teig in Alufolie wickeln und mindestens 30 Minuten im Kühlschrank ruhen lassen.

• Das Puddingpulver mit etwas Milch anrühren. Die restliche Milch zum Kochen bringen, das Puddingpulver einrühren, einige Male aufkochen lassen und die Masse vom Herd nehmen. Während des Abkühlens öfter umrühren.

• Die Butter mit dem Puderzucker und dem Vanillinzucker cremig rühren, das Eigelb hinzufügen und gut einmengen. Den erkalteten Pudding löffelweise einrühren. Die Creme kalt stellen.

• Die Form einfetten*. Den Backofen auf 200° vorheizen.

• Die Arbeitsfläche mit Mehl bestäuben und den Teig darauf ausrollen*. Boden und Rand der Form mit der Teigplatte auslegen. Den Boden mit einer Gabel mehrmals einstechen und den Kuchen auf der mittleren Schiene des Ofens etwa 25 Minuten backen. Dann aus der Form nehmen und erkalten lassen.

• Die Kiwis schälen und in Scheiben schneiden. Die Pfirsiche brühen, häuten und in Spalten schneiden. Die Bananen schälen und in nicht zu

dünne Scheiben schneiden. Die Trauben waschen, abtrocknen, von den Stielen zupfen und halbieren, dabei die Kerne entfernen. Die Pfirsiche und die Bananen gleich nach dem Zerkleinern mit dem Zitronensaft beträufeln.
• Die Creme auf den Kuchenboden streichen. Die Früchte kranzförmig darauflegen.
• Die Aprikosenmarmelade mit etwas Wasser erhitzen und über die Früchte streichen.

Preiswert · Ganz einfach

Pflaumenmuskuchen

Zutaten für 1 Springform von 26 cm Ø :
Für den Teig: 250 g weiche Butter · 150 g Zucker ·
abgeriebene Schale von 1 unbehandelten Zitrone ·
½ Teel. Zimt · 1 großes Ei · 375 g Mehl ·
2 Teel. Backpulver · 50 g gemahlene Haselnüsse
Für die Füllung: 450 g Pflaumenmus ·
2 Eßl. Zwetschgengeist
Für die Form: Butter
Bei 8 Stücken pro Stück etwa 2 875 Joule/ 685 Kalorien

Zubereitungszeit: 40 Minuten
Backzeit: etwa 50 Minuten

• Die Butter cremig rühren, den Zucker nach und nach einrieseln lassen. Die Zitronenschale und den Zimt hinzufügen und das Ei einrühren.
• Das Mehl mit dem Backpulver sieben* und mit den Nüssen mischen. Zwei Drittel davon unter die Crememasse rühren. Die restliche Mehl-Nuß-Mischung dazugeben und alles mit kühlen Händen zwischen Daumen und Zeigefinger zu Streuseln* verarbeiten.
• Die Springform einfetten*. Den Backofen auf 200° vorheizen.
• Zwei Drittel des Teiges auf den Boden der

Die Mehl-Nußmischung wird mit kühlen Händen zwischen Daumen und Zeigefingern sorgfältig zu Streuseln verarbeitet.

Form füllen und sanft andrücken. Das Pflaumenmus mit dem Zwetschgengeist verrühren und mit einem Löffel auf den Teigboden streichen. Mit dem restlichen Streuselteig abdecken.
• Den Kuchen im Ofen auf der zweiten Schiene von unten 50 Minuten backen.
• Den noch warmen Kuchen aus der Form nehmen und auskühlen lassen*.

Preiswert · Schnell · Ganz einfach

Bretonischer Backpflaumenkuchen

Zutaten für 1 Springform oder Pieform mit hohem
Rand von 24 cm Ø :
200 g Backpflaumen · ½ l Milch · 5 Eier ·
130 g Zucker · 1 Päckchen Vanillinzucker ·
60 g Mehl · 2 Eßl. Rum
Für die Form: 2 Eßl. weiche Butter
Bei 8 Stücken pro Stück etwa 1 240 Joule/ 295 Kalorien

Zubereitungszeit: 25 Minuten
Backzeit: 35 Minuten

• Die Backpflaumen halbieren und entsteinen. Die Milch in einem Topf lauwarm erwärmen.
• Die Eier mit dem Zucker, dem Vanillinzucker und dem Mehl verrühren, aber nicht schaumig schlagen. Die Milch und zuletzt den Rum langsam dazurühren.
• Die Form sehr gut mit der weichen Butter ausstreichen*. Den Backofen auf 220° vorheizen.
• Den Teig in die Form gießen und die Früchte hinzufügen. Auf der mittleren Schiene des Ofens 35 Minuten backen. Nach 10 Minuten Backzeit die Hitze auf 180° reduzieren und weiterbacken, bis der Kuchen eine braune Kruste hat.
• Den Pflaumenkuchen abkühlen lassen, aus der Springform stürzen, oder in der Pieform noch lauwarm servieren.

Ganz einfach · Braucht etwas Zeit

Feiner Zwetschgenkuchen

Zutaten für 1 Springform von 26 cm ⌀ :
Zum Belegen: 1½ kg Zwetschgen · 2 Eßl. Zucker
Für den Teig: 300 g Mehl · 200 g kalte Butter ·
100 g Zucker · 1 Ei
Zum Bestreuen: 2 Eßl. Semmelbrösel ·
1 Eßl. Zucker · 2 Eßl. Mandelblättchen ·
2 Eßl. Zimtzucker
Für die Form: Butter
Bei 12 Stücken pro Stück etwa 1640 Joule/ 390 Kalorien

Zubereitungszeit: 45 Minuten
Ruhezeit: 1 Stunde
Backzeit: 20–30 Minuten

• Die Zwetschgen waschen, trocknen, der Länge nach aufschneiden, entsteinen* und die zusammenhängenden Hälften nochmals längs einschneiden*. In eine Schüssel geben und mit dem Zucker bestreuen.
• Das Mehl auf die Arbeitsfläche sieben*, die Butter in Flöckchen darauf verteilen, den Zucker darüberstreuen und das Ei in die Mitte geben. Alles schnell mit kühlen Händen zu einem geschmeidigen Teig verkneten*.
• Den Teig in Alufolie wickeln und 1 Stunde im Kühlschrank ruhen lassen.
• Die Form einfetten*. Den Backofen auf 220° vorheizen.
• Die Arbeitsfläche leicht mit Mehl bestäuben und den Teig darauf ausrollen*. Den Boden der Springform mit der Teigplatte auslegen und einen Teigrand formen*. Den Boden mehrmals einstechen* und mit 1 Eßlöffel Semmelbrösel bestreuen. Die Zwetschgen kranzförmig auf den Teigboden legen. Den zurückgebliebenen Saft in der Schüssel mit den restlichen Semmelbröseln und dem Zucker verrühren und in kleinen Häufchen auf die Zwetschgen setzen. Die Mandelblättchen darüberstreuen.
• Den Kuchen auf der zweiten Schiene von unten im Ofen 20–30 Minuten backen.
• Den fertigen Kuchen auf einem Kuchengitter abkühlen lassen*, mit dem Zimtzucker bestreuen und in 12 Stücke schneiden.

Preiswert · Ganz einfach

Zwetschgenkuchen mit Biskuitguß

Zutaten für 1 Springform von 26 cm ⌀ :
1 kg Zwetschgen · 100 g Butter · 100 g Zucker ·
1 Prise Salz · abgeriebene Schale von ½ unbehandelten Zitrone · 2 Eier · 200 g Mehl ·
1 Teel. Backpulver · 2 Eßl. Biskuitbrösel

*Für den Guß: 3 Eier · 75 g Zucker · abgeriebene
Schale von ½ unbehandelten Zitrone ·
1 Eßl. Rum · 2 Eßl. Mehl
Zum Bestreuen: 2 Eßl. Zucker
Für die Form: Butter*
Bei 12 Stücken pro Stück etwa 1 300 Joule/
310 Kalorien

Zubereitungszeit: 50 Minuten
Backzeit: etwa 35 Minuten

• Die Zwetschgen waschen, auf Küchenkrepp
abtrocknen lassen, der Länge nach halbieren
und entsteinen.
• Die Butter cremig rühren, den Zucker und das
Salz dabei nach und nach einrieseln lassen. Die
Zitronenschale und die Eier dazugeben.
• Das Mehl mit dem Backpulver über die
Crememasse sieben* und darunterrühren.
• Den Backofen auf 200° vorheizen. Die Form
einfetten*.
• Den Teig in die Form füllen. Mit bemehlten
Händen einen etwa 3 cm hohen Rand formen*.
Den Kuchenboden mit den Biskuitbröseln be-
streuen und die Zwetschgen dicht kranzförmig
darauflegen.
• Den Kuchen auf der mittleren Schiene des
Ofens 20 Minuten vorbacken.
• Für den Guß die Eier in Eiweiß und Eigelb
trennen*. Das Eiweiß zu steifem Schnee schla-
gen*, den Zucker langsam einrieseln lassen. Das
Eigelb verquirlen* und mit der Zitronenschale
und dem Rum in den Eischnee rühren. Das
Mehl darübersieben* und locker unterziehen.
• Den Kuchen aus dem Ofen nehmen. Die
Zwetschgen mit dem Zucker bestreuen und den
Biskuitguß darüber gleichmäßig verteilen. Den
Kuchen weitere 15 Minuten backen.
• Den Zwetschgenkuchen aus der Form neh-
men, auf ein Kuchengitter stellen und abkühlen
lassen*.

Ganz einfach

Spanischer Feigenkuchen

*Zutaten für 1 Tortenboden- oder Pizzaform von
28 cm Ø :
100 g getrocknete Feigen · ⅛ l Rum · ½ l Milch ·
75 g Butter · 450 g Mehl · 2 Teel. Backpulver ·
125 g Zucker · 2 Eiweiß · 1 Prise Salz
Für die Form: Butter*
Bei 12 Stücken pro Stück etwa 1 510 Joule/
360 Kalorien

Zubereitungszeit: 30 Minuten
Backzeit: etwa 50 Minuten

• Die Feigen von den Stielen befreien und in
kleine Stücke schneiden, in eine Schüssel geben
und mit dem Rum übergießen.
• Die Milch erhitzen und in eine Rührschüssel
gießen. Die Butter in Flöckchen dazugeben und
in der Milch schmelzen lassen. Das Mehl mit
dem Backpulver sieben* und nach und nach in
die Milch rühren. Den Zucker und die Rum-
Feigen einmengen.
• Die Form einfetten* und mit Mehl ausstäuben*. Den Backofen auf 180° vorheizen.
• Das Eiweiß mit dem Salz zu steifem Schnee
schlagen* und unter den Teig heben. Den Teig in
die Form füllen, die Oberfläche glattstreichen.
Den Kuchen auf der mittleren Schiene des Ofens
etwa 50 Minuten backen.
• Den Feigenkuchen in der Form etwas abkühlen lassen*, dann auf ein Kuchengitter setzen
und erkalten lassen.

Große Torten, feine Törtchen

Braucht etwas Zeit · Ganz einfach

Burgenländer Ostertorte

Zutaten für 1 Springform von 26 cm ⌀ :
60 g ungeschälte Mandeln · 4 Eier · 100 g weiche
Butter · 150 g Puderzucker · 1 Päckchen Vanillin-
zucker · 2 Eßl. Schokoladenpulver · 1 Prise Salz ·
150 g Mehl · 1 Teel. Backpulver
Zum Bestreichen: 4 Eßl. Puderzucker ·
1 Eßl. Instant-Kaffee · 2 Eßl. heißes Wasser ·
1 Eßl. Rum
Zum Garnieren: ⅛ l Sahne · 12 kleine bunte
Zuckereier
Für die Form: Butter · Semmelbrösel
Bei 12 Stücken pro Stück etwa 1325 Joule/
315 Kalorien

Zubereitungszeit: 45 Minuten
Backzeit: etwa 35 Minuten

● Die Mandeln durch die Mandelmühle* drehen. Die Eier in Eiweiß und Eigelb trennen*.
● Die Butter mit dem Puderzucker sehr schaumig rühren. Nach und nach das Eigelb hinzufügen, den Vanillinzucker, das Schokoladenpulver,
das Salz und die Mandeln einrühren. Das Mehl
mit dem Backpulver sieben* und eßlöffelweise
unter die Crememasse rühren.
● Die Form einfetten* und mit Semmelbröseln
ausstreuen*. Den Backofen auf 200° vorheizen.
● Das Eiweiß zu steifem Schnee schlagen* und
unter den Teig ziehen. Den Teig in die Form füllen und auf der mittleren Schiene des Ofens etwa
35 Minuten backen.
● Die Torte auf ein Kuchengitter stürzen.
● Den Puderzucker und den Instant-Kaffee
mischen und mit dem heißen Wasser und dem
Rum glattrühren. Die noch warme Torte dünn
mit der Mischung überziehen*.

● Die Sahne sehr steif schlagen*. Die Ostertorte
mit Sahnetupfen und den Zuckereiern hübsch
garnieren.

Braucht etwas Zeit

Nuß-Mandeltorte

Zutaten für 1 Springform von 26 cm ⌀ :
200 g Haselnüsse · 200 g ungeschälte Mandeln ·
250 g Möhren · Saft von ½ Zitrone · 6 Eier ·
150 g Zucker · abgeriebene Schale von je 1 unbe-
handelten Zitrone und Orange · je 1 Prise Zimt
und Nelkenpulver · 30 g Mehl · 1 Teel.
Backpulver · 1 Prise Salz · 1 Eßl. Kirschwasser
Zum Bestreichen und Bestreuen:
200 g Aprikosenmarmelade · 2 Eßl. Kirsch-
wasser · 4 Eßl. Vanillepuderzucker
Für die Form: Butter · Semmelbrösel
Bei 12 Stücken pro Stück etwa 1600 Joule/
380 Kalorien

Zubereitungszeit: 40 Minuten
Backzeit: etwa 1 Stunde

● Die Nüsse und die Mandeln durch die Mandelmühle drehen. Die Möhren schaben, waschen, abtrocknen und auf einer Reibe feinraf-
feln. Mit dem Zitronensaft beträufeln.
● Die Eier in Eiweiß und Eigelb trennen. Das
Eigelb mit zwei Drittel des Zuckers sehr cremig
schlagen, bis die Masse fast weiß ist. Die Zitro-
nen- und Orangenschale einrühren.
● Die Nüsse und Mandeln mit dem Zimt und
Nelkenpulver, dem Mehl und dem Backpulver
mischen.
● Die Form einfetten und mit Semmelbröseln
ausstreuen. Den Backofen auf 180° vorheizen.
● Das Eiweiß mit dem Salz zu steifem Schnee
schlagen, dabei den restlichen Zucker einrieseln

lassen. Den Eischnee, die Möhren und die Nuß-
mischung auf die Eigelbcreme geben, das
Kirschwasser hinzufügen und alles locker unterheben.
• Den Teig in die Form füllen, glattstreichen
und auf der unteren Schiebeleiste etwa 1 Stunde
backen. Den Rand lösen und den Kuchen auskühlen lassen.
• Die Aprikosenmarmelade mit dem Kirschwasser glattrühren und den Kuchen damit bestreichen. Mit dem Vanillepuderzucker besieben.

Unser Tip Vanillepuderzucker können Sie problemlos selbst herstellen. Ein
Marmeladenglas mit Puderzucker füllen, 1–2 Vanilleschoten aufschneiden,
hineinstecken und fest verschlossen einige Tage stehen lassen. Es lohnt sich, den
aromatisierten Puderzucker auf Vorrat
zuzubereiten, er hält sich ewig und würzt
sehr fein.

Braucht etwas Zeit

Polnische Torte

Zutaten für 1 Springform von 20 cm ⌀ :
75 g Rosinen · 140 g abgezogene Mandeln ·
140 g weiche Butter · 140 g Zucker · 4 Eigelb ·
1 Ei · 50 g Semmelbrösel · 2 Eßl. Rum · 75 g zart-
bittere Schokolade
Zum Bestreichen: 3 Eßl. Orangenkonfitüre
Für den Guß: 200 g Puderzucker ·
4 Eßl. Orangensaft
Für die Form: Butter · Mehl
Bei 8 Stücken pro Stück etwa 2375 Joule/
565 Kalorien

Zubereitungszeit: 40 Minuten
Backzeit: etwa 1 Stunde

• Die Rosinen in warmem Wasser waschen und
auf Küchenkrepp* trocknen. Die Mandeln
durch die Mandelmühle* drehen.
• Die Butter mit dem Zucker cremig rühren, bis
der Zucker ganz aufgelöst ist. Das Eigelb und
das ganze Ei nach und nach dazugeben. Die
Mandeln und die Semmelbrösel untermischen.
• Den Backofen auf 200° vorheizen. Die Form
einfetten* und mit Mehl ausstäuben*.
• Die Hälfte des Teiges in die Form füllen und
auf der mittleren Schiene des Ofens 20–25 Minuten backen. Auf ein Kuchengitter geben und auskühlen lassen.
• Die Rosinen grobhacken, in eine Schüssel
geben und mit dem Rum beträufeln. Die Schokolade im Wasserbad* schmelzen lassen.
• Die Form wieder einfetten* und mit Mehl
ausstäuben*.
• Die Rosinen und die weiche Schokolade in
die zweite Hälfte des Teiges mengen. Den Teig in
die Form füllen und auf der mittleren Schiene
des Ofens 25–30 Minuten backen. Auf einem
Kuchengitter erkalten lassen.
• Den ersten Kuchen mit der Konfitüre bestreichen, den zweiten daraufsetzen.
• Den Puderzucker mit dem Orangensaft glattrühren und die Torte damit überziehen*.

Braucht etwas Zeit

Baumkuchentorte

Den echten Baumkuchen, nach Berliner Art,
zu backen, gelingt nur dem Konditor, denn
dazu gehören eine Spezialvorrichtung und sehr
viel Können. Dieses Rezept ist eine leichtere
Variante.

Zutaten für 1 Springform von 24–26 cm Ø :
250 g weiche Butter · 250 g Zucker · 1 Päckchen
Vanillinzucker · 6 Eier · 2 Eßl. Rum ·
185 g Mehl · 70 g Speisestärke · 1 Teel. Back-
pulver · 1 Prise Salz
Für die Glasur: 200 g Puderzucker · 2 Eßl. Zitro-
nensaft
Für die Form: Pergamentpapier · Butter
Bei 16 Stücken pro Stück etwa 1 365 Joule/
325 Kalorien

Zubereitungszeit: 40 Minuten
Backzeit: etwa 1 Stunde und 20 Minuten

• Die Butter mit dem Zucker und dem Vanillin-
zucker cremig rühren, bis der Zucker ganz aufgelöst ist.
• 3 Eier in Eiweiß und Eigelb trennen*. Das
Eigelb und 3 ganze Eier nach und nach in die
Crememasse rühren. Den Rum hinzufügen. Das
Mehl mit der Speisestärke und dem Backpulver
sieben* und eßlöffelweise unterrühren.
• Das Pergamentpapier einfetten* und die
Form damit auslegen. Den Backofen auf 200°
vorheizen.
• Das Eiweiß mit dem Salz zu steifem Schnee
schlagen* und unter den Teig heben. 3 Eßlöffel
Teig in die Form füllen, die Oberfläche glattstreichen. Im Ofen auf der mittleren Schiene in etwa
8 Minuten hellgelb backen.
• Auf den gebackenen Kuchenboden 2 Eßlöffel
Teig streichen und wieder goldgelb backen. So
fortfahren, bis der Teig aufgebraucht ist. Es entstehen 8–9 Teigschichten.
• Den Kuchen auf ein Kuchengitter stürzen und
erkalten lassen*.
• Den Puderzucker mit dem Zitronensaft glattrühren und die Torte damit überziehen*. Erst
wenn die Glasur ganz fest geworden ist, die Torte
mit einem in heißes Wasser getauchtes Messer in
16 Stücke teilen.

Braucht etwas Zeit

Berner Nußtorte

Zutaten für 1 Springform von 24 cm Ø :
Für den Teig: 200 g Haselnußkerne · 5 Eier ·
125 g Zucker · 1 Eßl. Zimt · 1 Teel. Backpulver ·
125 g Mehl
Für die Creme: ¼ l Milch · 70 g Zucker · ½ Päck-
chen Vanillepuddingpulver · 100 g weiche Butter
Für die Glasur: 200 g Puderzucker · 3 Eßl. Zitro-
nensaft · 12 Walnußkernhälften
Für die Form: Butter · Grieß
Bei 12 Stücken pro Stück etwa 1 720 Joule/
410 Kalorien

Zubereitungszeit: 50 Minuten
Ruhezeit: 3 Stunden
Backzeit: 30 Minuten

• Die Haselnüsse durch die Mandelmühle drehen. Von den gemahlenen Nüssen 60 g abwiegen
und für die Creme beiseite stellen.
• Die Eier in Eiweiß und Eigelb trennen*. Den
Zucker mit dem Eigelb schaumig rühren. Die
Nüsse und den Zimt dazugeben. Das Backpulver
mit dem Mehl sieben* und löffelweise in die
Schaummasse rühren.
• Die Form einfetten* und mit Grieß ausstreuen. Den Backofen auf 200–220° vorheizen.
• Das Eiweiß zu steifem Schnee schlagen* und
unter den Teig heben*. Den Teig in die Form füllen und auf der mittleren Schiene des Ofens etwa
30 Minuten backen.
• Den Kuchen aus der Form nehmen und auf
einem Kuchengitter in mindestens 3 Stunden
völlig auskühlen lassen*.
• Aus der Milch, 1 Eßlöffel Zucker und dem
Puddingpulver einen Pudding kochen. Unter
gelegentlichem Rühren kalt werden lassen.
• Die Butter mit dem übrigen Zucker und den
zurückbehaltenen gemahlenen Nüssen cremig

rühren. Den kalten Pudding löffelweise einmengen.
• Den Kuchen einmal quer durchschneiden*. Einen Kuchenboden mit der Creme bestreichen, den anderen daraufsetzen.
• Den Puderzucker sieben*, mit dem Zitronensaft verrühren und die Torte damit überziehen*. Mit den Walnußhälften garnieren.

Braucht etwas Zeit · Ganz einfach

Haselnußtorte

»Das ist die Torte, die nie mißrät« sagt das Tantchen und bäckt sie seit Jahren zu sämtlichen Familiengeburtstagen. Zweimal quer durchgeschnitten wird die Torte zur Abwechslung mal mit Schlagsahne, mal mit Buttercreme, Mokkacreme oder Marmelade gefüllt oder auch »naturell« serviert.

Zutaten für 1 Springform von 26 cm Ø :
12 Eier · 375 g Zucker · 1 Päckchen
Vanillinzucker · 375 g gemahlene Haselnüsse
Für die Form: Butter · Mehl
Bei 16 Stücken pro Stück etwa 1 385 Joule/ 330 Kalorien

Zubereitungszeit: 30 Minuten
Backzeit: 30–40 Minuten

• 9 Eier in Eiweiß und Eigelb trennen*. Den Zucker mit dem Vanillinzucker, den ganzen Eiern und den 9 Eigelben schaumig schlagen. Die gemahlenen Haselnüsse einrühren.
• Den Backofen auf 180–200° vorheizen. Die Form gut einfetten* und mit Mehl ausstäuben*.
• Das Eiweiß zu steifem Schnee schlagen* und unter die Eigelb-Nuß-Mischung heben.
• Die Masse in die Form füllen und im Back-

ofen auf der zweiten Schiene von unten 30–40 Minuten backen.
• Den ausgekühlten Kuchen nach Wunsch füllen und auf der Oberfläche 16 Stücke markieren.

Braucht etwas Zeit · Nicht ganz einfach

Engadiner Walnußtorte

Bild Seite 70

Zutaten für 1 Springform von 26 cm Ø :
Für den Teig: 350 g Mehl · 125 g Zucker · 1 Prise
Salz · 1 Ei · abgeriebene Schale von ½ Zitrone ·
150 g Butter
Für die Füllung: 300 g Walnußkerne ·
1 Eßl. Butter · 250 g Zucker · 2 Eßl. Honig ·
⅛ l Sahne · 1–2 Eßl. Kirschwasser
Zum Bestreichen: 1 Eigelb · 1 Eßl. Milch
Für die Form: Butter
Bei 12 Stücken pro Stück etwa 2 415 Joule/ 575 Kalorien

Zubereitungszeit: 1 Stunde
Ruhezeit: 2 Stunden
Backzeit: 30–40 Minuten

• Das Mehl in eine Schüssel sieben*, in die Mitte eine Mulde drücken. Den Zucker, das Salz, das Ei und die Zitronenschale in die Vertiefung geben. Die Butter in Flöckchen auf den Mehlrand schneiden. Alles schnell mit kühlen Händen zu einem Mürbeteig verkneten. Den Teig in Alufolie wickeln und 2 Stunden im Kühlschrank ruhen lassen.
• Die Walnüsse grobhacken. Die Butter in einem Topf zerlassen, den Zucker und den Honig dazugeben und alles bei schwacher Hitze unter ständigem Rühren karamelisieren* lassen. Den Topf vom Herd nehmen und die Sahne langsam

einrühren. Die Masse noch einmal aufkochen lassen, wieder vom Herd nehmen und die Nüsse und das Kirschwasser einmengen. Die Füllung erkalten lassen.

• Die Form einfetten*. Den Backofen auf 200° vorheizen.

• Die Arbeitsfläche mit Mehl bestäuben und zwei Drittel des Teiges darauf dünn ausrollen*. Den Boden der Form mit der Teigplatte auslegen, dabei einen etwa 2 cm breiten Rand formen*. Den Teigboden mehrmals mit einer Gabel einstechen. Die Füllung auf den Tortenboden streichen.

• Das Eigelb mit der Milch verquirlen und den Teigrand damit bestreichen. Den restlichen Teig auf der bemehlten Arbeitsfläche rund in Größe der Form ausrollen und auf die Füllung legen. Den überstehenden Rand sanft auf die Teigplatte drücken. Die Oberfläche der Torte mit der restlichen Eigelbmischung bestreichen und mit einer Gabel mehrmals einstechen.

• Die Torte im Ofen auf der zweiten Schiene von unten 30–40 Minuten backen. Auf einem Kuchengitter abkühlen lassen*.

Nicht ganz einfach

Französische Walnußtorte

Zutaten für 1 Springform von 26 cm ⌀ :
300 g tiefgefrorener Blätterteig · 250 g Walnußkerne · 4 Eier · 250 g Zucker · 1 Päckchen Vanillinzucker · 100 g weiche Butter ·
1 Eßl. Sahne · 3 Eßl. Rum · 1 Prise Salz ·
3 Eßl. Aprikosenmarmelade
Für die Glasur: 1 Eiweiß · 200 g Puderzucker · etwa 1 Eßl. Rum
Zum Verzieren: 12 Walnußkernhälften

Bei 12 Stücken pro Stück etwa 2035 Joule/ 485 Kalorien

Zubereitungszeit: 1 Stunde
Backzeit: 30–35 Minuten

• Den Blätterteig nach Vorschrift auf der Packung auftauen lassen. Die Walnüsse durch die Mandelmühle* drehen.

• Die Arbeitsfläche mit Mehl bestäuben. Die Blätterteigscheiben darauf übereinanderlegen und nach allen Seiten hin zu einer runden Platte ausrollen*.

• Die Form mit kaltem Wasser ausspülen. Die Teigplatte auf den Boden der Form legen, mit einer Gabel mehrmals einstechen und kühl stellen.

• Die Eier in Eiweiß und Eigelb trennen*. Das Eigelb mit dem Zucker und dem Vanillinzucker in einer großen Schüssel so lange rühren, bis die Masse dick und fast weiß ist. Die Nüsse einmengen, die Butter in Flöckchen, die Sahne und den Rum unterrühren.

• Den Backofen auf 165–175° vorheizen.

• Das Eiweiß mit dem Salz zu sehr steifem Schnee schlagen* und locker unter die Nußcreme rühren.

• Den Blätterteigboden mit der Aprikosenmarmelade bestreichen, die Nußcreme daraufüllen. Die Torte auf der mittleren Schiene des Ofens in 30–35 Minuten goldbraun backen.

• Die Torte abkühlen lassen, aus der Form nehmen und auf ein Kuchengitter heben.

• Das Eiweiß in einer Schüssel leicht schlagen. Den Puderzucker dazusieben* und weiterschlagen, bis eine dicke Glasur entsteht. Den Rum einrühren.

• Die Torte mit der Glasur überziehen und mit den halben Walnüssen garnieren.

Preiswert · Ganz einfach

Kaiserhof-Torte

Das soll die Lieblingstorte Kaiser Friedrichs und seiner Gemahlin gewesen sein. Die preußische Sparsamkeit, was die Zutaten anbelangt, spricht sehr dafür, da in damaligen Zeiten sonst üppiger getafelt wurde.

Zutaten für 1 Springform von 24 cm ⌀ :
Für den Teig: 30 g abgezogene Mandeln ·
350 g Kokosfett · 4 Eier · 175 g Zucker · abge-
riebene Schale von 1 unbehandelten Zitrone ·
350 g Mehl · 80 g Speisestärke · 2 Teel. Back-
pulver · knapp ⅛ l Milch · 3 Eßl. Rum ·
je 60 g gewürfeltes Zitronat und Orangeat
Für den Guß: 250 g Puderzucker · 3 Eßl. trockener
Sherry
Zum Garnieren: 50 g Zitronat im Stück
Für die Form: Butter
Bei 16 Stücken pro Stück etwa 2035 Joule/
485 Kalorien

Zubereitungszeit: 35 Minuten
Backzeit: etwa 1 Stunde

• Die Mandeln grobhacken. Das Kokosfett in einem Topf zerlassen, in die Rührschüssel gießen und abkühlen lassen, bis es leicht trübe ist. Die Eier in Eiweiß und Eigelb trennen*.
• Den Zucker, das Eigelb, 3 Eßlöffel kaltes Wasser und die Zitronenschale zu dem Fett geben und alles gut verrühren.
• Das Mehl mit der Speisestärke und dem Backpulver sieben* und abwechselnd mit der Milch und dem Rum in die Fettmasse rühren. Das Zitronat, das Orangeat und die Mandeln in den Teig mengen.
• Die Form einfetten*. Den Backofen auf 175° vorheizen.
• Das Eiweiß zu steifem Schnee schlagen* und

unter den Teig heben*. Den Teig in die Form füllen und auf der mittleren Schiene des Ofens 50–60 Minuten backen.
• Den Kuchen aus der Form nehmen und auf einem Kuchengitter etwas abkühlen lassen*.
• Den Puderzucker sieben*, mit dem Sherry glattrühren und über die Torte gießen. Die Hälfte des Zitronats in sehr dünne Scheiben schneiden, den Rest kleinwürfeln und die Torte damit hübsch garnieren.

Braucht etwas Zeit

Gunhildatorte

In unserem alten Kochbuch aus der Jahrhundertwende steht ein ähnlicher, aber sehr viel gehaltvollerer Kuchen unter dem Namen Hildatorte. Seitdem ich mich mit Rezepten befasse, tauften sie unsere Freunde natürlich gleich in Gunhildatorte um.

Zutaten für 1 Springform von 26 cm ⌀ :
Für den Teig: 5 Eier · 5 Eigelb · 180 g Zucker ·
90 g Mehl · 90 g Speisestärke · 150 g zerlassene
Butter
Zum Tränken: ⅛ l trockener Weißwein ·*
⅛ l Wasser · ¹⁄₁₆ l Rum · 80 g Zucker
Zum Füllen: 450 g Aprikosenmarmelade
Zum Garnieren: 100 g Mandelblättchen
Für die Form: Butter · Mehl
Bei 12 Stücken pro Stück etwa 2435 Joule/
580 Kalorien

Zubereitungszeit: 40 Minuten
Ruhezeit: 12 Stunden
Backzeit: 40–50 Minuten

• Die Eier und das Eigelb mit dem Zucker cremig schlagen, bis der Zucker ganz aufgelöst ist.

• Den Backofen auf 180° vorheizen. Die Form einfetten* und mit Mehl ausstäuben*.
• Das Mehl mit der Speisestärke sieben* und eßlöffelweise in die Crememasse rühren*. Die zerlassene lauwarme Butter hinzufügen und unter den Teig ziehen. Den Teig in die Form füllen und auf der mittleren Schiene des Ofens 40–50 Minuten backen.
• Den Kuchen etwas abkühlen lassen und auf ein Kuchengitter stürzen.
• Am nächsten Tag den Wein mit dem Wasser und dem Rum heiß werden lassen und den Zukker in der heißen Flüssigkeit auflösen. Die Mandelblättchen hellbraun rösten*.
• Den Kuchen einmal quer in der Mitte durchschneiden. Beide Kuchenplatten auf der Schnittseite nach und nach mit dem Punsch tränken*. Die untere Kuchenplatte mit einem Teil der Marmelade bestreichen, die andere Kuchenplatte daraufsetzen. Die Torte mit der restlichen Marmelade überziehen und mit den Mandelblättchen bestreuen.

Ganz einfach

Schokoladentorte

Zutaten für 1 Springform von 24 cm ⌀ :
Für den Teig: 5 Eier · 175 g Zucker · 100 g Mehl ·
100 g Speisestärke · 2 Teel. Backpulver
Für die Schokoladencreme: 150 g bittere
Schokolade · 200 g weiche Butter · 125 g Puderzucker · 3 Eigelb · 1 Prise Zimt · 4 Eßl. Rum
Für die Form: Butter · Grieß
Bei 16 Stücken pro Stück etwa 1 345 Joule/
320 Kalorien

Zubereitungszeit: 35 Minuten
Ruhezeit: mindestens 2 Stunden
Backzeit: 30–35 Minuten

• Die Eier in Eiweiß und Eigelb trennen*.
• Die Form einfetten* und sorgfältig mit Grieß ausstreuen*.
• Den Backofen auf 200° vorheizen.
• Das Eiweiß mit 4 Eßlöffeln Wasser steif schlagen*. Den Zucker unter weiterem Schlagen einrieseln lassen. Das Eigelb vorsichtig unter den Eischnee rühren. Das Mehl mit der Speisestärke und dem Backpulver über die Eimasse sieben* und locker unterheben.
• Den Teig in die Form streichen, auf der mittleren Schiene des Ofens 30–35 Minuten backen.
• Den Kuchen auf ein Kuchengitter stürzen und mindestens 2 Stunden, am besten noch über Nacht ruhen lassen. Erst dann zweimal quer durchschneiden*.
• Die Schokolade im Wasserbad* schmelzen, dann abkühlen, aber nicht wieder fest werden lassen.
• Die Butter mit dem gesiebten Puderzucker und der Schokolade cremig rühren. Nach und nach das Eigelb, den Zimt und den Rum unterrühren.
• Die Biskuitböden mit knapp zwei Dritteln der Creme wieder zusammensetzen. Die Oberfläche und den Rand der Torte mit der restlichen Creme dick bestreichen. Mit einem Teelöffel ein unregelmäßiges Muster in die noch weiche Creme drücken.

Braucht etwas Zeit

Crostata di ricotta

Ricotta ist ein italienischer frischer Weißkäse aus Ziegen-, Schaf- oder Kuhmilchmolke, der unserem Quark ähnlich, aber etwas fester in der Struktur ist. Leider wird er nur in Spezialgeschäften verkauft. Sie können die Torte aber auch mit Schichtkäse zubereiten.

Zutaten für 1 Springform von 24 cm Ø :
Für den Teig: 300 g Mehl · 1 Ei · 2 Eigelb ·
150 g Zucker · 1 Prise Salz · abgeriebene Schale
von ½ unbehandelten Zitrone · 150 g Butter
Für die Füllung: 50 g Rosinen · 750 g Ricotta oder
Schichtkäse (20–40% Fettgehalt) · 300 g Zucker ·
1 Ei · 3 Eigelb · abgeriebene Schale von je 1 unbe-
handelten Zitrone und Orange · 50 g Pinien-
kerne · je 2 gehäufte Eßl. gewürfeltes Zitronat und
Orangeat
Zum Bestreichen: 1 Ei · 1 Eßl. Wasser
Zum Bestreuen: 1 Päckchen Vanillinzucker
Für die Form: Butter
Bei 12 Stücken pro Stück etwa 2370 Joule/
565 Kalorien

Zubereitungszeit: 45 Minuten
Ruhezeit: 30 Minuten
Backzeit: 1 Stunde und 30 Minuten

• Das Mehl auf die Arbeitsfläche sieben*. In die Mitte eine Mulde drücken und das Ei, das Eigelb, den Zucker, das Salz und die Zitronen- schale hineingeben. Die Butter in Flöckchen auf den Mehlrand schneiden. Alle Zutaten mit ei- nem Messer bröselig hacken, dann mit kühlen Händen zu einem glatten Teig kneten*. Den Teig in Alufolie wickeln und 30 Minuten im Kühl- schrank ruhen lassen.
• Die Rosinen waschen und auf Küchenkrepp trocknen.
• Den Ricotta oder den Schichtkäse mit dem Zucker, dem Ei und dem Eigelb cremig rühren, die Zitronen- und Orangenschale hinzufügen. Die Pinienkerne, das Zitronat, das Orangeat und die Rosinen einmengen.
• Die Form einfetten*. Den Backofen auf 180° vorheizen.
• Die Arbeitsfläche mit Mehl bestäuben und zwei Drittel des Teiges darauf etwa 3 mm dick rund ausrollen*. Den Boden und den Rand der Form mit der Teigplatte auslegen. Die Käsemas-

se einfüllen, die Oberfläche glattstreichen.
• Den restlichen Teig ausrollen und in 10 etwa 1 cm breite Streifen schneiden und diese gitter- artig auf die Torte legen.
• Das Ei mit dem Wasser verquirlen* und das Teiggitter damit bestreichen.
• Die Torte auf der zweiten Schiene von unten im Ofen 1 Stunde und 30 Minuten backen.
• Die Ricotta-Torte etwas abkühlen lassen, dann aus der Form nehmen und auf einem Kuchengitter erkalten lassen. Vor dem Servieren mit dem Vanillinzucker bestreuen.

Braucht etwas Zeit · Nicht ganz einfach

Giraffentorte

Diese Torte hat beileibe keinen langen Hals, sie ist vielmehr nach dem braun-weiß getupften Fell der schönen Giraffen so benannt.

Zutaten für 1 Springform von 26 cm Ø :
270 g abgezogene Mandeln · 80 g Blockschoko-
lade · 9 Eier · 270 g Zucker · abgeriebene Schale
von ½ unbehandelten Zitrone · 30 g Semmel-
brösel · 15 g Mehl
Für die Glasur: 350 g Puderzucker · 2–3 Eiweiß ·
1 Eßl. Kakao
Für die Form: Butter
Bei 12 Stücken pro Stück etwa 2015 Joule/
480 Kalorien

Zubereitungszeit: 45 Minuten
Backzeit: 1 Stunde

• Die Mandeln durch die Mandelmühle drehen. Die Schokolade feinreiben. Die Eier in Eiweiß und Eigelb trennen*.
• Das Eigelb mit dem Zucker zu einer fast wei- ßen cremigen Masse rühren. Die Mandeln und

die Zitronenschale hinzufügen. Das Eiweiß zu sehr steifem Schnee schlagen* und unter den Eigelb-Mandelteig heben*.

• Den Teig in zwei Portionen teilen. In die erste Portion die Schokolade und die Semmelbrösel mengen, in die zweite Hälfte das Mehl mischen.

• Die Springform gut einfetten*. Den Backofen auf 160° vorheizen.

• Den Boden der Form abwechselnd mit 1 Eßlöffel hellem Teig und 1 Eßlöffel dunklem Teig bedecken. Die zweite Lage in gleicher Weise einfüllen, auf den dunklen Teig 1 Eßlöffel hellen Teig geben und auf den hellen 1 Eßlöffel dunklen. So fortfahren, bis der Teig aufgebraucht ist. Auf der mittleren Schiene 1 Stunde backen.

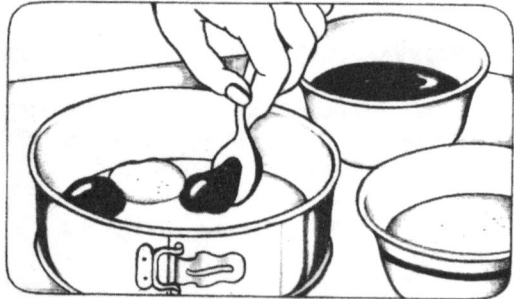

Für die Giraffentorte wird der Boden der Form abwechselnd mit einem Eßlöffel hellem Teig und einem Eßlöffel dunklen Teig gefüllt.

• Die Torte aus der Form nehmen und auf einem Kuchengitter erkalten lassen*.

• Den Puderzucker sieben* und mit dem Eiweiß mindestens 10 Minuten verrühren. Die Hälfte der Glasur mit dem Kakao braun färben. Beide Glasuren in zwei Spritzbeutel* mit kleiner glatter Lochtülle* füllen. Die Torte abwechselnd mit einem hellen und einem dunklen Streifen dicht bespritzen. Mit einem Messer quer durch die Glasur Linien ziehen, die Torte drehen und im Abstand von 2 cm wieder Linien markieren. Die Torte nochmals drehen und mit dem Messer

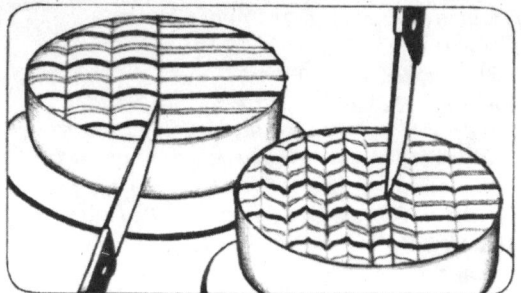

Die Torte wird abwechselnd mit einem hellen und einem dunklen Streifen dicht bespritzt. Durch diese Glasur zieht man mit einem Messer Linien.

durchziehen, bis die ganze Glasur wellenförmig aussieht. Hier muß sehr schnell gearbeitet werden, da die Glasur rasch trocknet und sich dann nicht mehr ziehen läßt. Mit dem Rest der Glasur den Rand bestreichen.

Ganz einfach

Schokoladentorte mit Rotwein

Zutaten für 1 Springform von 24 cm Ø :
200 g ungeschälte Mandeln · 6 Eier ·
125 g Zucker · 100 g halbbittere Schokolade
Zum Tränken: ⅛ l kräftiger Rotwein
Für die Form: Butter · Mehl
Bei 12 Stücken pro Stück etwa 1 070 Joule/ 255 Kalorien

Zubereitungszeit: 35 Minuten
Backzeit: 40 Minuten

• Die Mandeln durch die Mandelmühle drehen.
• Die Eier in Eiweiß und Eigelb trennen*. Das Eigelb mit dem Zucker gut verrühren.

- Die Schokolade in Stücke brechen und im Wasserbad* schmelzen lassen*.
- Die Form mit Butter einfetten und mit Mehl ausstäuben*. Den Backofen auf 175° vorheizen.
- Die Mandeln und die weiche Schokolade in die Crememasse rühren. Das Eiweiß zu steifem Schnee schlagen und unter den Teig heben.
- Den Teig in die Springform füllen und auf der untersten Schiene des Ofens 40 Minuten backen.
- Die Torte in der Form etwas abkühlen lassen* und auf ein Kuchengitter stürzen. So lange der Kuchen noch warm ist mit einem Holzspießchen mehrere Löcher hineinstechen und mit dem Rotwein tränken. Die Torte in 12 Stücke schneiden.

Braucht etwas Zeit

Punschtorte

Zutaten für 1 Springform von 28 cm Ø :
Für den Teig: 8 Eier · 125 g Zucker · 1 Päckchen
Vanillinzucker · 75 g Mehl · 60 g Speisestärke
Zum Tränken: ⅛ l trockener Weißwein · Saft von
1 Zitrone · 4 Eßl. Rum
Zum Füllen und Bestreichen: 250 g Aprikosen-
marmelade
Für die Glasur: 200 g Puderzucker · 1 Eßl. Zitro-
nensaft · 2 Eßl. Rum
Zum Garnieren: 8 kandierte Kirschen
Für die Form: Butter · Grieß
Bei 16 Stücken pro Stück etwa 945 Joule/
225 Kalorien

Zubereitungszeit: 50 Minuten
Backzeit: etwa 40 Minuten
Ruhezeit: mindestens 12 Stunden

- Die Eier in Eiweiß und Eigelb trennen*. Das Eigelb mit zwei Dritteln des Zuckers cremig rühren, bis der Zucker ganz aufgelöst ist.

- Die Form einfetten* und mit Grieß ausstreuen*. Den Backofen auf 200° vorheizen.
- Das Eiweiß zu steifem Schnee schlagen*, den restlichen Zucker dabei einrieseln lassen. Den Eischnee auf die Eigelbmasse gleiten lassen, das Mehl mit der Speisestärke darübersieben* und alles locker unterheben. Den Teig in die Form füllen und auf der mittleren Schiene des Ofens etwa 40 Minuten backen.
- Den Kuchen auf ein Kuchengitter stürzen und abkühlen lassen*. Am nächsten Tag zweimal quer durchschneiden.
- Den Weißwein mit dem Zitronensaft und dem Rum mischen und die Tortenböden damit tränken*, dünn mit der Aprikosenmarmelade bestreichen und zusammensetzen. Die Oberfläche und den Rand der Torte ebenfalls mit Marmelade bestreichen.
- Den Puderzucker mit dem Zitronensaft und dem Rum glattrühren und die Torte damit überziehen*. Die kandierten Kirschen halbieren und die Torte damit verzieren.
- Die Punschtorte einen Tag durchziehen lassen, dann schmeckt sie am besten.

Preiswert · Ganz einfach

Burgenländer Mohntorte

Der Witz dieser schlichten Torte ist das dekorative Puderzuckermuster, das man mit Hilfe einer Tortenspitze oder einer selbstgeschnittenen Papierschablone auf den Kuchen siebt.

Zutaten für 1 Springform von 24–26 cm Ø :
4 Eier · 100 g weiche Butter · 100 g Zucker ·
100 g gemahlener Mohn · 30 g feingehacktes
Zitronat

Butterkuchen darf auf keiner Kaffeetafel fehlen. Kinder mögen ihn besonders gern. Rezept Seite 137. ▷

Zum Besieben: 2 Eßl. Puderzucker
Für die Form: Butter · Semmelbrösel
Bei 12 Stücken pro Stück etwa 840 Joule/
200 Kalorien

Zubereitungszeit: 30 Minuten
Backzeit: 40–45 Minuten

• Die Eier in Eiweiß und Eigelb trennen*.
• Die Butter mit dem Zucker sehr schaumig rühren. Ein Eigelb nach dem anderen untermischen. Den Mohn und das Zitronat mit der Schaummasse vermengen.
• Den Backofen auf 200° vorheizen. Die Form gut mit Butter einfetten* und mit Semmelbröseln ausstreuen*.
• Das Eiweiß zu steifem Schnee schlagen* und locker unter den Mohnteig heben. Den Teig in die Form füllen und auf der mittleren Schiene des Ofens 40–45 Minuten backen.
• Die fertige Torte einige Minuten in der Form abkühlen lassen, auf ein Kuchengitter stürzen und kalt werden lassen. Eine entsprechend große Tortenspitze oder eine selbstgefertigte Schablone auf die Torte legen und reichlich mit Puderzucker besieben. Die Spitze oder Schablone vorsichtig abheben.

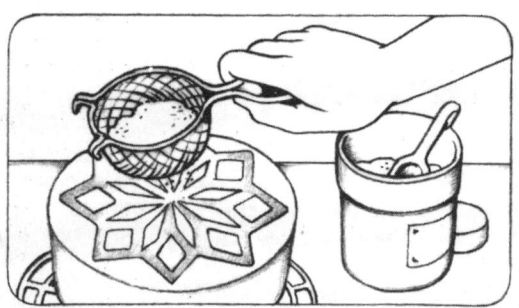

Auf die fertige Torte wird eine Tortenspitze oder selbstgefertigte Schablone gelegt und diese mit viel Puderzucker besiebt.

Braucht etwas Zeit

Aida-Torte

Zutaten für 1 Springform von 26 cm Ø :
Für den Teig: 4 Eiweiß · 3 Eßl. kaltes Wasser ·
150 g Zucker · 4 Eigelb · abgeriebene Schale
von 1 unbehandelten Zitrone · 120 g Mehl ·
80 g Speisestärke · 1 Teel. Backpulver ·
50 g zerlassene Butter
Für die Füllung: 100 g Nougat · 100 g Marzipan-
Rohmasse · 2 Eßl. Kirschwasser · 2 Eßl. Wasser · 1 Eßl. Puderzucker · 3 Eßl. Aprikosen-
marmelade
Für den Guß: 1 Eiweiß · 1 Eßl. Wasser ·
2 Eßl. Kirschwasser · 250 g Puderzucker
Zum Bestreuen: 3 Eßl. Schokoladenstreusel
Für die Form: Butter
Bei 12 Stücken pro Stück etwa 1 260 Joule/
300 Kalorien

Zubereitungszeit: 50 Minuten
Ruhezeit: 2 Stunden
Backzeit: etwa 40 Minuten

• Das Eiweiß mit dem Wasser zu sehr steifem Schnee schlagen*, den Zucker nach und nach einrieseln lassen und unterrühren.
• Die Form einfetten*. Den Backofen auf 200° vorheizen.
• Das Eigelb und die Zitronenschale locker unter den Eischnee ziehen. Das Mehl mit der Speisestärke und dem Backpulver sieben* und unter die Eimasse heben. Die zerlassene Butter einrühren.
• Den Teig in die Form füllen und auf der zweiten Schiene von unten etwa 40 Minuten backen.
• Den Kuchen auf ein Kuchengitter stürzen, abkühlen lassen* und nach 2 Stunden zweimal quer durchschneiden.
• Das Nougat im Wasserbad* zerlassen und einen Boden damit bestreichen, den zweiten dar-

⊲ Diese edlen Mandelplätzchen, die Florentiner, wurden tatsächlich in Florenz zum ersten Mal gegessen. Rezept Seite 290.

---

aufsetzen. Das Marzipan mit dem Kirschwasser, dem Wasser und dem Puderzucker vermengen und den zweiten Tortenboden damit bestreichen. Die Aprikosenmarmelade darüber verteilen und den dritten Tortenboden daraufsetzen.
• Das Eiweiß mit dem Wasser, dem Kirschwasser und dem Puderzucker glattrühren und die Torte damit überziehen*. Die Oberfläche und den Rand der Torte mit den Schokoladenstreuseln bestreuen.

Ganz einfach

Schwarze Torte

Zutaten für 1 Springform von 24 cm ∅ :
150 g ungeschälte Mandeln · 100 g altbackenes
Schwarzbrot · 200 g zartbittere Schokolade ·
75 g Butter · 6 Eier · 200 g Zucker · 1 Eßl. Rum ·
1 Prise Salz
Für den Guß: 150 g Puderzucker · 1 Teel. Zimt ·
3–4 Eßl. Rum
Für die Form: Butter · Semmelbrösel
Bei 12 Stücken pro Stück etwa 1 720 Joule/
410 Kalorien

Zubereitungszeit: 40 Minuten
Backzeit: 60–70 Minuten

• Die Mandeln durch die Mandelmühle* drehen. Das Schwarzbrot fein zerreiben. Die Schokolade im Wasserbad* schmelzen lassen. Die Butter zerlassen. Die Eier in Eiweiß und Eigelb trennen*.
• Das Eigelb mit dem Zucker cremig rühren, bis der Zucker ganz aufgelöst ist. Die Mandeln, das Schwarzbrot, die Schokolade und die Butter hinzufügen und mit dem Rum locker in die Crememasse rühren.
• Die Form einfetten*, mit Semmelbröseln aus-

streuen*. Den Backofen auf 180° vorheizen.
• Das Eiweiß mit dem Salz zu steifem Schnee schlagen* und unter den Teig heben.
• Den Teig in die Form füllen und auf der mittleren Schiene des Ofens 60–70 Minuten backen.
• Den Puderzucker und den Zimt mit dem Rum glattrühren.
• Die Torte aus der Form nehmen und auf einem Kuchengitter etwas abkühlen lassen, noch warm mit dem Guß überziehen.

Braucht etwas Zeit

Spanische Vanilletorte

Zutaten für 1 Springform von 26 cm ∅ :
60 g Blockschokolade · 250 g Marzipan-Roh-
masse · 7 Eier · 150 g Zucker · ausgeschabtes*
Mark von 1 Vanilleschote · 1 Prise Salz ·
100 g Mehl · 50 g Speisestärke
Für die Glasur: 200 g Kuvertüre · 1 gehäufter Eßl.
Pistazien
Für die Form: Butter
Bei 16 Stücken pro Stück etwa 1 175 Joule/
280 Kalorien

Zubereitungszeit: 45 Minuten
Backzeit: 50–60 Minuten

• Die Blockschokolade grobhacken. Die Marzipan-Rohmasse grobreiben. 6 Eier in Eiweiß und Eigelb trennen*.
• Das Eigelb und das ganze Ei mit der Hälfte des Zuckers und dem Vanillemark schaumig schlagen. Die Marzipanmasse nach und nach kräftig unterrühren.
• Die Form einfetten*. Den Backofen auf 190° vorheizen.
• Das Eiweiß mit dem Salz zu steifem Schnee schlagen*, dabei den restlichen Zucker einrieseln

89

lassen. Den Schnee unter die Marzipan-Eigelb-Masse ziehen. Das Mehl mit der Speisestärke darübersieben* und unterheben. Die Blockschokolade in den Teig mengen.
• Den Teig in die Form füllen, die Oberfläche glattstreichen. Die Torte auf der untersten Schiene des Ofens 50–60 Minuten backen.
• Die Torte in der Form etwas abkühlen lassen, dann auf ein Kuchengitter stürzen und völlig erkalten lassen.
• Die Kuvertüre im Wasserbad* schmelzen lassen und die Torte damit überziehen*. Die Pistazien feinhacken und auf die Glasur streuen.

Preiswert · Ganz einfach

Kartoffeltorte

Zutaten für 1 Springform von 22 cm Ø :
350 g Pellkartoffeln, am Vortag gekocht ·
115 g ungeschälte Mandeln oder Haselnußkerne ·
5 Eier · 300 g Zucker · abgeriebene Schale von
1 unbehandelten Zitrone
Für die Form: Butter · Semmelbrösel
Bei 12 Stücken pro Stück etwa 965 Joule/
230 Kalorien

Zubereitungszeit: 35 Minuten
Backzeit: 45 Minuten

• Die Kartoffeln schälen und feinreiben. Die Mandeln oder die Haselnüsse durch die Mandelmühle* drehen.
• Die Eier in Eigelb und Eiweiß trennen*. Den Zucker mit dem Eigelb schaumig rühren, die Zitronenschale dazureiben.
• Die Mandeln oder die Haselnüsse und die Kartoffeln hinzufügen und alles zu einem glatten Teig rühren*.
• Die Springform einfetten* und mit Semmel-

bröseln ausstreuen. Den Backofen auf 180° vorheizen.
• Das Eiweiß zu steifem Schnee schlagen* und unter den Teig heben.
• Den Teig in die Form füllen und im Ofen auf der mittleren Schiene 45 Minuten backen.
• Die Torte aus der Form nehmen und auf einem Kuchengitter auskühlen lassen*.

Ganz einfach

Brottorte

Zutaten für 1 Springform von 26 cm Ø :
100 g altbackenes Schwarzbrot · ⅛ l trockener
Rotwein · 2 Eßl. Arrak oder Rum · 160 g ungeschälte Mandeln · 8 Eier · 250 g Zucker ·
½ Teel. Zimt · ½ Teel. Nelkenpulver · 50 g gewürfeltes Zitronat
Für die Glasur: 100 g Kuvertüre
Für die Form: Butter
Bei 12 Stücken pro Stück etwa 1 345 Joule/
320 Kalorien

Zubereitungszeit: 45 Minuten
Backzeit: etwa 40 Minuten

• Das Brot in eine Schüssel reiben, mit dem Rotwein und dem Arrak oder dem Rum übergießen und zugedeckt beiseite stellen. Die Mandeln durch die Mandelmühle* drehen.
• Die Eier in Eiweiß und Eigelb trennen*. Das Eigelb mit dem Zucker cremig schlagen, bis der Zucker ganz aufgelöst ist. Den Zimt und das Nelkenpulver dazugeben. Das eingeweichte Brot, die Mandeln und das Zitronat in die Crememasse mischen.
• Die Form einfetten*. Den Backofen auf 180° vorheizen.
• Das Eiweiß zu steifem Schnee schlagen* und

unter den Teig heben*. Den Teig in die Form füllen und auf der mittleren Schiene des Ofens etwa 40 Minuten backen.
- Den Kuchen etwas abkühlen lassen, dann aus der Form auf ein Kuchengitter stürzen und kalt werden lassen.
- Die Kuvertüre im Wasserbad* auflösen und die Brottorte damit überziehen.

Braucht etwas Zeit · Ganz einfach

Tessiner Brottorte

Zutaten für 1 Springform von 26 cm Ø :
1 l Milch · 1 Vanilleschote · 300 g altbackenes Weißbrot · 150 g Zwieback · 150 g Rosinen · 80 g ungeschälte Mandeln · 200 g Zucker · 4 Eier · 1 Eßl. Mandellikör · 1 Prise Salz · ½ Eßl. Zimt · 2 Eßl. Kakao · 1 Prise geriebene Muskatnuß · abgeriebene Schale von ½ unbehandelten Zitrone · je 1 Eßl. abgezogene Mandeln und Pinienkerne · 2 Eßl. Butter
Zum Besieben: 2 Eßl. Puderzucker
Für die Form: Butter · Semmelbrösel
Bei 12 Stücken pro Stück etwa 1660 Joule/ 395 Kalorien

Zubereitungszeit: 30 Minuten
Ruhezeit: 2 Stunden
Backzeit: 1 Stunde und 15 Minuten

- Die Milch mit der aufgeschnittenen Vanilleschote aufkochen. Das Weißbrot zerbröckeln, in eine Schüssel geben und mit der heißen Milch übergießen. Zugedeckt 1 Stunde stehen lassen, während der Zeit öfter durchrühren.
- Den Zwieback in kleine Stücke brechen, zu dem Brot in die Schüssel geben und 1 weitere Stunde weichen lassen.
- Die Rosinen waschen, abtropfen lassen und

auf Küchenkrepp* trocknen. Die Mandeln grobhacken.
- Die Form einfetten* und mit Semmelbröseln ausstreuen*.
- Die Brotmasse kräftig durchrühren.
- Den Zucker mit den Eiern cremig rühren, bis der Zucker ganz aufgelöst ist. Den Mandellikör, das Salz, den Zimt, den Kakao, die geriebene Muskatnuß und die Zitronenschale unterrühren. Die Rosinen und die gehackten Mandeln in die Crememasse mischen. Alles mit der Brotmasse vermengen.
- Den Backofen auf 200° vorheizen.
- Den Teig in die Form füllen. Den Teigrand mit den abgezogenen Mandeln belegen und die Pinienkerne in die Mitte streuen, die Butter in Flöckchen verteilen. Auf der mittleren Schiene 1 Stunde und 15 Minuten backen. Nach 15 Minuten Backzeit auf 180° zurückschalten.
- Die Brottorte aus der Form lösen, auf einem Kuchengitter abkühlen lassen* und mit dem Puderzucker besieben*.

Preiswert · Ganz einfach

Möhrentorte

Zutaten für 1 Springform von 26 cm Ø :
500 g Möhren · 5 Eier · 5 Eßl. lauwarmes Wasser · 200 g Zucker · 200 g gemahlene Haselnüsse · ½ Teel. Zimt · 1 Eßl. Rum · 80 g Semmelbrösel · ½ Teel. Backpulver
Für die Glasur: 250 g Puderzucker · 2 Eßl. Zitronensaft
Für die Form: Butter · Semmelbrösel
Bei 12 Stücken pro Stück etwa 1385 Joule/ 330 Kalorien

Zubereitungszeit: etwa 50 Minuten
Backzeit: 50–60 Minuten

- Die Möhren putzen, schaben oder schälen und reiben. Von den geriebenen Möhren 300 g für die Torte abwiegen. Die Eier in Eiweiß und Eigelb trennen*.
- Das Eigelb mit dem Wasser schaumig rühren, den Zucker hinzufügen und so lange rühren, bis eine fast weiße Creme entsteht.
- Die Form einfetten* und mit Semmelbröseln ausstreuen*. Den Backofen auf 175° vorheizen.
- Das Eiweiß zu steifem Schnee schlagen* und unter die Eigelbcreme ziehen. Die Möhren, die gemahlenen Nüsse, den Zimt und den Rum nach und nach unter die Creme mischen. Die Semmelbrösel mit dem Backpulver mischen und unter den Teig mengen.
- Den Teig in die Springform füllen und auf der mittleren Schiene des Ofens 50–60 Minuten backen.
- Die Torte in der Form etwas abkühlen lassen*, dann auf einem Kuchengitter kalt werden lassen.
- Den Puderzucker mit dem Zitronensaft zu einer dicken Glasur verrühren und die Torte damit überziehen*.

Braucht etwas Zeit

Gelbe-Rüben-Torte

Zutaten für 1 Springform von 26 cm Ø :
75 g Zwieback · 300 g gelbe Rüben (Möhren) ·
5 Eier · 250 g Zucker · je 1 Prise Salz, Zimt und
Nelkenpulver · 2 Eßl. Kirschwasser ·
250 g abgezogene gemahlene Mandeln
Für die Glasur: 200 g Schokoladen-Fettglasur
Für die Form: Butter · Mehl
Bei 12 Stücken pro Stück etwa 1595 Joule/
380 Kalorien

Zubereitungszeit: 50 Minuten
Backzeit: etwa 50 Minuten

- Den Zwieback in Stücke brechen, in ein trokkenes Geschirrtuch einschlagen und mit dem Wellholz zerbröseln.
- Die Möhren putzen, schälen und feinreiben. Von den Möhren 200 g für die Torte abwiegen.
- Die Eier in Eiweiß und Eigelb trennen*.
- Die Springform gut einfetten* und mit Mehl ausstäuben*. Den Backofen auf 200° vorheizen.
- Das Eigelb mit dem Zucker, dem Salz, dem Zimt, dem Nelkenpulver und dem Kirschwasser sehr schaumig rühren. Die Möhren, die Zwiebackbrösel und die Mandeln hinzufügen und mit der Eimasse verrühren.
- Das Eiweiß zu steifem Schnee schlagen* und unter den Teig heben. Den Teig in die Form füllen, glattstreichen und im Backofen auf der zweiten Schiene von unten etwa 50 Minuten backen.
- Die Torte kurz in der Form, dann auf einem Kuchengitter abkühlen lassen. Die Schokoladenglasur im Wasserbad schmelzen lassen* und die Torte damit überziehen*.

Braucht etwas Zeit

Kastanientorte

Zutaten für 1 Springform von 24 cm Ø :
Für den Teig: 450 g Kastanien aus der Dose ·
250 g zartbittere Schokolade · 5 Eier · 140 g weiche Butter · 140 g Zucker · 50 g Mehl ·
1 Teel. Backpulver
Für die Creme: 6 Blatt weiße Gelatine ·
¼ l Sahne · 125 g weiche Butter · 3 Eßl. Zucker ·
3 Eigelb
Zum Garnieren: ⅛ l Sahne · 1 Päckchen Vanillinzucker
*Für die Form: Backtrennpapier**
Bei 12 Stücken pro Stück etwa 2520 Joule/
600 Kalorien

Zubereitungszeit: 50 Minuten
Backzeit: 1 Stunde

• Die Kastanien abtropfen lassen und durch ein Sieb passieren. Die Schokolade feinreiben. Die Eier in Eiweiß und Eigelb trennen*.
• Die Butter mit dem Zucker cremig rühren, bis der Zucker ganz aufgelöst ist. Die durchpassierten Kastanien, die Hälfte der Schokolade und das Eigelb nach und nach kräftig unterrühren.
• Die Form mit Backtrennpapier* auslegen. Den Backofen auf 200° vorheizen.
• Das Eiweiß zu steifem Schnee schlagen*, auf die Kastaniencreme gleiten lassen, das Mehl mit dem Backpulver dazusieben*. Beides locker unterheben.
• Den Teig in die Form füllen und auf der mittleren Schiene des Ofens 1 Stunde backen, dann die Torte auf ein Kuchengitter stürzen und abkühlen lassen*.
• Die Gelatine* in kaltem Wasser einweichen. Die Hälfte der Sahne erhitzen, die Gelatine gut ausdrücken und darin auflösen. Die Masse abkühlen lassen und dann die restliche Sahne einrühren.
• Die Butter mit dem Zucker und dem Eigelb schaumig rühren, die zweite Hälfte der geriebenen Schokolade langsam einmengen und die Gelatinesahne unterrühren.
• Den Kastanienkuchen einmal quer durchschneiden* und mit der Hälfte der Creme füllen. Mit dem Rest die Torte überziehen*.
• Die Sahne mit dem Vanillinzucker steif schlagen, in einen Spritzbeutel* füllen und die Torte damit garnieren.

Braucht etwas Zeit

Zitronentorte

Zutaten für 1 Springform von 26 cm Ø :
Für den Teig: 250 g Mehl · 125 g weiche Butter ·
50 g Zucker · 1 Prise Salz · 1 Ei · abgeriebene
Schale von 1 unbehandelten Zitrone
Für die Füllung: 2 Zitronen · 400 g abgezogene
Mandeln · 6 Eiweiß · 100 g Zucker · 100 g Puderzucker · 3 Eßl. Cointreau
Für die Form: Butter
Bei 12 Stücken pro Stück etwa 2035 Joule/
485 Kalorien

Zubereitungszeit: 1 Stunde
Ruhezeit: 1 Stunde
Backzeit: 40 Minuten

• Das Mehl in eine Schüssel sieben*. Die Butter, den Zucker, das Salz, das Ei und die Zitronenschale dazugeben und alles schnell zu einem geschmeidigen Teig verkneten*.
• Den Teig in Alufolie wickeln und 1 Stunde im Kühlschrank ruhen lassen.
• Die Zitronen gut mit Wasser bedeckt in einem Topf 20 Minuten leicht kochen lassen, aus dem Wasser nehmen, abkühlen lassen, dünn schälen und die Zitronenschale feinhacken.
• Die Form einfetten*. Den Backofen auf 220° vorheizen.
• Die Arbeitsfläche leicht mit Mehl bestäuben und den Teig darauf ausrollen*. Den Boden der Springform mit der Teigplatte auslegen und einen hohen Rand formen*. Den Teigboden mit einer Gabel mehrmals einstechen*.
• Den Tortenboden auf der mittleren Schiene 20 Minuten im Backofen vorbacken.
• Die Mandeln grobhacken. Das Eiweiß zu sehr steifem Schnee schlagen*. Den Zucker einrieseln lassen und den Puderzucker darübersieben*, alles zu einer cremigen Schaummasse schlagen.

Die Zitronenschale und die Mandeln locker untermischen und den Cointreau einrühren.
● Die Backofentemperatur auf 175° zurückschalten.
● Die Schaummasse auf dem vorgebackenen Tortenboden gleichmäßig verteilen und auf der mittleren Schiene etwa 30 Minuten im Backofen überbacken. Die Zitronentorte auf dem Kuchengitter abkühlen lassen*.

Ganz einfach

Orangentorte

Zutaten für 1 Springform von 26 cm Ø :
50 g Mandeln · 250 g weiche Butter ·
175 g Zucker · 1 Päckchen Vanillinzucker ·
4 Eier · abgeriebene Schale von 1 unbehandelten
Orange · Saft von 2 Orangen · 150 g Mehl ·
100 g Speisestärke · 1 Teel. Backpulver
Zum Verzieren: 1 Orange
Für den Guß: 200 g Puderzucker · 1 Eiweiß ·
1–2 Teel. Zitronensaft
Für die Form: Butter
Bei 16 Stücken pro Stück etwa 1365 Joule/
325 Kalorien

Zubereitungszeit: 35 Minuten
Backzeit: 1 Stunde und 20 Minuten

● Die Mandeln durch die Mühle drehen.
● Die Butter mit dem Zucker und dem Vanillinzucker cremig rühren. Die Eier nacheinander dazugeben und weiterrühren, bis der Zucker ganz aufgelöst ist. Die Orangenschale und 1 Eßlöffel Orangensaft hinzufügen.
● Die Springform einfetten*. Den Backofen auf 200–220° vorheizen.
● Das Mehl mit der Speisestärke und dem Backpulver sieben* und eßlöffelweise mit den Man-

deln in die Cremmasse rühren. Den Teig in die Form füllen und im Ofen auf der mittleren Schiene 1 Stunde und 20 Minuten backen.
● Den Kuchen auf ein Kuchengitter stürzen. Mit einem Holzspießchen Löcher in die Oberfläche stechen und mit dem restlichen Orangensaft tränken*.
● Die Orange schälen mit einem scharfen Messer in Scheiben schneiden, dabei die weiße Haut sorgfältig entfernen. Den Puderzucker sieben* und mit dem Eiweiß und etwas Zitronensaft zu einem dicken Guß rühren und den Kuchen damit überziehen*. Die Orangenscheiben halbieren und die Torte damit garnieren.

Braucht etwas Zeit

Angelika-Torte

In der feinen Küche werden die dicken kandierten Blattstiele der Angelika, auch Engelswurz genannt, zum Garnieren von Torten und Süßspeisen verwandt. Die grünen Tupfen wirken sehr dekorativ.

Zutaten für 1 Springform von 26 cm Ø :
Für den Teig: 3 Eier · 125 g Zucker · 75 g Mehl ·
2 Eßl. Speisestärke · 1 Prise Salz
Zum Füllen und Garnieren: 1 frische Ananas ·
1 Eßl. Zucker · 1 Eßl. Kirschlikör · 2 Stengel
kandierte Angelika · ⅜ l Sahne
Zum Bestreichen: 5 Eßl. Aprikosenmarmelade ·
1 Eßl. Wasser · 1 Teel. Zitronensaft
Für die Form: Butter · Semmelbrösel
Bei 12 Stücken pro Stück etwa 1050 Joule/
250 Kalorien

Zubereitungszeit: 50 Minuten
Ruhezeit: 2 Stunden
Backzeit: 15–20 Minuten

- Die Form einfetten* und mit Semmelbröseln ausstreuen. Den Backofen auf 180° vorheizen.
- Die Eier schaumig schlagen, nach und nach den Zucker einrieseln lassen. Beides so lange weiterschlagen, bis eine weiße, cremige Masse entsteht.
- Das Mehl mit der Speisestärke und dem Salz dazusieben* und schnell mit einer Gabel unterziehen. Den Teig in die Form gießen und auf der mittleren Schiene des Ofens 15–20 Minuten backken. Den Kuchen auf ein Kuchengitter stürzen, erkalten und mindestens 2 Stunden, besser noch 12 Stunden ruhen lassen.
- Von der Ananas beide Enden kappen, die Frucht in knapp 1 cm dicke Scheiben schneiden, das harte Mark in der Mitte herausstechen und die Schale rundherum abschneiden. Die kleineren Scheiben in Würfel schneiden. Scheiben und Würfel in eine breite Schüssel geben, mit dem Zucker bestreuen und dem Kirschlikör beträufeln, zugedeckt 1 Stunde ziehen lassen.
- Die Angelika in kleine Rauten schneiden. Die Aprikosenmarmelade mit dem Wasser und dem Zitronensaft bei schwacher Hitze glattrühren.
- Die Sahne sehr steif schlagen und etwas von dem Kirschlikörsaft aus der Schüssel einrühren. Den Kuchen einmal waagerecht durchschneiden und mit der Schlagsahne und den Ananaswürfeln füllen. Die Oberfläche der Torte dünn mit der Aprikosenglasur bestreichen, die Ananasscheiben dicht darauflegen und etwas Glasur darüberstreichen. Mit den Angelikarauten garnieren.

Unser Tip Servieren Sie die Torte ganz frisch. Sie paßt vorzüglich als Dessert zu einem festlichen Menü.

Braucht etwas Zeit · Nicht ganz einfach

Linzer Torte

Bild Seite 114

Zutaten für 1 Springform von 26 cm Ø :
Für den Teig: 200 g Mehl · 100 g Zucker · 1 Prise Salz · 150 g gemahlene Mandeln · ½ Teel. Zimt · 1 Prise Nelkenpulver · 1 Ei · 50 g Biskuitbrösel · 200 g kalte Butter
Für die Füllung: 250 g Himbeermarmelade · 3 Eßl. Himbeergeist oder Weinbrand
Zum Bestreichen: 1 Eigelb
Für die Form: Butter
Bei 12 Stücken pro Stück etwa 1680 Joule/ 400 Kalorien

Zubereitungszeit: 30 Minuten
Ruhezeit: 30 Minuten
Backzeit: 35–40 Minuten

- Das Mehl auf die Arbeitsfläche sieben*, in die Mitte eine Mulde drücken und den Zucker, das Salz, die Mandeln, den Zimt, das Nelkenpulver, das Ei und die Biskuitbrösel hineingeben. Die Butter in Flöckchen auf den Mehlrand schneiden. Alles mit dem Messer durchhacken und mit kühlen Händen zu einem glatten Teig kneten*.
- Den Teig zugedeckt im Kühlschrank 30 Minuten ruhen lassen.
- Die Springform einfetten*.
- Die Arbeitsfläche leicht mit Mehl bestäuben und zwei Drittel des Teiges ausrollen*. Die Teigplatte in die Form legen, dabei einen 2 cm breiten Rand formen*. Den Teigboden mehrmals mit einer Gabel einstechen*.
- Die Himbeermarmelade mit dem Himbeergeist oder dem Weinbrand glattrühren und auf dem Teigboden verteilen.
- Den Backofen auf 190° vorheizen.
- Den restlichen Teig etwa 3 mm dick ausrollen*

Große Torten, feine Törtchen

und mit dem Teigrädchen* 1½ cm breite Streifen ausrädeln.
• Die Streifen gitterförmig über die Marmelade legen. Das Eigelb verquirlen und die Teigstreifen damit bepinseln.
• Die Torte auf der mittleren Schiene des Ofens 35–40 Minuten backen.
• Den Kuchen in der Form etwas abkühlen lassen*, dann auf ein Kuchengitter gleiten lassen.

Unser Tip Schneiden Sie die Torte erst am nächsten Tag an, gut durchgezogen schmeckt sie am besten.

Braucht etwas Zeit · Nicht ganz einfach

Frankfurter Kranz

Zutaten für 1 Kranzform:
Für den Teig: 125 g weiche Butter · 150 Zucker · abgeriebene Schale von ½ unbehandelten Zitrone · 4 Eier · 120 g Mehl · 100 g Speisestärke · ½ Päckchen Backpulver
Für die Füllung: 1 Päckchen Vanille-Puddingpulver · ½ l Milch · 100 g Zucker · 250 g weiche Butter · 1 Eßl. Rum
Zum Bestreuen und Garnieren: 50 g Krokantstreusel · 7 kandierte Kirschen
Für die Form: Butter · Semmelbrösel
Bei 14 Stücken pro Stück etwa 1805 Joule/ 430 Kalorien

Zubereitungszeit: 50 Minuten
Backzeit: 40–50 Minuten

• Die Butter mit dem Zucker und der Zitronenschale schaumig rühren. Ein Ei nach dem anderen untermischen.

• Das Mehl, die Speisestärke und das Backpulver mischen über die Crememasse sieben* und unterrühren.
• Den Backofen auf 180° vorheizen. Die Form einfetten* und mit Semmelbröseln ausstreuen*.
• Den Teig in die Form füllen und auf der mittleren Schiene 40–50 Minuten backen.
• Den fertigen Kuchen in der Form etwas abkühlen lassen*, auf ein Kuchengitter stürzen und erkalten lassen.
• Das Puddingpulver mit 5 Eßlöffeln Milch glattrühren. Die restliche Milch mit dem Zucker zum Kochen bringen, den Topf vom Herd nehmen, das angerührte Puddingpulver einfließen lassen und unter Rühren 1 Minute durchköcheln lassen. Den Pudding kalt werden lassen, dabei öfters umrühren.
• Die Butter sehr schaumig rühren und den erkalteten Pudding eßlöffelweise darunterrühren, dann den Rum hinzufügen.
• Den Kuchen zweimal quer durchschneiden*, die Böden mit der Buttercreme bestreichen, den Kuchen wieder zusammensetzen und rundherum mit Buttercreme bestreichen*.
• Den fertigen Kranz mit dem Krokant bestreuen und mit den halbierten kandierten Kirschen garnieren.

Braucht etwas Zeit

Quarktorte aus Siebenbürgen

Zutaten für 1 Springform von 26 cm Ø :
Für den Teig: 200 g Mehl · 1 Ei · 1 Prise Salz · 60 g Zucker · 100 g Butter
Zum Belegen: 100 g Rosinen · 4 Eigelb · 3 Eßl. Puderzucker · abgeriebene Schale von 1 unbehandelten Zitrone · 500 g Magerquark

*Für die Schneehaube: 100 g ungeschälte
Mandeln · 4 Eiweiß · 1 Teel. Zitronensaft ·
120 g Zucker
Für die Form: Butter*
Bei 12 Stücken pro Stück etwa 1 490 Joule/
355 Kalorien

Zubereitungszeit: 45 Minuten
Ruhezeit: 1 Stunde
Backzeit: etwa 50 Minuten

● Das Mehl auf die Arbeitsfläche sieben*. In die
Mitte eine Mulde drücken und das Ei, das Salz
und den Zucker hineingeben. Die Butter in
Flöckchen auf den Mehlrand schneiden. Alles
mit einem Messer bröselig hacken, dann mit
kühlen Händen zu einem glatten Teig kneten.
Den Teig in Alufolie wickeln und 1 Stunde im
Kühlschrank ruhen lassen.
● Die Rosinen waschen und auf Küchenkrepp*
trocknen. Das Eigelb mit dem Puderzucker cremig rühren. Die Zitronenschale dazugeben und
den Quark einmengen. Die Rosinen unter die
Quarkmasse mischen.
● Die Form einfetten*. Den Backofen auf 180°
vorheizen.
● Die Arbeitsfläche mit Mehl bestäuben und
den Mürbeteig darauf ausrollen*. Die Form mit
der Teigplatte auslegen, dabei einen etwa 3 cm
hohen Rand formen. Den Boden mit einer Gabel
mehrmals einstechen. Im Ofen auf der mittleren
Schiene 10 Minuten vorbacken.
● Den Kuchen aus dem Ofen nehmen und die
Quarkmasse einfüllen, die Oberfläche glattstreichen. Die Hitze auf 200° hochschalten und die
Quarktorte auf der mittleren Schiene in etwa
30 Minuten hellgelb backen.
● Die Mandeln längs in Streifen schneiden.
● Das Eiweiß mit dem Zitronensaft zu sehr steifem Schnee schlagen*. Den Zucker langsam ein-
rieseln lassen, dabei kräftig weiterschlagen.
● Die Torte aus dem Ofen nehmen, mit der Bai-

sermasse bestreichen, die Mandeln darüberstreuen.
● Die Hitze auf 175° herunterschalten und die
Torte auf der zweiten Schiene von unten noch-
mals etwa 10 Minuten überbacken.
● Die Quarktorte etwas abkühlen lassen, aus der
Form nehmen und auf einem Kuchengitter
erkalten lassen.

Ganz einfach

Birnen-Biskuittorte

*Zutaten für 1 Springform von 26 cm Ø :
Für die Füllung: 75 g Butter · 80 g Farinzucker* ·
4 reife große Birnen · 20 Walnußkernhälften
Für den Teig: 4 Eier · 4 Eßl. heißes Wasser ·
100 g Zucker · 1 Prise Salz · 100 g Mehl ·
60 g Speisestärke
Zum Tränken*: 4 Eßl. Rum · 1 Eßl. Zitronensaft · 1 Eßl. Puderzucker*
Bei 12 Stücken pro Stück etwa 925 Joule/
220 Kalorien

Zubereitungszeit: 50 Minuten
Backzeit: 35–45 Minuten

● Den Backofen auf 150° vorheizen. Die Butter
in einer dicht schließenden Springform schmelzen lassen. Den Farinzucker* darüberstreuen
und im Ofen auf der mittleren Schiene in
5–10 Minuten leicht karamelisieren* lassen.
● Die Birnen vierteln, schälen, vom Kerngehäuse befreien und in nicht zu dünne Spalten schneiden. Die Birnenspalten dicht nebeneinander in
die Karamelmasse legen und die Zwischenräume mit den Walnüssen auslegen.
● Die Eier in Eiweiß und Eigelb trennen*. Das
Eigelb mit dem heißen Wasser und zwei Drittel
des Zuckers schaumig schlagen, bis der Zucker
ganz aufgelöst ist. Das Eiweiß mit dem Salz und

dem restlichen Zucker zu sehr steifem Schnee schlagen* und auf die Eigelbmischung gleiten lassen. Das Mehl mit der Speisestärke über den Eischnee sieben*. Alles locker unterheben*.
- Den Backofen auf 180° hochschalten.
- Den Biskuitteig über die Birnen verteilen. Auf der mittleren Schiene 35–45 Minuten backen.
- Den Kuchen etwas abkühlen lassen. Mit einem Holzspießchen mehrmals tief einstechen.
- Den Rum mit dem Zitronensaft und dem Puderzucker verrühren und über den Kuchen träufeln. Die Torte nach 10 Minuten auf eine Tortenplatte stürzen.

Etwas teurer · Braucht etwas Zeit

Biskuittorte mit Beeren-Sahne

Bild Seite 69

Zutaten für 1 Springform von 26–28 cm Ø :
Für den Biskuit: 6 Eier · 6 Eßl. kaltes Wasser ·
180 g Zucker · 1 Prise Salz · 130 g Mehl ·
50 g Speisestärke
Zum Füllen und Garnieren: 750 g gemischte Beeren (Johannisbeeren, Himbeeren, Erdbeeren) ·
1 l Sahne · 50 g Zucker
Für die Form: Butter
Bei 12 Stücken pro Stück etwa 1925 Joule/ 460 Kalorien

Zubereitungszeit: 50 Minuten
Ruhezeit: 12 Stunden
Backzeit: 40 Minuten

- Die Eier in Eiweiß und Eigelb trennen*.
- Das Eigelb mit dem Wasser schaumig schlagen. Zwei Drittel des Zuckers langsam einrieseln lassen und weiterschlagen, bis eine fast weiße, cremige Masse entsteht.
- Den Boden der Form einfetten*. Den Backofen auf 180° vorheizen.
- Das Eiweiß mit dem Salz zu steifem Schnee schlagen*, dann erst den restlichen Zucker unterrühren.
- Den Eischnee auf die Eigelbcreme gleiten lassen und das Mehl mit der Speisestärke darübersieben*. Alles mit dem Schneebesen locker unterheben.
- Die Biskuitmasse in die Form füllen, die Oberfläche glattstreichen. Den Kuchen auf der mittleren Schiene etwa 40 Minuten backen.
- Den Kuchen in der Form etwas abkühlen lassen, dann auf ein Kuchengitter stürzen und 12 Stunden ruhen lassen.
- Die Beeren waschen, entstielen und auf Küchenkrepp trocknen. Größere Erdbeeren halbieren oder vierteln.
- Den Kuchen zweimal durchschneiden*.
- Die Sahne mit dem Zucker sehr steif schlagen*. Gut die Hälfte der Schlagsahne mit drei Vierteln der Beeren vermengen. Die Hälfte der Beerensahne auf den ersten Tortenboden streichen. Den zweiten Boden darauflegen und sanft andrücken. Die restliche Beerensahne daraufgeben und mit dem dritten Boden zudecken.
- Die Torte ringsherum sorgfältig nicht zu dick mit Sahne überziehen*. Die Oberfläche mit den übrig gebliebenen Beeren dekorieren. Die restliche Sahne in einen Spritzbeutel* mit kleiner Sterntülle* füllen und dicke Tupfen in regelmäßigem Abstand auf die Torte spritzen.

Unser Tip Die Torte sollten Sie möglichst bald servieren, damit die zarten Böden nicht durchweichen und die Früchte nicht abfärben können.

Braucht etwas Zeit

Pariser Apfeltorte

Zutaten für 1 Springform von 26 cm Ø :
Für den Teig: 4 Eier · 4 Eßl. heißes Wasser ·
100 g Zucker · 1 Päckchen Vanillinzucker ·
1 Prise Salz · 80 g Mehl · 80 g Speisestärke
Zum Belegen: 6 mittelgroße Äpfel (Boskop oder
Cox Orange) · 2 Eßl. Butter · 75 g Zucker ·
200 g Aprikosenmarmelade
Zum Tränken: 3 Eßl. Kirschwasser*
Für den Baiser: 6 Eiweiß · 2 Teel. Zitronensaft ·
150 g Zucker
*Für die Form: Backtrennpapier**
Bei 12 Stücken pro Stück etwa 1 260 Joule/
300 Kalorien

Zubereitungszeit: 45 Minuten
Backzeit: 45–50 Minuten

• Die Eier in Eiweiß und Eigelb trennen*. Das
Eigelb mit dem heißen Wasser, dem Zucker und
dem Vanillinzucker schaumig schlagen, bis die
Masse fast weiß ist. Das Eiweiß mit dem Salz zu
sehr steifem Schnee schlagen* und auf die
Eigelbmasse gleiten lassen. Das Mehl mit der
Speisestärke darübersieben* und alles locker
unterheben*.
• Den Backofen auf 180° vorheizen. Den
Boden der Springform mit Backtrennpapier auslegen*.
• Den Teig in die Form füllen und im Ofen auf
der mittleren Schiene etwa 35 Minuten backen.
• Die Äpfel vierteln, schälen und vom Kerngehäuse befreien. Die Butter in einem breiten Topf
zerlassen, die Äpfel mit dem Zucker darin bei
schwacher Hitze nicht zu weich dünsten, sie sollten nicht zerfallen. Vom Herd nehmen und
abkühlen lassen*.
• Den Biskuitboden 10 Minuten abkühlen lassen*, dann auf ein Kuchengitter stürzen, das

Backtrennpapier abziehen. Den Boden mit einem Holzspießchen mehrmals einstechen und
mit dem Kirschwasser tränken*. Den getränkten
Boden zurück in die Form geben und mit den
Apfelvierteln belegen. Die Zwischenräume mit
der Aprikosenmarmelade ausfüllen.
• Das Eiweiß mit dem Zitronensaft zu Schnee
schlagen*. Sobald er beginnt steif zu werden, den
Zucker einrieseln lassen und weiterschlagen, bis
der Zucker ganz aufgelöst ist. Den Eischnee über
die Äpfel verteilen und die Pariser Apfeltorte im
Ofen auf der oberen Schiene bei 180° etwa
10 Minuten überbacken, bis die Baisermasse
goldgelb ist.

Preiswert · Ganz einfach

Gestürzte Stachelbeertorte

Zutaten für 1 Springform von 26 cm Ø :
500 g unreife Stachelbeeren · 80 g weiche Butter ·
160 g Zucker · 1 Päckchen Vanillinzucker ·
2 Eier · 100 g Speisestärke · 80 g Mehl · knapp
2 Teel. Backpulver
Zum Bestreuen: 5 Eßl. Hagelzucker
Für die Form: Butter
Bei 12 Stücken pro Stück etwa 965 Joule/
230 Kalorien

Zubereitungszeit: 35 Minuten
Backzeit: etwa 1 Stunde

• Die Stachelbeeren waschen, abtropfen lassen
und von Blütenansätzen und Stielen befreien.
• Eine 30 × 30 cm große Alufolie* über die
umgedrehte Springform legen und die überstehenden Seiten fest an die Formwand drücken.
Die so geformte Folie in die Springform legen

und gut mit Butter einfetten*. Die geputzten Stachelbeeren auf dem Boden verteilen.
● Den Backofen auf 180–200° vorheizen.
● Die Butter mit dem Zucker und dem Vanillinzucker schaumig rühren. Ein Ei nach dem anderen untermischen.
● Die Speisestärke mit dem Mehl und dem Backpulver mischen, über die Schaummasse sieben und nach und nach behutsam unterrühren. Den Teig über die Stachelbeeren geben. Die Springform auf die mittlere Schiene des Ofens stellen und den Kuchen in etwa 1 Stunde goldbraun backen.
● Den Springformrand abnehmen, die Torte 10 Minuten abkühlen lassen* und auf eine Platte stürzen. Den Springformboden und die Alufolie entfernen und die Torte mit dem Hagelzucker bestreuen.

Ganz einfach

Preiselbeer-Sahnetorte

Zutaten für 1 Springform von 24 cm Ø :
Für den Teig: 150 g Haselnußkerne · 3 Eier ·
100 g weiche Butter · 100 g Zucker · 60 g Schokoladenpulver · 1 Eßl. Kakao · 1 Teel. Backpulver
Für die Füllung: ⅜ l Sahne · 200 g Wildpreiselbeeren aus dem Glas
Für die Form: Butter · Mehl
Bei 12 Stücken pro Stück etwa 1595 Joule/ 380 Kalorien

Zubereitungszeit: 35 Minuten
Backzeit: 35 Minuten

● Die Haselnußkerne durch die Mandelmühle* drehen.

● Die Eier in Eiweiß und Eigelb trennen*. Die Butter mit dem Zucker schaumig rühren, das Eigelb nach und nach untermischen. Das Schokoladenpulver, den Kakao, das Backpulver und die Nüsse mischen und in die Schaummasse mengen.
● Die Springform einfetten* und mit Mehl ausstäuben*. Den Backofen auf 190° vorheizen.
● Das Eiweiß zu steifem Schnee schlagen* und unter den Teig heben. Den Teig in die Form füllen und auf der untersten Schiene des Ofens etwa 35 Minuten backen.
● Die Torte in der Form etwas abkühlen lassen*, dann auf dem Kuchengitter erkalten lassen.
● Die Sahne steif schlagen* und mit den Wildpreiselbeeren locker mischen.
● Den Tortenboden einmal quer durchschneiden*. Einen Tortenboden mit der Hälfte der Preiselbeersahne bestreichen. Den zweiten Tortenboden darauflegen und Oberfläche und Rand der Torte mit der restlichen Sahne überziehen*. Auf der Oberfläche 12 Tortenstücke markieren.

Nicht ganz einfach

Cremetorte mit Johannisbeeren

Zutaten für 1 Springform von 26 cm Ø :
Für den Teig: 4 Eier · 4 Eßl. lauwarmes Wasser ·
200 g Zucker · 1 Päckchen Vanillinzucker ·
1 Prise Salz · 80 g Mehl · 80 g Speisestärke
Für die Füllung: ½ l Milch · 2 Eßl. Zucker ·
1 Päckchen Vanille-Puddingpulver · ¼ l Sahne
Zum Belegen: 750 g rote Johannisbeeren ·
250 g schwarze Johannisbeeren · 6 Eßl. Zucker
Für die Form: Butter
Bei 12 Stücken pro Stück etwa 1555 Joule/ 370 Kalorien

Zubereitungszeit: 1 Stunde
Backzeit: 35–40 Minuten
Ruhezeit: 6–24 Stunden

• Die Eier in Eiweiß und Eigelb trennen*.
• Nur den Boden der Form einfetten*. Den
Backofen auf 180° vorheizen.
• Das Eiweiß mit dem Wasser schaumig schla-
gen, den Zucker, den Vanillinzucker und das Salz
langsam einrieseln lassen und weiterschlagen,
bis der Eischnee sehr steif ist und glänzt*. Das
Eigelb vorsichtig unter den Eischnee ziehen.
• Das Mehl mit der Speisestärke auf die Eimasse sieben und sanft unterheben. Den Teig in die
Form füllen und auf der mittleren Schiene des
Ofens in 35–40 Minuten goldgelb backen.
• Den Kuchen in der Form etwas abkühlen,
dann auf einem Kuchengitter mindestens 6 Stunden ruhen lassen.
• Aus der Milch, dem Zucker und dem Puddingpulver nach Vorschrift auf der Packung einen Vanillepudding zubereiten und unter gelegentlichem Umrühren abkühlen lassen. Die Sahne steif schlagen* und unter den Pudding ziehen.
• Die roten und schwarzen Johannisbeeren
getrennt waschen, entstielen und trocken tupfen.
Die Beeren in 2 Schüsseln füllen, die roten mit
dem Zucker vermischen und kühl stellen.
• Den Biskuitkuchen zweimal quer durchschneiden*. 2 Böden mit zwei Dritteln der
Creme bestreichen und mit zwei Dritteln der roten Johannisbeeren bestreuen. Alle Böden aufeinandersetzen. Die Oberfläche und den Rand

Unser Tip Biskuitkuchen möglichst
schon einen Tag vorher backen. Frischer
Biskuit krümelt zu leicht. Am besten läßt
er sich durchschneiden, wenn er nach
dem Backen 24 Stunden ruht.

der Torte mit der restlichen Creme überziehen*.
Die übrigen roten und schwarzen Beeren mischen,
die Oberfläche der Torte damit bestreuen
und leicht in die Creme drücken.

Ganz einfach

Rhabarbertorte mit Baiser

Zutaten für 1 Springform von 24 cm Ø :
Für den Teig: 125 g weiche Butter · 125 g Zucker ·
1 Ei · 2 Eigelb · abgeriebene Schale von ½ Zitrone ·
1 Prise Salz · 150 g Mehl · 50 g Speisestärke ·
1 Teel. Backpulver · ½ Teel. Zimt
Zum Belegen und für den Baiser: 1 kg Rha-
barber · 2 Eiweiß · 1 Teel. Zitronensaft ·
100 g Zucker · 50 g flüssiger Honig
Für die Form: Butter
Bei 8 Stücken pro Stück etwa 1640 Joule/
390 Kalorien

Zubereitungszeit: 35 Minuten
Backzeit: 55 Minuten

• Die Butter mit dem Zucker cremig rühren.
Das Ei, das Eigelb, die Zitronenschale und das
Salz dazugeben und untermischen.
• Das Mehl mit der Speisestärke und dem Back-
pulver sieben*, mit dem Zimt mischen und
eßlöffelweise in die Crememasse einrühren.
• Die Form einfetten*. Den Backofen auf 200°
vorheizen.
• Den Teig auf den Boden der Form drücken,
dabei einen daumenbreiten Rand formen*.
• Den Rhabarber putzen*, waschen und in 3 cm
lange Stücke schneiden. Den Teigboden dicht
damit belegen. Den Kuchen auf der mittleren
Schiene etwa 40 Minuten backen.

- Das Eiweiß mit dem Zitronensaft zu sehr steifem Schnee schlagen*. Zuerst den Zucker unter ständigem Schlagen einrieseln lassen, dann den Honig hinzufügen.
- Die Baisermasse in einen Spritzbeutel* mit großer Sterntülle* füllen und ein Gitter auf den vorgebackenen Kuchen spritzen.
- Die Rhabarbertorte zurück in den Ofen geben und 15 Minuten weiterbacken, bis der Baiser goldgelb geworden ist.

Braucht etwas Zeit · Nicht ganz einfach

Käse-Sahnetorte mit Himbeeren

Zutaten für 2 Tortenböden von 26 cm Ø :
Für den Teig: 400 g Mehl · 250 g kalte Butter ·
150 g Zucker · 2 Eigelb · 1 Prise Salz · abgeriebene Schale von 1 unbehandelten Zitrone
Für die Füllung: 8 Blatt weiße Gelatine · ¼ l Milch ·
250 g Zucker · 1 Prise Salz · abgeriebene Schale von 1 unbehandelten Zitrone · 4 Eigelb · ½ l Sahne ·
500 g frische Himbeeren · 500 g Magerquark
Für die Form und das Backblech: Butter oder Öl
Zum Besieben: 2 Eßl. Puderzucker
Bei 12 Stücken pro Stück etwa 2770 Joule/
660 Kalorien

Zubereitungszeit: 1 Stunde
Ruhezeit: 3–4 Stunden
Backzeit: 10 Minuten

- Das Mehl auf die Arbeitsfläche sieben*, in die Mitte eine Mulde drücken. Die Butter in Flöckchen auf den Mehlrand schneiden. Den Zucker, das Eigelb, das Salz und die Zitronenschale in die Vertiefung geben und alles mit kühlen Händen schnell zu einem glatten Teig verkneten*.

- Den Mürbeteig zu einer Kugel formen, in Folie einwickeln und 2 Stunden kühl stellen.
- Den Backofen auf 200° vorheizen. Das Backblech einfetten*.
- Den Teig auf einer leicht bemehlten Arbeitsfläche knapp 1 cm dick ausrollen, eine Springform von 26 cm Ø auf den ausgerollten Teig drücken und 2 Böden danach ausschneiden. Die Böden auf das Backblech legen und auf der mittleren Schiene des Backofens in 10 Minuten hellbraun backen.
- Einen noch warmen Boden in 12 Tortenstücke schneiden und zusammen mit dem ganzen Boden auf einem Gitter abkühlen* lassen.
- Die Gelatine* in ½ l kaltem Wasser einweichen und 10 Minuten quellen lassen.
- Die Milch mit 200 g Zucker, dem Salz, der Zitronenschale und dem Eigelb bei schwacher Hitze unter ständigem Rühren aufkochen lassen und vom Herd nehmen. Die eingeweichte Gelatine gut ausdrücken und unter Rühren in der heißen Milchmischung auflösen. Die Mischung kalt stellen.
- Die Sahne steif schlagen*. Die Himbeeren verlesen, möglichst nicht waschen und mit dem restlichen Zucker bestreuen.
- Den Quark mit der Milchmischung gut verrühren und die Schlagsahne unterziehen.
- Eine Springform von 26 cm Ø einfetten*.
- Den ganzen Mürbeteigboden in die Springform legen. Den Rand der Form mit einem Streifen Pergamentpapier auslegen. Ein Drittel der Quarkcreme auf den Tortenboden füllen, die Himbeeren darauf verteilen und die restliche Creme darübergeben. Die Oberfläche glattstreichen.
- Die Creme im Kühlschrank in 1–2 Stunden fest werden lassen.
- Die Torte auf eine Tortenplatte gleiten lassen und das Papier vom Rand entfernen. Die bereits geschnittenen Mürbeteigstücke obenauf legen. Die Torte mit dem Puderzucker besieben.

Braucht etwas Zeit · Nicht ganz einfach

Weintraubentorte

Urgroßmutters handgeschriebenes Kochbuch ist für uns immer wieder spannende Lektüre. Wenn auch heute viele der üppigen Gerichte nicht mehr gefragt sind, die Traubentorte ist durchaus eine Kaloriensünde wert.

Zutaten für 1 Springform von 26 cm Ø :
Für den Teig: 200 g Mehl · 4 Eßl. Zucker · 1 Prise Salz · 1 Eigelb · 3 Eßl. saure Sahne · 75 g kalte Butter
Für die Füllung: 125 g abgezogene Mandeln · 200 g Zucker · 1 Teel. Zimt · 5 Eier · 200 g Sahne · 750 g kernlose helle Trauben
Für die Form: Butter
Bei 12 Stücken pro Stück etwa 1765 Joule/ 420 Kalorien

Zubereitungszeit: 50 Minuten
Ruhezeit: 20 Minuten
Backzeit: 30–40 Minuten

● Das Mehl auf die Arbeitsfläche sieben*, in die Mitte eine Mulde drücken und den Zucker, das Salz, das Eigelb und die saure Sahne hineingeben. Die Butter in Flöckchen auf den Mehlrand schneiden. Alles mit einem Messer durchhacken und mit den Händen zu einem glatten Teig kneten*. Den Mürbeteig zugedeckt 20 Minuten im Kühlschrank ruhen lassen.
● Die Mandeln durch die Mandelmühle drehen.
● Die gemahlenen Mandeln mit der Hälfte des Zuckers, dem Zimt, 1 Ei und 6 Eßlöffeln Sahne mischen.
● Die Trauben waschen, abzupfen und mit Küchenkrepp trockentupfen.
● Die Springform einfetten*.
● Die Arbeitsfläche mit Mehl bestäuben und den Teig darauf ausrollen. Den Boden der Form damit auslegen und einen Rand formen*. Den Teigboden mehrmals mit einer Gabel einstechen.
● Die Mandelmasse gleichmäßig auf den Teigboden streichen und die Trauben dicht nebeneinander darauflegen.
● Den Backofen auf 200° vorheizen.
● Die verbliebenen 4 Eier mit dem restlichen Zucker und der restlichen Sahne kräftig verquirlen*. Die Mischung über die Trauben gießen.
● Die Torte auf der mittleren Schiene des Ofens in 30–40 Minuten hell backen.
● Die Torte herausnehmen, auskühlen lassen und auf der Oberfläche 12 Stücke markieren.

Unser Tip Beim Ausrollen von Mürbeteig so wenig Mehl wie möglich auf die Arbeitsfläche stäuben, damit er nicht mehr viel davon aufnimmt. Der Teig geht sonst nicht gut auf und das Gebäck schmeckt mehlig.

Ganz einfach

Mandelcremetorte mit Aprikosen

Zutaten für 1 Springform von 26 cm Ø :
Für den Teig: 225 g Mehl · 1 Prise Salz · 125 g kalte Butter · 2–3 Eßl. eiskaltes Wasser
Für die Füllung: 100 g abgezogene Mandeln · 4 Eigelb · 2 Eßl. Zucker · ½ Vanilleschote · 4 Eßl. Speisestärke · ½ l Milch · ⅛ l Sahne · 850 g Aprikosenhälften aus der Dose
Für die Form: Butter
Bei 12 Stücken pro Stück etwa 1430 Joule/ 340 Kalorien

Zubereitungszeit: 40 Minuten
Ruhezeit: 1 Stunde
Backzeit: etwa 20 Minuten

- Das Mehl auf die Arbeitsfläche sieben* und mit dem Salz bestreuen. Die Butter in Flöckchen darauf verteilen. Alles mit einem Messer durchhacken und dann mit kühlen Händen zu einem glatten Teig kneten*, dabei das Wasser löffelweise zugeben.
- Den Teig in Alufolie wickeln und 1 Stunde im Kühlschrank ruhen lassen.
- Die Form mit Butter einfetten*. Den Backofen auf 220° vorheizen.
- Die Arbeitsfläche leicht mit Mehl bestäuben und den Teig darauf ausrollen*. Die Springform mit der Teigplatte auslegen und einen halbhohen Rand formen*. Den Teigboden mit einer Gabel mehrmals einstechen*. Den Tortenboden im Backofen auf der mittleren Schiene in etwa 20 Minuten goldgelb backen.
- Den Mürbeteigboden in der Form kurz abkühlen*, dann auf einem Kuchengitter kalt werden lassen.
- Die Mandeln durch die Mandelmühle* drehen. Das Eigelb und den Zucker in einen Topf geben. Die Vanilleschote aufschneiden, das Mark herausschaben und mit der Speisestärke ebenfalls in den Topf geben. Alles gut verquirlen, die Milch nach und nach dazugießen und die Mischung bei schwacher Hitze unter Rühren mit dem Schneebesen erhitzen, aber nicht kochen lassen.
- Wenn die Masse cremig wird, vom Herd nehmen und auskühlen lassen, dabei ab und zu umrühren, damit sich keine Haut bildet. Die Sahne steif schlagen* und mit den Mandeln unter die Crememasse ziehen.
- Die Aprikosen abtropfen lassen.
- Die Mandelcreme auf dem Tortenboden verteilen und die Aprikosen mit der Rundung nach oben sanft in die Creme drücken.

Braucht etwas Zeit · Nicht ganz einfach

Johannisbeertorte

Die Johannisbeertorte, in Österreich Ribisel-, im Württembergischen Träubleskuchen genannt, ist eine vortreffliche Komposition unserer lieben Freundin Barbara-Rosalie.

Zutaten für 1 Springform von 26 cm Ø :
Für den Teig: 200 g Mehl · 100 g Zucker · 1 Prise Salz · 1 Eigelb · 3 Eßl. saure Sahne · 75 g kalte Butter
Für die Füllung: 750 g Johannisbeeren · 6 Eiweiß · 300 g Zucker · 1 Päckchen Vanillinzucker · 200 g abgezogene gemahlene Mandeln
Für die Form: Butter
Bei 12 Stücken pro Stück etwa 1680 Joule/ 400 Kalorien

Zubereitungszeit: 45 Minuten
Ruhezeit: 20 Minuten
Backzeit: 30–40 Minuten

- Das Mehl auf die Arbeitsfläche sieben*, in die Mitte eine Mulde drücken, den Zucker, das Salz, das Eigelb und die saure Sahne hineingeben. Die Butter in Flöckchen auf den Mehlrand schneiden. Alles mit einem Messer durchhacken und mit kühlen Händen zu einem glatten Teig kneten*.
- Den Mürbeteig im Kühlschrank zugedeckt 20 Minuten ruhen lassen.
- Die Johannisbeeren waschen, entstielen und auf Küchenkrepp abtropfen lassen. Die Springform einfetten*.
- Die Arbeitsfläche leicht mit Mehl bestäuben und den Teig darauf ausrollen*. Den Boden der Form mit der Teigplatte auslegen und einen Rand formen*. Den Teigboden mehrmals mit einer Gabel einstechen*.
- Das Eiweiß schaumig schlagen, 200 g Zucker

und den Vanillinzucker einrieseln lassen und weiterschlagen, bis der Eischnee glänzt und steif ist. Die Mandeln unterziehen.
• Die Johannisbeeren in einer Schüssel mit dem restlichen Zucker mischen.
• Den Backofen auf 175° vorheizen.
• Den Teigboden mit gut einem Drittel der Eiweiß-Mandel-Masse gleichmäßig bestreichen, die gezuckerten Beeren darauf verteilen und die restliche Eiweiß-Mandel-Masse darübergeben. Die Oberfläche glattstreichen.
• Die Torte auf der zweiten Schiene von unten im Ofen in 30–40 Minuten goldgelb backen.
• Die Johannisbeertorte etwas in der Form abkühlen lassen*, aus der Form nehmen und auf einem Kuchengitter ganz kalt werden lassen. Auf der Oberfläche 12 Tortenstücke markieren.

Preiswert · Ganz einfach

Rhabarbertorte

Zutaten für 1 Springform von 26 cm ⌀ :
Für den Teig: 250 g Mehl · 100 g Zucker · 1 Prise Salz · 1 Eigelb · 4 Eßl. saure Sahne · 80 g Butter
Für die Füllung: 1½ kg Rhabarber ·
150 g Zucker · 2 Eßl. Semmelbrösel
Für den Guß: 3 Eier · 1 Teel. Speisestärke ·
120 g Zucker · 200 g saure Sahne
Für die Form: Butter
Bei 12 Stücken pro Stück etwa 1 405 Joule/ 335 Kalorien

Zubereitungszeit: 45 Minuten
Ruhezeit: 20 Minuten
Backzeit: etwa 35 Minuten

• Das Mehl auf die Arbeitsfläche sieben*, in die Mitte eine Mulde drücken und den Zucker, das Salz, das Eigelb und die saure Sahne hineinge-

ben. Die Butter in Flöckchen darüberschneiden. Alles mit einem Messer durchhacken und mit kühlen Händen zu einem glatten Teig kneten*.
• Den Mürbeteig zugedeckt 20 Minuten im Kühlschrank ruhen lassen.
• Den Rhabarber putzen* und in 3 cm lange Stücke schneiden; dicke Stücke längs halbieren. In einer großen Schüssel den Rhabarber mit kochendem Wasser überbrühen* und 2 Minuten ziehen lassen, dann in einem Sieb abtropfen lassen. Den gebrühten Rhabarber in der Schüssel mit dem Zucker mischen.
• Die Form mit Butter einfetten*. Den Backofen auf 180° vorheizen.
• Die Arbeitsfläche leicht mit Mehl bestäuben und den Teig darauf ausrollen*. Die Form mit der Teigplatte auslegen und einen Rand formen*. Den Teigboden mehrmals mit einer Gabel einstechen*. Die Semmelbrösel auf den Teigboden streuen und die Rhabarberstücke ohne den gezogenen Saft darauf verteilen.
• Die Torte auf der zweiten Schiene von unten im Backofen 15 Minuten backen.
• Die Eier mit der Speisestärke, dem Zucker und der sauren Sahne verquirlen. Die Mischung nach 15 Minuten Backzeit über den Rhabarber gießen und die Torte in weiteren 15–20 Minuten goldgelb backen.
• Die Torte in der Form abkühlen lassen*, auf einem Kuchengitter kalt werden lassen und in 12 Stücke schneiden.

Braucht etwas Zeit · Nicht ganz einfach

Feine Birnenpie

Zutaten für 1 feuerfeste Form von 22 cm Ø :
Für den Teig: 300 g Mehl · 150 g Butter · gut
2 Prisen Salz · knapp ⅛ l Wasser
Für die Füllung: etwa 1 kg Birnen · gut 1 Eßl.
Butter · 3 Eßl. Zucker · 3 Eßl. Zitronensaft ·
4 Eßl. Birnenschnaps · 4 Eßl. Sahne
Zum Bestreichen: 1 Eigelb · 2 Eßl. Milch
Für die Form: Butter
Bei 8 Stücken pro Stück etwa 1870 Joule/
445 Kalorien

Zubereitungszeit: 30 Minuten
Ruhezeit: 2 Stunden
Backzeit: etwa 45 Minuten

• Das Mehl auf die Arbeitsfläche sieben*, die Butter in Flöckchen dazugeben. Beides mit kühlen Händen zerreiben, bis sich eine feinkrümelige Masse bildet. Das Salz in dem Wasser auflösen und nach und nach zu der Krümelmasse gießen. Alles schnell zu einem Teig verarbeiten und diesen 2 Stunden zugedeckt kühl stellen.
• Die Birnen vierteln, schälen und vom Kerngehäuse befreien.
• Die Butter in einem Topf schmelzen, den Zucker hinzufügen und unter Rühren leicht karamelisieren* lassen. Den Zitronensaft und 1–2 Eßlöffel Wasser einrühren. Die Birnenviertel einlegen und bei schwacher Hitze in 5–10 Minuten halbgar dünsten.
• Die Birnen herausheben, den Birnenschnaps zum Saft im Topf geben und bei starker Hitze auf etwa 3–4 Eßlöffel Flüssigkeit einkochen lassen.
• Den Backofen auf 200–220° vorheizen. Die Form gut mit Butter ausstreichen*.
• Die Arbeitsfläche mit Mehl bestäuben und zwei Drittel des Teiges darauf ausrollen*. Die Form mit der Teigplatte auslegen, dabei einen

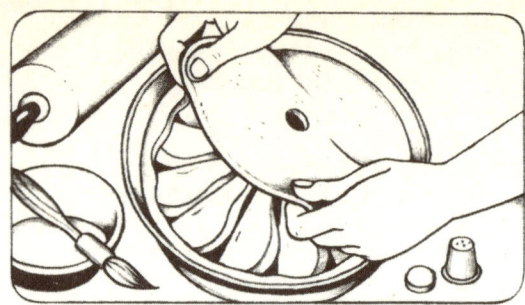

Der Deckel für die Pie wird aus Teigresten ausgeradelt. Mit einem Fingerhut drückt man 5 »Luftlöcher« ein.

Rand formen*. Den Teigboden mehrmals mit einer Gabel einstechen. Die Birnen kranzförmig auf den Teigboden legen, den Teigrand etwas auf die Birnen biegen.
• Aus den Teigresten einen Deckel in Größe der Form ausrädeln*. Mit einem Fingerhut 5 Luftlöcher in die Teigdecke stechen. Den Deckel aufsetzen, fest an den Teigrand drücken. Das Eigelb mit der Milch verquirlen* und die Pie damit bepinseln. Die Pie auf der mittleren Schiene des Ofens in 45 Minuten goldgelb backen.
• 15 Minuten vor Ende der Backzeit die Sahne mit der eingekochten Birnenflüssigkeit verrühren und mit einem kleinen Trichter durch die Dampflöcher zu der Füllung gießen. Die Torte lauwarm in der Form servieren.

Braucht etwas Zeit · Nicht ganz einfach

Erdbeertorte à la Café Kranzler

Zutaten für 1 Springform von 26 cm Ø :
Für den Teig: 200 g Mehl · 1 Ei · 75 g Zucker ·
1 Prise Salz · 100 g Butter

*Für die Füllung: 500 g Erdbeeren · 4 Eigelb ·
150 g Zucker · 1 Päckchen Vanillinzucker · Saft
von 1 Zitrone · 250 g Sahnequark · 12 Blatt weiße
Gelatine · ¼ l Sahne
Zum Bestreichen: 50 g Kuvertüre · ¼ l Sahne ·
1 Päckchen Vanillinzucker
Zum Garnieren: 2 Eßl. Schokoladenspäne
Für die Form: Butter*
Bei 16 Stücken pro Stück etwa 1 430 Joule/
340 Kalorien

Zubereitungszeit: 1 Stunde
Ruhezeit: etwa 2 Stunden und 30 Minuten
Backzeit: 20–25 Minuten

● Das Mehl auf die Arbeitsfläche sieben*, in die
Mitte eine Mulde drücken. Das Ei, den Zucker
und das Salz in die Vertiefung geben. Die Butter
in Flöckchen auf den Mehlrand schneiden. Alles
mit einem Messer bröselig hacken und dann mit
kühlen Händen zu einem glatten Teig kneten*.
Den Teig in Alufolie wickeln und 1 Stunde im
Kühlschrank ruhen lassen.
● Die Erdbeeren waschen, auf Küchenkrepp
trocknen und von den Kelchblättern befreien.
Die Früchte im Mixer pürieren.
● Das Eigelb mit dem Zucker und dem Vanillinzucker cremig schlagen. Den Zitronensaft, den
Sahnequark und das Erdbeerpüree hinzufügen
und gut verrühren.
● Den Boden der Form einfetten*. Den Back-
ofen auf 200° vorheizen.
● Die Arbeitsfläche mit Mehl bestäuben und
den Teig darauf rund ausrollen, den Boden der
Form damit auslegen, mehrmals mit einer Gabel
einstechen. Den Tortenboden auf der mittleren
Schiene des Ofens in 20–25 Minuten hell backen,
dann in der Form abkühlen lassen*.
● Die Kuvertüre im Wasserbad* auflösen und
den Tortenboden damit bestreichen.
● Die Gelatine in kaltem Wasser einweichen
und nach Vorschrift auf der Packung auflösen.

Die Gelatine unter den Erdbeerquark rühren
und die Masse im Kühlschrank halbfest werden
lassen.
● Die Sahne steif schlagen und unter die halbfeste Erdbeerquarkmischung ziehen. Die Erdbeer-
sahne auf den Tortenboden in die Form geben,
die Oberfläche glattstreichen. Die Torte im Kühlschrank ruhen lassen, bis die Masse ganz fest
geworden ist.
● Die Torte mit einem scharfen Messer vom
Springformrand lösen und den Ring entfernen.
● Die Schlagsahne mit dem Vanillinzucker steif
schlagen*, die Torte damit überziehen* und mit
den Schokoladenspänen garnieren.

Etwas teurer · Ganz einfach

Brombeertorte

*Zutaten für 1 Springform von 26 cm Ø :
Für den Teig: 250 g Mehl · 1 Ei · 100 g Zucker ·
1 Prise Salz · 1 Päckchen Vanillinzucker ·
¼ Teel. Zimt · 125 g Butter
Für die Füllung: 500 g Brombeeren · 50 g Biskuitbrösel · 1 Eigelb
Für die Form: Butter*
Bei 12 Stücken pro Stück etwa 1 010 Joule/
240 Kalorien

Zubereitungszeit: 30 Minuten
Ruhezeit: 1 Stunde
Backzeit: 35 Minuten

● Das Mehl auf die Arbeitsfläche sieben*, in die
Mitte eine Mulde drücken. Das Ei, den Zucker,
das Salz, den Vanillinzucker und den Zimt in die
Vertiefung geben. Die Butter in Flöckchen auf
den Mehlrand schneiden. Alle Zutaten mit einem Messer bröselig hacken, dann mit kühlen
Händen zu einem glatten Mürbeteig kneten*.

Den Teig in Alufolie wickeln und 1 Stunde im Kühlschrank ruhen lassen.

• Die Brombeeren sanft mit kaltem Wasser kurz abbrausen und auf Küchenkrepp gut trocknen lassen. Die Kelchblätter entfernen.

• Die Arbeitsfläche mit Mehl bestäuben und zwei Drittel des Teiges darauf etwa 5 mm dick ausrollen*.

• Die Springform leicht einfetten*. Den Teig hineinlegen und dabei einen 2 cm hohen Rand formen*. Den Teigboden mehrmals mit einer Gabel einstechen, mit den Biskuitbröseln bestreuen und die Brombeeren darauf verteilen.

• Den Backofen auf 200° vorheizen.

• Aus dem restlichen Teig mit bemehlten Händen 10 dünne Rollen formen und diese gitterartig über die Füllung legen. Das Eigelb verquirlen und das Teiggitter damit bepinseln. Die Torte auf der mittleren Schiene des Ofens etwa 35 Minuten backen.

• Die Brombeertorte in der Form etwas abkühlen lassen, dann in 12 Stücke schneiden. Nach Belieben mit etwas Zucker bestreuen. Die Torte schmeckt am besten lauwarm mit gekühlter Schlagsahne oder Vanilleeis.

Unser Tip Schlagen Sie fertig gekauften Löffelbiskuit in ein Tuch ein und rollen Sie mit dem Nudelholz ein paar Mal mit leichtem Druck darüber. Fertig sind die Brösel.

Braucht etwas Zeit

Quittentorte

Zutaten für 1 Springform von 24 cm ⌀:
Für den Teig: 250 g Mehl · 1 Ei · 65 g Zucker ·
1 Prise Salz · 125 g Butter
Zum Belegen: 1 kg Quitten · ⅜ l trockener Weiß-
wein · 1 Stück frische Ingwerwurzel · dünn abge-
schälte Streifen von 1 unbehandelten Zitrone ·
100 g Zucker · 100 g abgezogene Mandeln
Für den Baiser: 3 Eiweiß · 150 g Zucker ·
1 Teel. Zitronensaft
Für die Form: Butter
Bei 12 Stücken pro Stück etwa 1640 Joule/
390 Kalorien

Zubereitungszeit: 1 Stunde
Ruhezeit: 1 Stunde
Backzeit: 25 Minuten

• Das Mehl auf die Arbeitsfläche sieben*, in die Mitte eine Mulde drücken. Das Ei, den Zucker und das Salz in die Vertiefung geben. Die Butter in Flöckchen auf den Mehlrand schneiden. Alles mit einem Messer bröselig hacken, dann mit kühlen Händen zu einem glatten Mürbeteig kneten. Den Teig in Alufolie wickeln und 1 Stunde im Kühlschrank ruhen lassen.

• Die Quitten mit einem Tuch abreiben, schälen und in Spalten schneiden, dabei das Kerngehäuse entfernen.

• Den Wein mit der Ingwerwurzel, der Zitronenschale und dem Zucker zum Kochen bringen. Die Quittenspalten portionsweise hineingeben und in 15 Minuten bei schwacher Hitze fast gar kochen. Die Quitten herausheben, abtropfen lassen und beiseite stellen.

• Die Mandeln grobhacken.

• Die Form einfetten*. Den Backofen auf 220° vorheizen.

• Die Arbeitsfläche mit Mehl bestäuben und

den Teig darauf ausrollen*. Den Boden der Form damit auslegen und einen kleinen Rand formen*. Den Teigboden mit einer Gabel mehrmals einstechen und auf der zweiten Schiene von unten im Ofen 15 Minuten vorbacken.
● Die Hälfte der Mandeln auf den Teigboden streuen, die Quittenspalten dicht darauf verteilen und die restlichen Mandeln darübergeben.
● Das Eiweiß zu sehr steifem Schnee schlagen*. Unter weiterem Schlagen den Zucker einrieseln lassen und den Zitronensaft hinzufügen. Die Baisermasse über die Quitten streichen. Die Torte auf der mittleren Schiene des Ofens nochmals 10 Minuten backen.
● Die Quittentorte etwas abkühlen lassen, dann aus der Form nehmen und auf einem Kuchengitter ganz abkühlen lassen*.

Braucht etwas Zeit · Nicht ganz einfach

Kirsch-Gittertorte

Zutaten für 1 Springform von 26 cm Ø :
Für den Teig: 375 g Mehl · 1 Ei · 2 Eßl. Weinbrand · 1 Prise Salz · 125 g Zucker · 200 g kalte Butter
Für die Füllung: 450 g Kirschkonfitüre · 2 Eßl. Kirschwasser oder Weinbrand
Zum Bestreichen: 1 Eigelb
Für die Form: Butter
Bei 12 Stücken pro Stück etwa 1745 Joule/ 415 Kalorien

Zubereitungszeit: 40 Minuten
Ruhezeit: 1 Stunde
Backzeit: etwa 25 Minuten

● Das Mehl auf die Arbeitsfläche sieben*, in die Mitte eine Mulde drücken. Das Ei, den Weinbrand und das Salz in die Vertiefung geben, den

Zucker darüberstreuen. Die Butter in Flöckchen auf den Mehlrand schneiden. Alles mit einem Messer bröselig hacken, dann mit kühlen Händen zu einem glatten Mürbeteig kneten. Den Teig in Alufolie wickeln und 1 Stunde im Kühlschrank ruhen lassen.
● Die Arbeitsfläche mit Mehl bestäuben und zwei Drittel des Teiges darauf nicht zu dünn ausrollen*.
● Die Form einfetten* und mit dem Teig auslegen, einen kleinen Rand formen*. Den Teigboden mehrmals mit einer Gabel einstechen. Den restlichen Teig ausrollen* und 12 fingerbreite Streifen ausrädeln*.
● Den Backofen auf 200–220° vorheizen.
● Die Kirschkonfitüre mit dem Weinbrand oder dem Kirschwasser glattrühren und auf den Tortenboden streichen. Die Teigstreifen gitterförmig auf die Torte legen und an den Rändern leicht andrücken.
● Das Eigelb mit etwas Wasser verquirlen* und das Teiggitter damit bepinseln. Die Torte auf der mittleren Schiene des Ofens 25 Minuten backen.
● Die Gittertorte aus der Form nehmen und auf einem Kuchengitter erkalten lassen.

Schnell · Ganz einfach

Ananastorte

Zutaten für 1 Springform oder Pieform von 26 cm Ø :
Für die Füllung: 80 g Butter · 100 g Zucker · 1 frische Ananas von etwa 450 g · 20 Kirschen
Für den Teig: 75 g weiche Butter · 75 g Zucker · 1 Päckchen Vanillinzucker · 1 Ei · 150 g Mehl · 1½ Teel. Backpulver · 1 Prise Salz · etwa 4 Eßl. Ananassaft
Bei 12 Stücken pro Stück etwa 1090 Joule/ 260 Kalorien

Zubereitungszeit: 30 Minuten
Backzeit: 25–30 Minuten

• Die Butter in einer dicht schließenden Springform oder in einer Pieform schmelzen lassen.
Den Zucker gleichmäßig darauf verteilen.
• Die Ananas schälen, in Scheiben schneiden –
den Saft auffangen – den harten Kern in der Mitte ausstechen. Die Scheiben dicht nebeneinander
in die Form legen. Die Kirschen waschen, abtrocknen, entsteinen und die Zwischenräume
damit ausfüllen.
• Für den Teig die Butter mit dem Zucker, dem
Vanillinzucker und dem Ei schaumig rühren, bis
der Zucker ganz aufgelöst ist. Das Mehl mit dem
Backpulver und dem Salz sieben* und mit dem
Ananassaft in die Crememasse rühren. Den Teig
über die Ananasscheiben streichen und die Torte
auf der mittleren Schiene des Ofens 25–30 Minuten backen.
• Die Ananastorte etwa 5 Minuten abkühlen
lassen, dann auf eine Tortenplatte stürzen und
ganz erkalten lassen.

Ganz einfach

Kiwitorte

Zutaten für 1 Springform von 24 cm ⌀ :
Für den Teig: 100 g abgezogene Mandeln ·
100 g Mehl · 100 g Zucker · 100 g Butter
Zum Belegen: 3 Eier · 3 Becher Vollmilchjoghurt
zu je 150 g · 200 g Zucker · Saft und abgeriebene
Schale von 1 unbehandelten Zitrone · 12 Blatt
weiße Gelatine · 2 Becher Sahne zu je 200 g ·
6 Kiwifrüchte
Für die Form: Butter
Bei 12 Stücken pro Stück etwa 1595 Joule /
380 Kalorien

Zubereitungszeit: 40 Minuten
Ruhezeit: 1 Stunde
Backzeit: etwa 20 Minuten

• Die Mandeln durch die Mandelmühle* drehen.
• Die Form einfetten*. Den Backofen auf 200°
vorheizen.
• Das Mehl, die Mandeln und den Zucker in
eine Schüssel geben. Die Butter in Flöckchen
darüberschneiden. Alles schnell mit kühlen Händen zu einem bröseligen Teig kneten. Den Teig
auf den Boden der Springform drücken und im
Ofen auf der mittleren Schiene etwa 20 Minuten
backen. Den Kuchenboden aus der Form nehmen und auf einem Kuchengitter erkalten lassen*.
• Die Eier in Eiweiß und Eigelb trennen*. Das
Eigelb in einer Schüssel mit dem Joghurt, dem
Zucker, dem Zitronensaft und der Zitronenschale verrühren. Die Gelatine in kaltem Wasser einweichen und nach Vorschrift auf der Packung
auflösen. Die Gelatine langsam in die Joghurt-
mischung rühren und die Creme im Kühlschrank halbfest werden lassen.
• Das Eiweiß und die Sahne getrennt voneinander steif schlagen* und unter die halbfeste Jo-
ghurtcreme ziehen.
• Die Kiwis schälen und in Scheiben schneiden.
Den Tortenboden auf eine Kuchenplatte geben
und mit den Scheiben von 4 Früchten belegen.
Den Springformring darumlegen, die Joghurt-
creme über die Kiwischeiben verteilen und im
Kühlschrank fest werden lassen.
• Die Springformrand vorsichtig lösen. Die restlichen Kiwischeiben vierteln und die Torte damit
garnieren.

Braucht etwas Zeit

Erdbeertorte mit doppeltem Boden

Zutaten für 1 Springform von 28 cm Ø :
Für den Mürbeteig: 200 g Mehl · 1 Ei · abgeriebe-
ne Schale von 1 unbehandelten Zitrone ·
75 Zucker · 1 Prise Salz · 100 g Butter
Für den Biskuitteig: 4 Eier · 2 Eigelb ·
100 g Zucker · 100 g Mehl · 100 g Speisestärke ·
1 Eßl. zerlassene Butter
Zum Bestreichen: 3 Eßl. Erdbeermarmelade
Zum Belegen: 750 g Erdbeeren · ¼ l Wasser ·
1 Päckchen roter Tortenguß
Für die Form: Butter
Bei 16 Stücken pro Stück etwa 1 090 Joule/
260 Kalorien

Zubereitungszeit: 1 Stunde
Ruhezeit: 30 Minuten
Backzeit: etwa 30 Minuten pro Boden

● Das Mehl auf die Arbeitsfläche sieben*, in die Mitte eine Mulde drücken und das Ei, die Zitronenschale, den Zucker und das Salz hineingeben. Die Butter in Flöckchen auf den Mehlrand schneiden. Alles mit einem Messer krümelig hakken, dann mit kühlen Händen zu einem glatten Teig kneten. Den Teig in Alufolie wickeln und mindestens 30 Minuten im Kühlschrank ruhen lassen.
● Für den Biskuitteig die Eier und das Eigelb möglichst im warmen Wasserbad* schaumig schlagen. Den Zucker einrieseln lassen und weiterschlagen, bis die Masse fast weiß ist.
● Die Form einfetten*. Den Backofen auf 200° vorheizen.
● Das Mehl und die Speisestärke über die Eischaummasse sieben* und mit der zerlassenen Butter locker unterheben*. Den Teig in die Form

füllen und auf der mittleren Schiene des Ofens etwa 30 Minuten backen. Den Kuchen auf ein Kuchengitter stürzen und erkalten lassen.
● Die Arbeitsfläche mit Mehl bestäuben und den Mürbeteig darauf ausrollen*. Den Boden der Form mit der Teigplatte auslegen. Im Ofen auf der mittleren Schiene etwa 30 Minuten backen.
● Die Erdbeeren mit kaltem Wasser abbrausen, gut abtropfen lassen und von den Kelchblättern befreien.
● Den abgekühlten Mürbeteigboden auf eine Tortenplatte legen und mit der Erdbeermarmelade bestreichen. Den Biskuitboden drauflegen und dicht mit den Erdbeeren belegen, große Früchte halbieren.
● Das Wasser zum Kochen bringen und den Tortenguß nach Vorschrift auf der Packung zubereiten. Den Guß über die Erdbeeren verteilen und fest werden lassen.

Unser Tip Sie können die wohlschmeckende Torte auch mit frischen
Himbeeren oder sehr reifen Brombeeren
zubereiten.

Braucht etwas Zeit · Nicht ganz einfach

Tarte tatin

Diese Version der köstlichen gestürzten Apfeltorte wurde von den Demoiselles Tatin aus einem berühmten Restaurant südlich von Lyon kreiert.

Zutaten für 1 Pieform von 26 cm Ø :
Für die Füllung: 1½ kg Äpfel (Boskop, Renetten
oder Golden Delicious) · Saft von 1 Zitrone

Doboschtorte ist eine köstliche, ungarisch-österreichische Spezialität, für deren Zubereitung man allerdings etwas Zeit braucht. Rezept Seite 120. ▷

Für die Pieform: 3 Eßl. Butter · 4 Eßl. Zucker
Für den Teig: 200 g Mehl · 1 Ei · 1 Eßl. eiskaltes
Wasser · 1 Eßl. Zucker · 1 Prise Salz · 140 g kalte
Butter
Bei 12 Stücken pro Stück etwa 1260 Joule/
300 Kalorien

Zubereitungszeit: 1 Stunde und 30 Minuten
Backzeit: etwa 30 Minuten

• Die Äpfel halbieren, schälen und das Kerngehäuse herausschneiden. Die Apfelhälften mit dem Zitronensaft beträufeln.
• Die Form dick mit Butter einfetten* und mit dem Zucker ausstreuen*. Bei sehr schwacher Hitze den Zucker schmelzen lassen, bis er leicht karamelisiert* ist.
• Die Apfelhälften so dicht wie möglich ringförmig in die Form legen und bei gleich schwacher Hitze schmoren lassen, bis die Äpfel weich sind und der Saft fast überläuft.
• Inzwischen das Mehl auf die Arbeitsfläche sieben*. In die Mitte eine Mulde drücken, das Ei, das Wasser, den Zucker und das Salz hineingeben. Die Butter in Flöckchen auf den Mehlrand schneiden. Alles schnell mit kühlen Händen zu einem glatten Teig verkneten*. Den Teig zugedeckt kühl stellen, bis die Äpfel weich sind.
• Den Backofen auf 190° vorheizen.
• Die Arbeitsfläche leicht mit Mehl bestäuben und den Teig darauf etwas größer als die Form ausrollen*. Die Äpfel mit der Teigplatte bedecken. Aus dem überhängenden Teig rundherum zu einen Wulst formen und am Rand der Pieform wellenförmig festdrücken.
• Die Torte auf der mittleren Schiene des Ofens etwa 30 Minuten backen, bis der Teig leicht gebräunt ist und sich vom Rand zu lösen beginnt.
• Die Torte etwas abkühlen lassen*, auf eine Platte stürzen, die Äpfel mit einer Gabel wieder ringförmig ordnen und noch lauwarm servieren.

Preiswert · Ganz einfach

Haferflockentorte mit Äpfeln

Zutaten für 1 Springform von 24 cm ⌀:
Für die Füllung: 500 g Äpfel · abgeriebene Schale
und Saft von 1 unbehandelten Zitrone · 2 Eßl.
trockener Weißwein oder Apfelwein · 75 g brauner
Zucker · ½ Teel. Zimt · 75 g Mandelstifte ·
3 Eßl. zerlassene Butter
Für den Teig: 150 g weiche Butter · 125 g Zucker ·
2 Päckchen Vanillinzucker · 1 Prise Salz · 3 Eier ·
125 g feine Haferflocken · 50 g Mehl ·
1 Teel. Backpulver
Für die Form: Butter · grobe kernige Haferflocken
Bei 12 Stücken pro Stück etwa 1450 Joule/
345 Kalorien

Zubereitungszeit: 40 Minuten
Backzeit: 50 Minuten

• Für die Füllung die Äpfel vierteln, schälen, vom Kerngehäuse befreien und in nicht zu dünne Scheiben schneiden. In einem Topf mit der Zitronenschale und dem -saft und dem Weißwein oder Apfelwein bei schwacher Hitze halbweich dünsten und abtropfen lassen.
• Den Zucker mit dem Zimt mischen und mit den Mandelstiften und der zerlassenen Butter in einer Schüssel vermengen.
• Die Form gut einfetten* und mit den kernigen Haferflocken ausstreuen*. Den Backofen auf 200° vorheizen.
• Die Butter mit dem Zucker, dem Vanillinzucker und dem Salz sehr schaumig rühren. Die Eier nach und nach untermischen. Wenn die Masse cremig ist, die Haferflocken unterziehen. Das Mehl mit dem Backpulver über den Teig sieben* und unterrühren.
• Drei Viertel vom Teig in die Form geben, die

◁ Gemahlene Mandeln im Teig der Linzer Torte machen den Kuchen besonders köstlich. Rezept Seite 95.

Äpfel darauf verteilen, die Mandelmasse darüberstreuen und den Rest des Teiges in kleinen Häufchen auf die Füllung setzen.
• Den Kuchen auf der mittleren Schiene des Ofens in etwa 50 Minuten goldbraun backen. In der Form etwas abkühlen lassen* und auf einem Kuchengitter ganz erkalten lassen.

Braucht etwas Zeit

Flockentorte

Zutaten für 1 Springform von 24 cm ⌀ :
Für den Teig: ¼ l Wasser · 1 Prise Salz ·
50 g Butter · 150 g Mehl · 4 Eier
Für die Füllung: 700 g entsteinte Sauerkirschen
aus dem Glas · 1 Eßl. Speisestärke · ½ l Sahne ·
2 Päckchen Sahnefestiger · 2 Eßl. Puderzucker
Für die Form: Backtrennpapier
Bei 12 Stücken pro Stück etwa 1 050 Joule/
250 Kalorien

Zubereitungszeit: 50 Minuten
Backzeit: 45 Minuten

• Das Wasser mit dem Salz und der Butter in einem breiten Topf aufkochen. Das Mehl auf ein Stück Pergamentpapier sieben*, auf einmal in die heiße Flüssigkeit schütten und kräftig rühren, bis sich ein Teigkloß vom Topfboden löst. Den Topf vom Herd nehmen und 1 Ei unter den heißen Kloß rühren. Den Teig etwas abkühlen lassen und die übrigen Eier nach und nach einrühren.
• Den Backofen auf 220° vorheizen. Den Boden der Springform mit Backtrennpapier auslegen*.
• Den Teig in 3 Portionen teilen. Nacheinander je 1 Teigportion in die Form streichen und auf der mittleren Schiene des Ofens 15 Minuten backen. Die Böden auskühlen lassen.

• Die Kirschen abtropfen lassen. Vom Saft 2 Eßlöffel abnehmen und beiseite stellen.
• Die Speisestärke mit 3 Eßlöffeln vom übrigen Saft verrühren, den restlichen Saft zum Kochen bringen und mit der angerührten Speisestärke binden. Drei Viertel der Sauerkirschen hinzufügen, alles kühl stellen.
• Die Sahne mit dem Sahnefestiger und dem Puderzucker steif schlagen*. Die Schlagsahne halbieren und einen Teil mit dem Kirschsaft rosa färben.
• Den ersten Tortenboden mit den angedickten Kirschen bestreichen. Den zweiten Boden daraufsetzen und mit der gefärbten Sahne überziehen*. Den letzten Boden daraufsetzen und die ungefärbte Schlagsahne darauf verteilen. Mit den restlichen Kirschen garnieren.

Ganz einfach

Wiener Orangentorte

Zutaten für 1 Springform von 24 cm ⌀ :
Für den Teig: 4 Eier · 130 g Zucker · Saft und
abgeriebene Schale von 1 unbehandelten Orange ·
130 g abgezogene gemahlene Mandeln ·
50 g Semmelbrösel
Für die Füllung: 200 g Sahne
Für die Glasur: 150 g Puderzucker · 3 Eßl. Orangensaft
Zum Garnieren: 3 kandierte Orangenscheiben
Für die Form: Butter · Mehl
Bei 12 Stücken pro Stück etwa 1 090 Joule/
260 Kalorien

Zubereitungszeit: 35 Minuten
Backzeit: 35 Minuten

• Die Eier in Eiweiß und Eigelb trennen*. Das Eigelb mit dem Zucker, dem Orangensaft und

115

der -schale zu einer cremigen Schaummasse rühren. Die Mandeln und die Semmelbrösel untermischen.

• Die Springform mit Butter einfetten* und mit Mehl ausstäuben*. Den Backofen auf 175° vorheizen.

• Das Eiweiß zu steifem Schnee schlagen* und unter den Teig heben. Den Teig in die Form füllen und auf der untersten Schiene des Ofens 35 Minuten backen.

• Den Kuchen in der Form etwas abkühlen lassen*, und auf einem Kuchengitter ganz erkalten lassen.

• Die Sahne steif schlagen*. Die Torte quer halbieren und mit der Schlagsahne füllen. (Etwas Sahne zur Garnierung zurückbehalten.)

• Den Puderzucker mit dem Orangensaft verrühren und die zusammengesetzte Torte damit überziehen*. Mit geviertelten kandierten Orangenscheiben und Sahnetupfen garnieren.

Etwas teurer · Braucht etwas Zeit

Schwarzwälder Kirschtorte

Zutaten für 1 Springform von 28 cm ⌀ :
100 g halbbittere Schokolade · 6 Eier · 2 Eigelb ·
4 Eßl. warmes Wasser · 200 g Zucker · 2 Päckchen Vanillinzucker · 150 g Mehl · 50 g Speisestärke · 1 Teel. Backpulver
Zum Tränken: 7 Eßl. Kirschwasser*
Für die Füllung: ¾ l Sahne · 1 Eßl. Zucker ·
750 g entsteinte Sauerkirschen aus dem Glas
Zum Bestreuen: 2 Eßl. Schokoladenstreusel
Für die Form: Butter
Bei 12 Stücken pro Stück etwa 1765 Joule/
420 Kalorien

Zubereitungszeit: 50 Minuten
Ruhezeit: 6 Stunden
Backzeit: etwa 30 Minuten

• Die Schokolade feinreiben. Die Eier in Eiweiß und Eigelb trennen*.

• 8 Eigelb mit dem Wasser schaumig schlagen. Den Zucker und den Vanillinzucker hinzufügen und so lange weiterschlagen, bis eine fast weiße Creme entsteht.

• Das Mehl mit der Speisestärke und dem Backpulver über die Creme sieben* und nach und nach mit der Schokolade unterrühren.

• Die Form gut mit Butter einfetten*. Den Backofen auf 200° vorheizen.

• Das Eiweiß zu steifem Schnee schlagen* und unter den Teig heben. Den Biskuitteig in die Form füllen und auf der zweiten Schiene von unten im Ofen etwa 30 Minuten backen.

• Den Kuchen etwas abkühlen lassen*, aus der Form stürzen und mindestens 6 Stunden auf einem Kuchengitter ruhen lassen.

• Den Kuchen zweimal quer durchschneiden*. Die beiden unteren Platten mit dem Kirschwasser beträufeln.

• Die Sahne mit dem Zucker steif schlagen*. Die Kirschen abtropfen lassen.

• Die beiden getränkten Böden etwa 2 cm hoch mit Sahne bestreichen und zwei Drittel der Kirschen darauf verteilen. Die belegten Böden übereinanderlegen und den nicht getränkten daraufgeben.

• Die Torte ringsherum dick mit der restlichen Sahne überziehen* und mit Schokoladenstreuseln bestreuen. Die Oberfläche mit den übriggebliebenen Kirschen garnieren.

Braucht etwas Zeit · Nicht ganz einfach

Weincremetorte

Zutaten für 1 Springform von 24 cm Ø :
Für den Teig: 250 g Mehl · 50 g Zucker ·
2 Eigelb · 2 Eßl. Weinbrand · 200 g Butter
Für die Füllung: 300 g helle Trauben · 6 Blatt
weiße Gelatine · 2 Eier · 2 Eßl. Wasser ·
60 g Zucker · ⅛ l Weißwein · Saft von ½ Zitrone ·
¼ l Sahne
Zum Garnieren: 40 g Mandelblättchen ·
1–2 Eßl. Aprikosenmarmelade
Für die Form: Butter
Bei 8 Stücken pro Stück etwa 2 435 Joule/
580 Kalorien

Zubereitungszeit: 40 Minuten
Ruhezeit: 1 Stunde
Backzeit: etwa 20 Minuten

● Das Mehl auf die Arbeitsfläche sieben*, in die Mitte eine Mulde drücken und den Zucker, das Eigelb und den Weinbrand hineingeben. Die Butter in Flöckchen auf den Mehlrand schneiden. Alles mit einem Messer bröselig hacken, dann mit kühlen Händen zu einem glatten Mürbeteig kneten. Den Teig in Alufolie wickeln und 1 Stunde im Kühlschrank ruhen lassen.
● Die Form einfetten*. Den Backofen auf 200° vorheizen.
● Die Arbeitsfläche mit Mehl bestäuben und den Teig darauf ausrollen*. Boden und Rand der Form mit der Teigplatte auslegen, den Boden mit einer Gabel mehrmals einstechen. Den Kuchen auf der mittleren Schiene des Ofens etwa 20 Minuten backen. Aus der Form nehmen und auf einem Kuchengitter abkühlen lassen*.
● Die Trauben waschen, abzupfen, abtrocknen, halbieren und entkernen. Die Gelatine in kaltem Wasser einweichen. Die Eier in Eiweiß und Eigelb trennen*. Das Eigelb mit dem Wasser

schaumig schlagen. Den Zucker dazugeben und weiterschlagen, bis der Zucker ganz aufgelöst ist. Den Wein und den Zitronensaft unterrühren.
● Die Gelatine ausdrücken, nach Vorschrift auf der Packung auflösen und in die Eier-Wein-Mischung rühren. Im Kühlschrank halbfest werden lassen.
● Das Eiweiß und die Sahne getrennt voneinander steif schlagen* und beides unter die halbsteife Weincreme ziehen. Die Masse auf den Kuchenboden füllen und dicht mit den halbierten Trauben belegen.
● Die Mandelblättchen in einer beschichteten Pfanne ohne Fett braun rösten. Den Kuchenrand mit der Aprikosenmarmelade bestreichen und mit den Mandelblättchen bestreuen.

Ganz einfach · Braucht etwas Zeit

Zigeunertorte

Zutaten für 1 Springform von 26 cm Ø :
140 g ungeschälte Mandeln · 150 g Block-
schokolade · 6 Eier · 140 g weiche Butter ·
140 g Zucker · ½ Teel. Zimt · 1 Messerspitze
Nelkenpulver · abgeriebene Schale von 1 unbe-
handelten Zitrone · 200 g Mehl
Zum Überziehen: 100 g Kuvertüre
Zum Füllen: ⅜ l Sahne · 1 Päckchen Vanillin-
zucker
Für die Form: Butter · Mehl
Bei 16 Stücken pro Stück etwa 1 700 Joule/
405 Kalorien

Zubereitungszeit: 50 Minuten
Backzeit: etwa 50 Minuten
Ruhezeit: 6 Stunden

● Die Mandeln durch die Mandelmühle* drehen. Die Schokolade im Wasserbad* schmelzen

lassen. Die Eier in Eiweiß und Eigelb trennen*.
• Die Butter mit dem Zucker cremig rühren, bis der Zucker ganz aufgelöst ist. Das Eigelb nach und nach hinzufügen. Die Schokolade, die Mandeln, den Zimt, das Nelkenpulver und die Zitronenschale unterrühren. Das Mehl dazusieben* und unterheben.
• Die Form einfetten* und mit Mehl ausstäuben*. Den Backofen auf 180–190° vorheizen.
• Das Eiweiß zu sehr steifem Schnee schlagen* und unter den Teig ziehen. Den Teig in die Form füllen und auf der mittleren Schiene des Ofens etwa 50 Minuten backen.
• Den Kuchen auf ein Kuchengitter stürzen und mindestens 6 Stunden stehen lassen.
• Die Kuvertüre im Wasserbad* schmelzen lassen. Die Sahne mit dem Vanillinzucker steif schlagen.
• Den Kuchen einmal waagerecht durchschneiden*. Eine Kuchenplatte dick mit der Sahne bestreichen, die zweite Platte locker daraufsetzen. Die Torte mit der Kuvertüre überziehen.

Unser Tip Sie können die Tortenböden vor dem Füllen zusätzlich noch mit Marmelade bestreichen oder mit etwas Rum tränken.

Etwas teurer · Nicht ganz einfach

Buttercremetorte

Das ist schlechthin unsere Familienfesttagstorte. Immer wenn ein Grund zum Feiern besteht, ob Geburtstag, bestandenes Examen oder wichtiger Jahrestag, die feine Torte gehört dazu.

Zutaten für 1 Springform von 28 cm Ø:
Für den Teig: 4 Eier · 5 Eßl. lauwarmes Wasser · 200 g Zucker · 1 Päckchen Vanillinzucker · 135 g Mehl · 135 g Speisestärke · 4 Teel. Backpulver
Für die Creme: 200 g weiche Butter · 100 g Puderzucker · 2 Eigelb · 50 g Kokosfett
Zum Tränken: 4 Eßl. Rum*
Für die Füllung: 450 g Johannisbeergelee
Für die Glasur: 200 g Blockschokolade
Für die Form: Butter · Grieß
Bei 16 Stücken pro Stück 1890 Joule/ 450 Kalorien

Zubereitungszeit: 45 Minuten
Backzeit: etwa 35 Minuten
Ruhezeit: mindestens 12 Stunden

• Die Eier mit dem Wasser schaumig schlagen. Den Zucker und den Vanillinzucker hinzufügen und so lange rühren, bis eine fast weiße cremige Masse entsteht.
• Die Form einfetten* und mit Grieß ausstreuen. Den Backofen auf 200° vorheizen.
• Das Mehl mit der Speisestärke und dem Backpulver mischen, über die Schaummasse sieben* und leicht unterrühren. Den Teig in die Form füllen und im Ofen auf der mittleren Schiene in etwa 35 Minuten goldgelb backen.
• Den Kuchen aus der Form nehmen und auf einem Kuchengitter 12 Stunden, am besten über Nacht, ruhen lassen.
• Für die Creme die weiche Butter mit dem Puderzucker und dem Eigelb schaumig rühren*. Das Kokosfett in einem Töpfchen zerlassen, etwas abkühlen lassen und tropfenweise in die Crememasse rühren. Die Buttercreme kühl stellen.
• Den Kuchen zweimal quer durchschneiden*, jede Kuchenplatte mit dem Rum beträufeln. Die oberste und die mittlere Kuchenplatte mit der Buttercreme bestreichen und das Johannisbeer-

gelee darauf verteilen. Die Platten aufeinandersetzen und mit der untersten Kuchenplatte bedecken.
• Die Schokolade im Wasserbad schmelzen lassen* und die Torte damit überziehen*. In dem
noch weichen Schokoladenüberzug mit einem
langen Messer 16 gleich große Tortenstücke markieren.

> **Unser Tip** Die Torte wirkt noch festli-
> cher, wenn Sie mit dicker weißer Puder-
> zuckerglasur den Namen des Geburts-
> tagskindes oder dem Anlaß entspre-
> chend ein passendes Symbol auf die
> Schokoladenschicht spritzen.

Braucht etwas Zeit

Mandelcremetorte

Zutaten für 1 Springform von 28 cm Ø :
Für den Teig: 4 Eier · 5 Eßl. lauwarmes Wasser ·
200 g Zucker · 135 g Mehl · 135 g Speisestärke ·
3 Teel. Backpulver
Zum Tränken: 4 Eßl. Mandellikör*
Für die Creme: 60 g abgezogene Mandeln ·
½ l Milch · 1 Päckchen Vanille-Puddingpulver ·
3 Eßl. Zucker · Mark von ½ Vanilleschote ·
250 g weiche Butter · 1 Eßl. Rum
Zum Garnieren: 1 gehäufter Eßl. Butter ·
1 Eßl. Zucker · 75 g abgezogene Mandeln
Für die Form: Butter · Grieß
Bei 16 Stücken pro Stück etwa 1 575 Joule/
375 Kalorien

Zubereitungszeit: 50 Minuten
Backzeit: etwa 35 Minuten
Ruhezeit: mindestens 6 Stunden

• Die Eier mit dem Wasser schaumig schlagen.
Den Zucker hinzufügen und so lange rühren, bis
eine fast weiße cremige Masse entsteht.
• Die Form einfetten* und mit Grieß ausstreuen*. Den Backofen auf 200° vorheizen.
• Das Mehl mit der Speisestärke und dem Backpulver über die Schaummasse sieben* und lok-
ker unterrühren. Den Teig in die Form füllen und
im Ofen auf der mittleren Schiene in etwa
35 Minuten goldgelb backen.
• Den Kuchen aus der Form nehmen und auf
einem Kuchengitter mindestens 6 Stunden, am
besten über Nacht, stehen lassen.
• Den Kuchen zweimal waagerecht durchschneiden*, jede Kuchenplatte mit dem Mandellikör tränken*, wieder zusammensetzen und mit
Alufolie zugedeckt durchziehen lassen.
• Die Mandeln durch die Mandelmühle* drehen. Von der Milch 5 Eßlöffel abnehmen und
das Puddingpulver damit anrühren. Die restliche
Milch mit dem Zucker und dem Vanillemark
zum Kochen bringen, das Puddingpulver einrühren und einige Male aufkochen lassen. Den Topf
vom Herd nehmen, die Mandeln einmengen und
die Masse auskühlen lassen, dabei öfter umrühren.
• Die Butter schaumig rühren und den Pudding
eßlöffelweise unterrühren, mit dem Rum aroma-
tisieren. Die Creme kühl stellen.
• Die Butter und den Zucker in einer Pfanne
erhitzen und die Mandeln darin unter Wenden
goldgelb werden lassen.
• Die oberste Kuchenplatte auf der Schnittseite
und die mittlere Platte mit der Hälfte der Mandelcreme bestreichen und aufeinandersetzen.
Mit der untersten Kuchenplatte bedecken. Die
Oberfläche und den Rand der Torte mit der restlichen Creme bestreichen. Mit den gerösteten
Mandeln garnieren.

Etwas teurer · Braucht etwas Zeit

Mokkacreme-Ring

Zutaten für 1 Ringform:
Für den Teig: 200 g weiche Butter · 200 g Zucker ·
6 Eier · abgeriebene Schale von ½ unbehandelten
Zitrone · 400 g Mehl · 1 Päckchen Backpulver ·
etwa ⅛ l Milch
Für die Füllung: 200 g weiche Butter · 200 g
Puderzucker · 2 Eigelb · ⅛ l starker kalter Mokka
Zum Garnieren: 50 g Mandelblättchen
Für die Glasur: 250 g Puderzucker · 1 Eiweiß ·
2–3 Eßl. kalter Mokka
Für die Form: Butter
Bei 16 Stücken pro Stück etwa 2185 Joule/
520 Kalorien

Zubereitungszeit: 50 Minuten
Backzeit: 1 Stunde
Ruhezeit: 2 Stunden

• Die Butter mit dem Zucker schaumig rühren.
Ein Ei nach dem anderen und die Zitronenschale untermischen.
• Das Mehl mit dem Backpulver über die Buttermasse sieben und mit so viel Milch unterrühren, daß ein zähflüssiger Teig entsteht.
• Den Backofen auf 200° vorheizen. Die Form gut mit Butter einfetten*.
• Den Teig in die Form füllen und im Backofen auf der zweiten Schiene von unten etwa 1 Stunde backen.
• Den Kuchen in der Form etwas abkühlen lassen*, auf ein Kuchengitter stürzen und 2 Stunden ruhen lassen.
• Für die Füllung die Butter mit dem Puderzucker geschmeidig rühren. Das Eigelb und so viel Mokka unterrühren, daß eine weiche streichfähige Masse entsteht.
• Den Kuchenring zweimal quer durchschneiden*. Den untersten und den zweiten Ring dick

mit der Mokkacreme bestreichen. Alle Ringe aufeinandersetzen.
• Die Mandelblättchen in einer beschichteten Pfanne ohne Fett goldbraun rösten und kalt werden lassen.
• Für die Glasur den Puderzucker mit dem Eiweiß und dem Mokka verrühren. Die Torte mit der Glasur überziehen*, die Mandelblättchen auf die noch weiche Glasur streuen und leicht andrücken.

Braucht etwas Zeit · Nicht ganz einfach

Doboschtorte

Bild Seite 113

Zutaten für 1 Springform von 26 cm ⌀ :
Für den Teig: 7 Eier · 150 g Zucker · 1 Prise
Salz · 150 g Mehl
Für die Füllung: 250 g weiche Butter ·
150 g Zucker · 1 Päckchen Vanillinzucker ·
60 g Schokoladenpulver · 3 Eßl. Rum
Zum Besieben: 3 Eßl. Puderzucker · 1 Eßl. Schokoladenpulver
Für die Form: Butter · Mehl
Bei 12 Stücken pro Stück etwa 1805 Joule/
430 Kalorien

Zubereitungszeit: 45 Minuten
Backzeit: etwa 5 bis 10 Minuten pro Boden

• Die Eier in Eiweiß und Eigelb trennen*.
• Die Form einfetten* und mit Mehl ausstäuben*. Den Backofen auf 180–200° vorheizen.
• Das Eiweiß zu steifem Schnee schlagen*, den Zucker und das Salz einrieseln lassen, weiterschlagen, bis die Masse glänzend ist. Das Eigelb verquirlen* und unter den Eischnee rühren. Das Mehl darübersieben* und gut unterziehen.

• Aus dem Teig nacheinander in der Springform 6 dünne Böden auf der mittleren Schiene des Ofens backen; das dauert jeweils etwa 5 bis 10 Minuten. Die Böden dann auf einem Kuchengitter erkalten lassen. Nach jedem Backvorgang die Form wieder einfetten* und bemehlen.
• Die Butter mit dem Zucker und dem Vanillinzucker cremig rühren, bis der Zucker ganz aufgelöst ist. Das Schokoladenpulver und den Rum untermischen.
• 5 Böden mit der Buttercreme bestreichen, zusammensetzen und den letzten Boden darauflegen. Den Rand mit der restlichen Buttercreme bestreichen.
• Den Puderzucker mit dem Schokoladenpulver mischen und die Oberfläche der Torte damit besieben*.

Braucht etwas Zeit · Ganz einfach

Crostata al limone

Zitronentorte

Die köstlich erfrischende Zitronentorte wird in Italien als Dessert gereicht. Uns schmeckt sie auch zu Tee oder Kaffee.

Zutaten für 1 Springform oder 1 Pieform von 28 cm Ø :
Für den Teig: 200 g Mehl · 70 g Zucker ·
1 Prise Salz · 2 Eigelb · abgeriebene Schale von 1 unbehandelten Zitrone · 100 g Butter
Für die Füllung: 100 g Butter · 50 g ungeschälte Mandeln · 5 Eier · abgeriebene Schale und Saft von 2 unbehandelten Zitronen · 150 g Zucker
Zum Besieben: 50 g Puderzucker
Für die Form: Butter · Mehl
Bei 12 Stücken pro Stück etwa 1510 Joule/ 360 Kalorien

Zubereitungszeit: 45 Minuten
Ruhezeit: 1 Stunde
Backzeit: 25 Minuten

• Das Mehl auf die Arbeitsfläche sieben*, in die Mitte eine Mulde drücken. Den Zucker, das Salz, das Eigelb und die Zitronenschale in die Vertiefung geben. Die Butter in Flöckchen auf den Mehlrand schneiden. Alles schnell mit kühlen Händen zu einem glatten Mürbeteig verarbeiten. Den Teig in Alufolie wickeln und 1 Stunde im Kühlschrank ruhen lassen.
• Die Form einfetten* und mit Mehl ausstäuben*.
• Die Butter schmelzen und wieder abkühlen lassen. Die Mandeln in Blättchen schneiden. Die Eier in eine Schüssel schlagen, die Zitronenschale, den Saft von ½ Zitrone und den Zucker dazugeben und alles gut verrühren, ohne die Eier cremig zu schlagen. Die abgekühlte Butter und den restlichen Zitronensaft unterrühren.
• Den Backofen auf 200° vorheizen.
• Die Arbeitsfläche mit Mehl bestäuben und den Teig darauf ausrollen. Den Boden der Form mit der Teigplatte auslegen, dabei einen daumenbreiten Rand formen*. Den Teigboden mehrmals mit einer Gabel einstechen. Die Mandeln auf den Teigboden verteilen und sanft andrükken. Die Eimasse darübergießen und mit etwas Puderzucker besieben*. Die Torte auf der mittleren Schiene des Ofens 25 Minuten backen.
• Die Zitronentorte erkalten lassen, dann erst aus der Form nehmen und mit dem restlichen Puderzucker besieben*.

Braucht etwas Zeit

Zuppa romana

Die wörtliche Übersetzung in »Römische Suppe« wäre wirklich irreführend, denn bei diesem Rezept handelt es sich um eine der besten italienischen Süßspeisen. Es ist ratsam, den Biskuitkuchen schon einen Tag vorher zu backen, er läßt sich dann leichter durchschneiden.

Zutaten für 1 Springform von 28 cm Ø :
Für den Teig: 4 Eier · 4 Eßl. heißes Wasser ·
100 g Zucker · 1 Prise Salz · 100 g Mehl ·
60 g Speisestärke
Zum Tränken*: 10 Eßl. Maraschinolikör oder
Grand Marnier
Für die Füllung: 850 g entsteinte Kirschen aus dem
Glas · ⅜ l Milch · ½ Vanilleschote · 4 Eier ·
3 Eßl. Zucker · 2 Eßl. Speisestärke · ⅜ l Sahne
Für die Form: Backtrennpapier
Bei 12 Stücken pro Stück etwa 1 470 Joule/
350 Kalorien

Zubereitungszeit: 1 Stunde und 20 Minuten
Backzeit: etwa 30 Minuten
Ruhezeit: 12 Stunden

● Den Boden der Springform mit Backtrennpapier auslegen*.
● Die Eier in Eiweiß und Eigelb trennen*. Das Eigelb mit dem Wasser in einer Schüssel schaumig schlagen, nach und nach zwei Drittel des Zuckers einrieseln lassen und weiterschlagen, bis die Masse fast weiß ist.
● Den Backofen auf 200° vorheizen.
● Das Eiweiß mit dem Salz und dem restlichen Zucker zu steifem Schnee schlagen* und auf die Eigelbmasse gleiten lassen. Das Mehl mit der Speisestärke darübersieben* und alles locker unterheben.
● Den Teig in die Form füllen und auf der mitt-

leren Schiene des Ofens etwa 30 Minuten backen.
● Den Kuchen aus der Form auf ein Kuchengitter stürzen, das Backtrennpapier abziehen und den Kuchen erkalten lassen*.
● Den Kuchen möglichst erst am nächsten Tag einmal quer durchschneiden*. Die Böden mit einer Gabel mehrmals einstechen und mit dem Likör tränken*.
● Die Kirschen abtropfen lassen.
● Die Milch mit der aufgeschnittenen Vanilleschote aufkochen und zugedeckt abkühlen lassen.
● Die Eier in Eiweiß und Eigelb trennen*. Das Eigelb mit dem Zucker und der Speisestärke in einem Kochtopf gut verrühren, nach und nach die Vanillemilch dazugießen und alles unter ständigem Rühren mit dem Schneebesen bei schwacher Hitze aufkochen. Die Creme kalt stellen.
● Das Eiweiß zu steifem Schnee schlagen* und unter die Creme heben. Die Sahne steif schlagen.
● Einen Tortenboden auf eine Platte legen, gut die Hälfte der Kirschen darauf verteilen und die Vanillecreme dick darüberstreichen. Den zweiten Boden daraufsetzen und die Torte ganz mit der Schlagsahne überziehen. Die Oberfläche mit den restlichen Kirschen garnieren.

Braucht etwas Zeit · Nicht ganz einfach

Grammeltorte

Für die saftige Torte benötigen Sie ungesalzene Grammeln (Grieben), die man leider nicht kaufen kann. Aber wenn Sie ohnehin gerne Schmalz essen, ist das kein Problem. Kaufen Sie 1 kg Schweinebauchspeck, schneiden diesen in kleine Würfel und lassen ihn bei schwacher Hitze aus, bis die Grieben (Rest der Speckwürfel) ganz

Große Torten, feine Törtchen

klein sind. Dann fischen Sie die benötigte Menge
Grammeln mit dem Schaumlöffel aus dem Fett.
Der Rest im Topf ergibt, gut gewürzt, einen
schmackhaften Brotaufstrich.

Zutaten für 1 Springform von 24 cm ⌀ :
200 g Mehl · 100 g Zucker · 3 Eier · abgeriebene
Schale von ½ unbehandelten Zitrone · ¼ Teel.
Nelkenpulver · 1 Teel. Zimt · 1 Teel. Backpulver ·
230 g Grammeln (Grieben) · 2–3 Eßl. Milch ·
250 g Johannisbeer- oder Preiselbeerkonfitüre
Zum Bestreichen: 1 Eigelb
Bei 12 Stücken pro Stück etwa 840 Joule/
200 Kalorien

Zubereitungszeit: 40 Minuten
Backzeit: 40–50 Minuten

● Das Mehl auf die Arbeitsfläche sieben*. In die
Mitte eine Mulde drücken und den Zucker, die
Eier, die Zitronenschale, das Nelkenpulver, den
Zimt und das Backpulver hineingeben. Die
Grammeln auf den Mehlrand streuen. Alles
schnell zu einem mittelfesten Teig verkneten*,
nach Bedarf etwas Milch hinzufügen.
● Zwei Drittel des Teiges in die Springform
drücken, so daß ein Boden mit einem kleinen
Rand entsteht. Den Teigboden mehrmals mit
einer Gabel einstechen* und mit der Konfitüre
bestreichen.
● Den Backofen auf 200–220° vorheizen.
● Aus dem restlichen Teig dünne Röllchen formen. Die Röllchen gitterförmig auf die Marmelade legen. Das Eigelb verquirlen und das Teiggitter damit bepinseln.
● Die Torte auf der mittleren Schiene des Ofens
40–50 Minuten backen.

Etwas teurer · Braucht etwas Zeit

Cassata-Torte

Zutaten für 1 Springform von 24 cm ⌀ :
Für den Teig: 3 Eier · 4 Eßl. warmes Wasser ·
120 g Zucker · abgeriebene Schale von ½ unbe-
handelten Zitrone · 100 g Mehl · 50 g Speise-
stärke · 1 Teel. Backpulver
Für die Füllung: 750 g Sahnequark · 350 g Puder-
zucker · 500 g gemischte kandierte Früchte ·
100 g bittere Schokolade · 1 Prise Zimt
Zum Tränken: 4 Eßl. Maraschinolikör*
Für die Form: Butter
Bei 12 Stücken pro Stück etwa 2 225 Joule/
530 Kalorien

Zubereitungszeit: 45 Minuten
Ruhezeit: 6–8 Stunden
Backzeit: 30 Minuten

● Die Eier in Eiweiß und Eigelb trennen*. Das
Eigelb mit dem Wasser, dem Zucker und der
Zitronenschale cremig schlagen, bis der Zucker
ganz aufgelöst und die Masse fast weiß ist.
● Die Form einfetten*. Den Backofen auf 200°
vorheizen.
● Das Mehl mit der Speisestärke und dem Back-
pulver sieben* und in die Eicreme rühren.
● Das Eiweiß zu steifem Schnee schlagen* und
unter den Teig heben.
● Den Teig in die Form füllen und auf der mitt-
leren Schiene des Ofens 30 Minuten backen.
Den Kuchen auf ein Kuchengitter stürzen und
abkühlen lassen*.
● Den Sahnequark mit dem Puderzucker ver-
rühren und zugedeckt im Kühlschrank mindestens 4 Stunden ruhen lassen.
● Zwei Drittel der kandierten Früchte grobhakken. Die Schokolade zerbröckeln und in kleine
Stücke schneiden.
● Den Biskuitboden einmal quer durchschnei-

den* und beide Böden mit dem Maraschinolikör tränken*.
• Den Quark mit dem Zimt cremig rühren. 5 Eßlöffel davon beiseite stellen. Die übrige Quarkmenge mit den gehackten kandierten Früchten und der Schokolade vermengen.
• Die Springform mit Alufolie auslegen, einen Tortenboden hineinlegen und mit dem Früchtequark dick bestreichen. Den zweiten Boden darauflegen und die Torte im Kühlschrank 2 Stunden ruhen lassen.
• Die Torte aus der Form lösen und auf eine Platte legen. Mit der restlichen Quarkcreme überziehen* und mit den kandierten Früchten verzieren. Sofort servieren.

Braucht etwas Zeit · Nicht ganz einfach

Gefüllte Pfirsich-Biskuittorte

Bild Seite 25

Zutaten für 1 Springform von 24 cm ⌀ :
Für den Teig: 5 Eier · 125 g Zucker · 100 g Mehl · 100 g Speisestärke · 2 Teel. Backpulver
Für die Füllung und zum Belegen: 8 Pfirsiche · 150 g Zucker · 3 Eigelb · ⅛ l Weißwein · 6 Blatt weiße Gelatine
Zum Garnieren: ¼ l Sahne · 2 Eßl. Zucker · 2 Eßl. Mandelblättchen · 1 Eßl. gehackte Pistazien
Für die Form: Butter · Grieß
Bei 12 Stücken pro Stück etwa 1 430 Joule/ 340 Kalorien

Zubereitungszeit: 50 Minuten
Ruhezeit: mindestens 2 Stunden
Backzeit: 35 Minuten

• Die Eier in Eiweiß und Eigelb trennen*.
• Das Eigelb mit der Hälfte des Zuckers zu einer cremigen, fast weißen Masse rühren.
• Die Form einfetten* und mit Grieß ausstreuen*. Den Backofen auf 200° vorheizen.
• Das Eiweiß zu steifem Schnee schlagen*, dabei den restlichen Zucker einrieseln lassen. Den Eischnee unter die Eigelbcreme heben. Das Mehl mit der Speisestärke und dem Backpulver über die Eiermasse sieben* und unterziehen.
• Den Teig in die Form streichen und auf der mittleren Schiene des Ofens 35 Minuten backen.
• Den Kuchen auf ein Kuchengitter stürzen und möglichst über Nacht ruhen lassen, erst dann zweimal quer durchschneiden.
• Die Pfirsiche mit kochendem Wasser überbrühen, häuten, halbieren und entsteinen. Die Hälfte der Früchte im Mixer pürieren. Die übrigen Pfirsichhälften in ⅛ l Wasser mit 2 Eßlöffeln Zucker bei schwacher Hitze weich kochen, dann abtropfen und erkalten lassen.
• Den restlichen Zucker mit dem Eigelb und dem Wein im warmen Wasserbad* schaumig schlagen, bis der Zucker ganz aufgelöst ist.
• Die Gelatine in kaltem Wasser einweichen, gut ausdrücken und mit dem Pfirsichpüree in die Eigelbmasse rühren.
• Den unteren Biskuitboden auf eine Platte legen und mit der Hälfte der Pfirsichcreme bestreichen. Den zweiten Boden darauflegen, sanft andrücken und mit der restlichen Creme bestreichen. Mit dem dritten Boden bedecken. Die Pfirsichhälften auf der Torte anordnen.
• Die Sahne mit dem Zucker steif schlagen*. Die Mandelblättchen in einer trockenen Pfanne unter Wenden goldbraun rösten.
• Den Tortenrand mit der Hälfte der Sahne einstreichen und mit den Mandelblättchen bestreuen. Die restliche Sahne in einen Spritzbeutel* mit Sterntülle* füllen und die Torte damit garnieren. Die Sahnerosetten mit den gehackten Pistazien bestreuen.

Braucht etwas Zeit

Fruchtige Reistorte

Zutaten für 1 Springform von 26 cm Ø :
Für den Teig: 300 g Mehl · 1 Ei · 100 g Zucker ·
1 Prise Salz · 200 g Butter
Für die Füllung: 1 l Milch · 1 Eßl. Butter ·
150 g Zucker · 1 Prise Salz · 250 g Rundkorn-
reis · 4 Eier · abgeriebene Schale und Saft von
je 1 unbehandelten Zitrone und Orange ·
125 g Magerquark · 450 g Aprikosen aus der
Dose · 50 g Walnußkerne
Zum Besieben: 2 Eßl. Puderzucker
Für die Form: Butter
Bei 12 Stücken pro Stück etwa 2395 Joule/
570 Kalorien

Zubereitungszeit: 1 Stunde und 10 Minuten
Ruhezeit: 1 Stunde
Backzeit: etwa 45 Minuten

• Das Mehl auf die Arbeitsfläche sieben*, in die
Mitte eine Mulde drücken. Das Ei, den Zucker
und das Salz in die Vertiefung geben. Die Butter
in Flöckchen auf den Mehlrand schneiden. Alles
mit einem Messer durchhacken, dann mit kühlen
Händen zu einem geschmeidigen Teig kneten*.
Den Teig in Alufolie wickeln und 1 Stunde im
Kühlschrank ruhen lassen.
• Die Milch mit der Butter, dem Zucker, dem
Salz und dem Reis unter ständigem Rühren zum
Kochen bringen und bei schwacher Hitze
30 Minuten quellen lassen. Den Topf vom Herd
nehmen.
• Die Eier in Eiweiß und Eigelb trennen*. Das
Eigelb mit der Zitronen- und Orangenschale,
dem Saft beider Früchte und dem Quark cremig
rühren.
• Die Aprikosen abtropfen lassen und in kleine
Würfel schneiden. Die Walnüsse grobhacken.
• Die Quarkcreme mit den Aprikosen und den

Nüssen in den abgekühlten Reisbrei mengen.
• Die Form einfetten*. Den Backofen auf 200°
vorheizen.
• Die Arbeitsfläche mit Mehl bestäuben und
zwei Drittel des Mürbeteiges darauf ausrollen*.
Die Form mit der Teigplatte ganz auslegen.
• Das Eiweiß zu steifem Schnee schlagen* und
unter die Reismasse heben. Die Reismischung in
die Form füllen.
• Aus dem restlichen Teig dünne Rollen formen
und gitterartig über die Torte legen.
• Die Reistorte auf der mittleren Schiene des
Ofens etwa 45 Minuten backen. Etwas abkühlen
lassen, aus der Form nehmen und mit Puderzuk-
ker besieben.

Braucht etwas Zeit · Nicht ganz einfach

Zuger Kirschtorte

In der Umgebung des Schweizer Städtchens Zug
wachsen Tausende von Kirschbäumen. Die
Pâtisseure dort verstehen es meisterhaft, aus den
Früchten, oder wie hier mit Kirschwasser, köstliche Torten und Kuchen zu backen.

Zutaten für 1 Springform von 26 cm Ø :
Für die Nußböden: 100 g Haselnußkerne ·
4 Eiweiß · 1 Prise Salz · 120 g Puderzucker ·
2 Eßl. Speisestärke
Für den Biskuitboden: 3 Eier · 3 Eßl. heißes
Wasser · 100 g Puderzucker · 50 g Mehl ·
50 g Speisestärke
Für die Buttercreme: 150 g weiche Butter ·
100 g Puderzucker · 1 Eigelb · 3 Eßl. Kirsch- oder
Johannisbeergelee · 2 Eßl. Kirschwasser
Zum Tränken: 3 Eßl. Wasser · 2 Eßl. Zucker ·*
⅛ l Kirschwasser
Zum Garnieren: 50 g Haselnußkerne ·
3 Eßl. Puderzucker · 16 Cocktailkirschen

Für die Form: Butter · Mehl
Bei 16 Stücken pro Stück etwa 1 430 Joule/
340 Kalorien

Zubereitungszeit: 1 Stunde und 30 Minuten
Backzeit: etwa 1 Stunde und 30 Minuten

● Die Haselnüsse durch die Mandelmühle* drehen.
● Die Form einfetten* und mit Mehl ausstäuben*. Den Backofen auf 150–170° vorheizen.
● Das Eiweiß mit dem Salz zu steifem Schnee schlagen*, den Puderzucker nach und nach unterrühren. Die Speisestärke mit den gemahlenen Nüssen mischen und unter den Eischnee heben. Die Masse in 2 Portionen teilen. Eine Hälfte in die Form füllen und auf der mittleren Schiene des Ofens etwa 30 Minuten backen. Mit der zweiten Teighälfte ebenso verfahren. Die Böden aus der Form nehmen und abkühlen lassen*.
● Die Springform erneut einfetten und mit Mehl ausstäuben.
● Die Eier in Eiweiß und Eigelb trennen*. Das Eigelb mit dem Wasser schaumig schlagen, den Puderzucker nach und nach hinzufügen. Das Eiweiß zu steifem Schnee schlagen*, auf die Eigelbcreme geben und das Mehl und die Speisestärke darübersieben*. Alles locker unterheben. Den Teig in die Form füllen und auf der mittleren Schiene des Ofens bei 180° 30 Minuten backen. Den Boden aus der Form nehmen und erkalten lassen.
● Die Butter mit dem Puderzucker, dem Eigelb, dem Gelee und dem Kirschwasser cremig rühren. Die Buttercreme kalt stellen.
● Das Wasser mit dem Zucker aufkochen, abkühlen lassen, dann das Kirschwasser einrühren.
● Einen Nußboden auf eine Tortenplatte legen und mit einem Viertel der Buttercreme bestreichen. Den Biskuitboden mit der Hälfte der

Kirschwasserlösung tränken* und mit der befeuchteten Seite auf den Nußboden legen. Die Oberfläche auch tränken* und mit einem weiteren Cremeviertel bestreichen. Den zweiten Nußboden darauflegen und den Rand und die Oberfläche der Torte mit der restlichen Buttercreme überziehen*.
● Die Haselnüsse grobhacken und den Rand der Torte damit bestreuen. Die Oberfläche mit Puderzucker besieben* und mit den Cocktailkirschen garnieren.

Braucht etwas Zeit

Sterzinger Flockentorte

Zutaten für 1 Springform von 26 cm Ø :
Für den Mürbeteig: 200 g Mehl · 1 Prise Salz ·
125 g kalte Butter · 3 Eßl. eiskaltes Wasser
Für den Brandteig: ¼ l Wasser · 1 Prise Salz ·
50 g Butter · 100 g Mehl · 50 g Speisestärke ·
4 Eier
Für die Füllung: 4 Eßl. beliebige Konfitüre ·
½ l Sahne · 1 Päckchen Vanillinzucker ·
2 Eßl. Zucker
Zum Besieben: 2 Eßl. Puderzucker
Für die Form: Butter · Mehl
Bei 12 Stücken pro Stück etwa 1 615 Joule/
385 Kalorien

Zubereitungszeit: 1 Stunde und 10 Minuten
Ruhezeit: 30 Minuten
Backzeit: 1 Stunde

● Das Mehl mit dem Salz auf die Arbeitsfläche sieben*. Die Butter in Flöckchen dazuschneiden. Alles mit einem Messer bröselig hacken, dann mit kühlen Händen schnell zu einem glatten Teig

kneten*, dabei das Wasser hinzufügen. Den Teig in Alufolie wickeln und 30 Minuten im Kühlschrank ruhen lassen.
- Den Backofen auf 220° vorheizen.
- Die Arbeitsfläche mit Mehl bestäuben und den Mürbeteig darauf ausrollen*. Die Teigplatte auf den Boden der Springform legen, mit einer Gabel mehrmals einstechen und auf der mittleren Schiene des Ofens etwa 15 Minuten backen. Auf einem Kuchengitter abkühlen lassen*.
- Für den Brandteig das Wasser mit dem Salz und der Butter in einem breiten Topf aufkochen. Das Mehl mit der Speisestärke sieben*, auf einmal in die heiße Flüssigkeit schütten und kräftig rühren, bis sich ein Teigkloß vom Topfboden löst. Den Topf vom Herd nehmen und 1 Ei unter den heißen Kloß rühren. Den Teig etwas abkühlen lassen und die übrigen Eier nach und nach einrühren.
- Die Form einfetten* und mit Mehl ausstäuben*.
- Den Teig in 3 Portionen teilen. Nacheinander je 1 Teigportion in die Form streichen und auf der mittleren Schiene des Ofens 15 Minuten backen. Die Böden auf einem Kuchengitter auskühlen lassen*.
- Den Mürbeteigboden mit der Konfitüre bestreichen. Einen Brandteigboden darauflegen.
- Die Sahne mit dem Vanillinzucker und dem Zucker steif schlagen*. Die Hälfte der Schlagsahne auf den Brandteigboden verteilen, den nächsten Boden darauflegen. Die Oberfläche mit der restlichen Sahne bestreichen.
- Den dritten Boden in kleine Stückchen zerbröckeln und auf die Sahneschicht streuen. Die Torte mit Puderzucker besieben* und ganz frisch servieren.

Ganz einfach

Erdbeer-Torteletts

Zutaten für 10 Torteletförmchen von 8 cm Ø :
Für den Teig: 250 g Mehl · 125 g kalte Butter ·
75 g Zucker · 1 Prise Salz · 1 Eigelb
Für die Füllung: 750 g Erdbeeren · 500 g Sahnequark · 6 Eßl. Zucker · 1 Päckchen Vanillinzucker · ⅛ l Sahne
Für die Förmchen: Butter
Pro Tortelett etwa 1 805 Joule/430 Kalorien

Zubereitungszeit: 1 Stunde
Ruhezeit: 1 Stunde
Backzeit: 10 Minuten

- Das Mehl auf die Arbeitsfläche sieben*. Die Butter in Flöckchen, den Zucker, das Salz und das Eigelb auf das Mehl geben. Die Masse mit einem Messer durchhacken, dann mit kühlen Händen zu einem glatten Teig kneten*.
- Den Teig in Alufolie wickeln und 1 Stunde im Kühlschrank ruhen lassen.
- Die Erdbeeren waschen, von den Kelchblättern befreien und abtropfen lassen.
- Die Förmchen mit Butter einfetten*. Den Backofen auf 200° vorheizen.
- Die Arbeitsfläche mit Mehl bestäuben und den Teig darauf messerrückendick ausrollen*. Die Förmchen mit dem Teig auslegen. Die Böden mit einer Gabel mehrmals einstechen*.
- Die Torteletts auf der mittleren Schiene des Ofens 10 Minuten backen.
- Den Quark mit dem Zucker und dem Vanillinzucker glattrühren. Die Sahne steif schlagen* und unter die Quarkmasse ziehen.
- Die Törtchen abkühlen* lassen.
- Die Quarkmasse in einen Spritzbeutel* mit mittelgroßer Sterntülle* füllen und die Törtchen dick damit ausspritzen. Die Erdbeeren darauf anordnen und mit Sahnequark garnieren.

Ganz einfach

Erdbeertörtchen

Zutaten für 8 Tortelettförmchen von etwa 8 cm ⌀ :
Für den Teig: 100 g Haselnußkerne · 150 g Mehl ·
100 g kalte Butter · 2 Eßl. Zucker · 1 Prise Salz ·
1 Eigelb · etwa 3 Eßl. kaltes Wasser
Zum Belegen: 60 g Kuvertüre · 500 g Erdbeeren
Zur Garnierung: 200 g Sahne
Für die Förmchen: Butter
Pro Stück etwa 1765 Joule/420 Kalorien

Zubereitungszeit: 30 Minuten
Ruhezeit: 1 Stunde
Backzeit: 10–15 Minuten

- Die Haselnußkerne durch die Mandelmühle* drehen.
- Das Mehl in eine Schüssel sieben*, mit den gemahlenen Nüssen mischen. Die Butter in Flöckchen dazuschneiden, den Zucker, das Salz und das Eigelb hinzufügen. Alles schnell mit kühlen Händen zu einem glatten Mürbeteig kneten. Sollte der Teig zu fest sein, etwas kaltes Wasser dazugeben. Den Teig in Alufolie wickeln und 1 Stunde im Kühlschrank ruhen lassen.
- Die Förmchen einfetten*. Den Backofen auf 200° vorheizen.
- Die Arbeitsfläche mit Mehl bestäuben und den Teig darauf ausrollen*. Die Förmchen mit dem Teig auslegen, mit einer spitzzinkigen Gabel mehrmals einstechen und auf der mittleren Schiene des Ofens in 10–15 Minuten goldbraun backen. Auf ein Kuchengitter stürzen und abkühlen lassen*.
- Die Kuvertüre im Wasserbad* auflösen, die Innenseiten der Törtchen damit bestreichen und erkalten lassen.
- Die Erdbeeren waschen, gut abtropfen lassen und mit Küchenkrepp trockentupfen. Die Kelchblätter abzupfen, die Erdbeeren halbieren und

die Törtchen damit belegen.
- Die Sahne steif schlagen und die Erdbeertörtchen damit verzieren.

Ganz einfach

Himbeertörtchen

Zartes frisches Beerenobst ist viel zu schade, um unter einem Mantel von Tortenguß oder Gelatine versteckt zu werden.

Zutaten für 8 Tortelettförmchen von etwa 8 cm ⌀ :
Für den Teig: 150 g Mehl · 100 g Butter ·
50 g Zucker · 1 Eigelb
Für die Creme: ¼ l Milch · 50 g Zucker · 1 Päckchen Vanillinzucker · 2 Eigelb · 25 g Speisestärke · 100 g Butter
Zum Belegen: 500 g frische Himbeeren
Für die Förmchen: Butter
Pro Stück etwa 1680 Joule/400 Kalorien

Zubereitungszeit: 25 Minuten
Ruhezeit: 2 Stunden
Backzeit: 10 Minuten

- Das Mehl in eine Schüssel sieben*, die Butter in Flöckchen dazuschneiden, den Zucker und das Eigelb hinzufügen. Alles schnell mit kühlen Händen zu einem glatten Mürbeteig kneten*. Den Teig in Alufolie wickeln und 2 Stunden im Kühlschrank ruhen lassen.
- Die Milch mit dem Zucker, dem Vanillinzucker, dem Eigelb und der Speisestärke in einem Topf mit dem Schneebesen kräftig durchschlagen und unter ständigem Rühren zum Kochen bringen. Den Topf vom Herd nehmen und zum Abkühlen beiseite stellen.
- Die Butter geschmeidig rühren und die erkaltete Vanillecreme nach und nach dazurühren.

● Die Förmchen einfetten*. Den Backofen auf 200° vorheizen.

● Die Arbeitsfläche mit Mehl bestäuben und den Mürbeteig darauf dünn ausrollen*. Die Förmchen mit der Teigplatte auslegen und auf der mittleren Schiene 10 Minuten backen.

● Die Himbeeren verlesen und nach Möglichkeit nicht waschen.

● Die Törtchen aus den Förmchen stürzen und auf einem Kuchengitter erkalten lassen. Dann mit der Creme füllen und die Himbeeren darauf verteilen.

Braucht etwas Zeit

Traubentörtchen

Zutaten für 12 Tortelettförmchen von etwa 8 cm ⌀ :
Für den Teig: 300 g Mehl · 100 g Zucker · 1 Ei · 1 Prise Salz · 200 g Butter
Für die Füllung: 8 Eier · 200 g Zucker · ½ l trockener Weißwein · Saft von 1 Zitrone · 8 Blatt weiße Gelatine · je 200 g helle und blaue Weintrauben
Zum Verzieren: ⅛ l Sahne
Für die Förmchen: Butter · Semmelbrösel
Pro Stück etwa 1870 Joule/445 Kalorien

Zubereitungszeit: 50 Minuten
Ruhezeit: 1 Stunde
Backzeit: 15–20 Minuten

● Das Mehl auf die Arbeitsfläche sieben*. In die Mitte eine Mulde drücken und den Zucker, das Ei und das Salz hineingeben. Die Butter in Flöckchen auf den Mehlrand schneiden. Alles mit einem Messer bröselig hacken, dann mit kühlen Händen schnell zu einem glatten Mürbeteig kneten. Den Teig in Alufolie wickeln und 1 Stunde im Kühlschrank ruhen lassen.

● Für die Füllung die Eier in Eiweiß und Eigelb trennen*. Das Eiweiß kühl stellen. Das Eigelb mit dem Zucker schaumig rühren. Den Weißwein und den Zitronensaft dazurühren. Die Gelatine in kaltem Wasser einweichen und nach Vorschrift auf der Packung auflösen. Die aufgelöste Gelatine in die Eimasse rühren und im Kühlschrank halbfest werden lassen.

● Die Förmchen einfetten* und mit Semmelbröseln ausstreuen*. Den Backofen auf 200° vorheizen.

● Die Arbeitsfläche mit Mehl bestäuben und den Mürbeteig darauf ausrollen*. Die Förmchen mit dem Teig auslegen, die Böden mit einer Gabel mehrmals einstechen. Die Törtchen im Ofen auf der mittleren Schiene in 15–20 Minuten goldbraun backen. Auf ein Kuchengitter stürzen und abkühlen lassen*.

● Das Eiweiß zu steifem Schnee schlagen* und unter die halbfeste Weincreme heben. Die Törtchen mit der Creme füllen.

● Die Trauben waschen, abtrocknen, von den Stielen zupfen, halbieren und die Kerne entfernen. Die hellen und die dunklen Beerenhälften abwechselnd sanft in die Creme drücken.

● Die Sahne steif schlagen und die Törtchen damit verzieren.

Braucht etwas Zeit

Kirschtörtchen

Zutaten für 12 Förmchen von 8 cm ⌀ :
Für den Teig: 125 g weiche Butter · 100 g Puderzucker · 1 Teel. Vanillinzucker · 1 Prise Salz · 1 Eigelb · 250 g Mehl
Zum Belegen: 750 g Sauerkirschen
Für die Creme: ⅛ l Milch · ⅛ l Sahne · 3 Eßl. Butter · 1 Ei · 1 Eigelb · 4 Teel. Speisestärke · 1 Prise Salz · 2 Eßl. Zucker

Keiner, der ihn nicht mag, den Schwäbischen Gugl- ▷
hupf. Ganz frisch schmeckt er am besten. Rezept
Seite 146.

Für die Förmchen: Butter
Pro Stück etwa 1 785 Joule/425 Kalorien

Zubereitungszeit: 1 Stunde
Ruhezeit: 1 Stunde
Backzeit: etwa 30 Minuten

● Die Butter mit dem gesiebten Puderzucker,
dem Vanillinzucker, dem Salz und dem Eigelb
cremig rühren. Das Mehl darübersieben* und
alles zu einem glatten Teig verarbeiten. Den Teig
in Alufolie wickeln und 1 Stunde im Kühlschrank ruhen lassen.
● Die Kirschen waschen, trockentupfen und
entsteinen.
● Die Förmchen einfetten*. Den Backofen auf
200° vorheizen.
● Die Arbeitsfläche mit Mehl bestäuben, den
Teig darauf dünn ausrollen* und die Förmchen
damit auslegen. Die Törtchen auf der mittleren
Schiene des Ofens 10 Minuten backen.
● Die Milch, die Sahne, die Butter, das Ei, das
Eigelb, die Speisestärke, das Salz und den Zukker in einen Topf geben und unter ständigem
Rühren einmal aufkochen lassen.
● Die Törtchen aus dem Ofen nehmen, dicht mit
den Kirschen belegen und die Creme darüber
verteilen. Weitere 20–25 Minuten im Ofen überbacken.
● Die Kirschtörtchen in den Förmchen etwas
abkühlen lassen, dann auf ein Kuchengitter
legen und völlig erkalten lassen.

Unser Tip Außerhalb der Kirschen-
saison oder wenn es schneller gehen soll,
können Sie die Törtchen auch mit gut
abgetropften Kirschen aus dem Glas
zubereiten.

Braucht etwas Zeit

Bitburger Reistörtchen

Zutaten für 8 Tortelettförmchen von 10 cm ⌀ :
Für den Teig: 250 g Mehl · 50 g Zucker · 1 Prise
Salz · 1 Ei · 2 Eßl. Rum · 100 g Butter
Für die Füllung: ¼ l Milch · 1 Prise Salz ·
65 g Rundkornreis · 3 Eier · 2 Eßl. weiche
Butter · 3 Eßl. Zucker · 1 Päckchen Vanillin-
zucker · 2 Eßl. Mandelstifte · abgeriebene Schale
von ½ unbehandelten Zitrone
Zum Bestreichen: 150 g Aprikosenmarmelade ·
1 Eßl. Rum
Zum Besieben: 2 Eßl. Puderzucker
Für die Förmchen: Butter
Pro Stück etwa 2 100 Joule/500 Kalorien

Zubereitungszeit: 50 Minuten
Ruhezeit: 30 Minuten
Backzeit: etwa 45 Minuten

● Das Mehl auf die Arbeitsfläche sieben* und in
die Mitte eine Mulde drücken. Den Zucker, das
Salz, das Ei und den Rum in die Vertiefung
geben. Die Butter in Flöckchen auf den Mehlrand schneiden. Alles mit einem Messer durchhacken und dann mit kühlen Händen zu einem
glatten Teig verkneten*. Den Teig in Alufolie einwickeln und 30 Minuten im Kühlschrank ruhen
lassen.
● Die Milch mit dem Salz und dem Reis aufkochen und bei schwacher Hitze 20 Minuten quellen lassen*. Den Reis abkühlen lassen*.
● Die Tortelettförmchen einfetten*. Den
Backofen auf 200° vorheizen.
● Die Arbeitsfläche mit Mehl bestäuben und
den Teig darauf ausrollen*, Boden und Rand der
Förmchen damit auslegen. Die Böden mit einer
Gabel mehrmals einstechen. Die Mürbeteig-
törtchen auf der untersten Schiene des Ofens
25 Minuten vorbacken.

- Die Eier in Eiweiß und Eigelb trennen*. Die Butter mit dem Zucker und dem Vanillinzucker schaumig rühren. Das Eigelb darunterrühren. Die Mandelstifte und die Zitronenschale einmengen.
- Das Eiweiß zu steifem Schnee schlagen*. Die Eigelbmasse in den abgekühlten Reisbrei rühren, den Eischnee unterheben*.
- Die Törtchen aus dem Ofen nehmen. Die Aprikosenmarmelade mit dem Rum glattrühren und die Törtchen damit bestreichen. Die Reismischung einfüllen.
- Die Reistörtchen nochmals auf der untersten Schiene des Ofens etwa 20 Minuten backen.
- Das fertige Gebäck aus den Formen lösen, mit Puderzucker besieben* und warm oder kalt servieren.

Braucht etwas Zeit

Reistorte aus Havanna

Zutaten für 1 Springform von 28 cm ⌀ :
Für den Teig: 250 g Mehl · 1 Prise Salz · 1 Eigelb · 3 Eßl. kaltes Wasser · 100 g Zucker · 1 Päckchen Vanillinzucker · 125 g Butter
Für die Füllung: 150 g Rundkornreis · ⅜ l Milch · 1 Vanilleschote · 175 g abgezogene Mandeln · 100 g kandierte Kirschen · 3 Eier · 50 g weiche Butter · 100 g Zucker · 5 Eßl. Rum · 1 Prise Salz
Für die Form: Butter
Bei 16 Stücken pro Stück etwa 1555 Joule/ 370 Kalorien

Zubereitungszeit: 1 Stunde
Ruhezeit: 30 Minuten
Backzeit: 1 Stunde und 15 Minuten

- Das Mehl mit dem Salz auf die Arbeitsfläche sieben*. In die Mitte eine Mulde drücken und das Eigelb und das Wasser hineingeben. Den Zucker und den Vanillinzucker darüberstreuen. Die Butter in Flöckchen auf den Mehlrand schneiden. Alle Zutaten mit einem Messer bröselig hacken, dann mit kühlen Händen zu einem glatten Teig kneten*. Den Teig in Alufolie wickeln und 30 Minuten im Kühlschrank ruhen lassen.
- Den Reis mit kaltem Wasser in einem Sieb abbrausen und abtropfen lassen. Mit der Milch und der aufgeschnittenen Vanilleschote einmal aufkochen und bei schwacher Hitze 20 Minuten quellen lassen. Den Topf vom Herd nehmen, die Vanilleschote entfernen und den Reis abkühlen lassen.
- Die Mandeln grobhacken. Die kandierten Kirschen kleinschneiden.
- Die Form einfetten*. Den Backofen auf 200° vorheizen.
- Die Arbeitsfläche mit Mehl bestäuben und den Teig darauf rund ausrollen*. Den Boden und den Rand der Form mit der Teigplatte auslegen. Den Teigboden mit einer Gabel mehrmals einstechen. Den Kuchen auf der mittleren Schiene des Ofens 15 Minuten vorbacken, dann aus dem Ofen nehmen.
- Die Eier in Eiweiß und Eigelb trennen*. Die Butter mit dem Zucker und dem Eigelb cremig rühren, den Rum dazugießen. Die Creme mit den Mandeln und den kandierten Kirschen in den Reis mengen.
- Das Eiweiß mit dem Salz zu sehr steifem Schnee schlagen* und unter die Reismischung heben.
- Die Reismasse in den vorgebackenen Kuchen streichen und die Torte auf der untersten Schiene des Ofens 1 Stunde backen.
- Die Reistorte aus der Form lösen und auf einem Kuchengitter erkalten lassen.

Etwas teurer · Braucht etwas Zeit

Cranberry-Torte

Cranberries, die fast kirschengroß auch bei uns angeboten werden, sind eine amerikanische Züchtung der Preiselbeeren.

Zutaten für 1 Springform von 26 cm ⌀ :
Für den Teig: 250 g Mehl · 1 Prise Salz · 1 Ei ·
80 g Zucker · 1 Päckchen Vanillinzucker ·
100 g kalte Butter
Für die Füllung: 150 g abgezogene Mandeln ·
500 g Cranberries · 5 Eiweiß · 1 Prise Salz ·
300 g Zucker · 1 Päckchen Vanillinzucker ·
2 Eßl. Speisestärke
Zum Besieben: 2 Eßl. Puderzucker
Für die Form: Butter · Semmelbrösel
Bei 16 Stücken pro Stück etwa 1 280 Joule/
305 Kalorien

Zubereitungszeit: 35 Minuten
Ruhezeit: 30 Minuten
Backzeit: 40 Minuten

● Das Mehl mit dem Salz auf die Arbeitsfläche sieben*, in die Mitte eine Mulde drücken. Das Ei hineingeben, den Zucker und den Vanillinzucker darüberstreuen und die Butter in Flöckchen auf den Mehlrand schneiden. Alles mit einem Messer bröselig hacken, dann mit kühlen Händen zu einem glatten Teig kneten*. Den Teig in Alufolie wickeln und 30 Minuten im Kühlschrank ruhen lassen.
● Die Mandeln durch die Mandelmühle* drehen. Die Cranberries waschen, abtropfen lassen und auf Küchenkrepp trocknen.
● Die Form einfetten* und mit Semmelbröseln ausstreuen*. Den Backofen auf 200° vorheizen.
● Die Arbeitsfläche mit Mehl bestäuben und den Teig darauf rund ausrollen*. Die Form mit der Teigplatte auslegen, dabei einen Rand von

3 cm formen*. Den Teigboden mit einer Gabel mehrfach einstechen. Den Kuchen auf der mittleren Schiene des Ofens 10 Minuten vorbacken.
● Das Eiweiß mit dem Salz zu steifem Schnee schlagen*, dabei den Zucker und den Vanillinzucker einrieseln lassen.
● Die Mandeln mit der Speisestärke mischen und mit den Beeren locker unter den Eischnee heben.
● Die Mischung auf den vorgebackenen Boden streichen, und die Torte im Ofen auf der mittleren Schiene 30 Minuten backen.
● Die Torte aus der Form lösen und auf einem Kuchengitter erkalten lassen. Vor dem Servieren mit Puderzucker besieben*.

Preiswert · Braucht etwas Zeit

Falsche Mandeltorte

Zutaten für 1 Springform von 26 cm ⌀ :
400 g getrocknete weiße Bohnen · 1 Vanille-
schote · 5 Eier · 250 g Zucker · 3 Eßl. Mandel-
likör · abgeriebene Schale von ½ unbehandelten
Zitrone · 1 Päckchen Backpulver · 1 Prise Salz ·
1 Teel. Zitronensaft
Zum Bestreichen: 1 Eigelb · 2 Eßl. Dosenmilch
Zum Bestreuen: 50 g Mandelblättchen
Für die Form: Butter · Semmelbrösel
Bei 12 Stücken pro Stück etwa 1 195 Joule/
285 Kalorien

Zeit zum Quellen: 12 Stunden
Kochzeit: 40 Minuten
Zubereitungszeit: 35 Minuten
Backzeit: 1 Stunde und 30 Minuten

● Die Bohnen in einer großen Schüssel 3 cm mit Wasser bedeckt 12 Stunden quellen lassen*.
● Die Bohnen dann mit dem Quellwasser und

der aufgeschnittenen Vanilleschote in etwa 40 Minuten weich kochen.
• Die Vanilleschote entfernen. Die Bohnen in ein Haarsieb schütten, gut abtropfen lassen, dann durch das Sieb passieren.
• Die Eier in Eiweiß und Eigelb trennen*. Das Eigelb mit dem Zucker zu einer fast weißen dicken Creme rühren. Den Mandellikör und die Zitronenschale hinzufügen. Die passierten Bohnen und das Backpulver unterrühren.
• Die Form einfetten* und mit Semmelbröseln ausstreuen*. Den Backofen auf 200° vorheizen.
• Das Eiweiß mit dem Salz und dem Zitronensaft zu steifem Schnee schlagen* und locker unter den Bohnenteig heben.
• Den Teig in die Form füllen, glattstreichen und auf der mittleren Schiene des Ofens 1 Stunde und 30 Minuten backen.
• Das Eigelb mit der Dosenmilch verquirlen* und die Tortenoberfläche 15 Minuten vor Ende der Backzeit damit bestreichen. Die Mandelblättchen darüberstreuen.
• Die Torte aus der Form lösen und auf einem Kuchengitter erkalten lassen.

Ganz einfach

Udineser Polentatorte

Zutaten für 1 Springform von 22 cm ⌀ :
Für den Teig: 6 Eier · 200 g Zucker · 1 Päckchen Vanillinzucker · 1 Prise Salz · 180 g Maisgrieß · abgeriebene Schale und Saft von 1 unbehandelten Zitrone
Für die Füllung: 450 g Orangenkonfitüre · 4 Eßl. Bitterorangenlikör
Zum Besieben: 4 Eßl. Puderzucker
Für die Form: Butter · Semmelbrösel
Bei 12 Stücken pro Stück etwa 1300 Joule/ 310 Kalorien

Zubereitungszeit: 40 Minuten
Backzeit: 45 Minuten

• Die Eier in Eiweiß und Eigelb trennen*.
• Das Eigelb mit dem Zucker und dem Vanillinzucker rühren, bis der Zucker ganz aufgelöst ist.
• Die Form einfetten* und mit Semmelbröseln ausstreuen*. Den Backofen auf 180° vorheizen.
• Das Eiweiß mit dem Salz zu steifem Schnee schlagen* und auf die Eigelbcreme gleiten lassen. Den Maisgrieß und die Zitronenschale und den -saft dazugeben. Alles locker unterheben.
• Den Teig in die Form streichen und auf der unteren Schiene des Ofens 45 Minuten backen.
• Den Kuchen aus der Form lösen und auf einem Kuchengitter auskühlen lassen.
• Die Orangenkonfitüre mit dem Bitterorangenlikör gut verrühren.
• Den Kuchen mit einem Faden in 3 Böden teilen. 2 Böden mit der Konfitüre bestreichen und aufeinandersetzen. Den dritten Boden darauflegen und mit Puderzucker besieben*.

Ganz einfach

Stockholmer Mazarintorte

Zutaten für 1 Springform von 26 cm ⌀ :
Für den Teig: 150 g weiche Butter · 1 gehäufter Eßl. Zucker · ½ Päckchen Vanillinzucker · 1 Prise Salz · 3 Eigelb · 200 g Mehl
Für die Füllung: 125 g abgezogene Mandeln · 125 g weiche Butter · 125 g Puderzucker · 2 Eier · abgeriebene Schale von 1 unbehandelten Zitrone · 2 Eßl. Mehl
Für die Form: Butter
Bei 16 Stücken pro Stück etwa 1260 Joule/ 300 Kalorien

Zubereitungszeit: 35 Minuten
Ruhezeit: 30 Minuten
Backzeit: 45 Minuten

• Die Butter mit dem Zucker, dem Vanillinzucker und dem Salz cremig rühren, bis der Zucker ganz aufgelöst ist. Das Eigelb hinzufügen und unterrühren. Das Mehl über die Crememasse sieben* und kräftig unterkneten*. Den Teig in Alufolie wickeln und 30 Minuten im Kühlschrank ruhen lassen.
• Die Mandeln durch die Mandelmühle* drehen. Die Butter mit dem gesiebten Puderzucker und den Eiern schaumig rühren. Die Mandeln eßlöffelweise, dann das Mehl und die Zitronenschale unterrühren.
• Die Form einfetten*. Den Backofen auf 180° vorheizen.
• Die Arbeitsfläche mit Mehl bestäuben und den Teig darauf ausrollen*. Die Form mit der Teigplatte auslegen, dabei einen 2 cm hohen Rand formen*. Die Mandelfüllung auf den Teigboden streichen.
• Die Torte auf der untersten Schiene des Ofens 45 Minuten backen.
• Die Mazarintorte in der Form erkalten lassen. Auf einer Platte in 16 Stücke schneiden.

Braucht etwas Zeit

Israelitische Schokoladentorte

Zutaten für 1 Springform von 26 cm Ø :
Für den Teig: 75 g Haselnußkerne · 5 Eier ·
125 g Puderzucker · 2 Eßl. heißes Wasser ·
1 Prise Salz · 3 Eßl. Schokoladenpulver ·
100 g Semmelbrösel · Saft und abgeriebene
Schale von 1 unbehandelten Zitrone

Für die Glasur: 4–5 Eßl. Schokoladenpulver ·
100 g Puderzucker · 50 g Kokosfett · 3 Eßl. heißes
Wasser
Zum Bestreuen: 50 g Blockschokolade
Für die Form: Öl · Semmelbrösel
Bei 16 Stücken pro Stück etwa 925 Joule/
220 Kalorien

Zubereitungszeit: 40 Minuten
Backzeit: 45 Minuten

• Die Haselnüsse durch die Mandelmühle* drehen. Die Eier in Eiweiß und Eigelb trennen*.
• Das Eigelb in eine Schüssel geben, den Puderzucker darübersieben* und das heiße Wasser hinzufügen. Alles mit dem Schneebesen des Handrührgeräts in 5 Minuten sehr schaumig schlagen.
• Das Eiweiß mit dem Salz zu steifem Schnee schlagen*.
• Die Form einfetten* und mit Semmelbröseln ausstreuen*. Den Backofen auf 180° vorheizen.
• Den Eischnee auf die Eigelbmasse gleiten lassen. Das Schokoladenpulver mit den Semmelbröseln und den Haselnüssen mischen und darübergeben. Den Zitronensaft und die -schale hinzufügen. Alles locker vermengen.
• Den Teig in die Form füllen und im Ofen auf der untersten Schiene 45 Minuten backen.
• Die Torte aus der Form lösen, auf ein Kuchengitter stürzen und etwas abkühlen lassen.
• Das Schokoladenpulver mit dem Puderzucker mischen. Das Kokosfett zerlassen und mit dem heißen Wasser in die Schokoladenmischung gießen. Alles zu einer glatten Glasur rühren.
• Die Glasur über die noch warme Torte gießen. Die Oberfläche und den Rand mit einem in heißes Wasser getauchtes Messer glattstreichen.
• Die Blockschokolade auf einer Reibe grobraspeln und über die Torte streuen. Die Glasur ganz fest werden lassen; die Torte erst dann anschneiden.

Braucht etwas Zeit

Streuselkuchen

Zutaten für 1 Backblech:
Für den Teig: 400 g Mehl · 30 g Hefe · knapp
¼ l lauwarme Milch · 60 g Zucker · 50 g weiche
Butter · 2 Eier · 1 Prise Salz
Für die Streusel: 300 g Mehl · 200 g kalte Butter ·
175 g Zucker · 1 Päckchen Vanillinzucker ·
1 Prise Salz · 1 Teel. Zimt
Zum Bestreichen: ½ Tasse Milch
Für das Backblech: Butter
Bei 20 Stücken pro Stück etwa 1 200 Joule/
285 Kalorien

Zubereitungszeit: 30 Minuten
Zeit zum Gehenlassen: 1 Stunde
Backzeit: 25–30 Minuten

● Das Mehl in eine Schüssel sieben*, in die Mitte eine Mulde drücken. Die Hefe in die Vertiefung bröckeln und mit der Hälfte der Milch, 1 Eßlöffel Zucker und etwas Mehl zu einem Vorteig* verrühren. Zugedeckt an einem warmen Platz 15–20 Minuten gehen lassen*.
● Die restliche Milch, den restlichen Zucker, die Butter, die Eier und das Salz auf den Mehlrand geben, alles gut verkneten* und so lange schlagen, bis der Teig sich vom Schüsselrand löst und Blasen wirft. Den Teig an einem warmen Platz so lange gehen lassen*, bis er das doppelte Volumen erreicht hat; das dauert 25–35 Minuten.
● Für die Streusel das Mehl in eine Schüssel sieben* und die Butter in Flöckchen darauf verteilen. Den Zucker mit dem Vanillinzucker, dem Salz und dem Zimt mischen und zu dem Mehl und der Butter in die Schüssel geben. Alles mit kühlen Händen zu Streusel verarbeiten.
● Das Backblech einfetten*.
● Den Hefeteig auf dem Blech ausrollen* und mit der Milch bestreichen. Die Streusel gleich-mäßig auf den Teig verteilen. Den Kuchen nochmals 10 Minuten gehen lassen*.
● Den Backofen auf 220° vorheizen. Den Streuselkuchen im Ofen auf der mittleren Schiene in 25–30 Minuten goldgelb backen.
● Den Kuchen auf dem Blech etwas abkühlen lassen*, dann in 20 Stücke schneiden und auf einem Kuchengitter kalt werden lassen.

Braucht etwas Zeit

Butterkuchen

Bild Seite 87

Der saftige Plattenkuchen ist seit Generationen beliebt. Er fehlt auf keiner Bauernhochzeit, bei Kindereinladungen findet er reißenden Absatz, und für uns gehört er einfach zu einem urgemütlichen Samstagnachmittagskaffee mit der Familie und Freunden. Frisch aus dem Ofen schmeckt er am besten.

Zutaten für 1 Backblech:
Für den Teig: 500 g Mehl · 40 g Hefe ·
125 g Zucker · knapp ¼ l lauwarme Milch ·
125 g weiche Butter · ½ Teel. Salz
Zum Belegen: 125 g kalte Butter · 125 g Zucker ·
100 g Mandelblättchen
Für das Backblech: Butter
Bei 20 Stücken pro Stück etwa 1 195 Joule/
285 Kalorien

Zubereitungszeit: 40 Minuten
Zeit zum Gehenlassen: 1 Stunde
Backzeit: 20 Minuten

● Das Mehl in eine Schüssel sieben*, in die Mitte eine Mulde drücken. Die Hefe in die Vertiefung bröckeln und mit 1 Eßlöffel Zucker, der

Hälfte der Milch und etwas Mehl zu einem Vorteig* verrühren. Mit einem Tuch zugedeckt an einem warmen Platz 15–20 Minuten gehen lassen*.

• Den restlichen Zucker, die restliche Milch, die Butter und das Salz auf den Mehlrand geben, alles gut verkneten* und so lange schlagen, bis der Teig sich vom Schüsselrand löst und Blasen wirft. Den Teig an einem warmen Platz so lange gehen lassen*, bis er das doppelte Volumen erreicht hat; das dauert 25–35 Minuten.

• Das Backblech einfetten*. Den Teig nochmal durchkneten, auf dem Blech ausrollen* und weitere 15 Minuten gehen lassen*.

• Den Backofen auf 225° vorheizen.

• In die Teigplatte mit einem Teelöffel kleine Mulden drücken und die kalte Butter in Flöckchen hineinsetzen. Den Zucker und die Mandelblättchen darüberstreuen.

• Den Butterkuchen auf der mittleren Schiene des Ofens in etwa 20 Minuten goldbraun backen.

• Den Kuchen auf dem Blech etwas abkühlen lassen*, dann in 20 Rechtecke schneiden und bis zum Anrichten auf ein Kuchengitter legen.

Braucht etwas Zeit · Nicht ganz einfach

Dresdner Eierschecke

Zutaten für 1 Backblech:
Für den Teig: 500 g Mehl · 40 g Hefe ·
80 g Zucker · ¼ l lauwarme Milch ·
80 g zerlassene Butter · 1 Ei · 1 Prise Salz
Zum Belegen: 500 g Quark (20% Fettgehalt) ·
125 g Zucker · 1 Ei · abgeriebene Schale von
1 unbehandelten Zitrone · 50 g Rosinen
Zum Bestreichen: 150 g weiche Butter ·
150 g Zucker · 1 Eßl. Mehl · 4 Eier
Zum Bestreuen: 100 g Mandelblättchen
Für das Backblech: Butter

Bei 20 Stücken pro Stück etwa 1 510 Joule/ 360 Kalorien

Zubereitungszeit: 50 Minuten
Zeit zum Gehenlassen: 50 Minuten
Backzeit: 25–30 Minuten

• Das Mehl in eine Schüssel sieben*, in die Mitte eine Mulde drücken. Die Hefe in die Vertiefung bröckeln und mit 1 Eßlöffel Zucker, etwas Mehl und der Milch zu einem Vorteig* verrühren. Mit einem Tuch zugedeckt an einem warmen Platz 15–20 Minuten gehen lassen*.

• Den restlichen Zucker, die zerlassene Butter, das Ei und das Salz auf den Mehlrand geben, alles gut verkneten* und so lange schlagen, bis der Teig sich vom Schüsselrand löst und Blasen wirft. Den Teig an einem warmen Platz so lange gehen lassen*, bis er das doppelte Volumen erreicht hat; das dauert 25–30 Minuten.

• Den Quark mit dem Zucker, dem Ei und der Zitronenschale geschmeidig rühren.

• Die Rosinen heiß waschen und auf Küchenkrepp trocknen lassen.

• In einer zweiten Schüssel die Butter mit dem Zucker schaumig rühren. Das Mehl und die Eier nacheinander untermischen.

• Das Backblech einfetten*. Den Backofen auf 220° vorheizen.

• Den Hefeteig auf dem Backblech ausrollen*. Rundherum einen Rand formen*. Die Quarkmasse auf den Teigboden streichen und die Rosinen darüberstreuen. Die Butter-Eier-Masse gleichmäßig auf die Quarkschicht streichen und die Mandelblättchen darüber verteilen.

• Den Kuchen im Ofen auf der zweiten Schiene von unten 25–30 Minuten backen, auf dem Backblech etwas abkühlen lassen, in 20 Stücke schneiden und auf ein Kuchengitter legen.

Braucht etwas Zeit · Nicht ganz einfach

Bienenstich

Zutaten für 1 Backblech:
Für den Teig: 500 g Mehl · 25 g Hefe ·
75 g Zucker · gut ⅛ l lauwarme Milch ·
100 g weiche Butter · 1 Ei · 1 Prise Salz
Zum Belegen: 100 g Butter · 200 g Zucker ·
1 Päckchen Vanillinzucker · 150 g Mandel-
blättchen · 5 Eßl. Milch
Für die Füllung: ½ Vanilleschote · 3 Eigelb ·
50 g Zucker · 50 g Speisestärke · ½ l Milch ·
100 g weiche Butter · 100 g Puderzucker
Für das Backblech: Butter
Bei 20 Stücken pro Stück etwa 1 640 Joule/
390 Kalorien

Zubereitungszeit: 45 Minuten
Zeit zum Gehenlassen: 1 Stunde und 5 Minuten
Backzeit: 30 Minuten

• Das Mehl in eine Schüssel sieben*, in die Mitte eine Mulde drücken und die Hefe hineinbröckeln. 2 Teelöffel Zucker darüberstreuen und die Hefe mit 4 Eßlöffeln Milch und etwas Mehl zu einem Vorteig* verrühren. Mit einem Tuch zugedeckt an einem warmen Platz 15 Minuten gehen lassen*.
• Den restlichen Zucker, die restliche Milch, das Fett, das Ei und das Salz auf den Mehlrand geben. Alles gut verkneten* und so lange schlagen, bis sich der Teig vom Schüsselrand löst und Blasen wirft. Den Teig wieder zudecken und an einem warmen Platz so lange gehen lassen, bis er das doppelte Volumen erreicht hat; das dauert etwa 35 Minuten.
• Zum Belegen die Butter, den Zucker, den Vanillinzucker, die Mandelblättchen und die Milch unter Rühren bei schwacher Hitze 5–7 Minuten kochen, aber nicht braun werden lassen. Die Masse abkühlen lassen.

• Das Backblech einfetten*. Den Hefeteig auf dem Blech ausrollen*. Die Mandelmasse gleichmäßig darauf verteilen und den Kuchen weitere 15 Minuten gehen lassen*.
• Den Backofen auf 200° vorheizen.
• Für die Füllung das Mark aus der Vanilleschote schaben, mit dem Eigelb, dem Zucker, der Speisestärke und etwas Milch in einem Kochtopf glattrühren. Die restliche Milch zugießen und alles einmal aufkochen. Die Creme abkühlen lassen, dabei gelegentlich umrühren.
• Den Kuchen auf der mittleren Schiene des Ofens in 30 Minuten hellbraun backen.
• Die Butter mit dem Puderzucker schaumig schlagen und die erkaltete Vanillecreme löffelweise einrühren.
• Den Kuchen nach dem Erkalten in etwa 20 Stücke schneiden und diese quer durchschneiden. Die unteren Teile mit der Füllung bestreichen und die Stücke mit dem Belag locker darauflegen.

Bienenstich mit Honig

Dieser ungefüllte Bienenstich schmeckt wahrhaft »honiglich«, wenn Sie für den Belag einen edlen aromatischen Akazienblüten-, Orangenblüten- oder Weißtannenhonig verwenden und ihn frisch aus dem Ofen servieren.

Zutaten für 1 Backblech:
Für den Teig: 200 g Magerquark · 8 Eßl. Milch ·
1 Ei · 8 Eßl. Öl · 100 g Zucker · 1 Päckchen
Vanillinzucker · 1 gute Prise Salz · 400 g Mehl ·
1 Päckchen Backpulver
Zum Belegen: 300 g Honig · 250 g Butter ·
300 g Mandelblättchen
*Für das Backblech: Backtrennpapier**
Bei 20 Stücken pro Stück etwa 1 640 Joule/
390 Kalorien

Zubereitungszeit: 30 Minuten
Backzeit: 35–45 Minuten

- Den Quark mit der Hälfte der Milch mischen. Das Ei, das Öl, den Zucker, den Vanillinzucker und das Salz hinzufügen und gut unterrühren.
- Das Mehl mit dem Backpulver über die Quarkmasse sieben* und nach und nach mit der restlichen Milch unterrühren; alles zu einem glatten Teig verarbeiten.
- Das Backblech mit Backtrennpapier* auslegen und den Teig gleichmäßig darauf verteilen. Das Backtrennpapier an der offenen Seite des Backblechs so falten, daß der Teig nicht vom Blech tropfen kann.
- Den Backofen auf 200° vorheizen.
- Den Honig, die Butter und die Mandelblättchen bei schwacher Hitze unter Rühren einmal aufkochen, etwas abkühlen lassen und auf den Quark-Öl-Teig verteilen.
- Den Bienenstich auf der mittleren Schiene des Ofens in 35–45 Minuten goldbraun backen.
- Den Kuchen auf dem Blech in 20 Stücke schneiden und noch warm servieren.

Ganz einfach

Schweizer Zimtpitte

Woher der Name Pitte kommt, konnte mir auch ein befreundeter Bäcker und Konditormeister aus der Zürcher Umgebung nicht erklären. Der würzige Plattenkuchen wird in einigen Kantonen als typisches Ostergebäck angeboten.

Zutaten für 1 Backblech:
200 g weiche Butter · 300 g Zucker · 3 Eier ·
250 g ungeschälte gemahlene Mandeln · abgeriebene Schale von ½ unbehandelten Zitrone ·
160 g Mehl · 4 Teel. Zimt · 1 Teel. Nelkenpulver

Zum Belegen: 1 Eiweiß · 2 Eßl. Mandelstifte ·
2 Eßl. Hagelzucker*
Für das Backblech: Butter · Mehl
Bei 20 Stücken pro Stück etwa 1 175 Joule/
280 Kalorien

Zubereitungszeit: 30 Minuten
Backzeit: 25–30 Minuten

- Die Butter schaumig rühren. Den Zucker und nach und nach die Eier dazugeben und alles cremig rühren. Die Mandeln und die Zitronenschale einmengen. Das Mehl mit dem Zimt und dem Nelkenpulver mischen, auf die Crememasse sieben* und unterziehen.
- Das Backblech einfetten* und mit Mehl bestäuben*. Den Backofen auf 180° vorheizen.
- Den Teig mit einem nassen Teigschaber gleichmäßig auf das Backblech verteilen.
- Das Eiweiß mit einer Gabel leicht schaumig schlagen und auf die Teigplatte streichen. Die Mandelstifte und den Hagelzucker darüberstreuen.
- Die Zimtpitte im Ofen auf der mittleren Schiene 25–30 Minuten backen.
- Den Kuchen noch warm auf dem Blech in 20 Rechtecke schneiden und diese auf einem Kuchengitter auskühlen lassen.

Ganz einfach

Honignußkuchen

Zutaten für 1 Kastenform von 16 cm Länge:
125 g Haselnußkerne · 175 g weiche Butter ·
200 g Zucker · 4 Eier · 2 Eßl. Sahne · 2 Eßl. flüssiger Honig · 100 g Mehl
Für den Guß: 60 g flüssiger Honig · 125 g Puderzucker · 1 Eßl. Zitronensaft · 1 Eßl. heißes Wasser

Zum Garnieren: 50 g Haselnußkerne
Für die Form: Butter
Bei 10 Stücken pro Stück etwa 2120 Joule/
505 Kalorien

Zubereitungszeit: 30 Minuten
Backzeit: 45 Minuten

• Die Haselnußkerne durch die Mandelmühle*
drehen.
• Die Butter mit dem Zucker cremig rühren, bis
der Zucker ganz aufgelöst ist. Die Eier, die Sahne
und den Honig nach und nach hinzufügen.
• Die Form einfetten*. Den Backofen auf 180°
vorheizen.
• Das Mehl auf die Crememasse sieben*, die
Haselnüsse dazugeben und beides unterrühren.
• Den Teig in die Form füllen und auf der mitt-
leren Schiene des Ofens 45 Minuten backen.
• Den Kuchen auf ein Kuchengitter stürzen.
Die Oberfläche mit einer Gabel mehrmals ein-
stechen und mit dem Honig bestreichen. Den
Kuchen erkalten lassen.
• Den Puderzucker mit dem Zitronensaft und
dem Wasser glattrühren. Ein doppeltes Blatt Per-
gamentpapier zu einer Tüte rollen. Die Spitze
abschneiden und den Guß in die Tüte füllen. Die
Puderzuckerglasur gitterartig auf die Kuchen-
oberfläche spritzen. Die Haselnüsse sanft in die
Zwischenräume drücken.

Braucht etwas Zeit · Nicht ganz einfach

Margaretenkuchen

In der Toskana heißt der Kuchen Torta Margherita. Er wurde einstmals der Königin gleichen
Namens gewidmet, die sehr wohl wußte, was
fein schmeckt.

Zutaten für 1 Margareten- oder Springform von
26 cm ⌀ :
4 Eier · 6 Eigelb · 300 g Zucker · abgeriebene
Schale von ½ unbehandelten Zitrone · Mark von
1 Vanilleschote · 1 Prise Salz · 125 g Butter ·
200 g Mehl · 100 g Speisestärke
Für den Guß: 250 g Puderzucker · 3 Eßl. Zitro-
nensaft · 2 Eßl. heißes Wasser
Zum Garnieren: 12 kandierte Kirschen
Für die Form: Butter · Semmelbrösel
Bei 12 Stücken pro Stück etwa 1785 Joule/
425 Kalorien

Zubereitungszeit: 40 Minuten
Backzeit: 45–50 Minuten

• Die Eier in Eiweiß und Eigelb trennen*. Das
Eigelb mit der Hälfte des Zuckers cremig schlagen, bis die Masse fast weiß und der Zucker ganz
aufgelöst ist. Die Zitronenschale und das Vanillemark hinzufügen.
• Das Eiweiß mit dem Salz zu steifem Schnee
schlagen*, dabei den restlichen Zucker einrieseln
lassen.
• Die Form einfetten* und mit Semmelbröseln
ausstreuen*. Den Backofen auf 190° vorheizen.
• Die Butter zerlassen und auf Handwärme
abkühlen lassen.
• Den Eischnee auf die Eigelbcreme gleiten lassen. Das Mehl mit der Speisestärke darübersieben* und alles locker unterheben. Die Butter
dazufließen lassen und leicht unterziehen. Den

Unser Tip Die typische Margareten-
form ähnelt einer stilisierten Blüte. Diese
Form ist nicht überall zu kaufen. Jede
andere Phantasieform erfüllt den gleichen Zweck. Auch wenn Sie den Kuchen in einer schlichten Springform bakken, schmeckt er keineswegs schlechter.

Teig in die Form füllen, die Oberfläche glattstreichen und den Kuchen auf der untersten Schiene des Ofens 45–50 Minuten backen.
● Den Margaretenkuchen auf ein Kuchengitter stürzen.
● Den Puderzucker mit dem Zitronensaft und dem heißen Wasser glattrühren und den noch warmen Kuchen damit glasieren. Die Oberfläche mit den kandierten Kirschen garnieren.

Schnell · Preiswert · Ganz einfach

Zitronenkuchen

Zutaten für 1 Backblech:
200 g weiche Butter · 200 g Zucker · 4 Eier ·
abgeriebene Schale von 1 unbehandelten Zitrone ·
200 g Mehl · ½ Päckchen Backpulver
Für die Glasur: 200 g Puderzucker · 3 Eßl. Zitronensaft
Für das Backblech: Butter
Bei 20 Stücken pro Stück etwa 880 Joule/
210 Kalorien

Zubereitungszeit: 30 Minuten
Backzeit: 10–15 Minuten

● Die Butter schaumig rühren. Dabei den Zucker langsam einrieseln lassen, ein Ei nach dem anderen und die Zitronenschale dazugeben und weiterschlagen, bis die Masse fast weiß und cremig wird.
● Das Backblech einfetten*. Den Backofen auf 200° vorheizen.
● Das Mehl mit dem Backpulver mischen, auf die Crememasse sieben* und unterrühren. Den Teig auf das Backblech streichen, die Oberfläche mit dem Teigschaber glätten.
● Den Kuchen auf der mittleren Schiene des Ofens in 10–15 Minuten goldbraun backen.

● Den Puderzucker sieben* und mit dem Zitronensaft glattrühren.
● Den noch heißen Kuchen auf dem Blech mit der Zitronenglasur bestreichen, in 20 Stücke schneiden und auf einem Kuchengitter abkühlen* lassen.

Braucht etwas Zeit · Nicht ganz einfach

Sächsischer Klackskuchen

Bild Seite 43

Zutaten für 1 Backblech:
Für den Teig: 500 g Mehl · 40 g Hefe ·
80 g Zucker · ¼ l lauwarme Milch · 80 g weiche
Butter · 1 Ei · 1 Prise Salz
Zum Belegen: 250 g Kirschmarmelade ·
1 Eßl. Rum · ¼ l Milch · 1 Eßl. Butter · abgeriebene Schale von ½ unbehandelten Zitrone ·
30 g Grieß · 100 g gemahlener Mohn ·
50 g Zucker · 1 Ei · 1 Eßl. Rum · ¼ Teel. Zimt ·
1 Ei · 250 g Sahnequark · 3 Eßl. Milch ·
80 g Zucker · 1 Päckchen Vanillinzucker ·
Für die Streusel: 175 g Mehl · 100 g Zucker ·*
1 Päckchen Vanillinzucker · 100 g zerlassene
Butter
Für das Backblech: Butter
Bei 24 Stücken pro Stück etwa 1365 Joule/
325 Kalorien

Zubereitungszeit: 1 Stunde
Zeit zum Gehenlassen: 1 Stunde
Backzeit: etwa 20 Minuten

● Das Mehl in eine Schüssel sieben*, eine Mulde hineindrücken, die Hefe hineinbröckeln und mit 1 Eßlöffel Zucker, der Hälfte der Milch und etwas Mehl zu einem Vorteig* verrühren. Mit einem Tuch zugedeckt an einem warmen Platz 15 Minuten gehen lassen*.

• Den restlichen Zucker, die restliche Milch, die Butter, das Ei und das Salz auf den Mehlrand geben. Alles gut verkneten* und den Teig so lange schlagen, bis er sich vom Schüsselrand löst und Blasen wirft. Den Teig zugedeckt 25 Minuten an einem warmen Platz gehen lassen*, bis er das doppelte Volumen erreicht hat.

• Die Kirschmarmelade mit dem Rum gut verrühren.

• Die Milch mit der Butter, der Zitronenschale und dem Grieß aufkochen und 5 Minuten bei schwacher Hitze quellen lassen*. Den Grießbrei mit dem Mohn, dem Zucker, dem Ei, dem Rum und dem Zimt vermengen.

• Das Ei in Eiweiß und Eigelb trennen*. Das Eiweiß zu steifem Schnee schlagen*. Den Quark mit der Milch, dem Eigelb, dem Zucker und dem Vanillinzucker verrühren. Den Eischnee unterheben*.

• Das Mehl mit dem Zucker und dem Vanillinzucker mischen, die zerlassene Butter dazugeben und alles zu Streuseln* zerreiben.

• Das Backblech einfetten*. Den Backofen auf 220° vorheizen.

• Den Hefeteig auf dem Backblech ausrollen*. »Klackse« von der Mohnmasse, der Quarkmischung und der Marmelade auf die Teigplatte verteilen. Den Kuchen nochmals 20 Minuten gehen lassen.

• Die Streusel über den Kuchen verteilen und den Kuchen auf der zweiten Schiene von unten im Ofen etwa 20 Minuten backen.

Braucht etwas Zeit · Nicht ganz einfach·

Böhmischer Kleckerkuchen

Zutaten für 1 Backblech:
Für den Teig: 500 g Mehl · 40 g Hefe ·
75 Zucker · ¼ l lauwarme Milch · 75 g weiche
Butter · 1 Ei · abgeriebene Schale von 1 unbehandelten Zitrone · 1 Prise Salz
Zum Belegen: 200 g Pflaumenmus · je 1 Prise
Zimt und Nelkenpulver · 250 g gemahlener
Mohn · 80 g Zucker · 2 Eßl. Semmelbrösel ·
¼ l Milch · 500 g Quark (20% Fettgehalt) ·
50 g weiche Butter · 150 g Zucker · 1 Eßl. Speisestärke · 1 Eßl. Rum · 2 Eier
Für das Backblech: Butter
Bei 20 Stücken pro Stück etwa 1555 Joule/ 370 Kalorien

Zubereitungszeit: 1 Stunde
Zeit zum Gehenlassen: 1 Stunde
Backzeit: etwa 25 Minuten

• Das Mehl in eine Schüssel sieben* und in die Mitte eine Mulde drücken. Die Hefe in die Vertiefung bröckeln und mit 1 Eßlöffel Zucker, der Hälfte der Milch und etwas Mehl zu einem Vorteig* verrühren. Mit einem Tuch zugedeckt an einem warmen Platz 15 Minuten gehen lassen*.

• Den restlichen Zucker, die restliche Milch, die Butter, das Ei, die Zitronenschale und das Salz auf den Mehlrand geben. Alles gut verkneten* und den Teig so lange schlagen, bis er sich vom Schüsselrand löst. Den Teig zugedeckt 25 Minuten an einem warmen Platz gehen lassen*, bis er das doppelte Volumen erreicht hat.

• Das Pflaumenmus mit dem Zimt und dem Nelkenpulver verrühren.

• Den Mohn mit dem Zucker und den Semmelbröseln in einem Kochtopf mischen. Die Milch gesondert zum Kochen bringen, über die Mohn-mischung gießen und die Masse unter Rühren einmal aufkochen lassen.

• Den Quark mit der Butter, dem Zucker, der Speisestärke und dem Rum gut verrühren. Die Eier in Eigelb und Eiweiß trennen*. Das Eigelb in die Quarkmasse mischen. Das Eiweiß steif schlagen* und unter die Quarkcreme heben*.

• Das Backblech einfetten*.

• Den Hefeteig auf dem Backblech ausrollen. Kleine Häufchen von Pflaumenmus, Mohnmas-se und Quark abwechselnd nebeneinander auf den Teigboden verteilen.

• Den Kuchen nochmals 20 Minuten gehen las-sen. Den Backofen auf 200° vorheizen.

• Den Kuchen auf der zweiten Schiene von unten im Ofen etwa 25 Minuten backen.

Preiswert · Schnell · Ganz einfach

Thüringer Kartoffelkuchen

Zutaten für 1 Backblech:
500 g Pellkartoffeln, am Vortag gekocht ·
125 g Mehl · 125 g Butter · 3 Eier ·
2 Eßl. Zucker · 1 Prise Salz
Zum Bestreichen: 75 g zerlassene Butter
Zum Bestreuen: 3 Eßl. Zimtzucker
Für das Backblech: Butter
Bei 16 Stücken pro Stück etwa 840 Joule/
200 Kalorien

Zubereitungszeit: 1 Stunde
Backzeit: 25 Minuten

• Die Kartoffeln schälen und in eine Schüssel reiben. Das Mehl, die Butter in Flöckchen, die Eier, den Zucker und das Salz dazugeben. Alles

zu einem glatten Teig verarbeiten, eventuell mehr Mehl hinzufügen, wenn der Teig klebt.

• Das Backblech gut einfetten*. Den Backofen auf 220° vorheizen.

• Den Teig auf dem Blech dünn ausrollen* und mit knapp der Hälfte der Butter bestreichen. Auf der mittleren Schiene 25 Minuten backen.

• Den Plattenkuchen aus dem Ofen nehmen, mit der restlichen Butter bestreichen und mit Zimt-Zucker bestreuen. In 16 Portionsstücke schneiden und heiß servieren. Apfel- oder Bir-nenkompott schmeckt gut dazu.

Etwas teurer · Ganz einfach

Ostfriesischer Küsterkuchen

Das ist wahrlich kein Kuchen für alle Tage. Tra-ditionsbewußte Ostfriesen backen den deftigen Plattenkuchen nach einem uralten Rezept zu festlichen Anlässen und essen ihn zudem noch dick mit Johannisbeergelee bestrichen.

Zutaten für 1 Backblech:
250 g abgezogene Mandeln · 10 g abgezogene
bittere Mandeln · 450 g weiche Butter ·
450 g Zucker · 1 Päckchen Vanillinzucker ·
9 Eier · abgeriebene Schale von 1 unbehandelten
Zitrone · 500 g Mehl
Für das Backblech: Butter · Mehl
Bei 24 Stücken pro Stück etwa 1720 Joule/
410 Kalorien

Zubereitungszeit: 35 Minuten
Backzeit: etwa 30 Minuten

• Die süßen Mandeln grobhacken. Die bitteren Mandeln durch die Mandelmühle* drehen.

• Die Butter cremig rühren, nach und nach 400 g Zucker und den Vanillinzucker dazugeben und weiterrühren, bis der Zucker ganz aufgelöst ist. Ein Ei nach dem anderen unterrühren. Die Mandeln und die Zitronenschale in die Crememasse mengen.

• Das Backblech einfetten* und mit Mehl bestäuben*. Den Backofen auf 200° vorheizen.

• Einen Teil des Mehls in die Crememasse einrühren, den Rest kräftig unterkneten*. Den Teig mit einem nassen Teigschaber fingerdick auf das Backblech streichen. Den Kuchen auf der mittleren Schiene des Ofens in 25–30 Minuten hellbraun backen. Nach 10 Minuten Backzeit den restlichen Zucker über den Kuchen streuen.

• Den Küsterkuchen auf dem Blech etwas abkühlen lassen*, dann in 24 Portionsstücke schneiden.

Braucht etwas Zeit · Ganz einfach

Landfrauen-Kuchen

Zutaten für 1 Backblech:
Für den Teig: 4 Eier · 250 g weiche Butter ·
350 g Zucker · 1 Päckchen Vanillinzucker ·
500 g Mehl · 1 Päckchen Backpulver ·
gut ⅛ l Milch · 2 Eßl. Kakao
Zum Belegen: 2 Gläser Sauerkirschen zu je 700 g
Für die Buttercreme: ¼ l Milch · 100 g Puderzucker · 1 Päckchen Vanillinzucker · 2 Eigelb ·
2 Eßl. Speisestärke · 150 g weiche Butter
Für die Garnierung: 100 g Kuvertüre
Für das Backblech: Butter
Bei 24 Stücken pro Stück etwa 1640 Joule/ 390 Kalorien

Zubereitungszeit: 45 Minuten
Backzeit: 1 Stunde

• Die Eier in Eiweiß und Eigelb trennen*. Die Butter mit 250 g Zucker und dem Vanillinzucker cremig rühren. Das Eigelb nach und nach hinzufügen und weiterrühren, bis der Zucker ganz aufgelöst ist.

• Das Mehl mit dem Backpulver sieben* und eßlöffelweise abwechselnd mit knapp ⅛ l Milch in die Crememasse einrühren.

• Das Backblech einfetten*. Den Backofen auf 200–220° vorheizen. Die Sauerkirschen abtropfen lassen.

• Das Eiweiß zu steifem Schnee schlagen* und unter den Teig heben. Die Hälfte des Teiges auf das Backblech streichen. Den Kakao mit dem restlichen Zucker und der restlichen Milch verrühren, in den übrig gebliebenen Teig mischen. Den dunklen Teig gleichmäßig auf den hellen Teig streichen. Die Sauerkirschen darauf verteilen.

• Den Kuchen auf der mittleren Schiene des Ofens 1 Stunde backen.

• Die Milch mit dem Puderzucker, dem Vanillinzucker, dem Eigelb und der Speisestärke in einem Topf gut verquirlen und bei schwacher Hitze einmal aufkochen und wieder kalt werden lassen.

• Die Butter in einer Schüssel schaumig schlagen und die kalte Vanillecreme langsam dazurühren.

• Den Kuchen aus dem Ofen nehmen und erkalten lassen. Die Kuvertüre im Wasserbad* auflösen.

• Die Buttercreme auf den Kuchen streichen. Die Kuvertüre in einen Spritzbeutel* mit kleiner Lochtülle* füllen und Schlangenlinien auf den Kuchen spritzen. Den fertigen Landfrauen-Kuchen in 24 Rechtecke schneiden.

Braucht etwas Zeit

Schwäbischer Guglhupf

Bild Seite 131

Zutaten für 1 Guglhupfform von 28 cm ⌀ :
500 g Mehl · 40 g Hefe · 120 g Zucker · ⅛ l lau-
warme Milch · 180 g weiche Butter · 3 Eier ·
2 Eigelb · abgeriebene Schale von 1 unbehandel-
ten Zitrone · 1 Prise Salz · 75 g Sultaninen ·
2 Eßl. Rum · 50 g Mandelstifte
Zum Besieben: Puderzucker
Für die Form: Butter · Mehl
Bei 16 Stücken pro Stück etwa 1 260 Joule/
300 Kalorien

Zubereitungszeit: 25 Minuten
Zeit zum Gehenlassen: 50 Minuten
Backzeit: 1 Stunde

• Das Mehl in eine Schüssel sieben*, in die Mitte eine Mulde drücken und die Hefe hineinbrök-
keln. 1 Teelöffel Zucker über die Hefe streuen,
mit der Milch und etwas Mehl zu einem Vorteig*
verrühren. Mit einem Tuch zugedeckt 15–20
Minuten an einem warmen Platz gehen lassen*.
• Die Butter mit dem restlichen Zucker schaumig rühren. Nach und nach die Eier und das
Eigelb, die Zitronenschale und das Salz unterrühren. Die Buttermischung mit dem gesamten
Mehl und dem Vorteig* zu einem glatten Teig
verkneten*.
• Die Sultaninen heiß waschen, auf Küchenkrepp trocknen lassen und mit dem Rum beträufeln. Die Mandelstifte hinzufügen und die
Mischung unter den Teig mengen.
• Die Guglhupfform einfetten* und mit Mehl
ausstäuben*.
• Den Teig in die Form füllen und zugedeckt an
einem warmen Platz 30 Minuten gehen lassen*,
bis er das doppelte Volumen erreicht hat.

• Den Backofen auf 200° vorheizen.
• Den Kuchen im Ofen auf der zweiten Schiene
von unten 1 Stunde backen.
• Den Guglhupf sofort aus der Form stürzen
und auf einem Kuchengitter abkühlen lassen*.
Den kalten Kuchen mit Puderzucker besieben*
und 16 Stücke auf der Oberfläche markieren.

Braucht etwas Zeit

Berliner Napfkuchen

Zutaten für 1 Guglhupfform von 24 cm ⌀ :
300 g Mehl · 20 g Hefe · 100 g Zucker · ⅛ l lau-
warme Milch · 175 g weiche Butter · abgeriebene
Schale von 1 unbehandelten Zitrone · 3 Eier ·
1 Prise Salz · 200 g Korinthen
Zum Überziehen und Garnieren: 125 g Kuver-
türe · 2 Eßl. Mandelstifte
Für die Form: Butter · Semmelbrösel
Bei 12 Stücken pro Stück etwa 1 640 Joule/
390 Kalorien

Zubereitungszeit: 30 Minuten
Zeit zum Gehenlassen: 1 Stunde und 10 Minuten
Backzeit: 50 Minuten

• Das Mehl in eine Schüssel sieben*, in die Mitte eine Mulde drücken und die Hefe hineinbrök-
keln. 1 Teelöffel Zucker über die Hefe streuen,
mit der Milch und etwas Mehl zu einem Vorteig*
verrühren. Zugedeckt 15–20 Minuten an einem
warmen Platz gehen lassen*.
• Die Butter zerlassen und mit dem restlichen
Zucker, der Zitronenschale, den Eiern und dem
Salz auf den Mehlrand geben, alles verkneten*
und den Teig so lange schlagen, bis er sich vom
Schüsselrand löst und Blasen wirft. Den Teig an
einem warmen Platz 30 Minuten gehen lassen*,
bis er das doppelte Volumen erreicht hat.

- Die Kuchenform einfetten* und mit Semmelbröseln ausstreuen*.
- Die Korinthen waschen, trockentupfen und unter den Hefeteig kneten*. Den Teig in die Form füllen und weitere 20 Minuten gehen lassen*.
- Den Backofen auf 200° vorheizen.
- Den Kuchen auf der zweiten Schiene von unten 50 Minuten im Ofen backen.
- Den Napfkuchen in der Form etwas abkühlen lassen*, dann auf ein Kuchengitter stürzen.
- Die Kuvertüre im Wasserbad* schmelzen lassen* und den Kuchen damit überziehen*. Die Mandelstifte auf die noch weiche Glasur streuen und 12 Stücke auf dem Napfkuchen markieren.

Braucht etwas Zeit · Nicht ganz einfach

Kaffeeklatschkuchen

Zutaten für 1 Kranzkuchen:
Für den Teig: 500 g Mehl · 40 g Hefe ·
50 g Zucker · knapp ¼ l lauwarme Milch ·
80 g weiche Butter · 1 Prise Salz · abgeriebene
Schale von ½ unbehandelten Zitrone
Für die Füllung: 60 g Sultaninen · 60 g abgezogene Mandeln · 60 g Blockschokolade ·
50 g Butter · 50 g Zucker
Zum Bestreichen: 1 Eigelb
Für die Glasur: 100 g Puderzucker · 2 Eßl. Arrak ·
1 Eiweiß · 50 g Mandelblättchen
Für das Backblech: Butter oder Öl
Bei 12 Stücken pro Stück etwa 1 805 Joule/
430 Kalorien

Zubereitungszeit: 1 Stunde
Zeit zum Gehenlassen: 1 Stunde und 5 Minuten
Backzeit: 35 Minuten

- Das Mehl in eine Schüssel sieben*, in die Mitte eine Mulde drücken. Die Hefe in die Vertiefung bröckeln und mit 1 Eßlöffel Zucker, der Hälfte der Milch und etwas Mehl zu einem Vorteig* verrühren. Mit einem Tuch zugedeckt an einem warmen Platz 15 Minuten gehen lassen*.
- Den restlichen Zucker, die restliche Milch, die Butter, das Salz und die Zitronenschale auf den Mehlrand geben. Alles gut verkneten* und den Teig so lange schlagen, bis er sich vom Schüsselrand löst und Blasen wirft. Den Teig zugedeckt an einem warmen Platz etwa 30 Minuten gehen lassen*, bis er das doppelte Volumen erreicht hat.
- Die Sultaninen waschen und auf Küchenkrepp trocknen. Die Mandeln grobhacken, die Schokolade fein zerbröckeln und die Butter zerlassen.
- Die Arbeitsfläche mit Mehl bestäuben und den Hefeteig darauf zu einem gut ½ cm dicken Rechteck ausrollen*. Die Teigplatte mit der zerlassenen Butter bestreichen und den Zucker, die Sultaninen, die Mandeln und die Schokolade darauf verteilen. Die Teigplatte der Länge nach halbieren. Beide Platten von der Längsseite her aufrollen, dabei die Nahtstellen gut zusammendrücken, damit die Füllung nicht herausrutscht.
- Das Backblech einfetten*. Die Teigrollen zu einer Spirale zusammendrehen, auf dem Blech zu einem Kranz formen und noch einmal 20 Minuten gehen lassen*.
- Den Backofen auf 200° vorheizen.
- Das Eigelb mit etwas Wasser verquirlen und den Kranz damit dünn bestreichen.
- Den Kuchen im Ofen auf der mittleren Schiene etwa 35 Minuten backen.
- Den Puderzucker mit dem Arrak und dem Eiweiß verrühren. Den noch warmen Kuchen mit der Glasur überziehen* und mit den Mandelblättchen bestreuen.
- Den Kranz vor dem Servieren in 12 gleich große Stücke teilen.

Braucht etwas Zeit · Nicht ganz einfach

Tiroler Festtagskuchen

Zutaten für 1 Ringform von 30 cm Ø :
500 g Mehl · 40 g Hefe · 100 g Zucker · ⅛ l lau-
warme Milch · 3 Eier · abgeriebene Schale von
1 unbehandelten Zitrone · 1 Prise Salz ·
100 g weiche oder zerlassene Butter
Für die Füllung: 500 g Walnußkerne ·
125 g Honig · Mark von 1 Vanilleschote ·
¼ l saure Sahne · 3 Eiweiß
Zum Bestreichen: 3 Eigelb · 2 Eßl. Puderzucker ·
1 Prise Pimentpulver · 1 Teel. Zimt · 50 g zerlasse-
ne Butter
Zum Besieben: 2 Eßl. Puderzucker
Für die Form: Butter
Bei 16 Stücken pro Stück etwa 2270 Joule/
540 Kalorien

Zubereitungszeit: 40 Minuten
Zeit zum Gehenlassen: 1 Stunde und 20 Minuten
Backzeit: 1 Stunde

• Das Mehl in eine Schüssel sieben, in die Mitte
eine Vertiefung drücken und die Hefe hineinbröckeln. Diese mit einem Teelöffel Zucker, der
Milch und etwas Mehl zu einem Vorteig* verrühren. Mit einem Tuch zugedeckt an einem warmen Platz 15 Minuten gehen lassen*.
• Den restlichen Zucker, die Eier, die Zitronenschale, das Salz und die Butter auf den Mehlrand
geben. Alles gut verkneten* und den Teig so lange schlagen, bis er sich vom Schüsselrand löst
und Blasen wirft. An einem warmen Platz gehen
lassen, bis der Teig das doppelte Volumen
erreicht hat; das dauert etwa 35 Minuten.
• Für die Füllung die Walnußkerne grobhacken.
Den Honig in einem Topf bei schwacher Hitze
flüssig werden lassen, vom Herd nehmen und
mit den Nüssen vermengen. Das Vanillemark
aus der Schote schaben und mit der sauren Sahne in die Honig-Nuß-Mischung rühren. Das
Eiweiß zu steifem Schnee* schlagen und unter
die Masse heben.
• Die Arbeitsfläche mit Mehl bestäuben und
den Hefeteig darauf zu einem Rechteck von
70 × 50 cm ausrollen*.
• Das Eigelb verquirlen*, den Puderzucker
dazusieben* und mit dem Pimentpulver und
dem Zimt glattrühren. Den Hefeteig mit der
Eigelbmischung bestreichen. Die Teigplatte der
Länge nach halbieren und die Nußfüllung auf
die Teighälften verteilen, dabei an allen Seiten einen daumenbreiten Rand frei lassen, damit die
Füllung nicht auslaufen kann. Beide Teigstücke
von den Längsseiten her aufrollen; die Nahtstellen gut festdrücken.
• Die Ringform ausfetten* und die beiden Teigrollen darin aufeinanderschichten. Zugedeckt
noch einmal 30 Minuten an einem warmen Platz
gehen lassen*.
• Den Backofen auf 200° vorheizen.
• Den Kuchen auf der mittleren Schiene des
Ofens 1 Stunde backen; während der Backzeit,
zum ersten Mal nach 15 Minuten, öfter mit der
zerlassenen Butter bestreichen.
• Den fertigen Kuchen auf ein Kuchengitter
stürzen, auskühlen lassen* und mit Puderzucker
besieben*. Den Kranz vor dem Servieren in
16 Stücke teilen.

Braucht etwas Zeit · Nicht ganz einfach

Savarin

Brillat-Savarin, der weder Physiologie noch
Kochkunst studiert hatte, schrieb 1825 mit
75 Jahren in seinem Buch »Physiologie des
Geschmacks«: »Die Tiere fressen, der Mensch
ißt, der Mann von Geist versteht die Kunst zu
essen.« Er war so ein Mann.

Zutaten für 1 Savarin-Form (hohe Ringform):
Für den Teig: 350 g Mehl · 30 g Hefe ·
1 Eßl. Zucker · ⅛ l lauwarme Milch · 1 Päckchen
Vanillinzucker · 75 g weiche Butter · 2 Eier ·
1 Prise Salz
Zum Tränken: 5 Eßl. Wasser · 100 g Zucker ·
je 3 Eßl. Kirschwasser und Grand Marnier
Für die Füllung: 850 g gemischte Früchte aus der
Dose
Für die Form: Butter · Mehl
Bei 16 Stücken pro Stück etwa 860 Joule/
205 Kalorien

Zubereitungszeit: 40 Minuten
Zeit zum Gehenlassen: 1 Stunde und 5 Minuten
Backzeit: 30 Minuten

• Das Mehl in eine Schüssel sieben*, in die Mitte eine Mulde drücken. Die Hefe in die Vertiefung bröckeln und mit dem Zucker und der Milch verrühren. Mit einem Tuch zugedeckt an einem warmen Platz 15 Minuten gehen lassen*.
• Den Vanillinzucker, die Butter, die Eier und das Salz dazugeben. Alles gut verkneten* und so lange schlagen, bis der Teig sich vom Schüsselrand löst und Blasen wirft. Den Teig an einem warmen Platz etwa 30 Minuten gehen lassen*.
• Die Form mit Butter einfetten* und mit Mehl ausstäuben*. Den Teig erneut durchkneten, in die Form geben und noch einmal 20 Minuten gehen lassen*.
• Den Backofen auf 200° vorheizen.
• Den Savarin im Ofen auf der mittleren Schiene in 30 Minuten goldgelb backen.

Unser Tip Sie können den Savarin anstelle der Dosenfrüchte auch mit gesüßtem Kompott oder in den Sommermonaten mit frischen gezuckerten Beeren füllen.

• Das Wasser mit dem Zucker unter Rühren erhitzen, bis der Zucker ganz aufgelöst ist. Das Kirschwasser und den Grand Marnier einrühren. Die Früchte abtropfen lassen.
• Den Kuchen auf eine Platte stürzen, mit einem Holzspießchen mehrfach einstechen und mit der Zuckerlösung eßlöffelweise tränken. Die Früchte in die Mitte des Kranzes füllen.

Braucht etwas Zeit

Baba au Rhum

Den mit Alkohol getränkten Hefekuchen können Sie nach Belieben mit Schlagsahne, einer Vanillecreme oder frischem Obstsalat füllen.

Zutaten für 1 Ringform von 20 cm Ø :
Für den Teig: 125 g Mehl · 15 g Hefe · 1 gehäufter
Eßl. Zucker · 3 Eßl. lauwarme Milch · 2 Eßl. zerlassene Butter · 2 Eier · abgeriebene Schale
von ½ unbehandelten Zitrone · 1 Prise Salz
Zum Tränken: ¼ l Wasser · 100 g Zucker ·
5 Eßl. Rum, Kirschwasser oder Grand Marnier
Zum Bestreichen: 150 g Aprikosenmarmelade ·
1 Teel. Zitronensaft · 1 Eßl. Wasser
Für die Form: Butter
Bei 12 Stücken pro Stück etwa 1 090 Joule/
260 Kalorien

Zubereitungszeit: 20 Minuten
Zeit zum Gehenlassen: 1 Stunde und 10 Minuten
Backzeit: 15–20 Minuten

• Das Mehl in eine Schüssel sieben*, in die Mitte eine Mulde drücken. Die Hefe in die Vertiefung bröckeln und mit dem Zucker, der Milch und etwas Mehl zu einem Vorteig* verrühren. Mit einem Tuch zugedeckt an einem warmen Platz 15 Minuten gehen lassen*.

• Die zerlassene Butter, die Eier, die Zitronenschale und das Salz hinzufügen. Alles gründlich vermengen und so lange schlagen, bis der Teig Blasen wirft. Den Teig wieder zudecken und weitere 35 Minuten gehen lassen*.
• Die Form einfetten*. Den Teig noch einmal durchkneten*, in die Form füllen und nochmals 15–20 Minuten zugedeckt gehen lassen*, bis er das doppelte Volumen erreicht hat.
• Den Backofen auf 200–220° vorheizen.
• Den Kuchen auf der mittleren Schiene 15–20 Minuten backen, auf ein Kuchengitter stürzen und etwas abkühlen lassen*.
• Inzwischen das Wasser mit dem Zucker in einem Topf aufkochen, bis der Zucker ganz aufgelöst ist. Die Flüssigkeit abkühlen lassen und noch lauwarm mit dem Rum, dem Kirschwasser oder dem Grand Marnier mischen.
• Den Baba mit dem Kuchengitter auf einen tiefen Teller stellen und langsam mit dem Sirup tränken*.
• Die Aprikosenmarmelade mit dem Zitronensaft und dem Wasser unter Rühren aufkochen.
• Den Baba auf eine Platte heben und vorsichtig mit der Marmeladenmischung bestreichen.

Braucht etwas Zeit

Bremer Wickelkuchen

Zutaten für 20 Stück:
Für den Teig: 500 g Mehl · 40 g Hefe ·
1 Eßl. Zucker · knapp ¼ l lauwarme Milch ·
100 g weiche oder zerlassene Butter · 1 Prise Salz
Für die Füllung: 250 g Korinthen · 100 g Butter ·
100 g Mandelstifte · 150 g Zucker · 1–2 Teel. Zimt
Für den Guß: 150 g Puderzucker · 1 Eßl. Zitronensaft
Für das Backblech: Butter
Pro Stück etwa 1300 Joule/310 Kalorien

Zubereitungszeit: 40 Minuten
Zeit zum Gehenlassen: 1 Stunde und 20 Minuten
Backzeit: 45 Minuten

• Das Mehl in eine Schüssel sieben*, in die Mitte eine Mulde drücken. Die Hefe in die Vertiefung bröckeln und mit dem Zucker, der Hälfte der Milch und etwas Mehl zu einem Vorteig* verrühren. Mit einem Tuch zugedeckt an einem warmen Platz 15 Minuten gehen lassen*.
• Die restliche Milch, die Butter und das Salz hinzufügen. Alles gut verkneten* und den Teig so lange schlagen, bis er sich vom Schüsselrand löst und Blasen wirft. Den Teig nochmal an einem warmen Platz 40 Minuten gehen lassen*, bis er das doppelte Volumen erreicht hat.
• Die Korinthen mit heißem Wasser überbrühen, in einem Sieb abtropfen lassen und auf Küchenkrepp trocknen.
• Das Backblech einfetten*.
• Die Arbeitsfläche mit Mehl bestäuben und den Hefeteig darauf etwa ½ cm dick zu einem Rechteck von 50 × 30 cm ausrollen*. Die Butter in einem Töpfchen zerlassen und die Teigplatte damit bestreichen. Die Mandelstifte und die Korinthen darauf verteilen. Den Zucker mit dem Zimt mischen und darüberstreuen.
• Die Teigplatte der Länge nach aufrollen, die offenen Seiten zusammendrücken. Die Rolle auf das Backblech legen und nochmals zugedeckt 25 Minuten gehen lassen*.
• Den Backofen auf 200° vorheizen.
• Den Wickelkuchen mit einem Messerrücken mehrmals quer einkerben und auf der zweiten Schiene von unten 45 Minuten backen.
• Den Kuchen auf einem Kuchengitter abkühlen lassen*. Den Puderzucker mit dem Zitronensaft verrühren und den Wickelkuchen damit bestreichen.

Braucht etwas Zeit · Ganz einfach

Marmorkuchen

Zutaten für 1 Napfkuchenform von 24 cm Ø :
250 g Butter · 350 g Zucker · 1 Päckchen
Vanillinzucker · 4 Eier · 400 g Mehl ·
100 g Speisestärke · 1 Päckchen Backpulver ·
gut ⅛ l Milch · 3 Eßl. Kakao
Zum Besieben: Puderzucker
Für die Form: Butter · 2 Eßl. Grieß
Bei 20 Stücken pro Stück etwa 1 240 Joule/
295 Kalorien

Zubereitungszeit: 30 Minuten
Backzeit: 1 Stunde und 10 Minuten

• Die Butter mit 250 g Zucker und dem Vanillinzucker schaumig rühren. Nacheinander die Eier
dazugeben.
• Das Mehl mit der Speisestärke und dem Backpulver sieben* und nach und nach abwechselnd
mit ⅛ Milch in die Buttermasse rühren.
• Den Kakao mit dem restlichen Zucker und
3 Eßlöffeln Milch verrühren und in einer zweiten
Schüssel mit einem Drittel des Teiges vermengen.
• Den Backofen auf 200° vorheizen. Die
Kuchenform gut einfetten* und mit dem Grieß
ausstreuen*.
• Den hellen und den dunklen Teig abwechselnd in die Form füllen, sanft mit einer Gabel
spiralenförmig durchziehen, um den Marmor-
effekt zu erzielen. Den Kuchen im Ofen auf der
zweiten Schiene von unten etwa 1 Stunde und
10 Minuten backen.
• Den Kuchen auf ein Kuchengitter stürzen,
etwas abkühlen lassen* und dann mit Puderzuk-
ker besieben*. Auf der Kuchenoberfläche
20 Stücke markieren.

Ganz einfach

Gesundheitskuchen

Bei traditionsbewußten Familien in Sachen
Backkunst steht dieser Rührkuchen in mannigfa-
chen Varianten schon seit Generationen auf dem
Sonntagsnachmittags-Kaffeetisch. Ob er der
Gesundheit besonders förderlich ist, wissen wir
nicht. Jedenfalls liegt er nicht schwer im Magen
und schmeckt köstlich.

Zutaten für 1 Napfkuchenform von 28 cm Ø :
250 g weiche Butter · 1 Prise Salz · 250 g Zucker ·
5 Eier · abgeriebene Schale von 1 unbehandelten
Zitrone · 500 g Mehl · 1 Päckchen Backpulver ·
etwa ⅛ l Milch
Zum Besieben: Puderzucker
Für die Form: Butter · Mehl
Bei 20 Stücken pro Stück etwa 1 135 Joule/
270 Kalorien

Zubereitungszeit: 35 Minuten
Backzeit: 1 Stunde und 30 Minuten

• Die Butter mit dem Salz geschmeidig rühren.
Den Zucker dazugeben und so lange weiterrühren, bis sich der Zucker völlig aufgelöst hat und
die Masse schaumig ist. 1 Ei nach dem anderen
und die Zitronenschale untermischen.
• Die Form einfetten* und mit Mehl ausstäuben*. Den Backofen auf 200° vorheizen.
• Das Mehl mit dem Backpulver mischen, nach
und nach über die Schaummasse sieben* und
unterrühren. So viel Milch zugießen, bis der Teig
eine dickflüssige Konsistenz hat, er muß schwer
vom Löffel fallen.
• Den Teig in die Form füllen, die Oberfläche
glattstreichen. Den Kuchen auf der untersten
Schiene des Ofens 1–1½ Stunden backen. Der
Kuchen ist gar, wenn an dem Hölzchen, das an
der dicksten Stelle des Kuchens eingestochen

wird, keine Teigreste mehr haften bleiben.
• Den fertigen Kuchen in der Form etwas abkühlen lassen*, dann auf ein Kuchengitter stürzen und völlig erkalten lassen. Mit Puderzucker besieben und auf der Oberfläche 20 Stücke markieren.

Etwas teurer · Braucht etwas Zeit

Mandelnapfkuchen

Zutaten für 1 Napfkuchenform von 26 cm Ø :
200 g abgezogene Mandeln · 250 g weiche
Butter · 300 g Zucker · 6 Eier · 1 Prise Salz ·
abgeriebene Schale von ½ unbehandelten
Zitrone · 1–2 Eßl. Amaretto-Likör · 300 g Mehl ·
100 g Speisestärke · 3 Teel. Backpulver
Für die Form: Butter · Semmelbrösel ·
2 Eßl. Mandelblättchen
Bei 18 Stücken pro Stück etwa 1535 Joule/
365 Kalorien

Zubereitungszeit: 40 Minuten
Backzeit: 50–60 Minuten

• Die Mandeln durch die Mandelmühle* drehen.
• Die Butter in einer großen Schüssel geschmeidig rühren. Nach und nach abwechselnd den Zucker und die Eier hinzufügen. Alles schlagen, bis der Zucker ganz aufgelöst und die Masse fast weiß ist. Das Salz, die Zitronenschale und den Likör einrühren.
• Die Napfkuchenform einfetten* und mit Semmelbröseln ausstreuen*. Die Mandelblättchen auf den Formboden verteilen. Den Backofen auf 180–200° vorheizen.
• Das Mehl mit der Speisestärke und dem Backpulver sieben* und mit den Mandeln eßlöffelweise in die Crememasse rühren.

• Den Teig in die Form füllen, die Oberfläche glattstreichen und den Kuchen auf der untersten Schiene des Ofens 50–60 Minuten backen.
• Den Mandelnapfkuchen auf ein Kuchengitter stürzen und völlig erkalten lassen, ehe er aufgeschnitten wird.

Ganz einfach

Amerikanischer Guglhupf

In Amerika nennt man ihn auch Galoppguglhupf, da er mit Backpulver zubereitet wird und die Zeit zum Gehen wie beim Hefeteig entfällt.

Zutaten für 1 Napfkuchenform von 26 cm Ø :
50 g abgezogene Mandeln · 4 abgezogene bittere
Mandeln · 5 Eier · 125 g weiche Butter ·
250 Zucker · abgeriebene Schale von ½ unbehandelten Zitrone · 350 g Mehl · ½ Päckchen Backpulver · gut ⅛ l Milch · 1 Prise Salz
Zum Besieben: 2 Eßl. Puderzucker
Für die Form: Butter · Semmelbrösel
Bei 12 Stücken pro Stück etwa 1510 Joule/
360 Kalorien

Zubereitungszeit: 30 Minuten
Backzeit: etwa 50 Minuten

• Die Mandeln durch die Mandelmühle* drehen. Die Eier in Eiweiß und Eigelb trennen*.
• Die Butter cremig rühren. Nach und nach den Zucker und das Eigelb hinzufügen und weiterrühren, bis der Zucker ganz aufgelöst ist. Die Zitronenschale und die Mandeln dazugeben.
• Das Mehl mit dem Backpulver sieben* und abwechselnd mit der Milch in die Crememasse rühren.

- Den Backofen auf 200° vorheizen. Die Form einfetten und mit Semmelbröseln ausstreuen*.
- Das Eiweiß mit dem Salz zu steifem Schnee schlagen* und unter den Teig heben.
- Den Teig in die Form füllen, die Oberfläche glattstreichen. Den Kuchen auf der untersten Schiene des Ofens etwa 50 Minuten backen.
- Der Guglhupf etwas abkühlen lassen, dann auf ein Kuchengitter stürzen und wenn er erkaltet ist mit Puderzucker besieben*.

Schnell · Ganz einfach

Mohrchen im Hemd

Zutaten für 1 Napfkuchenform von 24 cm Ø :
75 g ungeschälte Mandeln · 75 g Block-
schokolade · 4 Eier · 140 g weiche Butter ·
140 g Zucker · 1 Päckchen Vanillinzucker ·
1 Teel. Backpulver · 100 g Mehl · 2–3 Eßl. Milch
Für die Glasur: 100 g Blockschokolade ·
100 g Butter
Zur Verzierung: ¼ l Sahne · 2 Eßl. Zucker
Für die Form: Butter und Mehl
Bei 12 Stücken pro Stück etwa 1975 Joule/
470 Kalorien

Zubereitungszeit: 30 Minuten
Backzeit: 35 Minuten

- Die Mandeln durch die Mandelmühle* drehen. Die Blockschokolade im Wasserbad* schmelzen lassen. Eiweiß und Eigelb trennen*.
- Die Butter mit dem Zucker und dem Vanillinzucker cremig rühren. Ein Eigelb nach dem anderen hinzufügen. Die Schokolade und die Mandeln einmengen.
- Das Backpulver mit dem Mehl sieben* und löffelweise abwechselnd mit der Milch in die Crememasse rühren.

- Die Kuchenform einfetten* und mit Mehl ausstreuen*. Den Backofen auf 220° vorheizen.
- Das Eiweiß zu steifem Schnee schlagen* und unter den Teig heben*. Den Teig in die Form füllen und im Ofen auf der zweiten Schiene von unten 35 Minuten backen.
- Die Schokolade und die Butter im Wasserbad* schmelzen lassen, beides gut verrühren. Die Sahne mit dem Zucker steif schlagen.
- Den Kuchen auf ein Kuchengitter stürzen, etwas abkühlen lassen und mit der warmen Schokoladenmischung übergießen.
- Wenn der Guß fest geworden ist, das »Mohrchen« mit der Schlagsahne garnieren.

Braucht etwas Zeit · Ganz einfach

Portweinkuchen

Stilgerecht wird er in einer Form gebacken, die unserer Puddingform ähnlich ist, also kein Loch in der Mitte hat. Stattdessen können Sie aber auch eine Napfkuchenform verwenden.

Zutaten für 1 Napfkuchenform von 24 cm Ø :
100 g Walnußkerne · 9 Eßl. Portwein ·
50 g Blockschokolade · 200 g weiche Butter ·
250 g Zucker · 4 Eier · 225 g Mehl · 1 Teel. Back-
pulver
Für die Form: Butter · Semmelbrösel
Bei 24 Stücken pro Stück etwa 860 Joule/
205 Kalorien

Zubereitungszeit: 35 Minuten
Backzeit: 1 Stunde

- Die Walnußkerne grobhacken, in einer Schüssel mit dem Portwein übergießen und zugedeckt beiseite stellen. Die Schokolade feinreiben.
- Die Butter mit dem Zucker schaumig rühren.

Die Eier hinzufügen. Die Nüsse mit dem Portwein und die geriebene Schokolade einrühren.
- Die Kuchenform einfetten* und mit Semmelbröseln ausstreuen*. Den Backofen auf 160° vorheizen.
- Das Mehl mit dem Backpulver sieben* und löffelweise in den Teig rühren.
- Den Teig in die Form füllen und auf der untersten Schiene des Ofens 1 Stunde backen. Mit einem Hölzchen die Garprobe* machen.
- Den Portweinkuchen in der Form abkühlen lassen, dann auf ein Kuchengitter stürzen.

Preiswert · Ganz einfach

Fruchtiger Zitronenkuchen

Bild Seite 132

Zutaten für 1 Form von 24 cm Ø :
125 g weiche Butter · 250 g Zucker · 3 Eier ·
abgeriebene Schale von 1 unbehandelten Zitrone ·
250 g Mehl · 125 g Speisestärke · 3 Teel. Back-
pulver · ⅛ l Milch
Für den Guß: 250 g Puderzucker · Saft von
1–2 Zitronen · Schale von ½ unbehandelten
Zitrone
Für die Form: Butter · Semmelbrösel
Bei 12 Stücken pro Stück etwa 1640 Joule/
390 Kalorien

Zubereitungszeit: 25 Minuten
Backzeit: 1 Stunde

- Die Butter schaumig rühren, nach und nach den Zucker und die Eier hinzufügen und weiterrühren, bis der Zucker ganz aufgelöst ist. Mit der Zitronenschale würzen.

- Die Form einfetten* und mit Semmelbröseln ausstreuen*. Den Backofen auf 200° vorheizen.
- Das Mehl mit der Speisestärke und dem Backpulver sieben* und abwechselnd mit der Milch unter die Crememasse rühren. Den Teig in die Form füllen, die Oberfläche glattstreichen. Den Kuchen auf der zweiten Schiene von unten im Ofen 1 Stunde backen.
- Den Puderzucker mit dem Zitronensaft zu einem dickflüssigen Guß verrühren.
- Den fertigen Kuchen auf ein Kuchengitter stürzen und noch warm lässig mit dem Zuckerguß überziehen. Die Zitronenschale in Streifchen schneiden und darüberstreuen.

Braucht etwas Zeit

Englischer Dreikönigskuchen

Zum Dreikönigstag, dem 6. Januar, einen besonderen Kuchen zu backen, geht auf einen uralten Brauch zurück. In den Kuchen wird eine Münze oder eine Bohne mit eingebacken. Wer sie findet, ist für diesen Tag der König. Für den Königskuchen gibt es mancherlei Rezepte, meist wird er aus Hefeteig hergestellt. Die angelsächsische Art des Königskuchens entsteht aus einem sehr gehaltvollen Rührteig.

Zutaten für 1 Napfkuchenform von 24 cm Ø :
500 g Korinthen · 60 g abgezogene Mandeln ·
je 125 g Zitronat und Orangeat im Stück ·
250 g Mehl · ½ Päckchen Backpulver · 1 Prise
Salz · 1 Prise geriebene Muskatnuß · 250 g weiche
Butter · 250 g Zucker · 4 Eier · 5 Eßl. Weinbrand
Für die Glasur: 2 Eiweiß · 350 g Puderzucker ·
Saft von ½ Zitrone
Zum Garnieren: 100 g kandierte Früchte

Für die Form: Butter · Mehl
Bei 20 Stücken pro Stück etwa 1 850 Joule/
440 Kalorien

Zubereitungszeit: 1 Stunde
Backzeit: etwa 3 Stunden

- Die Korinthen in warmem Wasser waschen, abtropfen lassen und auf Küchenkrepp* trocknen. Die Mandeln grobhacken. Das Zitronat und das Orangeat in dünne Scheibchen schneiden. Das Mehl mit dem Backpulver, dem Salz und der geriebenen Muskatnuß sieben*.
- Die Butter mit dem Zucker cremig rühren, bis der Zucker ganz aufgelöst ist. Die Eier nach und nach hinzufügen.
- Die Form einfetten* und mit Mehl ausstäuben*. Den Backofen auf 170–180° vorheizen. Die Korinthen mit etwas Mehl besieben*.
- Die Mehlmischung eßlöffelweise in die Crememasse rühren. Die Korinthen, die Mandeln, das Zitronat, das Orangeat und zuletzt den Weinbrand unterrühren.
- Den Teig in die Form füllen und auf der untersten Schiene des Ofens etwa 3 Stunden backen.
- Den Kuchen noch 5 Minuten im ausgeschalteten Ofen ruhen lassen, dann aus der Form auf ein Kuchengitter stürzen und abkühlen lassen*.
- Das Eiweiß mit einer Gabel leicht schlagen. Den Puderzucker in eine Schüssel sieben* und nach und nach mit dem Eiweiß und dem Zitronensaft kräftig verrühren. Die kandierten Früchte in grobe Würfel schneiden.
- Den Kuchen dick mit der Puderzuckerglasur überziehen* und mit den kandierten Fruchtwürfeln garnieren. Die Glasur vor dem Servieren völlig erstarren lassen.

Braucht etwas Zeit · Ganz einfach

Irischer Fruchtkuchen

Wenn der Kuchen ganz echt sein soll, gehört natürlich irischer Whisky hinein, den man meist nicht im Hause hat. Erfahrungsgemäß tut es auch jeder andere gute Whisky.

Zutaten für 1 Napfkuchenform von 24 cm Ø:
je 50 g Rosinen und Korinthen · 100 g abgezogene Mandeln · 200 g weiche Butter · 200 g Farinzucker · 4 Eier · abgeriebene Schale von 1 unbehandelten Zitrone · 1 Teel. Zimt · 1 Teel. Ingwerpulver · je 1 gute Prise Nelkenpulver und geriebene Muskatnuß · 2–3 Eßl. Whisky · 15 Cocktailkirschen · 250 g Mehl · 1 Teel. Backpulver*
Für die Form: Butter · Semmelbrösel
Bei 24 Stücken pro Stück etwa 860 Joule/
205 Kalorien

Zubereitungszeit: 35 Minuten
Backzeit: 50 Minuten

- Die Rosinen und die Korinthen mit heißem Wasser überbrühen, abtropfen lassen und auf Küchenkrepp trocknen. Die Mandeln der Länge nach vierteln.
- Die Butter mit dem Zucker cremig rühren, bis der Zucker ganz aufgelöst ist. Die Eier nacheinander dazugeben. Die Zitronenschale, den Zimt, das Ingwerpulver, das Nelkenpulver, den Muskat und den Whisky einrühren. Die Rosinen, die Korinthen, die Mandeln und die ganzen Cocktailkirschen untermischen.
- Die Napfkuchenform einfetten* und mit Semmelbröseln ausstreuen*. Den Backofen auf 175° vorheizen.
- Das Mehl mit dem Backpulver sieben* und langsam in die Crememasse einrühren.
- Den Teig in die Form füllen, mit Alufolie zu-

Schon lange vor Weihnachten sollte der Pistazienstollen gebacken werden, damit er zum Fest, schön durchgezogen, besonders gut schmeckt. Rezept Seite 182. ▷

decken und auf der mittleren Schiene des Ofens 50 Minuten backen. Die Folie nach 30 Minuten Backzeit entfernen.
● Den Fruchtkuchen auf ein Kuchengitter stürzen und auskühlen lassen*.

Etwas teurer · Ganz einfach

Whiskykranz

Zutaten für 1 Ringform von 26 cm ⌀ :
100 g Haselnußkerne · 100 g Blockschokolade ·
200 g weiche Butter · 150 g Zucker · 3 Eier ·
200 g Mehl · 2 Teel. Backpulver · 2 Eßl. Kakao ·
1–2 Eßl. Milch · 1–2 Eßl. Whisky
Zum Tränken: 8 Eßl. Whisky · 2 Teel. Instant-*
Kaffeepulver · 1 Päckchen Vanillinzucker ·
2 Eßl. Puderzucker
Für die Glasur: 100 g Kuvertüre
Für die Form: Butter · 100 g Krokant
Bei 20 Stücken pro Stück etwa 1 240 Joule/
295 Kalorien

Zubereitungszeit: 30 Minuten
Backzeit: etwa 50 Minuten

● Die Haselnüsse durch die Mandelmühle* drehen. Die Schokolade grobhacken.
● Die Butter mit dem Zucker cremig rühren. Die Eier nacheinander dazugeben und weiterrühren, bis der Zucker ganz aufgelöst ist.
● Das Mehl mit dem Backpulver und dem Kakao sieben* und eßlöffelweise in die Crememasse rühren. Die Nüsse, die Schokolade, die Milch und den Whisky hinzufügen und gut in den Teig mengen.
● Die Form einfetten* und mit dem Krokant ausstreuen. Den Backofen auf 200° vorheizen.
● Den Teig in die Form füllen; sie soll nur halb voll sein. Den Kuchen auf der untersten Schiene

des Ofens etwa 50 Minuten backen.
● Den Whisky mit dem Kaffeepulver sowie dem Vanillinzucker und dem Puderzucker sehr gut verrühren.
● Den gebackenen Kuchen auf ein Kuchengitter stürzen, mit einem Holzspieß mehrmals einstechen und den Kuchen nach und nach mit der Whiskymischung tränken*.
● Die Kuvertüre im Wasserbad* schmelzen* lassen und lässig über den Whiskykranz fließen lassen.

Preiswert · Braucht etwas Zeit · Ganz einfach

Rehrücken

Zutaten für 1 Rehrückenform:
100 g Blockschokolade · 5 Eier · 100 g Butter ·
100 g Zucker · 100 g Speisestärke · 1 Teel. Back-
pulver · 100 g abgezogene gemahlene Mandeln
Für den Guß: 100 g Kuvertüre · 50 g Mandelstifte
Für die Form: Butter · Mehl
Bei 15 Stücken pro Stück etwa 1 155 Joule/
275 Kalorien

Zubereitungszeit: 30 Minuten
Backzeit: 1 Stunde

● Eine Rehrückenform einfetten* und mit Mehl ausstäuben*. Den Backofen auf 180° vorheizen.
● Die Schokolade feinreiben. Die Eier in Eiweiß und Eigelb trennen*.
● Die Butter mit dem Zucker schaumig rühren, das Eigelb nach und nach hinzufügen. Die Speisestärke mit dem Backpulver darübersieben* und mit den gemahlenen Mandeln in die Schaummasse rühren. Die geriebene Schokolade unterziehen.
● Das Eiweiß zu steifem Schnee schlagen* und unter den Teig heben.

◁ In Italien wird ohne Trentiner Osterpinza kein Osterfest gefeiert. Rezept Seite 188.

• Den Teig in die Form füllen und auf der zweiten Schiene von unten im Ofen etwa 1 Stunde backen.
• Den fertigen Kuchen in der Form etwas abkühlen lassen*, dann auf ein Kuchengitter stürzen.
• Die Kuvertüre im Wasserbad* schmelzen* lassen, den Kuchen damit überziehen* und mit den Mandelstiften spicken. Auf dem noch weichen Schokoladenguß 15 Stücke markieren.

Ganz einfach

Genter Schokoladenkranz

In Flandern wird der Kranzkuchen zu Ostern mit bunten Zuckereiern gefüllt. Man erzählt sich dort, daß die Glocken am Gründonnerstag nach Rom fliegen, am Ostersonntag zurückkehren und Zucker- und Schokoladeneier in versteckte Nester fallen lassen. In römisch-katholischen Kirchen läuten die Glocken während der Kartage nicht.

Zutaten für 1 Kranzform von 26 cm Ø:
125 g ungeschälte Mandeln · 250 g zartbittere
Schokolade · 60 g weiche Butter · 6 Eier ·
100 g Zucker · 100 g Speisestärke
Zum Bestreuen: 2 Eßl. Kokosraspel
Für die Form: Butter
Bei 12 Stücken pro Stück etwa 1 430 Joule/
340 Kalorien

Zubereitungszeit: 30 Minuten
Backzeit: etwa 40 Minuten

• Die Mandeln durch die Mandelmühle* drehen. Die Schokolade in ein Töpfchen bröckeln

und mit der Butter im Wasserbad* schmelzen, dann abkühlen lassen.
• Die Eier in Eiweiß und Eigelb trennen*. Das Eigelb mit dem Zucker cremig schlagen, bis der Zucker ganz aufgelöst ist. Die Mandeln und die Speisestärke dazugeben und in die Crememasse mengen. Die abgekühlte Schokolade einrühren.
• Die Form einfetten*. Den Backofen auf 190–200° vorheizen.
• Das Eiweiß zu steifem Schnee schlagen* und unter den Teig heben. Den Teig in die Form füllen und auf der mittleren Schiene des Ofens etwa 40 Minuten backen.
• Den Kuchen auf ein Kuchengitter stürzen, mit den Kokosraspel bestreuen und erkalten lassen.

Ganz einfach

Amerikanischer Kranzkuchen

Zutaten für 1 Kranzform von 26 cm Ø:
100 g Walnußkerne · 500 g säuerliche Äpfel ·
Saft von ½ Zitrone · 200 g weiche Butter ·
250 g Zucker · 1 Päckchen Vanillinzucker ·
1 Prise Salz · 3 Eier · 375 g Mehl ·
2½ Teel. Backpulver · 2 Teel. Zimt
Für den Guß: 150 g Puderzucker · 2 Eßl. Rum
Für die Form: Butter · Semmelbrösel
Bei 12 Stücken pro Stück etwa 1 745 Joule/
415 Kalorien

Zubereitungszeit: 40 Minuten
Backzeit: 1 Stunde und 10 Minuten

• Die Walnüsse grobhacken. Die Äpfel vierteln, schälen, vom Kerngehäuse befreien und auf einer Reibe raspeln. In eine Schüssel geben und mit dem Zitronensaft beträufeln.

159

• Die Butter mit dem Zucker, dem Vanillinzucker und dem Salz cremig rühren, bis der Zucker ganz aufgelöst ist. Die Eier dazugeben und gut unterrühren.

• Die Form einfetten* und mit Semmelbröseln ausstreuen*. Den Backofen auf 180° vorheizen.

• Das Mehl mit dem Backpulver und dem Zimt sieben* und nach und nach in die Crememasse einrühren. Die Walnüsse und die Äpfel in den Teig mengen.

• Den Teig in die Form füllen und auf der mittleren Schiene 1 Stunde und 10 Minuten backen.

• Den Kuchen auf ein Kuchengitter stürzen und etwas abkühlen lassen*.

• Den Puderzucker mit dem Rum glattrühren und den Kranzkuchen damit überziehen*.

Braucht etwas Zeit · Nicht ganz einfach

Ofenkater

Zutaten für 1 Kastenform von 30 cm Länge:
40 g Hefe · ¼ l lauwarme Milch · 500 g Mehl ·
100 g Zucker · 100 g weiche Butter · 2 Eier ·
1 Prise Salz · abgeriebene Schale von ½ unbehandelten Zitrone · 250 g durchwachsener Speck in dünnen Scheiben · 750 g kleine Birnen ·
Saft von 1 Zitrone
Bei 10 Stücken pro Portion etwa 2165 Joule/515 Kalorien

Zubereitungszeit: 40 Minuten
Zeit zum Gehenlassen: 40 Minuten
Backzeit: etwa 45 Minuten

• Die Hefe in ein Töpfchen bröckeln und mit 4 Eßlöffeln Milch glattrühren.

• Das Mehl in eine Schüssel sieben*. Die aufgelöste Hefe, die restliche Milch, den Zucker, die Butter, die Eier, das Salz und die Zitronenschale

hinzufügen. Alles gut vermengen und den Teig so lange schlagen, bis er sich vom Schüsselrand löst und Blasen wirft. Die Schüssel mit einem Tuch zudecken und den Teig an einem warmen Platz etwa 40 Minuten gehen lassen*, bis er das doppelte Volumen erreicht hat.

• Die Kastenform mit dem Speck auslegen.

• Die Birnen vierteln, schälen, von Kerngehäuse befreien und mit dem Zitronensaft beträufeln.

• Den Backofen auf 220° vorheizen.

• Den Teig noch einmal durchschlagen und gut die Hälfte davon in die Form füllen. Die Birnenviertel dicht nebeneinander darauflegen und mit dem restlichen Teig zudecken und auf der zweiten Schiene von unten 45 Minuten backen.

• Den Ofenkater aus der Form stürzen, in 10 Portionsstücke schneiden und warm servieren. Dazu schmeckt ein beliebiges Kompott oder eine Fruchtsauce.

Etwas teurer · Ganz einfach

Eischwerkuchen

Bei diesem Rührteigkuchen werden alle Hauptzutaten zu gleichen Teilen verwendet. Man wiegt die ganzen Eier ab und rührt den Teig mit Butter, Zucker und Mehl gleichen Gewichts.

Zutaten für 1 Kastenform von 30 cm Länge:
4 eischwer Butter · 4 eischwer Zucker · 4 Eier ·
abgeriebene Schale von 1 unbehandelten Zitrone ·
4 eischwer Mehl
Für die Form: Butter · Semmelbrösel
Bei 15 Stücken pro Stück etwa 1135 Joule/270 Kalorien

Zubereitungszeit: 35 Minuten
Backzeit: 1 Stunde und 10 Minuten

• Die Butter schaumig rühren. Nach und nach den Zucker, die Eier und die Zitronenschale hinzufügen und alles sehr cremig rühren.
• Die Form einfetten* und mit Semmelbröseln ausstreuen*. Den Backofen auf 190° vorheizen.
• Das Mehl auf die Buttermischung sieben* und gut unterrühren.
• Den Teig in die Form geben, die Oberfläche glattstreichen. Den Kuchen auf der untersten Schiene des Ofens 1 Stunde und 10 Minuten backen. Nach 1 Stunde die Garprobe* machen.
• Den Kuchen 5 Minuten mit einem Tuch zugedeckt abkühlen lassen*, aus der Form stürzen und auf einem Kuchengitter erkalten lassen.

Unser Tip Sie können den hervorragenden Kuchen noch feiner herausputzen, wenn Sie ihn mit Kuvertüre* überziehen* und mit Mandelblättchen bestreuen oder mit einer Puderzuckerglasur bestreichen und mit kandierten Fruchtstückchen garnieren.

Ganz einfach

Feiner Sandkuchen

Zutaten für 1 Kastenform von 30 cm Länge:
250 g weiche Butter · 250 g Zucker · 4 große Eier · 1 Päckchen Vanillinzucker · 2 Eßl. Rum · 125 g Mehl · 125 g Speisestärke · ½ Teel. Backpulver
Zum Bestreichen: etwa 200 g Aprikosenkonfitüre
Für die Glasur: 200 g Puderzucker · 2 Eßl. Rum · 1 Eßl. warmes Wasser
Für die Form: Butter · Mehl
Bei 15 Stücken pro Stück etwa 1595 Joule/ 380 Kalorien

Zubereitungszeit: 45 Minuten
Backzeit: 1 Stunde

• Die Butter schaumig rühren. Abwechselnd den Zucker und die Eier nach und nach hinzufügen und so lange weiterrühren, bis eine helle Creme entsteht. Den Vanillinzucker und den Rum untermischen.
• Die Form einfetten* und mit Mehl ausstäuben*. Den Backofen auf 180° vorheizen.
• Das Mehl mit der Speisestärke und dem Backpulver mischen, auf die Creme sieben und gut unterrühren.
• Den Teig in die Form füllen und auf der zweiten Schiene von unten im Ofen 1 Stunde backen. Nach etwa der Hälfte der Backzeit die Temperatur auf 200° hochschalten. Nach 1 Stunde die Garprobe* machen! Den fertigen Kuchen in der Form etwas abkühlen lassen*, dann auf ein Kuchengitter stürzen.
• Die Aprikosenkonfitüre unter Rühren erhitzen, durch ein Sieb streichen und den kalten Kuchen damit überziehen*. Den Puderzucker sieben*, mit dem Rum und dem Wasser glattrühren und über die getrocknete Aprikosenschicht streichen.

Unser Tip Nach Ende der angegebenen Garzeit ist es besonders bei Rührteigen angebracht, die Garprobe zu machen. Stechen Sie mit einem Hölzchen den Kuchen an der dicksten Stelle ein. Wenn keine Teigreste am Hölzchen haften bleiben, ist der Kuchen gar.

Preiswert · Ganz einfach

Barbara-Kuchen

Zutaten für 1 Kastenform von 30 cm Länge:
200 g weiche Butter · 250 g Zucker · 4 Eier ·
abgeriebene Schale von 1 unbehandelten Zitrone ·
125 g Mehl · 125 g Speisestärke · ½ Teel. Back-
pulver
Für den Guß: 150 g Puderzucker · 4 Eßl. Zitro-
nensaft
Für die Form: Butter · Grieß
Bei 15 Stücken pro Stück etwa 1 240 Joule/
295 Kalorien

Zubereitungszeit: 25 Minuten
Backzeit: etwa 1 Stunde und 20 Minuten

● Die Butter geschmeidig rühren. Abwechselnd
den Zucker und die Eier hinzufügen und alles zu
einer cremigen Masse rühren. Die Zitronenschale dazugeben.
● Das Mehl mit der Speisestärke und dem Backpulver sieben* und löffelweise in die Crememasse rühren.
● Den Backofen auf 175° vorheizen. Die
Kastenform einfetten* und mit Grieß ausstreuen*.
● Den Teig in die Form füllen und auf der zweiten Schiene von unten im Ofen etwa 1 Stunde
und 10 Minuten backen. Nach 20 Minuten Backzeit den Kuchen in der Mitte einmal längs einschneiden.
● Den Puderzucker mit dem Zitronensaft verrühren.
● Den fertigen Kuchen mit einem Holzspießchen mehrmals einstechen und den noch heißen
Kuchen mit der Glasur überziehen*. Den Barbara-Kuchen nach dem Erkalten aus der Form
nehmen.

Preiswert · Ganz einfach

Tiroler Kuchen

Zutaten für 1 Kastenform von 28 cm Länge:
200 g Haselnußkerne · 200 g Blockschokolade ·
6 Eier · 200 g weiche Butter · 200 g Zucker ·
abgeriebene Schale von 1 unbehandelten Zitrone ·
1 gehäufter Eßl. Zimt · 125 g Mehl ·
1 Teel. Backpulver · 1 Prise Salz
Zum Besieben: 2 Eßl. Puderzucker
Für die Form: Butter
Bei 20 Stücken pro Stück 1 240 Joule/
295 Kalorien

Zubereitungszeit: 40 Minuten
Backzeit: 1 Stunde

● Die Haselnüsse durch die Mandelmühle* drehen. Die Blockschokolade in kleine Stücke zerbröckeln. Die Eier in Eiweiß und Eigelb trennen*.
● Die Butter mit dem Zucker schaumig rühren.
Ein Eigelb nach dem anderen dazurühren. Die
Zitronenschale und den Zimt hinzufügen. Das
Mehl mit dem Backpulver sieben* und löffelweise mit den gemahlenen Nüssen in die Fettmi-
schung einrühren.
● Die Kastenform ausfetten*. Den Backofen
auf 190° vorheizen.
● Das Eiweiß mit dem Salz zu steifem Schnee
schlagen* und unter den Teig heben*. Die Schokoladenstückchen einmengen.
● Den Teig in die Form füllen und auf der mitt-
leren Schiene des Ofens 1 Stunde backen.
● Den Kuchen in der Form etwas abkühlen lassen, dann auf ein Kuchengitter stürzen und mit
Puderzucker besieben*.

Ganz einfach

Vronis Marmorkuchen

Die gastfreundlichen fröhlichen Kaffeeklatsch-
runden unserer Freundin Vroni sind im ganzen
Sprengel beliebt, nicht nur wegen ihres ausge-
zeichneten Backwerks. Sie ist eine geniale Haus-
frau, die zwar gerne, aber bloß nicht zu lange in
der Küche werkeln mag. Was lag näher, als ihr
einige Spezialrezepte abzuluchsen.

Zutaten für 1 Kastenform von 26 cm Länge:
280 g weiche Butter · 260 g Zucker · 1 Päckchen
Vanillinzucker · 4 Eier · 1 Prise Salz ·
280 g Mehl · 1 Päckchen Backpulver ·
2 Eßl. Schokoladenpulver · 3 Eßl. Milch
Für die Form: Butter
Bei 16 Stücken pro Stück etwa 1 325 Joule/
315 Kalorien

Zubereitungszeit: 35 Minuten
Backzeit: 1 Stunde

• Die Butter mit dem Zucker und dem Vanillinzucker cremig rühren, bis sich der Zucker ganz
aufgelöst hat (2 Eßlöffel Zucker zurückbehalten).
• Die Eier in Eiweiß und Eigelb trennen*. Das
Eigelb in die Crememasse rühren. Das Eiweiß
mit dem Salz zu steifem Schnee schlagen*.
• Das Mehl mit dem Backpulver sieben* und
nach und nach in die Buttermischung rühren.
Den Eischnee unterheben*.
• Die Form einfetten*. Den Backofen auf
200–220° vorheizen.
• Das Schokoladenpulver mit dem zurückbehaltenen Zucker und der Milch in einer zweiten
Schüssel verrühren, ein Drittel des Teiges dazugeben und alles gut vermengen.
• Die Hälfte des hellen Teiges in die Form
füllen, den dunklen Teig darübergeben und als

letzte Schicht die zweite Hälfte des hellen Teiges
hinzufügen.
• Den Kuchen im Ofen auf der zweiten Schiene
von unten 1 Stunde backen.

Ganz einfach

Kissinger Nußkuchen

Zutaten für 1 Kastenform von 28 cm Länge:
250 g Haselnußkerne · 75 g zartbittere Schoko-
lade · 250 g weiche Butter · 250 g Puderzucker ·
4 Eier · ½ Tasse Milch · knapp 400 g Mehl ·
1 Päckchen Backpulver
Für die Form: Butter · Semmelbrösel
Bei 18 Stücken pro Stück etwa 1 640 Joule/
390 Kalorien

Zubereitungszeit: 45 Minuten
Backzeit: etwa 50 Minuten

• Die Haselnüsse durch die Mandelmühle* drehen. Die Schokolade grobreiben.
• Die Butter geschmeidig rühren. Den Puderzucker darübersieben*. Ein Ei nach dem anderen und die Milch hinzufügen und alles zu einer
sehr cremigen Masse rühren.
• Die Form einfetten* und mit Semmelbröseln
ausstreuen*. Den Backofen auf 200–220° vorheizen.
• Das Mehl mit dem Backpulver sieben* und
portionsweise in die Crememasse einrühren. Die
Haselnüsse und die Schokolade unter den Teig
mengen.
• Den Teig in die Form füllen und auf der zweiten Schiene von unten im Ofen etwa 50 Minuten
backen.
• Mit einem Hölzchen die Garprobe* machen,
den Kuchen dann auf ein Kuchengitter stürzen
und auskühlen lassen*.

Braucht etwas Zeit · Ganz einfach

Budapester Schokoladenkuchen

Zutaten für 1 Kastenform von 30 cm Länge:
200 g Haselnußkerne · 200 g bittere Schokolade ·
6 Eier · 200 g weiche Butter · 200 g Farin-
zucker* · 2 Eßl. Rum · 100 g Mehl ·
½ Teel. Kardamom
Für die Glasur: 200 g Kuvertüre
Für die Form: Butter
Bei 20 Stücken pro Stück etwa 1 450 Joule/
345 Kalorien

Zubereitungszeit: 40 Minuten
Backzeit: 1 Stunde und 15 Minuten

• 150 g Haselnüsse durch die Mandelmühle*
drehen, den Rest grobhacken. Die Schokolade
zerbrechen und in Bröckchen hacken. Die Eier
in Eiweiß und Eigelb trennen*.
• Die Butter mit dem Farinzucker* und dem
Eigelb cremig rühren, bis der Zucker ganz aufgelöst ist. Den Rum, die gemahlenen und die
gehackten Nüsse und die Schokolade in die
Crememasse mischen. Das Mehl sieben*, mit
dem Kardamom mischen und löffelweise in den
Teig rühren.
• Die Kastenform gut einfetten*. Den Backofen
auf 170° vorheizen.
• Das Eiweiß zu steifem Schnee schlagen* und
unter den Teig heben*.
• Den Teig in die Form füllen und auf der zweiten Schiene des Ofens 1 Stunde und 15 Minuten
backen. Mit einem Hölzchen die Garprobe*
machen.
• Den Schokoladenkuchen aus der Form lösen
und auf einem Kuchengitter abkühlen lassen*.
• Die Kuvertüre im Wasserbad* schmelzen*
lassen und den Kuchen damit überziehen*.

Braucht etwas Zeit · Ganz einfach

Königskuchen

Zutaten für 1 Kastenform von 30 cm Länge:
je 100 g Rosinen und Korinthen · 250 g weiche
Butter · 200 g Zucker · 1 Päckchen Vanillin-
zucker · 1 Prise Salz · 5 Eier · 350 g Mehl ·
150 g Speisestärke · 3 Teel. Backpulver ·
4 Eßl. Arrak · je 50 g feingewürfeltes Zitronat und
Orangeat · 100 g Mandelstifte
Für die Form: Butter · Mehl
Bei 20 Stücken pro Stück etwa 1 385 Joule/
330 Kalorien

Zubereitungszeit: 45 Minuten
Backzeit: 1 Stunde und 30 Minuten

• Die Rosinen und Korinthen heiß waschen,
auf Küchenkrepp trocknen lassen, dann leicht in
etwas Mehl wenden.
• Die Butter mit dem Zucker, dem Vanillinzuck-
ker und dem Salz sehr schaumig rühren. Die Eier
nacheinander untermischen.
• Die Kastenform einfetten* und mit Mehl aus-
stäuben*. Den Backofen auf 180° vorheizen.
• Das Mehl mit der Speisestärke und dem Backpulver über die Schaummasse sieben* und untermischen. Den Arrak, das Zitronat, das Orangeat,
die Mandelstifte, die Rosinen und Korinthen in
den Teig mengen.
• Den Teig in die Form füllen und im Backofen
auf der untersten Schiene 1 Stunde und 30 Minuten backen. Nach 1 Stunde und 15 Minuten die
Garprobe* machen und den Kuchen eventuell
gegen Ende der Backzeit mit Pergamentpapier
abdecken, damit er nicht zu braun wird.
• Den Kuchen auf einem Kuchengitter abkühlen lassen* und auf der Oberfläche 20 Stücke
markieren.

Etwas teurer · Braucht etwas Zeit

Früchtekuchen

Zutaten für 1 Kastenform von 30 cm Länge:
Für die Fruchtmischung: 250 g Rosinen · 1 Tasse
Rum · 50 g entsteinte Datteln · 50 g getrocknete
Apfelringe · je 125 g getrocknete Aprikosen und
entsteinte Backpflaumen · 175 g Haselnußkerne ·
je 50 g feingewürfeltes Zitronat und Orangeat
Für den Teig: 4 Eier · 125 g Farinzucker ·*
125 g feine Haferflocken (Schmelzflocken) ·
½ Päckchen Vanillesaucenpulver · 1 Teel. Back-
pulver
Für die Form: Butter · Mehl
Bei 30 Stücken pro Stück etwa 755 Joule/
180 Kalorien

Zubereitungszeit: 50 Minuten
Zeit zum Quellen: 24 Stunden
Backzeit: 1 Stunde und 30 Minuten

• Die Rosinen heiß waschen, abtropfen lassen
und auf Küchenkrepp trocknen lassen. Die Rosinen mit dem Rum übergießen und 24 Stunden
zugedeckt quellen lassen*.
• Die Datteln kleinschneiden. Die Apfelringe,
die Aprikosen und die Backpflaumen ebenfalls
in kleine Stücke schneiden. Die Haselnußkerne
halbieren.
• Die Eier mit dem Zucker cremig schlagen. Die
Haferflocken mit dem Vanillesaucenpulver und
dem Backpulver mischen und nach und nach in
die Crememasse rühren.
• Die Form einfetten* und mit Mehl ausstäuben*. Den Backofen auf 175° vorheizen.
• Die zerkleinerten Datteln, Apfelringe, Aprikosen, Backpflaumen und Nüsse sowie das Zitronat, das Orangeat und die Rosinen mit dem Rum
in den Teig mengen.
• Den Teig in die Form füllen und im Ofen auf
der zweiten Schiene von unten 1 Stunde und

30 Minuten backen. Nach 45 Minuten Backzeit
die Form mit Alufolie abdecken, damit der
Kuchen oben nicht zu fest wird.
• Den Kuchen in der Form etwas abkühlen*,
dann auf einem Kuchengitter kalt werden lassen.

Unser Tip In Alufolie verpackt und an
einem kühlen Platz aufbewahrt hält sich
der Kuchen wochenlang. Sein Aroma
wird dadurch noch besser.

Ganz einfach

Ingwerkuchen

Zutaten für 1 Kastenform von 30 cm Länge:
60 g in Sirup eingelegte Ingwerpflaumen ·
50 g weiche Butter · 80 g Zucker · 400 g flüssiger
Honig · ⅛ l Milch · 300 g Mehl · 1 Teel. Back-
pulver · ½ Teel. Ingwerpulver
Für die Glasur: 200 g Puderzucker · 2 Teel. Rum
Für die Form: Butter
Bei 15 Stücken pro Stück etwa 1175 Joule/
280 Kalorien

Zubereitungszeit: 35 Minuten
Backzeit: 1 Stunde und 30 Minuten

• Die Ingwerpflaumen in Würfel schneiden.
• Die Butter schaumig rühren. Den Zucker, den
Honig und die Milch hinzufügen und alles zu
einer cremigen Masse verrühren.
• Das Mehl mit dem Backpulver und dem
Ingwerpulver sieben* und nach und nach unter
die Honigcreme rühren.
• Den Backofen auf 175–180° vorheizen. Die
Kastenform einfetten*.
• Die Ingwerwürfel vorsichtig in den Teig men-

gen. Den Teig in die Form füllen und auf der mittleren Schiene des Ofens 1 Stunde und 30 Minuten backen.
• Den Puderzucker mit dem Rum zu einer dikken Glasur rühren.
• Den Ingwerkuchen etwas abkühlen lassen*, auf ein Kuchengitter stürzen und mit der Puderzuckerglasur überziehen*.

Braucht etwas Zeit · Ganz einfach

Madeirakuchen

Zutaten für 1 Kastenform von 24 cm Länge:
je 50 g Rosinen, Cocktailkirschen und feingehacktes Zitronat und Orangeat · ¼ l Madeirawein ·
200 g weiche Butter · 150 g Zucker · 4 Eier ·
abgeriebene Schale von 1 unbehandelten Zitrone ·
180 g Mehl · 1 Teel. Backpulver
Für die Form: Butter · Semmelbrösel
Bei 12 Stücken pro Stück etwa 1385 Joule/
330 Kalorien

Ruhezeit: 12 Stunden
Zubereitungszeit: 20 Minuten
Backzeit: 1 Stunde

• Die Rosinen heiß waschen, abtropfen lassen und auf Küchenkrepp trocknen lassen. Die Cocktailkirschen vierteln. Die Rosinen, die Cocktailkirschen, das Zitronat und das Orangeat in einer kleinen Schüssel mischen, mit dem Madeirawein übergießen und zugedeckt 12 Stunden ziehen lassen.
• Die Butter mit dem Zucker schaumig rühren. Nach und nach die Eier und dann die Zitronenschale einrühren. Das Mehl mit dem Backpulver darübersieben* und unter die Masse rühren. Die marinierten Früchte abtropfen lassen und unter den Teig mengen.

• Den Backofen auf 180° vorheizen. Die Kastenform einfetten* und mit Semmelbröseln ausstreuen*.
• Den Teig in die Form füllen und auf der untersten Schiene des Ofens 1 Stunde backen.
• Den fertigen Kuchen in der Form abkühlen lassen*, dann auf ein Kuchengitter stürzen.

Braucht etwas Zeit

Klassischer Englischer Kuchen

Bild Seite 176

Dieser Kuchen ist nichts für eilige Köche, denn oberstes Gesetz heißt hier Geduld. Da er kein zusätzliches Triebmittel enthält, muß der Teig zunächst langsam handgerührt und dann ebenso langsam gebacken werden. Dafür hält sich dieser altenglische Kuchen in Alufolie kühl aufbewahrt gut ein halbes Jahr frisch.

Zutaten für 1 Kastenform von 24 cm Länge:
250 g Sultaninen · 175 g weiche Butter ·
3 Eigelb · 250 g Zucker · abgeriebene Schale von
½ unbehandelten Zitrone · 60 g gewürfeltes
Zitronat · 60 g gewürfeltes Orangeat ·
1 Eßl. Arrak oder Rum · 5 Eiweiß · 250 g Mehl
Für die Form: Butter · Mehl
Bei 15 Stücken pro Stück etwa 1300 Joule/
310 Kalorien

Zubereitungszeit: 50 Minuten
Backzeit: 1 Stunde–1 Stunde und 15 Minuten

• Die Sultaninen waschen, abtropfen lassen und auf Küchenkrepp trocknen.
• Die Butter in einer Schüssel sehr schaumig

rühren. Ein Eigelb nach dem anderen und den Zucker eßlöffelweise abwechselnd in die Butter mengen. Die Zitronenschale hinzufügen.
• Nacheinander die Sultaninen, das Zitronat, das Orangeat und den Arrak oder den Rum einrühren.
• Das Eiweiß zu steifem Schnee schlagen*.
• Den Backofen auf 170° vorheizen.
• Die Hälfte des Mehls über die Teigmasse sieben* und mit der Hälfte des Eischnees einrühren. Mit dem Rest des Mehls und dem Rest des Eischnees ebenso verfahren.
• Die Kastenform gut mit Butter einfetten* und mit Mehl ausstäuben*.
• Den Teig in die Form füllen, die Oberfläche glattstreichen. Den Kuchen auf der untersten Schiene des Ofens etwa 1 Stunde und 15 Minuten backen.
• Den Kuchen in der Form 20 Minuten abkühlen lassen*, dann auf ein Kuchengitter stürzen.

Braucht etwas Zeit

Marzipankuchen

Zutaten für 1 Kastenform von 26 cm Länge:
200 g Marzipan-Rohmasse* · 200 g Ananasscheiben aus der Dose · 3 Eier · 175 g weiche Butter ·
1 Eßl. Mandellikör · 150 g Zucker · 1 Päckchen Vanillinzucker · 200 g Mehl · 50 g Speisestärke ·
1 Teel. Backpulver · 1 Prise Salz
Für die Glasur: 200 g zartbittere Schokolade ·
1 Teel. Kokosfett
Für die Form: Butter · Semmelbrösel
Bei 16 Stücken pro Stück etwa 1 490 Joule/ 355 Kalorien

Zubereitungszeit: 40 Minuten
Backzeit: etwa 1 Stunde und 10 Minuten

• Die Marzipan-Rohmasse zerbröckeln. Die Ananasscheiben abtropfen lassen. Die Eier in Eiweiß und Eigelb trennen*.
• Die Butter cremig rühren und die Marzipan-Rohmasse nach und nach hinzufügen. Den Mandellikör dazugießen, den Zucker und den Vanillinzucker einrieseln lassen und ein Eigelb nach dem anderen dazugeben. Alles so lange kräftig rühren, bis der Zucker ganz aufgelöst ist.
• Die Form einfetten* und mit Semmelbröseln ausstreuen*. Den Backofen auf 180–200° vorheizen.
• Die Ananasscheiben in kleine Würfel schneiden. Das Mehl mit der Speisestärke und dem Backpulver sieben* und nach und nach in die Crememasse rühren.
• Das Eiweiß mit dem Salz zu steifem Schnee schlagen* und mit den Ananaswürfeln locker unter den Teig heben.
• Den Teig in die Form füllen, die Oberfläche glattstreichen. Den Kuchen auf der zweiten Schiene von unten im Ofen 60–70 Minuten backen.
• Den Marzipankuchen etwas abkühlen lassen, dann auf ein Kuchengitter stürzen und völlig erkalten lassen.
• Die Schokolade zerbröckeln und mit dem Kokosfett im Wasserbad* unter Rühren schmelzen* lassen. Den Kuchen mit der Glasur überziehen. Gut trocknen lassen.

Preiswert · Braucht etwas Zeit

Kastenpickert

Die Westfalen mögen es gerne deftig. Der Kartoffelkuchen allein reicht ihnen nicht, er wird auch kalt in Scheiben geschnitten, in Butter kroß gebraten und möglichst noch mit Rübensirup* oder Honig bestrichen zum Kaffee serviert.

Zutaten für 1 Kastenform von 26 cm Länge:
40 g Hefe · 50 g Zucker · 5 Eßl. lauwarme
Milch · 750 g Kartoffeln · 5 Eier · 1 Prise Salz ·
375 g Mehl · 200 g Rosinen
Für die Form: Butter
Zum Braten: 75 g Butter
Bei 20 Stücken pro Stück etwa 800 Joule/
190 Kalorien

Zubereitungszeit: 40 Minuten
Zeit zum Gehenlassen: 1 Stunde und 10 Minuten
Backzeit: etwa 1 Stunde

• Die Hefe in ein Töpfchen bröckeln und mit
1 Eßlöffel Zucker und der Milch verrühren.
Zugedeckt an einem warmen Platz 15 Minuten
gehen lassen*.
• Die Kartoffeln waschen, schälen und feinras-
peln. Die geriebenen Kartoffeln in einem Tuch
auspressen und in eine Schüssel geben.
• Die Eier in Eigelb und Eiweiß trennen*. Das
Eigelb, das Salz und den restlichen Zucker mit
den Kartoffeln vermengen. Einen Teil des Mehls
und die aufgelöste Hefe einrühren. Das restliche
Mehl einarbeiten.
• Das Eiweiß zu sehr steifem Schnee schlagen*
und unter den Teig heben*. Zugedeckt an einem
warmen Platz 30 Minuten gehen lassen.
• Die Rosinen waschen und auf Küchenkrepp
trocknen. Die Form einfetten*.
• Die Rosinen in den Teig kneten. Den Teig in
die Form füllen und nochmals 25 Minuten gehen
lassen.
• Den Backofen auf 200° vorheizen. Den
Kuchen auf der mittleren Schiene etwa 1 Stunde
backen.
• Den Kastenpickert aus der Form lösen und
auf einem Kuchengitter erkalten lassen*, dann in
Scheiben schneiden.
• Die Butter in einer Pfanne heiß werden lassen
und die Pickertscheiben darin von beiden Seiten
goldbraun braten. Heiß servieren.

Braucht etwas Zeit · Nicht ganz einfach

Rosenkuchen

Zutaten für 1 Springform von 26 cm Ø :
Für den Teig: 500 g Mehl · 40 g Hefe ·
50 g Zucker · knapp ¼ l lauwarme Milch ·
50 g weiche Butter
Für die Füllung: je 50 g Rosinen und Korinthen ·
80 g Haselnußkerne · 50 g feingewürfeltes
Zitronat · 50 g Zucker · ½ Teel. Zimt
Zum Bestreichen: 3 Eßl. zerlassene Butter
Für die Glasur: 200 g Puderzucker · 2 Eßl. Arrak ·
1 Eßl. warmes Wasser
Für die Form: Butter
Bei 12 Stücken pro Stück etwa 1 680 Joule/
400 Kalorien

Zubereitungszeit: 50 Minuten
Zeit zum Gehenlassen: 1 Stunde
Backzeit: 35–45 Minuten

• Das Mehl in eine Schüssel sieben*, in die Mitte eine Mulde drücken. Die Hefe in die Vertiefung bröckeln, mit 1 Teelöffel Zucker, der Hälfte
der Milch und etwas Mehl zu einem Vorteig*
verrühren. Mit einem Tuch zugedeckt an einem
warmen Platz 15–20 Minuten gehen lassen*.
• Den restlichen Zucker, die restliche Milch und
die Butter auf den Mehlrand geben, alles gut verkneten* und so lange schlagen, bis sich der Teig
vom Schüsselrand löst und Blasen wirft. Den
Teig an einem warmen Platz so lange gehen lassen*, bis er das doppelte Volumen erreicht hat;
das dauert 25–30 Minuten.
• Die Rosinen und Korinthen heiß waschen
und auf Küchenkrepp trocknen lassen. Die Nüsse durch die Mandelmühle* drehen.
• Die Rosinen, die Korinthen, das Zitronat und
die gemahlenen Nüsse in einer Schüssel mit dem
Zucker und dem Zimt gut mischen und beiseite
stellen.

- Die Form einfetten*.
- Die Arbeitsfläche leicht mit Mehl bestäuben und den Hefeteig darauf etwa 3 mm dick zu einem Rechteck ausrollen*. Die Teigplatte mit der Hälfte der zerlassenen Butter bestreichen und die vorbereitete Füllung darauf verteilen. Die Teigplatte von der Breitseite her aufrollen. Die Rolle in etwa 5 cm breite Stücke schneiden und diese mit den Schnittseiten nach oben und unten nebeneinander in die Springform stellen. Mit der restlichen Butter bepinseln und nochmals 15 Minuten gehen lassen*.
- Den Backofen auf 180–200° vorheizen.

Für den Rosenkuchen schneidet man den gefüllten, aufgerollten Teig in Scheiben, die dann in die Form geschichtet werden.

- Den Kuchen im Ofen auf der zweiten Schiene von unten 35–45 Minuten backen.
- Den fertigen Kuchen in der Form etwas abkühlen lassen*, dann auf ein Kuchengitter stürzen.
- Aus dem Puderzucker, dem Arrak und dem Wasser eine Glasur rühren und den noch heißen Rosenkuchen damit überziehen*.

Etwas teurer · Braucht etwas Zeit

Simnelkuchen

Der gehaltvolle Kuchen wird in England nach einem Jahrhunderte alten Rezept zum Muttertag gebacken.

Zutaten für 1 Springform von 20 cm Ø :
Für den Teig: je 200 g Sultaninen und Korinthen ·
170 g weiche Butter · 170 g Zucker · 1 Prise Salz ·
4 Eier · 170 g Mehl · ½ Teel. Backpulver ·
1 Teel. Zimt · je 1 Prise Nelkenpulver, Kardamom
und Muskatblüte · 75 g gewürfeltes Zitronat
Für die Füllung: 500 g Marzipan-Rohmasse ·*
175 g Puderzucker
Zum Bestreichen: 1 Eiweiß
Für die Form: Butter · Semmelbrösel
Bei 16 Stücken pro Stück etwa 1910 Joule/
455 Kalorien

Zubereitungszeit: 1 Stunde
Ruhezeit: 1 Stunde
Backzeit: 1 Stunde und 30 Minuten

- Die Sultaninen und die Korinthen heiß waschen und auf Küchenkrepp trocknen.
- Die Butter mit dem Zucker und dem Salz cremig rühren, bis der Zucker ganz aufgelöst ist. Die Eier nach und nach unterrühren.
- Das Mehl mit dem Backpulver, dem Zimt, dem Nelkenpulver, dem Kardamom und der Muskatblüte mischen und unter die Crememasse rühren. Die Rosinen, die Korinthen und das Zitronat in den Teig mengen.
- Die Form einfetten* und mit Semmelbröseln ausstreuen*. Die Hälfte des Teiges hineinfüllen.
- Den Backofen auf 160° vorheizen.
- Die Marzipan-Rohmasse mit dem Puderzucker verkneten.
- Die Arbeitsfläche mit Puderzucker besieben*. Die Hälfte der Marzipanmasse darauf zu einer

runden Platte von 20 cm Durchmesser ausrollen und auf den Teig in die Springform legen. Den restlichen Teig daraufstreichen. Den Kuchen auf der mittleren Schiene des Ofens 1 Stunde und 30 Minuten backen.

• Den Kuchen noch 30 Minuten im ausgeschalteten Backofen stehen lassen. Dann auf ein Kuchengitter stürzen und völlig erkalten lassen.

• Die restliche Marzipanmasse auf der mit Puderzucker bestäubten Arbeitsfläche zu einer Platte von 30 cm Durchmesser ausrollen.

• Die Oberfläche des Kuchens mit dem verquirlten Eiweiß bestreichen. Die Marzipanplatte darauflegen und fest andrücken, am Rand entlang mit dem Daumen Wellen eindrücken.

• Den fertigen Kuchen unter dem Grill in etwa 3 Minuten goldbraun werden lassen.

Preiswert · Ganz einfach

Kubanischer Rumkuchen

Zutaten für 1 Springform von 22 cm ⌀ :
175 g weiche Butter · 200 g Zucker · 5 Eier ·
250 g Mehl · 75 g Maismehl · 1 Päckchen Back-
pulver · 5 Eßl. Rum · je 2 Eßl. Zitronen- und
Orangensaft · abgeriebene Schale von je 1 unbe-
handelten Zitrone und Orange
Für die Form: Butter · Mehl
Bei 12 Stücken pro Stück etwa 1 405 Joule/
335 Kalorien

Zubereitungszeit: 20 Minuten
Backzeit: 1 Stunde

• Die Butter mit dem Zucker cremig rühren, bis der Zucker ganz aufgelöst ist. Die Eier nach und nach hinzufügen.

• Die Form einfetten* und mit Mehl ausstäuben*. Den Backofen auf 180° vorheizen.

• Das Mehl mit dem Maismehl und dem Backpulver mischen, über die Crememasse sieben* und unterrühren.

• Den Rum, den Zitronen- und den Orangensaft eßlöffelweise einrühren. Die Zitronen- und Orangenschale dazugeben.

• Den Teig in die Form füllen, die Oberfläche glattstreichen. Den Kuchen auf der untersten Schiene des Ofens 1 Stunde backen.

• Den Rumkuchen aus der Form lösen und auf einem Kuchengitter auskühlen lassen.

Preiswert · Ganz einfach

Pumpernickelkuchen

Zutaten für 1 Springform von 24 cm ⌀ :
50 g ungeschälte Mandeln · 175 g Pumpernickel ·
4 Eier · 125 g weiche Butter · 175 g Zucker · je
1 Teel. Zimt und Vanillinzucker · ½ Teel. Nelken-
pulver · 1 Teel. Backpulver
Für die Form: Butter · Semmelbrösel
Bei 12 Stücken pro Stück etwa 1 135 Joule/
270 Kalorien

Zubereitungszeit: 45 Minuten
Backzeit: 30 Minuten

• Die Mandeln durch die Mandelmühle* drehen. Den Pumpernickel feinreiben. Die Eier in Eiweiß und Eigelb trennen*.

• Die Butter mit dem Zucker schaumig rühren. Ein Eigelb nach dem anderen und den Zimt, den Vanillinzucker und das Nelkenpulver dazugeben und weiterrühren, bis eine helle Creme entsteht.

• Die Form einfetten* und mit Semmelbröseln ausstreuen*. Den Backofen auf 200° vorheizen.

• Den geriebenen Pumpernickel mit dem Back-

pulver mischen und mit den Mandeln in die Schaummasse rühren.
• Das Eiweiß zu steifem Schnee schlagen* und unter den Teig heben. Den Teig in die Form füllen und glattstreichen. Den Kuchen auf der mittleren Schiene etwa 30 Minuten backen.

Etwas teurer · Braucht etwas Zeit

Irischer Weihnachtskuchen

Zutaten für 1 Springform von 22 cm Ø :
125 g abgezogene Mandeln · 50 g Walnußkerne ·
250 g kandierte Kirschen · 250 g weiche Butter ·
250 g Zucker · 4 Eier · 250 g Mehl
Für die Form: Butter · Mehl
Bei 12 Stücken pro Stück etwa 2185 Joule/ 520 Kalorien

Zubereitungszeit: 40 Minuten
Backzeit: etwa 2 Stunden

• Die Mandeln und die Walnußkerne grobhakken. Die kandierten Kirschen halbieren.
• Die Butter mit dem Zucker cremig rühren, bis der Zucker ganz aufgelöst ist. Ein Ei nach dem anderen hinzufügen. Die Mandeln und die Walnüsse in die Crememasse mengen.
• Die Form einfetten* und mit Mehl ausstäuben*. Den Backofen auf 175° vorheizen.
• Die Kirschen mit dem Mehl mischen und eßlöffelweise unter den Teig rühren.
• Den Teig in die Form füllen, die Oberfläche glattstreichen. Den Kuchen auf der mittleren Schiene des Ofens etwa 2 Stunden backen.
• Den Weihnachtskuchen in der Form erkalten lassen. In Alufolie verpackt und an einem kühlen Platz aufbewahrt ist er mehrere Monate haltbar.

Etwas teurer · Braucht etwas Zeit

Festlicher Honigkuchen

Zutaten für 1 Kastenform von 30 cm Länge:
je 75 g Rosinen und Korinthen · 2 Eßl. Amaretto-Likör · je 50 g Walnuß- und Pinienkerne ·
250 g Honig · 1 Teel. Zimt · ½ Teel. Ingwerpulver · 1 Prise geriebene Muskatnuß ·
200 g weiche Butter · 125 g Zucker · 3 Eier ·
2 Eßl. Rum · 1 Prise Salz · abgeriebene Schale von je 1 unbehandelten Zitrone und Orange ·
500 g Mehl · 1 Eßl. Kakao · 1 Päckchen Backpulver · je 75 g gehacktes Zitronat und Orangeat
Für die Glasur: 250 g Puderzucker · 1 Eiweiß
Für die Form: Butter
Bei 20 Stücken pro Stück etwa 1575 Joule/ 375 Kalorien

Zubereitungszeit: 1 Stunde
Backzeit: 1 Stunde und 30 Minuten

• Die Rosinen und die Korinthen waschen, abtropfen lassen und auf Küchenkrepp* trocknen. In eine Schüssel geben, mit dem Likör beträufeln und zugedeckt beiseite stellen. Die Walnuß- und Pinienkerne grobhacken.
• Den Honig mit dem Zimt, dem Ingwerpulver und dem Muskat bei schwacher Hitze aufkochen und wieder abkühlen lassen.
• Die Butter mit dem Zucker cremig rühren. Die Eier hinzufügen und weiterrühren, bis der Zucker ganz aufgelöst ist. Den Rum, das Salz, die Zitronen- und die Orangenschale dazugeben.
• Das Mehl mit dem Kakao und dem Backpulver sieben* und eßlöffelweise in die Crememasse rühren. Die Rosinen und Korinthen mit dem Zitronat, dem Orangeat, den Walnüssen, den Pinienkernen und dem Honig zu dem Teig geben. Alles gut vermengen.

- Den Backofen auf 180° vorheizen. Die Form gut einfetten*.
- Den Teig in die Form füllen und auf der zweiten Schiene von unten im Ofen 1 Stunde und 30 Minuten backen. Den Kuchen während der letzten 30 Minuten Backzeit mit Pergamentpapier abdecken.
- Den Puderzucker mit dem Eiweiß zu einem dicken Guß rühren; sollte er zu fest sein, wenig warmes Wasser unterrühren.
- Den Honigkuchen auf ein Kuchengitter stürzen, etwas abkühlen lassen und mit der Puderzuckerglasur überziehen*.

Ganz einfach

Mokkakuchen

Zutaten für 1 Springform von 24 cm ⌀ :
150 g Rosinen · 125 g zartbittere Schokolade ·
125 g kandierte Orangen · 350 g flüssiger Honig ·
200 g Zucker · ¼ l starker kalter Kaffee ·
2 Eßl. weiche Butter · 2 Eier · 1 Teel. Zimt ·
1 Prise Nelkenpulver · 350 g Mehl · 1 Eßl. Backpulver
Für die Form: Butter · Semmelbrösel
Bei 12 Stücken pro Stück etwa 1785 Joule/
425 Kalorien

Zubereitungszeit: 30 Minuten
Backzeit: 1 Stunde und 30 Minuten

- Die Rosinen in warmem Wasser waschen und auf Küchenkrepp trocknen. Die Schokolade feinreiben. Die kandierten Orangen feinhacken.
- Den Honig mit dem Zucker in einer Schüssel kräftig verrühren. Nach und nach den Kaffee hinzugießen und die Butter unterrühren.
- Die Form einfetten* und mit Semmelbröseln ausstreuen*. Den Backofen auf 180° vorheizen.

- Die Eier verquirlen* und mit den Rosinen, der Schokolade und den kandierten Orangen in die Honigmasse mengen. Mit dem Zimt und dem Nelkenpulver würzen.
- Das Mehl mit dem Backpulver sieben* und eßlöffelweise in den Teig einarbeiten. Den Teig in die Form füllen und auf der mittleren Schiene des Ofens 1 Stunde und 30 Minuten backen.
- Den Kuchen auf ein Kuchengitter stürzen und auskühlen lassen*.

Preiswert · Ganz einfach

Amerikanischer Käsekuchen

Zutaten für 1 Springform von 26 cm ⌀ :
9 Scheiben Zwieback · 130 g Zucker · 3 Eßl. weiche Butter · 4 Eier · 500 g Sahnequark · Saft und Schale von 1 unbehandelten Zitrone
Zum Besieben: 2 Eßl. Puderzucker
Für die Form: Butter
Bei 8 Stücken pro Stück etwa 1195 Joule/
285 Kalorien

Zubereitungszeit: 35 Minuten
Backzeit: 1 Stunde
Ruhezeit: 3 Stunden

- Den Zwieback in Stücke brechen, in ein trockenes Geschirrtuch einschlagen oder in einen Plastikbeutel geben und mit dem Wellholz zerbröseln.
- Die Zwiebackbrösel mit 2 Eßlöffeln Zucker und der Butter zu einem festen gebundenen Teig verkneten.
- Die Springform einfetten* und die Zwiebackmasse fest in die Form drücken.
- Den Backofen auf 170° vorheizen.

• Die Eier in Eigelb und Eiweiß trennen*. Den Sahnequark mit dem übrigen Zucker, dem Zitronensaft, der Zitronenschale und dem Eigelb cremig rühren. Das Eiweiß zu sehr steifem Schnee schlagen* und locker unter die Käsemasse heben.

• Die Käsecreme auf den Zwiebackboden füllen und den Kuchen im Ofen auf der mittleren Schiene etwa 1 Stunde backen.

• Den fertigen Kuchen 3 Stunden in der Form abkühlen lassen*, aus der Form nehmen und mit Puderzucker besieben.

Braucht etwas Zeit · Nicht ganz einfach

Berliner Käsekuchen

Zutaten für 1 Springform von 26 cm Ø :
Für den Teig: 200 g Mehl · 100 g Zucker ·
1 Prise Salz · 2 Eigelb · 125 g kalte, aber nicht
harte Butter
Zum Belegen: 75 g Korinthen · 2 Eßl. Rum ·
100 g weiche Butter · 125 g Zucker · abgeriebene
Schale von ½ unbehandelten Zitrone · 4 Eier ·
500 g Quark (20% Fettgehalt)
Zum Bestreichen: 1 Eigelb · 1 Eßl. Sahne
Für die Form: Butter
Bei 12 Stücken pro Stück etwa 1720 Joule/
410 Kalorien

Zubereitungszeit: 45 Minuten
Ruhezeit: 20 Minuten
Backzeit: 1 Stunde

• Das Mehl auf die Arbeitsfläche sieben*, in die Mitte eine Mulde drücken und den Zucker, das Salz und das Eigelb hineingeben. Die Butter in Flöckchen darüberschneiden. Alles mit dem Messer durchhacken und mit kühlen Händen zu einem glatten Teig kneten*.

• Den Teig zugedeckt 20 Minuten in den Kühlschrank stellen.

• Die Korinthen mit heißem Wasser überbrühen, abtropfen und auf Küchenkrepp trocknen lassen. Die Korinthen mit dem Rum begießen und quellen lassen*.

• Die Butter mit dem Zucker und der Zitronenschale schaumig rühren. Die Eier in Eiweiß und Eigelb trennen*. Das Eigelb nach und nach in die Buttermasse rühren. Den Quark und die Korinthen untermischen.

• Das Eiweiß zu steifem Schnee schlagen* und unter die Quarkmasse heben.

• Die Springform einfetten*. Den Backofen auf 200° vorheizen.

• Die Arbeitsfläche leicht mit Mehl bestäuben und den Mürbeteig darauf ausrollen*. Den Boden der Form mit dem Teig auslegen und einen Teigrand formen*. Den Teigboden mehrmals mit der Gabel einstechen*.

• Die Käsemasse in die Form füllen und glattstreichen. Den Kuchen auf der mittleren Schiene des Ofens 1 Stunde backen.

• Das Eigelb mit der Sahne verquirlen und den Kuchen etwa 15 Minuten vor Ende der Backzeit damit bestreichen.

• Den fertigen Käsekuchen in der Form etwas abkühlen lassen*, auf ein Kuchengitter stürzen, damit der Quarkbelag nicht einsinkt und so kalt werden lassen.

• Vor dem Servieren den Kuchen wenden und auf der Oberfläche 12 Stücke markieren.

Viele getrocknete Pflaumen, Birnen, Datteln und Feigen und außerdem Walnüsse und Mandeln enthält das »reiche« Früchtebrot. Rezept Seite 198. ▷

Braucht etwas Zeit · Ganz einfach

Quarkkuchen mit Nüssen

Zutaten für 1 Springform von 26 cm Ø :
Für den Teig: 225 g Mehl · 1 Ei · 1 Eßl. Zucker ·
1 Prise Salz · 120 g kalte Butter
Für die Füllung: je 50 g Walnuß- und Haselnuß-
kerne · 750 g Magerquark · 175 g Zucker ·
1 Teel. Zimt · 150 g flüssiger Honig · abgeriebene
Schale von 1 unbehandelten Zitrone · 1 Prise
Salz · 5 Eier · 20 g Sesamsamen
Für die Form: Butter
Bei 12 Stücken pro Stück etwa 1745 Joule/
415 Kalorien

Zubereitungszeit: 30 Minuten
Ruhezeit: 30 Minuten
Backzeit: 40 Minuten

• Das Mehl auf die Arbeitsfläche sieben*. In die Mitte eine Mulde drücken und das Ei, den Zucker und das Salz hineingeben. Die Butter in Flöckchen auf den Mehlrand schneiden. Alles mit einem Messer bröselig hacken, dann mit kühlen Händen zu einem glatten Teig kneten*. Den Teig in Alufolie wickeln und 30 Minuten im Kühlschrank ruhen lassen.
• Die Nüsse grobhacken. Den Quark mit dem Zucker, dem Zimt, dem Honig, der Zitronenschale und dem Salz gut verrühren. Die Eier nach und nach dazugeben und kräftig unter die Quarkmasse rühren.
• Die Form einfetten*. Den Backofen auf 200° vorheizen.
• Die Arbeitsfläche mit Mehl bestäuben und den Teig darauf dünn ausrollen*. Die Form ganz mit der Teigplatte auslegen. Die Nüsse auf den Teigboden streuen. Die Quarkmasse daraufgeben und die Oberfläche glattstreichen.

• Den Kuchen auf der mittleren Schiene des Ofens 40 Minuten backen. 10 Minuten vor Ende der Backzeit den Kuchen mit dem Sesamsamen bestreuen.
• Den Quarkkuchen abkühlen lassen, dann aus der Form nehmen und auf einem Kuchengitter ganz erkalten lassen.

Ganz einfach

Moosbrot

Zutaten für 1 Kasten- oder Rehrückenform von
26 cm Länge:
140 g Haselnußkerne · 100 g Blockschokolade ·
6 Eier · 140 g Zucker · 1 gehäufter Teel. Instant-
Kaffee · 1 Prise Salz · 100 g Mehl · 50 g Speise-
stärke · 75 g zerlassene Butter
Für die Glasur: 100 g Kuvertüre
Zum Bestreuen: 2 Eßl. Pistazien · 1 Eßl. Zucker
Für die Form: Butter · Semmelbrösel
Bei 15 Stücken pro Stück etwa 1260 Joule/
300 Kalorien

Zubereitungszeit: 45 Minuten
Backzeit: etwa 45 Minuten

• Die Haselnüsse durch die Mandelmühle* drehen. Die Blockschokolade feinreiben. Die Eier in Eiweiß und Eigelb trennen*.
• Das Eigelb mit dem Zucker dickcremig rühren, bis die Masse fast weiß ist. Den Kaffee, die Haselnüsse und die Schokolade einmengen.
• Die Form einfetten* und mit Semmelbröseln ausstreuen*. Den Backofen auf 200° vorheizen.
• Das Eiweiß mit dem Salz zu steifem Schnee schlagen* und auf die Eigelbcreme gleiten lassen. Das Mehl mit der Speisestärke dazusieben* und alles locker unterheben. Die zerlassene Butter unter den Teig ziehen. Den Teig in die Form

Klassischer Englischer Kuchen ist nicht nur in Großbritannien bekannt und beliebt. Rezept Seite 166.

füllen, glattstreichen und auf der untersten Schiene des Ofens etwa 45 Minuten backen.
- Den Kuchen auf ein Kuchengitter stürzen und auskühlen lassen.
- Die Kuvertüre im Wasserbad* schmelzen lassen. Die Pistazien hacken und mit dem Zucker mischen.
- Den Kuchen mit der Kuvertüre überziehen und auf die noch weiche Kuvertüre die gezuckerten Pistazien streuen.

Unser Tip Der Kuchen bleibt auch ein typisches Moosbrot, wenn Sie ihn statt der Kuvertüre mit einer dunkelroten Marmelade bestreichen.

Braucht etwas Zeit

Graubündener Rahmkuchen

In der Schweiz heißt der saftige Kuchen Nidelfladen. Nidel ist die schweizerische Bezeichnung für Rahm oder Sahne.

Zutaten für 1 Springform von 26 cm Ø :
Für den Teig: 250 g Mehl · 1 Prise Salz · 1 Ei ·
125 g Butter
Für die Füllung: 400 g getrocknete Birnen ·
50 g Walnußkerne · 4 Eßl. Kirschwasser ·
50 g Zucker · 1 Prise Zimt
Für den Guß: ¼ l Milch · knapp ¼ l Sahne · 1 Ei ·
1 gehäufter Eßl. Speisestärke · 2 Eßl. Kirsch
wasser
Für die Form: Butter
Bei 16 Stücken pro Stück etwa 1 320 Joule/
315 Kalorien

Einweichzeit: 12 Stunden
Zubereitungszeit: 40 Minuten
Ruhezeit: 30 Minuten
Backzeit: 40 Minuten

- Die Birnen gut mit lauwarmem Wasser bedeckt 12 Stunden quellen lassen.
- Das Mehl mit dem Salz auf die Arbeitsfläche sieben*. In die Mitte eine Mulde drücken und das Ei hineingeben. Die Butter in Flöckchen auf den Mehlrand schneiden. Alle Zutaten mit einem Messer bröselig hacken, dann mit kühlen Händen zu einem glatten Teig kneten*. Den Teig in Alufolie wickeln und 30 Minuten im Kühlschrank ruhen lassen.
- Die eingeweichten Birnen gut abtropfen lassen, dann mit einem Messer feinhacken oder im Mixer pürieren. Die Walnüsse feinhacken.
- Die Form einfetten*.
- Die Arbeitsfläche mit Mehl bestäuben und den Teig darauf rund ausrollen*. Die Form mit der Teigplatte auslegen, dabei einen Rand formen*.
- Die Birnen mit dem Kirschwasser, dem Zukker, dem Zimt und den Nüssen in einer Schüssel vermengen. Die Masse gleichmäßig auf den Teigboden streichen.
- Den Backofen auf 200° vorheizen.
- Die Milch mit der Sahne, dem Ei und der Speisestärke verquirlen*. Das Kirschwasser einrühren. Die Mischung über die Birnenmasse gießen.
- Den Kuchen auf der mittleren Schiene des Ofens 40 Minuten backen.
- Den Nidelfladen aus der Form nehmen und auf einem Kuchengitter erkalten lassen.

Braucht etwas Zeit · Nicht ganz einfach

Schweizer Festtagskuchen

Zutaten für 1 Springform von 26 cm Ø :
Für den Teig: 500 g Mehl · 40 g Hefe ·
100 g Zucker · gut ⅛ l lauwarme Milch ·
2 Eßl. weiche Butter · 1 Prise Salz
Für die Füllung: 200 g abgezogene Mandeln ·
6 abgezogene bittere Mandeln · 200 g Zucker ·
1 gute Prise Zimt · 2 Eier · 3 Eßl. weiche Butter ·
abgeriebene Schale von 1 unbehandelten Zitrone
Zum Bestreichen und Bestreuen: 1 Eßl. zerlassene
Butter · 1 Eigelb · 2–3 Eßl. Hagelzucker
Für das Backblech: Butter
Bei 12 Stücken pro Stück etwa 1890 Joule/
450 Kalorien

Zubereitungszeit: 40 Minuten
Zeit zum Gehenlassen: 1 Stunde
Backzeit: 40–45 Minuten

• Das Mehl in eine Schüssel sieben*, in die Mitte eine Mulde drücken. Die Hefe in die Vertiefung bröckeln und mit 2 Teelöffeln Zucker, der Hälfte der Milch und etwas Mehl zu einem Vorteig* rühren. Mit einem Tuch zugedeckt an einem warmen Platz 15 Minuten gehen lassen*.
• Den restlichen Zucker, die restliche Milch, die Butter und das Salz hinzugeben. Alles gut verkneten* und so lange schlagen, bis sich der Teig vom Schüsselrand löst und Blasen wirft.
• Den Teig wieder zudecken und an einem warmen Platz 30 Minuten gehen lassen*, bis er das doppelte Volumen erreicht hat.
• Die Mandeln durch die Mandelmühle* drehen. Mit dem Zucker und dem Zimt mischen.
• Die Eier, die Butter und die Zitronenschale hinzufügen und alles zu einer streichfähigen Masse verrühren.

• Das Backblech einfetten*.
• Den Hefeteig halbieren. Die Arbeitsfläche mit Mehl bestäuben und jede Teighälfte darauf zu einer runden Scheibe von etwa 26 cm Durchmesser ausrollen*.
• Eine Scheibe auf das Blech legen und mit der zerlassenen Butter bepinseln. Die Füllung daraufstreichen und die zweite Platte darauflegen. Die Ränder zusammendrücken. Den Kuchen mit einem scharfen Messer vom Rand zur Mitte hin gleichmäßig rundherum zwölfmal tief einschneiden.
• Das Eigelb verquirlen* und den Kuchen damit bestreichen, mit dem Hagelzucker bestreuen*. Nochmals 15 Minuten an einem warmen Platz gehen lassen*.
• Den Backofen auf 200° vorheizen.
• Den Festtagskuchen auf der mittleren Schiene 40–45 Minuten backen. Auf einem Kuchengitter erkalten lassen und frisch servieren.

Ganz einfach

Neapolitanischer Kirschkuchen

Zutaten für 1 Springform von 26 cm Ø :
Für den Teig: 75 g abgezogene Mandeln ·
300 g Mehl · 1 Prise Salz · 1 Ei · 100 g Zucker ·
1 Päckchen Vanillinzucker · 200 g Butter
Für die Füllung: 450 g Kirschkonfitüre
Zum Bestreichen: 1 Eigelb
Für die Form: Butter
Bei 12 Stücken pro Stück etwa 1640 Joule/
390 Kalorien

Zubereitungszeit: 25 Minuten
Ruhezeit: 30 Minuten
Backzeit: 35 Minuten

- Die abgezogenen Mandeln durch die Mandelmühle* drehen.
- Das Mehl mit den Mandeln mischen und auf die Arbeitsfläche geben. In die Mitte eine Mulde drücken und das Salz und das Ei hineingeben. Den Zucker und den Vanillinzucker darüberstreuen. Die Butter in Flöckchen auf den Mehlrand verteilen. Alle Zutaten mit einem Messer bröselig hacken und schnell mit kühlen Händen zu einem glatten Teig kneten*. Den Teig zugedeckt 30 Minuten im Kühlschrank ruhen lassen.
- Die Form einfetten*.
- Die Arbeitsfläche mit Mehl bestäuben und gut zwei Drittel des Teiges darauf zu einer runden Platte ausrollen*. Die Form damit auskleiden, dabei einen 2 cm hohen Rand formen*.
- Den Backofen auf 200° vorheizen.
- Die Konfitüre gleichmäßig auf den Teigboden streichen. Den restlichen Teig 3 mm dick ausrollen* und 8 Streifen von etwa 2 cm Breite ausradeln. Die Teigstreifen gitterförmig auf die Füllung legen.
- Das Eigelb verquirlen und das Teiggitter damit bestreichen. Den Kuchen im Ofen auf der mittleren Schiene 35 Minuten backen.
- Den Kirschkuchen in der Form abkühlen lassen, dann auf eine Platte legen und in 12 oder 16 Stücke schneiden.

Ganz einfach

Mailänder Aprikosentorte

Zutaten für 1 Springform von 26 cm Ø :
Für den Teig: 250 g Mehl · 1 Prise Salz · 1 Ei ·
100 g Zucker · 1 Päckchen Vanillinzucker ·
125 g Butter
Für die Füllung: 50 g Haselnußkerne ·

300 g Aprikosenmarmelade · 2 Eßl. Marillengeist oder Obstwasser
Zum Bestreichen: 1 Eigelb · 1 Eßl. Dosenmilch
Für die Form: Butter
Bei 16 Stücken pro Stück etwa 965 Joule/ 230 Kalorien

Zubereitungszeit: 35 Minuten
Ruhezeit: 30 Minuten
Backzeit: 30 Minuten

- Das Mehl mit dem Salz auf die Arbeitsfläche sieben*. In die Mitte eine Mulde drücken und das Ei hineingeben. Den Zucker und den Vanillinzucker darüberstreuen. Die Butter in Flöckchen auf den Mehlrand schneiden. Alle Zutaten mit einem Messer bröselig hacken, dann mit kühlen Händen zu einem glatten Teig kneten*. Den Teig zugedeckt 30 Minuten im Kühlschrank ruhen lassen.
- Die Haselnüsse grobhacken. Die Form einfetten*.
- Die Arbeitsfläche mit Mehl bestäuben und zwei Drittel des Teiges darauf etwa ½ cm dick zu einer runden Platte ausrollen*. Die Form damit auslegen, dabei einen 2 cm hohen Rand formen*.
- Aus dem restlichen Teig mit bemehlten Händen 8 Rollen formen.
- Den Backofen auf 200° vorheizen.
- Die Aprikosenmarmelade mit den Nüssen und dem Marillengeist oder dem Obstwasser verrühren. Die Masse gleichmäßig auf den Tortenboden streichen und die Teigrollen gitterförmig darüberlegen.
- Das Eigelb mit der Dosenmilch verquirlen* und das Teiggitter damit bestreichen. Die Torte im Ofen auf der mittleren Schiene 30 Minuten backen.
- Die Aprikosentorte in der Form abkühlen lassen. Dann auf eine Platte geben und in 16 Stücke schneiden.

Etwas teurer · Braucht etwas Zeit

Punschkuchen aus der Kolonialzeit

Zutaten für 1 Springform von 26 cm Ø :
Für den Teig: 100 g abgezogene Mandeln ·
300 g weiche Butter · 150 g Zucker · 1 Päckchen
Vanillinzucker · 1 Prise Salz · 3 Eier · abgeriebe-
ne Schale von je 1 unbehandelten Zitrone und
Orange · 1 Prise Nelkenpulver · 1 Teel. Zimt ·
2 Eßl. Arrak · 2 Eßl. Zitronensaft · 300 g Mehl ·
2 Teel. Backpulver
Für die Füllung: 450 g Orangenkonfitüre ·
3 Eßl. Arrak
Zum Garnieren: 50 g abgezogene Mandeln ·
120 g Zitronat im Stück · 6 kandierte Kirschen
Für die Glasur: 1 Eiweiß · 200 g Puderzucker ·
2 Eßl. Arrak
Für die Form: Butter
Bei 16 Stücken pro Stück etwa 2 160 Joule/
· 515 Kalorien

Zubereitungszeit: 1 Stunde
Ruhezeit: mindestens 2 Stunden
Backzeit: 40 Minuten

● Die abgezogenen Mandeln durch die Mandel-
mühle* drehen.
● Die Butter mit dem Zucker, dem Vanillinzuk-
ker und dem Salz cremig rühren, bis der Zucker
ganz aufgelöst ist. Nach und nach die Eier unter-
rühren. Die Zitronen- und Orangenschale, das
Nelkenpulver, den Zimt, den Arrak und den
Zitronensaft hinzufügen.
● Die Form einfetten*. Den Backofen auf 200°
vorheizen.
● Das Mehl mit dem Backpulver und den Man-
deln mischen und eßlöffelweise unter die
Crememasse rühren.
● Den Teig in die Form füllen und den Kuchen

auf der untersten Schiene des Ofens 40 Minuten
backen.
● Den Kuchen auf ein Kuchengitter stürzen und
mindestens 2 Stunden ruhen lassen, dann mit
einem großen scharfen Messer zweimal quer
durchschneiden*.
● Die Orangenkonfitüre mit dem Arrak verrühren. Zwei Tortenböden mit der Mischung
bestreichen, aufeinandersetzen und mit der dritten Platte bedecken.
● Die Mandeln in einer trockenen Pfanne unter
Rühren goldgelb rösten. Das Zitronat in schmale
lange Streifen schneiden. Die kandierten Kirschen halbieren.
● Das Eiweiß steif schlagen*, den Puderzucker
dazusieben* und beides mit dem Arrak verrühren. Die Torte mit der Glasur überziehen und mit
den Mandeln, dem Zitronat und den kandierten
Kirschen dekorativ verzieren.

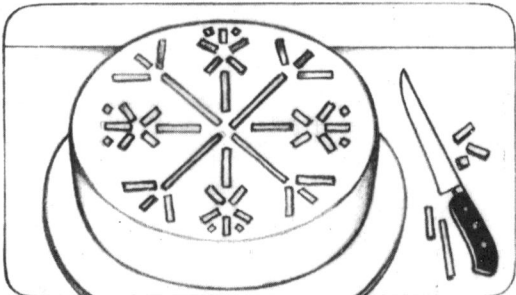

Der Punschkuchen wird mit Mandeln, Zitronat und
kandierten Kirschen dekorativ verziert.

Stollen, Striezel und Stuten

Braucht etwas Zeit · Nicht ganz einfach

Christstollen

Nach dem Rezept von Urgroßmutter Toni von
Schulzendorf aus Neiße. Damit man wirklich einen Stollen und keinen Fladen aus dem Ofen
zieht, hat sie folgenden Ratschlag niederge-
schrieben: Den fertig geformten Stollen nicht
abermals gehen lassen, sondern sogleich in den
heißen Backofen schieben.

Zutaten für 2 Stollen:
*1 kg Mehl · 120 g Hefe · 100 g Zucker · ¼ l lau-
warme Milch · 400 g weiche Butter · 1 Eßl.
Schmalz · abgeriebene Schale von 1 unbehandelten Zitrone · 2 Eier · 1 gute Prise Salz ·
350 g Rosinen · 150 g Korinthen · 10 Eßl. Rum ·
je 75 g gewürfeltes Zitronat und Orangeat ·
100 g Mandelstifte*
*Zum Bestreichen und Besieben: 100 g zerlassene
Butter · 100 g Puderzucker*
Für das Backblech: Butter
Bei 60 Scheiben pro Scheibe etwa 800 Joule/
190 Kalorien

Zubereitungszeit: 40 Minuten
Zeit zum Gehenlassen: 1 Stunde und 25 Minuten
Backzeit: etwa 1 Stunde und 15 Minuten

• Das Mehl in eine große Schüssel sieben*, in
die Mitte eine Mulde drücken. Die Hefe in die
Vertiefung bröckeln und mit 2 Teelöffeln Zucker,
4 Eßlöffeln Milch und etwas Mehl zu einem Vorteig* verrühren. Mit einem Tuch zugedeckt an
einem warmen Platz 15 Minuten gehen lassen*.
• Den restlichen Zucker, die restliche Milch, die
Butter, das Schmalz, die Zitronenschale, die Eier
und das Salz dazugeben. Alles gut verkneten*
und so lange schlagen, bis der Teig sich vom
Schüsselrand löst und Blasen wirft. Den Teig an
einem warmen Platz so lange gehen lassen*, bis

er das doppelte Volumen erreicht hat; das dauert
etwa 40 Minuten.
• Die Rosinen und Korinthen in lauwarmem
Wasser waschen, abtropfen lassen, mit Küchenkrepp* trockentupfen, dann in eine Schüssel
geben und mit dem Rum begießen. Das Zitronat,
das Orangeat und die Mandelstifte einmengen.
• Die Früchtemischung unter den Hefeteig kneten* und den Stollenteig nochmals 30 Minuten
zugedeckt gehen lassen*.
• Das Backblech einfetten*. Den Backofen auf
200° vorheizen.
• Aus dem Teig zwei etwa 5 cm dicke ovale Rollen formen. Beide Rollen der Länge nach mit
einem dicken Holzlöffelstiel so eindrücken, daß
eine Seite zwei Drittel, die andere ein Drittel
Teigbreite ergibt. Die schmalen Seiten mit dem
Nudelholz etwas ausrollen. In die Mitte der breiten Seiten mit dem Holz eine Vertiefung drücken
und die schmalen Seiten so einschlagen, daß die
Endkanten in den Vertiefungen liegen. Bei dem
Arbeitsvorgang möglichst kein Mehl mehr verwenden, es macht den Teig brüchig.

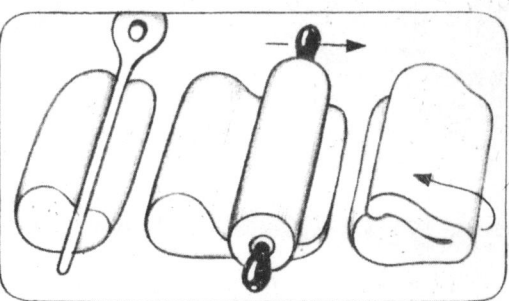

Wird der Stollen wie beschrieben und hier gezeigt ein-
gedrückt, bekommt er seine charakteristische Form.

• Die Stollen mit genügend Abstand voneinander auf das Backblech legen und auf die mittlere
Schiene des Backofens schieben. Die Stollen
etwa 1 Stunde und 15 Minuten backen. Mit
einem Holzspießchen die Garprobe* machen.

• Die Stollen noch heiß mit der zerlassenen Butter bestreichen und mit dem Puderzucker besieben*. Diesen Vorgang ein- bis zweimal wiederholen, damit die »Kruste« schön fest wird.

Unser Tip Christstollen sollten Sie mindestens 3 Wochen vor Weihnachten backen. In Alufolie verpackt kühl gelagert entwickelt er bis zum Fest sein volles Aroma. Vor dem Anschneiden nochmals mit Puderzucker besieben*.

Braucht etwas Zeit · Nicht ganz einfach

Pistazienstollen

Bild Seite 157

Zutaten für 2 Stollen:
1 kg Mehl · 120 g Hefe · 100 g Zucker · ⅜ l lauwarme Milch · 300 g weiche Butter · abgeriebene Schale von 1 unbehandelten Zitrone · 2 Eier · ½ Teel. Salz · 200 g gewürfeltes Orangeat · 120 g gewürfeltes Zitronat · 200 g Marzipan-Rohmasse · 200 g feingehackte Pistazien · 100 g Puderzucker · 1 Eßl. Maraschinolikör*
Zum Bestreichen: 200 g zerlassene Butter
Zum Bestreuen: 175 g Zucker · 2 Päckchen Vanillinzucker
Zum Besieben: 4 Eßl. Puderzucker
Für das Backblech: Butter
Bei insgesamt 60 Scheiben pro Scheibe etwa 925 Joule/220 Kalorien

Zubereitungszeit: 50 Minuten
Zeit zum Gehenlassen: 1 Stunde und 10 Minuten
Backzeit: etwa 1 Stunde und 15 Minuten

• Das Mehl in eine Schüssel sieben*, in die Mitte eine Mulde drücken. Die Hefe in die Vertiefung bröckeln und mit 2 Teelöffeln Zucker, ⅛ l Milch und etwas Mehl zu einem Vorteig* verrühren. Mit einem Tuch zugedeckt an einem warmen Platz 15–20 Minuten gehen lassen*.

• Den restlichen Zucker, die restliche Milch, die Butter, die Zitronenschale, die Eier und das Salz hinzufügen. Alles gut verkneten* und so lange schlagen, bis sich der Teig vom Schüsselrand löst und Blasen wirft.

• Den Teig wieder zudecken und an einem warmen Platz etwa 30 Minuten gehen lassen*, bis er das doppelte Volumen erreicht hat.

• Das Orangeat und das Zitronat unter den Hefeteig kneten und den Teig noch einmal 20 Minuten gehen lassen*.

• Die Marzipan-Rohmasse in Stücke schneiden und in einer Schüssel mit den Pistazien, dem Puderzucker und dem Maraschino verkneten*. Die Masse etwa 1 cm dick ausrollen und in 1 cm große Würfel schneiden.

• Das Blech einfetten*. Den Backofen auf 200° vorheizen.

• Die Marzipan-Pistazien-Würfel schnell und locker unter den Hefeteig kneten, sie sollen nach dem Backen noch sichtbar sein.

• Den Teig halbieren, zu zwei Stollen formen (Zeichnung auf Seite 181) und in genügendem Abstand auf das Blech legen. Die Stollen auf der mittleren Schiene des Ofens etwa 1 Stunde und 15 Minuten backen.

• Die noch heißen Stollen mit der zerlassenen Butter bestreichen.

• Den Zucker mit dem Vanillinzucker mischen und die Stollen dick damit bestreuen, auf einem Kuchengitter erkalten lassen. Vor dem Servieren mit Puderzucker besieben.

Etwas teurer · Braucht etwas Zeit

Quarkstollen

Stollen aus weicherem Teig laufen auf dem Backblech häufig zu unförmiger Breite auseinander. Eine Kastenform kann hier den nötigen Halt geben.

Zutaten für 1 Kastenform von 32 cm Länge:
je 100 g Rosinen und Korinthen · 125 g Walnuß-
kerne · 250 g weiche Butter · 250 g Zucker ·
1 Päckchen Vanillinzucker · 4 Eier · 250 g Mager-
quark · 375 g Mehl · 125 g Speisestärke ·
1 Päckchen Backpulver · je 100 g gewürfeltes
Zitronat und Orangeat · je 125 g Haselnuß-
kerne und abgezogene Mandeln · 1 Eßl. Wein-
brand
Für die Glasur: 200 g Puderzucker · 1 Eiweiß ·
2–3 Eßl. Weinbrand
Für die Form: Butter
Bei 16 Stücken pro Stück etwa 2 625 Joule/
625 Kalorien

Zubereitungszeit: 40 Minuten
Backzeit: 1 Stunde und 10 Minuten

• Die Rosinen und die Korinthen waschen, abtropfen lassen und auf Küchenkrepp* trocknen. Die Walnußkerne grobhacken.
• Die Butter mit dem Zucker und dem Vanillinzucker schaumig rühren. Die Eier nach und nach dazugeben und den Quark kräftig einrühren.
• Das Mehl mit der Speisestärke und dem Backpulver sieben* und portionsweise in die Schaummasse einarbeiten.
• Die Form einfetten*. Den Backofen auf 200° vorheizen.
• Das Zitronat, das Orangeat, die Walnüsse, die Haselnüsse, die Mandeln und zuletzt die Rosinen und die Korinthen in den Teig mengen. Den Weinbrand einrühren.

• Den Teig in die Kastenform füllen, die Oberfläche glattstreichen. Den Stollen im Ofen auf der untersten Schiene 1 Stunde und 10 Minuten backen.
• Den Stollen in der Form abkühlen lassen, herausnehmen und auf einem Kuchengitter ganz auskühlen lassen*.
• Aus dem Puderzucker, dem Eiweiß und dem Weinbrand eine dicke Glasur rühren und den Stollen damit überziehen*.

Braucht etwas Zeit

Panettone

Wenn viele Signori mit großen viereckigen Paketen durch die Straßen eilen, muß bald Weihnachten sein. Sie tragen ihren Lieben den berühmten Panettone heim, der zum Fest nicht fehlen darf. Bei uns gibt es keine Panettoneformen, aber wir können den Hefeteig in einem hohen Kochtopf (ohne Kunststoffgriffe) oder in einem neuen Blumentopf backen, die typisch hohe Form sollte schon sein.

Zutaten für 1 Panettoneform:
80 g abgezogene Mandeln · 150 g Rosinen ·
650 g Mehl · 50 g Hefe · 150 g Zucker ·
¼ l lauwarme Milch · 200 g Butter · 6 Eigelb ·
1 Teel. Salz · 1 Prise geriebene Muskatnuß ·
Mark von 1 Vanilleschote · 100 g gewürfeltes
Zitronat · 75 g gewürfeltes Orangeat
Zum Bestreichen: 1 Eigelb
*Für den Topf: Backtrennpapier**
Bei 20 Stücken pro Stück etwa 840 Joule/
200 Kalorien

Zubereitungszeit: 40 Minuten
Zeit zum Gehenlassen: 1 Stunde und 20 Minuten
Backzeit: 1 Stunde und 30 Minuten

• Die Mandeln grobhacken. Die Rosinen waschen, abtropfen lassen und auf Küchenkrepp* trocknen.
• Das Mehl in eine Schüssel sieben*, in die Mitte eine Mulde drücken. Die Hefe in die Vertiefung bröckeln und mit 1 Eßlöffel Zucker, der Milch und etwas Mehl zu einem Vorteig* verrühren. Mit einem Tuch zugedeckt an einem warmen Platz 15 Minuten gehen lassen*.
• Die Butter zerlassen. Das Eigelb verquirlen. den restlichen Zucker, die Butter, das Eigelb, das Salz, die geriebene Muskatnuß und das Vanillemark in die Schüssel geben und mit dem Vorteig und dem Mehl so lange schlagen, bis der Teig Blasen wirft. Den Teig zugedeckt an einem warmen Platz 40 Minuten gehen lassen, bis er das doppelte Volumen erreicht hat.
• Einen hohen Topf mit Backtrennpapier auslegen, so daß der Papierrand etwa 5 cm über den Topfrand herausragt.

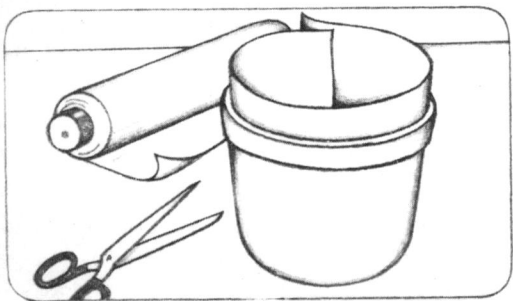

Für den Panettone wird ein Topf mit Backtrennpapier ausgelegt, damit der Kuchen hoch aufgehen kann.

• Die Mandeln, die Rosinen, das Zitronat und das Orangeat in den Teig kneten. Den Teig zu einer Kugel formen, in den Topf legen und weitere 25 Minuten gehen lassen*.
• Den Backofen auf 200° vorheizen. Das Eigelb verquirlen.
• Den Kuchen mit dem Eigelb bestreichen, kreuzweise einschneiden und auf der untersten

Schiene 1 Stunde und 30 Minuten backen.
• Den Panettone im Topf etwas abkühlen lassen, dann herausheben und erkalten lassen. Das Backtrennpapier abziehen und den Kuchen in 20 Stücke schneiden.

Ganz einfach

Nikolausbrot

Zutaten für 1 Kastenform von 28 cm Länge:
je 100 g Rosinen und Korinthen · 50 g abgezogene Mandeln · 100 g Honig · 6 Eier · 125 g weiche Butter · 120 g Zucker · abgeriebene Schale von ½ unbehandelten Zitrone · 350 g Mehl · ½ Päckchen Backpulver · etwa ½ Tasse Milch
Für die Glasur: 100 g Kuvertüre
Zum Garnieren: 10 Walnußkernhälften · 50 g gemischte kandierte Früchte
Für die Form: Butter · Semmelbrösel
Bei 25 Stücken pro Stück etwa 905 Joule/ 215 Kalorien

Zubereitungszeit: 35 Minuten
Backzeit: 1 Stunde und 30 Minuten

• Die Rosinen und die Korinthen waschen, abtropfen lassen und auf Küchenkrepp* trocknen. Die Mandeln durch die Mandelmühle* drehen. Den Honig in einem Töpfchen erwärmen und wieder abkühlen lassen. Die Eier in Eiweiß und Eigelb trennen*, das Eiweiß kühl stellen.
• Die Butter mit dem Zucker und dem Eigelb schaumig rühren, bis der Zucker ganz aufgelöst ist. Den Honig dazugeben. Die Rosinen, die Korinthen, die Mandeln und die Zitronenschale in die Schaummasse mengen.
• Das Mehl mit dem Backpulver sieben* und eßlöffelweise unter den Teig rühren. So viel Milch einrühren, bis der Teig vom Löffel fällt.

• Den Backofen auf 200–220° vorheizen. Die Kastenform einfetten* und gut mit Semmelbröseln ausstreuen*.
• Das Eiweiß zu steifem Schnee schlagen* und unter den Teig heben. Den Teig in die Form füllen und auf der zweiten Schiene von unten im Ofen etwa 1 Stunde und 30 Minuten backen.
• Die Kuvertüre im Wasserbad* schmelzen lassen. Den fertigen Kuchen auf ein Kuchengitter stürzen, etwas abkühlen lassen* und mit der Kuvertüre überziehen. Mit den Walnußhälften und den zerkleinerten kandierten Früchten garnieren.

Braucht etwas Zeit

Adventskuchen

Zutaten für 1 Kastenform von 30 cm Länge:
75 g Rosinen · 75 g abgezogene Mandeln ·
50 g Haselnußkerne · je 50 g kandierte Kirschen,
getrocknete Feigen und zartbittere Schokolade · je
75 g gewürfeltes Zitronat und Orangeat · 6 Eier ·
250 g Zucker · 1 Prise Salz · je 1 gute Prise geriebene Muskatnuß, Piment und Zimt · 150 g Mehl ·
100 g Speisestärke · 1 Päckchen Backpulver ·
1 Eßl. Mehl
Zum Besieben: 2 Eßl. Puderzucker
Für die Form: Butter · Semmelbrösel
Bei 20 Stücken pro Stück etwa 775 Joule/
185 Kalorien

Zubereitungszeit: 45 Minuten
Backzeit: 1 Stunde und 5–10 Minuten

• Die Rosinen waschen, abtropfen lassen und auf Küchenkrepp* trocknen. Die Mandeln halbieren. Die Haselnüsse durch die Mandelmühle* drehen. Die kandierten Kirschen und die Feigen kleinschneiden. Die Schokolade grobhacken.

Alle vorbereiteten Zutaten, außer den gemahlenen Nüssen, in einer Schüssel mit dem Zitronat und dem Orangeat mischen.
• Die Eier in Eiweiß und Eigelb trennen*. Das Eigelb mit zwei Drittel des Zuckers, dem Salz, dem Muskat, dem Piment und dem Zimt schaumig schlagen, bis der Zucker ganz aufgelöst ist. Das Eiweiß mit dem restlichen Zucker zu sehr steifem Schnee schlagen* und auf die Eigelbmasse geben. Das Mehl mit der Speisestärke und dem Backpulver mischen und über den Eischnee sieben. Die gemahlenen Nüsse hinzufügen. Alles locker untereinanderziehen.
• Die Form einfetten* und mit Semmelbröseln ausstreuen*. Den Backofen auf 180° vorheizen.
• Die kleingeschnittenen Zutaten in der Schüssel mit Mehl bestäuben und vorsichtig in den Teig mengen. Den Teig in die Form füllen – sie darf nur zu drei Viertel gefüllt sein – und auf der mittleren Schiene des Ofens etwa 1 Stunde und 10 Minuten backen.
• Den Kuchen etwas abkühlen lassen, dann auf ein Kuchengitter stürzen und mit Puderzucker besieben*.

Etwas teurer · Braucht etwas Zeit

St.-Martin-Brot

Zutaten für 3 Laibe:
500 g abgezogene Mandeln · 100 g Haselnußkerne · 5 Eier · 500 g Puderzucker · 1 Prise Salz ·
1 gehäufter Teel. Zimt · je 1 Prise Nelkenpulver
und Kardamom · 1 Teel. Hirschhornsalz ·
abgeriebene Schale von je ½ unbehandelten
Zitrone und Orange · 50 g feingewürfeltes
Orangeat · 700 g Mehl
Für das Backblech: Butter
Bei 36 Scheiben pro Scheibe etwa 925 Joule/
220 Kalorien

Zubereitungszeit: 50 Minuten
Backzeit: 1 Stunde

- Die Mandeln und die Haselnüsse grobhacken. Die Eier mit dem gesiebten Puderzucker schaumig rühren. Das Salz, den Zimt, das Nelkenpulver, den Kardamom, das Hirschhornsalz und die Zitronen- und Orangenschale unter die Schaummasse rühren. Die Mandeln, die Nüsse und das Orangeat einmengen.
- Das Backblech einfetten*. Den Backofen auf 200° vorheizen.
- Das Mehl sieben* und nach und nach in die Mandelmischung einarbeiten. Den Teig kräftig durchkneten*.
- Aus dem Teig 3 Rollen von etwa 5 cm Durchmesser formen und in genügendem Abstand auf das Blech legen. Auf der mittleren Schiene des Ofens etwa 1 Stunde backen.
- Das St.-Martin-Brot auf ein Brett legen und noch heiß mit einem scharfen Messer in dünne Scheiben schneiden. Die Scheiben erkalten lassen. In Blechdosen aufbewahren.

Preiswert · Braucht etwas Zeit

Griechischer Osterkranz

Zutaten für den Teig:
500 g Mehl · 30 g Hefe · 3 Eßl. Zucker · gut ⅛ l lauwarme Milch · 50 g weiche Butter · 2 Eier · 1 Prise Salz · 1–2 Eßl. Ouzo (griechischer Branntwein mit Anisaroma) · abgeriebene Schale von 1 unbehandelten Orange
Zum Bestreuen: 4 Eßl. Sesamsamen
Zum Bestreichen: 1 Eigelb · 1 Eßl. Milch
Für das Backblech: Öl
Außerdem: 4 rotgefärbte Ostereier

Bei 10 Stücken pro Stück etwa 1535 Joule/365 Kalorien

Zubereitungszeit: 40 Minuten
Zeit zum Gehenlassen: 1 Stunde und 20 Minuten
Backzeit: etwa 25 Minuten

- Das Mehl in eine Schüssel sieben*, in die Mitte eine Mulde drücken. Die Hefe in die Vertiefung bröckeln und mit 1 Eßlöffel Zucker, der Milch und etwas Mehl zu einem Vorteig* verrühren. Mit einem Tuch zugedeckt an einem warmen Platz 15 Minuten gehen lassen*.
- Den restlichen Zucker, die Butter, die Eier (die Eierschalen aufbewahren), das Salz, den Ouzo und die Orangenschale dazugeben. Alles gut verkneten* und den Teig so lange schlagen, bis er sich vom Schüsselrand löst und Blasen wirft. Den Teig zugedeckt an einem warmen Platz 40 Minuten gehen lassen*, bis er das doppelte Volumen erreicht hat.
- Das Backblech einfetten* und in die Mitte etwas Sesamsamen streuen. Den Backofen auf 200° vorheizen.
- Die Arbeitsfläche mit Mehl bestäuben und den Hefeteig darauf zu drei gleich langen Rollen formen. Die Teigrollen zu einem Zopf flechten, zu einem Kranz zusammendrücken, auf das Backblech legen und zugedeckt weitere 25 Minuten gehen lassen*.
- 4 Eierschalenhälften in den Teigkranz drükken, um nach dem Backen die Mulden für die gefärbten Eier zu haben.
- Das Eigelb mit der Milch verquirlen, den Kranz damit bepinseln und mit Sesamsamen bestreuen. Auf der mittleren Schiene des Ofens etwa 25 Minuten backen.
- Den Osterkranz auf ein Kuchengitter heben, die mitgebackenen Eierschalen entfernen und die Ostereier in die Mulden setzen.

Braucht etwas Zeit

Colomba pasquale

Die italienische Ostertaube aus Hefeteig schaut
aus wie eine Skulptur moderner Bildhauer. In
vielen italienischen Haushalten wird sie zum
Fest gebacken.

Zutaten für den Teig:
60 g Hefe · ¹⁄₁₆ l lauwarme Milch · 700 g Mehl ·
150 g Zucker · 200 g weiche Butter · 4 Eier ·
abgeriebene Schale von 1 unbehandelten Zitrone ·
1 Prise Salz · 150 g gemischte kandierte Früchte
Zum Bestreichen: 1 Eigelb · 1 Eßl. Milch
Zum Verzieren: 2 dicke Rosinen · 20 g Hagel-
zucker · 20 g abgezogene Mandeln
Für das Backblech: Butter
Bei 25 Stücken pro Stück etwa 1 010 Joule/
240 Kalorien

Zubereitungszeit: 50 Minuten
Zeit zum Gehenlassen: 2 Stunden und
30 Minuten
Backzeit: 25 Minuten

• Die Hefe in ein Töpfchen bröckeln und mit
der Milch glattrühren. Das Mehl in eine große
Schüssel sieben* und die aufgelöste Hefe, den
Zucker, die Butter, die Eier, die Zitronenschale
und das Salz hinzufügen. Alles zu einem
geschmeidigen Teig kneten*. Den Teig mit einem
Tuch zugedeckt an einem warmen Platz 2 Stunden gehen lassen*, bis er das doppelte Volumen
erreicht hat.
• Die kandierten Früchte in kleine Stücke
schneiden. Das Backblech einfetten*.
• Die kandierten Früchte in den Teig kneten*.
Die Arbeitsfläche mit Mehl bestäuben und etwa
drei Fünftel des Teiges darauf zu einer Rolle von
22 cm Länge formen und auf das Blech legen.
Den übrigen Teig zu einem ovalen Laib formen,

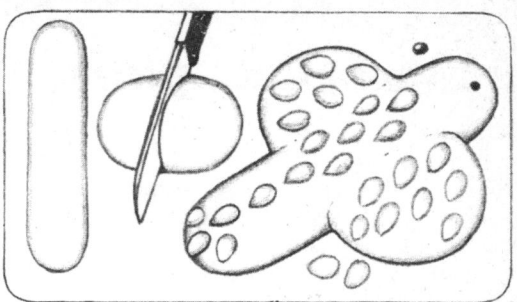

Der Phantasie freien Lauf lassen kann man beim Verzieren der Ostertaube.

in der Mitte durchschneiden und die beiden
Stücke rechts und links als Flügel an die Rolle
setzen. Die Nahtstellen sanft zusammenkneten*.
• Das Eigelb mit der Milch verquirlen* und den
Kuchen damit bestreichen. Die Rosinen an einem Ende der Rolle als Augen in den Teig drükken. Den »Rumpf, die Flügel und den Schwanz«
mit Hagelzucker bestreuen und die Mandeln als
Gefieder darauflegen und etwas andrücken.
Extra starke Alufolie zu einem langen, 4 cm breiten, dreifach gefalteten Streifen knicken, dicht
um die Colomba legen und feststecken, damit
die Konturen der Taube nicht zerlaufen. Noch
einmal 30 Minuten gehen lassen*.
• Den Backofen auf 190–200° vorheizen.
• Den Ostervogel auf der mittleren Schiene des
Ofens 25 Minuten backen. Die Hitze nach
15 Minuten Backzeit auf 175° zurückschalten.
• Die Colomba auf einem Kuchengitter abkühlen lassen. Frisch in Scheiben geschnitten servieren.

Preiswert · Braucht etwas Zeit

Trentiner Osterpinza

Bild Seite 158

Ohne Pinza oder die Colomba pasquale wird in Italien kein Osterfest gefeiert. Unsere Freunde aus Trento bringen uns immer zu den Feiertagen das hausgemachte Gebäck mit. Dafür fahren sie mit einem Kasten Münchner Weißbier fröhlich zurück. So klappt zumindest auf dem privat-kulinarischen Sektor die europäische Einheit.

Zutaten für 1 Springform von 26 cm Ø :
600 g Mehl · 30 g Hefe · 75 g Zucker · ¼ l lau-
warme Milch · 2 Eier · 1 gute Prise Salz · 1 Mes-
serspitze geriebene Muskatnuß · abgeriebene
Schale von ½ unbehandelten Zitrone · 120 g wei-
che Butter · 50 g feingehacktes Zitronat
Zum Bestreichen: 1 Eigelb · 1 Eßl. Dosenmilch
Für die Form: Butter
Bei 12 Stücken pro Stück etwa 1 280 Joule/
305 Kalorien

Zubereitungszeit: 30 Minuten
Zeit zum Gehenlassen: 1 Stunde und
10 Minuten
Backzeit: 30–40 Minuten

• Das Mehl in eine Schüssel sieben*, in die Mit-te eine Mulde drücken. Die Hefe in die Vertie-fung bröckeln und mit 1 Eßlöffel Zucker, knapp der Hälfte der Milch und etwas Mehl zu einem Vorteig* verrühren. Zugedeckt an einem warmen Platz 15 Minuten gehen lassen.
• Die Eier mit dem restlichen Zucker, dem Salz, dem Muskat und der Zitronenschale verrühren und mit der restlichen Milch, der Butter und dem Zitronat in die Schüssel geben. Alles gut verkne-ten* und den Teig so lange schlagen, bis er sich vom Schüsselrand löst und Blasen wirft. Den

Teig an einem warmen Platz zugedeckt 30 Minu-ten gehen lassen.
• Die Form einfetten*.
• Den Teig in 3 gleich große Stücke teilen, jedes Stück zu einer Kugel formen und die Teigkugeln nebeneinander in die Springform setzen. Noch-mals 25 Minuten gehen lassen.
• Den Backofen auf 220° vorheizen.
• Das Eigelb mit der Dosenmilch verquirlen* und die Pinza damit bestreichen. Im Ofen auf der zweiten Schiene von unten in 30–40 Minuten goldbraun backen.
• Die Pinza auf einem Kuchengitter abkühlen lassen* und mit Butter und Marmelade servie-ren. Frisch schmeckt sie am besten.

Braucht etwas Zeit

Bremer Klöben

Klöben oder Klaben nennen die Bremer ihren Kastenkuchen, der Ostern nicht fehlen darf.

Zutaten für 1 Kastenform von 30 cm Länge:
375 g Mehl · 40 g Hefe · 3 Eßl. Zucker · ¹⁄₁₆ l lau-
warme Milch · 75 g abgezogene Mandeln · 200 g
Korinthen · 150 g Rosinen · 200 g weiche Butter ·
½ Teel. Salz · je 1 gute Prise Zimt und gemahlener
Kardamom · 75 g gehacktes Zitronat · Saft und
abgeriebene Schale von ½ unbehandelten Zitrone
Für die Form: Butter
Bei 20 Stücken pro Stück etwa 1 050 Joule/
250 Kalorien

Zubereitungszeit: 45 Minuten
Zeit zum Gehenlassen: 1 Stunde und 20 Minuten
Backzeit: 1 Stunde

• Das Mehl in eine Schüssel sieben*, in die Mit-te eine Mulde drücken. Die Hefe in die Vertie-

fung bröckeln und mit dem Zucker, der Milch und etwas Mehl zu einem Vorteig* verrühren. Mit einem Tuch zugedeckt an einem warmen Platz 15 Minuten gehen lassen.
• Die Mandeln grobhacken. Die Korinthen und die Rosinen waschen, abtropfen lassen und auf Küchenkrepp trocknen.
• Die Butter mit dem Salz, dem Zimt und dem Kardamom schaumig rühren. Die Buttermischung mit dem Vorteig und dem Mehl zu einem lockeren Hefeteig schlagen.
• Die Mandeln, das Zitronat, den Saft und die Schale der Zitrone, die Korinthen und die Rosinen unter den Teig mengen. Den Teig zugedeckt an einem warmen Platz 40 Minuten gehen lassen, bis er das doppelte Volumen erreicht hat.
• Die Kastenform einfetten*, den Teig hineinfüllen, die Oberfläche glattstreichen und nochmals 25 Minuten gehen lassen.
• Den Backofen auf 220° vorheizen.
• Den Klöben auf der untersten Schiene des Ofens 50–60 Minuten backen. Mit einem Holzstäbchen die Garprobe* machen, bevor der Kuchen aus dem Backofen genommen wird!
• Den fertigen Klöben auf ein Kuchengitter stürzen und auskühlen lassen.

Braucht etwas Zeit · Ganz einfach

Leipziger Osterfladen

Zutaten für 1 Springform von 26 cm ⌀ :
Für den Teig: 250 g Mehl · 1 Prise Salz · 1 Ei ·
75 g Zucker · 1 Päckchen Vanillinzucker ·
125 g Butter
Für die Füllung: 100 g Korinthen · 50 g abgezogene Mandeln · 4 Eigelb · 100 g Zucker · 50 g zerlassene Butter · abgeriebene Schale von 1 unbehandelten Zitrone · 2 Eßl. Arrak · ⅛ l Sahne ·
500 g Sahnequark

Zum Beträufeln und Bestreuen: 1 Eigelb ·
2 Eßl. Zucker
Für die Form: Butter
Bei 12 Stücken pro Stück etwa 1975 Joule/ 470 Kalorien

Zubereitungszeit: 40 Minuten
Ruhezeit: 1 Stunde
Backzeit: etwa 1 Stunde

• Das Mehl mit dem Salz auf die Arbeitsfläche sieben*. In die Mitte eine Mulde drücken und das Ei, den Zucker und den Vanillinzucker hineingeben. Die Butter in Flöckchen auf den Mehlrand schneiden. Alles mit einem Messer krümelig hacken, dann mit kühlen Händen zu einem glatten Teig kneten*. Den Teig in Alufolie wickeln und 1 Stunde im Kühlschrank ruhen lassen.
• Die Korinthen waschen und auf Küchenkrepp* trocknen. Die Mandeln durch die Mandelmühle* drehen.
• Das Eigelb mit dem Zucker schaumig rühren. Die zerlassene Butter, die Zitronenschale, den Arrak und die Sahne hinzufügen. Die Korinthen, die Mandeln und den Sahnequark in die Schaummasse einarbeiten.
• Die Form einfetten*. Den Backofen auf 180° vorheizen.
• Die Arbeitsfläche mit Mehl bestäuben und den Mürbeteig darauf ausrollen. Die Form mit der Teigplatte auslegen, dabei einen Rand formen*. Die Quarkmasse einfüllen, die Oberfläche glattstreichen.
• Das Eigelb verquirlen und über die Quarkfüllung träufeln. Den Kuchen auf der mittleren Schiene des Ofens etwa 1 Stunde backen.
• Den Osterfladen noch heiß mit Zucker bestreuen, etwas abkühlen lassen, dann aus der Form nehmen und auf einem Kuchengitter erkalten lassen.

Braucht etwas Zeit · Nicht ganz einfach

Mohnstriezel

Zutaten für den Teig:
500 g Mehl · 40 g Hefe · 60 g Zucker · ⅛ l lau-
warme Milch · 150 g weiche Butter · 2 Eier ·
1 gute Prise Salz · abgeriebene Schale von
1 unbehandelten Zitrone
Für die Füllung: 100 g Rosinen · 50 g abgezogene
Mandeln · 5 bittere abgezogene Mandeln ·
¼ l Milch · 50 g Grieß · 250 g gemahlener Mohn ·
1 Eßl. Butter · 100 g Zucker · 1 Päckchen
Vanillinzucker · 1 Ei
Für die Glasur: 200 g Puderzucker · 1 Eiweiß ·
3 Eßl. Zitronensaft · 2 Eßl. Mandelblättchen
Für das Backblech: Butter
Bei 20 Stücken pro Stück etwa 1510 Joule/
360 Kalorien

Zubereitungszeit: 40 Minuten
Zeit zum Gehenlassen: 1 Stunde und 10 Minuten
Backzeit: etwa 1 Stunde

● Das Mehl in eine Schüssel sieben* und in die
Mitte eine Mulde drücken. Die Hefe hineinbrök-
keln und mit 1 Eßlöffel Zucker, der Milch und
etwas Mehl zu einem Vorteig* verrühren. Mit
einem Tuch zugedeckt an einem warmen Platz
15 Minuten gehen lassen*.
● Den restlichen Zucker, die Butter, die Eier, das
Salz und die Zitronenschale dazugeben. Alles
gut verkneten* und den Teig so lange schlagen,
bis er Blasen wirft und sich vom Schüsselrand
löst. Den Teig zugedeckt an einem warmen Platz
weitere 30 Minuten gehen lassen*, bis er fast das
doppelte Volumen erreicht hat.
● Die Rosinen mit kochendem Wasser überbrühen und abtropfen lassen. Die süßen und die bitteren Mandeln hacken.
● Die Milch zum Kochen bringen, den Grieß
einrieseln lassen und unter Rühren 4 Minuten

köcheln. Den Topf vom Herd nehmen, den
Mohn und die Butter in den Grießbrei rühren.
Die Masse abkühlen lassen*, dann den Zucker,
den Vanillinzucker, das Ei, die Rosinen und die
Mandeln untermischen.
● Die Arbeitsfläche mit Mehl bestäuben und
den Hefeteig darauf zu einer rechteckigen Platte
von 1 cm Dicke ausrollen*. Die Mohnfüllung
gleichmäßig darauf verstreichen und die Teig-
platte von beiden Breitseiten zur Mitte hin auf-
rollen.
● Das Backblech einfetten*. Den Striezel dar-
auflegen und nochmals zugedeckt 25 Minuten
gehen lassen*.
● Den Backofen auf 220° vorheizen.
● Den Striezel auf der untersten Schiene des
Ofens etwa 1 Stunde backen.
● Den Puderzucker mit dem Eiweiß und dem
Zitronensaft glattrühren und den noch warmen
Striezel damit überziehen*. Die Mandelblättchen auf die weiche Glasur streuen.

Etwas teurer · Braucht etwas Zeit · Nicht ganz
einfach

Marzipanstriezel

Zutaten für den Teig:
500 g Mehl · 50 g Hefe · 1 Eßl. Zucker · ⅛ l lau-
warme Milch · je 200 g Rosinen und Korinthen ·
100 g abgezogene Mandeln · 150 g weiche
Butter · 1 Ei · ½ Teel. Salz · 50 g gewürfeltes
Orangeat · 100 g Marzipan-Rohmasse ·*
50 g Puderzucker
Zum Bestreichen und Besieben: 100 g Butter ·
50 g Puderzucker
Zum Ausrollen: Mehl · Puderzucker
Für das Backblech: Butter
Bei 30 Stücken pro Stück etwa 880 Joule/
210 Kalorien

Zubereitungszeit: 45 Minuten
Zeit zum Gehenlassen: 1 Stunde und 15 Minuten
Backzeit: 1 Stunde

• Das Mehl in eine Schüssel sieben* und in die Mitte eine Mulde drücken. Die Hefe hineinbrök-keln und mit dem Zucker, der Milch und etwas Mehl zu einem Vorteig* verrühren. Mit einem Tuch zugedeckt an einem warmen Platz 15 Minuten gehen lassen.
• Die Rosinen und die Korinthen mit kochendem Wasser überbrühen, abtropfen lassen und auf Küchenkrepp* trocknen. Die Mandeln grob-hacken.
• Die Butter, das Ei und das Salz zu dem Mehl und dem Vorteig in die Schüssel geben. Alles gut verkneten* und den Teig so lange schlagen, bis er sich vom Schüsselrand löst und Blasen wirft.
• Die Rosinen, die Korinthen, die Mandeln und das Orangeat einkneten. Den Teig zugedeckt an einem warmen Platz 30 Minuten gehen lassen*, bis er fast das doppelte Volumen erreicht hat.
• Die Arbeitsfläche mit Mehl bestäuben und den Teig darauf zu einer ovalen Platte von etwa 3 cm Dicke ausrollen*.
• Die Marzipan-Rohmasse mit dem Puderzuk-ker verkneten* und auf etwas Puderzucker mög-lichst dünn ausrollen*. Die Marzipanplatte auf den ausgerollten Hefeteig legen. In die Mitte längs mit dem Wellholz* eine Delle eindrücken

---

Unser Tip Der Striezel geht während des Backens leicht in die Breite. Sie haben also keinen Fehler gemacht, wenn Ihnen das passiert. Wenn Sie die schlan-ke Form bevorzugen, legen Sie eine 3 cm breite Manschette aus doppelt gefalteter Alufolie um den Kuchen und befestigen das »Korsett« mit einer Büroklammer.

---

und eine Teighälfte über die andere klappen.
• Das Backblech einfetten*, den Striezel darauf-legen und nochmals zugedeckt 30 Minuten gehen lassen*.
• Den Backofen auf 175° vorheizen.
• Den Marzipanstriezel auf der untersten Schie-ne des Ofens 1 Stunde backen.
• Die Butter zerlassen und den fertigen Striezel, gleich wenn er aus dem Ofen kommt, damit mehrmals bepinseln. Wenn er ausgekühlt ist, mit Puderzucker besieben*.

Braucht etwas Zeit

Stockholmer Kardamomstriezel

Zutaten für den Teig:
500 g Mehl · 35 g Hefe · 50 g Zucker · ⅛ l lau-warme Milch · 100 g zerlassene Butter · 1 kleines Ei · ½ Teel. Salz · 1 Teel. Kardamom · ⅛ l Sahne
Für die Füllung: 250 g ungeschälte Mandeln · 2 Eßl. weiche Butter · 100 g Zucker · 2 Eigelb · 50 g gewürfeltes Zitronat · 2–3 Eßl. Milch
Zum Bestreichen: 1 Eigelb
Zum Bestreuen: 1 Eßl. Hagelzucker · 1 Eßl. Man-delblättchen
Für das Backblech: Butter
Bei 30 Stücken pro Stück etwa 860 Joule/ 205 Kalorien

Zubereitungszeit: 50 Minuten
Zeit zum Gehenlassen: 1 Stunde und 20 Minuten
Backzeit: etwa 30 Minuten

• Das Mehl in eine Schüssel sieben*, in die Mit-te eine Mulde drücken. Die Hefe in die Vertie-fung bröckeln und mit 1 Eßlöffel Zucker, der Milch und etwas Mehl zu einem Vorteig* verrüh-

ren. Mit einem Tuch zugedeckt an einem warmen Platz 15 Minuten gehen lassen*.
• Den restlichen Zucker, die zerlassene Butter, das Ei, das Salz, den Kardamom und die Sahne dazugeben. Alles gut verkneten* und den Teig so lange schlagen, bis er sich vom Schüsselrand löst und Blasen wirft. Den Teig zugedeckt an einem warmen Platz etwa 40 Minuten gehen lassen, bis er das doppelte Volumen erreicht hat.
• Die Mandeln durch die Mandelmühle* drehen.
• Die Butter mit dem Zucker und dem Eigelb cremig rühren, bis der Zucker ganz aufgelöst ist. Die Mandeln, das Zitronat und die Milch unterrühren.
• Das Backblech einfetten*.
• Die Arbeitsfläche mit Mehl bestäuben und den Hefeteig darauf zu einem Rechteck von 25 × 50 cm ausrollen*. Die Füllung daraufstreichen, die Teigplatte der Länge nach aufrollen und auf das Backblech legen.
• Die Teigrolle mit einer Schere von oben her in einem Abstand von etwa 2 cm tief einschneiden. Eine Teigscheibe nach links aus der Rolle ziehen, die nächste nach rechts und so fortfahren.

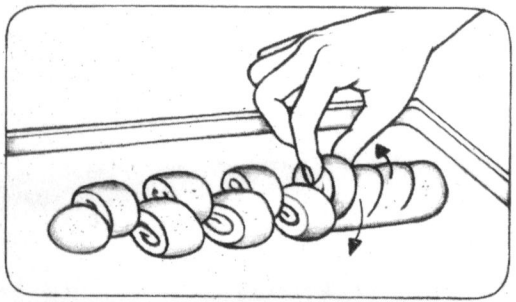

Die eingeschnittenen Teigscheiben werden abwechselnd nach rechts und links aus der Rolle gezogen.

• Das Eigelb verquirlen und den Striezel damit bestreichen, mit dem Hagelzucker und den Mandelblättchen bestreuen. Den Striezel noch einmal 25 Minuten gehen lassen*.
• Den Backofen auf 200° vorheizen.
• Den Kardamomstriezel auf der mittleren Schiene des Ofens etwa 30 Minuten backen. Auf einem Kuchengitter erkalten lassen.

Braucht etwas Zeit · Nicht ganz einfach

Lienzer Zopfstriezel

Bild Seite 202

Zutaten für den Teig:
1 kg Mehl · 60 g Hefe · 150 g Zucker · ¼ l lauwarme Milch · 250 g weiche Butter · abgeriebene Schale von 1 unbehandelten Zitrone · 4 Eier · 1 gute Prise Salz · 100 g abgezogene Mandeln · 150 g Rosinen
Zum Bestreichen: 1 Eiweiß · 1 Eigelb
Zum Bestreuen: 3 Eßl. Hagelzucker
Für das Backblech: Butter
Bei 40 Scheiben pro Scheibe etwa 860 Joule/ 205 Kalorien

Zubereitungszeit: 45 Minuten
Zeit zum Gehenlassen: 1 Stunde und 20 Minuten
Backzeit: etwa 1 Stunde

• Das Mehl in eine große Schüssel sieben, in die Mitte eine Mulde drücken. Die Hefe in die Vertiefung bröckeln und mit 1 Eßlöffel Zucker, der Hälfte der Milch und etwas Mehl zu einem Vorteig verrühren. Mit einem Tuch zugedeckt an einem warmen Platz 15 Minuten gehen lassen.
• Den restlichen Zucker, die restliche Milch, die Butter, die Zitronenschale, die Eier und das Salz hinzufügen. Alles gut verkneten und den Teig so lange schlagen, bis er sich vom Schüsselrand löst und Blasen wirft. Den Teig zugedeckt an einem

warmen Platz etwa 40 Minuten gehen lassen, bis er das doppelte Volumen erreicht hat.
- Die Mandeln grobhacken. Die Rosinen mit kochendem Wasser überbrühen, abtropfen lassen und auf Küchenkrepp trocknen.
- Die Mandeln und die Rosinen in den Hefeteig kneten.
- Das Backblech einfetten. Die Arbeitsfläche mit Mehl bestäuben und darauf aus dem Teig vier dicke, drei mittelstarke und zwei dünne gleichlange Rollen formen. Aus den vier und den drei Rollen jeweils einen Zopf flechten. Die beiden dünnen Rollen zu einer Spirale drehen. Die drei Teiggebilde mit dem Eiweiß bestreichen und aufeinandersetzen.
- Den Striezel auf dem Blech nochmals 25 Minuten gehen lassen.
- Den Backofen auf 200° vorheizen.
- Das Eigelb mit etwas Wasser verquirlen und den Striezel damit bestreichen. Den Hagelzucker darüberstreuen. Den Zopfstriezel im Ofen auf der mittleren Schiene etwa 1 Stunde backen. Auf einem Kuchengitter abkühlen lassen.

Braucht etwas Zeit · Nicht ganz einfach

Safranzopf

Zutaten für den Teig:
100 g abgezogene Mandeln · 75 g Rosinen ·
500 g Mehl · 30 g Hefe · 100 g Zucker · ¼ l lauwarme Milch · ½ Teel. Safranpulver · 1 Ei ·
1 Päckchen Vanillinzucker · 125 g weiche Butter
Für den Guß: 200 g Puderzucker · Saft von
1 Zitrone
Zum Garnieren: 100 g kandierte Kirschen
Für das Backblech: Butter
Bei 30 Stücken pro Stück etwa 880 Joule/
210 Kalorien

Zubereitungszeit: 40 Minuten
Zeit zum Gehenlassen: 1 Stunde und 20 Minuten
Backzeit: etwa 45 Minuten

- Die Mandeln durch die Mandelmühle* drehen. Die Rosinen waschen und auf Küchenkrepp* trocknen.
- Das Mehl in eine Schüssel sieben*, in die Mitte eine Mulde drücken. Die Hefe in die Vertiefung bröckeln und mit 1 Teelöffel Zucker, der Hälfte der Milch und etwas Mehl zu einem Vorteig* verrühren. Mit einem Tuch zugedeckt an einem warmen Platz 15 Minuten gehen lassen*.
- Die restliche Milch mit dem Safran verrühren und mit dem übrigen Zucker, dem Ei, dem Vanillinzucker und der Butter auf den Mehlrand in die Schüssel geben. Alles gut verkneten* und den Teig so lange schlagen, bis er sich vom Schüsselrand löst und Blasen wirft. Den Teig zugedeckt an einem warmen Platz 40 Minuten gehen lassen*, bis er fast das doppelte Volumen erreicht hat.
- Die Arbeitsfläche mit Mehl bestäuben und den Teig darauf mit den Mandeln und Rosinen verkneten*. Aus dem Teig 3 gleich große Rollen formen und diese zu einem Zopf flechten, die Enden gut festdrücken.
- Das Backblech einfetten*, den Zopf darauflegen und nochmals 25 Minuten gehen lassen*.
- Den Backofen auf 220° vorheizen.
- Den Zopf mit kaltem Wasser bestreichen und auf der zweiten Schiene von unten im Ofen 45 Minuten backen.
- Den Puderzucker mit dem Zitronensaft verrühren. Die kandierten Kirschen halbieren.
- Den Safranzopf auf einem Kuchengitter abkühlen lassen*, mit dem Guß bestreichen und mit den kandierten Kirschen verzieren.

Preiswert · Braucht etwas Zeit

Rosinenstuten

Stuten nennt man im Norden Deutschlands Kastenweißbrote, die mit Milch, wenig Zucker und Fett gebacken werden. Wer will, kann noch gehackte Mandeln in den Teig mischen.

Zutaten für 1 Kastenform von 30 cm Länge:
125 g Rosinen · 2 Eßl. Rum · 500 g Mehl ·
30 g Hefe · 2 Eßl. Zucker · knapp ⅜ l lauwarme
Milch · 75 g weiche Butter · 2 Eier · 1 Teel. Salz ·
abgeriebene Schale von 1 unbehandelten Zitrone
Zum Bestreichen: 3 Eßl. Milch
Für die Form: Butter
Bei 15 Scheiben pro Scheibe etwa 965 Joule/
230 Kalorien

Zubereitungszeit: 30 Minuten
Zeit zum Gehenlassen: 1 Stunde und 10 Minuten
Backzeit: etwa 50 Minuten

• Die Rosinen waschen, mit Küchenkrepp* trockentupfen und mit dem Rum beträufeln.
• Das Mehl in eine Schüssel sieben*. In die Mitte eine Mulde drücken. Die Hefe in die Vertiefung bröckeln und mit dem Zucker, der Hälfte der Milch und etwas Mehl zu einem Vorteig* verrühren. Mit einem Tuch zugedeckt an einem warmen Platz 20 Minuten gehen lassen.
• Die restliche Milch, die Butter, die Eier, das Salz und die Zitronenschale hinzufügen. Alles gut verkneten* und den Teig so lange schlagen, bis er sich vom Schüsselrand löst.
• Den Teig zugedeckt an einem warmen Platz 25 Minuten gehen lassen, bis er fast das doppelte Volumen erreicht hat.
• Die Form einfetten*.
• Die Rosinen mit dem Rum in den Teig kneten. Den Teig in die Form füllen und nochmals zugedeckt 25 Minuten gehen lassen.

• Den Backofen auf 200–220° vorheizen.
• Den Stuten mit der Milch bepinseln und der Länge nach in der Mitte mit einem scharfen Messer 1 cm tief einschneiden. Im Ofen auf der untersten Schiene auf dem Rost etwa 50 Minuten backen. Aus der Form nehmen und auf einem Kuchengitter abkühlen lassen*.

Unser Tip Der Stuten darf nicht zu dünn aufgeschnitten werden. Mit frischer Butter und Marmelade bestrichen schmeckt er am besten.

Preiswert · Ganz einfach

Quarkstuten

Zutaten für 1 Kastenform von 26 cm Länge:
50 g Sultaninen · 20 g Hefe · 60 g Zucker ·
4 Eßl. lauwarmes Wasser · 350 g Mehl ·
200 g Sahnequark · 50 g weiche Butter · 2 Eier ·
½ Teel. Salz
Für die Form: Butter
Bei 18 Scheiben pro Scheibe etwa 610 Joule/
145 Kalorien

Zubereitungszeit: 25 Minuten
Zeit zum Gehenlassen: 30 Minuten
Backzeit: etwa 30 Minuten

• Die Sultaninen in warmem Wasser waschen und auf Küchenkrepp trocknen. Die Hefe in ein Töpfchen bröckeln und mit 1 Teelöffel Zucker und dem Wasser verrühren.
• Das Mehl in eine Schüssel sieben*, in die Mitte eine Mulde drücken und die aufgelöste Hefe hineingeben. Den Quark, die Butter, die Eier und das Salz hinzufügen und alles gut vermengen.

• Die Arbeitsfläche mit Mehl bestäuben und den Teig darauf kräftig durchkneten*, bis er glatt und glänzend ist. Die Sultaninen einmengen.
• Die Form einfetten*. Den Teig in die Form drücken und mit einem Tuch zugedeckt an einem warmen Platz etwa 30 Minuten gehen lassen*, bis er das doppelte Volumen erreicht hat.
• Den Backofen auf 200° vorheizen.
• Den Stuten auf der untersten Schiene des Ofens etwa 30 Minuten backen. Nach der Hälfte der Backzeit mit Pergamentpapier abdecken.
• Den Quarkstuten auf einem Kuchengitter erkalten lassen.

Preiswert · Braucht etwas Zeit

Mandelstuten

Zutaten für 1 Kastenform von 30 cm Länge:
150 g abgezogene Mandeln · 500 g Mehl ·
30 g Hefe · 3 Eßl. Zucker · knapp ⅜ l lauwarme
Milch · 75 g weiche Butter · 2 Eier · 1 Teel. Salz ·
abgeriebene Schale von 1 unbehandelten Zitrone
Zum Bestreichen: 1 Eigelb · 1 Eßl. Dosenmilch
Für die Form: Butter
Bei 20 Stücken pro Stück etwa 840 Joule/
200 Kalorien

Zubereitungszeit: 40 Minuten
Zeit zum Gehenlassen: 1 Stunde und 20 Minuten
Backzeit: etwa 50 Minuten

• Die Mandeln grobhacken.
• Das Mehl in eine Schüssel sieben* und in die Mitte eine Mulde drücken. Die Hefe in die Vertiefung bröckeln und mit der Hälfte des Zuckers und der Hälfte der Milch und etwas Mehl zu einem Vorteig* verrühren. Mit einem Tuch zugedeckt an einem warmen Platz 15 Minuten gehen lassen*.

• Den restlichen Zucker, die restliche Milch, die Butter, die Eier, das Salz und die Zitronenschale hinzufügen. Alles gut verkneten* und den Teig so lange schlagen, bis er sich vom Schüsselrand löst und Blasen wirft. Den Teig zugedeckt an einem warmen Platz 40 Minuten gehen lassen*, bis er das doppelte Volumen erreicht hat.
• Die Form einfetten*.
• Die gehackten Mandeln in den Teig kneten. Den Hefeteig in die Form füllen und nochmals zugedeckt 25 Minuten gehen lassen.
• Den Backofen auf 200–220° vorheizen.
• Das Eigelb mit der Dosenmilch verquirlen* und den Stuten damit bepinseln. Die Oberfläche des Stutens mit einem scharfen Messer der Länge nach in der Mitte 1 cm tief einschneiden. Im Ofen auf der untersten Schiene etwa 50 Minuten backen. Aus der Form nehmen und auf einem Kuchengitter auskühlen lassen*.

Preiswert · Ganz einfach

Mohnzopf

Der Mohnzopf ist gerade recht für ein gemütliches Feiertagsfrühstück. In dicke Scheiben aufgeschnitten, mit Butter und Gelee bestrichen oder mit Schinken belegt, schmeckt er am besten.

Zutaten für den Teig:
500 g Mehl · 1 Päckchen Trockenhefe ·
2 Eßl. Zucker · 1 Teel. Salz · ¼ l lauwarme
Milch · 2 Eßl. saure Sahne · 3 Eßl. weiche Butter
Zum Bestreichen: 1 Eigelb
Zum Bestreuen: 2 Eßl. Mohn
Für das Backblech: Butter
Bei 10 Scheiben pro Stück etwa 1 115 Joule/
265 Kalorien

Zubereitungszeit: 25 Minuten

Zeit zum Gehenlassen: 1 Stunde
Backzeit: 30 Minuten

• Das Mehl mit der Trockenhefe in einer Schüssel mischen. Den Zucker, das Salz, die Milch, die saure Sahne und die Butter dazugeben. Alles gut verkneten* und den Teig so lange schlagen, bis er sich vom Schüsselrand löst und Blasen wirft. Den Teig mit einem Tuch zugedeckt an einem warmen Platz etwa 40 Minuten gehen lassen*, bis er fast das doppelte Volumen erreicht hat.
• Die Arbeitsfläche mit Mehl bestäuben, den Teig darauf nochmals durchkneten* und in 3 gleich große Portionen teilen. Die Teigstücke zu Strängen von etwa 30 cm Länge formen und zu einem Zopf flechten.
• Das Backblech einfetten*, den Zopf darauflegen und 20 Minuten gehen lassen*.
• Den Backofen auf 225° vorheizen.
• Das Eigelb verquirlen*, den Zopf damit bepinseln und den Mohn darüberstreuen.
• Den Mohnzopf auf der mittleren Schiene des Ofens 30 Minuten backen.

Braucht etwas Zeit · Nicht ganz einfach

Mozartzopf

Zutaten für den Teig:
550 g Mehl · 40 g Hefe · 125 g Zucker · ⅛ l lauwarme Milch · 1 Ei · 1 Eigelb · 100 g weiche Butter · 1 Prise Salz · abgeriebene Schale von 1 unbehandelten Zitrone · 100 g feingewürfeltes Zitronat · 50 g feingewürfeltes Orangeat
Zum Bestreichen: Milch · 4 Eßl. Aprikosenmarmelade
Für die Glasur: 200 g Puderzucker ·
3–4 Eßl. Zitronensaft
Für das Backblech: Butter
Bei 20 Stücken pro Stück etwa 1070 Joule/255 Kalorien

Zubereitungszeit: 40 Minuten
Zeit zum Gehenlassen: 1 Stunde und 10 Minuten
Backzeit: 35 Minuten

• Das Mehl in eine Schüssel sieben*, in die Mitte eine Mulde drücken. Die Hefe in die Vertiefung bröckeln und mit 1 Eßlöffel Zucker, der Hälfte der Milch und etwas Mehl zu einem Vorteig* verrühren. Mit einem Tuch zugedeckt an einem warmen Platz 15 Minuten gehen lassen*.
• Den restlichen Zucker, die restliche Milch, das Ei, das Eigelb, die Butter, das Salz und die Zitronenschale hinzufügen. Alle Zutaten gut verkneten* und so lange schlagen, bis sich der Teig vom Schüsselrand löst und Blasen wirft.
• Den Teig wieder zudecken und an einem warmen Platz 20–30 Minuten gehen lassen*, bis er das doppelte Volumen erreicht hat.
• Die Arbeitsfläche mit Mehl bestäuben und den Hefeteig darauf mit dem Zitronat und dem Orangeat verkneten. Den Teig in 8 gleich große Stücke teilen und jedes mit bemehlten Händen zu einer etwa daumendicken Rolle formen; die Rollen sollen gleich lang sein. Die Stränge nebeneinander auf die Arbeitsfläche legen, an der oberen Seite zusammendrücken und mit einem Gegenstand beschweren. Die einzelnen Stränge zu einem achtteiligen Zopf zusammenflechten. Die Strangenden zusammendrücken.

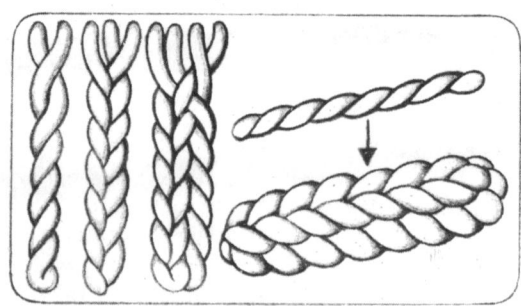

Das Flechten des Mozartzopfes sollte man unbedingt erst einmal mit Bändern üben.

- Das Backblech einfetten*, den Zopf daraufegen und noch einmal an einem warmen Platz 20–25 Minuten gehen lassen*.
- Den Backofen auf 200° vorheizen.
- Den Zopf mit Milch bestreichen und auf der mittleren Schiene des Ofens 35 Minuten backen.
- Den Mozartzopf auf ein Kuchengitter heben und mit der Aprikosenmarmelade bestreichen.
- Den Puderzucker mit dem Zitronensaft glattrühren und den Zopf damit überziehen*.

Braucht etwas Zeit

Gefüllter Hefefladen

Zutaten für den Teig:
500 g Mehl · 40 g Hefe · 70 g Zucker · ¼ l lauwarme Milch · 50 g weiche Butter · 1 Ei · 1 Prise Salz
Für die Füllung: 200 g getrocknete Aprikosen · 4 Eßl. Aprikosengeist oder Rum · 200 g Marzipan-Rohmasse · 2 Eßl. weiche Butter · ½ Teel. Zimt*
Zum Bestreichen: 1 Eigelb
Für das Backblech: Butter
Bei 12 Stücken pro Stück etwa 1 640 Joule/ 390 Kalorien

Zubereitungszeit: 45 Minuten
Zeit zum Gehenlassen: 45 Minuten
Backzeit: 30 Minuten

- Das Mehl in eine Schüssel sieben*, in die Mitte eine Mulde drücken. Die Hefe in die Vertiefung bröckeln und mit 1 Eßlöffel Zucker und 4 Eßlöffeln Milch und etwas Mehl zu einem Vorteig* verrühren. Mit einem Tuch zugedeckt an einem warmen Platz 15 Minuten gehen lassen*.
- Den restlichen Zucker, die restliche Milch, die Butter, das Ei und das Salz hinzufügen. Alles gut verkneten* und den Teig so lange schlagen, bis er sich vom Schüsselrand löst und Blasen wirft.
- Den Teig zugedeckt an einem warmen Platz gehen lassen*, bis er das doppelte Volumen erreicht hat; das dauert etwa 20–30 Minuten.
- Die Aprikosen in kleine Würfel schneiden, mit dem Aprikosengeist oder dem Rum begießen und zugedeckt 15 Minuten ziehen lassen.
- Die Marzipanmasse mit der Butter und dem Zimt verkneten* und die Aprikosenwürfel einmengen.
- Die Arbeitsfläche mit Mehl bestäuben und den Hefeteig darauf zu 2 gleich großen 2 cm dikken ovalen Fladen ausrollen*. Einen Fladen bis zu 2 cm vom Rand mit der Füllung bestreichen, den zweiten Fladen darauflegen und die Ränder andrücken.
- Das Backblech einfetten*. Den Backofen auf 200° vorheizen.
- Den Rand des Fladens ringsherum im Abstand von 2 cm mit einem scharfen Messer 2 cm tief einschneiden. Jeweils einen Teigstreifen über den anderen ziehen, so daß ein gezackter Rand entsteht.

Die eingeschnittenen Teigränder werden übereinander gezogen, damit ein gezackter Rand entsteht.

- Das Eigelb verquirlen* und den Fladen damit bestreichen. Den Hefefladen auf das Blech legen und im Ofen auf der mittleren Schiene in 30 Minuten goldbraun backen.

Braucht etwas Zeit · Nicht ganz einfach

Früchtebrot

Bild Seite 175

Zutaten für 1 Laib:
je 300 g getrocknete Pflaumen und getrocknete
Birnen · je 100 getrocknete Datteln und getrock-
nete Feigen · 5 Eßl. Kirschwasser · je 50 g Hasel-
nußkerne, Walnußkerne und abgezogene Man-
deln · je 50 g gewürfeltes Zitronat und Orangeat
Für den Teig: 500 g Mehl · 60 g Hefe · 3 Eßl.
Zucker · gut ⅛ l lauwarme Milch · 50 g weiche
Butter · 1 Prise Salz · je 1 Messerspitze Nelken-
pulver und Anispulver · 1 Teel. Zimt
Für das Backblech: Mehl
Bei 50 Scheiben pro Scheibe 505 Joule/
120 Kalorien

Einweichzeit: 12 Stunden
Zubereitungszeit: 50 Minuten
Zeit zum Gehenlassen: 40 Minuten
Backzeit: 1 Stunde und 30 Minuten

● Die Pflaumen und die Birnen, gut mit Wasser
bedeckt, 12 Stunden einweichen.
● Die Früchte im Einweichwasser etwa
20 Minuten köcheln lassen. In ein Sieb gießen
und abtropfen lassen, dabei das Kochwasser auffangen. Die Pflaumen und die Datteln entsteinen*. Alle Früchte in grobe Würfel schneiden,
mischen und mit dem Kirschwasser begießen.
Zugedeckt beiseite stellen. Die Nüsse und die
Mandeln halbieren.
● Das Mehl in eine Schüssel sieben*, in die Mitte eine Mulde drücken. Die Hefe in die Vertiefung bröckeln und mit 1 Teelöffel Zucker, der
Hälfte der Milch und etwas Mehl zu einem Vorteig* verrühren. Mit einem Tuch zugedeckt an
einem warmen Platz 15 Minuten gehen lassen*.
● Den restlichen Zucker, die restliche Milch, die

Butter, das Salz, das Nelken- und das Anispulver
und den Zimt hinzufügen. Alles gut verkneten*
und den Teig so lange schlagen, bis er sich vom
Schüsselrand löst und Blasen wirft. Den Teig
zugedeckt an einem warmen Platz so lange
gehen lassen*, bis er das doppelte Volumen
erreicht hat; das dauert etwa 20–30 Minuten.
● Die getränkten Früchte, die Nüsse und die
Mandeln, das Zitronat und das Orangeat in den
Teig kneten*. Einen Laib formen und diesen auf
das bemehlte Backblech legen. Mit einer Gabel
mehrmals einstechen und mit der Kochbrühe der
Trockenfrüchte gut bestreichen. Nochmals
15 Minuten zugedeckt gehen lassen*.
● Den Backofen auf 180° vorheizen.
● Das Früchtebrot auf der mittleren Schiene im
Ofen 1 Stunde und 30 Minuten backen.
● Das fertige Brot, solange es noch warm ist,
mehrmals mit der Kochbrühe bestreichen.

Variante: Etwas mehr Teig (650 g und 2–3 Eßl.
Milch) zubereiten und das Früchtebrot vor dem
Backen mit dem zusätzlichen Teig umhüllen.

Braucht etwas Zeit

Feines Tiroler Kletzenbrot

Zutaten für 3 Laibe:
Für die Füllung: 200 g getrocknete Birnen ·
150 g Rosinen · 200 g getrocknete Zwetschgen
ohne Stein · 150 g getrocknete Feigen ·
50 g Datteln ohne Stein · 150 g Walnußkerne ·
50 g ungeschälte Mandeln · 50 g Pinienkerne ·
je 50 g gewürfeltes Zitronat und Orangeat ·
150 g Puderzucker · ½ Teel. Zimt · ¼ Teel. Nelken-
pulver · Saft und Schale von 1 unbehandelten
Zitrone · 3 Eßl. Rum

Für den Teig: 300 g Mehl · 25 g Hefe ·
1 Teel. Zucker · knapp ⅛ l lauwarme Milch ·
60 g weiche Butter · 1 Ei · 1 Prise Salz
Zum Bestreichen: schwarzer Kaffee
Für das Backblech: Butter
Bei 36 Scheiben pro Scheibe etwa 755 Joule/
180 Kalorien

Zubereitungszeit: 1 Stunde
Ruhezeit: etwa 14 Stunden
Backzeit: 1 Stunde

● Für die Füllung die getrockneten Birnen gut
mit Wasser bedeckt in etwa 30 Minuten weich
kochen. Abtropfen lassen. Die Rosinen waschen
und auf Küchenkrepp trocknen. Die Birnen, die
Zwetschgen, die Feigen und die Datteln in kleine
Würfel schneiden. Die Walnüsse und die Mandeln grobhacken.
● Alle zerkleinerten Zutaten mit den Pinienkernen, den Rosinen, dem Zitronat und dem
Orangeat in eine Schüssel geben.
● Den Puderzucker mit dem Zimt und dem Nelkenpulver mischen und über die Früchte sieben.
Die Zitronenschale, den Zitronensaft und den
Rum hinzufügen und alles gut vermengen. Die
Mischung 12 Stunden zugedeckt durchziehen
lassen.
● Das Mehl in eine Schüssel sieben*, in die Mitte eine Mulde drücken, die Hefe hineinbröckeln
und mit dem Zucker, der Milch und etwas Mehl
zu einem Vorteig* verrühren. Mit einem Tuch
zugedeckt an einem warmen Platz 15 Minuten
gehen lassen*.
● Die Butter, das Ei und das Salz dazugeben.
Alles gut verkneten* und den Teig so lange schlagen, bis er sich vom Schüsselrand löst und Blasen wirft. Den Teig zugedeckt an einem warmen
Platz nochmals etwa 40 Minuten gehen lassen,
bis er das doppelte Volumen erreicht hat.
● Das Backblech einfetten*.
● Die Früchtefüllung gut unter den Teig kneten.

Aus dem Teig 3 Laibe formen, auf das Blech
legen und 30 Minuten gehen lassen*.
● Den Backofen auf 200–220° vorheizen.
● Die Laibe mit schwarzem Kaffee bepinseln
und auf der mittleren Schiene des Ofens 1 Stunde backen.

Braucht etwas Zeit · Ganz einfach

Haferfrüchtebrot

Zutaten für 1 Kastenform von 24 cm Länge:
250 g Rosinen · 125 g Haselnußkerne ·
60 g Mandeln · 125 g getrocknete Kurpflaumen
ohne Stein · 125 g getrocknete Aprikosen ·
3 Eßl. Rum · 3 Eier · 125 g Zucker ·
125 g Instant-Haferflocken · 1 Teel. Backpulver
Für die Form: Butter
Bei 15 Stücken pro Stück etwa 1070 Joule/
255 Kalorien

Zubereitungszeit: 35 Minuten
Backzeit: 1 Stunde und 30 Minuten

● Die Rosinen in warmem Wasser waschen,
abtropfen lassen und auf Küchenkrepp trocknen. Die Haselnußkerne und die Mandeln sehr
grob hacken. Die Kurpflaumen und die Aprikosen kleinschneiden. Die getrockneten Früchte in
eine Schüssel geben, mit dem Rum beträufeln
und zugedeckt beiseite stellen.
● Die Form einfetten*. Den Backofen auf 180°
vorheizen.
● Die Eier mit dem Zucker cremig schlagen, bis
der Zucker ganz aufgelöst ist. Die Haferflocken
und das Backpulver in die Schaummasse rühren.
Die Nüsse, die Mandeln und die Rosinen, die
Pflaumen und die Aprikosen mit dem Rum unter
den Teig mengen.
● Den Teig in die Form füllen, die Oberfläche

glattstreichen und den Kuchen im Ofen auf der zweiten Schiene von unten etwa 1 Stunde und 30 Minuten backen.
• Das Früchtebrot auf ein Kuchengitter stürzen und erkalten lassen.
• In Alufolie verpackt kann der Kuchen lange Zeit aufbewahrt werden.

Unser Tip Nüsse und Mandeln springen beim Zerhacken nicht vom Brett, wenn Sie es vorher mit Zucker bestreuen.

Braucht etwas Zeit

Ladiner Fruchtkuchen

Zutaten für 1 Kastenform von 30 cm Länge:
300 g Farinzucker* · 150 g Butter ·
3–5 Eßl. Milch · 2 Eßl. Honig · 50 g Mandeln ·
200 g kandierte Früchte · je 100 g getrocknete
Feigen und entsteinte Kurpflaumen · 3 Eier ·
1 Eßl. Arrak oder Rum · 1 Eßl. Mandellikör ·
1 Teel. Zimt · ½ Teel. Ingwerpulver · 1 gute Prise
Salz · abgeriebene Schale von 1 unbehandelten
Orange · 50 g gewürfeltes Zitronat · 500 g Mehl ·
1 Päckchen Backpulver
Für die Form: Butter
Bei 20 Stücken pro Stück etwa 1365 Joule/
325 Kalorien

Zubereitungszeit: 50 Minuten
Backzeit: etwa 1 Stunde und 30 Minuten

• Den Zucker mit der Butter, der Milch und dem Honig in einem Topf unter Rühren bei schwacher Hitze heiß werden lassen, bis der Zucker ganz aufgelöst ist. Abkühlen lassen.
• Die Mandeln grobhacken. Die kandierten

Früchte, die Feigen und die Pflaumen würfeln.
• Die Eier in die Zuckermasse rühren. Den Arrak oder den Rum, den Mandellikör, den Zimt, das Ingwerpulver, das Salz, die Orangenschale und das Zitronat hinzufügen. Die Mandeln, die kandierten Früchte, die Feigen und die Pflaumen einmengen.
• Die Form einfetten. Den Backofen auf 200° vorheizen.
• Das Mehl mit dem Backpulver sieben* und eßlöffelweise unter den Fruchtteig rühren.
• Den Teig in die Form füllen und auf der zweiten Schiene von unten im Ofen etwa 1 Stunde und 30 Minuten backen. Nach 30 Minuten Backzeit die Temperatur auf 180° zurückschalten.
• Den fertigen Kuchen 10 Minuten in der Form stehen lassen, dann auf ein Kuchengitter stürzen und erkalten lassen.

Braucht etwas Zeit

Gefüllter Teekranz

Zutaten für den Teig:
500 g Mehl · 30 g Hefe · 80 g Zucker ·
¼ l lauwarme Milch · 120 g weiche Butter · 1 Ei ·
abgeriebene Schale von 1 unbehandelten Zitrone ·
1 Prise Salz
Für die Füllung: je 50 g Rosinen, Korinthen, Mandelstifte, gewürfeltes Zitronat und Orangeat ·
2 Eßl. Zucker · 1 Teel. Zimt · 2 Eßl. Rum
Zum Bestreichen: 2 Eßl. zerlassene Butter ·
1 Eigelb
Für das Backblech: Butter
Bei 16 Stücken pro Stück etwa 1260 Joule/
300 Kalorien

Zubereitungszeit: 45 Minuten
Zeit zum Gehenlassen: 1 Stunde und 20 Minuten
Backzeit: etwa 35 Minuten

Lienzer Zopfstriezel wird in Österreich hauptsächlich zum Weihnachtsfest gebacken. Rezept Seite 192.

● Das Mehl in eine Schüssel sieben*, in die Mitte eine Mulde drücken. Die Hefe in die Vertiefung bröckeln und mit 1 Eßlöffel Zucker, der Hälfte der Milch und etwas Mehl zu einem Vorteig* verrühren. Mit einem Tuch zugedeckt an einem warmen Platz 15 Minuten gehen lassen*.
● Den restlichen Zucker, die restliche Milch, die Butter, das Ei, die Zitronenschale und das Salz hinzufügen. Alles gut verkneten* und den Teig so lange schlagen, bis er sich vom Schüsselrand löst und Blasen wirft. Den Teig zugedeckt an einem warmen Platz 40 Minuten ruhen lassen, bis er das doppelte Volumen erreicht hat.
● Die Rosinen und die Korinthen waschen und auf Küchenkrepp trocknen. Die Mandelstifte, das Zitronat und das Orangeat in eine Schüssel geben. Den Zucker mit dem Zimt mischen und darüberstreuen. Die Rosinen und die Korinthen hinzufügen, den Rum darüberträufeln. Alles gut vermengen.
● Die Arbeitsfläche mit Mehl bestäuben, den Teig darauf noch einmal durchkneten* und in 3 Portionen teilen. Jede Portion zu einem gleich großen 1 cm dicken Rechteck ausrollen. Die Teigplatten mit der zerlassenen Butter bestreichen und die Füllung gleichmäßig darauf verteilen, dabei ringsherum einen fingerbreiten Rand freilassen. Die Teigplatten von der Längsseite her aufrollen. Aus den Rollen einen lockeren Zopf flechten und zu einem Ring legen. Die Teigenden ineinanderstecken.
● Das Backblech einfetten*, den Kranz darauflegen und nochmals 25 Minuten gehen lassen*.
● Den Backofen auf 200° vorheizen.
● Das Eigelb verquirlen* und den Kranz damit bestreichen. Den Teekranz auf der mittleren Schiene des Ofens etwa 30–35 Minuten backen.

Braucht etwas Zeit · Ganz einfach

Niederrheinischer Honigkuchen

Im Rheinland und in den Niederlanden ist der Kuchen kein Weihnachtsgebäck, man verspeist ihn während des ganzen Jahres zum Frühstück.

Zutaten für 1 Kastenform von 30 cm Länge:
100 g ungeschälte Mandeln · 50 g brauner Kandiszucker · 250 g Honig · 250 g Zucker · 1 gehäufter Eßl. Schmalz · 2½ Teel. Zimt · 1 Teel. Nelkenpulver · 75 g gehacktes Orangeat · 2 Eier · ⅛ l Milch · 1 Päckchen Backpulver · 150 g Speisestärke · 500 g Mehl
Für die Form: Butter
Bei 30 Stücken pro Stück etwa 840 Joule/ 200 Kalorien

Zubereitungszeit: 35 Minuten
Backzeit: etwa 1 Stunde und 30 Minuten

● Die Mandeln nicht zu fein hacken. Den Kandiszucker im Mörser* zerstoßen.
● Den Honig mit dem Zucker, dem Schmalz, dem Zimt und dem Nelkenpulver in einem großen Topf bei schwacher Hitze zum Kochen bringen. Die Mandeln und das Orangeat einrühren. Den Topf vom Herd nehmen.
● Die Eier mit der Milch verquirlen und mit dem Kandiszucker in die Honigmischung rühren. Die Masse lauwarm werden lassen.
● Die Form einfetten*. Den Backofen auf 200° vorheizen.
● Das Backpulver mit der Speisestärke und dem Mehl sieben* und nach und nach in die Honigmischung rühren.
● Den Teig in die Kastenform füllen und im Ofen auf der zweiten Schiene von unten etwa 1 Stunde und 30 Minuten backen.

Preiswert · Ganz einfach

Brauner Gewürzkuchen

Zutaten für 1 Kastenform von 30 cm Länge:
75 ungeschälte Mandeln · 75 g Korinthen ·
100 g Butter · 200 g Rübensirup · ¼ l schwarzer
Kaffee · 150 g Zucker · je 1 Teel. Zimt und
gemahlener Anis · 1 Messerspitze Nelkenpulver ·
1 Eßl. Kakao · 1 Päckchen Backpulver ·
500 g Mehl
Für die Form: Butter
Bei 30 Stücken pro Stück etwa 650 Joule/
155 Kalorien

Zubereitungszeit: 30 Minuten
Backzeit: etwa 1 Stunde und 15 Minuten

• Die Mandeln grobhacken. Die Korinthen
waschen und auf Küchenkrepp* trocknen. Die
Butter in einem Töpfchen zerlassen.
• Den Sirup mit der Hälfte des Kaffees und der
zerlassenen Butter in einer großen Schüssel verrühren. Den Zucker mit dem Zimt, dem Anis,
dem Nelkenpulver und dem Kakao mischen und
kräftig in die Sirupmasse einrühren. Die Mandeln und die Korinthen dazugeben.
• Die Form einfetten*. Den Backofen auf
200–220° vorheizen.
• Das Backpulver mit dem Mehl sieben* und
abwechselnd mit etwas Kaffee in die Gewürzmi-
schung rühren. Bei der Flüssigkeitszugabe vorsichtig sein, der Teig darf nicht zu dünn werden.
• Den Teig in die Kastenform füllen und im
Ofen auf der zweiten Schiene von unten 1 Stunde
bis 1 Stunde und 15 Minuten backen.
• Den Kuchen in der Form etwas abkühlen lassen, dann auf ein Kuchengitter stürzen.

Preiswert · Ganz einfach

Gewürzkuchen aus Holland

Zutaten für 1 Kastenform von 30 cm Länge:
175 g weiche Butter · 350 g Farinzucker ·*
4 Eier · 400 g Mehl · 1 Päckchen Backpulver ·
50 g Kakao · 1 gehäufter Teel. Zimt · je 1 knapper
Teel. Nelkenpulver und Piment · 1 Prise geriebene
Muskatnuß · etwa ¼ l Milch · je 50 g feingehack-
tes Zitronat und Orangeat
Für die Form: Butter
Bei 20 Stücken pro Stück etwa 1 110 Joule/
265 Kalorien

Zubereitungszeit: 30 Minuten
Backzeit: etwa 1 Stunde

• Die Butter geschmeidig rühren. Den Zucker
und die Eier hinzufügen und etwa 15 Minuten
weiterrühren, bis der Zucker ganz aufgelöst ist.
• Das Mehl mit dem Backpulver und dem
Kakao sieben* und mit dem Zimt, dem Nelkenpulver, dem Piment und der geriebenen Muskatnuß mischen. Die Mehlmischung nach und nach
abwechselnd mit der Milch in die Crememasse
rühren.
• Die Kastenform einfetten*. Den Backofen auf
180° vorheizen.
• Das Zitronat und das Orangeat in den Teig
mengen. Den Teig in die Form füllen und auf der
mittleren Schiene 50–60 Minuten backen.
• Den Gewürzkuchen etwas abkühlen lassen,
dann auf ein Kuchengitter stürzen und erkalten
lassen.

Beliebtes Kleingebäck

Braucht etwas Zeit · Ganz einfach

Hefeschnecken

Zutaten für 20 Schnecken:
Für den Teig: 500 g Mehl · 25 g Hefe ·
80 g Zucker · ¼ l lauwarme Milch · 80 g weiche
Butter · 1 Ei · 1 Prise Salz
Für die Füllung: je 50 g Rosinen und Korinthen ·
75 g Zucker · 1 Teel. Zimt
Zum Bestreichen: 50 g zerlassene Butter
Für die Glasur: 100 g Puderzucker · 2 Eßl. Zitro-
nensaft
Für das Backblech: Butter
Pro Schnecke etwa 965 Joule/230 Kalorien

Zubereitungszeit: 40 Minuten
Zeit zum Gehenlassen: 1 Stunde und 10 Minuten
Backzeit: 15–20 Minuten

• Das Mehl in eine Schüssel sieben*, in die Mitte eine Mulde drücken. Die Hefe in die Vertiefung bröckeln und mit 1 Teelöffel Zucker, 3 Eßlöffeln Milch und etwas Mehl zu einem Vorteig
verrühren. Mit einem Tuch zugedeckt an einem
warmen Platz 15 Minuten gehen lassen*.
• Den restlichen Zucker, die restliche Milch, die
Butter, das Ei und das Salz zugeben. Alles gut
verkneten* und den Teig so lange schlagen, bis er
sich vom Schüsselrand löst und Blasen wirft.
• Den Teig zugedeckt an einem warmen Platz
etwa 40 Minuten gehen lassen.
• Für die Füllung die Rosinen, die Korinthen,
den Zucker und den Zimt mischen.
• Die Arbeitsfläche mit Mehl bestäuben.
• Den Hefeteig darauf zu einem ½ cm dicken
Rechteck ausrollen und mit der zerlassenen But-
ter bestreichen. Die Füllung darauf verteilen. Die
Teigplatte von der breiten Seite her aufrollen.
Von der Rolle fingerdicke Scheiben abschneiden.
• Das Backblech einfetten*. Die Teigscheiben
nicht zu dicht nebeneinander auf das Blech legen

und nachformen. Die Schnecken nochmals
15 Minuten gehen lassen.
• Den Backofen auf 200° vorheizen.
• Die Schnecken auf der mittleren Schiene des
Ofens 15–20 Minuten backen.
• Den Puderzucker mit dem Zitronensaft ver-
rühren. Eventuell etwas Wasser zugeben, die
Glasur sollte nicht zu dick sein. Das noch heiße
Gebäck damit überziehen*.

Braucht etwas Zeit · Nicht ganz einfach

Weckpuppen

Bild Seite 219

Im Rheinland sind es meist Weckmänner, die die
Kinder zum Martinsfest bekommen. Unsere
Puppen sind beiderlei Geschlechts. Wir backen
sie etwas kleiner als üblich und hängen sie in der
Adventszeit an dicke Tannenzweige.

Zutaten für etwa 6 Puppen:
600 g Mehl · 30 g Hefe · 100 g Zucker · ¼ l lau-
warme Milch · 2 Eier · 75 g zerlassene Butter ·
1 Prise Salz · abgeriebene Schale von ½ unbehan-
delten Zitrone
Zum Bestreichen: 1 Eiweiß · 2 Eigelb
Zum Garnieren: Korinthen · abgezogene Man-
deln · kandierte Früchte
Für das Backblech: Butter
Pro Puppe etwa 2665 Joule/635 Kalorien

Zubereitungszeit: 1 Stunde
Zeit zum Gehenlassen: 1 Stunde und 15 Minuten
Backzeit: 15 Minuten pro Blech

• Das Mehl in eine Schüssel sieben*. In die Mitte eine Mulde drücken, die Hefe hineinbröckeln
und mit 2 Teelöffeln Zucker, der Hälfte der

Milch und etwas Mehl zu einem Vorteig* verrühren. Mit einem Tuch zugedeckt an einem warmen Platz 15 Minuten gehen lassen*.

• Den restlichen Zucker, die restliche Milch, die Eier, die Butter, das Salz und die Zitronenschale dazugeben. Alles gut verkneten* und so lange schlagen, bis sich der Teig vom Schüsselrand löst und Blasen wirft. Den Teig wieder zudecken und 40 Minuten gehen lassen.

• Aus Pappe für die Puppen Schablonen von etwa 16 cm Höhe schneiden.

• Die Arbeitsfläche mit Mehl bestäuben, den Teig darauf nochmal durchkneten* und etwa 2 cm dick ausrollen*. Aus der Teigplatte nach den Schablonen Männlein und Weiblein aus-

Am besten lassen sich die Weckpuppen mit Hilfe einer Pappschablone ausschneiden.

Die Puppen werden mit Korinthen, Mandeln und zerkleinerten kandierten Früchten verziert.

schneiden. Die Arme gleich mit ausschneiden und nicht extra formen und ankleben.

• Aus den Teigresten Rollen formen, nach Belieben zu Spiralen drehen oder flechten und zur Verzierung der Puppen verwenden, mit Eiweiß bestreichen und gut andrücken.

• Das Backblech einfetten* und die Figuren darauflegen. Das Eigelb verquirlen und die Puppen damit bepinseln, mit Korinthen, Mandeln und kandierten Früchten phantasievoll verzieren. Nochmals 20 Minuten gehen lassen*.

• Den Backofen auf 200° vorheizen.

• Die Weckpuppen auf der mittleren Schiene 15 Minuten backen.

Preiswert · Ganz einfach

Hefenschlick oder Flachswickel

Bild Seite 282

Zum ersten Mal haben wir die Hefeteilchen nur gebacken, weil uns die Namen für die schwäbische Spezialität so gut gefallen haben. Inzwischen heißt es im Freundeskreis häufig »wickelt doch mal wieder den Flachs«

Zutaten für 15 Stück:
250 g Mehl · 20 g Hefe · 125 g weiche Butter ·
1 großes Ei · ½ Tasse lauwarme Milch · 1 Prise
Salz
*Zum Ausrollen: 75 g Hagelzucker**
Für das Backblech: Butter
Pro Stück etwa 650 Joule/155 Kalorien

Zubereitungszeit: 30 Minuten
Zeit zum Gehenlassen: 30 Minuten
Backzeit: 7–10 Minuten

• Das Mehl in eine Schüssel sieben*, die Hefe dazubröckeln. Die Butter, das Ei, die Milch und das Salz dazugeben, unter das Mehl mengen und alles so lange mit einem Rührlöffel schlagen, bis der Teig sich vom Schüsselrand löst und Blasen wirft.

• Den Hagelzucker* auf die Arbeitsfläche streuen. Vom Teig eigroße Stücke abnehmen, diese etwas in die Länge ziehen und in dem Hagelzucker wenden, dabei ein Ende nach rechts und das andere Ende in entgegengesetzter Richtung drehen.

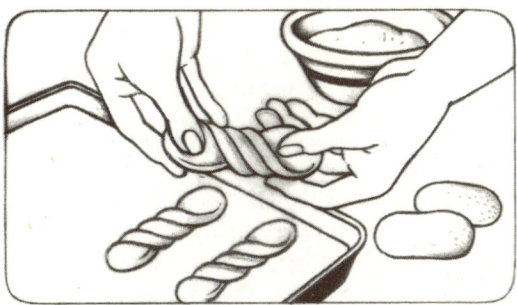

Für die charakteristische Form der Flachswickel werden die Teigstücke entgegengesetzt gedreht.

• Das Backblech einfetten*. Die Hefenschlick auf das Blech legen und an einem warmen Platz 30 Minuten gehen lassen*.
• Den Backofen auf 180° vorheizen.
• Die Hefenschlick auf der mittleren Schiene des Ofens in 7–10 Minuten sehr hell backen. Auf einem Kuchengitter abkühlen lassen* und gleich servieren.

> **Unser Tip** Hefekleingebäck schmeckt frisch am besten. Lassen Sie es nach Möglichkeit nicht bis zum nächsten Tag liegen. Bei den Hefenschlick besteht dazu kaum Veranlassung.

Braucht etwas Zeit · Nicht ganz einfach

Mohnbuchteln

Buchteln sind eine beliebte böhmisch-österreichische Spezialität. Die Mehlspeise wird auch gerne mit Pflaumenmus oder Aprikosenmarmelade zubereitet.

Zutaten für 4 Personen:
Für den Teig: 500 g Mehl · 40 g Hefe ·
50 g Zucker · knapp ¼ l lauwarme Milch ·
50 g weiche Butter · 2 Eier · 1 Prise Salz
Für die Füllung: 200 g gemahlener Mohn ·
¼ l heiße Milch · 1 Ei · abgeriebene Schale von
1 unbehandelten Zitrone · 3 Eßl. Zucker
Zum Backen: 100 g Butter
Zum Besieben: 4 Eßl. Puderzucker
Pro Person etwa 5370 Joule/1280 Kalorien

Zubereitungszeit: 40 Minuten
Zeit zum Gehenlassen: 1 Stunde und 5 Minuten
Backzeit: 30 Minuten

• Das Mehl in eine Schüssel sieben*, in die Mitte eine Mulde drücken und die Hefe hineinbröckeln. Mit 2 Teelöffeln Zucker, der Hälfte der Milch und etwas Mehl einen Vorteig* rühren. Mit einem Tuch zugedeckt an einem warmen Platz 15 Minuten gehen lassen*.
• Den restlichen Zucker, die restliche Milch, die Butter, die Eier und das Salz dazugeben. Alles gut verkneten* und so lange schlagen, bis sich der Teig vom Schüsselrand löst und Blasen wirft. Den Teig wieder zudecken und an einem warmen Platz so lange gehen lassen*, bis er das doppelte Volumen erreicht hat; das dauert etwa 35 Minuten.
• Den Mohn mit der heißen Milch übergießen und 10 Minuten quellen lassen. Das Ei, die Zitronenschale und den Zucker hinzufügen und alles gut verrühren.

• Die Arbeitsfläche mit Mehl bestäuben und den Hefeteig darauf fingerdick ausrollen*. Aus der Teigplatte etwa 9 cm große Quadrate ausschneiden.
• Auf jedes Teigquadrat 1 Eßlöffel Mohnfüllung geben. Den Teig darüber fest schließen und rund formen.
• Die Butter in einer feuerfesten Form zerlassen, die Buchteln darin rundherum wenden und dicht nebeneinander hineinsetzen. Nochmal 15 Minuten gehen lassen*.
• Den Backofen auf 200–220° vorheizen.
• Die Buchteln auf der mittleren Schiene in etwa 30 Minuten goldbraun backen. Etwas abkühlen lassen und mit Puderzucker besieben*.

Braucht etwas Zeit · Nicht ganz einfach

Kärntner Buchteln

Zutaten für 1 Springform von 26 cm Ø :
500 g Mehl · 40 g Hefe · 50 g Zucker · ¼ l lauwarme Milch · 75 g weiche Butter · 1 Ei · 1 Päckchen Vanillinzucker · 1 Prise Salz
Für die Füllung: 125 g Pflaumenmus
Zum Bestreichen: 60 g Butter
Für die Form: Butter
Bei 14 Buchteln pro Stück etwa 1 110 Joule/ 265 Kalorien

Zubereitungszeit: 40 Minuten
Zeit zum Gehenlassen: 1 Stunde und 20 Minuten
Backzeit: 25 Minuten

• Das Mehl in eine Schüssel sieben*, in die Mitte eine Mulde drücken. Die Hefe in die Vertiefung bröckeln und mit 2 Teelöffeln Zucker, der Hälfte der Milch und etwas Mehl zu einem Vorteig* verrühren. Mit einem Tuch zugedeckt an einem warmen Platz 15 Minuten gehen lassen*.

• Den restlichen Zucker, die restliche Milch, die Butter, das Ei, den Vanillinzucker und das Salz hinzufügen. Alle Zutaten gut verrühren und den Teig so lange schlagen, bis er sich vom Schüsselrand löst und Blasen wirft. Den Teig wieder zudecken und an einem warmen Platz etwa 40 Minuten gehen lassen, bis er das doppelte Volumen erreicht hat.
• Die Form einfetten*.
• Die Arbeitsfläche mit Mehl bestäuben und den Teig darauf noch einmal durchkneten*, dann 1 cm dick ausrollen. Aus der Teigplatte 7 cm große Quadrate ausschneiden. Auf jedes Quadrat in die Mitte 1 Teelöffel Pflaumenmus geben. Die Teigecken hochziehen und in der Mitte über dem Pflaumenmus zusammendrükken. Die Buchteln nebeneinander in die Form setzen und zugedeckt nochmals 25 Minuten gehen lassen*.
• Den Backofen auf 200–220° vorheizen.
• Die Butter in einem Töpfchen zerlassen und die Buchteln damit bestreichen. Auf der mittleren Schiene des Ofens in etwa 25 Minuten goldbraun backen. Heiß oder kalt servieren. Dazu schmeckt eine Vanillesauce.

Braucht etwas Zeit

Dukatennudeln

Unsere niederbayerischen Landsleute mögen es gerne üppig, sie lassen es sich auch bei den Fastenspeisen (fleischlose Gerichte) gut gehen. Der reichliche Butteranteil verlangt hier eine größere Menge Hefe, auf daß der Teig hoch gehe. Zu den knusprigen Dukatennudeln reicht man als Krönung noch eine heiße Vanillesauce, die mit Schlagsahne und Rum verfeinert wird.

Zutaten für 20 Stück:
500 g Mehl · 50 g Hefe · 2–3 Eßl. Zucker · knapp
⅛ l lauwarme Milch · 200 g weiche Butter · 1 Ei ·
1 Prise Salz
Für die Form und zum Wenden: 2 Eßl. Butter
Pro Stück etwa 860 Joule/205 Kalorien

Zubereitungszeit: 35 Minuten
Zeit zum Gehenlassen: 1 Stunde und 15 Minuten
Backzeit: 30 Minuten

● Das Mehl in eine Schüssel sieben*, in die Mitte eine Mulde drücken. Die Hefe in die Vertiefung bröckeln und mit dem Zucker, der Hälfte
der Milch und etwas Mehl zu einem Vorteig*
verrühren. Mit einem Tuch zugedeckt an einem
warmen Platz 15 Minuten gehen lassen*.
● Die restliche Milch, die Butter, das Ei und das
Salz hinzufügen. Alles gut verkneten und den
Teig so lange schlagen, bis er sich vom Schüsselrand löst und Blasen wirft. Den Teig zugedeckt
an einem warmen Platz so lange gehen lassen*,
bis er das doppelte Volumen erreicht hat; das
dauert etwa 35 Minuten.
● Vom Teig walnußgroße Stücke abstechen und
diese zu Kugeln formen.
● Die Butter in einer tiefen feuerfesten Form
oder in einer Bratreine zerlassen, die Dukatennudeln darin rundherum wenden und dicht nebeneinander hineinsetzen. Noch einmal zugedeckt
25 Minuten gehen lassen*.
● Den Backofen auf 200–220° vorheizen.
● Die Dukatennudeln im Ofen auf der mittleren
Schiene in 30 Minuten goldgelb backen. Heiß
servieren.

Braucht etwas Zeit · Nicht ganz einfach

Croissants

Bild Seite 201

Plunderteig ist eine verfeinerte Form von leichtem Hefeteig und gleicht in der etwas aufwendi-
gen Herstellung dem Blätterteig. In Dänemarks
Konditoreien wird das beliebte Plundergebäck
in ungeheuerlich vielfachen Formen mit verschiedenen Füllungen angeboten und mehrmals
täglich frisch gebacken verkauft. Aus dem
Grundteig für Croissants lassen sich mit gering-
fügiger Änderung wohlschmeckende Teilchen
herstellen, die im Anschluß an dieses Rezept
beschrieben werden.

Zutaten für 15 Plunderteig-Hörnchen:
500 g Mehl · 30 g Hefe · 1 Teel. Zucker · ³⁄₁₆ l lau-
warme Milch · 80 g Butter · 1 Ei · 1 Teel. Salz ·
200 g kalte Butter
Zum Bestreichen: 2 Eigelb
Pro Hörnchen etwa 1 175 Joule/280 Kalorien

Zubereitungszeit: 1 Stunde
Ruhezeit: 3 Stunden und 30 Minuten
Backzeit: 20–25 Minuten

● Das Mehl in eine Schüssel sieben* und in die
Mitte eine Mulde drücken. Die Hefe in die Vertiefung bröckeln und mit dem Zucker, etwas
Mehl und der lauwarmen Milch zu einem Hefeansatz* verrühren. Den Hefevorteig leicht mit
etwas Mehl bestäuben, mit einem Tuch zudecken
und 15–20 Minuten bei Raumtemperatur
(22–24°) gehen lassen*, bis das Mehl an der
Oberfläche kleine Risse zeigt.
● Die Butter in Flöckchen auf dem Mehlrand
verteilen. Das Ei und das Salz zugeben und alle
Zutaten zu einem geschmeidigen glänzenden
Teig schlagen. (Von Hand muß der Teig mit dem

Kochlöffel mindestens 20 Minuten geschlagen werden; mit dem Knethaken des elektrischen Rührgerätes oder der Küchenmaschine dauert das nur etwa 10 Minuten.)

• Den Teig zugedeckt an einem kühlen Ort 40 Minuten oder locker in Pergamentpapier eingewickelt im Kühlschrank etwa 1 Stunde gehen lassen*.

• Die Arbeitsfläche mit Mehl bestäuben und den Teig darauf zu einem etwa 1 cm dicken Rechteck ausrollen*. Auf der Teigplatte mit einem Messer drei gleich große Teile markieren.

• Die kalte Butter in Flöckchen schneiden. Die Hälfte der Butterflöckchen auf das Mittelstück der Teigplatte verteilen und das linke Drittel darüberklappen. Die restlichen Butterflöckchen gleichmäßig darauflegen und das rechte unbelegte Teigstück darüberschlagen. Das Teigpaket mit dem Handballen leicht flachdrücken, dann mit dem Wellholz* von der Mitte aus sanft klopfend nach den offenen Seiten hin ausrollen*.

• Den Teig wieder dreifach zusammenschlagen, locker in Pergamentpapier einwickeln und 30 Minuten im Kühlschrank ruhen lassen.

• Nach der Ruhezeit den Teig noch dreimal zu einer Größe von 30 × 40 cm ausrollen*, dreifach zusammenklappen und jedes Mal wieder 30 Minuten im Kühlschrank ruhen lassen. (In der Fachsprache nennt man das tournieren*.)

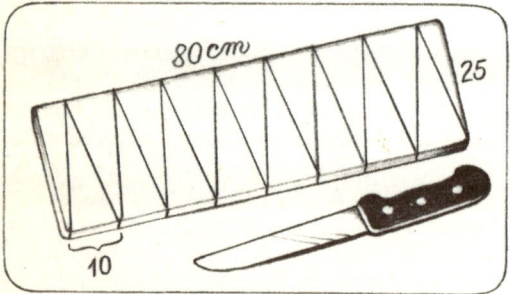

Aus der ausgerollten Teigplatte werden für die Hörnchen gleichschenkelige Dreiecke geschnitten.

• Die Arbeitsfläche erneut mit etwas Mehl bestäuben und den Teig zu einer Größe von 25 × 80 cm darauf ausrollen*. Aus der Teigplatte 8 gleichschenkelige Dreiecke von 10 cm Basislänge und 25 cm Scheitellänge schneiden; man erhält so 15 Hörnchen. (Die beiden ungleichschenkeligen Dreiecke, die an den beiden Breitseiten übrig bleiben, können zu kleineren Hörnchen verarbeitet werden.)

• Die Teigdreiecke in der Mitte der Basisseite 1 cm hoch einschneiden, damit sich die Hörnchen besser biegen lassen. Die Teigdreiecke dann von der Basis zur Spitze hin aufrollen und leicht biegen.

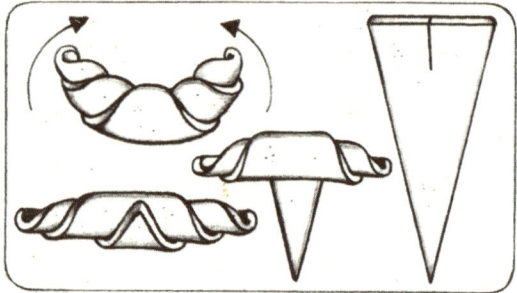

Die Teigdreiecke werden vom breiten Ende zur Spitze hin aufgerollt.

• Die Croissants nicht zu dicht nebeneinander auf das Backblech legen, mit einem Tuch zudecken und gehen lassen*, bis sie etwa die doppelte Größe erreicht haben.

• Den Backofen auf 220° vorheizen.

• Das Eigelb mit etwas Wasser verquirlen*, die Hörnchen damit bestreichen und auf der zweiten Schiene von unten im Ofen in 20–25 Minuten goldgelb backen.

• Die Croissants 5 Minuten auf dem Backblech abkühlen lassen, dann auf ein Kuchengitter heben und noch lauwarm mit gekühlter Butter servieren.

Braucht etwas Zeit · Nicht ganz einfach

Kopenhagener Schnecken

Zutaten für 18 Schnecken:
*500 g Mehl · 30 g Hefe · 50 g Zucker · ³⁄₁₆ l lau-
warme Milch · 80 g Butter · 1 Ei · 1 Prise Salz ·
200 g kalte Butter*
*Für die Füllung: 50 g Rosinen · 4 Eßl. Farin-
zucker* · ½ Teel. Zimt*
Pro Hörnchen etwa 1 110 Joule/265 Kalorien

Zubereitungszeit: 1 Stunde
Ruhezeit: 3 Stunden und 30 Minuten
Backzeit: 20–25 Minuten

● Aus den Zutaten von Mehl bis Salz einen
Hefeteig wie im Rezept für Croissants beschrie-
ben herstellen und den Teig zugedeckt 40 Minu-
ten in einem kühlen Raum gehen lassen*.
● Für die Füllung die Rosinen waschen und auf
Küchenkrepp gründlich abtropfen lassen. Die
Rosinen dann mit dem Farinzucker* und dem
Zimt mischen.
● Wie im Rezept für Croissants beschrieben
die kalte Butter in den Hefeteig einarbeiten, den
Teig nach jeder Tour zusammenschlagen und
30 Minuten im Kühlschrank ruhen lassen.
● Nach der vierten Tour den Plunderteig auf einer mit Mehl bestäubten Arbeitsfläche zu einer
Größe von 36 × 50 cm ausrollen*. Den Teig mit
kaltem Wasser bestreichen und mit der Füllung
bestreuen. Die Teigplatte von den beiden
Schmalseiten her zur Mitte hin aufrollen. Von
der Doppelrolle achtzehn 2 cm dicke Scheiben
abschneiden.
● Die Scheiben in genügend Abstand voneinander auf ein Backblech legen, etwas nachformen
und zugedeckt so lange gehen lassen*, bis sie das
doppelte Volumen erreicht haben.

● Den Backofen auf 220° vorheizen.
● Die Schnecken auf der zweiten Schiene von
unten in 20–25 Minuten goldgelb backen.

Braucht etwas Zeit · Nicht ganz einfach

Windmühlen

Zutaten für 25 Windmühlen:
*500 g Mehl · 30 g Hefe · 50 g Zucker · ³⁄₁₆ l lau-
warme Milch · 40 g Butter · 1 Ei · 1 Prise Salz ·
200 g kalte Butter · 25 Teel. Aprikosenkonfitüre*
Pro Windmühle etwa 880 Joule/210 Kalorien

Zubereitungszeit: 1 Stunde
Ruhezeit: 3 Stunden und 30 Minuten
Backzeit: 20–25 Minuten

● Aus den Zutaten von Mehl bis Salz einen
Hefeteig wie im Rezept für Croissants beschrieben zubereiten und zugedeckt 40 Minuten in
einem kühlen Raum oder 1 Stunde im Kühlschrank gehen lassen*.
● Unter den Hefeteig wie im Rezept für Croissants beschrieben die kalte Butter arbeiten und
den Teig in insgesamt vier Touren bearbeiten
und jeweils 30 Minuten kühlen.

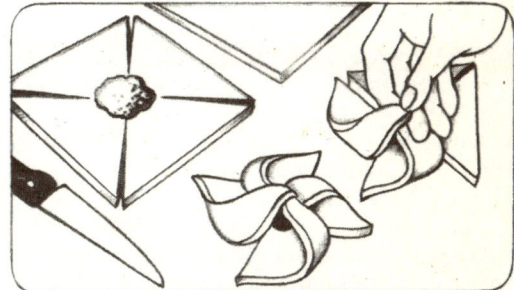

Für die Windmühlen werden die rechten Zipfel einer
jeden Ecke in der Mitte fest zusammengedrückt.

211

● Nach der vierten Tour den Plunderteig auf einer leicht bemehlten Arbeitsplatte ½ cm dick zu einer Größe von 50 × 50 cm ausrollen*. Aus der Teigplatte fünfundzwanzig 10 cm große Quadrate schneiden. Die Quadrate von jeder Ecke her zur Mitte hin 3½ cm einschneiden. In die Mitte jeweils 1 Teelöffel Aprikosenkonfitüre geben und die rechten Zipfel einer jeden Ecke in der Mitte über der Aprikosenmarmelade fest zusammendrücken.

● Mit genügend Abstand voneinander auf das Backblech legen und zugedeckt so lange gehen lassen*, bis sie doppelt so groß geworden sind.

● Den Backofen auf 220° vorheizen.

● Die Windmühlen auf der zweiten Schiene von unten 20 Minuten backen. Das abgekühlte Gebäck mit einer Zuckergußglasur überziehen.

Braucht etwas Zeit · Nicht ganz einfach

Hahnenkämme

Zutaten für 25 Hahnenkämme:
500 g Mehl · 30 g Hefe · 50 g Zucker · ³⁄₁₆ l lauwarme Milch · 80 g Butter · 1 Ei · 1 Prise Salz · 200 g kalte Butter
Für die Füllung: 500 g Äpfel · Saft und abgeriebene Schale von ½ unbehandelten Zitrone · 3 Eßl. Zucker · 2 Eßl. Sultaninen
Zum Bestreichen: 2 Eigelb
Pro Hahnenkamm etwa 840 Joule/200 Kalorien

Zubereitungszeit: 1 Stunde
Ruhezeit: 3 Stunden und 30 Minuten
Backzeit: 20–25 Minuten

● Aus den Zutaten von Mehl bis Salz wie im Rezept für Croissants beschrieben einen Hefeteig bereiten und diesen zugedeckt in einem kühlen Raum 40 Minuten gehen lassen*.

● In den Hefeteig die kalte Butter einarbeiten und den Teig in vier Touren wie im Rezept für Croissants beschrieben zusammenklappen und jeweils 30 Minuten kühl ruhen lassen.

● Für die Füllung die Äpfel vierteln, schälen, vom Kernhaus befreien und die Apfelviertel in dünne Scheiben schneiden. Die Apfelscheibchen mit dem Zitronensaft und der Zitronenschale, dem Zucker und den gewaschenen Sultaninen mischen und zugedeckt beiseite stellen.

● Den Plunderteig auf einer bemehlten Arbeitsfläche etwa ½ cm dick zu einer Größe von 50 × 50 cm ausrollen*. Aus der Teigplatte fünfundzwanzig 10 cm große Quadrate schneiden. In die Mitte jedes Quadrates 1 Eßlöffel der Apfelfüllung geben, die Teigränder mit etwas Wasser bestreichen und die gefüllten Quadrate zusammenklappen und die Ränder gut andrücken. Die zusammengedrückten Längsseiten etwa viermal 1 cm tief einschneiden und auseinanderbiegen.

Die Hahnenkämme werden etwa bis zur Hälfte eingeschnitten und auseinandergebogen.

● Die Hahnenkämme mit genügend Abstand voneinander auf ein Backblech legen und zugedeckt so lange gehen lassen*, bis sie etwa doppelt so groß geworden sind.

● Den Backofen auf 220° vorheizen.

● Das Eigelb verquirlen, die Hahnenkämme damit bestreichen und auf der zweiten Schiene von unten etwa 20–25 Minuten goldgelb backen.

Braucht etwas Zeit · Nicht ganz einfach

Vanillecreme-Taschen

Zutaten für 25 Taschen:
500 g Mehl · 30 g Hefe · 50 g Zucker · ³/₁₆ l lau-
warme Milch · 80 g Butter · 1 Ei · 1 Prise Salz ·
200 g kalte Butter
Für die Vanillecreme: 2 Eßl. Speisestärke ·
2 Eigelb · 60 g Zucker · ¼ l Milch · Mark von
¼ Vanilleschote
Zum Besieben: 3 Eßl. Puderzucker
Pro Vanillecremetasche etwa 880 Joule/
210 Kalorien

Zubereitungszeit: 1 Stunde
Ruhezeit: 3 Stunden und 30 Minuten
Backzeit: 20–25 Minuten

● Aus den Zutaten von Mehl bis Salz wie im
Rezept für Croissants beschrieben einen Hefeteig bereiten und diesen zugedeckt 40 Minuten in
einem kühlen Raum oder 1 Stunde im Kühlschrank ruhen lassen*.
● In den Hefeteig die kalte Butter arbeiten und
den Hefeteig in vier Touren zusammenklappen
und jeweils 30 Minuten kühl ruhen lassen.
● Für die Vanillecreme die Speisestärke mit dem
Eigelb, der Hälfte des Zuckers und mit 4 Eßlöffeln Milch glattrühren. Die restliche Milch mit
dem übrigen Zucker und dem Vanillemark zum
Kochen bringen, die angerührte Speisestärke
unter ständigem Rühren darin einige Male aufkochen lassen, die Vanillecreme vom Herd nehmen und unter öfterem Umrühren kalt werden
lassen.
● Den Plunderteig auf einer leicht bemehlten
Arbeitsfläche etwa ½ cm dick zu einem Teigblatt
von 50 × 50 cm ausrollen*. Fünfundzwanzig
10 cm große Quadrate aus der Teigplatte schneiden und diese mit der Vanillecreme bestreichen.
Die Quadratecken wie ein Briefkuvert zur Mitte

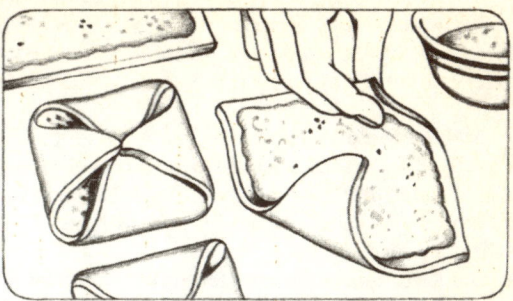

Die Vanillecreme-Taschen werden wie Briefkuverts in
der Mitte zusammengefaltet.

hin zusammenfalten und die Teigränder fest-
drücken.
● Die Taschen mit genügend Abstand auf ein
Backblech legen und zugedeckt so lange gehen
lassen*, bis sie etwa doppelt so groß geworden
sind.
● Den Backofen auf 220° vorheizen.
● Die Vanillecreme-Taschen auf der zweiten
Schiene von unten im Ofen in etwa 20 Minuten
goldgeld backen.
● Das heiße Gebäck abkühlen lassen und mit
dem Puderzucker besieben.

Braucht etwas Zeit · Nicht ganz einfach

Nußhörnchen

Zutaten für 15 Hörnchen:
500 g Mehl · 30 g Hefe · 50 g Zucker · ³/₁₆ l lau-
warme Milch · 80 g Butter · 1 Ei · 1 Prise Salz ·
200 g kalte Butter
Für die Füllung: 100 g gemahlene Haselnüsse ·
50 g Zucker · 1 Ei
Für die Glasur: 4 Eßl. Puderzucker · 1–2 Eßl.
heißes Wasser
Pro Hörnchen etwa 1 430 Joule/340 Kalorien

Zubereitungszeit: 1 Stunde
Ruhezeit: 3 Stunden und 30 Minuten
Backzeit: 20–25 Minuten

• Aus den Zutaten von Mehl bis Salz wie im Rezept für Croissants beschrieben einen Hefeteig bereiten und diesen zugedeckt 40 Minuten in einem kühlen Raum oder 1 Stunde im Kühlschrank gehen lassen*.
• Die kalte Butter wie im Rezept für Croissants beschrieben in den Hefeteig einarbeiten und den Teig in vier Touren bearbeiten und jeweils 30 Minuten im Kühlschrank ruhen lassen.
• Für die Füllung die gemahlenen Haselnüsse mit dem Zucker und dem Ei zu einer geschmeidigen Masse verrühren.
• Den Plunderteig auf einer leicht bemehlten Arbeitsfläche zu einer Größe von 25 × 80 cm ausrollen* und aus der Teigplatte wie im Rezept für Croissants beschrieben 15 Teigdreiecke schneiden. Jedes Dreieck in der Mitte der Basisseite 1 cm hoch einschneiden, damit sich die Hörnchen besser biegen lassen.
• Die Nußfüllung über den Einschnitten an der Basisseite verteilen und die Dreiecke zu Hörnchen aufrollen und biegen. Die Hörnchen nicht zu dicht nebeneinander auf das Backblech legen und zugedeckt so lange gehen lassen*, bis sie etwa die doppelte Größe erreicht haben.
• Den Backofen auf 220° vorheizen.
• Die Nußhörnchen auf der zweiten Schiene von unten im Ofen in 20–25 Minuten goldgelb backen.
• Die Hörnchen etwa 5 Minuten auf dem Backblech abkühlen lassen, dann auf ein Kuchengitter legen, kalt werden lassen. Den Puderzucker mit dem heißen Wasser verrühren und die Hörnchen damit glasieren*.

Preiswert · Schnell · Nicht ganz einfach

Kartoffelkipferl

Zutaten für 20 Stück:
200 g Pellkartoffeln, am Vortag gekocht ·
100 g weiche Butter · 85 g Zucker · 2 Eier ·
200 g Mehl · 2 Teel. Backpulver · 1 Eßl. zarte
Haferflocken · 150 g Marzipan-Rohmasse ·*
1–2 Eßl. Sahne
Zum Bestreichen: 2 Eigelb
Für das Backblech: Butter
Pro Stück etwa 630 Joule/150 Kalorien

Zubereitungszeit: 35 Minuten
Ruhezeit: 15–30 Minuten
Backzeit: 8–10 Minuten

• Die Kartoffeln schälen und feinreiben.
• Die Butter mit dem Zucker und den Eiern schaumig rühren.
• Das Mehl mit dem Backpulver mischen und in eine Schüssel sieben*. Die Kartoffeln, die Haferflocken und nach und nach die Schaummasse einarbeiten. Den Teig gut durchkneten* und zugedeckt 15–30 Minuten im Kühlschrank ruhen lassen.
• Die Marzipan-Rohmasse* mit der Sahne in einer Schüssel mit einer Gabel streichfähig kneten*.
• Das Backblech einfetten. Den Backofen auf 220–240° vorheizen.
• Die Arbeitsfläche mit Mehl bestäuben und den Teig darauf etwa 3 mm dick ausrollen. Aus der Teigplatte 20 längliche Dreiecke ausschneiden und mit der Marzipanmasse bestreichen. Die Teigdreiecke von der breiten Seite her aufrollen, zu Kipferln formen und auf das Blech legen.
• Das Eigelb verquirlen, die Kipferl damit bestreichen und auf der mittleren Schiene in 8–10 Minuten backen. Frisch servieren.

Schnell · Ganz einfach

Französische Mandelhörnchen

Zutaten für etwa 24 Stück:
175 g abgezogene Mandeln · 150 g Puderzucker ·
1 Eßl. Quittengelee oder ein anderes helles Gelee ·
½ Päckchen Vanillinzucker · 2 Eiweiß
Zum Wenden: 50 g geschälte Mandeln ·
25 g Pistazien
Zum Bestreichen: 1 Eiweiß · 3 Eßl. Milch ·
2 Eßl. Puderzucker
Für das Backblech: Butter
Pro Stück etwa 460 Joule/110 Kalorien

Zubereitungszeit: 40 Minuten
Backzeit: 10 Minuten

• Die Mandeln durch die Mandelmühle*
drehen.
• Die Mandeln mit dem Puderzucker in einer
Schüssel vermischen. Das Gelee und den Vanil-
linzucker hinzufügen. Das Eiweiß mit einer
Gabel leicht schaumig schlagen und dazugeben.
Alle Zutaten mit einem Messer durchhacken,
dann zu einem festen Teig kneten*.
• Die Arbeitsfläche mit Mehl bestäuben. Vom
Teig walnußgroße Stücke abstechen und auf der
Arbeitsfläche zu kleinfingerdicken, etwa 7 cm
langen Rollen formen.
• Die Mandeln und die Pistazien feinhacken
und auf einem Teller vermischen. Das Eiweiß
etwas schaumig schlagen.
• Das Backblech einfetten*. Den Backofen auf
190° vorheizen.
• Die Teigröllchen ringsherum mit dem Eiweiß
bestreichen, in der Mandel-Pistazien-Mischung
wenden, zu Hörnchen biegen und auf das Blech
legen. Im Ofen auf der mittleren Schiene in etwa
10 Minuten goldgelb backen.

• Die Milch mit dem Puderzucker verrühren
und die noch heißen Plätzchen damit bepinseln.
Die Hörnchen auf ein Kuchengitter heben und
abkühlen lassen*.

Braucht etwas Zeit

Mohnbeugerl

Schon in der K. & K.-Monarchie waren Hefekuchen mit Mohnfüllungen sehr gefragt. Das
Mohnbeugerl ist seit Jahrzehnten der Favorit.

Zutaten für 15 Scheiben:
Für den Teig: 20 g Hefe · ⅛ l lauwarme Milch ·
250 g Mehl · 1 Eßl. Zucker · 1 Prise Salz ·
2 Eigelb · 100 g weiche Butter
Für die Füllung: gut ⅛ l Milch · 150 g gemahlener
Mohn · 1½ Eßl. Honig · 100 g Zucker · abgerie-
bene Schale von 1 unbehandelten Zitrone ·
50 g Rosinen
Zum Bestreichen: 2 Eßl. Orangenkonfitüre ·
1 Eigelb
Für das Backblech: Butter
Pro Stück etwa 880 Joule/210 Kalorien

Zubereitungszeit: 45 Minuten
Zeit zum Gehenlassen: 1 Stunde und 10 Minuten
Backzeit: etwa 20 Minuten

• Die Hefe in ein Töpfchen bröckeln und mit
der Milch verrühren. Das Mehl in eine Schüssel
sieben* und mit dem Zucker, dem Salz, dem
Eigelb, der Butter und der aufgelösten Hefe zu
einem festen Teig verkneten*. Den Teig mit
einem Tuch zugedeckt an einem warmen Platz
40 Minuten gehen lassen*, bis er das doppelte
Volumen erreicht hat.
• Die Milch mit dem Mohn, dem Honig, dem
Zucker und der Zitronenschale unter Rühren

einmal aufkochen lassen. Die Rosinen untermischen und alles abkühlen lassen.
● Das Backblech einfetten*. Den Backofen auf
200–220° vorheizen.
● Die Arbeitsfläche mit Mehl bestäuben und
den Hefeteig darauf etwa 3 mm dick zu einem
langen Rechteck ausrollen*. Die Teigplatte mit
der Orangenkonfitüre und der Mohnmischung
bestreichen, ringsherum einen fingerbreiten
Rand freilassen. Die Platte von der Längsseite
her aufrollen, auf das Backblech legen und in
Hufeisenform biegen.
● Das Eigelb verquirlen und das Beugerl damit
bepinseln. Das Ganze noch einmal 30 Minuten
gehen lassen*.
● Das Beugerl im Ofen auf der mittleren Schiene etwa 20 Minuten backen.
● Den Kuchen vom Blech heben und auf einem
Kuchengitter erkalten lassen.

Braucht etwas Zeit · Ganz einfach

Orangenschnitten

Zutaten für 16 Stück:
Für den Teig: 100 g abgezogene Mandeln ·
100 g weiche Butter · 1 Päckchen Vanillinzucker ·
120 g Zucker · 4 Eigelb · Saft von 1 und abgerie-
bene Schale von 2 unbehandelten Orangen ·
3 Eiweiß · 1 Prise Salz · 90 g Mehl · 30 g Speise-
stärke
Für die Füllung: 250 g Orangenmarmelade
Für die Glasur: 250 g Puderzucker ·
2 Eßl. Orangensaft · 2 Eßl. Cointreau
Für das Backblech: Butter · Mehl
Pro Stück etwa 925 Joule/220 Kalorien

Zubereitungszeit: 40 Minuten
Backzeit: 10 Minuten
Ruhezeit: 2 Stunden

● Die Mandeln durch die Mandelmühle* drehen.
● Die Butter mit dem Vanillinzucker und zwei
Dritteln des Zuckers cremig rühren. Nach und
nach das Eigelb, den Orangensaft und die Orangenschale dazugeben.
● Das Backblech einfetten* und mit Mehl
bestäuben*. Den Backofen auf 200° vorheizen.
● Das Eiweiß mit dem Salz und dem restlichen
Zucker zu steifem Schnee schlagen* und unter
die Buttermasse ziehen. Das Mehl mit der Speisestärke sieben*, mit den Mandeln mischen und
unterrühren.
● Den Teig 1 cm dick auf das Backblech streichen und auf der mittleren Schiene des Ofens
10 Minuten backen.
● Die Kuchenplatte auf dem Blech etwas
abkühlen lassen*, dann auf die Arbeitsfläche
stürzen und 2 Stunden ruhen lassen.
● Den Kuchen in der Mitte einmal quer durchschneiden. Eine Platte mit der Marmelade
bestreichen, die andere daraufsetzen.
● Den Puderzucker mit dem Orangensaft und
dem Cointreau verrühren und den Kuchen
damit überziehen*. Die Glasur etwas antrocknen
lassen und in 16 Rechtecke schneiden.

Nicht ganz einfach

Mokkacremeschnitten

Zutaten für 10 Stück:
Für den Teig: 80 g ungeschälte Mandeln ·
8 Eigelb · 100 g Zucker · 4 Eiweiß · 60 g Mehl ·
25 g Speisestärke
Für die Creme: ½ l Milch · 1 Päckchen Vanille-
puddingpulver · 5 Eßl. Zucker · 3 Eßl. Instant-
Kaffee · 250 g weiche Butter · 3 Eßl. Puderzucker
Zum Garnieren: 50 g Krokantstreusel ·
20 Mokkabohnen

Für das Backblech: Backtrennpapier*
Pro Stück etwa 2 140 Joule/510 Kalorien

Zubereitungszeit: 50 Minuten
Backzeit: 8 Minuten

• Die Mandeln durch die Mandelmühle* drehen.
• Das Eigelb mit der Hälfte des Zuckers cremig
rühren, bis der Zucker ganz aufgelöst ist. Das
Eiweiß mit dem restlichen Zucker zu steifem
Schnee schlagen* und unter die Eigelbcreme ziehen.
• Das Mehl mit der Speisestärke mischen, über
die Schaummasse sieben* und locker unterheben.
• Den Backofen auf 220° vorheizen. Das Backblech mit Backtrennpapier auslegen.
• Die Biskuitmasse zu einer Platte von
30 × 45 cm Größe auf das Trennpapier streichen
und im Ofen auf der mittleren Schiene 8 Minuten backen.
• Den Biskuit auf ein Tuch stürzen und das
Backtrennpapier abziehen.
• Aus der Milch, dem Puddingpulver, dem Zukker und dem Kaffeepulver nach Vorschrift auf
der Packung einen Pudding zubereiten. Den
Pudding erkalten lassen; dabei mehrmals
umrühren.
• Die Butter mit dem Puderzucker cremig rühren. Den kalten Pudding eßlöffelweise untermischen.
• Die Biskuitplatte der Länge nach in 3 gleich
breite Streifen schneiden. 2 Kuchenstreifen mit
der Creme bestreichen und aufeinandersetzen,
den unbestrichenen Streifen als Abschluß darauflegen. Die Längsseiten und die Oberfläche
des gefüllten Blocks mit der restlichen Creme
überziehen* und mit dem Krokant bestreuen.
Den gefüllten Biskuitkuchen mit einem scharfen
Messer in 10 Stücke schneiden und mit den
Mokkabohnen garnieren.

Preiswert · Ganz einfach

Johannisbeerschnitten

Zutaten für 12 Stück:
Für den Teig: 3 Eier · 3 Eßl. kaltes Wasser ·
150 g Zucker · 1 Päckchen Vanillinzucker ·
60 g Mehl · 60 g Speisestärke · 1 Teel. Backpulver
Für die Creme: 6 Blatt weiße Gelatine ·
750 g Johannisbeeren · 500 g Sahnequark · Saft
und abgeriebene Schale von 1 unbehandelten
Zitrone · 75 g Zucker · 1 Päckchen Vanillinzucker
Für die Glasur: 250 g Puderzucker · 1 Eßl. Zitro-
nensaft · warmes Wasser
Für das Backblech: Pergamentpapier · Butter
Pro Stück etwa 1 320 Joule/315 Kalorien

Zubereitungszeit: 45 Minuten
Backzeit: etwa 15 Minuten

• Das Backblech mit Pergamentpapier auslegen
und das Papier einfetten*. Den Backofen auf
200° vorheizen.
• Die Eier in Eiweiß und Eigelb trennen*.
• Das Eiweiß mit dem Wasser sehr steif schla-
gen*. Den Zucker und den Vanillinzucker einrieseln lassen und mit dem Eischnee cremig schlagen. Das Eigelb verquirlen* und vorsichtig unter
den Eischnee rühren. Das Mehl mit der Speisestärke und dem Backpulver mischen, über die
Eimasse sieben* und locker unterheben*.
• Den Teig auf das Blech streichen und auf der
mittleren Schiene etwa 15 Minuten backen.
• Den Biskuit auf ein großes Kuchengitter oder
auf die Arbeitsfläche stürzen, das Papier vorsichtig abziehen und den Kuchen erkalten lassen.
• Die Gelatine in kaltem Wasser einweichen.
Die Johannisbeeren waschen, abtropfen lassen
und von den Stielen zupfen.
• Den Quark mit dem Zitronensaft, der Zitronenschale, dem Zucker und dem Vanillinzucker
schaumig rühren.

Weckpuppen aus Hefeteig gehören zur Vorweihnachts- ▷
zeit wie Honigkuchen und Früchtebrot. Rezept
Seite 205.

● Die Gelatine nach Vorschrift auflösen und
unter den Quark rühren. Die Johannisbeeren
(4 Eßlöffel zum Garnieren zurücklassen) locker
unter die Quarkmasse mischen.

● Den Biskuitboden quer halbieren. Eine
Kuchenplatte dick mit der Quarkmischung
bestreichen, die andere darauflegen.

● Den Puderzucker mit dem Zitronensaft und
etwas Wasser zu einem dicken Guß rühren.

● Die gefüllten Teigplatten mit einem scharfen
Messer in 12 Rechtecke schneiden. Die Quark-
schnitten mit dem Zuckerguß bestreichen und
mit Johannisbeeren garnieren.

Braucht etwas Zeit · Ganz einfach

Plumcake-Schnitten

Zutaten für etwa 30 Stück:
je 30 g Rosinen und Korinthen · 100 g gemischte
kandierte Früchte · 50 g abgezogene Mandeln ·
100 g weiche Butter · 100 g Zucker · 3 Eier ·
100 g Mehl · 1 Messerspitze Backpulver
Zum Bestreichen: 100 g Kuvertüre · 5 Eßl. belie-
bige Marmelade
Zum Verzieren: 30 abgezogene halbierte Mandeln
Für das Backblech: Backtrennpapier*
Pro Stück etwa 545 Joule/130 Kalorien

Zubereitungszeit: 45 Minuten
Backzeit: 35 Minuten
Ruhezeit: 12 Stunden

● Die Rosinen und die Korinthen in warmem
Wasser waschen und auf Küchenkrepp* trock-
nen. Die kandierten Früchte kleinwürfeln. Die
Mandeln durch die Mandelmühle* drehen.

● Die Butter mit dem Zucker cremig rühren, bis
sich der Zucker ganz aufgelöst hat. Die Mandeln
und ein Ei nach dem anderen hinzufügen, wei-

terschlagen, bis die Masse sehr schaumig ist.

● Das Mehl mit dem Backpulver dazusieben*
und unterheben. Die Rosinen, die Korinthen
und die kandierten Früchte in den Teig mengen.

● Den Backofen auf 190° vorheizen. Das Blech
mit Backtrennpapier* auslegen.

● Den Teig 1 cm dick auf das Blech streichen
und im Ofen auf der mittleren Schiene 35 Minuten backen.

● Am nächsten Tag den Kuchen auf die Arbeitsfläche stürzen und das Papier abziehen. Den
Kuchen in 30 Schnitten, 3–4 cm breit und 7–8 cm
lang, schneiden.

● Die Kuvertüre langsam im Wasserbad*
schmelzen lassen.

● Die Plumcake-Schnitten dünn mit der Marmelade bestreichen, mit der Kuvertüre überziehen und mit den halbierten geschälten Mandeln
verzieren.

Schnell · Ganz einfach

Biskuitomelettes

Zutaten für 6 Stück:
Für den Teig: 3 Eier · 65 g Zucker · 1 Prise Salz ·
1 Teel. Zitronensaft · 65 g Mehl · 1 Messerspitze
Backpulver
Zum Besieben: 2 Eßl. Puderzucker
Für die Füllung: ¼ l Sahne · 2 Eßl. Zucker ·
200 g Preiselbeerkonfitüre
Für das Backblech: Butter
Pro Stück etwa 1 575 Joule/375 Kalorien

Zubereitungszeit: 30 Minuten
Backzeit: 7 Minuten

● Den Backofen auf 200° vorheizen.

● Die Eier in Eiweiß und Eigelb trennen*. Das
Eigelb mit zwei Dritteln des Zuckers cremig rüh-

◁ Ingwer-Schokoladenrolle ist ein Gebäck für besondere Festtage. Rezept Seite 223.

ren. Das Eiweiß mit dem restlichen Zucker, dem Salz und dem Zitronensaft zu sehr steifem Schnee schlagen* und auf die Eigelbcreme gleiten lassen.

• Das Mehl mit dem Backpulver mischen, auf den Schnee sieben* und alles locker unterheben.

• Das Backblech einfetten* und vom Teig mit einem Eßlöffel 6 runde Plätzchen, in etwa der Größe einer Untertasse daraufstreichen. Sofort auf der mittleren Schiene 7 Minuten backen.

• Die Plätzchen mit einem breiten Messer auf ein Kuchengitter heben, gleich zusammenklappen und mit Puderzucker besieben*.

• Die Sahne mit dem Zucker steif schlagen* und die Preiselbeerkonfitüre einmengen.

• Die Biskuitomelettes mit der Preiselbeersahne füllen. Das Gebäck warm servieren.

> **Unser Tip** Es ist wichtig, daß die Biskuitomelettes gleich nach dem Backen zusammengeklappt werden; sobald der Teig abkühlt, bricht er.

Schnell · Nicht ganz einfach

Biskuitrolle

Zutaten für 12 Stück:
4 Eier · 100 g Zucker · 1 Päckchen Vanillinzucker · 100 g Mehl · 1 Messerspitze Backpulver · 50 g grober Zucker
Für die Füllung: 300 g Johannisbeergelee
Zum Besieben: 2 Eßl. Puderzucker
Für das Backblech: Pergamentpapier · Butter
Pro Stück etwa 800 Joule/190 Kalorien

Zubereitungszeit: 20 Minuten
Backzeit: 7–10 Minuten

• Das Backblech mit 1 Bogen Pergamentpapier auslegen, das Papier einfetten*. Den Backofen auf 200° vorheizen.

• Die Eier in Eiweiß und Eigelb trennen*. Das Eigelb mit zwei Dritteln des Zuckers schaumig rühren. Das Eiweiß zu sehr steifem Schnee schlagen*, dann unter weiterem Schlagen den restlichen Zucker und den Vanillinzucker dazugeben.

• Den Eischnee auf die Eicreme geben. Das Mehl mit dem Backpulver mischen und über den Eischnee sieben*. Alles locker vermengen.

• Den Teig 1 cm dick auf das Backblech streichen, das Papier am offenen Rand des Blechs hochfalzen, damit der Teig nicht herunterläuft.

• Die Teigplatte auf der mittleren Schiene des Ofens 7–10 Minuten backen.

• Ein großes Geschirrtuch mit dem groben Zucker bestreuen. Die Biskuitplatte heiß aus dem Ofen daraufstürzen und das Backpapier schnell aber vorsichtig abziehen. Den Biskuit gleichmäßig mit dem Gelee bestreichen und mit Hilfe des Tuches von der schmalen Seite her aufrollen.

• Die Biskuitrolle mit Puderzucker besieben*, auskühlen lassen und in 12 Teile schneiden.

Nicht ganz einfach

Zitronenroulade

Zutaten für 12 Stück:
Für den Teig: 4 Eier · abgeriebene Schale von 1 unbehandelten Zitrone · 125 g Zucker · 75 g Mehl · 50 g Speisestärke
Für die Creme: 6 Blatt weiße Gelatine · 3 Eigelb · 125 g Zucker · ⅛ l trockener Weißwein · Saft von 2 Zitronen · abgeriebene Schale von 1 unbehandelten Zitrone · ⅜ l Sahne
Für die Arbeitsfläche: ½ Tasse Zucker
Zum Besieben: 2 Eßl. Puderzucker
*Für das Backblech: Backtrennpapier**

Pro Stück etwa 1 320 Joule/315 Kalorien

Zubereitungszeit: 40 Minuten
Ruhezeit: 3 Stunden
Backzeit: 8–10 Minuten

- Das Backblech mit Backtrennpapier auslegen. Den Backofen auf 200–220° vorheizen.
- Die Eier in Eiweiß und Eigelb trennen*. Das Eigelb mit der Zitronenschale und zwei Dritteln des Zuckers schaumig rühren. Das Eiweiß steif schlagen*, den restlichen Zucker nach und nach einrieseln lassen. Den Eischnee auf die Eigelbcreme gleiten lassen. Das Mehl und die Speisestärke darübersieben*. Alles locker vermengen.
- Den Teig etwa 1 cm dick auf das Backtrennpapier streichen. Das Papier am offenen Rand des Blechs hochfalzen, damit der Teig nicht herunterläuft. Die Teigplatte auf der mittleren Schiene des Ofens 8–10 Minuten backen.
- Ein Tuch auf der Arbeitsfläche ausbreiten und mit dem Zucker bestreuen. Die Biskuitplatte heiß aus dem Ofen auf das Tuch stürzen, das Backpapier schnell, aber vorsichtig abziehen. Den Biskuit mit dem Tuch locker aufrollen und erkalten lassen.
- Die Gelatine in kaltem Wasser einweichen. Das Eigelb mit dem Zucker, dem Weißwein, dem Zitronensaft und der Zitronenschale in einem Topf verrühren und bei schwacher Hitze unter ständigem Rühren heiß werden lassen. Die Gelatine ausdrücken und in der heißen Mischung auflösen, alles abkühlen lassen.
- Die Sahne steif schlagen* und unter die abgekühlte, aber noch flüssige Mischung ziehen.
- Die Biskuitrolle auseinanderrollen und gleichmäßig mit der Zitronencreme bestreichen, etwa 5 Minuten warten, bis die Creme beginnt fest zu werden, dann die Roulade mit Hilfe des Tuches wieder locker aufrollen.
- Die Roulade 2–3 Stunden kalt stellen. Vor dem Servieren mit Puderzucker besieben*.

Schnell · Nicht ganz einfach

Sahneroulade mit Beeren

Zutaten für 12 Stück:
Für den Teig: 4 Eier · 100 g Zucker · 1 Päckchen Vanillinzucker · 100 g Mehl · 20 g Speisestärke
Für die Füllung: 200 g Erdbeeren, Walderdbeeren oder Himbeeren · 2 Eßl. Zucker · ½ l Sahne · 1 Päckchen Vanillinzucker
Für die Arbeitsfläche: ½ Tasse Zucker
Zum Besieben: 2 Eßl. Puderzucker
*Für das Backblech: Backtrennpapier**
Pro Stück etwa 965 Joule/230 Kalorien

Zubereitungszeit: 30 Minuten
Backzeit: 8–10 Minuten

- Die Früchte verlesen, große Erdbeeren halbieren oder vierteln, in eine Schüssel geben, mit dem Zucker bestreuen und zugedeckt mindestens 15 Minuten ziehen lassen.
- Das Backblech mit Backtrennpapier auslegen. Den Backofen auf 200–220° vorheizen.
- Die Eier in Eigelb und Eiweiß trennen*. Das Eigelb mit zwei Dritteln des Zuckers schaumig rühren. Das Eiweiß zu sehr steifem Schnee schlagen*, dann unter weiterem Schlagen den restlichen Zucker und den Vanillinzucker unterrühren. Den Eischnee auf die Eigelbcreme gleiten lassen. Das Mehl mit der Speisestärke über den Eischnee sieben*. Alles locker vermengen.
- Den Teig etwa 1 cm dick auf das Backtrennpapier streichen. Das Papier am offenen Rand des Blechs hochfalzen, damit der Teig nicht herunterläuft. Die Teigplatte auf der mittleren Schiene des Ofens 8–10 Minuten backen.
- Ein Tuch auf der Arbeitsfläche ausbreiten und mit dem Zucker bestreuen. Die Biskuitplatte heiß aus dem Ofen auf das Tuch stürzen, das

Backpapier schnell, aber vorsichtig abziehen. Den Biskuit mit dem Tuch locker aufrollen und erkalten lassen.
• Die Sahne mit dem Vanillinzucker steif schlagen* und mit den gezuckerten Beeren verrühren.
• Die Biskuitrolle auseinanderrollen, mit der Sahne bestreichen und mit Hilfe des Tuches wieder locker aufrollen. Mit Puderzucker besieben*.

Nicht ganz einfach

Ingwer-Schokoladenrolle

Bild Seite 220

Zutaten für 12 Stück:
Für den Teig: 4 Eier · 3 Eßl. Wasser ·
125 g Zucker · 80 g Mehl · 50 g Speisestärke ·
50 g Schokoladenpulver
Für die Füllung: ½ l Sahne · 4 Ingwerpflaumen in Sirup · 50 g Mandelblättchen · 1 Teel. Butter
*Für das Backblech: Backtrennpapier**
Pro Stück etwa 1 045 Joule/250 Kalorien

Zubereitungszeit: 45 Minuten
Ruhezeit: 2 Stunden
Backzeit: 8–10 Minuten

• Das Backblech mit Backtrennpapier auslegen. Den Backofen auf 200–220° vorheizen.
• Die Eier in Eiweiß und Eigelb trennen*. Das Eigelb mit dem Wasser und zwei Dritteln des Zuckers schaumig rühren. Das Eiweiß steif schlagen*, den restlichen Zucker nach und nach einrieseln lassen. Den Eischnee auf die Eigelbcreme gleiten lassen. Das Mehl, die Speisestärke und das Schokoladenpulver darübersieben*. Alles locker vermischen.

• Den Teig etwa 1 cm dick auf das Backtrennpapier streichen. Das Papier am offenen Rand des Blechs hochfalzen, damit der Teig nicht herunterläuft. Die Teigplatte auf der mittleren Schiene des Ofens 8–10 Minuten backen.
• Ein Tuch auf der Arbeitsfläche ausbreiten und mit dem Zucker bestreuen. Die Biskuitplatte heiß aus dem Ofen auf das Tuch stürzen, das Backtrennpapier schnell, aber vorsichtig abziehen. Den Biskuit mit dem Tuch locker aufrollen und erkalten lassen.
• Die Sahne sehr steif schlagen. Etwas Ingwersirup dazugeben. Die Ingwerpflaumen sehr fein würfeln und unter zwei Drittel der Sahne heben.
• Die Butter in einer Pfanne zerlassen und die Mandelblättchen darin goldgelb rösten.
• Die Biskuitrolle wieder auseinanderrollen, mit der Ingwersahne füllen, aufrollen und mit der restlichen Sahne überziehen. Die Mandelblättchen darauf verteilen und leicht andrücken. Bis zum Servieren im Kühlschrank kaltstellen.

Nicht ganz einfach

Haselnußroulade

Zutaten für 12 Stück:
Für den Teig: 200 g Haselnußkerne · 6 Eier ·
125 g Zucker · 60 g Mehl · 40 g Speisestärke
Für die Füllung: ½ l Sahne · 100 g Zucker ·
1 Päckchen Vanillinzucker
Für die Arbeitsfläche: ½ Tasse Zucker
Zum Bestreuen: 50 g Krokantstreusel
*Für das Backblech: Backtrennpapier**
Pro Stück etwa 2 140 Joule/510 Kalorien

Zubereitungszeit: 45 Minuten
Backzeit: 8–10 Minuten

• Die Haselnüsse durch die Mandelmühle* drehen. Die Hälfte davon für die Füllung beiseite stellen.
• Das Backblech mit Backtrennpapier auslegen. Den Backofen auf 200–220° vorheizen.
• Die Eier in Eiweiß und Eigelb trennen*. Das Eigelb mit zwei Dritteln des Zuckers cremig rühren. Das Eiweiß zu steifem Schnee schlagen*, dabei den restlichen Zucker einrieseln lassen. Die Eigelbcreme unter den Eischnee ziehen. Das Mehl und die Speisestärke darübersieben* und mit den gemahlenen Nüssen unter die Masse heben.
• Den Teig auf das Backtrennpapier streichen. Das Papier am offenen Rand des Blechs hochfalzen, damit der Teig nicht herunterläuft. Die Teigplatte auf der mittleren Schiene des Ofens 8–10 Minuten backen.
• Ein Tuch auf der Arbeitsfläche ausbreiten und mit dem Zucker bestreuen. Die Biskuitplatte heiß aus dem Ofen auf das Tuch stürzen. Das Backtrennpapier schnell, aber vorsichtig abziehen. Den Biskuit mit Hilfe des Tuches aufrollen und erkalten lassen.
• Die Sahne mit dem Zucker und dem Vanillinzucker steif schlagen*, etwa ein Drittel davon beiseite stellen. Die restliche Sahne mit den gemahlenen Nüssen mischen.
• Den Biskuit zurückrollen, gleichmäßig mit der Nußsahne bestreichen und mit Hilfe des Tuches wieder locker aufrollen.
• Die Nußroulade mit der restlichen Sahne überziehen* und mit dem Krokant bestreuen.

Braucht etwas Zeit · Nicht ganz einfach

Bûche de Noël

Der Weihnachtsbaumstamm ist in Frankreich der traditionelle Kuchen für die Festtage. Er wird zur Abwechslung auch mit einer Kaffee- oder Kastanienbuttercreme gefüllt.

Zutaten für 12 Stück:
Für den Teig: 5 Eier · 5 Eßl. lauwarmes Wasser ·
100 g Zucker · 1 Prise Salz · 150 g Mehl
Für die Füllung: 250 g Blockschokolade ·
250 g weiche Butter · 125 g Puderzucker ·
2 Eßl. Rum
Für die Arbeitsfläche: ½ Tasse Zucker
Zum Garnieren: 6 kandierte Kirschen ·
1 Eßl. Pistazien
Zum Bestreuen: Zucker
*Für das Backblech: Backtrennpapier**
Pro Stück etwa 1890 Joule/450 Kalorien

Zubereitungszeit: 50 Minuten
Ruhezeit: 3 Stunden
Backzeit: 10–15 Minuten

• Die Eier in Eiweiß und Eigelb trennen*. Das Eigelb mit dem Wasser schaumig schlagen. Nach und nach drei Viertel des Zuckers einrieseln lassen und weiterschlagen, bis die Masse cremig und fast weiß ist.
• Das Backblech mit Backtrennpapier* auslegen, am offenen Rand des Blechs etwas hochfalzen. Den Backofen auf 200° vorheizen.
• Das Eiweiß mit dem Salz zu steifem Schnee schlagen*, den restlichen Zucker langsam unterrühren.
• Den Eischnee auf die Eigelbcreme gleiten lassen, das Mehl darübersieben* und alles locker unterheben. Den Teig auf das Backblech streichen und auf der mittleren Schiene des Ofens 10–15 Minuten backen.

• Ein Küchentuch auf der Arbeitsfläche ausbreiten und mit Zucker bestreuen. Die Biskuitplatte darauf stürzen, das Backtrennpapier schnell aber vorsichtig abziehen und den Biskuit mit dem Tuch aufrollen.

• Die Blockschokolade zerbröckeln, im Wasserbad* schmelzen und auf Handwärme abkühlen lassen.

• Die Butter mit dem Puderzucker cremig rühren, die Schokolade und den Rum unterziehen.

• Die Biskuitrolle wieder auseinanderrollen, mit gut der Hälfte der Schokoladenbuttercreme bestreichen und mit Hilfe des Tuches wieder aufrollen.

• Die Rolle kühl stellen. Die restliche Creme im Kühlschrank fest werden lassen.

• Die kandierten Kirschen halbieren. Die Pistazien hacken.

• Die Creme in einen Spritzbeutel* mit Sterntülle* füllen und dicht nebeneinander Längsstreifen auf die Roulade spritzen. Mit den Kirschen und den Pistazien phantasievoll garnieren. Den Baumstamm 2–3 Stunden kühl stellen. In dicke Scheiben aufgeschnitten servieren.

Preiswert · Schnell · Ganz einfach

Apfelbeutel mit Rumrosinen

Zutaten für 12 Stück:
Für den Teig: 100 g Quark (20% Fettgehalt) · 4 Eßl. Milch · 4 Eßl. Öl · 50 g Zucker · 1 Päckchen Vanillinzucker · 200 g Mehl · 2 Teel. Backpulver
Für die Füllung: 40 g Rosinen · 4 Eßl. Rum · 300 g säuerliche Äpfel · 2 Eßl. Zucker · abgeriebene Schale von ½ unbehandelten Zitrone · 1 Teel. Zitronensaft

Zum Bestreichen: 1 Eiweiß · 1 Eigelb · 1 Eßl. Milch
Zum Bestreuen: 6 Haselnußkerne
Für das Backblech: Butter
Pro Stück etwa 800 Joule/190 Kalorien

Zubereitungszeit: 35 Minuten
Backzeit: etwa 15 Minuten

• Für die Füllung die Rosinen mit dem Rum übergießen und zugedeckt quellen lassen*.

• Für den Teig den Quark mit der Milch, dem Öl, dem Zucker und dem Vanillinzucker gut verrühren. Das Mehl mit dem Backpulver sieben* einen Teil davon in die Quarkmasse rühren, den Rest einkneten.

• Die Äpfel schälen, vom Kerngehäuse befreien und in kleine Würfel schneiden. Die Apfelwürfel mit dem Zucker, der Zitronenschale, dem Zitronensaft und den Rumrosinen mischen.

• Die Arbeitsfläche mit Mehl bestäuben und den Teig darauf 3 mm dick ausrollen*. Aus der Teigplatte 12 Scheiben von 10 cm Durchmesser ausstechen, den halben Kreisrand mit Eiweiß bestreichen, in die Mitte einen Eßlöffel Fülle geben und die Kreise zu Taschen zusammenklappen. Die Ränder gut festdrücken.

• Das Backblech einfetten*. Den Backofen auf 200° vorheizen.

• Das Eigelb mit der Milch verquirlen. Die Haselnüsse grobhacken.

Unser Tip Es lohnt sich, Rumrosinen auf Vorrat zuzubereiten. Mancherlei Backwerk und Süßspeisen geben die alkoholisierten Früchte den letzten Pfiff. Rosinen in ein gut verschließbares Glas füllen, mit gutem Rum bedecken und im Kühlschrank aufbewahren. Die Mischung hält sich mehrere Monate.

• Die Apfelbeutel auf das Blech legen, mit dem verquirlten Eigelb bepinseln und mit den Nüssen bestreuen. Im Ofen auf der mittleren Schiene in etwa 15 Minuten goldgelb backen. Auf einem Kuchengitter abkühlen lassen* und möglichst frisch servieren.

Preiswert · Nicht ganz einfach

Äpfel im Schlafrock

Wenn es schneller gehen soll, wickeln Sie die Äpfel einfach in einen Schlafrock aus aufgetautem tiefgefrorenem Blätterteig ein.

Zutaten für 8 Stück:
Für den Teig: 250 g Mehl · 1 Messerspitze Back-
pulver · 1 Prise Salz · 100 g Zucker · 2 Eigelb ·
125 g kalte Butter
Für die Füllung: 4 Eßl. Korinthen · 4 Walnuß-
oder 10 Haselnußkerne · 1 gehäufter Eßl. weiche
Butter · 3 Teel. Zucker · 1 Messerspitze Zimt
Zum Füllen: 8 kleine Äpfel (Boskop oder Cox
Orange)
Zum Bestreichen: 1 Eiweiß · 1 Eigelb ·
1 Eßl. Milch
Zum Besieben: 1 Eßl. Puderzucker
Für das Backblech: Butter
Pro Stück etwa 1930 Joule/460 Kalorien

Zubereitungszeit: 35 Minuten
Ruhezeit: 30 Minuten
Backzeit: 25 Minuten

• Das Mehl mit dem Backpulver und dem Salz mischen und auf die Arbeitsfläche sieben*. In die Mitte eine Mulde drücken und den Zucker und das Eigelb hineingeben. Die Butter in Flöckchen auf den Mehlrand schneiden. Alles schnell mit kühlen Händen zu einem glatten Teig ver-

kneten*. Den Teig zugedeckt 30 Minuten im Kühlschrank ruhen lassen.
• Die Korinthen überbrühen, abtropfen lassen und trocknen. Die Nüsse grobhacken. Die Butter mit dem Zucker, dem Zimt, den Korinthen und den Nüssen vermengen.
• Die Äpfel schälen, das Kerngehäuse mit einem Apfelausstecher* ausstechen und mit der Korinthenmasse füllen.
• Das Backblech einfetten* (bei tiefgefrorenem Blätterteig das Backblech nur kalt abspülen). Den Backofen auf 220° vorheizen.
• Die Arbeitsfläche mit Mehl bestäuben und den Teig darauf ausrollen*. 8 Quadrate passend zu der Größe der Äpfel ausrädeln* und 8 kleine runde Plätzchen ausstechen*.
• Die Äpfel in die Mitte der Teigquadrate setzen, die Teigränder mit dem Eiweiß bestreichen und die Ecken über jeden Apfel zusammenschlagen. Die Seitenränder fest aneinanderdrücken und die Plätzchen als Abschluß obenauflegen.
• Das Eigelb mit der Milch verquirlen* und die Schlafrockäpfel damit bepinseln. Die Äpfel auf das Backblech setzen und auf der mittleren Schiene des Ofens 25 Minuten backen.
• Die Äpfel noch heiß mit Puderzucker besieben*. Dazu schmeckt Schlagsahne.

Braucht etwas Zeit · Ganz einfach

Sahnewindbeutel

Zutaten für 12 Stück:
Für den Teig: ¼ l Wasser · 50 g Butter · 1 Prise
Salz · 150 g Mehl · 4 Eier
Für die Füllung: ½ l Sahne · 2 Eßl. Zucker ·
1 Päckchen Vanillinzucker
Zum Besieben: 2 Eßl. Puderzucker
Für das Backblech: Butter · Mehl
Pro Stück etwa 1050 Joule/250 Kalorien

Zubereitungszeit: 30 Minuten
Backzeit: 15–20 Minuten

• Das Wasser mit der Butter und dem Salz in einem breiten Topf aufkochen. Den Topf vom Herd nehmen, das gesiebte Mehl* auf einmal in die heiße Flüssigkeit schütten und alles schnell glattrühren.
• Den Topf wieder auf den Herd setzen und die Masse bei schwacher Hitze so lange rühren, bis sich ein Kloß bildet und sich am Topfboden eine weiße Haut absetzt.
• Den Teig wieder vom Herd nehmen und 1 Ei unter den heißen Kloß rühren. Den Teig etwas abkühlen lassen und die übrigen Eier nach und nach einrühren.
• Das Backblech einfetten und leicht mit Mehl bestäuben. Den Backofen auf 220° vorheizen.
• Den Brandteig in 12 Häufchen mit 2 Löffeln in weitem Abstand auf das Backblech setzen oder mit einem Spritzbeutel* mit Sterntülle* daraufspritzen.
• Die Windbeutel auf der zweiten Schiene von unten 15–20 Minuten im Ofen backen. Während der ersten 10 Minuten den Backofen nicht öffnen. Die Windbeutel würden sonst zusammenfallen.
• Von den noch warmen Windbeuteln einen Deckel abschneiden und abkühlen lassen*. Die Sahne mit dem Zucker und dem Vanillinzucker steif schlagen, die Windbeutel damit füllen, die Deckelchen wieder aufsetzen und mit dem Puderzucker besieben*.

Unser Tip Mischen Sie zur Abwechslung frische Beeren oder Schokoladenstreusel in die Schlagsahne.

Braucht etwas Zeit · Nicht ganz einfach

Eclairs

Die dekorativen Eclairs werden auch Liebesknochen genannt. Das Faszinierende an den süßen Knochen ist ihr relativ geringer Kaloriengehalt, obwohl sie so üppig ausschauen.

Zutaten für 12 Stück:
Für den Teig: ¼ l Wasser · 50 g Butter · 1 Prise Salz · 150 g Mehl · 4 Eier
*Für die Füllung: 2 Eigelb · 4 Eßl. Zucker · 40 g Speisestärke · ½ l Milch · ½ Vanilleschote · 2 Eßl. Instant-Kaffee**
Für die Glasur: 200 g Puderzucker · 2 Teel. Instant-Kaffee · 2–3 Eßl. warmes Wasser · 1 Eiweiß*
Für das Backblech: Butter · Mehl
Pro Stück etwa 1115 Joule/265 Kalorien

Zubereitungszeit: 50 Minuten
Backzeit: 15–20 Minuten

• Das Wasser mit der Butter und dem Salz in einem breiten Topf aufkochen. Den Topf vom Herd nehmen. Das gesiebte Mehl* auf einmal in die heiße Flüssigkeit schütten und alles schnell glattrühren.
• Den Topf wieder auf den Herd setzen und die Masse bei schwacher Hitze so lange rühren, bis sich ein Kloß bildet und sich am Topfboden eine weiße Haut absetzt.
• Den Brandteig wieder vom Herd nehmen und 1 Ei unter den heißen Kloß rühren. Den Teig etwas abkühlen lassen und die übrigen Eier nach und nach einrühren.
• Das Backblech einfetten und mit Mehl bestäuben. Den Backofen auf 220° vorheizen.
• Den Brandteig in einen Spritzbeutel* mit Sterntülle* füllen und zwölf 8 cm lange daumendicke Streifen in genügend Abstand voneinander

auf das Blech spritzen und auf der zweiten Schiene von unten in 15–20 Minuten im Ofen goldgelb backen.

• Die noch warmen Eclairs quer durchschneiden und auskühlen* lassen.

• Für die Füllung das Eigelb mit dem Zucker in einer großen Schüssel weiß und cremig schlagen. Die Speisestärke einrühren. Die Milch mit der aufgeschnittenen Vanilleschote in einem Topf zum Kochen bringen, die Vanilleschote herausnehmen und das Mark in die Milch schaben.

• Die kochende Milch langsam unter ständigem Schlagen in die Eigelbmasse gießen. Das Ganze in den Topf zurückgeben und einmal aufkochen lassen, dabei kräftig schlagen. Die Creme zurück in die Schüssel gießen, den löslichen Kaffee einmengen und unter gelegentlichem Rühren kalt werden lassen.

• Die Creme dick auf die unteren Hälften der Eclairs streichen oder mit dem Spritzbeutel* füllen. Die Deckel daraufsetzen.

• Den Puderzucker mit dem löslichen Kaffee mischen, mit dem Wasser und dem Eiweiß zu einer Glasur rühren und die Eclairdeckel damit überziehen.

Nicht ganz einfach

Brandenburgische Törtchen

Zutaten für 20 Stück:
4 hartgekochte Eigelb · 50 g Zucker · 1 Prise Salz · 1 Messerspitze Zimt · abgeriebene Schale von ½ unbehandelten Zitrone · 90 g kalte Butter · 125 g Mehl · eventuell ½ Eigelb · 2 Eiweiß · knapp 2 Eßl. Zucker · etwa 50 g Mandelstifte
Pro Stück etwa 485 Joule/115 Kalorien

Zubereitungszeit: 45 Minuten
Ruhezeit: 30 Minuten
Backzeit: 20 Minuten

• Das hartgekochte Eigelb durch ein Sieb streichen. Den Zucker, das Salz, den Zimt und die Zitronenschale dazugeben und alles mit einer Gabel zu einer glatten Masse verarbeiten.

• Die kalte Butter in Flöckchen schneiden und mit dem Mehl unter die Eimasse kneten*. Sollte der Teig sehr fest sein, noch ½ Eigelb hinzufügen. Den Teig in Alufolie wickeln und 30 Minuten im Kühlschrank ruhen lassen.

• Die Arbeitsfläche mit Mehl bestäuben und den Teig darauf etwa ½ cm dick ausrollen*. Mit einem runden Ausstecher von etwa 6 cm Durchmesser Scheiben ausstechen*. Die Teigscheiben auf das ungefettete Blech legen.

• Den Backofen auf 180–190° vorheizen.

• Das Eiweiß zu steifem Schnee schlagen*, den Zucker einrieseln lassen und weiterschlagen, bis die Masse glänzt. Den Eischnee auf die Mitte der Plätzchen verteilen, die Mandelstifte igelförmig in die Schneeberge stecken. Die Törtchen auf der mittleren Schiene des Ofens 20 Minuten backen.

Braucht etwas Zeit

Mandeltörtchen

Zutaten für 20 Förmchen mit gewelltem Rand:
Für den Teig: 200 g weiche Butter · 75 g Zucker · 1 Ei · 250 g Mehl
Für die Füllung: 100 g abgezogene Mandeln · 2 Eier · 100 g Zucker · knapp ⅛ l Sahne
Für die Glasur: 150 g Puderzucker · 1 Eßl. Wasser · 1 Eßl. Zitronensaft
Zum Verzieren: 20 Walnußkernhälften
Für die Förmchen: Butter
Pro Törtchen etwa 1 090 Joule/260 Kalorien

Zubereitungszeit: 35 Minuten
Ruhezeit: 1 Stunde
Backzeit: etwa 20 Minuten

• Die Butter mit dem Zucker und dem Ei cremig rühren. Das Mehl auf die Arbeitsfläche sieben*. Die Buttercreme daraufgeben und alles zu einem glatten Teig kneten*. Den Teig in Alufolie etwa 1 Stunde im Kühlschrank ruhen lassen.
• Die Mandeln durch die Mandelmühle* drehen.
• Die Eier mit dem Zucker schaumig schlagen und die Mandeln einmischen. Die Sahne unterrühren.
• Die Förmchen einfetten*. Den Backofen auf 200° vorheizen.
• Die Arbeitsfläche mit Mehl bestäuben und den Teig darauf etwa 8 mm dick ausrollen*. Aus der Teigplatte Stücke gut in Förmchengröße schneiden und die Förmchen damit ganz auslegen. Die Mandelmasse einfüllen.
• Die Törtchen auf der mittleren Schiene im Ofen in etwa 20 Minuten goldgelb backen.
• Die Törtchen abkühlen lassen, dann aus den Formen nehmen.
• Den Puderzucker mit dem Wasser und dem Zitronensaft glattrühren und jedes Mandeltörtchen dünn damit bestreichen. Mit den Walnußhälften verzieren.

Nicht ganz einfach

Profiteroles

Zutaten für etwa 20 Stück:
Für den Brandteig: ⅛ l Wasser · 1 Prise Salz ·*
40 g Butter · 100 g Mehl · 3 kleine Eier
Zum Bestreichen: 1 Eigelb
Für die Füllung: ½ l Sahne · 2 Päckchen Vanillinzucker

Zum Garnieren: 50 g Mandelblättchen ·
200 g Blockschokolade
Für das Backblech: Butter · Mehl
Pro Stück etwa 820 Joule/195 Kalorien

Zubereitungszeit: 40 Minuten
Backzeit: 10–12 Minuten

• Das Wasser mit dem Salz und der Butter aufkochen. Den Topf vom Herd nehmen und das Mehl auf einmal hineinschütten. Den Topf wieder auf den Herd setzen und die Masse bei schwacher Hitze so lange rühren, bis sich ein Kloß bildet und sich am Topfboden eine weiße Haut absetzt.
• Den Topf wieder vom Herd nehmen und 1 Ei unter den heißen Kloß rühren. Den Teig etwas abkühlen lassen.
• Den Backofen auf 200–220° vorheizen. Das Backblech einfetten* und mit Mehl bestäuben*.
• Die restlichen Eier nacheinander in den Brandteig* einrühren. Den Teig in einen Spritzbeutel* mit Lochtülle* geben und walnußgroße Kugeln in großem Abstand voneinander auf das Blech spritzen.
• Das Eigelb mit etwas Wasser verquirlen und die Teigkugeln damit bestreichen. Auf der mittleren Schiene des Ofens etwa 10–12 Minuten backen. Die Windbeutel sofort quer durchschneiden und abkühlen lassen*.
• Die Sahne mit dem Vanillinzucker steif schlagen*, in einen Spritzbeutel* mit Sterntülle* füllen und die Böden damit dick ausspritzen.
• Die Mandeln in einer beschichteten Pfanne hellbraun rösten*. Die Schokolade im Wasserbad* schmelzen und etwas abkühlen lassen.
• Die Teigdeckel auf die Sahne setzen, mit der Schokolade überziehen und mit den Mandeln bestreuen.

Nicht ganz einfach

Florentiner Rollen

Zutaten für etwa 20 Stück:
Für den Teig: 120 g Butter · 120 g Zucker ·
120 g Honig · 120 g Mehl · 1 Prise Salz ·
½ Teel. Zimt · 1 Teel. Zitronensaft
Für die Füllung: ⅜ l Sahne · 1 Päckchen Vanillin-
zucker
Für das Backblech: Butter
Pro Stück etwa 610 Joule/145 Kalorien

Zubereitungszeit: 30 Minuten
Backzeit: 8 Minuten pro Blech

• Das Backblech einfetten*. Den Backofen auf
160° vorheizen.
• Die Butter mit dem Zucker und dem Honig in
eine Kasserolle geben und bei schwacher Hitze
unter Rühren heiß werden lassen, bis sich der
Zucker aufgelöst hat. Die Masse etwas abkühlen
lassen*. Das Mehl, das Salz, den Zimt und den
Zitronensaft hinzufügen und gut durchrühren.
• Vom Teig jeweils 1 Teelöffel in einem Abstand
von 10 cm auf das Backblech geben, das Gebäck
läuft stark auseinander. Auf der mittleren Schiene des Ofens 8 Minuten backen. Die Fladen
1–2 Minuten abkühlen lassen, dann mit einem
breiten Messer vom Blech lösen, wenden und
über den dicken Stiel eines Kochlöffels rollen.
Auf einem Kuchengitter erkalten lassen.
• Die Sahne mit dem Vanillinzucker steif schlagen*, in einen Spritzbeutel* mit Sterntülle* füllen und die Florentiner Rollen damit füllen.

> **Unser Tip** Florentiner Rollen können
> Sie auf Vorrat zubereiten und in luftdicht
> verschlossenen Dosen aufbewahren.

Braucht etwas Zeit

Erdbeermeringen

Zutaten für 8 Stück:
5 Eiweiß · 1 Prise Salz · 200 g Zucker ·
30 g Kakao · 1 Teel. Speisestärke
Für die Füllung: 750 g Erdbeeren · 125 g Puder-
zucker · 2 Eßl. Cointreau · ¼ l Sahne
*Für das Backblech: Backtrennpapier**
Pro Stück etwa 1405 Joule/335 Kalorien

Zubereitungszeit: 35 Minuten
Backzeit: 2½–3 Stunden

• Das Backblech mit Backtrennpapier auslegen.
• Das Eiweiß mit dem Salz zu sehr steifem
Schnee schlagen*. Den Zucker nach und nach
einrieseln lassen und kräftig weiterschlagen.
• Den Backofen auf 100° vorheizen.
• Den Kakao mit der Speisestärke sieben* und
locker unter den Eischnee ziehen. Die Eiweiß-
masse in einen Spritzbeutel* mit Lochtülle* fül-
len und kreisförmig zu 8 flachen Böden und zu
8 spitzen Deckeln auf das Backblech spritzen.
• Die Meringen auf der mittleren Schiene des
Ofens 2½–3 Stunden trocknen lassen, dabei die
Ofentüre einen kleinen Spalt weit offen lassen.
• Die Erdbeeren waschen, gut abtropfen und
auf Küchenkrepp trocknen lassen. Die Kelchblätter abzupfen. Die Früchte in eine Schüssel
geben, mit dem Puderzucker besieben* und dem
Cointreau beträufeln. Einmal durchschwenken
und zugedeckt 1 Stunde ziehen lassen.
• Die Meringen vom Blech nehmen und auf
einem Kuchengitter erkalten lassen*. Die Sahne
steif schlagen*. Auf die Meringenböden die Erdbeeren und die Sahne verteilen und die Deckel
obenauf setzen.

Braucht etwas Zeit

Orangenbaisers

Zutaten für 10 Stück:
2 kandierte Orangenscheiben · 4 Eiweiß ·
1 Prise Salz · 200 g Zucker · 1 Eßl. Orangensaft
Für das Backblech: Backtrennpapier*
Pro Stück etwa 460 Joule/110 Kalorien

Zubereitungszeit: 30 Minuten
Backzeit: 2 Stunden und 30 Minuten

● Das Backblech mit Backtrennpapier auslegen.
● Die kandierten Orangen sehr fein hacken.
● Das Eiweiß mit dem Salz zu sehr steifem Schnee schlagen*, zwei Drittel des Zuckers nach und nach einrieseln lassen. Den Orangensaft hinzufügen und noch einmal kräftig durchschlagen. Den restlichen Zucker und die kandierten Orangen unter die Eischneemasse ziehen.
● Den Backofen auf 100° vorheizen.
● Mit einem Eßlöffel 10 Häufchen Baisermasse auf das Backblech setzen und auf der mittleren Schiene des Ofens 2 Stunden und 30 Minuten trocknen lassen, dabei die Ofentüre einen kleinen Spalt weit auf lassen, damit die verdampfende Feuchtigkeit entweichen kann.
● Die fertigen Baisers auf ein Kuchengitter heben und erkalten lassen.

Preiswert · Nicht ganz einfach

Hohlhippen

Die dekorativen zarten Röllchen werden besonders gerne zu Eis und Desserts gereicht, aber auch zu Mokka oder Sekt angeboten. Das Aufrollen der Plätzchen muß sehr schnell gehen, abgekühltes Gebäck läßt sich nicht mehr biegen.

Zutaten für etwa 70 Stück:
150 g weiche Butter · 150 g Zucker · 1 Prise Salz ·
3 Eier · 300 g Mehl · etwa 8 Eßl. Milch
Für das Backblech: Butter
Pro Stück etwa 190 Joule/45 Kalorien

Zubereitungszeit: 20 Minuten
Ruhezeit: 30 Minuten
Backzeit: 7–8 Minuten pro Blech

● Die Butter mit dem Zucker, dem Salz und den Eiern schaumig rühren. Das Mehl nach und nach über die Schaummasse sieben* und abwechselnd mit der Milch unterrühren. Den Teig zugedeckt 30 Minuten quellen lassen.
● Das Backblech einfetten*. Den Backofen auf 200° vorheizen.
● Vom Teig jeweils 5–6 dünne runde Plätzchen von etwa 5 cm Durchmesser in großem Abstand auf das Backblech streichen und auf der mittleren Schiene im Ofen 7–8 Minuten backen.
● Die Plätzchen mit einem breiten Spatel* vom Blech heben und sofort über einem dicken Kochlöffelstiel zu Rollen formen. Die Hohlhippen auf einem Kuchengitter abkühlen lassen*.

Braucht etwas Zeit · Nicht ganz einfach

Mohrenköpfe

Zutaten für 12 Stück:
Für den Teig: 4 Eigelb · 120 g Zucker · 6 Eiweiß ·
1 Prise Salz · 1 Teel. Zitronensaft · 60 g Speisestärke · 50 g Mehl
Zum Bestreichen: 100 g Aprikosenmarmelade ·
100 g Kuvertüre
Für die Füllung: ½ l Sahne · 50 g Zucker
Für das Backblech: Backtrennpapier*
Pro Stück etwa 1070 Joule/255 Kalorien

Zubereitungszeit: 50 Minuten
Ruhezeit: 4 Stunden
Backzeit: 15 Minuten

• Das Eigelb mit 3 Eßlöffeln Zucker dickcremig rühren. Das Eiweiß mit dem Salz steif schlagen*. Den restlichen Zucker langsam einrieseln lassen, den Zitronensaft dazugeben und alles weiterschlagen, bis ein schnittfester Eischnee* entstanden ist. Die Speisestärke schnell unter den Schnee heben und die Eigelbmasse langsam daruntermischen. Das Mehl darübersieben* und locker unterheben.
• Den Backofen auf 200° vorheizen. Das Backblech mit Backtrennpapier auslegen.
• Den Teig in einen Spritzbeutel* mit großer Lochtülle* füllen und 24 etwa pingpongballgroße Halbkugeln in reichlichem Abstand voneinander auf das Blech spritzen. Auf der mittleren Schiene des Ofens 15 Minuten backen. Das Gebäck auf ein Kuchengitter heben und erkalten lassen.
• Die Aprikosenmarmelade in einem Töpfchen erhitzen. Die Kuvertüre im Wasserbad* auflösen. Die Halbkugeln zuerst mit der Marmelade bestreichen, anschließend dann mit der Kuvertüre überziehen*.
• Die Sahne mit dem Zucker steif schlagen*. Sobald die Kuvertüre fest ist, die Hälfte der Halbkugeln umdrehen, die Sahne dick daraufgeben und die restlichen halben Mohrenköpfe als Deckel sanft obenauf setzen.

Unser Tip Wenn Sie Wert auf ganz perfektes Aussehen der Mohrenköpfe legen, sollten Sie lieber Konditorware kaufen. Hausgemachte Mohrenköpfe werden meist nicht kugelrund. Doch wenn Sie hineinbeißen werden Sie versöhnt sein, sie schmecken ganz toll.

Braucht etwas Zeit · Ganz einfach

Madeleines

Madeleines sind feine, aromatische Küchlein aus Frankreich. Wenn sie die typischen Muschelförmchen nicht zur Hand haben, können Sie auch kleine Tortelettformen verwenden. Das Orangenblütenwasser und den Vanilleextrakt bekommen Sie in Apotheken.

Zutaten für 16 Stück:
100 g Zucker · 125 g Mehl · 125 g Butter ·
3 Eier · 1 Prise Salz · 60 g abgezogene gemahlene
Mandeln · 1 Eßl. Organgenblütenwasser ·
½ Teel. Vanilleextrakt
Für die Förmchen: Butter
Pro Stück etwa 650 Joule/155 Kalorien

Zubereitungszeit: 40 Minuten
Ruhezeit: 1 Stunde
Backzeit: 15 Minuten

• Den Zucker und das gesiebte Mehl gut mischen und auf die Arbeitsfläche geben.
• Die Butter in einem Töpfchen zerlassen und ganz leicht anbräunen. Die Eier mit einem Teigspatel in die Zucker-Mehl-Mischung einarbeiten und nach und nach die abgekühlte Butter, das Salz, die Mandeln, das Orangenblütenwasser und den Vanilleextrakt unterkneten*. Den Teig dabei nur mit dem Teigspatel bearbeiten und nicht mit den Händen durchkneten. Den Teig in eine Schüssel geben und zugedeckt 1 Stunde im Kühlschrank ruhen lassen.
• Den Backofen auf 250° vorheizen. Die Förmchen einfetten*.
• Vom Teig kleine Stücke abteilen und in die Förmchen drücken. Die Küchlein auf dem Ofenrost auf der mittleren Schiene 15 Minuten backen, sofort aus den Förmchen stürzen und auf einem Kuchengitter abkühlen lassen*.

Braucht etwas Zeit · Nicht ganz einfach

Petits fours

Zutaten für etwa 20 Stück:
Für die Biskuitmasse: 50 g abgezogene Mandeln ·
5 Eier · 1 Prise Salz · 200 g Zucker · 100 g Mehl ·
60 g Speisestärke · 1 Prise Backpulver
Für die Füllung: 150 g Aprikosenmarmelade ·
200 g Marzipan-Rohmasse* · 150 g Puderzucker
Für die Arbeitsfläche und zum Besieben: Puder-
zucker
Für die Glasur: 250 g Puderzucker · 1 Eiweiß ·
½ Teel. Zitronensaft · 1 Eßl. Butter · Speisefarben
Zum Verzieren: nach Belieben kandierte Veil-
chen · gehackte Pistazien · kleingeschnittene kan-
dierte Früchte · Liebesperlen*
Für das Backblech: Pergamentpapier
Pro Stück etwa 1 300 Joule/310 Kalorien

Zubereitungszeit: 1 Stunde und 30 Minuten
Backzeit: 8–10 Minuten
Ruhezeit: 24 Stunden

• Die Mandeln durch die Mandelmühle* dre-
hen. Die Eier in Eiweiß und Eigelb trennen*.
• Das Eigelb mit dem Salz und der Hälfte des
Zuckers zu einer weißcremigen Masse rühren.
Das Eiweiß zu steifem Schnee schlagen*, dabei
den restlichen Zucker einrieseln lassen.
• Den Backofen auf 200° vorheizen. Das Back-
blech mit Pergamentpapier auslegen*.
• Den Eischnee auf die Eigelbcreme gleiten las-
sen. Das Mehl mit der Speisestärke und dem
Backpulver darübersieben* und alles mit den
Mandeln locker unterheben.
• Den Teig auf das Blech streichen. Das Papier
am offenen Rand des Blechs hochfalzen, damit
der Teig nicht herunterläuft. Auf der mittleren
Schiene in 8–10 Minuten hellgelb backen.
• Ein Küchentuch mit Zucker bestreuen und die
Biskuitplatte daraufstürzen. Das Pergamentpa-

pier mit Wasser bestreichen und sofort vorsichtig
abziehen.
• Die Kuchenplatte in 4 gleich große Rechtecke schneiden und erkalten lassen.
• Die Aprikosenmarmelade in einem Töpfchen
bei schwacher Hitze glattrühren und unter weiterem Rühren abkühlen, aber nicht fest werden
lassen. Drei Kuchenplatten mit gut drei Viertel
der Marmelade bestreichen und übereinander-
setzen. Die vierte Platte darauflegen und dünn
mit der Marmelade überziehen.
• Die Marzipan-Rohmasse mit dem Puderzuk-
ker verkneten*. Die Arbeitsfläche mit Puderzuk-
ker bestäuben, die Marzipanmasse darauf in
Größe des aufeinandergesetzten Kuchens ausrollen und als letzte Schicht auf den Kuchen
legen. Mit wenig Puderzucker besieben* und mit
einem Blatt Pergamentpapier abdecken. Ein
Holzbrett darauflegen, dieses etwas beschweren
und den Kuchen an einem kühlen Platz 24 Stunden ruhen lassen.
• Die Gewichte, das Brett und das Papier entfernen und den Biskuit in kleine Rechtecke oder
Quadrate schneiden.
• Für die Glasur den Puderzucker in eine Schüssel sieben*, das Eiweiß und den Zitronensaft
hinzufügen und alles zu einem festen, glänzenden Guß rühren.
• Die Butter zerlassen, aber nicht erhitzen und
tropfenweise in die Glasur rühren. Die Masse
nach Belieben aufteilen und mit Speisefarbe
sanft tönen.
• Die Petits fours auf Pergamentpapier legen
und gleichmäßig mit der Glasur überziehen, die
Ränder glattstreichen.
• Die Glasur etwas antrocknen lassen und das
Gebäck beliebig sparsam mit buntem Zucker-
werk, gehackten Pistazien oder kleingeschnittenen kandierten Früchten garnieren.

Preiswert

Topfenkolatschen

Zutaten für 12 Stück:
Für den Teig: 150 g Quark (20% Fettgehalt) ·
3 Eßl. Milch · 6 Eßl. Öl · 50 g Zucker · 1 Prise
Salz · 1 Ei · 300 g Mehl · ½ Päckchen Backpulver
Für die Füllung: 50 g Rosinen · 50 g weiche
Butter · 100 g Zucker · 2 Eigelb · 250 g Quark
(20% Fettgehalt) · abgeriebene Schale von
1 unbehandelten Zitrone · 1 Eiweiß
Zum Bestreichen: 1 Eiweiß
Zum Besieben: 2 Eßl. Puderzucker
Für das Backblech: Butter oder Öl
Pro Stück etwa 1 260 Joule/300 Kalorien

Zubereitungszeit: 45 Minuten
Backzeit: etwa 30 Minuten

● Den Quark mit der Milch, dem Öl, dem Zukker, dem Salz und dem Ei gut verrühren. Das
Mehl mit dem Backpulver mischen, über die
Quarkmasse sieben* und etwa die Hälfte einrühren, den Rest darunterkneten*. Den Teig kühl
stellen, aber nicht in den Kühlschrank.
● Die Rosinen heiß waschen und auf Küchenkrepp trocknen lassen. Die Butter mit dem Zukker und dem Eigelb cremig rühren. Nach und
nach den Quark, die Rosinen und die Zitronenschale einmischen. Das Eiweiß steif schlagen*
und locker unter die Quarkmasse heben.
● Das Backblech einfetten*. Den Backofen auf
200° vorheizen.
● Die Arbeitsfläche leicht mit Mehl bestäuben
und den Quark-Öl-Teig darauf dünn ausrollen.
Etwa 8 cm große Quadrate ausschneiden und für
jedes Quadrat separat ein kleines rundes Teigplätzchen ausstechen*.
● Auf jedes Quadrat in die Mitte 1 Eßlöffel der
Quarkfüllung geben. Die Teigecken zur Mitte
hin einschlagen. Die runden Plätzchen mit dem

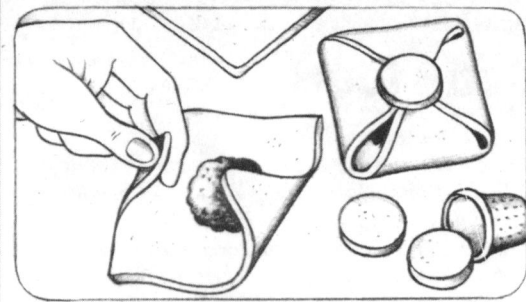

Die Teigecken werden über der Füllung zusammengeschlagen und mit einem Teigplätzchen »verklebt«.

leicht verquirlten Eiweiß bestreichen und sanft
in der Mitte auf die Teigspitzen drücken.
● Die Kolatschen auf das Backblech legen und
auf der mittleren Schiene in 30 Minuten goldgelb
backen.
● Noch heiß mit dem Puderzucker besieben.

Preiswert · Ganz einfach

Osterküchlein

Die kleinen Fladen sind eine korsische Spezialität, sie werden am Karfreitag gegessen.

Zutaten für 40 Stück:
500 g Mehl · 175 g Zucker · ¹⁄₁₆ l Olivenöl ·
¹⁄₁₆ l Weißwein · 2 Eßl. Anisschnaps · 1 Prise Salz
Zum Bestreuen: 2 Eßl. Zucker
Für das Backblech: Öl · Mehl
Pro Stück etwa 335 Joule/80 Kalorien

Zubereitungszeit: 30 Minuten
Backzeit: 30 Minuten pro Blech

● Das Mehl in eine Schüssel sieben*, in die Mitte eine Mulde drücken. Den Zucker, das Öl, den

234

Wein, den Anisschnaps und das Salz in die Vertiefung geben. Den Zucker mit den flüssigen Zutaten und dem Salz verrühren, dann alles zu einem glatten Teig kneten.

• Das Backblech einfetten* und mit Mehl bestäuben*. Den Backofen auf 180° vorheizen.

• Die Arbeitsfläche mit Mehl bestäuben und den Teig darauf ½ cm dick ausrollen*. Aus der Teigplatte 40 Scheiben von etwa 8 cm Durchmesser ausstechen. Die Ränder der Teigscheiben ringsum mit einem Messer einkerben, die Oberfläche mit einer Gabel mehrfach einstechen und mit Zucker bestreuen.

• Die Küchlein auf das Backblech legen und auf der mittleren Schiene des Ofens in etwa 30 Minuten goldbraun backen. Auf ein Kuchengitter legen und auskühlen lassen.

Preiswert · Ganz einfach

Amerikaner

Zutaten für etwa 15 Stück:
Für den Teig: 100 g weiche Butter · 100 g Zucker · 1 Päckchen Vanillinzucker · 1 Prise Salz · 2 Eier · 1 Päckchen Vanillepuddingpulver · 4 Eßl. Milch · 250 g Mehl · 3 gestrichene Teel. Backpulver
Für die Glasur: 250 g Puderzucker · 3 Eßl. Kirschwasser oder weißer Rum oder Zitronensaft
Für das Backblech: Butter
Pro Stück etwa 1 010 Joule/240 Kalorien

Zubereitungszeit: 25 Minuten
Backzeit: 15–20 Minuten

• Die Butter schaumig rühren. Den Zucker, den Vanillinzucker, das Salz und die Eier dazugeben und die Masse zu einer hellen Creme rühren.

• Das Puddingpulver mit der Milch anrühren und kräftig unter die Schaummasse schlagen.

Das Mehl mit dem Backpulver darübersieben* und nach und nach untermischen. Alles gut verrühren; der Teig muß recht fest sein.

• Das Backblech einfetten*. Den Backofen auf 190° vorheizen.

• Den Teig mit 2 nassen Eßlöffeln zu Häufchen von etwa 5 cm Durchmesser und 2 cm Höhe in genügendem Abstand auf das Blech setzen.

• Die Amerikaner auf der mittleren Schiene des Ofens in 15–20 Minuten goldgelb backen.

• Das Gebäck auf einem Kuchengitter abkühlen lassen*. Den Puderzucker sieben*, mit dem Kirschwasser, dem Rum oder dem Zitronensaft glattrühren, die flache Unterseite der Amerikaner damit überziehen* und die Glasur auf einem Kuchengitter trocknen lassen.

Ganz einfach

Mürbteigfinger

Es wird in England zum traditionellen 5-Uhr-Tee gereicht. Man backt es verschieden ausgeformt mit unterschiedlichen Zutaten.

Zutaten für etwa 30 Stück:
250 g weiche Butter · 125 g Zucker · 1 Päckchen Vanillinzucker · 1 gute Prise Salz · 350 g Mehl · 60 g Farinzucker*
Für das Backblech: Butter
Pro Stück etwa 565 Joule/135 Kalorien

Zubereitungszeit: 30 Minuten
Ruhezeit: 1 Stunde
Backzeit: 25–30 Minuten

• Die Butter mit dem Zucker, dem Vanillinzucker und dem Salz cremig rühren, bis der Zucker ganz aufgelöst ist. Das Mehl zum Teil eßlöffelweise einrühren, den Rest unterkneten*. Den

Teig in Alufolie wickeln und 1 Stunde im Kühlschrank ruhen lassen.
• Das Backblech einfetten*. Den Backofen auf 180° vorheizen.
• Die Arbeitsfläche mit Mehl bestäuben und den Teig darauf etwa 1 cm dick ausrollen*.
• Aus der Teigplatte 30 Streifen, etwa 2 cm breit und 7 cm lang, schneiden, mit einer Gabel mehrmals einstechen und sanft in dem braunen Zukker wenden.
• Die Teigstreifen auf das Blech legen und im Ofen auf der mittleren Schiene in 25–30 Minuten goldgelb backen.

Ganz einfach

Mandelecken

Zutaten für etwa 18 Stück:
Für den Teig: 60 g Haselnußkerne · 200 g Mehl ·
1 Prise Salz · 70 g Zucker · 1 Ei · 125 g kalte
Butter
Für den Guß: 150 g Butter · 150 g Zucker ·
3 Eßl. Honig · 250 g Mandelblättchen
Zum Bestreichen: 3 Eßl. Sahne
Zum Garnieren: 100 g Kuvertüre
Pro Stück etwa 1 405 Joule/335 Kalorien

Zubereitungszeit: 40 Minuten
Ruhezeit: 30 Minuten
Backzeit: 15–20 Minuten

• Die Haselnüsse zweimal durch die Mandelmühle* drehen.
• Das Mehl auf die Arbeitsfläche sieben* und mit dem Salz, dem Zucker und den Nüssen gut mischen. In die Mitte eine Mulde drücken und das Ei hineingeben. Die Butter in Flöckchen auf den Rand schneiden. Alle Zutaten mit einem Messer bröselig hacken, dann mit kühlen Händen zu einem glatten Teig kneten*. Den Teig in Alufolie wickeln und 30 Minuten im Kühlschrank ruhen lassen.
• Die Butter mit dem Zucker und dem Honig unter Rühren erhitzen, bis alles geschmolzen ist. Die Mandelblättchen unterrühren. Die Masse einmal aufkochen, dann etwas abkühlen lassen.
• Den Backofen auf 200–220° vorheizen.
• Den abgekühlten Teig auf dem ungefetteten Backblech ausrollen* und mit der Sahne bepinseln. Die Mandelmischung gleichmäßig auf die Teigplatte streichen und im Ofen auf der mittleren Schiene 15–20 Minuten backen.
• Den noch heißen Kuchen in 18 Dreiecke schneiden und diese auf einem Kuchengitter erkalten lassen.
• Die Kuvertüre im Wasserbad* schmelzen lassen und die Mandelecken mit den Spitzen 2–3 cm tief hineintauchen. Das Gebäck wieder auf ein Kuchengitter legen, bis die Kuvertüre fest geworden ist.

Preiswert · Ganz einfach

Gewürzmuffins

Die Muffins sind ein beliebtes englisches Frühstücksgebäck, das sowohl aus Hefeteig, Backpulverteig, als auch aus Maisgrießteig gebacken wird. Die Muffins werden frisch aus dem Ofen an der Oberfläche mit zwei Gabeln leicht auseinandergerissen und mit einem Stück eiskalter Butter gefüllt.

Zutaten für 12 Stück:
250 g Mehl · 2 Teel. Backpulver · je ½ Teel. Zimt,
Nelkenpulver und Ingwerpulver · je 1 gute Prise
Salz und weißer Pfeffer · 2 Eßl. Schmalz ·
75 g Zucker · 2 Eier · 100 g Rübensirup ·
4 Eßl. Buttermilch

◁ Schweinsöhrchen gehören wohl mit zu den beliebtesten und bekanntesten Blätterteig-Teilchen. Rezept Seite 250.

Für die Förmchen: Butter
Pro Stück etwa 715 Joule/170 Kalorien

Zubereitungszeit: 20 Minuten
Backzeit: 25–30 Minuten

• Das Mehl mit dem Backpulver sieben* und mit dem Zimt, dem Nelken- und Ingwerpulver, dem Salz und dem Pfeffer mischen.
• Das Schmalz mit dem Zucker in einer Schüssel verrühren. Die Eier dazuschlagen, den Sirup einfließen lassen und alles cremig rühren.
• Die Förmchen einfetten*. Den Backofen auf 180° vorheizen.
• Das gewürzte Mehl und die Buttermilch abwechselnd in die Crememasse rühren. Den Teig in die Förmchen füllen und im Ofen auf dem Rost auf der zweiten Schiene von unten 25–30 Minuten backen.
• Die Muffins aus den Förmchen lösen und warm mit kalter Butter servieren.

Ganz einfach

Kleine Marokkaner

Zutaten für etwa 25 Stück:
120 g ungeschälte Mandeln · 60 g Blockschokolade · 1 Eßl. Cognac · 2 Eiweiß ·
120 g Zucker
*Für das Backblech: Backtrennpapier**
Pro Stück etwa 275 Joule/65 Kalorien

Zubereitungszeit: 40 Minuten
Backzeit: 15–25 Minuten

• Die ungeschälten Mandeln durch die Mandelmühle* drehen. Die Schokolade feinreiben.
• Die Mandeln mit der Schokolade und dem Cognac gut vermischen.

• Das Eiweiß zu steifem Schnee schlagen*, nach und nach den Zucker einrieseln lassen. 2 Eßlöffel von dem Eischnee beiseite stellen. In die restliche Schaummasse die Mandel-Schokoladen-Mischung sanft einrühren.
• Den Backofen auf 140–150° vorheizen. Das Backblech mit Backtrennpapier* auslegen.
• Vom Teig mit einem nassen Teelöffel 25 kleine Häufchen auf das Blech setzen. In die Mitte von jedem Häufchen einen haselnußgroßen Tupfen Eischnee geben.
• Die kleinen Marokkaner auf der mittleren Schiene des Ofens 15–25 Minuten backen; sie dürfen noch etwas weich sein. Dann vom Backtrennpapier heben und auf einem Kuchengitter erkalten lassen.

Preiswert

Tag-und-Nacht-Stangerl

Zutaten für etwa 16 Stück:
4 Eier · 100 g weiche Butter · 70 g Zucker ·
70 g Mehl · 1 Prise Salz
Für die Glasur: 60 g Blockschokolade ·
1 Teel. Kokosfett · 100 g Puderzucker ·
1 Eßl. Zitronensaft
Zum Bestreichen: 3 Eßl. rote Marmelade
*Für das Backblech: Backtrennpapier**
Pro Stück etwa 715 Joule/170 Kalorien

Zubereitungszeit: 35 Minuten
Backzeit: etwa 15 Minuten

• 3 Eier in Eiweiß und Eigelb trennen*.
• Die Butter mit dem Zucker cremig rühren, bis der Zucker ganz aufgelöst ist. Nach und nach unter ständigem Rühren das Eigelb und das ganze Ei hinzufügen. Das Mehl dazusieben* und unterrühren.

- Das Backblech mit Backtrennpapier* auslegen. Den Backofen auf 180° vorheizen.
- Das Eiweiß mit dem Salz zu steifem Schnee schlagen* und unter den Teig ziehen. Den Teig dünn auf das Blech streichen und auf der mittleren Schiene des Ofens in etwa 15 Minuten hellgelb backen.
- Die Schokolade mit dem Kokosfett im Wasserbad* schmelzen lassen. Den Puderzucker mit dem Zitronensaft glattrühren.
- Die Kuchenplatte auf die Arbeitsfläche stürzen und in 32 etwa 7 cm lange und 2½ cm breite Streifen schneiden. Die Hälfte der Stangerl mit der Marmelade bestreichen, die anderen daraufsetzen.
- Das Gebäck auf der einen Seite mit der Schokoladenmischung bestreichen, gut trocknen lassen. Die andere Seite mit der Puderzuckerglasur überziehen.

Blätterteig

Für jeden Feinschmecker ist knusperfrisches Blätterteiggebäck, ob süß oder pikant zubereitet, ein kulinarischer Hochgenuß. Für den Heimbäkker dagegen ist das Selbermachen des Blätterteiges schon etwas mühsam, schwierig und zeitraubend, zumal ihm auch keine Küchenmaschine, wie bei der Herstellung von anderen Teigen, die Arbeit erleichtert. Selbst bei strikter Einhaltung des Rezeptes und exakter Arbeitsweise gelingt der Teig nicht immer so perfekt wie der industriell hergestellte und im Handel angebotene tiefgefrorene Blätterteig. Dieser ist von immer gleichbleibender, ausgezeichneter Qualität und durchaus zu empfehlen.

Selbstverständlich darf in einem ordentlichen Backbuch das Rezept für selbstgemachten Blätterteig nicht fehlen. Wir stellen Ihnen hier das Grundrezept gleich in drei verschiedenen, ausführlich beschriebenen Versionen vor. Sicher werden Sie Verständnis dafür haben, daß wir nicht bei jedem Backrezept, das auf Blätterteigbasis beruht, die komplizierte Arbeitsanweisung wiederholen. Das würde einmal zu viel Platz beanspruchen und zum zweiten wissen wir nach umfangreichen Befragungen, daß die meisten Hobbybäckerinnen und -bäcker ohnehin den fertig gekauften Teig bevorzugen. Deshalb steht bei der Zutatenangabe immer nur, wieviel Gramm Sie an tiefgefrorenem oder selbst hergestelltem Blätterteig für das jeweilige Rezept benötigen.

Bei dem großen Arbeits- und Zeitaufwand, man muß insgesamt mit 3 Stunden rechnen, lohnt es sich nur, wenn Sie mindestens je 250 g Butter und Mehl verarbeiten. Der nicht verwendete Restteig hält sich, in Alu- oder Klarsichtfolie verpackt, im Kühlschrank bis zu 4 Tagen, im Tiefkühlgerät mehrere Monate lang.

Braucht etwas Zeit · Nicht ganz einfach

Klassischer Blätterteig

Zutaten für 1 kg Blätterteig:
500 g Mehl · 1–2 Teel. Salz · 500 g kalte, aber nicht zu harte Butter · ⅛–⅓ l kaltes Wasser
Zum Ausrollen: Mehl

- Das Mehl mit dem Salz mischen und auf die Arbeitsfläche sieben*. 125 g Butter in kleinen Stücken darüberschneiden. Alles mit kühlen Händen bröselig reiben. Nach und nach so viel kaltes Wasser hinzufügen, daß sich die Zutaten zu einem glatten, elastischen Teig kneten lassen. Den Teig zu einer Kugel formen, in Alufolie oder in einen Plastikbeutel packen und 30 Minuten im Kühlschrank ruhen lassen.
- Die übrige Butter zwischen 2 Blätter Perga-

mentpapier legen und zu einem 1 cm dicken Quadrat ausrollen.

• Die Arbeitsfläche mit Mehl bestäuben und den Teig darauf zu einem 1 cm dicken Quadrat ausrollen. Das obere Blatt Pergamentpapier von der Butter abziehen und die Butter mit Hilfe des zweiten Blattes diagonal auf die Teigplatte stürzen; das Papier entfernen.

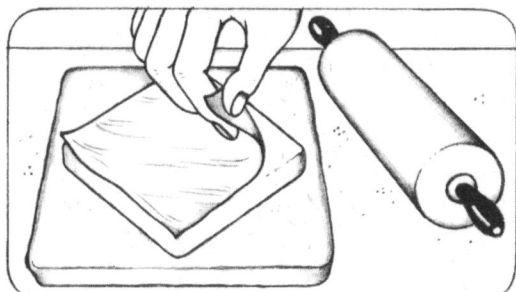

Die Butter wird mit Hilfe eines Stück Papiers diagonal auf die Teigplatte gestürzt.

• Die 4 Teigecken briefumschlagförmig über der Butter zusammenfalten, dabei ringsum einen 1 cm breiten Freiraum lassen. Die Ränder und Faltkanten sanft mit den Händen zusammendrücken.
• Das Teigpaket von oben nach unten und von rechts nach links abwechselnd mit leichtem Druck zu einem dreimal so langen wie breiten Rechteck ausrollen*. Ein Drittel der Teigplatte zur Mitte hin einschlagen und das gegenüberlie-

> **Unser Tip** Blätterteig, ob selbstgemacht oder fertig gekauft, darf nie geknetet, sondern nur mit sanftem Druck gerollt werden, sonst werden die Fettschichten unterbrochen, die die Teigschichten beim Backen heben und locker machen.

gende Drittel darüberfalten, so daß ein Quadrat entsteht. Die Teigränder mit dem Nudelholz leicht zusammendrücken. Das Teigpaket erneut von den Teigrändern her zu einem Rechteck ausrollen, wieder zu einem Quadrat zusammenfalten, in Alufolie wickeln oder in einen Plastikbeutel packen und 30 Minuten im Kühlschrank ruhen lassen.
• Den Vorgang des Ausrollens und Zusammenfaltens noch zwei- bis dreimal wiederholen. In der Fachsprache nennt man das Tourieren*. Zwischen den Touren muß der Teig jeweils mindestens 15 Minuten in den Kühlschrank gestellt werden.
• Die Arbeitsfläche mit Mehl bestäuben, den fertigen Teig darauf nach der Anweisung des Rezeptes ausrollen* und zu der gewünschten Form ausrädeln*, zurechtschneiden, ausstechen* oder mit der Hand formen.

Braucht etwas Zeit · Nicht ganz einfach

Blätterteig nach altdeutscher Art

Zutaten für 500 g Blätterteig:
250 g Mehl · 1 Teel. Salz · 250 g kalte, aber nicht zu harte Butter · knapp ⅛ l kaltes Wasser
Zum Ausrollen: Mehl

• Das Mehl mit dem Salz mischen und auf die Arbeitsfläche sieben*. In die Mitte eine Mulde drücken, 60 g Butter in Flöckchen in die Vertiefung schneiden und das Wasser hinzufügen. Alles mit einem Messer zusammenhacken und dann mit kühlen Händen zu einem glatten, elastischen Teig kneten*. Den Teig zu einer Kugel formen, in Alufolie einwickeln und 30 Minuten im Kühlschrank ruhen lassen.

• Die Teigkugel über Kreuz tief einschneiden, die vier Teigspitzen auseinanderziehen. Die restliche Butter in die Mitte geben, die Teigzipfel darüber zusammenschlagen und gut andrücken.

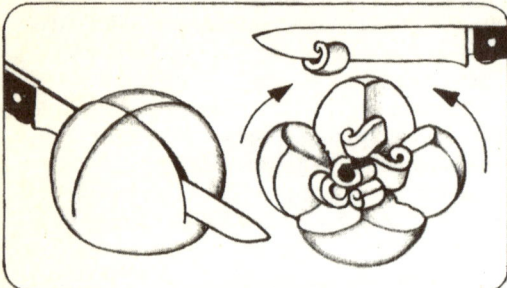

Die Teigkugel wird eingeschnitten, auseinandergezogen und mit der restlichen Butter gefüllt.

Die Arbeitsfläche mit Mehl bestäuben und die gefüllte Teigkugel darauf von oben nach unten und von rechts nach links abwechselnd mit sanftem Druck zu einem 1 cm dicken Rechteck ausrollen. Die Teigplatte von oben nach unten und dann von rechts nach links einschlagen, so daß 6 Schichten übereinanderliegen. Das Teigpaket locker in Alufolie wickeln und 30 Minuten im Kühlschrank ruhen lassen.
• Den Vorgang des Ausrollens und Zusammenfaltens noch dreimal wiederholen. Nach jeder Tour* den Teig 15 Minuten kühl stellen.
• Nach der letzten Tour* die Teigplatte nur noch von beiden Seiten zur Mitte hin einschlagen und nach Angabe des Rezeptes weiterverarbeiten.

Braucht etwas Zeit · Nicht ganz einfach

Blätterteig auf französische Art

Zutaten für 500 g Blätterteig:
250 g Mehl · 1 gute Prise Salz · 200 g kalte, aber nicht zu harte Butter · 1 Eigelb · 1 Eßl. Cognac · 3 Eßl. trockener Weißwein
Zum Ausrollen: Mehl

• Das Mehl mit dem Salz mischen und auf die Arbeitsfläche sieben*. In die Mitte eine Mulde drücken und 30 g von der kalten Butter in die Vertiefung schaben. Das Eigelb, den Cognac und den Weißwein hinzufügen und alles mit kühlen Händen zu einem geschmeidigen elastischen Teig kneten. Den Teig zu einem Laib formen, in Alufolie einwickeln und 30 Minuten im Kühlschrank ruhen lassen.
• Die Arbeitsfläche mit Mehl bestäuben und den Teig darauf zu einem viermal so langen wie breiten, etwa 1 cm dicken Rechteck ausrollen*. Die Hälfte der Butter in kleine Stücke schneiden und die Teigplatte zu drei Viertel damit belegen, dabei an den Längsseiten einen 2 cm breiten Rand frei lassen, damit die Butter gut eingeschlagen werden kann und beim Ausrollen nicht aus den Teigschichten rutscht.
• Das unbelegte Teigviertel über das mit Butter belegte nächste Teigviertel klappen und das Teigstück noch zweimal zu einem Quadrat zusam-

Unser Tip Blätterteiggebäck wird immer auf einem mit kaltem Wasser abgespülten Blech oder in kalt ausgespülten Formen gebacken. Frisch serviert schmeckt es am besten.

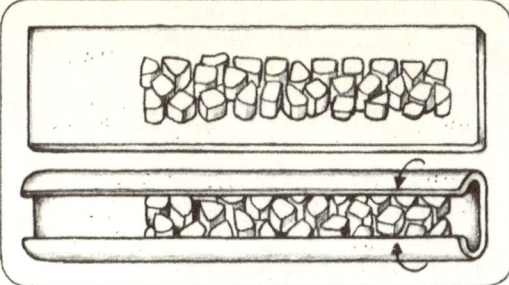

Die Hälfte der Butter wird, in kleine Stückchen geschnitten, auf die Mitte der Teigplatte verteilt.

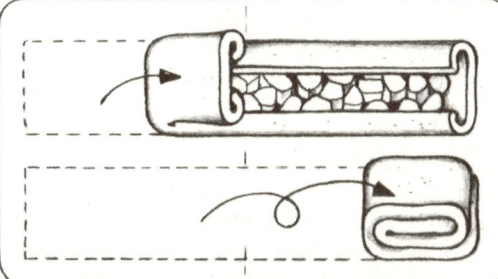

Das zusammengelegte Teigstück wird zweimal so gefaltet, daß ein Quadrat entsteht.

menfalten. Das Teigpaket mit sanftem Druck wieder zu einem Rechteck ausrollen* und wie vorher mit der restlichen Butter belegen, zusammenfalten, ausrollen und wieder zusammenfalten. In Alufolie einwickeln und 15 Minuten kühl ruhen lassen.
• Das Verfahren des Ausrollens und Zusammenfaltens dreimal wiederholen und den Teig zwischen den Touren* immer 15 Minuten im Kühlschrank ruhen lassen. Zuletzt den Teig nach Rezept ausrollen und weiterverarbeiten.
• Dieser Teig eignet sich besonders gut für Pasteten, für Gebäck, bei dem die Füllung in den Teig gewickelt wird, aber auch für Torten- und Törtchenböden.

Preiswert · Schnell · Ganz einfach

Bananen in Blätterteig

Zutaten für 4 Personen:
300 g Blätterteig, tiefgefroren oder selbstbereitet (Rezept Seite 240) · 2 Bananen · Saft von 1 Zitrone · 1 gehäufter Eßl. Puderzucker · 1 Ei
Pro Person etwa 1465 Joule/350 Kalorien

Zubereitungszeit: 25 Minuten
Backzeit: 15 Minuten

• Den Blätterteig nach Vorschrift auf der Packung auftauen lassen.
• Die Bananen schälen, der Länge nach halbieren und mit einem Holzspießchen mehrmals einstechen. Den Zitronensaft mit dem Puderzucker verrühren und über die Bananenhälften streichen.
• Den Backofen auf 220° vorheizen.
• Die Arbeitsfläche mit Mehl bestäuben und die Blätterteigscheiben darauf 10 cm breit und in Bananenlänge ausrollen*.
• Das Ei in Eiweiß und Eigelb trennen. Die Teigränder mit dem Eiweiß bestreichen. Die Bananenhälften auf den Blätterteig legen, darin einwickeln und die Ränder festdrücken.
• Das Backblech mit kaltem Wasser abspülen, die Bananenpaketchen darauflegen. Das Eigelb verquirlen* und die Blätterteigstücke damit bestreichen. Dabei darauf achten, daß das Eigelb nicht auf das Backblech läuft, sonst gehen die Paketchen ungleichmäßig auf.
• Den Teig mit dem Holzspießchen ein paar Mal einstechen. Die Bananen im Blätterteig im Ofen auf der mittleren Schiene in 15 Minuten knusprig backen. Dazu schmeckt Schlagsahne oder halbgefrorenes Vanilleeis.

Preiswert · Ganz einfach

Apfeltaschen

Zutaten für 8 Stück:
300 g Blätterteig, tiefgefroren oder selbstbereitet
(Rezept Seite 240)
Für die Füllung: 500 g säuerliche Äpfel · Saft von
1 Zitrone · 50 g Zucker · ½ Teel. Zimt ·
50 g Mandelstifte
Für den Guß: 100 g Puderzucker · Saft von
1 Zitrone · 50 g Mandelstifte
Pro Stück etwa 1 135 Joule/270 Kalorien

Zubereitungszeit: 35 Minuten
Backzeit: etwa 15 Minuten

• Den tiefgefrorenen Blätterteig nach Vorschrift
auf der Packung auftauen lassen.
• Die Arbeitsfläche mit Mehl bestäuben und
den Blätterteig darauf gut messerrückendick zu
einem Rechteck ausrollen*. Aus der Teigplatte
mit einem scharfen Messer 8 gleich große Rechtecke ausschneiden.
• Die Äpfel schälen, vierteln, vom Kerngehäuse
befreien und in Scheibchen schneiden. Den
Zitronensaft über die Apfelscheiben träufeln.
Den Zucker mit dem Zimt und den Mandelstiften mischen und unter die Apfelscheiben mengen.
• Den Backofen auf 220° vorheizen.
• Die Teigrechtecke zur Hälfte mit der Apfelmischung belegen, die Teigränder mit etwas Wasser
bestreichen und die unbelegte Hälfte über die
Füllung zusammenklappen. Die Teigränder festdrücken.
• Das Backblech mit kaltem Wasser abspülen,
die Apfeltaschen darauflegen und im Ofen auf
der mittleren Schiene etwa 15 Minuten backen.
• Den Puderzucker mit dem Zitronensaft verrühren. Die Mandelstifte in einer beschichteten
Pfanne goldgelb rösten*.

• Die Apfeltaschen auf einem Kuchengitter
etwas abkühlen lassen*. Mit dem Guß überziehen* und den Mandelstiften bestreuen. Blätterteiggebäck möglichst am Backtag verzehren.

Preiswert · Schnell · Ganz einfach

Prasselteilchen

Zutaten für 10 Stück:
300 g Blätterteig, tiefgefroren oder selbstbereitet
(Rezept Seite 240) · 1 Eßl. Orangenkonfitüre ·
2 Eßl. Cognac · 125 g Zucker · 225 g Mehl ·
125 g Butter · 60 g Pinienkerne oder Mandelstifte
Pro Stück etwa 590 Joule/140 Kalorien

Zubereitungszeit: 30 Minuten
Backzeit: 20 Minuten

• Den tiefgefrorenen Blätterteig nach Vorschrift
auf der Packung auftauen lassen. Die Scheiben
mit einem scharfen Messer in der Mitte durchschneiden, so daß jeweils 2 Quadrate entstehen.
Den selbstgemachten Blätterteig auf der leicht
bemehlten Arbeitsfläche ausrollen* und in
10 Quadrate schneiden.
• Die Orangenkonfitüre mit dem Cognac verrühren und die Teigstücke damit bestreichen,
dabei ringsherum einen kleinen Rand frei lassen.
• Den Zucker mit dem gesiebten* Mehl auf die
Arbeitsfläche geben, die Butter in Flöckchen
dazuschneiden. Alles mit einem Messer durchhacken und dann mit feuchten Händen zu Streuseln* zerreiben.
• Den Backofen auf 220° vorheizen. Das Backblech mit kaltem Wasser abspülen.
• Die Blätterteigstücke auf das Backblech legen.
Die Streusel darauf verteilen und die Pinienkerne oder Mandelstifte darüberstreuen. Auf der
mittleren Schiene 20 Minuten backen.

Preiswert · Braucht etwas Zeit

Cremeschnitten

Zutaten für 8 Stück:
300 g Blätterteig, tiefgefroren oder selbstbereitet
(Rezept Seite 240)
Für die Creme: 3 Eier · 100 g Zucker · knapp
2 Eßl. Speisestärke · ½ l Milch · Mark von
½ Vanilleschote · 8 Blatt weiße Gelatine
Zum Bestreichen: 3 Eßl. Aprikosen- oder Him-
beermarmelade
Zum Besieben: 2 Eßl. Puderzucker
Pro Stück etwa 1 005 Joule/240 Kalorien

Zubereitungszeit: 30 Minuten
Ruhezeit: 2 Stunden
Backzeit: 15–20 Minuten

• Den Blätterteig nach Vorschrift auf der Pakkung auftauen lassen.
• Die Eier in Eigelb und Eiweiß trennen*. Das
Eigelb mit dem Zucker und der Speisestärke in
einem Topf glattrühren, die Milch und das Vanillemark hinzufügen. Die Masse bei schwacher
Hitze mit dem Schneebesen schlagen, bis sie auf-
kocht. Den Topf vom Herd nehmen.
• Die Gelatine in kaltem Wasser einweichen,
gut ausdrücken und in der heißen Creme auflösen. Die Creme kühl stellen, bis sie zu stocken
beginnt.
• Das Eiweiß zu steifem Schnee schlagen* und
unterziehen.
• Eine Kastenform mit kaltem Wasser ausspülen, die Creme einfüllen und im Kühlschrank
erstarren lassen.
• Den Blätterteig ½ cm dick ausrollen* und in
16 etwa 5 × 10 cm große Rechtecke schneiden.
Die Teigscheiben auf ein kalt abgespültes Backblech legen, mit einer Gabel mehrmals einstechen und 15 Minuten ruhen lassen.
• Den Backofen auf 220° vorheizen.

• Die Blätterteigstreifen auf der mittleren Schiene des Ofens 15–20 Minuten backen, dann
abkühlen lassen*.
• Die Hälfte der Blätterteigscheiben mit der
gestürzten, in passende Streifen geschnittenen
Creme belegen. Die restlichen Scheiben mit der
Marmelade bestreichen und die Cremeschnitten
damit zudecken. Reichlich mit Puderzucker
besieben*.

Preiswert · Nicht ganz einfach

Schillerlocken

Es gibt spezielle Schillerlockenformen, die wohl
kaum in einem Privathaushalt zu finden sind. Sie
können sich aber aus extra starker Alufolie
10 Rechtecke von 10 × 20 cm Größe schneiden,
zu Quadraten falten und zu Tüten drehen.

Zutaten für 10 Stück:
300 g Blätterteig, tiefgefroren oder selbstbereitet
(Rezept Seite 240) · 1 Eigelb · 1 Eßl. Milch ·
2 Eßl. Hagelzucker · ⅜ l Sahne · 1 Eßl. Zucker ·
1 Päckchen Vanillinzucker
Pro Stück etwa 800 Joule/190 Kalorien

Zubereitungszeit: 40 Minuten
Backzeit: 20 Minuten

• Den tiefgefrorenen Blätterteig nach Vorschrift
auf der Packung auftauen lassen.
• Die Arbeitsfläche mit Mehl bestäuben, die
aufgetauten Scheiben aufeinanderlegen und zu
einem Rechteck von etwa 25 × 35 cm ausrollen.
Die Teigplatte von der schmalen Seite her in
10 etwa 3 cm breite Streifen schneiden.
• Das Eigelb mit der Milch verquirlen. Von
jedem Streifen eine Längskante mit Eigelb
bestreichen.

● Den Backofen auf 200° vorheizen. Das Backblech und die Alutüten mit kaltem Wasser abspülen.

● Die Teigstreifen, vom spitzen Ende angefangen, spiralförmig auf die Schillerlockenformen wickeln, so daß jeweils der mit Eigelb bestrichene Rand ½ cm über dem unbestrichenen liegt.

● Die Schillerlocken auf das Blech legen, mit dem verquirlten restlichen Eigelb bestreichen und mit dem Hagelzucker bestreuen. Im Ofen auf der mittleren Schiene 20 Minuten backen.

● Die Schillerlocken etwas abkühlen lassen, dann von der Form lösen.

● Die Sahne mit dem Zucker und dem Vanillinzucker steif schlagen* und in die erkalteten Schillerlocken füllen.

Zitronenschale hinzufügen. Die Mandeln und die Kartoffeln in die Crememasse mengen.

● Den Backofen auf 200° vorheizen.

● Die Arbeitsfläche mit Mehl bestäuben und die Blätterteigplatten darauf etwa messerrückendick ausrollen*. Die Tortenförmchen mit kaltem Wasser ausspülen und mit dem Blätterteig auslegen. Die Kartoffel-Mandel-Füllung in die Mitte häufen. Die Törtchen im Ofen auf der mittleren Schiene auf dem Rost in etwa 20 Minuten goldbraun backen.

● Das Gelee in einem Töpfchen heiß werden lassen.

● Die fertigen Elizatörtchen aus den Formen nehmen, auf einem Kuchengitter abkühlen lassen* und mit dem weichen Gelee bestreichen.

Preiswert · Schnell · Ganz einfach

Elizatörtchen

Zutaten für 10 Törtchenformen von etwa 10 cm Ø :
300 g Blätterteig, tiefgefroren oder selbstbereitet
(Rezept Seite 240) · 100 g abgezogene Mandeln ·
4 kalte mittelgroße Pellkartoffeln · 50 g weiche
Butter · 200 g Zucker · 2 Eier · abgeriebene
Schale von 1 unbehandelten Zitrone
Zum Bestreichen: 3 Eßl. Apfel-, Aprikosen- oder
Quittengelee
Pro Stück etwa 1 110 Joule/265 Kalorien

Zubereitungszeit: 35 Minuten
Backzeit: etwa 20 Minuten

● Den Blätterteig nach Vorschrift auf der Packung auftauen lassen. Die Mandeln durch die Mandelmühle* drehen. Die Pellkartoffeln schälen und feinreiben.

● Die Butter mit dem Zucker und den Eiern cremig rühren, bis der Zucker ganz aufgelöst ist. Die

Ganz einfach

Schwarzer Hauszwieback

Im salzburgischen wird das knusprige Gebäck auch »Männerlaune« genannt, vielleicht, weil die Herren die kleinen Zwiebäcke gerne zu einem Glas Wein knabbern.

Zutaten für 1 Rehrückenform:
60 g Rosinen · 60 g abgezogene Mandeln ·
50 g Blockschokolade · 2 Eier · 1 Eigelb ·
100 g Zucker · abgeriebene Schale von ½ unbehandelten Zitrone · ½ Teel. Zimt · 1 Messerspitze
Nelkenpulver · 1 Prise Salz · 100 g Mehl
Für die Form: Butter
Bei 15 Stücken pro Stück etwa 525 Joule/
125 Kalorien

Zubereitungszeit: 30 Minuten
Backzeit: etwa 40 Minuten

- Die Rosinen mit heißem Wasser überbrühen, abtropfen lassen und auf Küchenkrepp trocknen. Die Mandeln halbieren. Die Schokolade feinreiben.
- Die Form einfetten*. Den Backofen auf 180° vorheizen.
- Die Eier und das Eigelb mit dem Zucker cremig rühren, bis der Zucker ganz aufgelöst ist. Die Zitronenschale, den Zimt, das Nelkenpulver und das Salz hinzufügen. Die Rosinen, die Mandeln und die Schokolade in die Crememasse mengen. Das Mehl dazusieben* und locker unterrühren.
- Den Teig in die Form füllen und auf der mittleren Schiene des Ofens etwa 30 Minuten bakken.
- Den Kuchen auf ein Kuchengitter stürzen und erkalten lassen.
- Den Backofen auf 200° vorheizen. Den Kuchen in 15 Scheiben schneiden, auf das ungefettete Backblech legen und von beiden Seiten jeweils 3–4 Minuten rösten*.

Unser Tip Wenn Sie größere Zwiebäcke bevorzugen, verdoppeln Sie einfach alle Zutaten. Die Backzeit ist dann etwa 20 Minuten länger.

Braucht etwas Zeit · Ganz einfach

Dänischer Honigkuchen

Zutaten für 1 rechteckige Form von 20 × 30 cm oder 1 Springform von 26 cm ∅ :
Für den Teig: 3 Eier · 6 Eßl. flüssiger Honig ·
1 Teel. Zimt · je 1 Prise Nelken- und Ingwerpulver · abgeriebene Schale von je ½ unbehandelten Zitrone und Orange · 150 g Mehl ·
1 Teel. Backpulver
Für die Füllung: 100 g weiche Butter ·
6 Eßl. Puderzucker · 1 Eigelb · abgeriebene Schale von 1 unbehandelten Zitrone
Für die Glasur: 150 g Kuvertüre
Zum Bestreuen: 100 g Mandelblättchen
Für die Form: Butter · Semmelbrösel
Bei 20 Stücken pro Stück etwa 840 Joule/ 200 Kalorien

Zubereitungszeit: 40 Minuten
Ruhezeit: 6 Stunden
Backzeit: etwa 15 Minuten

- Die Eier in Eiweiß und Eigelb trennen*. Das Eigelb mit dem Honig sehr schaumig schlagen. Den Zimt, das Nelken- und Ingwerpulver und die Zitronen- und Orangenschale hinzufügen. Das Eiweiß zu steifem Schnee schlagen und über die Eigelbcreme geben.
- Die Form einfetten* und mit Semmelbröseln ausstreuen*. Den Backofen auf 220° vorheizen.
- Das Mehl mit dem Backpulver auf die Schaummasse sieben* und locker unterheben. Die Masse in die Form füllen und auf der mittleren Schiene des Ofens etwa 15 Minuten backen.
- Den Kuchen auf ein Kuchengitter stürzen und mindestens 6 Stunden ruhen lassen.
- Die Butter mit dem Puderzucker und dem Eigelb cremig rühren. Die Zitronenschale untermischen.
- Den Kuchen einmal quer durchschneiden. Die obere Kuchenplatte auf der Schnittseite mit der Creme bestreichen, die untere Kuchenplatte daraufsetzen.
- Die Kuvertüre im Wasserbad* auflösen und den Honigkuchen damit überziehen.
- Die Mandelblättchen in einer Pfanne ohne Fett goldgelb rösten* und den Kuchen damit bestreuen. In 20 Rechtecke oder Tortenstücke aufgeschnitten servieren.

Plätzchen mit Tradition

Preiswert · Ganz einfach

Albertle

Hochdeutsch heißen die Plätzchen Albertkekse. Sie sollen nach dem Gemahl der Queen Victoria so benannt sein. Prinz Albert knabberte auch in den puritanischen Zeiten gerne Süßigkeiten, sagt man.

Zutaten für 60 Stück:
100 g weiche Butter · 2 Eier · 200 g Zucker ·
1 Päckchen Vanillinzucker · 2 Eßl. Sahne ·
200 g Mehl · 200 g Speisestärke · 2 Teel. Back-
pulver
Für das Backblech: Butter
Pro Stück etwa 240 Joule/55 Kalorien

Zubereitungszeit: 1 Stunde
Ruhezeit: 1 Stunde
Backzeit: etwa 10 Minuten pro Blech

- Die Butter geschmeidig rühren. Nach und nach die Eier, den Zucker, den Vanillinzucker und die Sahne dazugeben und alles schaumig schlagen.
- Das Mehl mit der Speisestärke und dem Backpulver mischen und portionsweise über die Schaummasse sieben*, zunächst kräftig einrühren, dann den Teig gut durchkneten*. Zugedeckt 1 Stunde im Kühlschrank ruhen lassen.
- Das Backblech einfetten*. Den Backofen auf 180° vorheizen.
- Die Arbeitsfläche mit Mehl bestäuben und den Teig darauf 3 mm dick ausrollen*, mit einem groben Reibeisen Muster einkerben. Aus der Teigplatte runde Plätzchen von etwa 5 cm Durchmesser oder entsprechend große viereckige Plätzchen ausstechen*.
- Die Plätzchen auf das Backblech legen und im Ofen auf der mittleren Schiene in etwa 10 Minuten goldgelb backen.

Braucht etwas Zeit · Ganz einfach

Shortbread fingers

Das zuckrige Gebäck wird in Großbritannien mit Vorliebe zum 5-Uhr-Tee verspeist. Man kann es in gut schließenden Dosen längere Zeit aufbewahren.

Zutaten für 100 Stück:
320 g weiche Butter · 180 g Zucker · 2 Prisen
Salz · 500 g Mehl
Zum Wenden: 100 g Zucker
Pro Stück etwa 230 Joule/55 Kalorien

Zubereitungszeit: 20 Minuten
Ruhezeit: 2 Stunden
Backzeit: etwa 25 Minuten

- Die Butter mit dem Zucker und dem Salz cremig rühren. Das Mehl dazusieben* und unterkneten*. Den Teig zugedeckt 2 Stunden im Kühlschrank ruhen lassen.
- Den Backofen auf 190° vorheizen.
- Die Arbeitsfläche mit Mehl bestäuben und den Teig darauf 1½ cm dick in Größe des Backbleches ausrollen. Die Teigplatte auf das Blech legen. Einen vierfach gefalteten Alustreifen als Abschluß an die randlose Seite des Bleches legen, damit der Teig nicht auslaufen kann.
- Die Teigplatte mit einer Gabel mehrmals einstechen und im Ofen auf der mittleren Schiene etwa 25 Minuten backen.
- Das noch heiße Shortbread mit einem scharfen Messer in Streifen von 2 × 7 cm schneiden und ringsherum in Zucker wenden.

Ganz einfach

Mailänderli

Die mürben Butterplätzchen sind keine Spezialität aus Mailand, sondern eine Art National-Weihnachtsgebäck der Schweizer. Demnach müßten sie eigentlich Zürcherli oder Bernerli heißen.

Zutaten für 100 Stück:
250 g weiche Butter · 250 g Zucker · 3 Eier ·
1 Prise Salz · abgeriebene Schale von 1 unbehandelten Zitrone · 500 g Mehl
Zum Bestreichen: 2 Eigelb · 2 Eßl. Dosenmilch
Für das Backblech: Butter
Pro Stück etwa 210 Joule/50 Kalorien

Zubereitungszeit: 1 Stunde und 30 Minuten
Ruhezeit: 1 Stunde
Backzeit: 10–15 Minuten pro Blech

● Die Butter geschmeidig rühren. Den Zucker, die Eier, das Salz und die Zitronenschale nach und nach dazugeben und weiterrühren, bis die Masse schaumig ist.
● Das Mehl portionsweise darübersieben* und einrühren, den Rest darunterkneten*. Den Teig in Alufolie einwickeln und 1 Stunde im Kühlschrank ruhen lassen.
● Das Backblech einfetten*. Den Backofen auf 200° vorheizen.
● Die Arbeitsfläche mit Mehl bestäuben und den Teig darauf 3–5 mm dick ausrollen*. Mit

> **Unser Tip** Nehmen Sie immer nur so viel Teig aus dem Kühlschrank, wie Sie ungefähr brauchen, um ein Backblech zu belegen. Warmer Teig läßt sich schlecht ausrollen.

Förmchen kleine einfache Figuren ausstechen* und auf das Blech legen.
● Das Eigelb mit der Dosenmilch verquirlen* und die Plätzchen damit bepinseln. Die Mailänderli auf der mittleren Schiene des Ofens 10–15 Minuten backen.

Preiswert · Schnell · Ganz einfach

Zuckrige Schuhsohlen

Zutaten für etwa 10 Stück:
250 g Mehl · 20 g Hefe · 1 Teel. Zucker · knapp
⅛ l lauwarme Milch · 80 g halbweiche Butter ·
1 Prise Salz · 150 g Hagelzucker
Für das Backblech: Butter
Pro Stück etwa 925 Joule/220 Kalorien

Zubereitungszeit: 35 Minuten
Backzeit: 8–10 Minuten

● Das Mehl in eine Schüssel sieben*. In die Mitte eine Mulde drücken. Die Hefe in die Vertiefung bröckeln, den Zucker und die Milch dazugeben und mit der Hefe verrühren. Die Butter in Flöckchen auf den Mehlrand schneiden, das Salz darüberstreuen. Alles gut verkneten* und zu einem geschmeidigen Teig schlagen, nicht gehen lassen.
● Das Backblech gut einfetten*. Den Backofen auf 200° vorheizen.
● Aus dem Teig gut walnußgroße Kugeln formen. Die Arbeitsfläche mit Mehl bestäuben und die Teigkugeln darauf möglichst dünn schuhsohlenähnlich ausrollen. Den Hagelzucker daraufstreuen und mit dem Wellholz* sanft in den Teig drücken.
● Die Schuhsohlen auf das Blech legen und im Ofen auf der mittleren Schiene 8–10 Minuten backen, bis die Ränder goldbraun sind.

Schnell · Ganz einfach

Amaretti

Die sehr süßen zarten Mandelmakronen sind eine norditalienische Spezialität. Das Naschwerk schmeckt am besten zu starkem schwarzem Kaffee.

Zutaten für 35 Stück:
300 g abgezogene Mandeln · 5 bittere abgezogene Mandeln · 300 g Zucker · 3 Eiweiß
Zum Besieben: 100 g Puderzucker
Für das Backblech: Backtrennpapier*
Pro Stück etwa 440 Joule/105 Kalorien

Zubereitungszeit: 25 Minuten
Backzeit: 30 Minuten

● Die Mandeln durch die Mandelmühle* drehen.
● Den Zucker mit den gemahlenen Mandeln in einer Schüssel mischen.
● Das Eiweiß zu steifem Schnee schlagen* und gut mit der Mandel-Zucker-Mischung vermengen.
● Das Backblech mit Backtrennpapier* auslegen. Den Backofen auf 160° vorheizen.
● Aus der Makronenmasse pflaumengroße ovale Bällchen formen und in größerem Abstand auf das Blech legen. Im Ofen auf der mittleren Schiene in etwa 30 Minuten hellgelb backen. Die Amaretti dürfen leicht rissig werden.
● Die noch warmen Makronen mit dem Puderzucker besieben, dann abkühlen lassen und von dem Papier lösen.

Preiswert · Ganz einfach

Schweinsöhrchen

Lecker! wenig Aufwand

Bild Seite 238   *09.11.81*

Zutaten für 16 Stück:
300 g Blätterteig, tiefgefroren oder selbstbereitet (Rezept Seite 240)
Zum Ausrollen: etwa 100 g Hagelzucker
Pro Stück etwa 335 Joule/80 Kalorien

Zubereitungszeit: 20 Minuten
Ruhezeit: 15 Minuten
Backzeit: 20 Minuten

● Den tiefgefrorenen Blätterteig nach Vorschrift auf der Packung auftauen lassen.
● Die Hälfte des Zuckers auf die Arbeitsfläche streuen und den Blätterteig darauf messerrückendick zu einem Rechteck ausrollen*. Die Teigplatte mit dem restlichen Zucker bestreuen und von den beiden schmalen Seiten her zur Mitte hin locker aufrollen. Von der Doppelrolle fingerdicke Scheiben abschneiden und noch etwas nachformen.
● Das Backblech mit kaltem Wasser abspülen und die Öhrchen mit gutem Abstand darauflegen und 15 Minuten ruhen lassen.

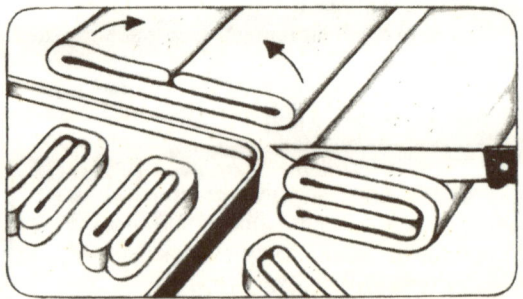

Von dem aufgerollten Blätterteig werden fingerdicke Scheiben abgeschnitten und nachgeformt.

- Den Backofen auf 220° vorheizen.
- Die Schweinsöhrchen auf der mittleren Schiene des Ofens 20 Minuten backen. Nach 10 Minuten Backzeit die Öhrchen mit einem breiten Messer wenden, damit sie auf beiden Seiten goldbraun werden.

Braucht etwas Zeit · Ganz einfach

Feines Buttergebäck

Dieser klassische Butterteig ist unser Favorit und das nicht nur zur Weihnachtszeit. Die nicht sehr süßen Plätzchen schmecken auch im Sommer zu Tee, Kaffee, Sekt und Südwein. Für den bunten Teller werden die »Ausstecherle« vor dem Bakken mit Hagelzucker, Schokoladenstreuseln oder buntem Streuselzucker verziert. Oder nach dem Backen, ohne den Eigelbanstrich, mit einer dicken Puderzuckerglasur überzogen.

Zutaten für 120 Stück:
600 g Mehl · 200 g Zucker · 1 Päckchen Vanillin-
zucker · 2 Eier · 400 g Butter
Zum Bestreichen: 2–3 Eigelb
Für das Backblech: Butter
Pro Stück etwa 230 Joule/55 Kalorien

Zubereitungszeit: 1 Stunde und 20 Minuten
Ruhezeit: 1 Stunde
Backzeit: 10–15 Minuten pro Blech

- Das Mehl auf die Arbeitsfläche sieben*. In die Mitte eine Mulde drücken. Den Zucker, den Vanillinzucker und die Eier in die Vertiefung geben. Die Butter in Flöckchen auf den Mehlrand schneiden.
- Alles von außen nach innen mit kühlen Händen zu einem glatten Teig verkneten*. Den Teig in Alufolie einwickeln und 1 Stunde im Kühlschrank ruhen lassen.

- Das Backblech einfetten*. Den Backofen auf 200° vorheizen.
- Die Arbeitsfläche mit Mehl bestäuben und den Teig darauf etwa ½ cm dick ausrollen*. Aus der Teigplatte Dreiecke oder Rhomben radeln oder mit verschiedenen Förmchen Plätzchen ausstechen* und auf das Blech legen. Das Eigelb verquirlen* und die Plätzchen damit sorgfältig bepinseln. Das Gebäck auf der mittleren Schiene des Ofens in 10–15 Minuten goldgelb backen.

Unser Tip Für die Weihnachtsbäckerei werden in Haushaltsläden und Warenhäusern jetzt wieder schöne schlichte Förmchen angeboten, die unsere Großmütter schon bevorzugten: Sterne, Herzen, Halbmonde, Fische, Vögel, Tannenbäumchen, Glocken, Kometsterne und mehr.

Braucht etwas Zeit · Nicht ganz einfach

Schwarzweiß-Gebäck

Zutaten für etwa 80 Stück:
500 g Mehl · 250 g Zucker · 2 Eier · 2 Eßl. Rum ·
250–300 g Butter · ½ Tasse Schokoladenpulver ·
1 Eiweiß
Für das Backblech: Butter
Pro Stück etwa 295 Joule/70 Kalorien

Zubereitungszeit: 1 Stunde und 15 Minuten
Ruhezeit: 2 Stunden und 30 Minuten
Backzeit: etwa 10 Minuten pro Blech

- Das Mehl auf die Arbeitsfläche sieben*. In die Mitte eine Mulde drücken, den Zucker, die Eier und den Rum hineingeben. Die Butter in Flöckchen auf den Mehlrand schneiden. Alles schnell mit kühlen Händen von außen nach innen zu einem geschmeidigen Teig kneten*.

• Den Teig in zwei Hälften teilen. Eine Hälfte mit dem Schokoladenpulver gut verkneten. Beide Teigportionen getrennt in Alufolie einwickeln und 2 Stunden im Kühlschrank ruhen lassen.

• Die Arbeitsfläche mit Mehl bestäuben und den hellen Teig darauf zu einem doppelt so langen wie breiten Rechteck 3 mm dick ausrollen*. Mit dem dunklen Teig ebenso verfahren.

• Das Eiweiß leicht verquirlen*, den hellen Teig damit bestreichen. Die dunkle Teigplatte darauflegen und sanft andrücken. Mit einem scharfen Messer die Teigränder glattschneiden. Die Teigplatten von der Längsseite her aufrollen und die Rolle nochmals in Alufolie verpackt 30 Minuten im Kühlschrank ruhen lassen.

Zwei Möglichkeiten, Schwarzweiß-Gebäck »zusammenzusetzen«. Das Schachbrettmuster wird im Tip genau beschrieben.

• Das Backblech einfetten*. Den Backofen auf 200° vorheizen.

• Die Teigrolle in etwa ½ cm dicke Scheiben schneiden, auf das Blech legen und etwas nachformen. Die Plätzchen im Ofen auf der mittleren Schiene 10 Minuten backen.

• Die Plätzchen auf dem Blech kurze Zeit abkühlen und auf einem Kuchengitter erkalten lassen*.

Unser Tip Für Schachbrettplätzchen aus dem größeren Teil des hellen und dunklen Teigs je 4 rechteckige gleichlange Stränge formen, diese mit Eiweiß bestreichen und schachbrettartig zusammensetzen. Den restlichen Teig dünn ausrollen, das Schachbrett-Teigpaket damit umhüllen und die Stange in Scheiben schneiden.

Braucht etwas Zeit · Ganz einfach

Schwäbische Eßle

Als meine Tante Gundel vor Jahren das Schwabenland verließ, um sich in München niederzulassen, brachte sie viele heimische Rezepte mit. Die Eßle wurden häufig nachgebacken. Eines machte das Tantchen »stocksauer«, daß nämlich kaum einer imstande war, ein schönes S zu formen, sondern statt dessen, wie sie sagte, Fleischerhaken auf das Blech legte.

Zutaten für 60 Stück:
500 g Mehl · 150 g Zucker · 1 Prise Salz · abgeriebene Schale von ½ unbehandelten Zitrone · 5 Eigelb · 250 g Butter
Zum Bestreichen und Bestreuen: 3 Eiweiß · 125 g Hagelzucker
Für das Backblech: Butter
Pro Stück etwa 380 Joule/90 Kalorien

Zubereitungszeit: 1 Stunde
Ruhezeit: 1–2 Stunden
Backzeit: etwa 10 Minuten pro Blech

• Das Mehl auf die Arbeitsfläche sieben*, in die Mitte eine Mulde drücken. Den Zucker, das Salz,

die Zitronenschale und das Eigelb in die Vertiefung geben, die Butter in Flöckchen auf den Mehlrand schneiden. Alles mit einem Messer durchhacken und dann mit kühlen Händen schnell zu einem glatten Teig kneten*.
• Den Teig in Alufolie einwickeln und 1–2 Stunden im Kühlschrank ruhen lassen.
• Das Backblech einfetten*. Den Backofen auf 200° vorheizen.
• Die Arbeitsfläche mit Mehl bestäuben und den Teig darauf zu fingerdicken Rollen formen. Die Rollen in 10 cm lange Stücke schneiden und jedes Stück zu einem S biegen.
• Das Eiweiß zu halbsteifem Schnee schlagen*. Die Eßle damit bestreichen, mit dem Hagelzucker* bestreuen und auf das Backblech legen. Die Plätzchen im Ofen auf der mittleren Schiene in etwa 10 Minuten hellgelb backen.

auf den Mehlrand schneiden. Alles mit einem Messer durchhacken, dann mit kühlen Händen zu einem glatten Mürbeteig verkneten*. Den Teig in Alufolie wickeln und 2 Stunden im Kühlschrank ruhen lassen.
• Das Backblech einfetten*. Den Backofen auf 200° vorheizen.
• Die Arbeitsfläche mit Mehl bestäuben und den Teig darauf portionsweise etwa ½ cm dick ausrollen. Aus der Teigplatte 15 cm lange und knapp 1 cm breite Streifen schneiden. Die Teigstreifen zu Brezeln formen und in genügendem Abstand auf das Blech legen. Im Ofen auf der mittleren Schiene in etwa 10 Minuten goldgelb backen.
• Den Zimt-Zucker in einen tiefen Teller geben und das noch heiße Gebäck darin wenden. Auf einem Kuchengitter auskühlen lassen.

Braucht etwas Zeit · Ganz einfach

Braunschweiger Zimtbrezeln

Zutaten für etwa 60 Stück:
500 g Mehl · 125 g Zucker · ⅛ l saure Sahne ·
1 Ei · 1 Eigelb · 1 Prise Salz · 250 g Butter
Zum Wenden: 4 Eßl. Zimt-Zucker
Für das Backblech: Butter
Pro Stück etwa 335 Joule/80 Kalorien

Zubereitungszeit: 45 Minuten
Ruhezeit: 2 Stunden
Backzeit: etwa 10 Minuten pro Blech

• Das Mehl auf die Arbeitsfläche sieben*, in die Mitte eine Mulde drücken. Den Zucker, die saure Sahne, das Ei, das Eigelb und das Salz in die Vertiefung geben. Die Butter in Flöckchen

Braucht etwas Zeit · Ganz einfach

Amsterdamer Pitmoppen

Zutaten für 60 Stück:
300 g Mehl · 150 g Zucker · 1 Prise Salz · abgeriebene Schale von ½ unbehandelten Zitrone ·
1 Eigelb · 200 g Butter
Zum Verzieren: 120 g abgezogene Mandeln
Zum Bestreichen: 2 Eigelb
Für das Backblech: Butter
Pro Stück etwa 295 Joule/70 Kalorien

Zubereitungszeit: 30 Minuten
Ruhezeit: 2 Stunden
Backzeit: 10–15 Minuten

• Das Mehl auf die Arbeitsfläche sieben*, in die Mitte eine Mulde drücken. Den Zucker, das Salz,

Der Zeitaufwand für die Zubereitung der Mandelmakronen lohnt sich. Sie schmecken ganz wunderbar.
Rezept Seite 275. ▷

die Zitronenschale und das Eigelb in die Vertie-
fung geben. Die Butter in Flöckchen auf den
Mehlrand schneiden. Alles schnell mit kühlen
Händen zu einem festen Mürbeteig verkneten*.
Den Teig in Alufolie wickeln und 2 Stunden im
Kühlschrank ruhen lassen.
• Die Mandeln der Länge nach halbieren. Das
Backblech einfetten*. Den Backofen auf 200°
vorheizen.
• Die Arbeitsfläche mit Mehl bestäuben und
den Teig darauf portionsweise 4 mm dick ausrollen*. Aus der Teigplatte Quadrate von 3 cm Sei-
tenlänge ausschneiden.
• Das Eigelb mit 1 Teelöffel Wasser verquirlen*
und die Quadrate damit bestreichen. Jedes Plätzchen mit 4 Mandelhälften belegen.
• Die Pitmoppen mit genügend Abstand voneinander auf das Blech legen und im Ofen auf
der mittleren Schiene 10–15 Minuten backen.
• Das Gebäck etwas abkühlen lassen*, mit
einem breiten Messer vom Blech heben und auf
einem Kuchengitter erkalten lassen*.

Preiswert · Ganz einfach

Zimmetplätzlein

Zutaten für 50 Stück:
*280 g Mehl · 2 Eßl. Zimt · 140 g Puderzucker ·
2 Eier · 1 Eiweiß · 140 g Butter*
Zum Bestreichen: 1 Eigelb · 1 Eßl. Rum
Für das Backblech: Butter
Pro Stück etwa 250 Joule/60 Kalorien

Zubereitungszeit: 45 Minuten
Ruhezeit: 1 Stunde
Backzeit: 10–15 Minuten pro Blech

• Das Mehl auf die Arbeitsfläche sieben*. In die
Mitte eine Mulde drücken. Den Zimt, den

Puderzucker, die Eier und das Eiweiß in die Ver-
tiefung geben und mit etwas Mehl verrühren.
Die Butter in Flöckchen auf den Mehlrand
schneiden. Alles von außen nach innen mit küh-
len Händen zu einem glatten Teig kneten*. Den
Teig in Alufolie einwickeln und 1 Stunde im
Kühlschrank ruhen lassen.
• Das Backblech einfetten*. Den Backofen auf
180° vorheizen.
• Die Arbeitsfläche mit Mehl bestäuben und
den Teig darauf ½ cm dick ausrollen*. Aus der
Teigplatte mit Förmchen kleine Herzen, Sterne
oder runde Plätzchen ausstechen* und auf das
Blech legen.
• Das Eigelb mit dem Rum verquirlen* und die
Plätzlein damit bepinseln. Auf der mittleren
Schiene des Ofens 10–15 Minuten backen.

Braucht etwas Zeit · Ganz einfach

Kopenhagener Liebeskränze

Das dänische Rezept ist über hundert Jahre alt.
Die Liebeskränze werden heute, und sicher auch
in Zukunft, gerne gebacken, weil sie besonders
hübsch aussehen und ausgezeichnet schmecken.

Zutaten für 40 Stück:
*450 g Mehl · 6 Eigelb · 125 g Zucker · 1 Päckchen
Vanillinzucker · 250 g Butter*
Zum Bestreichen: 2 Eiweiß
Zum Bestreuen: 50 g Hagelzucker
Für das Backblech: Butter
Pro Stück etwa 505 Joule/120 Kalorien

Zubereitungszeit: 50 Minuten
Ruhezeit: 2 Stunden
Backzeit: 15–20 Minuten pro Blech

Die mürben Vanillekipferl zergehen auf der Zunge. Sie dürfen auf keinem Weihnachtsteller fehlen. Rezept Seite 258.

• Das Mehl auf die Arbeitsfläche sieben*. In die Mitte eine Mulde drücken. Das Eigelb mit dem Zucker und dem Vanillinzucker in einer Schüssel verrühren und in die Vertiefung geben. Die Butter in Flöckchen auf den Mehlrand schneiden. Alles schnell von außen nach innen mit kühlen Händen zu einem glatten Teig verkneten*. Den Teig in Alufolie einwickeln und 2 Stunden im Kühlschrank ruhen lassen.
• Das Backblech einfetten*. Den Backofen auf 200° vorheizen.
• Die Arbeitsfläche mit Mehl bestäuben und aus dem Teig darauf Rollen von knapp 1 cm Durchmesser und 12–15 cm Länge formen. Die Rollen zu einer Kordel drehen, dann zu einem Kranz zusammenfügen und auf das Blech legen.
• Das Eiweiß mit einer Gabel leicht verquirlen*, die Kränzchen damit bepinseln und mit dem Hagelzucker bestreuen. Im Ofen auf der mittleren Schiene in 10–15 Minuten goldgelb backen.

Braucht etwas Zeit · Nicht ganz einfach

Punschbrezeln

Der Spruch »das geht so schnell wie's Brezenbacken« trifft für dieses Rezept nicht zu. Sie brauchen schon etwas Geduld und Muße zum Formen der Brezelchen. Wenn Sie nervös sind, verschieben Sie den Backtag lieber oder nehmen Plätzchen in Angriff, die schneller fertig sind.

Zutaten für etwa 50 Stück:
200 g weiche Butter · 100 g Puderzucker · 1 Prise Salz · Mark von ½ Vanilleschote · 1 Eigelb · 300 g Mehl
Für die Glasur: 1 Eiweiß · 5 Eßl. weißer Rum · 1 Teel. Zitronensaft · 150 g Puderzucker
Für das Backblech: Butter
Pro Stück etwa 315 Joule/75 Kalorien

Zubereitungszeit: 1 Stunde und 30 Minuten
Ruhezeit: 2 Stunden
Backzeit: 10–15 Minuten pro Blech

• Die Butter in eine Schüssel geben, den Puderzucker dazusieben* und mit dem Salz, dem Vanillemark und dem Eigelb cremig rühren.
• Das Mehl sieben*, einen Teil davon in die Crememasse rühren, den Rest unterkneten*. Den Teig in Alufolie wickeln und 2 Stunden im Kühlschrank ruhen lassen.
• Den Backofen auf 180° vorheizen. Das Backblech einfetten*.
• Vom Teig jeweils nur ein Stück abschneiden; den Rest wieder in den Kühlschrank zurücklegen. Kalter Teig verarbeitet sich leichter. Aus dem Teig bleistiftdünne Stangen von etwa 15 cm Länge rollen und diese zu Brezeln formen. Die Brezeln auf das Backblech legen und im Ofen auf der mittleren Schiene 10–15 Minuten backen.
• Das Eiweiß mit dem Rum, dem Zitronensaft und dem gesiebten* Puderzucker glattrühren. Die Brezeln auf dem Blech etwas abkühlen lassen, dann auf ein Kuchengitter legen und dick mit der Glasur bestreichen.

Braucht etwas Zeit   05.11.91

Aprikosenringe

Zutaten für 40 Stück:
300 g Mehl · 1 Ei · 150 g Zucker · abgeriebene Schale von ½ unbehandelten Zitrone · 1 Messerspitze Zimt · 200 g Butter · 200 g Aprikosenmarmelade · 1–2 Eßl. Marillengeist
Zum Besieben: 2 Eßl. Puderzucker
Für das Backblech: Butter
Pro Stück etwa 420 Joule/100 Kalorien

Zubereitungszeit: 45 Minuten
Ruhezeit: 2 Stunden
Backzeit: 10–15 Minuten pro Blech

- Das Mehl auf die Arbeitsfläche sieben*, in die Mitte eine Mulde drücken. Das Ei, den Zucker, die Zitronenschale und den Zimt in die Vertiefung geben. Die Butter in Flöckchen auf den Mehlrand schneiden. Alles von außen nach innen mit kühlen Händen zu einem glatten Teig verkneten*. Den Teig in Alufolie einwickeln und 2 Stunden im Kühlschrank ruhen lassen.
- Das Backblech einfetten*. Den Backofen auf 180–200° vorheizen.
- Die Arbeitsfläche mit Mehl bestäuben und den Teig darauf 3–4 mm dick ausrollen*. Aus der Teigplatte runde Plätzchen von 4 cm Durchmesser ausstechen*. Bei der Hälfte der Plätzchen aus der Mitte kleine Scheiben ausstechen*, so daß Ringe entstehen.
- Die Plätzchen und die Ringe auf das Blech legen und im Ofen auf der mittleren Schiene in 10–15 Minuten goldgelb backen.
- Die Aprikosenmarmelade mit dem Marillengeist in einem Töpfchen unter Rühren erwärmen, bis die Masse gut streichfähig ist.
- Die noch heißen Plätzchen mit der Aprikosenmischung bestreichen. Die Ringe mit Puderzucker besieben* und auf die Plätzchen setzen.

Unser Tip Aus den kleinen Scheiben, die durch die Ringe anfallen, können Sie kleine, mit Marmelade zusammengesetzte »Doppeldecker« herstellen.

Braucht etwas Zeit · Nicht ganz einfach

Vanillekipferl

Bild Seite 256

Das alte Familienrezept schickte uns Tante Fanny aus Wien. Sie mischt ungeschälte Mandeln unter den Teig, weil sie meint, das gäbe den Hörnchen mehr »Biß«.

Zutaten für 60 Stück:
100 g ungeschälte Mandeln · 300 g Mehl ·
2 Eigelb · 100 g Zucker · 1 Prise Salz · Mark von
1 Vanilleschote · abgeriebene Schale von ¼ unbehandelten Zitrone · 200 g kalte Butter
Zum Bestreuen: 100 g Puderzucker · 3–4 Päckchen Vanillinzucker
Für das Backblech: Butter
Pro Stück etwa 315 Joule/75 Kalorien

Zubereitungszeit: 1 Stunde und 15 Minuten
Ruhezeit: 1 Stunde
Backzeit: 15 Minuten pro Blech

- Die Mandeln mit der Schale oder abgezogen in der Mandelmühle* feinmahlen.
- Das Mehl auf die Arbeitsfläche sieben*, in die Mitte eine Mulde drücken. Das Eigelb, den Zucker, das Salz, das Vanillemark und die Zitronenschale in die Vertiefung geben und mit einem Teil des Mehls zu einem dicken Brei rühren. Die Mandeln und die Butter in Flöckchen darüber verteilen. Alles mit einem Messer durchhacken und dann mit kühlen Händen schnell zu einem glatten Teig verkneten*.
- Den Teig in eine Schüssel geben und zugedeckt 1 Stunde im Kühlschrank ruhen lassen.
- Das Backblech einfetten*. Den Backofen auf 180° vorheizen.
- Die Arbeitsfläche mit Mehl bestäuben. Vom Teig etwa walnußgroße Stücke abteilen. Aus die-

sen auf der Arbeitsfläche etwa 6 cm lange Rollen formen und dann zu Hörnchen biegen. Die Kipferl auf das Blech legen und im Ofen auf der mittleren Schiene 15 Minuten backen.

• Den Puderzucker mit dem Vanillinzucker mischen und die Hälfte auf eine große Platte sieben*. Die noch warmen Kipferl behutsam auf die Platte legen, mit der restlichen Zuckermischung bedecken und darin auskühlen lassen.

Braucht etwas Zeit · Nicht ganz einfach

Spritzgebäck

Zutaten für etwa 70 Stück:
250 g weiche Butter · 250 g Zucker · 1 Päckchen Vanillinzucker · 1 Prise Salz · 2 Eier ·
500 g Mehl · eventuell etwas Milch
Für die Glasur: 150 g Kuvertüre
Für das Backblech: Butter
Pro Stück etwa 355 Joule/85 Kalorien

Zubereitungszeit: 1 Stunde und 30 Minuten
Backzeit: etwa 10 Minuten pro Blech

• Die Butter schaumig rühren*. Den Zucker, den Vaillinzucker, das Salz und ein Ei nach dem anderen einrühren. Das Mehl portionsweise dazusieben*, zuerst in die Schaummasse einrühren, dann unterkneten*. Sollte der Teig zum Spritzen zu fest sein, etwas Milch einmengen.
• Das Backblech einfetten*. Den Backofen auf 200–220° vorheizen.
• Den Teig in eine Gebäckspritze mit breiter Tülle füllen. Streifen, Ringe oder S-Formen in größerem Abstand auf das Blech spritzen, denn die Plätzchen gehen noch auf.
• Das Gebäck im Ofen auf der mittleren Schiene etwa 10 Minuten backen. Die Plätzchen auf dem Backblech etwas abkühlen lassen, dann mit

einem breiten Messer vorsichtig abheben und auf ein Kuchengitter legen.
• Die Kuvertüre im Wasserbad* schmelzen lassen und das Spritzgebäck jeweils bis zur Hälfte in die Schokoladenmasse eintauchen. Auf einem Kuchengitter gut trocknen lassen.

Unser Tip Das Pressen durch die Teigspritze ist ein kleiner Kraftakt. Leichter geht es, wenn Sie den Teig durch den Fleischwolf mit einem Spritzvorsatz drehen. Der Auf- und Abbau und die Reinigung ist dafür beschwerlicher.

Braucht etwas Zeit · Nicht ganz einfach

Walnußstanitzel

Das raffinierte Rezept brachte uns Jo aus Oklahoma unter dem Namen Indianerkonfekt mit. Wir müssen wohl etwas skeptisch geschaut haben, denn Jo gestand nach kurzer Zeit schmunzelnd, daß seine Vorfahren Donauschwaben waren. Aber wer kann schon in Oklahoma-City so leicht Walnußstanitzel aussprechen. Stanitzel ist die österreichische Bezeichnung für Tüte.

Zutaten für etwa 70 Stück:
Für den Teig: 250 g Mehl · 4 Eigelb · 3 Eßl. saure Sahne · 250 g Butter
Für die Füllung: 250 g Walnußkerne · 4 Eiweiß · 250 g Zucker
Pro Stück etwa 355 Joule/85 Kalorien

Zubereitungszeit: 1 Stunde und 30 Minuten
Ruhezeit: 12 Stunden
Backzeit: etwa 20 Minuten pro Blech

- Das Mehl auf die Arbeitsfläche sieben*. In die Mitte eine Mulde drücken. Das Eigelb mit der sauren Sahne verquirlen* und in die Vertiefung geben. Die Butter in Flöckchen auf den Mehlrand schneiden. Alles schnell mit kühlen Händen zu einem glatten Teig kneten*.
- Aus dem Teig 35 Kugeln formen. Die Kugeln 12 Stunden auf einer Platte mit Alufolie zugedeckt im Kühlschrank ruhen lassen.
- Die Walnußkerne grobhacken. Das Eiweiß schaumig schlagen*, den Zucker nach und nach einrieseln lassen und weiterschlagen, bis der Eischnee steif ist und glänzt. Die Walnüsse unter den Eischnee heben*.
- Den Backofen auf 180° vorheizen.
- Die Arbeitsfläche leicht mit Mehl bestäuben und die Teigkugeln darauf dünn rund ausrollen und halbieren. In die Mitte jeweils ein Häufchen Nußfüllung geben und die Teigflecke zu Tüten aufrollen. Die Nußstanitzel auf das ungefettete Backblech legen und im Ofen auf der mittleren Schiene etwa 20 Minuten backen.

Braucht etwas Zeit

Walnußgutsle

Zutaten für 50 Stück:
100 g Walnußkerne · 250 g weiche Butter ·
125 g Puderzucker · 1 Ei · 1 Prise Salz ·
380 g Mehl
Zum Bestreichen: 1 Eigelb
Zum Belegen: etwa 100 g Walnußhälften
Für das Backblech: Butter
Pro Stück etwa 460 Joule/110 Kalorien

Zubereitungszeit: 45 Minuten
Ruhezeit: 2 Stunden
Backzeit: 20 Minuten pro Blech

- Die Walnußkerne durch die Mandelmühle* drehen.
- Die Butter cremig rühren. Den Puderzucker, das Ei, das Salz und die gemahlenen Walnüsse hinzufügen und alles gut vermengen. Das Mehl nach und nach darunterkneten*. Den Teig in Alufolie wickeln und 2 Stunden im Kühlschrank ruhen lassen.
- Das Backblech einfetten*. Den Backofen auf 200° vorheizen.
- Die Arbeitsfläche mit Mehl bestäuben und aus dem Teig darauf nußgroße Kugeln formen. Das Eigelb verquirlen*. Die Nußkugeln auf das Blech setzen, mit dem Eigelb bestreichen und mit je 1 Walnußhälfte belegen. Die Gutsle auf der mittleren Schiene des Ofens 20 Minuten bakken. Zum Auskühlen auf ein Kuchengitter legen.

Braucht etwas Zeit

Nußzwieback

Zwiegebackener Kuchen eignet sich hervorragend für die Vorratswirtschaft. Die Zwiebäcke können nach dem Abkühlen, in einer gut schließenden Dose verpackt, ein paar Wochen aufbewahrt werden und schmecken trotzdem frisch wie am ersten Tag.

Zutaten für 1 Kastenform von 26 cm Länge:
4 Eier · 200 g Zucker · Mark von 1 Vanilleschote · 300 g Mehl · 200 g Haselnußkerne ·
50 g ungeschälte Mandeln
Für die Form: Butter · Pergamentpapier
Bei 35 Stücken pro Stück etwa 485 Joule/
115 Kalorien

Zubereitungszeit: 45 Minuten
Backzeit: 1 Stunde und 20 Minuten
Ruhezeit: mindestens 12 Stunden

- Die Eier in Eiweiß und Eigelb trennen*. Das Eigelb mit dem Zucker und dem Vanillemark so lange schaumig rühren, bis eine helle cremige Masse entsteht.
- Das Mehl sieben* und eßlöffelweise unterrühren. Die ganzen Haselnußkerne und die Mandeln in den Teig mischen.
- Die Kastenform einfetten* und mit Pergamentpapier auslegen*. Den Backofen auf 180° vorheizen.
- Das Eiweiß zu steifem Schnee schlagen* und unter den Teig heben. Den Teig in die Form füllen und im Ofen auf der untersten Schiene 1 Stunde backen.
- Den Kuchen aus der Form auf ein Kuchengitter stürzen. Das Papier abziehen. Den Kuchen erkalten lassen, dann in ein feuchtes Tuch wickeln und 12 Stunden stehen lassen.
- Am nächsten Tag den Backofen auf 170° vorheizen. Den Kuchen mit einem Sägemesser in 35 Scheiben schneiden. Die Scheiben dicht nebeneinander auf das Backblech legen und im Ofen auf der mittleren Schiene hellbraun und knusprig rösten.

Preiswert · Schnell · Ganz einfach

Brauner Hausfreund

Zutaten für 20 Stück:
140 g Blockschokolade · 3 Eier · 200 g weiche Butter · 200 g Zucker · 100 g Mandelstifte · abgeriebene Schale von ½ unbehandelten Zitrone · 200 g Mehl
Für das Backblech: Butter
Pro Stück etwa 840 Joule/200 Kalorien

Zubereitungszeit: 25 Minuten
Backzeit: etwa 20 Minuten

- Die Schokolade feinreiben. Die Eier in Eiweiß und Eigelb trennen*.
- Die Butter mit dem Zucker und dem Eigelb cremig rühren, bis der Zucker ganz aufgelöst ist. Die Schokolade, die Mandelstifte und die Zitronenschale hinzufügen und in die Crememasse einrühren. Das Mehl darübersieben* und gut in den Teig einarbeiten.
- Das Backblech einfetten*. Den Backofen auf 180° vorheizen.
- Das Eiweiß zu steifem Schnee schlagen* und locker unter den Teig heben*.
- Den Teig etwa 1½ cm dick auf das Backblech streichen und im Ofen auf der mittleren Schiene etwa 20 Minuten backen.
- Den Kuchen auf dem Blech etwas abkühlen lassen und in Rhomben schneiden.

Ganz einfach

Bretonische Mandelplätzchen

Zutaten für 35 Stück:
300 g Mehl · 2 Eigelb · 2 Eßl. Calvados · 150 g Zucker · 1 Teel. Vanillinzucker · 1 Prise Salz · 125 g Butter · 125 g abgezogene Mandeln
Zum Bestreichen: 1 Eigelb
Für das Backblech: Butter
Pro Stück etwa 460 Joule/110 Kalorien

Zubereitungszeit: 30 Minuten
Ruhezeit: 30 Minuten
Backzeit: etwa 10 Minuten

- Das Mehl auf die Arbeitsfläche sieben*. In die Mitte eine Mulde drücken und das Eigelb und den Calvados hineingeben. Den Zucker, den Vanillinzucker und das Salz darüberstreuen. Die

Butter in Flöckchen auf den Mehlrand schneiden. Alle Zutaten mit einem Messer bröselig hacken, dann mit kühlen Händen zu einem geschmeidigen Teig kneten*. Den Teig in Alufolie wickeln und 15 Minuten im Kühlschrank ruhen lassen.

• Die Mandeln mittelfein hacken und in den gekühlten Teig kneten. Den Teig nochmals eingewickelt 15 Minuten in den Kühlschrank geben.

• Das Backblech einfetten*. Den Backofen auf 220° vorheizen.

• Die Arbeitsfläche mit Mehl bestäuben, den Teig darauf ½ cm dick ausrollen* und Plätzchen von etwa 4 cm Durchmesser ausstechen.

• Die Plätzchen in genügendem Abstand auf das Blech legen.

• Das Eigelb verquirlen und die Plätzchen damit bestreichen. Im Ofen auf der mittleren Schiene etwa 10 Minuten backen.

• Die Mandelplätzchen etwas abkühlen, dann auf einem Kuchengitter erkalten lassen.

Braucht etwas Zeit · Nicht ganz einfach

Zedernbrot

Die erfrischend herb schmeckenden Plätzchen sind eine begehrte Abwechslung auf den sonst recht süßen bunten Weihnachtstellern.

Zutaten für 70 Stück:
375 g ungeschälte Mandeln · 1½ unbehandelte Zitronen · 375 g Puderzucker · 2 Eiweiß
Für die Glasur: Saft von ½ Zitrone · Puderzucker
Für das Backblech: Butter
Pro Stück etwa 250 Joule/60 Kalorien

Zubereitungszeit: 1 Stunde
Backzeit: etwa 25 Minuten pro Blech

• Die Mandeln durch die Mandelmühle* drehen. Die Schale von 1 Zitrone abreiben und den Saft von 1½ Zitronen auspressen.

• Den Zitronensaft und die abgeriebene Schale zu den Mandeln geben. Den Puderzucker dazugeben und alles gut mischen. Das Eiweiß zu sehr steifem Schnee* schlagen und unter die Mandelmasse heben*.

• Das Backblech einfetten*. Den Backofen auf 160° vorheizen.

• Die Mandelmasse auf der Arbeitsfläche ½ cm dick ausrollen. Sollte der Teig zu klebrig sein, noch etwas Puderzucker untermischen. Aus der Teigplatte mit einem entsprechenden Förmchen Halbmonde ausstechen* und diese auf das Backblech legen.

• Das Blech auf die mittlere Schiene in den Ofen schieben und die Plätzchen 25 Minuten backen. Die noch weichen Plätzchen auf dem Kuchengitter auskühlen lassen*.

• Den Zitronensaft mit so viel Puderzucker verrühren, daß eine dickliche Creme entsteht. Die Plätzchen mit der Zitronenglasur überziehen*.

Braucht etwas Zeit · Nicht ganz einfach

Danziger Schokoladenbrot

Zutaten für 28 Stück:
Für den Teig: 300 g Mehl · 100 g Zucker · 1 Ei · 125 g Butter
Zum Belegen: 100 g abgezogene Mandeln · 100 g Blockschokolade · 50 g Rosinen · 2 Eier · 100 g Puderzucker · 1 Eßl. Mehl
Für das Backblech: Butter
Pro Stück etwa 695 Joule/165 Kalorien

Zubereitungszeit: 35 Minuten

Ruhezeit: 30 Minuten
Backzeit: 25 Minuten

• Das Mehl auf die Arbeitsfläche sieben*, in die Mitte eine Mulde drücken. Den Zucker und das Ei in die Vertiefung geben, die Butter in Flöckchen auf den Mehlrand schneiden. Alles schnell von außen nach innen mit kühlen Händen zu einem geschmeidigen Teig kneten*. Den Teig zugedeckt 30 Minuten kühl ruhen lassen.
• Die Mandeln durch die Mandelmühle* drehen, die Schokolade feinreiben. Die Rosinen waschen und auf Küchenkrepp trocknen.
• Das Backblech einfetten*. Den Backofen auf 200° vorheizen.
• Die Arbeitsfläche mit Mehl bestäuben und den Knetteig darauf dünn ausrollen*. Die Teigplatte auf das Blech legen und auf der mittleren Schiene in etwa 15 Minuten hell backen.
• Für den Belag die Eier verquirlen*, den Puderzucker dazusieben* und die Schokolade hinzufügen. Alles sehr schaumig rühren. Die Mandeln, die Rosinen und das Mehl in die Schaummasse mengen.
• Das Blech aus dem Ofen nehmen und den Schokoladenteig gleichmäßig auf den warmen Plattenkuchen streichen. Das Blech nochmals für 10 Minuten in den Ofen schieben.
• Den fertigen Kuchen etwas abkühlen lassen und in 28 Stücke schneiden.

Braucht etwas Zeit

Fingerkolatschen

»Kolatschen« ist eine Bezeichnung aus dem Böhmischen für verschiedene Gebäckarten. Diese nennt man Fingerkolatschen, weil man vor dem Backen Vertiefungen in die Plätzchen drückt, die später mit Marmelade gefüllt werden.

Zutaten für 80 Stück:
140 g abgezogene Mandeln · 330 g Mehl ·
140 g Zucker · 330 g kalte Butter
Zum Füllen: 250 g Himbeermarmelade
Zum Besieben: Puderzucker
Für das Backblech: Butter
Pro Stück etwa 335 Joule/80 Kalorien

Zubereitungszeit: 1 Stunde und 30 Minuten
Ruhezeit: 2 Stunden
Backzeit: 10 Minuten pro Blech

• Die Mandeln durch die Mandelmühle* drehen.
• Das Mehl auf die Arbeitsfläche sieben*, mit dem Zucker und den Mandeln mischen. Die Butter in Flöckchen darüberschneiden. Alles mit kühlen Händen schnell zu einem glatten Teig kneten*. In Alufolie einwickeln und 2 Stunden im Kühlschrank ruhen lassen.
• Den Backofen auf 180° vorheizen. Das Backblech einfetten*.
• Aus dem Teig walnußgroße Kugeln formen und nicht zu dicht nebeneinander auf das Blech setzen. Jede Teigkugel in der Mitte mit dem Finger leicht eindrücken.
• Die Kolatschen im Ofen auf der mittleren Schiene etwa 10 Minuten backen.
• Die noch heißen Plätzchen jeweils mit ½ Teelöffel Himbeermarmelade füllen und mit Puderzucker besieben.

Unser Tip Manchmal laufen die Plätzchen aus unerfindlichen Gründen etwas stärker auseinander. Sie haben also keinen Fehler gemacht, wenn Ihnen das auch passiert. Drücken Sie einfach nach dem Backen mit einem dicken Holzlöffelstiel erneut eine Vertiefung in die noch heißen Plätzchen.

Nicht ganz einfach · Preiswert

Krachkuchen

Das was sich nach einem »kracherten« deftigen Plattenkuchen anhört, sind in Wirklichkeit ganz feine dünne Mandelschnitten, die besonders gut zu einer Schale Tee schmecken.

Zutaten für 48 Stück:
Für den Teig: 125 g weiche Butter · 1 Eigelb ·
100 g Zucker · 100 g Mehl
Zum Belegen: 50 g abgezogene Mandeln · 1 Ei ·
4 Eßl. Hagelzucker*
Für das Backblech: Butter
Pro Stück etwa 230 Joule/55 Kalorien

Zubereitungszeit: 35 Minuten
Backzeit: 10 Minuten

- Die Butter mit dem Eigelb glattrühren. Den Zucker dazugeben und alles schaumig rühren. Das Mehl darübersieben* und nach und nach untermischen.
- Das Backblech einfetten*. Den Backofen auf 190° vorheizen.
- Den Teig sehr dünn mit der Hand auf das Backblech drücken (er reicht wirklich für das ganze Blech).
- Die Mandeln der Länge nach in Stifte schneiden (etwas dicker als die fertig gekauften). Das Ei verquirlen*. Die Teigplatte mit dem Ei bepinseln und mit den Mandelstiften und dem Hagelzucker bestreuen.
- Den Krachkuchen auf der mittleren Schiene des Ofens in 10 Minuten goldgelb backen.
- Den Kuchen noch heiß in etwa 3 × 6 cm große Streifen schneiden. Dabei das Messer nicht durchziehen, da sonst die Mandeln absplittern. Nur mit sanftem Druck schneiden. Die dünnen Kekse auf dem Kuchengitter erkalten lassen.

Braucht etwas Zeit · Ganz einfach

Polnische Marzipanrauten

Zutaten für etwa 34 Stück:
100 g abgezogene Mandeln · 20 g abgezogene
bittere Mandeln · 5 Eier · 250 g weiche Butter ·
250 g Zucker · 1 Päckchen Vanillinzucker ·
1 Eßl. Rum · 250 g Mehl · 1 Teel. Zitronensaft
Zum Bestreuen: 50 g Mandelblättchen ·
2 Eßl. Zucker
Für das Backblech: Butter
Pro Stück etwa 695 Joule/165 Kalorien

Zubereitungszeit: 50 Minuten
Backzeit: etwa 50 Minuten

- Die süßen und die bitteren Mandeln durch die Mandelmühle* drehen. Die Eier in Eiweiß und Eigelb trennen*.
- Die Butter mit dem Zucker und dem Vanillinzucker schaumig rühren. Ein Eigelb nach dem anderen dazugeben und die Masse sehr cremig schlagen. Den Rum hinzufügen und das Mehl portionsweise darübersieben* und einrühren.
- Das Backblech einfetten*. Den Backofen auf 180–200° vorheizen.
- Das Eiweiß mit dem Zitronensaft zu steifem Schnee schlagen*. Die gemahlenen Mandeln in den Teig mengen und den Eischnee unterheben.
- Den Teig auf das Blech streichen, mit den Mandelblättchen und dem Zucker bestreuen. Den Marzipankuchen im Ofen auf der mittleren Schiene etwa 50 Minuten backen. Noch warm in etwa 34 Rauten schneiden.

Braucht etwas Zeit

Ischler Plätzchen

Zutaten für 30 Stück:
180 g abgezogene Mandeln · 280 g Mehl ·
150 g Zucker · 1 Päckchen Vanillinzucker ·
je 1 Messerspitze Zimt und Nelkenpulver ·
1 Prise Salz · 220 g Butter
Für die Füllung: etwa 150 g Johannisbeer- oder
Himbeermarmelade
Für die Glasur: 75 g Kuvertüre · 20 g Pistazien
Für das Backblech: Butter
Pro Stück etwa 755 Joule/180 Kalorien

Zubereitungszeit: 1 Stunde und 20 Minuten
Ruhezeit: 2–3 Stunden
Backzeit: 8–10 Minuten pro Blech

• Die Mandeln durch die Mandelmühle*
drehen.
• Das Mehl auf die Arbeitsfläche sieben*. Den
Zucker, den Vanillinzucker, den Zimt, das Nelkenpulver, das Salz und die gemahlenen Mandeln dazugeben. Die Butter in Stückchen darüberschneiden. Alles zuerst mit einem Messer
durchhacken, dann mit kühlen Händen zu einem
glatten Teig kneten*. Den Teig in Alufolie
2–3 Stunden im Kühlschrank ruhen lassen.
• Das Backblech einfetten*. Den Backofen auf
180–200° vorheizen.
• Die Arbeitsfläche mit Mehl bestäuben und
den Teig darauf 2–4 mm dick ausrollen*. Aus der
Teigplatte Plätzchen von etwa 5 cm Durchmesser
ausstechen*, auf das Blech legen und auf der
mittleren Schiene in 8–10 Minuten backen.
• Die Plätzchen auf einem Kuchengitter auskühlen lassen*. Die Hälfte der Plätzchen auf der
Unterseite mit der Marmelade bestreichen, die
andere Hälfte mit der Unterseite daraufsetzen.
• Die Kuvertüre im Wasserbad schmelzen lassen* und die Doppelplätzchen damit überziehen. Die Pistazien grobhacken und auf die noch
weiche Kuvertüre streuen.

Ganz einfach

Brunsli

Die Plätzchen sind besonders in der deutsch-
sprachigen Schweiz ein beliebtes Weihnachtsgebäck. Man kann sie statt mit Mandeln auch mit
Haselnußkernen zubereiten.

Zutaten für etwa 40 Stück
250 g ungeschälte Mandeln · 125 g Block-
schokolade · 2 Eiweiß · 250 g Zucker ·
½ Teel. Zimt · 1 Messerspitze Nelkenpulver ·
1–2 Eßl. Kirschwasser
Zum Ausrollen: Zucker
Für das Backblech: Butter
Pro Stück etwa 355 Joule/85 Kalorien

Zubereitungszeit: 50 Minuten
Backzeit: 10 Minuten pro Blech

• Die Mandeln durch die Mandelmühle* drehen. Die Schokolade feinreiben.
• Das Eiweiß mit dem Zucker, dem Zimt und
dem Nelkenpulver schaumig schlagen*, es soll
kein Schnee daraus werden. Die Mandeln, die
Schokolade und das Kirschwasser hinzufügen
und alles zu einem glatten Teig verarbeiten.
• Das Backblech einfetten*.

Unser Tip Sie können jeden Mürbeteig schon am Abend vor dem Backtag
zubereiten und über Nacht in Alufolie
verpackt im Kühlschrank aufbewahren.

- Den Backofen auf 160° vorheizen.
- Die Arbeitsfläche mit Zucker bestreuen und den Teig darauf ¾–1 cm dick ausrollen*. Mit verschiedenen einfachen Formen Plätzchen ausstechen. Die Brunsli auf das Blech legen und auf der mittleren Schiene etwa 10 Minuten backen.
- Die Plätzchen auf dem Blech etwas abkühlen lassen, auf ein Kuchengitter heben und ganz auskühlen lassen*. Sofort in gut verschließbare Dosen verpacken.

Ganz einfach

Wespennester

Zutaten für 40 Stück:
250 g abgezogene Mandeln · 125 g bittere Schokolade · 200 g Zucker · 3 Eiweiß · 1 Prise Salz
Für das Backblech: Butter
Pro Stück etwa 335 Joule/80 Kalorien

Zubereitungszeit: 1 Stunde
Ruhezeit: 15 Minuten
Backzeit: etwa 20 Minuten pro Blech

- Die Mandeln in feine Stifte schneiden. Die Schokolade zerkleinern und grobhacken.
- Die Mandelstifte mit der Hälfte des Zuckers in einer beschichteten Pfanne unter Rühren hellgelb anrösten, dann abkühlen lassen.
- Das Eiweiß mit dem Salz zu steifem Schnee schlagen*, den restlichen Zucker einrieseln lassen und so lange weiterschlagen, bis die Masse dickcremig ist.
- Die gerösteten Mandelstifte mit der Schokolade mischen. Diese Mischung locker mit der Eiweißcreme vermengen. Die Masse zugedeckt 15 Minuten im Kühlschrank ruhen lassen.
- Das Backblech einfetten*. Den Backofen auf 150–160° vorheizen.

- Mit 2 nassen Teelöffeln kleine Teighäufchen auf das Backblech setzen und die Wespennester auf der mittleren Schiene des Ofens etwa 20 Minuten backen.

Braucht etwas Zeit

Pariser Cognacplätzchen

Zutaten für etwa 40 Stück:
100 g abgezogene Mandeln · 200 g Mehl ·
75 g Zucker · 1 Ei · abgeriebene Schale von
½ unbehandelten Zitrone · 125 g Butter
Für die Füllung: 100 g weiche Butter ·
100 g Puderzucker · 1 Eigelb · 2 Eßl. Cognac
Für die Glasur: 100 g Kuvertüre · 100 g Mandelblättchen
Für das Backblech: Butter
Pro Stück etwa 545 Joule/130 Kalorien

Zubereitungszeit: 1 Stunde
Ruhezeit: 1 Stunde und 30 Minuten
Backzeit: 8–10 Minuten pro Blech

- Die Mandeln durch die Mandelmühle* drehen. (1 gehäuften Eßlöffel davon für die Füllung beiseite stellen.)
- Das Mehl sieben* und in einer Schüssel mit den Mandeln und dem Zucker mischen. Das Ei und die Zitronenschale hinzufügen. Die Butter in Flöckchen darüberschneiden. Alles schnell mit kühlen Händen zu einem krümeligen Mürbeteig verarbeiten. Den Teig in Alufolie einwickeln und 1 Stunde im Kühlschrank ruhen lassen.
- Für die Füllung die Butter mit dem gesiebten* Puderzucker cremig rühren. Das Eigelb, die zurückbehaltenen Mandeln und den Cognac unterrühren. Die Masse kühl stellen.

- Das Backblech einfetten*.
- Die Arbeitsfläche mit Mehl bestäuben und den Teig darauf messerrückendick ausrollen*. Aus der Teigplatte kleine runde Plätzchen ausstechen*, auf das Blech legen und etwa 30 Minuten kalt stellen.
- Den Backofen auf 180° vorheizen.
- Die Plätzchen auf der mittleren Schiene des Ofens in 8–10 Minuten hellgelb backen. Auf einem Kuchengitter erkalten lassen*.
- Die Kuvertüre im Wasserbad* schmelzen lassen*.
- Die Unterseite der Plätzchen mit der Cognacbutter bestreichen und je 2 Plätzchen mit der bestrichenen Seite aufeinandersetzen. Mit der Kuvertüre überziehen* und mit Mandelblättchen bestreuen.

Preiswert · Ganz einfach

Münchener Mürbchen

Zutaten für etwa 70 Stück:
250 g Mehl · 75 g Zucker · 1 Päckchen Vanillinzucker · 2 Eßl. Rum · abgeriebene Schale von ½ unbehandelten Zitrone · 4 hartgekochte Eigelb · 125 g Butter
Zum Bestreichen: 1–2 Eigelb · 4 Eßl. bunte Zuckerstreusel oder Hagelzucker
Für das Backblech: Butter
Pro Stück etwa 170 Joule/40 Kalorien

Zubereitungszeit: 45 Minuten
Ruhezeit: 1 Stunde
Backzeit: 7–10 Minuten pro Blech

- Das Mehl auf die Arbeitsfläche sieben*. In die Mitte eine Mulde drücken. Den Zucker, den Vanillinzucker, den Rum und die Zitronenschale in die Vertiefung geben. Das Eigelb durch ein Sieb dazudrücken. Die Butter in kleinen Stücken auf den Mehlrand schneiden. Alle Zutaten mit kühlen Händen schnell zu einem glatten Teig kneten*.
- Den Teig in Alufolie einwickeln und 1 Stunde im Kühlschrank ruhen lassen.
- Das Backblech einfetten*. Den Backofen auf 180° vorheizen.
- Die Arbeitsfläche mit Mehl bestäuben und den Teig darauf etwa 3 mm dick ausrollen*. Aus der Teigplatte mit einem runden Förmchen mit gezacktem Rand oder einem Sternförmchen Plätzchen ausstechen und auf das Blech legen.
- Das Eigelb mit etwas Wasser verquirlen*, die Plätzchen damit bestreichen und mit buntem Streuzucker oder Hagelzucker bestreuen.
- Die Mürbchen im Ofen auf der mittleren Schiene 7–10 Minuten backen.
- Die Plätzchen etwas abkühlen lassen, vom Blech heben und auf einem Kuchengitter auskühlen lassen*.

> **Unser Tip** Entfernen Sie mit einem Backpinsel neben die Plätzchen gefallene Zuckerkörner vom Backblech, weil der Zucker sonst verbrennt und das Blech vor dem nächsten Backgang umständlich gesäubert werden müßte.

Braucht etwas Zeit · Ganz einfach

Heidesand

Die delikaten Plätzchen knirschen beileibe nicht unangenehm zwischen den Zähnen, wenn Sie hineinbeißen. Der Name kommt wohl mehr von der goldgelben Farbe und der sandig-mürben Konsistenz.

Zutaten für 40 Stück:
200 g Butter · 150 g Zucker · 1 Päckchen Vanillin-
zucker · 1 Prise Salz · abgeriebene Schale
von ½ unbehandelten Zitrone · 2 Eßl. Milch ·
250 g Mehl
Zum Bestreichen und Wälzen: 2 Eigelb ·
50 g Hagelzucker
Für das Backblech: Butter
Pro Stück etwa 355 Joule/85 Kalorien

Zubereitungszeit: 1 Stunde
Ruhezeit: 2 Stunden
Backzeit: 15 Minuten pro Blech

● Die Butter in einem Topf goldbraun werden lassen. Zum Erkalten in eine Schüssel gießen.
● Die leicht erstarrte Butter mit dem Zucker, dem Vanillinzucker und dem Salz schaumig rühren. Die Zitronenschale und die Milch hinzufügen. Nach und nach das Mehl darübersieben*, einrühren und alles gut durchkneten*.
● Die Arbeitsfläche mit Mehl bestäuben und aus dem Teig darauf 4 cm dicke Rollen formen. Die Teigrollen in Alufolie einwickeln und 2 Stunden im Kühlschrank ruhen lassen.
● Den Backofen auf 180° vorheizen. Das Backblech einfetten*.
● Das Eigelb verquirlen* und die Teigrollen damit ringsherum bestreichen. Den Hagelzucker auf die Arbeitsfläche streuen und die Teigrollen darin wälzen.
● Von den Rollen ½ cm dicke Scheiben abschneiden und nicht zu nah aneinander auf das Blech legen. Die Plätzchen im Ofen auf der mittleren Schiene in 15 Minuten goldgelb backen.

Braucht etwas Zeit · Ganz einfach

Falsche Butterbrötchen

Zutaten für 40 Stück:
150 g Mandeln · 120 g Blockschokolade ·
120 g Mehl · 140 g Zucker · 100 g Butter · 1 Ei
Für die Glasur: 1 Tasse Puderzucker · 2–3 Eigelb
Zum Bestreuen: 50 g gehackte Pistazienkerne
Für das Backblech: Butter
Pro Stück etwa 460 Joule/110 Kalorien

Zubereitungszeit: 1 Stunde
Ruhezeit: 2 Stunden
Backzeit: 10–15 Minuten pro Blech

● Die Mandeln durch die Mandelmühle* drehen, die Schokolade feinreiben.
● Das Mehl mit den Mandeln mischen und auf die Arbeitsfläche geben. Den Zucker und die Schokolade darüberstreuen, die Butter in Flöckchen dazuschneiden und das Ei in die Mitte geben.
● Alles mit dem Messer durchhacken und dann mit kühlen Händen zu einem geschmeidigen Teig zusammenkneten*. Den Teig zu 2 Rollen von etwa 2½ cm Durchmesser formen. Die Rollen getrennt in Alufolie einwickeln und im Kühlschrank 2 Stunden ruhen lassen.
● Das Backblech einfetten*. Den Backofen auf 180–200° vorheizen.
● Von den Teigrollen etwa 3 mm dicke Scheiben abschneiden und nicht zu dicht nebeneinander auf das Blech legen. Die Plätzchen im Ofen auf der mittleren Schiene 10–15 Minuten backen.
● Den Puderzucker mit dem Eigelb kräftig zu einer dicklichen Creme rühren.
● Die Plätzchen noch heiß vom Blech nehmen, auf ein Kuchengitter oder Alufolie legen und mit der Glasur bestreichen*. Die gehackten Pistazienkerne locker darüberstreuen.

Braucht etwas Zeit · Nicht ganz einfach

Pfaffenhütchen

Bild Seite 281

Zutaten für 65 Stück:
500 g Mehl · 200 g Zucker · 4 Eigelb · abgeriebe-
ne Schale von 1 unbehandelten Zitrone · 1 Prise
Salz · 1 Eßl. Arrak · 300 g kalte Butter
Für die Füllung: 75 g abgezogene Mandeln ·
1 Eiweiß · 75 g Zucker
Zum Bestreichen: 1 Eiweiß · 1 Eigelb ·
1 Eßl. Dosenmilch
Für das Backblech: Butter
Pro Stück etwa 400 Joule/95 Kalorien

Zubereitungszeit: 1 Stunde und 30 Minuten
Ruhezeit: 1 Stunde
Backzeit: 20 Minuten pro Blech

● Das Mehl auf die Arbeitsfläche sieben*. In die
Mitte eine Mulde drücken. In die Vertiefung den
Zucker, das Eigelb, die Zitronenschale, das Salz
und den Arrak geben. Die Butter in Flöckchen
auf den Mehlrand schneiden. Alles mit kühlen
Händen zu einem glatten Teig kneten*. Den Teig
in eine Schüssel geben und zugedeckt 1 Stunde
im Kühlschrank·ruhen lassen.
● Für die Füllung die Mandeln durch die Mandelmühle* drehen. Das Eiweiß mit dem Zucker
zu einer Baisermasse schlagen und die Mandeln
unterheben.
● Die Arbeitsfläche mit Mehl bestäuben, den
Mürbeteig darauf etwa 3 mm dick ausrollen*
und runde Plätzchen von etwa 5 cm Durchmesser ausstechen*. Jeweils ½ Teelöffel der Mandelmasse in die Mitte geben. Die Ränder der Plätzchen mit Eiweiß bestreichen und von 3 Seiten
über die Füllung zusammendrücken.
● Das Backblech einfetten*. Den Backofen auf
200° vorheizen.

● Das Eigelb mit der Dosenmilch verquirlen*
und die Hütchen damit bepinseln, auf das Backblech setzen und im Ofen auf der mittleren
Schiene in 20 Minuten goldgelb backen.

Ganz einfach

Pignolikrapferl

Pignoli ist der italienische Name für Pinienker-
ne. In Österreich werden die knackig saftigen
Kernchen häufig anstelle von Mandelstiften zum
Verzieren von Gebäck genommen.

Zutaten für 20 Stück:
140 g abgezogene Mandeln · 3 Eiweiß ·
140 g Zucker · abgeriebene Schale von ½ unbe-
handelten Zitrone · 80 g Pinienkerne
Für das Backblech: Butter
Pro Stück etwa 545 Joule/130 Kalorien

Zubereitungszeit: 35 Minuten
Ruhezeit: 30 Minuten
Backzeit: 20–25 Minuten

● Die Mandeln durch die Mandelmühle* drehen.
● 2 Eiweiß zu sehr steifem Schnee schlagen*,
den Zucker, die Zitronenschale und die Mandeln
untermischen. Die Teigmasse zugedeckt
30 Minuten im Kühlschrank ruhen lassen.
● Das Backblech einfetten*. Den Backofen auf
150–160° vorheizen.
● Aus dem Teig etwa walnußgroße Kugeln formen. Das dritte Eiweiß leicht verquirlen*, die
Kugeln darin wenden und anschließend sanft in
die Pinienkerne drücken. Die Pignolikrapferl auf
das Blech setzen und auf der mittleren Schiene
20–25 Minuten im Ofen backen.

Braucht etwas Zeit · Nicht ganz einfach

Totenbeinli

Ein recht makabrer Name für die köstlichen Weihnachtsguetzli aus der Schweiz. Vielleicht wurden sie so benannt, weil sie sich als Dauergebäck bewährt haben und schon lange Zeit vor dem Fest gebacken werden können. Als die Kinder noch klein waren, haben sie sich vor der Bezeichnung so gegraust, daß sie das Gebäck in »Hundeknochen« umtauften.

Zutaten für 70 Stück:
250 g ungeschälte Mandeln · 125 g weiche
Butter · 250 g Zucker · 4 Eier · ½ Teel. Zimt ·
1 Messerspitze Nelkenpulver · 1 Prise Salz ·
100 g Mehl
Zum Bestreichen: 1–2 Eiweiß
Für das Backblech: Butter
Pro Stück etwa 230 Joule/55 Kalorien

Zubereitungszeit: 1 Stunde
Ruhezeit: 12 Stunden
Backzeit: 10–15 Minuten pro Blech

● 50 g Mandeln durch die Mandelmühle* drehen. Die anderen Mandeln in einer Pfanne ohne Fett unter Schütteln leicht anrösten, dann etwas abkühlen lassen und zwischen den Händen reiben, bis sich die braunen Häutchen lösen.
● Die Butter mit dem Zucker schaumig rühren*. Die Eier, den Zimt, das Nelkenpulver und das Salz hinzufügen und alles weiterrühren, bis eine cremige Masse entsteht. Die gemahlenen und die ganzen Mandeln untermischen und das Mehl nach und nach dazusieben*, zunächst einrühren, dann einkneten*. Den Teig 12 Stunden – am besten über Nacht – zugedeckt an einem kühlen Platz ruhen lassen.
● Das Backblech einfetten*. Den Backofen auf 200° vorheizen.

● Die Arbeitsfläche mit Mehl bestäuben und den Teig darauf 1 cm dick ausrollen*. Aus der Teigplatte fingerlange und -dicke Streifen schneiden und auf das Blech legen.
● Das Eiweiß mit einer Gabel leicht verquirlen* und die Beinli damit bepinseln. Im Ofen auf der mittleren Schiene 10–15 Minuten backen.
● Die Plätzchen vom Blech heben und auf einem Kuchengitter auskühlen lassen*.

Ganz einfach

Muskatziner

Nach einem alten Rezept aus dem Regensburger Kochbuch von 1888.

Zutaten für 35 Stück:
280 g ungeschälte Mandeln · 280 g Zucker ·
3 Eier · 1 Teel. Zimt · 1 gute Prise geriebene
Muskatnuß · 200 g Mehl
Für das Backblech: Butter
Pro Stück 440 Joule/105 Kalorien

Zubereitungszeit: 40 Minuten
Ruhezeit: 1 Stunde
Backzeit: etwa 10 Minuten

● Die Mandeln durch die Mandelmühle* drehen.
● Den Zucker mit den Eiern schaumig rühren*, bis sich der Zucker ganz aufgelöst hat. Den Zimt, den Muskat und die Mandeln hinzufügen. Das Mehl nach und nach über die Masse sieben* und gut einarbeiten. Den Teig zugedeckt 1 Stunde im Kühlschrank ruhen lassen.
● Das Backblech einfetten*. Den Backofen auf 180° vorheizen.
● Die Arbeitsfläche mit Mehl bestäuben und den Teig darauf zu Rollen von 4 cm Durchmes-

ser formen, davon 1½ cm dicke Scheiben abschneiden. Diese Scheiben zu ovalen Plätzchen formen und auf das Blech legen.
• Die Muskatziner im Ofen auf der mittleren Schiene etwa 10 Minuten backen. Auf ein Kuchengitter heben und auskühlen lassen*.

Preiswert · Ganz einfach

Rosinenhöckerli

Das sind Weihnachtsguetzli aus der Schweiz – für Familien mit vielen Kindern und großem Besuch. Dann backen Sie gleich die doppelte oder dreifache Menge.

Zutaten für 40 Stück:
100 g weiche Butter · 125 g Zucker · 2 Eier ·
abgeriebene Schale von ½ unbehandelten
Zitrone · 125 g Rosinen · 250 g Mehl
Für das Backblech: Butter
Pro Stück etwa 295 Joule/70 Kalorien

Zubereitungszeit: 40 Minuten
Backzeit: 10 Minuten pro Blech

• Die Butter mit dem Zucker und den Eiern schaumig rühren. Die Zitronenschale hinzufügen.
• Die Rosinen mit dem Mehl mischen und nach und nach in die Schaummasse einarbeiten.
• Das Backblech einfetten*. Den Backofen auf 200° vorheizen.
• Mit einem nassen Teelöffel kleine Häufchen vom Teig abstechen und auf das Blech setzen.
• Die Plätzchen auf der mittleren Schiene des Ofens etwa 10 Minuten backen.

Braucht etwas Zeit · Nicht ganz einfach

Urgroßmutters Mandelschnitten

Zutaten für 60 Stück:
Für den Teig: 375 g Mehl · 50 g Zucker · 1 Ei ·
250 g Butter
Zum Belegen: 250 g abgezogene Mandeln ·
4 Eiweiß · 250 g Zucker
Für das Backblech: Butter
Pro Stück etwa 440 Joule/105 Kalorien

Zubereitungszeit: 50 Minuten
Ruhezeit: 1–2 Stunden
Backzeit: 15–20 Minuten pro Blech

• Das Mehl auf die Arbeitsfläche sieben*. In die Mitte eine Mulde drücken. Den Zucker und das Ei in die Vertiefung geben, die Butter in Flöckchen auf den Mehlrand schneiden. Alles schnell mit kühlen Händen zu einem glatten Teig kneten*. Den Teig in Alufolie einwickeln und 1–2 Stunden im Kühlschrank ruhen lassen.
• Die Mandeln nicht zu fein hacken. Das Eiweiß zu sehr steifem Schnee schlagen*. Den Zucker einrieseln lassen und weiterschlagen, bis eine cremige Masse entsteht. Die Mandeln unter die Schaummasse mischen.
• Die Arbeitsfläche mit Mehl bestäuben und den Mürbeteig darauf ½ cm dick ausrollen. Aus der Teigplatte etwa 3 × 6 cm große Rechtecke ausrädeln oder schneiden.
• Das Backblech einfetten*. Den Backofen auf 180° vorheizen.
• Die Teigrechtecke auf das Blech legen und die Eischaummasse mit einem breiten, nassen Messer sorgfältig daraufstreichen.
• Die Mandelschnitten auf der mittleren Schiene 15–20 Minuten backen. Mit einem breiten Messer vom Blech heben und auskühlen lassen.

Braucht etwas Zeit · Ganz einfach

Milaneser Pangani

Zutaten für 80 Stück:
200 g Butter · 400 g Zucker · 1 Päckchen Vanillin-
zucker · 4 Eßl. Schokoladenpulver · 2 Eier ·
2 Eßl. Amaretto (italienischer Likör) ·
500 g Mehl · 1 Päckchen Backpulver
Für das Backblech: Butter
Pro Stück etwa 945 Joule/225 Kalorien

Zubereitungszeit: 30 Minuten
Ruhezeit: 2–3 Stunden
Backzeit: 15 Minuten pro Blech

• Die Butter mit dem Zucker und dem Vanillinzucker in einer großen Schüssel verkneten*. Das
Schokoladenpulver, die Eier und den Amaretto
hinzufügen und das Mehl mit dem Backpulver
darübersieben*. Alles schnell mit kühlen Händen zu einem geschmeidigen Teig kneten*.
• Aus dem Teig Rollen von etwa 4 cm Durchmesser formen. Die Rollen einzeln in Alufolie
wickeln und 2–3 Stunden im Kühlschrank ruhen
lassen.
• Das Backblech einfetten*. Den Backofen auf
190° vorheizen.
• Von den Teigrollen ½ cm dicke Scheiben
abschneiden. Die Plätzchen auf das Blech legen
und auf der mittleren Schiene des Ofens
15 Minuten backen.

Unser Tip Entgegen der allgemeinen
Vorschrift fetten wir auch bei Buttergebäck die Bleche vorher ein, um ganz
sicher zu sein, daß die Plätzchen beim
Herausheben nicht zerbrechen. Es sei
denn, es wird Backtrennpapier* verwendet. Die Pangani zerbröseln leicht.

• Die Pangani vorsichtig mit einem breiten Messer vom Blech heben und auf einem Kuchengitter abkühlen lassen*.

Preiswert · Ganz einfach

Himbeerbrötchen

Die fruchtigen Plätzchen schmecken besonders
gut zu Vanilleeis und Vanillecremespeisen.

Zutaten für 50 Stück:
4 Eßl. tiefgefrorene Himbeeren, bereits auf-
getaut · 250 g Zucker · 4 Eier · 250 g Mehl
Für das Backblech: Butter
Pro Stück etwa 210 Joule/50 Kalorien

Zubereitungszeit: 30 Minuten
Ruhezeit: 12 Stunden
Backzeit: 10 Minuten pro Blech

• Die Himbeeren mit 1 Eßlöffel Zucker unter
Rühren aufkochen, dann abkühlen lassen*.
• Die Eier in Eiweiß und Eigelb trennen*. Das
Eiweiß zu steifem Schnee schlagen*, den restli-
chen Zucker einrieseln lassen, ein Eigelb nach
dem anderen und die Himbeeren hinzufügen.
Alles zu einer dicken cremigen Masse rühren.
Das Mehl eßlöffelweise in die Crememasse sie-
ben* und untermischen.
• Das Backblech einfetten*. Mit einem Eßlöffel
Teighäufchen in genügend Abstand voneinander
auf das Blech setzen. (Eventuell 2 Bleche ver-
wenden.) 12 Stunden an einem kühlen Platz
ruhen lassen.
• Den Backofen auf 180–200° vorheizen. Die
Himbeerbrötchen auf der mittleren Schiene
10 Minuten backen.

Preiswert · Ganz einfach

Pomeranzenbrötchen

Zutaten für 40 Stück:
2 Eier · 2 Eigelb · 250 g Zucker · 35 g feingehack-
tes Zitronat · abgeriebene Schale von ½ unbehan-
delten Zitrone · 300 g Mehl
Zum Garnieren: etwas Zitronat im Stück
Für das Backblech: Butter
Pro Stück etwa 270 Joule/65 Kalorien

Zubereitungszeit: 30 Minuten
Backzeit: etwa 10 Minuten

● Die Eier und das Eigelb mit dem Zucker cre-
mig rühren, bis der Zucker ganz aufgelöst ist.
Das Zitronat und die Zitronenschale hinzufügen.
Einen Teil des Mehls einrühren, den Rest gut
einkneten*.
● Das Backblech einfetten*. Den Backofen auf
180° vorheizen.
● Aus dem Teig kleine Kugeln von etwa 2 cm
Durchmesser formen und auf das Backblech
legen. Das Zitronat in kleine dünne Scheiben
schneiden und in die Teigkugeln stecken. Die
Brötchen auf der mittleren Schiene des Ofens in
etwa 10 Minuten hellgelb backen.
● Die Pomeranzenbrötchen vom Blech heben
und auf einem Kuchengitter erkalten lassen*.

Preiswert · Schnell · Ganz einfach

Haferflockenhäufchen

Zutaten für 40 Stück:
100 g weiche Butter · 150 g flüssiger Akazien- oder
Blütenhonig · 2 Eier · 150 g blütenzarte Hafer-
flocken · 100 g Mehl · ½ Päckchen Backpulver ·
Milch

Zum Füllen: 3 Eßl. feste Marmelade nach Wahl
Für das Backblech: Butter
Pro Stück etwa 270 Joule/65 Kalorien

Zubereitungszeit: 30 Minuten
Backzeit: etwa 20 Minuten pro Blech

● Die Butter mit dem Honig und den Eiern cre-
mig rühren*. Die Haferflocken einmengen.
● Das Mehl mit dem Backpulver sieben* und
löffelweise unter die cremige Masse rühren. Soll-
te der Teig zu fest werden, etwas Milch zugeben.
● Das Backblech einfetten*. Den Backofen auf
180° vorheizen.
● Aus dem weichen Teig etwa walnußgroße
Kugeln formen. Die Teigkugeln in genügend
Abstand voneinander auf das Blech setzen, in
die Mitte eine Vertiefung drücken und etwas
Marmelade hineingeben.
● Die Haferflockenhäufchen im Ofen auf der
mittleren Schiene etwa 20 Minuten backen.
● Die fertigen Plätzchen vom Blech heben und
auf einem Kuchengitter auskühlen lassen.

Preiswert · Schnell · Ganz einfach

Schottische Haferplätzchen

Zutaten für 40 Stück:
125 g weiche Butter · 125 g Farinzucker · 1 Prise*
Salz · je 100 g grobe und feine Haferflocken ·
1 Teel. Backpulver · 2 Eßl. Amaretto
Für das Backblech: Butter
Pro Stück etwa 250 Joule/60 Kalorien

Zubereitungszeit: 25 Minuten
Backzeit: 20–25 Minuten

- Die Butter mit dem Farinzucker* und dem Salz in einem Topf unter Rühren zerlassen.
- Beide Haferflockensorten mit dem Backpulver und dem Likör vermengen, in die Butter-Zucker-Mischung rühren. Den Topf vom Herd nehmen.
- Das Backblech einfetten*. Den Backofen auf 180–200° vorheizen.
- Den Teig mit den Händen auf dem Backblech knapp 1 cm dick zu einem Rechteck zusammendrücken. Auf der mittleren Schiene im Ofen 20–25 Minuten backen.
- Den Kuchen auf dem Blech abkühlen lassen und in 40 Streifen oder Rauten schneiden.

Unser Tip Amaretto ist ein italienischer Likör aus Mandeln mit einem zartbitteren Geschmack. Er gibt Plätzchen, Kuchen, Süß- und Eisspeisen das edle Mandelaroma.

Preiswert · Ganz einfach

Kokosmakronen

Zutaten für 60 Stück:
4 Eiweiß · 1 Prise Salz · 200 g Zucker · 2 Tropfen Bittermandelöl · 1 Messerspitze Zimt · 200 g Kokosraspel · 60 kleine runde Oblaten
Pro Stück etwa 145 Joule/35 Kalorien

Zubereitungszeit: 25 Minuten
Backzeit: 30 Minuten pro Blech

- Das Eiweiß mit dem Salz zu sehr steifem Schnee* schlagen. Nach und nach den Zucker einrieseln lassen und alles weiterschlagen, bis eine cremige Masse entsteht.

- Das Bittermandelöl und den Zimt einrühren, die Kokosraspel untermischen.
- Den Backofen auf 120–140° vorheizen.
- Mit 2 nassen Teelöffeln kleine Teighäufchen auf Oblaten setzen. Die Makrönchen auf dem Backblech auf der mittleren Schiene des Ofens in etwa 30 Minuten mehr trocknen als backen.

Unser Tip Für Makronen muß der Eischnee besonders steif sein, damit die Plätzchen nicht zerlaufen. Wenn ein Schnitt mit einem Messer auf der Oberfläche des Eischnees sichtbar bleibt, ist er fest genug.

Braucht etwas Zeit · Nicht ganz einfach

Haselnußmakronen

Zutaten für 40 Stück:
250 g Haselnußkerne · 4 Eiweiß · 125 g Zucker · 125 g Puderzucker · 1 Teel. Zitronensaft
Für das Backblech: Butter
Pro Stück etwa 295 Joule/70 Kalorien

Zubereitungszeit: 1 Stunde
Ruhezeit: 30 Minuten pro Blech
Backzeit: 10–15 Minuten pro Blech

- Die Haselnüsse durch die Mandelmühle* drehen.
- Das Eiweiß zu sehr steifem Schnee* schlagen. Den Zucker einrieseln lassen und den Puderzucker dazusieben. Alles zu einer cremigen Masse schlagen und davon 1 Tasse beiseite stellen.
- Die Nüsse und den Zitronensaft in den größeren Teil der Schaummasse mischen. 30 Minuten quellen lassen.

- Das Backblech sehr gut einfetten*. Den Backofen auf 140–160° vorheizen.
- Mit 2 nassen Teelöffeln ovale Häufchen aus dem Teig formen und auf das Blech setzen. Während des Arbeitsvorganges die Löffel immer wieder in kaltes Wasser tauchen. In jedes Häufchen mit dem Messerrücken längs eine Kerbe drücken und mit etwas zurückbehaltener Schaummasse füllen.
- Die Makronen auf der mittleren Schiene des Ofens 10–15 Minuten backen.

Variante: Aus dem Nußteig runde Häufchen formen und in die Mitte 1 ganze Haselnuß drücken.

Etwas teurer · Nicht ganz einfach

Mandelmakronen

Bild Seite 255

Zutaten für 35 Stück:
650 g abgezogene Mandeln · 300 g Zucker ·
abgeriebene Schale von einer unbehandelten
Zitrone · 2 große Eier · 2 Teel. Orangenblüten-
wasser · 250 g Puderzucker
Pro Stück etwa 795 Joule/190 Kalorien

Zubereitungszeit: 35 Minuten
Backzeit: 15 Minuten

- Die Mandeln durch die Mühle drehen.
- Die gemahlenen Mandeln, 220 g Zucker, die abgeriebene Zitronenschale und die Eier cremig rühren.
- Den Backofen auf 175° vorheizen.
- Den Mandelteig halbieren. Aus jeder Hälfte mit bemehlten Händen eine Rolle von 4 cm Durchmesser formen. Beide Rollen in 4 cm dicke Scheiben schneiden, diese zu Kugeln formen

und mit Mehl bestäuben. Die Makronen auf ein ungefettetes Blech legen und auf der mittleren Schiene im Ofen in etwa 15 Minuten Farbe annehmen lassen. Auf einem Kuchengitter abkühlen lassen.
- Ein Viertel l Wasser mit dem restlichen Zucker im offenen Topf 15 Minuten sprudelnd einkochen lassen. Den Zuckersirup in eine flache Schüssel gießen, abkühlen lassen und das Orangenblütenwasser unterrühren. Die Makronen in den Sirup tauchen, im Puderzucker wenden und trocknen lassen.

Braucht etwas Zeit

Hägenmakronen

Im schwäbischen nennt man das Hagebuttenmark Hägenmark.

Zutaten für 40 Stück:
250 g abgezogene Mandeln · 3 Eiweiß ·
250 g Puderzucker · 2 Eßl. Hagebuttenmark ·
Saft und abgeriebene Schale von ¼ unbehandelten
Zitrone
Für das Backblech: Butter
Pro Stück etwa 295 Joule/70 Kalorien

Zubereitungszeit: 1 Stunde
Backzeit: 10–15 Minuten pro Blech

- Die Mandeln durch die Mandelmühle* drehen.
- Das Eiweiß zu sehr steifem Schnee schlagen. Den Puderzucker dazusieben* und einrühren. Das Hagebuttenmark nach und nach unter den Eischnee schlagen. 5 Eßlöffel von der Schaummasse beiseite stellen.
- Die Mandeln, den Zitronensaft und die -schale unter die Eiweißmischung heben.

• Das Backblech gut einfetten*. Den Backofen auf 140° vorheizen.
• Mit zwei nassen Teelöffeln ovale Häufchen formen und auf das Blech setzen. In jedes Häufchen mit dem Messerrücken längs eine Kerbe drücken, diese mit der zurückbehaltenen Schaummasse füllen.
• Die Makronen im Ofen auf der mittleren Schiene 10–15 Minuten backen.

Unser Tip Makronen und andere Nuß- und Mandelplätzchen nie zu lange im Backofen lassen. Sie müssen sich noch eindrücken lassen, sonst werden sie später knüppelhart.

Ganz einfach

Dänische Mandelschnecken

Zutaten für etwa 30 Stück:
Für den Teig: 50 g ungeschälte Mandeln ·
250 g Mehl · 1 Eigelb · 1 Eßl. Rum ·
125 g Zucker · 1 Prise Salz · 180 g Butter
Für die Baisermasse: 3 Eiweiß · 240 g Zucker ·
1 Eßl. Mandelsplitter
Für das Backblech: Butter
Pro Stück etwa 590 Joule/140 Kalorien

Zubereitungszeit: 35 Minuten
Ruhezeit: 30 Minuten
Backzeit: etwa 20 Minuten

• Die Mandeln zweimal durch die Mandel-mühle* drehen.
• Das Mehl auf die Arbeitsfläche sieben*, in die

Mitte eine Mulde drücken. Das Eigelb, den Rum, den Zucker, das Salz und die Mandeln in die Vertiefung geben, die Butter in Flöckchen auf den Mehlrand schneiden. Alles mit einem Messer bröselig hacken, dann mit kühlen Händen zu einem glatten Teig kneten*. Den Teig in Alufolie 30 Minuten im Kühlschrank ruhen lassen.
• Das Backblech einfetten*. Den Backofen auf 200° vorheizen.
• Die Arbeitsfläche mit Mehl bestäuben und aus dem Teig darauf bleistiftdünne Rollen formen, in 10 cm lange Stücke schneiden und zu Schnecken zusammenrollen. Auf das Blech legen und auf der mittleren Schiene des Ofens etwa 10 Minuten backen.
• Das Eiweiß zu steifem Schnee schlagen*, den Zucker nach und nach einrieseln lassen.
• Das Gebäck aus dem Ofen nehmen und auf jedes Plätzchen mit einem Teelöffel ein Häufchen von der Eischneemasse setzen, mit Mandelsplittern bestreuen. Nochmals in den Ofen schieben und in 10 Minuten goldgelb backen.

Preiswert · Ganz einfach

Schweizer Chräbeli

Zutaten für 40 Stück:
2 Eier · 250 g Zucker · 1 Schnapsglas Kirsch-
wasser · 1 Eßl. Anissamen · 250 g Mehl
Für das Backblech: Mehl
Pro Stück etwa 230 Joule/55 Kalorien

Zubereitungszeit: 35 Minuten
Ruhezeit: 12 Stunden
Backzeit: 20 Minuten pro Blech

• Die Eier mit dem Zucker und dem Kirschwas-ser schaumig rühren. Die Masse so lange schlagen, bis eine dicke fast weiße Creme entsteht.

• Den Anissamen mit dem Mehl mischen und nach und nach in die Schaummasse einarbeiten.
• Die Arbeitsfläche mit Mehl bestäuben und den Teig darauf zu fingerdicken Rollen formen. Von den Rollen 5–6 cm lange Stücke abschneiden und diese von einer Seite dreimal mit einem Messer schräg einschneiden. Die Chräbeli halbmondförmig biegen, mit den Zacken nach außen.
• Das Backblech bemehlen, die Plätzchen darauflegen und 12 Stunden mit einem Tuch zugedeckt bei Zimmertemperatur ruhen lassen.
• Den Backofen auf 180° vorheizen.
• Die Chräbeli auf der mittleren Schiene des Ofens etwa 20 Minuten backen, nur so lange, bis sie am Boden anfangen gelb zu werden.

Ganz einfach

Schokoladenstangen

Zutaten für 40 Stück:
75 g halbbittere Schokolade · 125 g weiche Butter · 100 g Zucker · 2 Eigelb · 4 Eßl. Rum · 150 g Mehl
Für das Backblech: Butter
Zum Bestreuen: 2 Eßl. Hagelzucker*
Pro Stück etwa 295 Joule/70 Kalorien

Zubereitungszeit: 40 Minuten
Backzeit: 10–15 Minuten pro Blech

• Die Schokolade zerbrechen und in grobe Stückchen hacken. Die Butter mit dem Zucker cremig rühren, bis der Zucker ganz aufgelöst ist. Das Eigelb und den Rum unterrühren. Die Schokoladenstückchen und das gesiebte Mehl in die Schaummasse mischen.
• Das Backblech einfetten*. Den Backofen auf 200° vorheizen.

• Den Teig in einen Spritzbeutel* mit großer Lochtülle* füllen und etwa 5 cm lange Stangen auf das Blech spritzen, mit Hagelzucker bestreuen.
• Die Schokoladenstangen im Ofen auf der mittleren Schiene 10–15 Minuten backen.
• Die Plätzchen mit einem breiten Messer vom Blech heben und auf einem Kuchengitter auskühlen lassen*.

Schnell · Preiswert · Ganz einfach

Löffelbiskuits

Das leichte, sehr haltbare Gebäck ist auch unter dem Namen Fingerbiskuit oder Biskotten bekannt. Sie können es gut auf Vorrat backen und in gut schließenden Dosen aufbewahren. Die Biskuits sind eine beliebte Beigabe zu kalten Süßspeisen und zu Eis. Unsere italienischen Nachbarn naschen sie zu Wein und schließlich mögen Kleinkinder die süßen Plätzchen recht gerne.

Zutaten für etwa 30 Stück:
4 Eier · 125 g Zucker · abgeriebene Schale von ½ unbehandelten Zitrone · 90 g Mehl
Zum Bestreuen: Zucker
Für das Backblech: Butter, wenn Pergamentpapier verwendet wird
Pro Stück etwa 165 Joule/40 Kalorien

Zubereitungszeit: 30 Minuten
Backzeit: 8–12 Minuten pro Blech

• Das Backblech mit Backtrennpapier oder Pergamentpapier auslegen; das Pergamentpapier einfetten*. Den Backofen auf 200° vorheizen.
• Die Eier in Eiweiß und Eigelb trennen. Das Eigelb mit zwei Dritteln des Zuckers und der

Zitronenschale schaumig rühren*. Das Eiweiß zu sehr steifem Schnee schlagen*, den restlichen Zucker darunterschlagen.
- Den Eischnee unter die Eigelbmasse heben*. Das Mehl darübersieben* und alles locker verrühren.
- Die Biskuitmasse in einen Spritzbeutel* mit großer Lochtülle* füllen und mit genügend Abstand 8 cm lange Streifen auf das Blech spritzen. Die Teigstreifen mit etwas Zucker bestreuen.
- Die Löffelbiskuits im Ofen auf der mittleren Schiene in 8–12 Minuten hellgelb backen.
- Die Biskuits auf dem Blech abkühlen lassen und dann das Papier vorsichtig von den Biskuits abziehen.

Preiswert · Braucht etwas Zeit · Ganz einfach

Anisplätzchen

Zutaten für 60 Stück:
2 Eier · 100 g Zucker · 1 Teel. gemahlener Anissamen · 150–200 g Mehl · 1 Messerspitze Backpulver
Für das Backblech: Butter · Mehl
Pro Stück etwa 105 Joule/25 Kalorien

Zubereitungszeit: 40 Minuten
Ruhezeit: 12 Stunden
Backzeit: etwa 15 Minuten pro Blech

- Die Eier mit dem Zucker zu einer cremigen Schaummasse rühren, bis der Zucker sich ganz aufgelöst hat. Den Anissamen untermischen.
- 150 g Mehl mit dem Backpulver mischen, über die Schaummasse sieben* und alles vermengen. Eventuell noch etwas Mehl hinzufügen; der Teig soll so fest sein, daß die Teighäufchen später nicht breitlaufen, sondern nur an der Oberfläche leicht glattfließen.

- Das Backblech einfetten* und mit Mehl bestäuben.
- Mit einem Teelöffel kleine Teighäufchen auf das Blech setzen und 12 Stunden bei Raumtemperatur trocknen lassen.
- Den Backofen auf 140–150 vorheizen. Die Plätzchen auf der mittleren Schiene des Ofens etwa 15 Minuten backen. Während des Backens bilden sich dann die typischen »Füßchen«.

Braucht etwas Zeit · Nicht ganz einfach

Zimtsterne

Das Ausrollen und Ausstechen des traditionellen Weihnachtsgebäcks ist eine etwas klebrige Angelegenheit. Doch die Mühe lohnt sich, denn Zimtsterne gehören einfach auf den bunten Teller.

Zutaten für etwa 60 Stück:
400 g ungeschälte Mandeln · 5 Eiweiß · 400 g Puderzucker · 1 Teel. Zitronensaft · 1 Eßl. Zimt
Zum Ausrollen: grober Zucker
Für das Backblech: Butter
Pro Stück etwa 295 Joule/70 Kalorien

Zubereitungszeit: 1 Stunde und 15 Minuten
Backzeit: 30–40 Minuten pro Blech

- Die Mandeln durch die Mandelmühle* drehen.
- Das Eiweiß zu sehr steifem Schnee* schlagen. Nach und nach den Puderzucker dazusieben* und einrühren. Den Zitronensaft hinzufügen. Die Masse schlagen, bis sie glänzend und cremig ist. Von der Eiweißmischung 4 Eßlöffel voll für die Glasur beiseite stellen. Dann die Mandeln und den Zimt unter die übrige Creme heben.
- Das Backblech einfetten*. Den Backofen auf 140° vorheizen.

278

• Die Arbeitsfläche mit grobem Zucker bestreuen und den Teig darauf 1 cm dick ausrollen*. Mit einem Förmchen Sterne ausstechen*. Die Plätzchen auf das Blech legen und mit der zurückbehaltenen Eiweißcreme sorgfältig bestreichen. Die Zimtsterne im Ofen auf der mittleren Schiene in 30–40 Minuten mehr trocknen als backen.

> **Unser Tip** Beim Backen der Sterne ein leeres Backblech auf die obere Schiebeleiste des Ofens schieben, damit der Guß der Plätzchen schön hell bleibt.

Braucht etwas Zeit

Schokoladenmuscheln

Für Schokoladenmuscheln und Spekulatius gibt es Holzmodeln*, die Sie in Haushaltsgeschäften kaufen können, wenn Sie nicht stolzer Besitzer alter Formen sind. Mit etwas Glück kann man auch heute noch alte Modeln aufstöbern.

Zutaten für 40 Stück:
250 g ungeschälte Mandeln · 125 g Blockschokolade · 4 Eiweiß · 250 g Zucker ·
½ Päckchen Vanillinzucker
Zum Formen: Zucker
Für das Backblech: Butter
Pro Stück etwa 355 Joule/85 Kalorien

Zubereitungszeit: 1 Stunde und 30 Minuten
Ruhezeit: 3 Stunden
Backzeit: 10–15 Minuten pro Blech

• Die Mandeln durch die Mandelmühle* drehen. Die Schokolade feinreiben.

• Das Eiweiß zu sehr steifem Schnee schlagen*. Den Zucker mit dem Vanillinzucker, den Mandeln und der Schokolade in einer Schüssel gut mischen, den Eischnee dazugeben und alles sorgfältig vermengen.
• Das Backblech einfetten*. Einen flachen Teller mit Zucker bereitstellen.
• Aus der Teigmasse etwa walnußgroße Kugeln formen, in Zucker wälzen und in den Muschelmodel* drücken. Die Plätzchen gleich aus dem Model auf das Blech klopfen und etwa 3 Stunden ruhen lassen.
• Den Backofen auf 140° vorheizen.
• Die Schokoladenmuscheln auf der mittleren Schiene des Ofens 10–15 Minuten backen. Die Plätzchen sollen noch weich sein; deshalb bereits nach 10 Minuten durch Fingerdruck prüfen, ob sie durchgebacken, aber noch weich sind.

Preiswert · Braucht etwas Zeit

Springerle

Das urschwäbische Weihnachtsgebäck darf auf keinem bunten Teller der »Schwabeleut« fehlen. Es gehört zur guten alten Tradition. Die Holzmodeln*, die man für die Springerle braucht, gibt es in vielen Küchenboutiquen zu kaufen!

Zutaten für 40 Stück:
2 Eier · 200 g Puderzucker · abgeriebene Schale von 1 unbehandelten Zitrone · 275 g Mehl ·
1 Messerspitze Backpulver
Für das Backblech: Butter · 2 Eßl. Anissamen
Pro Stück etwa 210 Joule/50 Kalorien

Zubereitungszeit: 1 Stunde und 20 Minuten
Ruhezeit: 24 Stunden
Backzeit: 20 Minuten pro Blech

• Die Eier in eine Schüssel schlagen, den Puder-
zucker dazusieben* und beides schaumig rühren.
Die Masse so lange schlagen, bis eine dicke fast
weiße Creme entsteht. Die Zitronenschale untermischen.
• Das Mehl mit dem Backpulver über die
Schaummasse sieben* und zum Teil unterrühren, den Rest unterkneten*.
• Die Arbeitsfläche mit Mehl bestäuben und
den Teig darauf knapp 1 cm dick ausrollen. Die
Modeln* mit Mehl bestäuben und fest in die
Teigplatte drücken. So fortfahren, bis die ganze
Teigplatte bedruckt ist. Dabei anhaftende Teigreste aus den Modeln sorgfältig entfernen und
die Formen erneut mit Mehl bestäuben.
• Die Plätzchen einzeln mit einem dünnen
scharfen Messer oder mit dem glatten Teigrädchen* ausschneiden, überschüssiges Mehl mit
einem weichen Backpinsel* abstäuben.
• Das Backblech einfetten* und mit dem Anissamen bestreuen. Die Springerle darauflegen
und mit einem Tuch bedeckt 24 Stunden bei
Zimmertemperatur ruhen lassen.
• Den Backofen auf 160° vorheizen.
• Die Plätzchen mit Pergamentpapier bedecken
und auf der mittleren Schiene des Ofens in etwa
20 Minuten hell backen.

Unser Tip Es ist empfehlenswert, die
Plätzchen einige Wochen vor Weihnachten zu backen und in gut schließenden
Dosen aufzubewahren. Die Springerle
kommen knusperhart aus dem Ofen und
werden erst nach einiger Zeit weich.
Besonders gut gelungene Springerle
sind ein wunderschöner Christbaum-
schmuck, wenn sie mit Speisefarben
bunt bemalt und mit einem nicht zu kur-
zen Bändchen versehen sind.

Braucht etwas Zeit

Spitzkuchen

Zutaten für etwa 50 Stück:
250 g Honig · 50 g Butter · 50 g Farinzucker ·*
1 Ei · 450 g Mehl · 1 Teel. Zimt · je ½ Teel. Nel-
kenpulver und gemahlener Kardamom · 1 Teel.
Pottasche · 1 Eßl. Rosenwasser* · 2 Eßl. Milch*
Für die Glasur: 400 g Kuvertüre · 50 g Kokosfett
Für das Backblech: Butter
Pro Stück etwa 460 Joule/110 Kalorien

Zubereitungszeit: 1 Stunde
Ruhezeit: mindestens 1 Stunde
Backzeit: 15–20 Minuten

• Den Honig mit der Butter in einem Topf
erwärmen und in eine große Schüssel gießen.
Den Farinzucker und das Ei einrühren.
• Das Mehl mit dem Zimt, dem Nelkenpulver
und dem Kardamom mischen und in die Honigmasse einarbeiten. Die Pottasche in dem Rosenwasser und der Milch auflösen und zu dem Teig
geben. Alles kräftig verkneten*. Den Teig mindestens 1 Stunde kalt stellen.
• Das Backblech einfetten*. Den Backofen auf
180–200° vorheizen.
• Die Arbeitsfläche mit Mehl bestäuben und
den Teig darauf zu Rollen von etwa 3 cm Durchmesser formen und auf das Blech legen. Auf der
mittleren Schiene des Ofens in 15–20 Minuten
nicht zu dunkel backen.
• Die Rollen auf einem Kuchengitter erkalten
lassen*.
• Die Kuvertüre im Wasserbad* auflösen und
das Kokosfett dazurühren.
• Aus der Kuchenrolle Dreiecke schneiden. Die
Dreiecke nacheinander auf eine Rouladennadel
spießen und in die Kuvertüre eintauchen. Auf
dem Kuchengitter trocknen lassen.

◁ Hefenschlick oder Flachswickel schmecken ganz frisch und noch etwas warm am allerbesten. Rezept Seite 206.

Preiswert · Braucht etwas Zeit · Ganz einfach

Amerikanische Ingwerschnitten

Ingwerpflaumen sind keineswegs die Früchte der Ingwerstaude, sondern die in Zuckerlösung eingelegten pflaumengroßen Stücke der jungen Ingwerwurzel. In China werden die Wurzeln schon seit über 2000 Jahren kandiert. Der beste Ingwer kommt aus Jamaika. Man kann ihn als Konfekt naschen oder für Gebäck verwenden.

Zutaten für etwa 30 Stück:
3 kandierte Ingwerpflaumen · 150 g weiche Butter · 100 g Zucker · 1 Ei · 1 Prise Salz · ½ Teel. Ingwerpulver · 300 g Mehl
Zum Belegen: 3 kandierte Ingwerpflaumen
Zum Bestreichen: 1 Eigelb
Für das Backblech: Butter
Pro Stück etwa 440 Joule/105 Kalorien

Zubereitungszeit: 1 Stunde
Ruhezeit: 2 Stunden
Backzeit: 15 Minuten pro Blech

• 3 Ingwerpflaumen kleinschneiden und dann feinhacken, die übrigen in kleine Würfel schneiden.
• Die Butter mit dem Zucker, dem Ei, dem Salz und dem Ingwerpulver gut verrühren, den gehackten Ingwer untermischen. Das Mehl darübersieben* und alles schnell zu einem glatten Teig verkneten*.
• Den Teig zu einer Kugel formen, in Alufolie einwickeln und 2 Stunden im Kühlschrank ruhen lassen.
• Das Backblech einfetten*. Den Backofen auf 200° vorheizen.
• Den Teig in 3 Teile teilen. Die Arbeitsfläche mit Mehl bestäuben und die Teigdrittel darauf

nacheinander etwa ½ cm dick ausrollen*. Aus den Teigplatten Rechtecke von 4 × 7 cm Größe schneiden und auf das Blech legen.
• Das Eigelb mit etwas Wasser verquirlen*. Die Plätzchen damit bestreichen und mit den Ingwerwürfeln bestreuen. Die Ingwerschnitten im Ofen auf der mittleren Schiene 15 Minuten backen.
• Die Plätzchen mit einem breiten Messer vom Blech heben und auf einem Kuchengitter erkalten lassen.

Preiswert · Ganz einfach

Serbische Honigplätzchen

Zutaten für etwa 22 Stück:
125 g weiche Butter · 50 g Schmalz · 2 Eier · 1 Eigelb · 60 g flüssiger Honig · 250 g Mehl · 75 g Speisestärke · 2 Teel. Backpulver · 1 Prise Salz
Zum Besieben: 3 Eßl.. Puderzucker
Für das Backblech: Butter
Pro Stück etwa 630 Joule/150 Kalorien

Zubereitungszeit: 35 Minuten
Ruhezeit: 2 Stunden
Backzeit: 15 Minuten

• Die Butter und das Schmalz mit den Eiern, dem Eigelb und dem Honig schaumig rühren. Das Mehl mit der Speisestärke, dem Backpulver und dem Salz sieben*. Einen Teil der Mischung in die Honigmasse rühren, den Rest gut unterkneten*.
• Die Arbeitsfläche mit Mehl bestäuben und den Teig darauf mit bemehlten Händen zu 2 Rollen von etwa 3 cm Durchmesser formen. Die

283

Teigrollen getrennt in Alufolie wickeln und 2 Stunden ruhen lassen.
• Das Backblech einfetten*. Den Backofen auf 200° vorheizen.
• Von den Teigrollen 2 cm dicke Scheiben abschneiden und auf das Blech legen. In die Mitte der Plätzchen mit einem Holzlöffelstiel kleine Vertiefungen drücken.
• Die Plätzchen auf der mittleren Schiene des Ofens in 15 Minuten goldbraun backen.
• Das Gebäck sofort vom Blech nehmen und auf einem Kuchengitter erkalten lassen. Vor dem Servieren dick mit Puderzucker besieben*.

Preiswert · Ganz einfach

Berliner Brot

Zutaten für 20 Stück:
2 Eier · 2 Eßl. warmes Wasser · 250 g Farinzucker · 65 g Apfelkraut* · 1 Eßl. Rum · 1 gehäufter Eßl. Zimt · 1 Prise Nelkenpulver · 65 g Blockschokolade · 250 g Mehl · 1 Teel. Backpulver · 125 g Haselnußkerne · 40 g gewürfeltes Zitronat*
Für die Glasur: 100 g Puderzucker · 2 Eßl. Rum
Für das Backblech: Butter
Pro Stück etwa 860 Joule/205 Kalorien

Zubereitungszeit: 30 Minuten
Backzeit: 15–20 Minuten

• Die Eier mit dem Wasser schaumig rühren. Den Farinzucker* eßlöffelweise dazugeben und alles so lange schlagen, bis die Masse cremig ist.
• Nach und nach das Apfelkraut*, den Rum, den Zimt und das Nelkenpulver hinzufügen. Die Blockschokolade dazureiben.
• Den Backofen auf 200° vorheizen. Das Backblech einfetten*.

• Das Mehl mit dem Backpulver sieben* und portionsweise in die Masse einrühren. Zuletzt die ganzen Haselnüsse und das Zitronat einmischen.
• Den Teig mit einem nassen breiten Messer ½ cm dick auf das Backblech streichen. Das Berliner Brot im Ofen auf der mittleren Schiene 15–20 Minuten backen.
• Den Puderzucker mit dem Rum verrühren und auf das noch heiße Gebäck streichen. Das Berliner Brot mit einem scharfen Messer in etwa 2 × 5 cm große Rechtecke schneiden und zum Auskühlen auf ein Kuchengitter legen.

Braucht etwas Zeit · Nicht ganz einfach

Spekulatius

Wenn sie ungeduldig sind, wagen Sie sich bitte nicht an die Spekulatius-Bäckerei heran, es sei denn, Sie stechen den ausgerollten Teig einfach mit beliebigen Formen aus. Der Umgang mit Holzmodeln verlangt Fingerspitzengefühl und viel Zeit. Der Lohn dafür: das traditionelle Weihnachtsgebäck in seiner ursprünglichen Form.

Zutaten für etwa 120 Stück:
100 g ungeschälte Mandeln · 50 g brauner Kandiszucker · 500 g Mehl · 250 g Zucker · 2 Eier · 1 Teel. Zimt · je 2 Messerspitzen Nelkenpulver, Kardamom und geriebene Muskatnuß · 1 Prise Salz · 250 g kalte Butter
Für das Backblech: Butter
Pro Stück etwa 190 Joule/45 Kalorien

Zubereitungszeit: etwa 3 Stunden
Ruhezeit: 2–3 Stunden
Backzeit: etwa 10 Minuten pro Blech

- Die Mandeln durch die Mandelmühle* drehen. Den Kandiszucker im Mörser* zerstoßen.
- Das Mehl auf die Arbeitsfläche sieben*, in die Mitte eine Mulde drücken. Den Zucker, die Eier, den Kandiszucker, die Mandeln, alle Gewürze und das Salz in die Vertiefung geben. Die Butter in kleinen Stücken auf den Mehlrand schneiden. Alles schnell von außen nach innen zu einem geschmeidigen Teig kneten und diesen, in Alufolie gewickelt, 2–3 Stunden im Kühlschrank ruhen lassen.
- Das Backblech einfetten*. Den Backofen auf 180° vorheizen.
- Die Modeln ganz leicht mit Mehl bestäuben. Kleine Teigstücke in die Holzmodeln drücken. Den überstehenden Teig entlang der Modeln abschneiden. Die Teigfiguren mit leichtem Klopfen auf das Blech stürzen. Anhaftendes Mehl mit einem weichen Pinsel entfernen.
- Den Spekulatius auf der mittleren Schiene des Ofens in etwa 10 Minuten hellbraun backen.

Unser Tip Wenn Sie den Spekulatius-teig nur ausstechen wollen, rollen Sie ihn vorher auf der bemehlten Arbeitsfläche etwa 2 mm dick aus.

Preiswert · Braucht etwas Zeit

Aachener Printen

Zutaten für etwa 50 Stück:
250 g weißer Kandiszucker · 250 g dunkler Rübensirup · 50 g Farinzucker · 1 Eßl. Zimt ·*
1 Teel. gemahlener Anis · ½ Teel. Ingwerpulver ·
je ¼ Teel. Kardamom, Koriander und Piment ·
1 Prise Salz · 375 g Mehl · 10 g Pottasche ·*
2 Eßl. Rosenwasser · ½ unbehandelte Orange ·*
50 g feingewürfeltes Orangeat
Zum Bestreichen: 2 Eßl. Sirup
Für das Backblech: Butter
Pro Stück etwa 295 Joule/70 Kalorien

Zubereitungszeit: 1 Stunde und 30 Minuten
Ruhezeit: 3 Tage
Backzeit: 15–20 Minuten pro Blech

- Den Kandiszucker portionsweise im Mörser* grob zerstoßen.
- Den Sirup mit 4 Eßlöffeln Wasser und dem Farinzucker* bei schwacher Hitze unter Rühren aufkochen. Dann die Masse abkühlen lassen, dabei ab und zu umrühren.
- Den Kandiszucker, alle Gewürze und das Salz in die Sirupmasse mengen.
- Das Mehl auf die Arbeitsfläche sieben* und die Sirupmasse darübergeben. Die Pottasche in dem Rosenwasser* auflösen und hinzufügen. Alles kräftig verkneten*.
- Die Orange dünn abschälen, die Schale in feine Streifen schneiden und mit dem Orangeat in den Teig kneten*. Den Teig zugedeckt 3 Tage bei Zimmertemperatur ruhen lassen.
- Den Teig nach der Ruhezeit noch einmal gut durchkneten*. Die Arbeitsfläche mit Mehl bestäuben und den Teig darauf etwa 3 mm dick ausrollen*.
- Das Backblech einfetten*. Den Backofen auf 200° vorheizen.
- Aus der Teigplatte etwa 3 × 8 cm große Rechtecke ausschneiden. Die Printen auf das Backblech legen und auf der mittleren Schiene des Ofens 15–20 Minuten backen.
- Den Sirup mit 2 Eßlöffeln Wasser glattrühren, die noch heißen Printen damit bestreichen und auf einem Kuchengitter abkühlen lassen*.

Preiswert · Ganz einfach · Braucht etwas Zeit

Hamburger braune Kuchen

Zutaten für 100 Stück:
125 g ungeschälte Mandeln · 500 g Rübensirup ·
125 g Butter · 125 g Schmalz · je ½ Teel. Zimt,
Nelkenpulver und Kardamom · 50 g feingewürfel-
tes Zitronat · 4 Eßl. Rosenwasser* ·
10 g Pottasche* · 550 g Mehl · 1 Päckchen Back-
pulver
Für das Backblech: Butter
Pro Stück etwa 270 Joule/65 Kalorien

Zubereitungszeit: 1 Stunde
Ruhezeit: 3 Tage
Backzeit: 10–15 Minuten pro Blech

● Die Mandeln durch die Mandelmühle* drehen.
● Den Rübensirup, die Butter und das Schmalz
bei schwacher Hitze erwärmen und gut verrühren. Die Masse unter gelegentlichem Rühren
abkühlen lassen, bis sie lauwarm ist. Den Zimt,
das Nelkenpulver und den Kardamom hinzufügen, die Mandeln und das Zitronat unterrühren.
● Das Rosenwasser mit der Pottasche verrühren
und in den Sirupteig geben. Das Mehl mit dem
Backpulver sieben* und nach und nach in den
Teig einarbeiten. Alles kräftig durchkneten*.
Den Teig zugedeckt 3 Tage bei Zimmertemperatur stehen lassen.
● Den Teig nochmals gut durchkneten* und
zugedeckt 30 Minuten kühl ruhen lassen.
● Das Backblech einfetten*. Den Backofen auf
200° vorheizen.
● Die Arbeitsfläche mit Mehl bestäuben und
den Teig darauf 2 mm dick ausrollen*. Aus der
Teigplatte rechteckige Kekse ausschneiden oder
mit dem Teigrädchen ausrädeln*. Die braunen

Kuchen auf das Blech legen und auf der mittleren Schiene des Ofens 10–15 Minuten backen.
● Die Plätzchen noch warm vom Blech heben,
auf einem Kuchengitter abkühlen lassen* und in
gut schließenden Dosen aufbewahren.

Ganz einfach

Basler Leckerli

Zutaten für 32 Stück:
250 g ungeschälte Mandeln · 375 g Honig ·
175 g Zucker · 1 Teel. Zimt · je 1 Messerspitze
Nelkenpulver, Ingwerpulver und geriebene
Muskatnuß · je 50 g feingewürfeltes Zitronat und
Orangeat · abgeriebene Schale von 1 unbehandel-
ten Zitrone · 3 Eßl. Kirschwasser · 375 g Mehl
Für die Glasur: 2 Eßl. Honig · 4 Eßl. kochendes
Wasser
Für das Backblech: Butter · Mehl
Pro Stück etwa 670 Joule/160 Kalorien

Zubereitungszeit: 50 Minuten
Backzeit: etwa 25 Minuten

● Die Mandeln grobhacken.
● Den Honig mit dem Zucker in einem großen
Topf bei schwacher Hitze zum Kochen bringen,
dabei gelegentlich umrühren. Die Mandeln hinzufügen und 3–4 Minuten mitköcheln lassen.
● Den Topf vom Herd nehmen und den Zimt,
das Nelkenpulver, das Ingwerpulver, den Muskat, das Zitronat, das Orangeat, die Zitronenschale und das Kirschwasser einmischen. Zuletzt
das Mehl darübersieben* und unterrühren.
● Die Arbeitsfläche reichlich mit Mehl bestäuben und den Teig darauf kräftig durchkneten*,
eventuell noch etwas Mehl einarbeiten.
● Das Backblech gut einfetten* und mit Mehl
bestäuben. Den Backofen auf 180° vorheizen.

• Den Teig 1 cm dick ausrollen*, auf das Backblech legen und auf der mittleren Schiene des Ofens etwa 25 Minuten backen.
• Den Honig mit dem kochenden Wasser verrühren. Den noch heißen Plattenkuchen damit bestreichen, anschließend auf dem Blech in 32 Rechtecke schneiden und auf einem Kuchengitter abkühlen lassen*.

Preiswert · Braucht etwas Zeit · Ganz einfach

Pfefferkuchen

Zutaten für etwa 70 Stück:
450 g Honig · 1 Teel. Zimt · je 1 knapper Teel.
Nelkenpulver, Kardamom und gemahlener Anis ·
knapp ½ Teel. weißer Pfeffer · abgeriebene Schale
von je ½ unbehandelten Zitrone und Orange ·
100 g Butter · 100 g Schmalz · 1 Ei · 1 Eigelb ·
200 g Zucker · 1 Teel. Pottasche · 1 Schnapsglas*
Kirschwasser · 500 g Roggenmehl · 250 g Weizenmehl · Milch
Für die Spritzglasur: 250 g Puderzucker ·
1 Eiweiß · 1 Eßl. Zitronensaft
Für das Backblech: Butter
Pro Stück etwa 525 Joule/125 Kalorien

Zubereitungszeit: 1 Stunde und 30 Minuten
Ruhezeit: mindestens 2 Tage
Backzeit: 20 Minuten pro Blech

• Den Honig bei schwacher Hitze erwärmen. Den Zimt, das Nelkenpulver, den Kardamom, den Anis, den Pfeffer, die Zitronen- und Orangenschale hinzufügen. Die Butter und das Schmalz einrühren, vollständig in der warmen Honigmasse schmelzen lassen. Den Topf vom Herd nehmen.
• Das Ei und das Eigelb mit dem Zucker cremig schlagen, bis der Zucker ganz aufgelöst ist, dann unter die lauwarme Honigmasse mischen. Die Pottasche in dem Kirschwasser auflösen und dazugeben. Das Roggenmehl nach und nach hinzufügen, kräftig durchrühren, so lange es geht. Dann den Teig auf der Arbeitsfläche mit dem restlichen Roggenmehl und dem Weizenmehl sehr gut durchkneten*, bis er ganz glatt ist.
• Den Teig zugedeckt bei Zimmertemperatur mindestens 2 Tage ruhen lassen, man kann ihn bis zu 10 Tage liegen lassen.
• Vor der Weiterverarbeitung den Teig noch einmal kräftig durchkneten*, sollte er zu fest sein, etwas Milch hinzufügen.
• Das Backblech einfetten*. Den Backofen auf 200–220° vorheizen.
• Die Arbeitsfläche mit Mehl bestäuben und den Teig darauf 1 cm dick ausrollen*. Beliebige Figuren ausstechen, auf das Blech legen und auf der mittleren Schiene 20 Minuten backen.
• Für die Glasur den Puderzucker mit dem Eiweiß und dem Zitronensaft glattrühren. Die Mischung in einen Spritzbeutel* mit sehr kleiner Lochtülle* oder in eine selbstgedrehte Pergamenttüte mit kleiner Öffnung füllen und die kalten Pfefferkuchen damit hübsch verzieren.

Preiswert · Braucht etwas Zeit · Ganz einfach

Weiße Pfeffernüsse

Zutaten für 100 Stück:
4 Eier · 250 g Zucker · abgeriebene Schale von
1 unbehandelten Zitrone · je 1 gute Messerspitze
Nelkenpulver, Kardamom, Ingwerpulver und
geriebene Muskatnuß · 2 Messerspitzen weißer
Pfeffer · 1 Teel. Zimt · je 50 g feingewürfeltes
Zitronat und Orangeat · 500 g Mehl · knapp
2 Teel. Backpulver
Für die Glasur: 250 g Puderzucker ·
2–3 Eßl. heißes Wasser

Für das Backblech: Butter
Pro Stück etwa 190 Joule/45 Kalorien

Zubereitungszeit: 1 Stunde und 30 Minuten
Backzeit: 15–20 Minuten pro Blech

• Die Eier schaumig schlagen, den Zucker nach und nach einrieseln lassen und so lange weiterrühren, bis eine helle cremige Masse entsteht.
• Die Zitronenschale, das Nelkenpulver, den Kardamom, das Ingwerpulver, den Muskat, den Pfeffer und den Zimt hinzufügen. Das Zitronat und das Orangeat unterrühren.
• Das Mehl mit dem Backpulver mischen, portionsweise über die Eier-Zucker-Mischung sieben* und zunächst einrühren, dann alles zu einem geschmeidigen Teig kneten*.
• Das Backblech einfetten*. Den Backofen auf 180–200° vorheizen.
• Aus dem Teig kleine Kugeln von etwa 2 cm Durchmesser formen, auf das Blech setzen und mit einem Löffel etwas flach drücken.
• Die Pfeffernüsse auf der mittleren Schiene des Ofens 15–20 Minuten backen.
• Den Puderzucker mit 2–3 Eßlöffeln heißem Wasser verrühren. Die Plätzchen auf ein Kuchengitter heben und dick mit der Glasur überziehen*.

Braucht etwas Zeit

Honigkuchen vom Blech

Zutaten für 20 Stück:
500 g Honig · 200 g Farinzucker · 50 g Butter ·
*50 g Schmalz · 150 g ungeschälte Mandeln ·
700 g Mehl · 1 Päckchen Backpulver · 2 Teel.
Zimt · ½ Teel. Kardamom · ¼ Teel. Nelken-*

*pulver · je 1 Messerspitze Piment und geriebene
Muskatnuß · 2 Eßl. Kakao · je 100 g gewürfeltes
Zitronat und Orangeat · 1 Prise Salz · 2 Eier
Zum Bestreichen: 1 Ei · 4 Eßl. Dosenmilch
Zum Verzieren: insgesamt 100 g abgezogene
Mandeln, Haselnußkerne, Pinien- und
Walnußkerne · 100 g kandierte Kirschen ·
100 g Zitronat im Stück
Für das Backblech: Butter oder Schmalz*
Pro Stück etwa 1870 Joule/445 Kalorien

Zubereitungszeit: 1 Stunde und 30 Minuten
Ruhezeit: 1 Stunde
Backzeit: etwa 35 Minuten

• Den Honig mit dem Farinzucker*, der Butter und dem Schmalz bei schwacher Hitze unter gelegentlichem Rühren aufkochen und wieder abkühlen lassen.
• Die Mandeln grobhacken.
• Das Mehl in eine große Schüssel sieben* und mit dem Backpulver, dem Zimt, dem Kardamom, dem Nelkenpulver, dem Piment, dem Muskat, dem Kakao, den Mandeln, dem Zitronat und dem Orangeat mischen. Das Salz, die Eier und die abgekühlte Honigmasse dazugeben und alles gründlich verkneten*. Den Teig zugedeckt mindestens 1 Stunde ruhen lassen.
• Das Backblech einfetten*. Den Backofen auf 200° vorheizen.
• Den Teig auf dem Backblech gleichmäßig ausrollen*. Das Ei mit der Dosenmilch verquirlen und die Teigplatte damit bestreichen. Die Oberfläche mit einem scharfen Messer 4 mal quer und 3 mal längs einritzen, daß 20 Stücke markiert sind. Jedes Stück nach Belieben reichlich mit den Mandeln, den Nüssen, den kandierten Kirschen und Zitronatscheibchen verzieren.
• Den Honigkuchen auf der mittleren Schiene des Ofens etwa 35 Minuten backen. Auf dem Blech etwas abkühlen lassen und an den markierten Linien in Stücke schneiden.

Variante: Den Honigkuchen nur mit Mandeln verzieren. Jeweils eine Reihe mit 4 markierten Stücken quer durchschneiden und die Schnittseiten mit Konfitüre bestreichen. Die Kuchenstreifen wieder zusammensetzen und in Stücke schneiden. Für die Füllung 1 Glas Orangenkonfitüre mit 2 Eßlöffeln Rum verrühren.

Braucht etwas Zeit · Ganz einfach

Gewürzschnitten

Zutaten für 55 Stück:
250 g Rosinen · je 125 g Haselnuß- und Erdnußkerne · 5 Eier · 250 g Zucker · 1 Teel. Zimt ·
½ Teel. Nelkenpulver · abgeriebene Schale von je ½ unbehandelten Zitrone und Orange ·
250 g Mehl · 50 g Speisestärke
Für die Glasur: 250 g Puderzucker · 1 Eßl. heißes Wasser · 2 Eßl. Rum oder Arrak
Zum Verzieren: 100 g gemischte kandierte Früchte
Für das Backblech: Butter · Mehl
Pro Stück etwa 485 Joule/115 Kalorien

Zubereitungszeit: 50 Minuten
Backzeit: etwa 25 Minuten

● Die Rosinen waschen und auf Küchenkrepp trocknen. Die Haselnüsse und die Erdnüsse grobhacken.
● Die Eier mit dem Zucker sehr schaumig schlagen, bis der Zucker ganz aufgelöst ist. Den Zimt, das Nelkenpulver und die Zitronen- und die Orangenschale hinzufügen.
● Das Mehl mit der Speisestärke sieben* und unter die Schaummasse heben. Die Nüsse und die Rosinen locker untermischen.
● Das Backblech einfetten* und mit Mehl bestäuben. Den Backofen auf 200° vorheizen.
● Den Teig gleichmäßig auf das Backblech strei-

chen und im Ofen auf der mittleren Schiene etwa 25 Minuten backen.
● Den Kuchen noch heiß in etwa 3 × 7 cm große Schnitte schneiden und erkalten lassen.
● Den Puderzucker mit dem heißen Wasser und dem Rum oder Arrak glattrühren und die Gewürzschnitten dick damit überziehen*. Die kandierten Früchte in Streifen schneiden und das Gebäck damit hübsch verzieren.

Braucht etwas Zeit · Ganz einfach

Nürnberger Lebkuchen

Zutaten für 20 Stück:
je 125 g ungeschälte Mandeln und Haselnußkerne · 3 Eier · 200 g Farinzucker ·*
1 Teel. Zimt · ½ Teel. Nelkenpulver · 1 Prise Muskatblüte · abgeriebene Schale von ½ unbehandelten Zitrone · 1 Eßl. Rum · je 75 g feingehacktes Zitronat und Orangeat · 50 g Speisestärke · 20 runde Oblaten von etwa 5 cm Ø
Für die Glasur: 100 g Puderzucker · 1 Eßl. Zitronensaft · 1 Eßl. Rum
Pro Stück etwa 775 Joule/185 Kalorien

Zubereitungszeit: 1 Stunde
Ruhezeit: 12 Stunden
Backzeit: 20 Minuten

● Die Mandeln und die Haselnüsse durch die Mandelmühle* drehen.
● Die Eier mit dem Zucker sehr schaumig rühren*. Den Zimt, das Nelkenpulver, die Muskatblüte, die Zitronenschale und den Rum dazugeben. Die Mandeln, die Nüsse, das Zitronat und das Orangeat einrühren. Zuletzt die Speisestärke untermischen.

- Den Teig 12 Stunden – am besten über Nacht – zugedeckt an einem kühlen Platz ruhen lassen.
- Den Backofen auf 160° vorheizen.
- Die Masse hügelförmig auf die Oblaten streichen.
- Die Lebkuchen im Ofen auf der mittleren Schiene etwa 20 Minuten backen.
- Das Gebäck auf dem Kuchengitter abkühlen lassen*. Den Puderzucker mit dem Zitronensaft und dem Rum glattrühren und die Lebkuchen mit dem Guß überziehen*.

Nicht ganz einfach

Florentiner

Bild Seite 88

In der Renaissance genoß die Gilde der Florentiner Zuckerbäcker hohes Ansehen. Sie wurden geehrt wie Maler und Bildhauer. Ihre phantasievollen Gebilde aus süßen Zutaten für die Tafeln der Adeligen glichen kleinen Kunstwerken.

Zutaten für 42 Stück:
200 g Butter · 2 Eßl. Honig · 175 g Zucker ·
4 Eßl. Sahne · je 50 g feingehacktes Zitronat und
Orangeat · 125 g Mandelblättchen · 100 g Mehl
Für die Glasur: 200 g zartbittere Schokolade
Für das Backblech: Alufolie · Mehl · 6 Ringe
zum Braten von Spiegeleiern
Pro Stück etwa 420 Joule/100 Kalorien

Zubereitungszeit: 50 Minuten
Backzeit: 8–10 Minuten pro Blech

- Die Butter, den Honig, den Zucker und die Sahne in einem Topf bei schwacher Hitze unter ständigem Rühren zum Kochen bringen.
- Das Zitronat, das Orangeat und die Mandel-

blättchen einrühren und 2 Minuten mitköcheln lassen. Den Topf vom Herd nehmen und das Mehl unter diese Masse rühren.
- Den Backofen auf 200° vorheizen. Das Backblech mit Alufolie auslegen, mit Mehl bestäuben und die Spiegeleierringe auf das Blech legen.
- Mit einem nassen Teelöffel kleine Teighäufchen in jeden Ring setzen. Die Plätzchen auf der mittleren Schiene des Ofens 8–10 Minuten backen. Die fertigen Florentiner sofort auf einem Kuchengitter erkalten lassen.
- Die Schokolade in Stücke brechen und im Wasserbad* schmelzen lassen*.
- Die Florentiner dick mit der geschmolzenen Schokolade bestreichen.

Ganz einfach

Elisenlebkuchen

Zutaten für 24 Stück:
je 100 g ungeschälte Mandeln und Haselnüsse ·
100 g Korinthen · 75 g weiche Butter ·
150 g Zucker · 2 Eier · 1 Teel. Kakaopulver ·
1 Teel. Zimt · je 1 Messerspitze Nelkenpulver,
Piment und Kardamom · abgeriebene Schale von
1 unbehandelten Zitrone · je 100 g feingewürfeltes
Zitronat und Orangeat · 250 g Mehl · ½ Päckchen Backpulver · ⅛ l Milch · 4 rechteckige Oblaten, etwa 12 × 19 cm groß
Für die Glasur: 200 g Puderzucker · 2 Eßl. Rum
Pro Stück etwa 1 135 Joule/270 Kalorien

Zubereitungszeit: 1 Stunde
Backzeit: 20–30 Minuten

- Die Mandeln und die Nüsse durch die Mandelmühle* drehen. Die Korinthen heiß waschen, abtropfen und abtrocknen.
- Die Butter mit dem Zucker schaumig rühren,

die Eier dazugeben und die Masse cremig schlagen. Das Kakaopulver, die Gewürze und die Zitronenschale hinzufügen. Das Zitronat, das Orangeat, die Korinthen und die durchgedrehten Mandeln und Nüsse unter die Creme rühren.
• Das Mehl mit dem Backpulver darübersieben* und abwechselnd mit der Milch in die Creme einarbeiten.
• Den Backofen auf 160–180° vorheizen.
• Die Oblaten zu einem Rechteck dicht nebeneinander auf das Backblech legen. Den Teig gleichmäßig auf die Oblaten streichen und auf der mittleren Schiene des Ofens 20–30 Minuten backen.
• Den Puderzucker sieben*, mit dem Rum glattrühren und den noch heißen Kuchen mit der Glasur überziehen*. Den Elisenlebkuchen auf dem Blech abkühlen lassen*, dann in 24 Rechtecke schneiden.

Braucht etwas Zeit

Großmamas fruchtige Lebkuchen

Lebkuchen werden auch heute noch mit Pottasche* und Hirschhornsalz* gebacken, das ist alte Tradition. Sie bekommen beide Triebmittel in Ihrer Apotheke.

Zutaten für 24 Stück:
je 50 g Haselnußkerne und ungeschälte Mandeln · je 100 g getrocknete Feigen, Aprikosen und Datteln ohne Kerne · 50 g Rosinen · 100 g Honig · 150 g Butter · je 1 Teel. Pottasche und Hirschhornsalz* · 2 Eßl. Wasser · 3 Eier · 150 g Zucker · 200 g Mehl · 200 g blütenzarte Haferflocken · je 1 Messerspitze Kardamom, Piment und geriebene Muskatnuß · 1 Teel. Zimt ·*
abgeriebene Schale von 1 unbehandelten Zitrone · je 50 g feingehacktes Zitronat und Orangeat Für den Guß: 250 g Puderzucker · 3 Eßl. Zitronensaft · 1–2 Eßl. Wasser Für das Backblech: Butter
Pro Stück etwa 1 090 Joule/260 Kalorien

Zubereitungszeit: 1 Stunde und 15 Minuten
Backzeit: 25 Minuten

• Die Haselnüsse und die Mandeln grobhacken. Die Feigen, die Aprikosen und die Datteln in kleine Würfel schneiden. Die Rosinen waschen und auf Küchenkrepp trocknen.
• Den Honig mit der Butter bei schwacher Hitze erwärmen und wieder abkühlen lassen. Die Pottasche und das Hirschhornsalz in dem Wasser auflösen.
• Die Eier mit dem Zucker schaumig rühren, bis der Zucker ganz aufgelöst ist. Die Honig-Butter-Mischung und die aufgelösten Triebmittel hinzufügen und unterrühren.
• Das Backblech einfetten*. Den Backofen auf 200° vorheizen.
• Das Mehl mit den Haferflocken, dem Kardamom, dem Piment, dem Muskat und dem Zimt mischen und in den Teig mengen. Die Zitronenschale, die Nüsse, die Mandeln, die zerkleinerten getrockneten Früchte, die Rosinen, das Zitronat und das Orangeat in den Teig einarbeiten.
• Den Teig gleichmäßig auf das Blech streichen und im Ofen auf der mittleren Schiene etwa 25 Minuten backen.
• Den Puderzucker sieben* und mit dem Zitronensaft und dem Wasser glattrühren. Den Guß auf den noch heißen Lebkuchen streichen. Den abgekühlten Kuchen in 24 Rechtecke schneiden.

Kücherl, Krapfen und Karnevalsgebäck

Braucht etwas Zeit · Nicht ganz einfach

Berliner Pfannkuchen

In Süddeutschland heißen sie Krapfen. Dort sind sie vor allem zu Silvester und im Fasching beliebt.

Zutaten für 20 Stück:
Für den Teig: 500 g Mehl · 40 g Hefe ·
50 g Zucker · gut ⅛ l lauwarme Milch ·
2 Eßl. Öl · 2 Eßl. Rum · 2 Eier · ½ Teel. Salz
Zum Bestreichen: 1 Eiweiß
Für die Füllung: 150 g Aprikosenmarmelade
Für das Backblech: Butter
Zum Fritieren: 1 l Öl oder 1 kg Fritierfett**
Zum Bestreuen: 4 Eßl. Zucker oder Puderzucker
Pro Stück etwa 880 Joule/210 Kalorien

<u>Zubereitungszeit:</u> 40 Minuten
<u>Zeit zum Gehenlassen:</u> 50 Minuten
<u>Fritierzeit:</u> 6–7 Minuten pro Einlage

● Das Mehl in eine Schüssel sieben*, in die Mitte eine Mulde drücken. Die Hefe in die Vertiefung bröckeln und mit 1 Teelöffel Zucker, der Hälfte der Milch und etwas Mehl zu einem Vorteig* verrühren. Mit einem Tuch zugedeckt an einem warmen Platz 15 Minuten gehen lassen*.
● Den restlichen Zucker, die restliche Milch, das Öl, den Rum, die Eier und das Salz hinzufügen. Alles gut verkneten und den Teig so lange schlagen, bis er sich vom Schüsselrand löst.
● Den Teig zugedeckt an einem warmen Platz so lange gehen lassen, bis er das doppelte Volumen erreicht hat; das dauert etwa 20 Minuten.
● Die Arbeitsfläche mit Mehl bestäuben und den Hefeteig darauf 2 cm dick ausrollen*. Aus der Teigplatte 40 runde Plätzchen von 7 cm Durchmesser ausstechen*. Das Eiweiß leicht verquirlen und die Hälfte der Plätzchen am Rand damit bestreichen. In die Mitte der Plätz-chen jeweils ein Häufchen Marmelade geben. Die restlichen Plätzchen locker darauflegen und die Ränder sorgfältig zusammendrücken.
● Ein Backblech einfetten und die Berliner Pfannkuchen darauf zugedeckt 15 Minuten gehen lassen*.
● Das Fett in der Friteuse* oder einem großen Topf auf 175° erhitzen. Die Pfannkuchen in mehreren Arbeitsgängen 3 Minuten im zugedeckten Topf fritieren*. Dann den Deckel öffnen, die Pfannkuchen wenden und weitere 3–4 Minuten backen.
● Die fertigen Krapfen mit dem Schaumlöffel aus dem Fett heben und auf Küchenkrepp* abtropfen lassen. Noch warm in Zucker wenden oder abgekühlt mit Puderzucker besieben.

Braucht etwas Zeit · Nicht ganz einfach

Ausgezogene Nudeln

Bild Seite 325

Die ausgezogenen »Küachl« gehören in Bayern unbedingt zur Kirchweih. Am besten schmecken sie frisch ausgebacken zum Kaffee.

Zutaten für 20 Stück:
Für den Teig: 20 g Hefe · 100 g Zucker · ¼ l lauwarme Milch · 500 g Mehl · 50 g weiche Butter ·
2 Eier · abgeriebene Schale von ½ unbehandelten Zitrone · 1 Prise Salz
Zum Fritieren: 750 g Kokosfett*
Zum Bestreuen: 4 Eßl. Zucker
Pro Stück etwa 945 Joule/225 Kalorien

<u>Zubereitungszeit:</u> 45 Minuten
<u>Zeit zum Gehenlassen:</u> 35 Minuten
<u>Fritierzeit:</u> 8 Minuten pro Einlage

- Die Hefe in einen kleinen Topf bröckeln, 1 Teelöffel Zucker darüberstreuen, mit der Hälfte der Milch verrühren und 15 Minuten an einem warmen Platz gehen lassen*.
- Das Mehl in eine Schüssel sieben*, die Hefemischung und die übrigen Teigzutaten dazugeben. Alles zu einem glatten Teig verarbeiten und diesen schlagen, bis er Blasen wirft.
- Die Arbeitsfläche mit Mehl bestäuben.
- Eigroße Nudeln aus dem Teig abstechen, rund formen und auf der Arbeitsfläche mit einem Tuch zugedeckt 20 Minuten gehen lassen.
- Das Fett in der Friteuse* oder einem breiten Topf auf 180° erhitzen.
- Die Nudeln mit befetteten Fingern leicht drehend so ausziehen, daß außen ein dicker Rand bleibt und die Mitte sehr dünn ist.
- Die Nudeln portionsweise nacheinander in das heiße Fett legen und erst von der Unterseite goldbraun backen. Dann vorsichtig wenden und darauf achten, daß kein Fett in die Mitte kommt. Die dünne Mittelhaut soll weiß bleiben.
- Die »Ausgezogenen« mit dem Schaumlöffel vorsichtig herausheben, auf Küchenkrepp gut abtropfen lassen und noch warm leicht mit Zucker bestreuen.

Braucht etwas Zeit

Rosinenkrapfen aus Amsterdam

Bild Seite 300

Zutaten für 25 Stück:
500 g Mehl · 40 g Hefe · 100 g Zucker · ⅛ l lauwarme Milch · 1 Prise Salz · abgeriebene Schale von je 1 unbehandelten Zitrone und Orange · 2 Eier · 75 g weiche Butter · 100 g Rosinen ·

50 g Korinthen · 50 g Haselnußkerne · 75 g feingehacktes Orangeat
Zum Fritieren: 1 l Öl oder 1 kg Kokosfett*
Pro Stück etwa 735 Joule/175 Kalorien

Zubereitungszeit: 25 Minuten
Zeit zum Gehenlassen: 45 Minuten
Fritierzeit: 8–10 Minuten pro Einlage

- Das Mehl in eine Schüssel sieben*, in die Mitte eine Mulde drücken. Die Hefe in die Vertiefung bröckeln und mit 1 Teelöffel Zucker und der Hälfte der Milch und etwas Mehl zu einem Vorteig* verrühren. Mit einem Tuch zugedeckt an einem warmen Platz 15 Minuten gehen lassen*.
- Den restlichen Zucker, die restliche Milch, das Salz, die Zitronen- und Orangenschale, die Eier und die Butter dazugeben. Alles gut verkneten* und den Teig so lange schlagen, bis er sich vom Schüsselrand löst und Blasen wirft. Den Teig zugedeckt an einem warmen Platz 15 Minuten gehen lassen*.
- Die Rosinen und die Korinthen mit heißem Wasser übergießen und 3 Minuten quellen lassen*, abgießen und auf Küchenkrepp trocknen. Die Nüsse grobhacken.
- Die Rosinen mit den Korinthen, den Nüssen und dem Orangeat in den Hefeteig kneten. Den Teig nochmals 15 Minuten gehen lassen*.
- Das Fett in einem großen Topf oder in der Friteuse* auf 180° erhitzen.
- Mit zwei bemehlten Eßlöffeln vom Teig kleine längliche Krapfen formen und jeweils etwa 6 Stück in dem heißen Fett ringsherum in 8–10 Minuten goldbraun ausbacken*, dabei einmal wenden.
- Die Rosinenkrapfen mit dem Schaumlöffel herausheben und auf Küchenkrepp abtropfen lassen.

Braucht etwas Zeit · Nicht ganz einfach

Schürzkuchen

Zutaten für etwa 40 Stück:
400 g Mehl · 30 g Hefe · 4 Eßl. lauwarme Milch ·
40 g weiche Butter · 75 g Zucker · 100 g saure
Sahne · 2 Eier · 1 Messerspitze Zimt
Zum Fritieren*: 1 l Öl oder 1 kg Kokosfett
Zum Wenden: 4 Eßl. Zucker
Pro Stück etwa 295 Joule/70 Kalorien

Zubereitungszeit: 30 Minuten
Zeit zum Gehenlassen: etwa 40 Minuten
Fritierzeit: 4–6 Minuten pro Einlage

● Das Mehl in eine Schüssel sieben*. Die Hefe
in einem Töpfchen mit der Milch gut verrühren
und mit der Butter, dem Zucker, der sauren Sahne, den Eiern und dem Zimt zum Mehl geben.
Alles verkneten* und so lange schlagen, bis der
Teig sich vom Schüsselrand löst und Blasen
wirft. Den Teig mit einem Tuch zugedeckt an einem warmen Platz so lange gehen lassen*, bis er
das doppelte Volumen erreicht hat; das dauert
etwa 25 Minuten.
● Die Arbeitsfläche mit Mehl bestäuben und
den Hefeteig darauf etwa 1 cm dick ausrollen*.
Daraus vierzig 3 × 8 cm große Streifen ausrädeln,

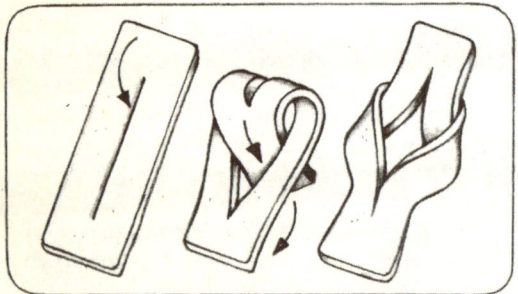

In die Mitte der Teigstreifen einen Schlitz einschneiden
und ein Teigende zur Schlinge durchziehen.

in die Mitte einen 5 cm langen Schlitz einschnei-
den und ein Teigende zur Schlinge durchziehen.
● Die Schürzkuchen nochmals an einem war-
men Platz etwa 15 Minuten gehen lassen.
● Das Fett in der Friteuse* oder einem großen
Topf auf 180° erhitzen und die Schürzkuchen
darin portionsweise in 4–6 Minuten goldgelb fri-
tieren*, dabei einmal wenden. Das Gebäck auf
Küchenkrepp abtropfen lassen und noch heiß in
Zucker wenden.

> **Unser Tip** Fettgebackenes nicht zu
> lange in der Friteuse schmoren lassen, es
> dunkelt später noch nach.

Preiswert · Braucht etwas Zeit

Griechische Liebesschleifchen

Zutaten für etwa 20 Stück:
100 g Butter · 100 g Puderzucker · 4 Eigelb ·
1 Eßl. Weinbrand · Saft von 3 Orangen ·
1½ Teel. Backpulver · 300 g Mehl · 1 Prise Salz
Zum Fritieren*: 1 kg Kokosfett
Zum Besieben: 2 Eßl. Puderzucker
Pro Stück etwa 610 Joule/145 Kalorien

Zubereitungszeit: 1 Stunde
Ruhezeit: 1 Stunde
Fritierzeit: 5 Minuten pro Einlage

● Die Butter mit dem Puderzucker und dem
Eigelb schaumig rühren. Den Weinbrand und
den Orangensaft hinzufügen. Das Backpulver
mit dem Mehl über die Schaummasse sieben*,
das Salz dazugeben und alles zu einem glatten

Teig verarbeiten. Den Teig in Alufolie wickeln und 1 Stunde im Kühlschrank ruhen lassen.
● Das Fett in der Friteuse* oder einem großen Topf langsam auf 180° erhitzen.
● Die Arbeitsfläche mit Mehl bestäuben. Den Teig darauf ½ cm dick ausrollen* und zu 20 Streifen von etwa 20 × 2 cm schneiden. Jeden Streifen locker zu einem Schleifchen knoten.
● Die Schleifchen portionsweise in dem heißen Fett in 5 Minuten goldgelb fritieren*. Nach der halben Backzeit mit einem Schaumlöffel wenden. Die Schleifchen auf Küchenkrepp gut abtropfen lassen und noch heiß mit Puderzucker besieben.

Ganz einfach

Quarkkrapfen

Zutaten für etwa 50 Stück:
125 g weiche Butter · 125 g Zucker · 4 Eier ·
abgeriebene Schale von 1 unbehandelten Zitrone ·
1 Eßl. Rum · 500 g Magerquark · ½ Tasse
Milch · 1 Päckchen Backpulver · 500 g Mehl
Zum Fritieren: 1 kg Kokosfett oder 1 l Öl*
Zum Wenden: 5 Eßl. Zucker
Pro Stück etwa 335 Joule/80 Kalorien

Zubereitungszeit: 35 Minuten
Fritierzeit: 6–8 Minuten pro Einlage

● Die Butter mit dem Zucker schaumig rühren*. Ein Ei nach dem anderen dazugeben und alles cremig schlagen. Die Zitronenschale und den Rum einrühren.
● Den Magerquark mit der Milch in einer Schüssel glattrühren und in die Crememasse mengen.
● Das Fett in der Friteuse* oder einem großen Topf auf 180° erhitzen.

● Das Backpulver mit dem Mehl sieben* und nach und nach in den Quarkteig einarbeiten.
● Mit 2 Eßlöffeln Bällchen vom Teig abstechen und portionsweise im heißen Fett in 6–8 Minuten hellbraun fritieren*, dabei die Krapfen einmal wenden.
● Die Küchlein auf Küchenkrepp abtropfen lassen und noch warm in Zucker wenden.

Braucht etwas Zeit · Nicht ganz einfach

Doughnuts

Bild Seite 299

Teignüsse nennen die Amerikaner ihr heißgeliebtes Schmalzgebäck. Die Hefeteigringe werden wie unsere Krapfen nach dem Backen mit Puderzucker besiebt oder mit einer Zuckerglasur überzogen, aber zusätzlich häufig noch mit Mandelblättchen verziert.

Zutaten für 20 Stück:
500 g Mehl · 40 g Hefe · 80 g Zucker · gut ⅛ l lauwarme Milch · 60 g weiche Butter · 2 Eier · abgeriebene Schale von ½ unbehandelten Zitrone ·
1 Prise Salz
Zum Fritieren: 750 g Schmalz oder Kokosfett*
Für die Glasur: 150 g Puderzucker · 1 Eiweiß ·
3 Eßl. Rum
Zum Bestreuen: 3 Eßl. Mandelblättchen
Pro Stück etwa 800 Joule/190 Kalorien

Zubereitungszeit: 30 Minuten
Zeit zum Gehenlassen: 45 Minuten
Fritierzeit: 4–5 Minuten pro Einlage

● Das Mehl in eine Schüssel sieben*, in die Mitte eine Mulde drücken. Die Hefe in die Vertiefung bröckeln und mit 1 Teelöffel Zucker, der

Milch und etwas Mehl zu einem Vorteig* verrühren. Mit einem Tuch zugedeckt an einem warmen Platz 15 Minuten gehen lassen*.
• Den restlichen Zucker, die Butter, die Eier, die Zitronenschale und das Salz hinzufügen. Alles gut verkneten* und den Teig so lange schlagen, bis er sich vom Schüsselrand löst und Blasen wirft. Den Teig zugedeckt an einem warmen Platz etwa 20 Minuten gehen lassen*, bis er fast das doppelte Volumen erreicht hat.
• Die Arbeitsfläche mit Mehl bestäuben und den Teig darauf gut 1 cm dick ausrollen*. Aus der Teigplatte runde Plätzchen von etwa 6 cm Durchmesser ausstechen und aus der Mitte der Plätzchen einen Kreis von etwa 2 cm Durchmesser ausstechen. (Das geht ganz gut mit einem Apfelausstecher*.) Die Heferinge nochmals 10 Minuten gehen lassen.
• Das Fett in einem großen Topf oder in der Friteuse* auf 175° erhitzen. Jeweils 4–5 Doughnuts in das heiße Fett geben und von beiden Seiten in 4–5 Minuten goldbraun ausbacken*. Die Doughnuts auf Küchenkrepp abtropfen lassen.
• Den Puderzucker mit dem Eiweiß und dem Rum verrühren und die Doughnuts damit überziehen* und mit den Mandelblättchen bestreuen.

Preiswert · Schnell

Karnevalsmuzen

Zutaten für 40 Stück:
60 g Butter · 50 g Zucker · 1 Ei · 2 Eßl. Rum · 250 g Mehl · 4 Eßl. Milch · 1 Prise Salz
Zum Fritieren: 750 g Kokosfett oder 1 l Öl*
Zum Besieben: 2 Eßl. Puderzucker
Pro Stück etwa 210 Joule/50 Kalorien

Zubereitungszeit: 20 Minuten
Fritierzeit: 3–5 Minuten pro Einlage

• Die Butter in einem Topf zerlassen. Den Topf vom Herd nehmen und den Zucker, das Ei und den Rum einrühren.
• Das Mehl in eine Schüssel sieben*, in die Mitte eine Mulde drücken und die Buttermischung, die Milch und das Salz hineingeben. Alles zu einem Teig verkneten*.
• Die Arbeitsfläche mit Mehl bestäuben und den Teig darauf 3 mm dick ausrollen*. Mit dem Teigrädchen* 7 cm lange Rhomben ausrädeln.
• Das Fett in der Friteuse* oder einem großen Topf auf 180° erhitzen und die Teigrhomben darin in 3–5 Minuten goldgelb fritieren*. Die Muzen dabei einmal wenden.
• Die Muzen mit dem Schaumlöffel aus dem Fett heben und auf Küchenkrepp abtropfen und erkalten lassen. Mit Puderzucker besieben*.

Preiswert · Ganz einfach

Rheinische Muzemandeln

Die Muzen erfreuen sich auch in anderen Gegenden großer Beliebtheit zum Karneval und zum Fasching. Es gibt Spezialausstecher, mit dem man 20 Stück auf einmal ausstechen kann. Ein Teelöffel tut aber auch seine Dienste.

Zutaten für 80 Stück:
100 g Butter · 60 g Zucker · 2 Eier · 1 Prise Salz · abgeriebene Schale von ½ unbehandelten Zitrone · 100 g Speisestärke · 250 g Mehl · 1 Teel. Backpulver · 40 g gemahlene Mandeln · 1 Eßl. Rum
Zum Fritieren: 750 g Kokosfett oder 1 l Öl*
Zum Besieben oder zum Wenden: 6 Eßl. Puderzucker oder Zucker
Pro Stück etwa 190 Joule/45 Kalorien

Zubereitungszeit: 45 Minuten
Fritierzeit: 5–8 Minuten pro Einlage

• Die Butter schaumig rühren*, nach und nach den Zucker und die Eier dazugeben und alles cremig schlagen. Das Salz und die Zitronenschale untermischen.
• Die Speisestärke mit dem Mehl und dem Backpulver sieben* und langsam unter die Crememasse mengen. Die gemahlenen Mandeln und den Rum untermischen.
• Das Fett oder das Öl in der Friteuse* oder einem großen Topf auf 180° erhitzen.
• Die Arbeitsfläche mit Mehl bestäuben, den Teig darauf 1 cm dick ausrollen* und mit der Form ausstechen*. Oder mit dem Teelöffel kleine mandelförmige Klöße vom Teig abstechen.
• Die Muzen portionsweise in das heiße Fett geben und in 5–8 Minuten hellbraun fritieren*. Auf Küchenkrepp abtropfen lassen, mit Puderzucker besieben* oder in Zucker wenden.

tiefung geben. Die Butter in Flöckchen auf den Mehlrand verteilen. Alle Zutaten mit einem Messer durchhacken, dann schnell mit kühlen Händen zu einem glatten Teig kneten*. Den Teig in Alufolie wickeln und 30 Minuten im Kühlschrank ruhen lassen.
• Die Arbeitsfläche mit Mehl bestäuben und den Teig darauf ½ cm dick ausrollen*. Aus der Teigplatte ½ cm breite und etwa 20 cm lange Streifen schneiden. Jeweils 3 Streifen zu einem Zöpfchen flechten, die Enden fest zusammendrücken.
• Das Fett in einem großen Topf oder in der Friteuse* auf 175° erhitzen.
• Die Zöpfli in das heiße Fett geben, jeweils 2–3 Stück auf einmal, und in 8 Minuten goldbraun ausbacken*, dabei nach der halben Backzeit wenden.
• Die Schmalzzöpfli mit dem Schaumlöffel herausheben und auf Küchenkrepp abtropfen lassen. Das noch warme Gebäck in Zucker wenden.

Preiswert · Braucht etwas Zeit

Schmalzzöpfli

Zutaten für 20 Stück:
250 g Mehl · 50 g Zucker · 3 Eigelb ·
2 Eßl. Rum · 2 Eßl. saure Sahne · 50 g Butter
Zum Fritieren: 750 g Schmalz oder Kokosfett*
Zum Wenden: 4 Eßl. Zucker
Pro Stück etwa 485 Joule/115 Kalorien

Zubereitungszeit: 50 Minuten
Ruhezeit: 30 Minuten
Fritierzeit: etwa 8 Minuten pro Einlage

• Das Mehl auf die Arbeitsfläche sieben*. In die Mitte eine Mulde drücken. Den Zucker, das Eigelb, den Rum und die saure Sahne in die Ver-

Preiswert · Ganz einfach

Trunkene Jungfern

Zutaten für 12 Stück:
3 Eier · 75 g Zucker · abgeriebene Schale
von ½ unbehandelten Zitrone · 80 g Mehl
Zum Fritieren: 500 g Kokosfett*
Zum Übergießen: ⅜ l Rotwein · 2 Eßl. Zucker ·
¼ Zimtstange · 2 Gewürznelken
Pro Stück etwa 565 Joule/135 Kalorien

Zubereitungszeit: 35 Minuten
Fritierzeit: 4 Minuten pro Einlage

• Die Eier in Eigelb und Eiweiß trennen*. Das Eigelb mit dem Zucker schaumig rühren. Die Zitronenschale hinzufügen.

Doughnuts heißen die von den Amerikanern heißge-
liebten, fettgebackenen »Teignüsse«. Rezept Seite 295. ▷

• Das Eiweiß zu steifem Schnee schlagen* und
unter die Schaummasse heben*. Das Mehl darübersieben* und einmengen.
• Das Fett in einem großen Topf oder in der Friteuse* auf 180° erhitzen.
• Mit einem Teelöffel vom Teig Klößchen abstechen, portionsweise in das heiße Fett geben und
in etwa 4 Minuten goldgelb ausbacken*.
• Die Klößchen mit dem Schaumlöffel herausheben, auf Küchenkrepp abtropfen lassen und in
eine vorgewärmte Terrine legen.
• Den Rotwein mit dem Zucker, der Zimtstange
und den Nelken erhitzen und über die »Jungfern« gießen. Heiß servieren.

Preiswert · Schnell · Ganz einfach

Polsterzipfel aus Bassano

Bild Seite 343

Die schöne norditalienische Stadt Bassano del
Grappa hat auch Feinschmeckern viel Gutes zu
bieten: aromatische Pilze, würzige Bergkäse, viele Sorten köstlichen Blütenhonigs und nicht
zuletzt den berühmten Tresterschnaps Grappa,
die Spezialität der Region. Was Wunder, daß
auch viele Gerichte dort mit dem Branntwein
verfeinert werden.

Zutaten für etwa 80 Stück:
400 g Mehl · ½ Päckchen Backpulver ·
50 g Butter · 75 g Zucker · 1 Prise Salz ·
2 Eier · 3–4 Eßl. Milch · 3 Eßl. Grappa
Zum Fritieren*: 1 l Öl oder 1 kg Kokosfett oder
Schmalz
Zum Besieben: 4 Eßl. Puderzucker
Pro Stück etwa 190 Joule/45 Kalorien

Zubereitungszeit: 25 Minuten
Fritierzeit: 4–6 Minuten pro Einlage

• Das Mehl mit dem Backpulver in eine Schüssel sieben*. Die Butter in Flöckchen darüber verteilen. Den Zucker, das Salz, die Eier, die Milch
und den Grappa hinzufügen und verkneten.
• Das Fett in einem großen Topf oder in der Friteuse* auf 180° erhitzen.
• Die Arbeitsfläche mit Mehl bestäuben, den
Teig darauf 2–3 mm dick ausrollen* und etwa
3 × 3 cm große Quadrate ausschneiden.
• Jeweils 10 Plätzchen in das heiße Fett geben
und in 4–6 Minuten goldbraun ausbacken*, dabei nach der halben Backzeit einmal wenden.
• Die fertigen Polsterzipfel mit dem Schaumlöffel herausheben, auf Küchenkrepp abtropfen
lassen und dick mit Puderzucker besieben.

Preiswert · Ganz einfach

Quarkballbäuschen

Zutaten für 25 Stück:
50 g Rosinen · 50 g abgezogene Mandeln ·
2 Eier · 60 g Zucker · abgeriebene Schale von
½ unbehandelten Zitrone · 250 g Magerquark ·
3–4 Eßl. Sahne · 250 g Mehl · ½ Päckchen Back-
pulver
Zum Fritieren*: 750 g Kokosfett
Zum Wenden: 4 Eßl. Hagelzucker*
Pro Stück etwa 460 Joule/110 Kalorien

Zubereitungszeit: 40 Minuten
Fritierzeit: 6 Minuten pro Einlage

• Die Rosinen mit kochendem Wasser übergießen, 2 Minuten quellen lassen, abgießen und auf
Küchenkrepp gut abtrocknen. Die Mandeln
feinhacken.

◁ Rosinenkrapfen aus Amsterdam schmecken natürlich nicht nur in Holland, sondern auch hierzulande ganz vorzüglich. Rezept Seite 293.

• Die Eier mit dem Zucker schaumig schlagen. Die Zitronenschale, den Quark und die Sahne nacheinander einrühren. Das Mehl mit dem Backpulver sieben* und löffelweise in die Quarkmasse einarbeiten. Die Rosinen und die Mandeln in den Teig mengen.
• Das Fett in einem großen Topf oder in der Friteuse* auf 180° erhitzen.
• Mit zwei Eßlöffeln vom Teig Stücke abstechen, zu Bällchen formen und portionsweise in das heiße Fett geben. Die Bällchen in 6 Minuten goldgelb ausbacken*, dabei nach der halben Backzeit einmal mit dem Schaumlöffel wenden.
• Die Ballbäuschen auf Küchenkrepp abtropfen lassen und in Hagelzucker wenden, solange sie noch heiß sind.

Preiswert · Schnell · Ganz einfach

Schneebälle

Zutaten für etwa 14 Stück:
¼ l Wasser · 1 Prise Salz · 50 g Butter ·
150 g Mehl · 4 Eier
Zum Fritieren: 1 l Öl oder 1 kg Kokosfett*
Zum Besieben: 2 Eßl. Puderzucker
Pro Stück etwa 505 Joule/120 Kalorien

Zubereitungszeit: 30 Minuten
Fritierzeit: 3–5 Minuten pro Einlage

• Das Wasser mit dem Salz und der Butter in einem breiten Topf aufkochen, vom Herd nehmen, das gesiebte Mehl auf einmal in die heiße Flüssigkeit schütten und alles schnell glattrühren*.
• Den Topf wieder auf den Herd stellen und die Masse so lange rühren*, bis sich ein Kloß bildet und sich am Topfboden eine weiße Haut absetzt.
• Den Topf wieder vom Herd nehmen und nacheinander die Eier hinzufügen und weiter-

rühren, bis die Masse goldgelb glänzt.
• Das Öl oder das Kokosfett in der Friteuse* oder einem großen Topf auf 180° erhitzen.
• Vom Teig mit einem Eßlöffel Bällchen abstechen und diese im heißen Fett 3–5 Minuten fritieren*, dabei einmal wenden.
• Die Schneebälle mit dem Schaumlöffel herausheben, auf Küchenkrepp abtropfen lassen und dick mit Puderzucker besieben*.

Braucht etwas Zeit · Nicht ganz einfach

Teeknoten

Zutaten für etwa 45 Stück:
125 g weiche Butter · 125 g Zucker · 1 Prise Salz ·
3 Eier · 3 Eßl. Rum · ½ Päckchen Backpulver ·
500 g Mehl
Zum Fritieren: 1 kg Kokosfett*
Zum Wenden: etwa 100 g Zucker · 1 Päckchen Vanillinzucker
Pro Stück etwa 420 Joule/100 Kalorien

Zubereitungszeit: 40 Minuten
Ruhezeit: 30 Minuten
Fritierzeit: 5 Minuten pro Einlage

• Die Butter mit dem Zucker und dem Salz schaumig rühren. Die Eier nacheinander einmischen und den Rum unterrühren.
• Das Backpulver mit dem Mehl sieben*, einen Teil davon in die Schaummasse rühren, den Rest gut unterkneten*. Den Teig in Alufolie wickeln und 30 Minuten im Kühlschrank ruhen lassen.
• Die Arbeitsfläche mit Mehl bestäuben und den Teig darauf ½ cm dick ausrollen*. Aus der Teigplatte Streifen von 2 cm Breite und 15–20 cm Länge schneiden.
• Das Fett in einem großen Topf oder in der Friteuse* auf 180° erhitzen.

- Die Teigstreifen locker zu einem Knoten binden, portionsweise in das heiße Fett geben und in 5 Minuten hellbraun ausbacken*, dabei nach der halben Backzeit einmal wenden.

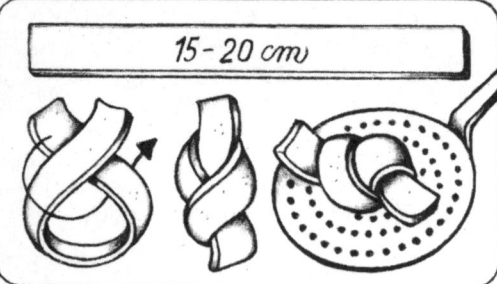

Die ausgeschnittenen Teigstreifen werden locker zu einem Knoten gebunden.

- Die Teeknoten mit dem Schaumlöffel herausheben und auf Küchenkrepp abtropfen lassen.
- Den Zucker mit dem Vanillinzucker mischen und das noch warme Gebäck darin wälzen.

Preiswert · Schnell · Ganz einfach

Hollerkücherl

Die Kücherl sind eine bayerische Spezialität, die sicherlich auch in anderen Ländern Liebhaber finden wird. Dort würde man die filigranen Gebilde fritierte Holunderblüten nennen.

Zutaten für 12 Stück:
12 frisch gepflückte Holunderblütendolden
Für den Teig: 200 g Mehl · 1 Prise Salz · ¼ l dunkles Bier oder ¼ l trockener Weißwein · 2 Eier ·
2 Teel. Öl
Zum Ausbacken*: 750 g Kokosfett
Zum Bestreuen: Zucker oder Puderzucker
Pro Stück etwa 440 Joule/105 Kalorien

Zubereitungszeit: 30 Minuten

- Die Holunderblüten vorsichtig waschen und sehr gut abtropfen lassen.
- Das Mehl mit dem Salz in einer Schüssel mischen und mit dem Bier oder dem Wein zu einem dicken Pfannkuchenteig rühren*. Die Eier und das Öl mit dem Schneebesen unter den Teig quirlen*. Den Teig 15 Minuten quellen lassen*.
- Das Fett in einem breiten Topf oder in der Friteuse* auf 175° erhitzen.
- Die Holunderblüten nacheinander am Stiel anfassen, in den Teig tauchen und in dem heißen Fett schwimmend goldgelb ausbacken*; das dauert nur etwa 2 Minuten.
- Die Kücherl mit dem Schaumlöffel aus dem Fett heben und auf Küchenkrepp abtropfen lassen. Mit Zucker bestreuen oder mit Puderzucker besieben* und noch heiß servieren. Dazu schmeckt am besten eine Tasse Kaffee.

Preiswert · Schnell · Ganz einfach

Apfelkücherl

Die knusprigen Kücherl gehören in Süddeutschland zum Kirchweihschmaus. Weil sie gar so gut schmecken, werden sie in Nobelrestaurants mit Grand Marnier flambiert oder mit Vanilleeiscreme serviert. Dann allerdings heißen sie Apfelbeignets.

Zutaten für 16 Stück:
2 Eier · 150 g Mehl · 1 Prise Salz · ⅛ l Milch ·
1 gehäufter Eßl. Butter · 2 Eßl. Rum oder Weinbrand · 4 große säuerliche Äpfel · 2 Eßl. Zucker ·
2 Eßl. Zitronensaft
Zum Ausbacken*: 750 g Kokosfett
Zum Bestreuen: 4 Eßl. Zucker oder Puderzucker
Pro Stück etwa 590 Joule/140 Kalorien

Zubereitungszeit: 45 Minuten
Fritierzeit: 6 Minuten pro Einlage

• Eiweiß und Eigelb trennen*. Das Mehl in eine Schüssel sieben*, salzen und mit der Milch und dem Eigelb zu einem glatten Teig rühren*.
Die Butter in einem Pfännchen zerlassen und mit dem Rum oder dem Weinbrand in den Teig mischen. Den Teig 15 Minuten quellen lassen*.
• Die Äpfel schälen, die Kerngehäuse mit einem Apfelausstecher* entfernen und die Äpfel in ½–1 cm dicke Scheiben schneiden. Mit dem Zucker bestreuen und dem Zitronensaft beträufeln und 15 Minuten zugedeckt stehen lassen.
• Das Eiweiß zu steifem Schnee* schlagen und unter den Teig heben*.
Das Fett in einem breiten Topf oder in der Friteuse* auf 175° erhitzen. Die Apfelscheiben nacheinander in den Teig tauchen, etwas abtropfen lassen und portionsweise im heißen Fett auf beiden Seiten goldgelb fritieren*; das dauert pro Seite etwa 3 Minuten.
• Die Apfelkücherl kurze Zeit auf Küchenkrepp abtropfen lassen, mit dem Zucker bestreuen oder dem Puderzucker besieben* und heiß servieren.

Preiswert · Braucht etwas Zeit

Hefewaffeln

Statt mit Puderzucker können die Hefewaffeln auch mit Zimt-Zucker bestreut, oder mit Honig, Ahornsirup oder einer Marmelade bestrichen werden. Mit einer Quark-Obst-Creme oder eiskalter Schlagsahne gefüllt sind die Waffeln ein Hochgenuß.

Zutaten für etwa 24 Stück:
375 g Mehl · 25 g Hefe · 50 g Zucker · ½ l lauwarme Milch · 4 Eier · 125 g zerlassene Butter ·

1 Prise Salz · abgeriebene Schale von ½ unbehandelten Zitrone
Für das Waffeleisen: Öl*
Zum Besieben: 4 Eßl. Puderzucker
Pro Stück etwa 545 Joule/130 Kalorien

Zubereitungszeit: 25 Minuten
Zeit zum Gehenlassen: 40 Minuten
Backzeit: 5–7 Minuten pro Waffel

• Das Mehl in eine Schüssel sieben* und in die Mitte eine Mulde drücken. Die Hefe hineinbröckeln und mit 1 Teelöffel Zucker, ⅛ l Milch und etwas Mehl zu einem Vorteig* verrühren. Mit einem Tuch zugedeckt an einem warmen Platz 15 Minuten gehen lassen*.
• Den restlichen Zucker, die restliche Milch, die Butter, das Salz und die Zitronenschale hinzufügen. Alles gut vermengen und den Teig so lange schlagen, bis er Blasen wirft. Den Teig nochmals zugedeckt an einem warmen Platz 25 Minuten gehen lassen*, bis er das doppelte Volumen erreicht hat.
• Das Waffeleisen* anheizen und die Innenflächen mit Öl bestreichen. Für jede Waffel 3 Eßlöffel Teig auf die Backfläche geben und in 5–7 Minuten goldbraun backen.
• Die fertigen Waffeln mit Puderzucker besieben* und frisch servieren.

Unser Tip Benutzen Sie zum Einfetten des heißen Waffeleisens nur einen Backpinsel mit Naturborsten, Kunststoffbürsten nehmen die Hitze übel.

Preiswert · Ganz einfach

Bayerische Schneeballen

Die Schneeballen auf altbayerische Art gehören auch heute noch in ländlichen Gebieten zum Sonntagsnachmittagskaffee.

Zutaten für 10 Stück:
1 Ei · 3 Eigelb · 1 Eßl. Zucker · 1 Prise Salz ·
1 Eßl. Rum · 150–200 g Mehl
Zum Fritieren*: 750 g Kokosfett
Zum Besieben: 2 Eßl. Puderzucker
Pro Stück etwa 590 Joule/140 Kalorien

Zubereitungszeit: 30 Minuten
Fritierzeit: etwa 3 Minuten pro Stück

• Das Ei und das Eigelb mit dem Zucker, dem Salz und dem Rum gut verquirlen*. Etwa die Hälfte des gesiebten* Mehls eßlöffelweise einrühren, dann so viel Mehl einkneten*, daß ein fester Teig entsteht.
• Die Arbeitsfläche mit Mehl bestäuben und den Teig darauf zu einer dünnen Rolle formen. Von der Teigrolle 10 Scheiben abschneiden und diese 2 mm dick desserttellergroß ausrollen*.
• Das Fett in einem großen Topf oder in der Friteuse* auf 175° erhitzen.
• Die Teigflecken einzeln in das heiße Fett geben und sofort mit zwei Gabeln von außen her mehrmals leicht zusammendrücken, so daß Falten entstehen. Die Schneeballen in etwa 3 Minuten hellgelb ausbacken*, dabei nach der halben Backzeit einmal wenden.
• Die Schneeballen mit dem Schaumlöffel herausnehmen und auf Küchenkrepp abtropfen lassen. Das ausgekühlte Gebäck mit Puderzucker besieben*.

Preiswert · Nicht ganz einfach

Eberswalder Spritzkuchen

Eberswalde, eine kleine Stadt in der Nähe von Berlin, machte seinen Namen im ganzen Land erst durch sein berühmtes Spritzgebäck bekannt, zumindest im Norden. Im süddeutschen Raum heißen die fettgebackenen Brandteigkringel Strauben.

Zutaten für 12 Stück:
¼ l Wasser · 1 Prise Salz · 50 g Butter ·
150 g Mehl · 4 Eier
Zum Fritieren*: 750 g Kokosfett
Für die Glasur: 150 g Puderzucker · 3 Eßl. Rum
oder Zitronensaft
Für die Arbeitsfläche: Pergamentpapier und Öl
Pro Stück etwa 735 Joule/175 Kalorien

Zubereitungszeit: 40 Minuten
Fritierzeit: 6–8 Minuten pro Einlage

• Das Wasser mit dem Salz und der Butter in einem breiten Topf aufkochen. Den Topf vom Herd nehmen. Das Mehl auf ein Stück Pergamentpapier sieben*, auf einmal in die heiße Flüssigkeit schütten und schnell glattrühren.
• Den Topf wieder auf den Herd setzen und die Masse so lange rühren, bis sich ein Kloß bildet und sich am Topfboden eine weiße Haut absetzt.
• Den Teigkloß in eine Rührschüssel geben und zunächst 1 Ei unterrühren. Die Masse etwas abkühlen lassen und die übrigen Eier nach und nach einrühren.
• 3 Bogen Pergamentpapier in Größe des Fritiertopfes zurechtschneiden und mit Öl bepinseln. Das Kokosfett in einem großen Topf oder in der Friteuse* auf 180° erhitzen.
• Den Brandteig in einen Spritzbeutel* mit gro-

ßer Sterntülle* füllen und Ringe von etwa
5 cm Durchmesser auf das Pergamentpapier
spritzen. Jeweils ein Stück Papier mit den Ringen
vorsichtig in das heiße Fett legen, dabei löst sich
das Papier alsbald ab und kann mit einer Gabel
herausgeholt werden.
- Die Ringe von beiden Seiten in 3–4 Minuten
hellbraun ausbacken. Mit einem Schaumlöffel
herausheben und auf Küchenkrepp abtropfen
lassen.
- Den Puderzucker mit dem Rum oder dem
Zitronensaft zu einer Glasur rühren und die
Spritzkuchen damit überziehen*.

Preiswert · Ganz einfach

Buttermilchwaffeln

Ohne Zucker und Vanillinzucker zubereitet können diese Waffeln auch pikant belegt oder mit
einer Käsecreme bestrichen werden.

Zutaten für etwa 12 Waffeln:
125 g weiche Butter · 50 g Zucker · 1 Päckchen
Vanillinzucker · 1 Prise Salz · 4 Eier ·
250 g Mehl · 1 Teel. Backpulver · ⅛–¼ l Butter-
milch
Für das Waffeleisen: Öl*
Zum Besieben: 4 Eßl. Puderzucker
Pro Stück etwa 735 Joule/175 Kalorien

Zubereitungszeit: 25 Minuten
Backzeit: 4–6 Minuten pro Waffel

- Die Butter mit dem Zucker, dem Vanillinzuk-
ker und dem Salz schaumig rühren. Die Eier
nacheinander einrühren.
- Das Mehl mit dem Backpulver sieben* und
löffelweise abwechselnd mit der Hälfte der Buttermilch in die Schaummasse einrühren. So viel

mehr Buttermilch dazugeben, daß ein dünnflüssiger Teig entsteht.
- Das Waffeleisen* erhitzen und mit Öl einpinseln. Jeweils 1 kleinen Schöpflöffel Teig in das
heiße Waffeleisen geben und die Waffeln in
4–6 Minuten knusprig goldbraun backen.
- Die Waffeln mit Puderzucker besieben*.

Preiswert · Ganz einfach

Waffeln aus dem Bergischen Land

Zutaten für 12 Stück:
125 g Butter · 1 Eßl. Zucker · 1 Prise Salz ·
4 Eier · 250 g Hafermehl · 2 Teel. Backpulver ·
2 Eßl. flüssiger Honig · lauwarmes Wasser
Für das Waffeleisen: 1 Speckschwarte*
Pro Stück etwa 860 Joule/205 Kalorien

Zubereitungszeit: 20 Minuten
Backzeit: 4–6 Minuten pro Waffel

- Die Butter mit dem Zucker und dem Salz cre-
mig rühren. Die Eier nach und nach dazugeben
und gut alles verrühren.
- Das Hafermehl mit dem Backpulver mischen
und löffelweise in die Crememasse einarbeiten.
Den Honig und so viel lauwarmes Wasser ein-
rühren, daß ein dickflüssiger Teig entsteht.
- Das Waffeleisen* erhitzen und mit der
Speckschwarte einfetten. Jeweils 2 Eßlöffel vom
Teig in das heiße Waffeleisen geben und in
4–6 Minuten zu goldgelben Waffeln backen.
- Das Gebäck lauwarm mit Rüben*- oder
Ahornsirup* servieren.

Preiswert · Schnell · Ganz einfach

Salbeimäuschen

Die ausgebackenen Salbeiblätter sehen wirklich wie kleine Mäuse aus. Mit etwas Salz bestreut schmecken sie zu einem Glas Wein oder zum Cocktail. Mit Puderzucker besiebt kann man sie zum Tee reichen.

Zutaten für 55 Stück:
55 frische Salbeiblätter mit Blattstiel ·
100 g Mehl · 1 Prise Salz · knapp ⅛ l trockener
Weißwein · 1 Ei · 1 Teel. Öl
Zum Ausbacken*: 500 g Kokosfett
Pro Person etwa 105 Joule/25 Kalorien

Zubereitungszeit: 30 Minuten
Ruhezeit: 15 Minuten

• Die Salbeiblätter mit kaltem Wasser abbrausen und auf Küchenkrepp trocknen lassen.
• Das Mehl mit dem Salz in einer Schüssel mischen und mit dem Wein zu einem dicken Pfannkuchenteig rühren. Das Ei und das Öl mit dem Schneebesen kräftig hineinschlagen und den Teig 15 Minuten quellen lassen*.
• Das Fett in einem kleinen breiten Topf stark erhitzen.
• Die Salbeiblätter am Stiel anfassen, in den Teig tauchen und portionsweise in dem heißen Fett schwimmend goldbraun ausbacken*; das dauert etwa 2 Minuten.
• Die Mäuschen mit dem Schaumlöffel herausheben und auf Küchenkrepp abtropfen lassen. Mit Salz bestreuen oder mit Puderzucker besieben* und möglichst heiß servieren.

Preiswert · Schnell · Ganz einfach

Schwedische Knusperwaffeln

Die Schweden mögen ihre Knusperwaffeln am liebsten mit sahnig gerührtem Quark und Preiselbeerkonfitüre.

Zutaten für 8 Stück:
5 Eier · 50 g Zucker · 100 g Mehl · 1 Teel. Kardamom · 75 g saure Sahne · 40 g Butter
Für das Waffeleisen*: zerlassene Butter
Pro Stück etwa 755 Joule/180 Kalorien

Zubereitungszeit: 15 Minuten
Ruhezeit: 10 Minuten
Backzeit: 4–5 Minuten pro Waffel

• Die Eier mit dem Zucker cremig schlagen. Nach und nach das Mehl, den Kardamom und die saure Sahne unterrühren.
• Die Butter in einem Töpfchen zerlassen und langsam in den Teig rühren. Den Teig 10 Minuten ruhen lassen.
• Das Waffeleisen* mit Butter einpinseln und erhitzen. Jeweils 2 Eßlöffel Teig in das heiße Waffeleisen geben und die Waffeln 4–5 Minuten backen, bis sie goldbraun und knusprig sind.

Preiswert · Schnell · Ganz einfach

Pariser Waffeln

Zutaten für 15 Stück:
3 Eier · 200 g Mehl · 1 Prise Salz · 2 Teel. Olivenöl · 2 Teel. Rum · 2 Eßl. Zucker · ¼ l Milch
Für das Waffeleisen*: zerlassene Butter
Pro Stück etwa 400 Joule/95 Kalorien

Zubereitungszeit: 20 Minuten
Backzeit: 4–6 Minuten pro Waffel

• Die Eier in Eiweiß und Eigelb trennen*.
• Das Mehl in eine Schüssel sieben* und mit dem Salz, dem Olivenöl, dem Rum, dem Zucker und dem Eigelb mischen. Die Milch langsam mit dem Schneebesen einrühren, dabei kräftig schlagen, damit sich keine Klümpchen bilden.
• Das Eiweiß zu steifem Schnee schlagen* und unter den Teig heben.
• Das Waffeleisen* mit der zerlassenen Butter auspinseln und erhitzen. Jeweils 1 Schöpflöffel Teig in das heiße Waffeleisen geben und die Waffeln in 4–6 Minuten goldbraun backen.

Ganz einfach

Sahnewaffeln

Zutaten für 12 Waffeln:
200 g weiche Butter · 50 g Zucker · 1 Prise Salz ·
abgeriebene Schale von je ½ unbehandelten Zitrone und Orange · 4 Eier · 200 g Mehl ·
1 Teel. Backpulver · gut ⅛ l Sahne
Für das Waffeleisen: Öl*
Zum Bestreuen: 2 Päckchen Vanillinzucker ·
3 Eßl. Zucker
Pro Stück etwa 1 240 Joule/295 Kalorien

Zubereitungszeit: 30 Minuten
Backzeit: etwa 5 Minuten pro Waffel

• Die Butter mit dem Zucker, dem Salz, der Zitronen- und Orangenschale schaumig rühren.
• Die Eier in Eiweiß und Eigelb trennen*. Das Mehl mit dem Backpulver sieben*.
• Das Eigelb in die Buttermasse mischen. Das Mehl löffelweise abwechselnd mit der Sahne unter den Teig rühren.

• Das Eiweiß zu steifem Schnee schlagen* und unter den Teig heben*.
• Das Waffeleisen* mit Öl auspinseln und erhitzen. Jeweils 2–3 Eßlöffel Teig in das heiße Waffeleisen geben und die Waffeln in etwa 5 Minuten goldbraun backen.
• Den Vanillinzucker mit dem Zucker mischen und die Waffeln damit bestreuen. Dazu schmecken gezuckerte Beerenfrüchte oder aufgetautes tiefgefrorenes gesüßtes Obst.

Braucht etwas Zeit · Ganz einfach

Speckwaffeln

Zutaten für etwa 20 Stück:
200 g Schinkenspeck · 150 g Zwiebeln · 6 Eier ·
300 g Mehl · ½ Teel. Salz · ½ Päckchen Trockenhefe · ¼ l lauwarme Milch · 100 g zerlassene Butter
Für das Waffeleisen: Öl*
Pro Stück etwa 840 Joule/200 Kalorien

Zubereitungszeit: 35 Minuten
Zeit zum Gehenlassen: 30 Minuten
Backzeit: 4–6 Minuten pro Waffel

• Den Speck in sehr kleine Würfel schneiden. Die Zwiebeln schälen und feinhacken. Die Eier in Eiweiß und Eigelb trennen*.
• Das Mehl mit dem Salz und der Trockenhefe in einer Schüssel mischen. Das Eigelb, die lauwarme Milch und die zerlassene Butter hinzufügen, alles gut verrühren. Den Teig zugedeckt 30 Minuten an einem warmen Ort gehen lassen*, bis er das doppelte Volumen erreicht hat.
• Das Eiweiß zu sehr steifem Schnee schlagen*. Die Speck- und Zwiebelwürfel in den Hefeteig mengen, zuletzt den Eischnee vorsichtig unterheben*.

- Das Waffeleisen* mit Öl einpinseln und erhitzen. Jeweils 2–3 Eßlöffel Teig in das heiße Waffeleisen geben und die Waffeln 4–6 Minuten backen, bis sie goldbraun sind.

Ganz einfach

Käsekrapfen

Zutaten für etwa 12 Stück:
¼ l Wasser · 1 Prise Salz · 50 g Butter ·
160 g Mehl · 5 Eier · 5 Eßl. geriebener Emmentaler Käse
Zum Fritieren: 1 kg Kokosfett*
Pro Stück etwa 650 Joule/155 Kalorien

Zubereitungszeit: 25 Minuten
Fritierzeit: etwa 4 Minuten pro Einlage

- Das Wasser mit dem Salz und der Butter in einem breiten Topf zum Kochen bringen. Das Mehl auf ein Stück Pergamentpapier sieben*, auf einmal hineinschütten und so lange rühren, bis sich der Teig als Kloß vom Topf löst.
- Den Teig in eine Schüssel geben, etwas abkühlen lassen und die Eier nacheinander unterrühren. Den geriebenen Käse in den Brandteig einmengen.
- Das Fett in der Friteuse* oder einem großen Topf auf 175° erhitzen.
- Vom Teig mit einem bemehlten Eßlöffel kleine Häufchen abstechen, jeweils 6 Stück auf einmal in das heiße Fett geben und in etwa 4 Minuten hellgelb ausbacken*. Die Krapfen nach der halben Backzeit mit dem Schaumlöffel umwenden.
- Die fertigen Käsekrapfen mit dem Schaumlöffel herausheben und auf Küchenkrepp abtropfen lassen. Noch warm servieren.

Schnell · Ganz einfach

Fritierte Käsebällchen

Zutaten für 30 Bällchen:
2 Eier · 400 g geriebener Emmentaler Käse ·
2 Eßl. Semmelbrösel · 1 Teel. edelsüßes Paprikapulver · 1 Prise geriebene Muskatnuß · 1 Messerspitze schwarzer Pfeffer
Zum Fritieren: 1 l Öl*
Pro Stück etwa 335 Joule/80 Kalorien

Zubereitungszeit: 20 Minuten
Fritierzeit: etwa 5 Minuten pro Einlage

- Die Eier in einer Schüssel verquirlen. Den Käse hinzufügen und mit den Eiern vermengen.
- Die Semmelbrösel mit dem Paprikapulver, dem Muskat und dem Pfeffer mischen und unter die Käsemasse rühren.
- Das Öl in einem großen Topf oder in der Friteuse* auf 180° erhitzen.
- Aus dem festen Käseteig 30 kleine Bällchen formen. Jeweils 6–8 Bällchen auf einmal in das heiße Fett geben und in etwa 5 Minuten goldgelb ausbacken*. Nach der halben Backzeit die Bällchen mit dem Schaumlöffel wenden.
- Die fertigen Käsebällchen mit dem Schaumlöffel herausheben und auf Küchenkrepp etwas abtropfen lassen. Heiß servieren.

Süße und herzhafte Strudel

Braucht etwas Zeit · Nicht ganz einfach

Tiroler Topfenstrudel

Bild Seite 326

Zutaten für 8 Personen:
Für den Teig: 250 g Mehl · 1 Prise Salz · 1 Ei ·
2 Eßl. Öl · etwa ⅛ l lauwarmes Wasser
Für die Füllung: 50 g Rosinen · 1 Eßl. Rum ·
2 Eier · 100 g weiche Butter · 125 g Zucker ·
1 Päckchen Vanillinzucker · 400 g Sahnequark ·
abgeriebene Schale von ½ unbehandelten Zitrone
Zum Bestreichen: 70 g Butter
Zum Bestreuen: 4 Eßl. Semmelbrösel ·
4 Eßl. Puderzucker
Für die Form: Butter
Zum Backen: ¼ l heiße Milch
Pro Person etwa 3 130 Joule/745 Kalorien

Zubereitungszeit: 1 Stunde
Ruhezeit: 20–30 Minuten
Backzeit: 45 Minuten

● Das Mehl auf die Arbeitsfläche sieben* und in die Mitte eine Mulde drücken. Das Salz, das Ei, das Öl und das Wasser in die Vertiefung geben und zu einem glatten weichen Teig verarbeiten.
● Den Teig mehrmals kräftig auf die Arbeitsfläche werfen und wieder durchkneten*, bis er geschmeidig und seidig glänzend ist. Den Strudelteig halbieren und zu 2 Kugeln formen. Diese mit Öl bestreichen und unter einer angewärmten Schüssel 20–30 Minuten ruhen lassen.
● Die Rosinen mit heißem Wasser überbrühen, abtropfen lassen, trockentupfen, in eine kleine Schüssel geben und mit dem Rum beträufeln. Die Eier in Eiweiß und Eigelb trennen*.
● Die Butter mit dem Zucker und dem Vanillinzucker cremig rühren. Das Eigelb und den Quark dazurühren. Die Rosinen in die Quarkmasse einmengen, mit der Zitronenschale würzen.

● Das Eiweiß zu steifem Schnee schlagen* und unter die Quarkmischung heben.
● Ein Küchentuch auf dem Tisch ausbreiten und mit Mehl bestäuben. Die Arbeitsfläche daneben bemehlen und zunächst eine Teigkugel darauf zu einem möglichst großem Rechteck ausrollen, dann vorsichtig über beide Handrücken nach allen Seiten hauchdünn ausziehen.
● Den ausgezogenen Strudelteig auf das Tuch legen, die dicken Ränder abschneiden und die eventuell entstandenen Löcher damit flicken.
● Die Butter in einem Pfännchen zerlassen und die Teigplatte mit einem Teil davon bestreichen und mit Semmelbröseln bestreuen.
● Mit der zweiten Teigkugel ebenso verfahren.
● Eine Bratenpfanne gut ausfetten*. Den Backofen auf 200° vorheizen.
● Die Quarkfüllung gleichmäßig auf die Strudelteigplatten verteilen, dabei ringsherum 2 cm Rand frei lassen. Die Ränder einschlagen und beide Strudel nacheinander mit Hilfe des Tuches locker aufrollen, damit die Füllung aufgehen kann. Die Strudel vom Tuch in die Bratenpfanne gleiten lassen und mit der restlichen zerlassenen Butter bestreichen. Auf der mittleren Schiene des Ofens in etwa 45 Minuten goldgelb backen.
● 20 Minuten vor Ende der Garzeit die Strudel mit der heißen Milch übergießen und weiterbakken, bis die Milch aufgesogen ist.
● Die fertigen Strudel etwas abkühlen lassen, mit Puderzucker besieben* und warm servieren.

Unser Tip Alle süßen Strudelteig-Rezepte sind für 6 oder für 8 Personen als Hauptmahlzeit gedacht. Wenn Sie die Mehlspeisen zum Nachtisch servieren wollen, ergibt ein Strudel 10–12 Portionen.

Braucht etwas Zeit · Nicht ganz einfach

Milchrahmstrudel

Zutaten für 8 Personen:
Für den Teig: 250 g Mehl · 1 Eßl. Schmalz · 1 Ei ·
1 Prise Salz · 1 Eßl. Essig · knapp ⅛ l lauwarmes
Wasser · Öl
Für die Füllung: 7 Brötchen vom Vortag · etwa
¼ l warme Milch · 150 g Butter · 125 g Zucker ·
5 Eier · 100 g Magerquark · ⅜ l saure Sahne ·
1 Prise Salz · abgeriebene Schale von 1 unbehan-
delten Zitrone
Für die Form: Butter
Zum Bestreichen: 2 Eßl. zerlassene Butter
Zum Backen: ½ l Milch · 1 Ei · 2 Eßl. Zucker ·
1 Eßl. Vanillinzucker
Pro Person etwa 2 940 Joule/700 Kalorien

Zubereitungszeit: 1 Stunde und 20 Minuten
Ruhezeit: 20–30 Minuten
Backzeit: 50 Minuten

• Das Mehl auf die Arbeitsfläche sieben*, in die
Mitte eine Mulde drücken und das Schmalz, das
Ei, das Salz, den Essig und das Wasser in die Ver-
tiefung geben. Alles zu einem glatten weichen
Teig verarbeiten.
• Die Arbeitsfläche mit Mehl bestäuben, den
Teig darauf gut durchkneten* und mehrmals
kräftig auf die Platte schlagen, bis er seidig glän-
zend ist. Den Strudelteig halbieren und zu
2 Kugeln formen. Diese mit Öl bestreichen und
unter einer angewärmten Schüssel 20–30 Minu-
ten ruhen lassen.
• Von den Brötchen die Rinde abreiben. Die
Brötchen in kleine Würfel schneiden, in eine
Schüssel geben und mit der Milch beträufeln.
• Die Butter mit dem Zucker cremig rühren. Die
Eier in Eigelb und Eiweiß trennen*. Das Eigelb
zu der Buttercreme geben und alles schaumig
rühren. Den Quark, die saure Sahne, das Salz

und die Zitronenschale in die Schaummasse rüh-
ren. Das Eiweiß zu steifem Schnee schlagen*.
• Die Brötchenwürfel in die Eimasse mengen
und den Eischnee unterheben.
• Ein Tuch auf dem Tisch ausbreiten und mit
Mehl bestäuben. Die Arbeitsflächen erneut
bemehlen und zunächst 1 Teigkugel darauf zu
einem möglichst großen Rechteck ausrollen,
dann vorsichtig über beide Handrücken nach al-
len Seiten hauchdünn ausziehen.
• Den Strudelteig auf das Tuch legen, die dicken
Ränder abschneiden und eventuell entstandene
Löcher damit flicken.
Mit der zweiten Teigkugel ebenso verfahren.
• Den Backofen auf 180–200° vorheizen.
• Die Füllung auf die Teigplatten gleichmäßig
verteilen, dabei ringsherum einen Rand von gut
2 cm freilassen. Die Ränder einschlagen und den
Strudel mit Hilfe des Tuches locker aufrollen, die
Ränder sanft andrücken.
• Eine Bratenpfanne gut ausfetten*, die Strudel
hineinlegen und mit der zerlassenen Butter
bestreichen.
• Die Milch mit dem Ei, dem Zucker und dem
Vanillinzucker verquirlen. ⅓ der Eimilch über
die Strudel gießen und auf der mittleren Schiene
des Ofens etwa 50 Minuten backen.
• Während der Backzeit die restliche Eimilch
nach und nach über die Strudel gießen.
• Die fertigen Strudel etwas abkühlen lassen
und warm servieren.

Unser Tip Der Strudelteig muß genügend lange geknetet und immer wieder
auf die Tischplatte geworfen werden, bis
er ganz elastisch ist und beim Durchschneiden keine Mehlreste mehr zu
sehen sind. Auch die Ruhezeit unter der
angewärmten Schüssel muß eingehalten
werden, damit der Teig quellen kann.

Braucht etwas Zeit · Nicht ganz einfach

Wiener Apfelstrudel

Zutaten für 6 Personen:
Für den Teig: 250 g Mehl · 2 Eßl. Öl · 1 Ei ·
Salz · ⅛ l lauwarmes Wasser · Öl
Für die Füllung: 50 g Rosinen · 1 kg Äpfel ·
50 g Mandelsplitter · 100 g Zucker ·
½ Teel. Zimt · ¼ l saure Sahne
Zum Bestreichen: 4 Eßl. zerlassene Butter
Zum Besieben: Puderzucker
Für das Backblech: Butter
Pro Person etwa 2375 Joule/565 Kalorien

Zubereitungszeit: 50 Minuten
Ruhezeit: 20–30 Minuten
Backzeit: 30 Minuten

• Das Mehl auf die Arbeitsfläche sieben* und in die Mitte eine Mulde drücken. Das Öl, das Ei, Salz und das Wasser in die Vertiefung geben und alles zu einem glatten weichen Teig verarbeiten.
• Die Arbeitsfläche mit Mehl bestäuben.
• Den Teig darauf gut durchkneten und mehrmals kräftig auf die Platte schlagen, bis er seidig glänzt und elastisch ist. Beim Durchschneiden dürfen keine Mehlreste mehr zu sehen sein. Den Teig halbieren, 2 Kugeln daraus formen, mit Öl bestreichen und unter einer angewärmten Schüssel 20–30 Minuten ruhen lassen.
• Die Rosinen in warmem Wasser einweichen. Die Äpfel schälen, vierteln, vom Kerngehäuse befreien, in feine Scheibchen schneiden und in eine Schüssel geben. Die Rosinen abtropfen lassen und mit den Mandelsplittern, dem Zucker, dem Zimt und der sauren Sahne zu den Äpfeln geben. Alles gut mischen.
• Die Arbeitsfläche mit Mehl bestäuben.
• Zunächst 1 Teigkugel zu einem möglichst großen Rechteck ausrollen*, dann vorsichtig über beide Handrücken nach allen Seiten hauchdünn

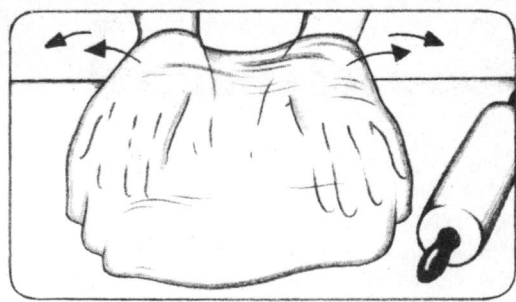

Der Strudelteig wird über beiden Handrücken vorsichtig immer wieder zur Seite ausgezogen.

ausziehen. Den Teig nicht mit den Fingernägeln berühren, sonst reißt er.
• Ein Tuch mit Mehl bestäuben und den Teig darauflegen, die dicken Ränder abschneiden und eventuell entstandene Löcher damit flicken.
• Mit der zweiten Teigkugel ebenso verfahren.
• Den Backofen auf 220° vorheizen. Das Backblech einfetten*.
• Die Strudelteigplatten mit der Hälfte der Butter bestreichen und die Füllung darauf verteilen. Die Strudel mit Hilfe des Tuches aufrollen, auf das Blech legen und mit der restlichen Butter bestreichen. Auf der mittleren Schiene in etwa 30 Minuten goldbraun backen.
• Die fertigen Strudel etwas abkühlen lassen und mit Puderzucker besieben*.

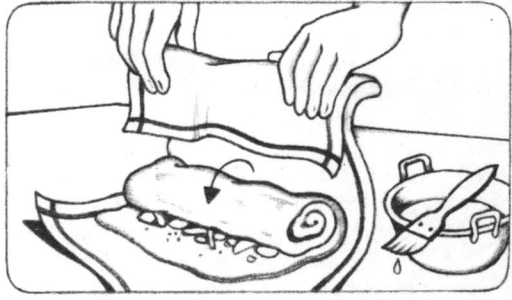

Mit Hilfe des Handtuchs läßt sich der gefüllte Strudel locker zusammenschlagen.

Braucht etwas Zeit · Nicht ganz einfach

Feiner Kirschstrudel

Zutaten für 6 Personen:
Für den Teig: 250 g Mehl · 1 Ei · 2 Eßl. Öl ·
1 Prise Salz · ⅛ l lauwarmes Wasser · Öl
Für die Füllung: 1 kg Kirschen · 2 Eßl. Kirsch-
wasser oder Weinbrand · 75 g Zucker
Zum Bestreichen und Bestreuen: 60 g zerlassene
Butter · 150 g feste saure Sahne oder Crème
fraîche · 50 g Semmelbrösel · 100 g Mandel-
blättchen · 2 Eßl. Hagelzucker
Pro Person etwa 2 855 Joule/680 Kalorien

Zubereitungszeit: 1 Stunde
Ruhezeit: 20–30 Minuten
Backzeit: etwa 1 Stunde

● Das Mehl auf die Arbeitsfläche sieben*, in die Mitte eine Mulde drücken. Das Ei, das Öl, das Salz und das Wasser in die Vertiefung geben und alles zu einem glatten weichen Teig verarbeiten.
● Die Arbeitsfläche mit Mehl bestäuben, den Teig darauf nochmals durchkneten* und mehrmals kräftig auf die Platte schlagen, bis er geschmeidig und seidig glänzend ist. Den Strudelteig zu einer Kugel formen, diese mit Öl bestreichen und unter einer angewärmten Schüssel 20–30 Minuten ruhen lassen.
● Die Kirschen waschen, abtrocknen, entstielen und entkernen und in eine Schüssel geben. Das Kirschwasser oder den Weinbrand darüberträufeln, den Zucker darüberstreuen* und zugedeckt beiseite stellen.
● Den Strudelteig auf der bemehlten Arbeitsfläche zu einem Rechteck ausrollen*, dann vorsichtig über beide Handrücken nach allen Seiten zu einer Größe von etwa 30 × 40 cm ausziehen.
● Ein Tuch mit Mehl bestäuben und den Strudelteig daraufleegen, die dicken Ränder abschneiden und entstandene Löcher damit flicken.

● Das Backblech einfetten*. Den Backofen auf 200° vorheizen.
● Die Teigplatte mit gut der Hälfte der zerlassenen Butter bepinseln und mit der sauren Sahne oder der Crème fraîche bestreichen, mit den Semmelbröseln und etwa 70 g Mandelblättchen bestreuen.
● Die Kirschen abtropfen lassen, auf die Teigplatte verteilen, dabei einen 2 cm breiten Rand freilassen, und mit dem Zucker bestreuen. Die Ränder einschlagen, den Strudel mit dem Tuch aufrollen und auf das Blech gleiten lassen.
● Den Kirschstrudel mit der restlichen zerlassenen Butter bepinseln, mit dem Hagelzucker und den übrigen Mandelblättchen bestreuen. Auf der mittleren Schiene etwa 1 Stunde backen.

Braucht etwas Zeit · Nicht ganz einfach

Heidelbeerstrudel

Zutaten für 6 Personen:
Für den Teig: 250 g Mehl · 1 Prise Salz · 1 Ei ·
50 g weiche Butter · ⅒ l lauwarmes Wasser
Für die Füllung: 100 g Haselnußkerne ·
1 kg Heidelbeeren · 200 g Äpfel · Saft von
½ Zitrone · 2 Eßl. Butter · 125 g Semmelbrösel ·
100 g Zucker · 1 Teel. Zimt
Zum Bestreichen: 75 g zerlassene Butter
Für die Form: Butter
Pro Person etwa 3 150 Joule/750 Kalorien

Zubereitungszeit: 1 Stunde
Ruhezeit: 1 Stunde
Backzeit: 45 Minuten

● Das Mehl in eine Schüssel sieben*, in die Mitte eine Mulde drücken. Das Salz, das Ei, die Butter und das Wasser in die Vertiefung geben und alle Zutaten schnell zu einem Teig kneten*.

- Den Teig mehrmals kräftig auf die Arbeitsfläche werfen und wieder durchkneten*, bis er geschmeidig und seidig glänzend ist. Den Strudelteig zu 2 Kugeln formen, mit etwas zerlassener Butter bestreichen und unter einer angewärmten Schüssel 1 Stunde ruhen lassen.
- Die Haselnüsse durch die Mandelmühle* drehen. Die Heidelbeeren verlesen, waschen und gut abtropfen lassen. Die Äpfel vierteln, schälen, vom Kerngehäuse befreien und in kleine dünne Scheiben schneiden, mit dem Zitronensaft beträufeln.
- Die Butter in einer Pfanne erhitzen und die Semmelbrösel darin goldbraun rösten*.
- Ein Küchentuch auf dem Tisch ausbreiten und mit Mehl bestäuben. Die Arbeitsfläche daneben bemehlen und zunächst 1 Teigkugel darauf zu einem möglichst großen Rechteck ausrollen*, dann vorsichtig über beide Handrücken nach allen Seiten hauchdünn ausziehen.
- Den ausgezogenen Strudelteig auf das Tuch legen, die dicken Ränder abschneiden und eventuell entstandene Löcher damit flicken.
- Mit der zweiten Teigkugel ebenso verfahren.
- Eine Bratenpfanne gut ausfetten*. Den Backofen auf 200° vorheizen.
- Die Heidelbeeren mit den Äpfeln, den Nüssen, dem Zucker und dem Zimt schnell mischen. Die Teigplatten mit den gerösteten Semmelbröseln bestreuen und die Heidelbeermischung darauf verteilen, dabei auf einer Seite einen 10 cm breiten Rand freilassen. Die beiden Strudel nacheinander von der entgegengesetzten Seite mit Hilfe des Tuches aufrollen, die unbelegte Teigstelle sanft andrücken und die Seiten einschlagen.
- Die Strudel vom Tuch in die Bratenpfanne gleiten lassen und mit der restlichen zerlassenen Butter bestreichen. Auf der mittleren Schiene des Ofens in etwa 45 Minuten goldbraun backen. Heiß oder kalt servieren.

Braucht etwas Zeit · Nicht ganz einfach

Traubenstrudel

Zutaten für 6 Personen:
Für den Teig: 250 g Mehl · 1 Prise Salz · 1 Ei ·
1 Teel. zerlassene Butter · ⅛ l lauwarmes Wasser
Für die Füllung: 50 g Haselnüsse · 1 kg Weintrauben · 2 Eier · 40 g Puderzucker ·
½ Teel. Zimt · abgeriebene Schale von 1 unbehandelten Zitrone · 1 gehäufter Eßl. Semmelbrösel
Zum Bestreichen: 75 g zerlassene Butter
Für das Backblech: Butter
Pro Person etwa 2270 Joule/540 Kalorien

Zubereitungszeit: 50 Minuten
Ruhezeit: 1 Stunde
Backzeit: 45 Minuten

- Das Mehl in eine Schüssel sieben* und in die Mitte eine Mulde drücken. Das Salz, das Ei, die Butter und das Wasser in die Vertiefung geben und alles schnell zu einem Teig kneten*.
- Den Teig mehrmals kräftig auf die Arbeitsfläche werfen und wieder durchkneten*, bis er geschmeidig und seidig glänzend ist. Den Strudelteig zu 2 Kugeln formen, mit zerlassener Butter bestreichen und unter einer angewärmten Schüssel 1 Stunde ruhen lassen.
- Die Haselnüsse durch die Mandelmühle* drehen. Die Weintrauben waschen, abtropfen lassen und entstielen, eventuell halbieren und die Kerne entfernen. Eiweiß und Eigelb trennen*.
- Das Eigelb mit der Hälfte des Puderzuckers, dem Zimt und der Zitronenschale cremig rühren. Das Eiweiß mit dem übrigen Puderzucker zu steifem Schnee schlagen* und auf die Eigelbcreme gleiten lassen. Die Haselnüsse und die Semmelbrösel hinzufügen und alles locker unterheben.
- Ein Küchentuch auf dem Tisch ausbreiten und mit Mehl bestäuben. Die Arbeitsfläche

daneben bemehlen und zunächst 1 Teigkugel darauf so dünn wie möglich ausrollen*, dann vorsichtig über beide Handrücken nach allen Seiten hauchdünn ausziehen.

• Den ausgezogenen Strudelteig auf das Tuch legen, die dicken Ränder abschneiden und eventuell entstandene Löcher damit flicken. Die Teigplatte mit zerlassener Butter bestreichen.

• Mit der zweiten Teigkugel ebenso verfahren.

• Das Backblech einfetten*. Den Backofen auf 220° vorheizen.

• Die Teigplatten dick mit der Eimasse bestreichen, dabei auf einer Seite einen 10 cm breiten Rand freilassen. Die Weintrauben darauf verteilen. Die beiden Strudel nacheinander von der entgegengesetzten Seite mit Hilfe des Tuches aufrollen, die unbelegte Teigstelle sanft andrücken und die Seiten einschlagen.

• Die Strudel vom Tuch auf das Backblech gleiten lassen, mit der restlichen Butter bestreichen und auf der mittleren Schiene des Ofens etwa 45 Minuten backen. Den Traubenstrudel heiß oder kalt servieren.

Braucht etwas Zeit · Nicht ganz einfach

Türken-Strudel

Zutaten für 6 Personen:
Für den Teig: 250 g Mehl · 1 Prise Salz · 1 Ei · 50 g weiche Butter · ¹⁄₁₀ l lauwarmes Wasser · 1 Teel. Essig
Für die Füllung: 100 g Walnußkerne · 100 g Datteln · 70 g getrocknete Feigen · 70 g getrocknete Aprikosen · 70 g Korinthen · 4 Eier · 125 g weiche Butter · 100 g Zucker · abgeriebene Schale von ½ unbehandelten Zitrone · 1 Teel. Zimt · je 35 g gehacktes Zitronat und Orangeat
Zum Bestreichen: 2 Eßl. zerlassene Butter
Zum Besieben: 2 Eßl. Puderzucker

Für das Backblech: Butter
Pro Person etwa 3 530 Joule/840 Kalorien

Zubereitungszeit: 50 Minuten
Ruhezeit: 30 Minuten
Backzeit: 40 Minuten

• Das Mehl in eine Schüssel sieben*, in die Mitte eine Mulde drücken. Das Salz, das Ei, die Butter, das Wasser und den Essig in die Vertiefung geben und alles zu einem Teig verkneten*.

• Den Teig mehrmals kräftig auf die Arbeitsfläche werfen und wieder durchkneten*, bis er geschmeidig und seidig glänzend ist. Den Strudelteig zu 2 Kugeln formen, mit zerlassener Butter bestreichen und unter einer angewärmten Schüssel 30 Minuten ruhen lassen.

• Die Walnüsse grobhacken. Die Datteln entsteinen und feinhacken, die Feigen und die Aprikosen ebenfalls feinhacken. Die Korinthen waschen und auf Küchenkrepp trocknen.

• Die Eier in Eiweiß und Eigelb trennen*. Die Butter mit dem Zucker und dem Eigelb cremig rühren, bis der Zucker ganz aufgelöst ist. Die Zitronenschale und den Zimt einrühren. Das Zitronat, das Orangeat, die Nüsse, die Datteln, die Feigen, die Aprikosen und die Korinthen unter die Crememasse mengen. Das Eiweiß zu steifem Schnee schlagen* und unter die Früchtemischung ziehen.

• Ein Küchentuch auf dem Tisch ausbreiten und mit Mehl bestäuben. Die Arbeitsfläche daneben bemehlen und zunächst 1 Kugel darauf zu einem möglichst großen Rechteck ausrollen*, dann vorsichtig über beide Handrücken nach allen Seiten hauchdünn ausziehen.

• Den ausgezogenen Strudelteig auf das Tuch legen, die dicken Ränder abschneiden und eventuell entstandene Löcher damit flicken.

• Mit der zweiten Teigkugel ebenso verfahren.

• Das Backblech einfetten*. Den Backofen auf 200° vorheizen.

Süße und herzhafte Strudel

- Die Füllung auf die Teigplatten verteilen, dabei ringsherum einen zweifingerbreiten Rand frei lassen. Den Rand an 3 Seiten über die Füllung schlagen und die Strudel mit Hilfe des Tuches locker aufrollen, so daß die Füllung ganz umhüllt ist.
- Die Strudel vom Tuch auf das Backblech gleiten lassen und mit zerlassener Butter bepinseln. Auf der mittleren Schiene des Ofens in etwa 40 Minuten hellbraun und knusprig backen. Den Türkenstrudel warm oder kalt mit Puderzucker besiebt servieren.

Braucht etwas Zeit · Nicht ganz einfach

Mohnstrudel

Zutaten für 6 Personen:
Für den Teig: 250 g Mehl · 1 Prise Salz · 1 Ei ·
50 g weiches Schmalz · ⅒ l lauwarmes Wasser ·
1 Teel. Essig
Für die Füllung: 100 g abgezogene Mandeln ·
3 abgezogene bittere Mandeln · 100 g Rosinen ·
300 g gemahlener Mohn · kochendes Wasser ·
¼ l Milch · 50 g Grieß · 75 g Zucker · abgeriebene
Schale von ½ unbehandelten Zitrone ·
½ Teel. Zimt · 2 Eier · 1 Teel. Zitronensaft
Zum Bestreichen: 75 g zerlassene Butter
Zum Besieben: 2 Eßl. Puderzucker
Für die Form: Butter
Pro Person etwa 3 655 Joule/870 Kalorien

Zubereitungszeit: 1 Stunde
Ruhezeit: 1 Stunde
Backzeit: 50 Minuten

- Das Mehl in eine Schüssel sieben* und in die Mitte eine Mulde drücken. Das Salz, das Ei, das Schmalz, das Wasser und den Essig in die Vertiefung geben und alles zu einem Teig kneten*.

- Den Teig mehrmals kräftig auf die Arbeitsfläche werfen und wieder durchkneten*, bis er geschmeidig und seidig glänzend ist. Den Strudelteig zu 2 Kugeln formen, mit etwas zerlassener Butter bestreichen und unter einer angewärmten Schüssel 1 Stunde ruhen lassen.
- Die Mandeln grobhacken, die bitteren Mandeln sehr fein hacken. Die Rosinen waschen und auf Küchenkrepp* trocknen. Den Mohn in einer Schüssel mit kochendem Wasser übergießen, 5 Minuten quellen lassen, in ein Haarsieb abgießen und gut abtropfen lassen.
- Die Milch zum Kochen bringen, den Grieß einrieseln lassen und unter gelegentlichem Rühren bei schwacher Hitze 20–25 Minuten köcheln* lassen. Nach 10 Minuten Kochzeit den Mohn einmengen. Den Zucker, die Zitronenschale, den Zimt, die Mandeln und die Rosinen einrühren.
- Die Eier in Eiweiß und Eigelb trennen*. Das Eiweiß kühl stellen, das Eigelb in die Mohnmasse mischen. Den Topf vom Herd nehmen und die Mischung abkühlen lassen.
- Ein Küchentuch auf dem Tisch ausbreiten und mit Mehl bestäuben. Die Arbeitsfläche daneben bemehlen und zunächst 1 Teigkugel darauf zu einem möglichst großen Rechteck ausrollen*, dann vorsichtig über beide Handrücken nach allen Seiten hauchdünn ausziehen.
- Den ausgezogenen Strudelteig auf das Tuch legen, die dicken Ränder abschneiden und eventuell entstandene Löcher damit flicken. Die Teigplatte mit zerlassener Butter bestreichen.
- Mit der zweiten Teigkugel ebenso verfahren.
- Das Eiweiß mit dem Zitronensaft zu steifem Schnee schlagen* und unter die Mohnmasse heben.
- Eine Bratenpfanne gut einfetten*. Den Backofen auf 200° vorheizen.
- Die Mohnmischung gleichmäßig auf die Teigplatten verteilen, dabei auf einer Seite einen 10 cm breiten Rand frei lassen. Die beiden Stru-

del von der entgegengesetzten Seite mit Hilfe des Tuches aufrollen, die unbelegte Teigstelle sanft andrücken und die Seiten einschlagen.
• Die Strudel vom Tuch in die Bratenpfanne gleiten lassen und mit der restlichen zerlassenen Butter bestreichen.
• Auf der mittleren Schiene des Ofens etwa 50 Minuten backen. Mit Puderzucker besieben und warm oder kalt servieren.

Braucht etwas Zeit · Nicht ganz einfach

Fischstrudel

Zutaten für 6 Personen:
Für den Teig: 250 g Mehl · 3 Eßl. Öl · 1 Ei ·
Salz · knapp ⅛ l lauwarmes Wasser · Öl
Für die Füllung: 200 g Champignons · Saft von
½ Zitrone · 1 dünne Stange Lauch · 1 Zwiebel ·
500 g Fischfilet (Goldbarsch, Rotbarsch oder
Kabeljau) · 2 Eßl. Butter · 1 Bund Petersilie ·
2 Eier · 3 Eßl. Semmelbrösel · 4 Eßl. Sahne ·
½ Teel. getrockneter Estragon · Salz · schwarzer
Pfeffer
Zum Bestreichen: 1 Eigelb
Für das Backblech: Butter
Pro Person etwa 1 615 Joule/385 Kalorien

Zubereitungszeit: 50 Minuten
Ruhezeit: 30 Minuten
Backzeit: etwa 40 Minuten

• Das Mehl auf die Arbeitsfläche sieben*, in die Mitte eine Mulde drücken. Das Öl, das Ei, Salz und das Wasser in die Vertiefung geben und alles zu einem glatten weichen Teig verarbeiten.
• Die Arbeitsfläche mit Mehl bestäuben. Den Teig darauf gut durchkneten und mehrmals kräftig auf die Platte schlagen, bis er glänzt. Den Strudelteig halbieren und 2 Kugeln daraus for-

men. Diese mit Öl bestreichen und unter einer angewärmten Schüssel 30 Minuten ruhen lassen.
• Die Champignons putzen, waschen und in dünne Scheiben schneiden. Mit dem Zitronensaft beträufeln. Den Lauch putzen, gründlich waschen und in feine Ringe schneiden. Die Zwiebel schälen und feinhacken. Den Fisch in mundgerechte Stücke schneiden.
• Die Hälfte der Butter in einer Pfanne erhitzen, die Fischstücke darin unter gelegentlichem Wenden 5 Minuten bei mittlerer Hitze anbraten und in eine Schüssel geben.
• Die restliche Butter in einer zweiten Pfanne heiß werden lassen, den Lauch und die Zwiebel darin glasig braten, die Pilze dazugeben und alles noch 3 Minuten schmoren lassen. Die Mischung zu dem Fisch geben.
• Die Petersilie waschen, trockentupfen, kleinschneiden und mit den Eiern, den Semmelbröseln und der Sahne in die Schüssel zu dem Fisch geben. Alles sanft vermengen und mit dem Estragon, Salz und Pfeffer würzig abschmecken.
• Die Arbeitsfläche mit Mehl bestäuben. Zunächst 1 Teigkugel zu einem möglichst großen Rechteck ausrollen*, dann vorsichtig über beide Handrücken nach allen Seiten hauchdünn ausziehen.
• Ein Tuch mit Mehl bestäuben und den Strudelteig darauflegen, die dicken Ränder abschneiden und entstandene Löcher damit flicken.
• Mit der zweiten Teigkugel ebenso verfahren.
• Den Backofen auf 220° vorheizen. Das Backblech einfetten*.
• Die Strudelteigplatten mit der Füllung gleichmäßig belegen, dabei ringsherum 2 cm Rand frei lassen. Die Ränder einschlagen und die Strudel mit Hilfe des Tuches locker aufrollen.
• Die Fischstrudel auf das Blech legen, mit dem Eigelb bepinseln und auf der mittleren Schiene des Ofens in etwa 40 Minuten goldgelb backen.
• Nach Belieben mit frischem Salat, einer Tomatensauce oder Blattspinat heiß servieren.

Braucht etwas Zeit · Nicht ganz einfach

Fleischstrudel

Zutaten für 6 Personen:
Für den Teig: 250 g Mehl · 1 Ei · 2 Eßl. Öl ·
1 Prise Salz · ⅛ l lauwarmes Wasser
Für die Füllung: 500 g gekochtes Rindfleisch ·
1 Zwiebel · 2 Eßl. Butter · 1 Eßl. Mehl · ⅛ l heiße
Fleischbrühe · ¹⁄₁₆ l Rotwein · 2 Eßl. Madeira-
wein · ½ Teel. Zucker · Salz · Sojasauce ·
Worcestershiresauce · Tomatenketchup
Zum Bestreichen: 3 Eßl. zerlassene Butter ·
2 Eßl. Semmelbrösel · 1 Eigelb
Für das Backblech: Butter
Pro Person etwa 2435 Joule/580 Kalorien

Zubereitungszeit: 1 Stunde
Ruhezeit: 30 Minuten
Backzeit: etwa 30 Minuten

● Das Mehl auf die Arbeitsfläche sieben* und in die Mitte eine Mulde drücken. Das Ei, das Öl, das Salz und das Wasser in die Vertiefung geben und alles zu einem glatten Teig verarbeiten.
● Den Teig mehrmals kräftig auf die Arbeitsfläche werfen und wieder durchkneten*, bis er geschmeidig ist. Den Strudelteig halbieren und zu 2 Kugeln formen. Diese mit etwas zerlassener Butter bestreichen und unter einer angewärmten Schüssel 30 Minuten ruhen lassen.
● Das gekochte Fleisch von Häuten und Fett befreien und mittelfein hacken. Die Zwiebel schälen und in kleine Würfel schneiden. Die Butter in einem Topf zerlassen und die Zwiebel darin glasig braten. Das Fleisch dazugeben, das Mehl anstäuben und die heiße Fleischbrühe dazugießen; alles gut durchrühren. Den Rotwein und den Madeirawein zum Fleisch gießen, mit Zucker, Salz, Sojasauce, Worcestershiresauce und Tomatenketchup pikant abschmecken.
● Ein Küchentuch auf dem Tisch ausbreiten

und mit Mehl bestäuben. Die Arbeitsfläche daneben bemehlen und zunächst 1 Teigkugel darauf zu einem möglichst großen Rechteck ausrollen*, dann vorsichtig über beide Handrücken nach allen Seiten hauchdünn ausziehen.
● Den ausgezogenen Strudelteig auf das Tuch legen, die dicken Ränder abschneiden und entstandene Löcher damit flicken. Mit der zweiten Teigkugel ebenso verfahren.
● Das Backblech einfetten*. Den Backofen auf 200° vorheizen.
● Die Teigplatten mit zerlassener Butter bepinseln und mit Semmelbröseln bestreuen. Die Fleischfarce darauf verteilen, dabei ringsherum einen 2 cm breiten Rand frei lassen. Die Ränder einschlagen, die Strudel mit Hilfe des Tuches aufrollen und auf das Backblech heben.
● Das Eigelb mit etwas Wasser verquirlen* und die Strudel damit bestreichen. Auf der mittleren Schiene des Ofens 30 Minuten backen.

Braucht etwas Zeit · Nicht ganz einfach

Utrechter Käsestrudel

Zutaten für 6 Personen:
Für den Teig: 250 g Mehl · 1 Ei · 2 Eßl. Öl ·
1 Prise Salz · ⅛ l lauwarmes Wasser
Für die Füllung: je 1 kleine grüne und rote
Paprikaschote · 1 Zwiebel · 150 g Champignons
oder Egerlinge · 2 Eßl. Butter · Salz · Pfeffer ·
300 g Schweinemett · 1 Knoblauchzehe ·
250 g mittelalter Goudakäse
Zum Bestreichen: 4 Eßl. zerlassene Butter
Für das Backblech: Butter
Pro Person etwa 2560 Joule/610 Kalorien

Zubereitungszeit: 1 Stunde und 15 Minuten
Ruhezeit: 30 Minuten
Backzeit: etwa 30 Minuten

• Das Mehl auf die Arbeitsfläche sieben* und in die Mitte eine Mulde drücken. Das Ei, das Öl, das Salz und das Wasser in die Vertiefung geben und alles zu einem glatten Teig verarbeiten.

• Die Arbeitsfläche mit Mehl bestäuben, den Teig darauf gut durchkneten* und mehrmals kräftig auf die Platte werfen, bis er geschmeidig und glänzend ist. Den Strudelteig halbieren, zu 2 Kugeln formen, mit etwas zerlassener Butter bestreichen und unter einer angewärmten Schüssel 30 Minuten ruhen lassen.

• Die Paprikaschoten putzen*, waschen und in kleine Würfel schneiden. Die Zwiebel schälen und feinhacken. Die Pilze putzen, waschen und in nicht zu dünne Scheiben schneiden.

• Die Butter in einer Pfanne erhitzen und die Zwiebel darin glasig braten. Die Pilze und die Paprikaschoten dazugeben und bei schwacher Hitze 4 Minuten mitschmoren lassen. Die Mischung mit Salz und Pfeffer abschmecken und abkühlen lassen.

• Das Schweinemett mit Salz und Pfeffer würzen, die Knoblauchzehe durch die Presse dazudrücken und alles gut vermengen. Den Goudakäse auf einer Reibe grobraffeln.

• Ein Küchentuch auf dem Tisch ausbreiten und mit Mehl bestäuben. Die Arbeitsfläche daneben bemehlen und zunächst 1 Teigkugel darauf zu einem möglichst großen Rechteck ausrollen*, dann vorsichtig über beide Handrücken nach allen Seiten hauchdünn ausziehen.

• Den ausgezogenen Strudelteig auf das Tuch legen, die dicken Ränder abschneiden und eventuell entstandene Löcher damit flicken. Mit der zweiten Teigkugel später ebenso verfahren.

• Das Backblech einfetten*. Den Backofen auf 200° vorheizen.

• Die Teigplatten mit zerlassener Butter bepinseln und den geriebenen Käse darüberstreuen. Das Schweinemett und die Gemüsemischung gleichmäßig darauf verteilen, dabei ringsherum einen 2 cm breiten Rand frei lassen. Die Ränder

einschlagen und die Strudel mit Hilfe des Tuches aufrollen und auf das Backblech heben. Die Strudel mit der restlichen zerlassenen Butter bestreichen.

• Auf der mittleren Schiene des Ofens in etwa 30 Minuten goldbraun backen. Dazu schmeckt eine frische Tomatensauce.

Braucht etwas Zeit · Nicht ganz einfach

Sauerkrautstrudel

Zutaten für 6 Personen:
Für den Teig: 250 g Mehl · 2 Eßl. Öl · 1 Ei ·
Salz · knapp ⅛ l lauwarmes Wasser · Öl
Für die Füllung: 1 große Zwiebel · 1 großer säuerlicher Apfel · 2 Eßl. Schmalz · 750 g Sauerkraut ·
6 Wacholderbeeren · 1 Lorbeerblatt · ½ Glas trockener Weißwein · 1 Prise Zucker · Salz · grober schwarzer Pfeffer · 250 g Frühstücksspeck im Stück · 3 Eßl. Semmelbrösel
Zum Bestreichen: 2 Eßl. zerlassene Butter
Für das Backblech: Butter
Pro Person etwa 2 645 Joule/630 Kalorien

Zubereitungszeit: 50 Minuten
Ruhezeit: 30 Minuten
Backzeit: 30–40 Minuten

• Das Mehl auf die Arbeitsfläche sieben* und in die Mitte eine Mulde drücken. Das Öl, das Ei, Salz und das Wasser in die Vertiefung geben und alles zu einem glatten weichen Teig verarbeiten.

• Die Arbeitsfläche mit Mehl bestäuben. Den Teig darauf gut durchkneten und mehrmals kräftig auf die Platte schlagen, bis er seidig glänzt. Den Strudelteig halbieren und 2 Kugeln daraus formen. Diese mit Öl bestreichen und unter einer angewärmten Schüssel 30 Minuten ruhen lassen.

• Die Zwiebel schälen und feinhacken. Den

Apfel vierteln, schälen, vom Kerngehäuse befreien und in Scheibchen schneiden.

• Das Schmalz in einem Topf heiß werden lassen und die Zwiebel darin goldgelb braten. Das Sauerkraut mit einer Gabel auflockern und hinzufügen. Die Wacholderbeeren zerdrücken, das Lorbeerblatt zerrebeln und mit dem Wein, dem Wacholder und den Apfelscheiben in das Sauerkraut mischen. Alles bei schwacher Hitze 15 Minuten kochen lassen. Mit dem Zucker, Salz und Pfeffer kräftig abschmecken.

• Die Arbeitsfläche mit Mehl bestäuben. Zunächst 1 Teigkugel zu einem möglichst großen Rechteck ausrollen*, dann vorsichtig über beide Handrücken nach allen Seiten hauchdünn ausziehen.

• Ein Tuch mit Mehl bestäuben und den Strudelteig darauflegen, die dicken Ränder abschneiden und eventuell entstandene Löcher damit flicken.

• Mit der zweiten Teigkugel ebenso verfahren.

• Den Backofen auf 220° vorheizen. Das Backblech einfetten*. Den Frühstücksspeck in Würfel schneiden.

• Die Strudelteigplatten mit den Semmelbröseln bestreuen und das Sauerkraut bis zu 2 cm vom Rand entfernt darauf verteilen, die Speckwürfel darübergeben. Die Ränder einschlagen, die Strudel mit Hilfe des Tuches aufrollen, auf das Blech legen und mit der zerlassenen Butter bestreichen.

• Auf der mittleren Schiene des Ofens in 30–40 Minuten goldbraun backen.

Braucht etwas Zeit · Nicht ganz einfach

Niederösterreichischer Krautstrudel

Zutaten für 6 Personen:
Für den Teig: 250 g Mehl · 1 Prise Salz · 1 Ei · 2 Eßl. Öl · etwa ⅛ l lauwarmes Wasser
Für die Füllung: 800 g Weißkohl · kochendes Wasser · 1 Zwiebel · 2 Eßl. Butterschmalz · knapp ⅛ l Fleischbrühe · Salz · Pfeffer · 1 Teel. edelsüßes Paprikapulver · 1 Teel. Kümmel · 2 Eßl. Butter · 3–4 Eßl. Semmelbrösel · 150 g gekochter Schinken
Zum Bestreichen: Öl · zerlassene Butter
Für das Backblech: Butter
Pro Person etwa 1 595 Joule/380 Kalorien

Zubereitungszeit: 40 Minuten
Ruhezeit: 30 Minuten
Backzeit: 30 Minuten

• Das Mehl auf die Arbeitsfläche sieben* und in die Mitte eine Mulde drücken. Das Salz, das Ei, das Öl und das Wasser in die Vertiefung geben und alles schnell zu einem glatten weichen Teig verkneten*.

• Den Teig mehrmals kräftig auf die Arbeitsfläche werfen und wieder durchkneten, bis er geschmeidig ist und seidig glänzt. Den Strudelteig zu 2 Kugeln formen, mit etwas Öl bestreichen und unter einer angewärmten Schüssel 30 Minuten ruhen lassen.

• Für die Füllung den Weißkohl putzen, vom Strunk befreien und feinhobeln. Mit kochendem Wasser überbrühen und abtropfen lassen. Die Zwiebel schälen und in kleine Würfel schneiden.

• Das Butterschmalz in einem Topf erhitzen und die Zwiebel darin hellgelb braten. Den Kohl hinzufügen und zunächst sehr wenig Fleischbrühe dazugießen. Alles etwa 30 Minuten köcheln

lassen, dabei öfter umrühren und etwas Fleischbrühe nachgießen, das Gemüse darf aber nicht
zu flüssig werden.
- Den Kohl mit Salz, Pfeffer, dem Paprikapulver und dem Kümmel abschmecken und auskühlen lassen.
- Die Butter in einem Pfännchen erhitzen und
die Semmelbrösel darin braun rösten. Den
Schinken in kleine Würfel schneiden.
- Ein sehr großes Küchentuch auf dem Tisch
ausbreiten und mit Mehl bestäuben. Die Arbeitsfläche daneben bemehlen und zunächst
1 Teigkugel darauf zu einem möglichst großen
Rechteck ausrollen*, dann vorsichtig über beide
Handrücken nach allen Seiten hauchdünn ausziehen.
- Den ausgezogenen Strudelteig auf das Tuch
legen, die dicken Ränder abschneiden und eventuell entstandene Löcher damit flicken. Mit der
zweiten Teigkugel ebenso verfahren.
- Das Backblech einfetten*. Den Backofen auf
220° vorheizen.
- Die Teigplatten mit den gerösteten Semmelbröseln bestreuen, den Kohl darüber verteilen
und den Schinken locker darübergeben. Die
Ränder einschlagen und die Strudel mit Hilfe
des Tuches aufrollen.
- Die Strudel vom Tuch auf das Backblech gleiten lassen und mit zerlassener Butter bestreichen.
Auf der mittleren Schiene des Ofens in etwa
30 Minuten goldbraun backen.
- Die Krautstrudel heiß servieren. Eine Tomatensauce schmeckt besonders gut dazu.

Unser Tip Die belegte Teigplatte rollt
sich von alleine locker zu einem Strudel,
wenn Sie das Tuch leicht und stetig
anheben. Die Füllung braucht Spielraum, um sich während des Backens voll
entfalten zu können.

Braucht etwas Zeit · Nicht ganz einfach

Fränkischer Pilzstrudel

Zutaten für 6 Personen:
Für den Teig: 250 g Mehl · 1 Prise Salz · 1 Ei ·
2 Eßl. Öl · etwa ⅛ l lauwarmes Wasser
Für die Füllung: 500 g frische Pilze (Champignons,
Egerlinge oder Pifferlinge) · 1 große Zwiebel ·
1 Bund Petersilie · 75 g durchwachsener Speck ·
1 Prise getrockneter Oregano · Salz · weißer
Pfeffer · 2–3 Eßl. Sahne · 2 Eßl. Semmelbrösel
Zum Bestreichen: Öl · 1 Eigelb
Für das Backblech: Öl
Pro Person etwa 1 535 Joule/365 Kalorien

Zubereitungszeit: 1 Stunde
Ruhezeit: 30 Minuten
Backzeit: 30 Minuten

- Das Mehl auf die Arbeitsfläche sieben* und in
die Mitte eine Mulde drücken. Das Salz, das Ei,
das Öl und das Wasser in die Vertiefung geben
und alles zu einem glatten weichen Teig verkneten*.
- Den Teig mehrmals kräftig auf die Arbeitsfläche werfen und wieder durchkneten, bis er
geschmeidig ist und seidig glänzt. Den Strudelteig halbieren, zu 2 Kugeln formen, mit etwas Öl
bestreichen und unter einer angewärmten Schüssel 30 Minuten ruhen lassen.
- Die Pilze putzen, waschen und in Scheibchen
schneiden. Die Zwiebel schälen und feinhacken.
Die Petersilie waschen, trockenschleudern und
grobhacken. Den Speck kleinwürfeln.
- Eine Pfanne erhitzen und den Speck und die
Zwiebel darin unter Rühren goldgelb werden
lassen. Die Pilze hinzufügen und zugedeckt
10 Minuten bei schwacher Hitze mitdünsten. Die
Petersilie und den Oregano einrühren, mit Salz
und Pfeffer würzen. Die Pilzmischung auskühlen
lassen.

• Ein sehr großes Küchentuch auf dem Tisch ausbreiten und mit Mehl bestäuben. Die Arbeitsfläche daneben bemehlen und zunächst 1 Teigkugel darauf zu einem möglichst großen Rechteck ausrollen*, dann vorsichtig über beide Handrücken nach allen Seiten hauchdünn ausziehen.

• Den ausgezogenen Strudelteig auf das Tuch legen, die dicken Ränder abschneiden und eventuell entstandene Löcher damit flicken. Mit der zweiten Teigkugel später ebenso verfahren.

• Das Backblech einfetten*. Den Backofen auf 200° vorheizen.

• Die Teigplatten mit der Sahne bestreichen und mit den Semmelbröseln bestreuen. Die Pilzfüllung gleichmäßig darauf verteilen, dabei ringsherum 2 cm Rand frei lassen. Die Ränder einschlagen, die Strudel mit Hilfe des Tuches aufrollen und auf das Backblech heben.

• Das Eigelb mit 1 Eßlöffel Wasser verquirlen* und die Strudel damit bestreichen. Auf der mittleren Schiene des Ofens in etwa 30 Minuten goldbraun backen.

• Heiß servieren. Dazu paßt ein frischer grüner Salat.

Braucht etwas Zeit · Nicht ganz einfach

Lauchstrudel

Zutaten für 6 Personen:
Für den Teig: 250 g Mehl · 1 Teel. Salz ·
2 Eßl. weiches Schmalz · 1 Eßl. Essig · etwa
⅛ l lauwarmes Wasser
Für die Füllung: 1 kg nicht zu dicke Lauchstangen · Salz · 1 große Zwiebel · 100 g durchwachsener Speck · 2 Eßl. Schmalz · 250 g gemischtes Hackfleisch · schwarzer Pfeffer ·
2 Eier · 1 Eigelb · 2 Eßl. Mehl · je 100 g Sahne und Joghurt · 200 g geriebener Emmentaler

Käse · ½ Teel. edelsüßes Paprikapulver
Zum Bestreichen: Öl · 2 Eßl. zerlassene Butter
Für das Backblech: Butter
Pro Person etwa 3 445 Joule/820 Kalorien

Zubereitungszeit: 1 Stunde und 30 Minuten
Ruhezeit: 30 Minuten
Backzeit: etwa 50 Minuten

• Das Mehl auf die Arbeitsfläche sieben*, in die Mitte eine Mulde drücken. Das Salz, das Schmalz, den Essig und das Wasser in die Vertiefung geben und alles zu einem glatten Teig verkneten*.

• Den Teig mehrmals auf die Arbeitsfläche werfen und wieder durchkneten, bis er geschmeidig und seidig glänzend ist. Den Strudelteig zu einer Kugel formen, mit Öl bestreichen und unter einer angewärmten Schüssel 30 Minuten ruhen lassen.

• Für die Füllung den Lauch putzen, gründlich waschen und in 3 cm lange Stücke schneiden. In kochendem Salzwasser 3–4 Minuten blanchieren, in ein Sieb abgießen, mit kaltem Wasser abschrecken und gut abtropfen lassen.

• Die Zwiebel schälen und feinhacken. Den Speck in kleine Würfel schneiden. Eine Pfanne heiß werden lassen und den Speck und die Zwiebel darin unter Wenden glasig braten. Die Mischung in eine Schüssel geben.

• Das Schmalz in der Pfanne erhitzen und das Hackfleisch darin unter Rühren krümelig und braun anbraten. Mit der Speck-Zwiebel-Mischung in der Schüssel vermengen und kräftig mit Salz und Pfeffer würzen.

• Die Eier und das Eigelb mit dem Mehl, der Sahne, dem Joghurt und dem Käse verrühren und mit dem Paprikapulver würzen.

• Die Arbeitsfläche mit Mehl bestäuben und den Strudelteig darauf zu einem möglichst großen Rechteck ausrollen*. Ein großes Küchentuch auf dem Tisch ausbreiten und bemehlen.

Den Teig nach allen Seiten hauchdünn ausziehen und auf das Tuch legen. Die dicken Ränder abschneiden und eventuell entstandene Löcher damit flicken.
• Das Backblech einfetten*. Den Backofen auf 200° vorheizen.
• Die Hackfleischmischung auf die Teigplatte streichen, dabei ringsherum einen 2 cm breiten Rand frei lassen, die Lauchstücke darauf verteilen und die Käsemischung darübergeben. Die Ränder einschlagen, den Strudel mit Hilfe des Tuches aufrollen und vorsichtig auf das Blech gleiten lassen.
• Im Ofen auf der mittleren Schiene etwa 50 Minuten backen.
• Den Strudel kurz vor Ende der Backzeit mit der zerlassenen Butter bestreichen und heiß servieren.

Braucht etwas Zeit · Nicht ganz einfach

Spinatstrudel

Zutaten für 6 Personen:
Für den Teig: 250 g Mehl · 1 Ei · 2 Eßl. Öl · 1 Prise Salz · ⅛ l lauwarmes Wasser
Für die Füllung: 500 g junger Spinat · 2 Zwiebeln · 1 Knoblauchzehe · 4 Anchovisfilets aus der Dose · 100 g Goudakäse · 2 Eßl. Öl · 400 g gemischtes Hackfleisch · 2 Eßl. Tomatenmark · Salz · schwarzer Pfeffer
Zum Bestreichen: 2 Eßl. Öl · 1 Eigelb · 1 Eßl. Milch
Zum Bestreuen: 2 Eßl. Semmelbrösel
Für das Backblech: Öl
Pro Person etwa 2940 Joule/700 Kalorien

Zubereitungszeit: 1 Stunde
Ruhezeit: 30 Minuten
Backzeit: 30 Minuten

• Das Mehl auf die Arbeitsfläche sieben*, in die Mitte eine Mulde drücken. Das Ei, das Öl, das Salz und das Wasser in die Vertiefung geben und alles zu einem glatten Teig verkneten*.
• Den Teig mehrmals kräftig auf die Arbeitsfläche werfen und wieder durchkneten*, bis er geschmeidig und seidig glänzend ist. Den Strudelteig halbieren, zu 2 Kugeln formen, mit etwas Öl bestreichen und unter einer angewärmten Schüssel 30 Minuten ruhen lassen.
• Den Spinat verlesen, waschen und abtropfen lassen. Die Zwiebeln und die Knoblauchzehe schälen und feinhacken. Die Anchovisfilets zerkleinern. Den Käse kleinwürfeln.
• Das Öl in einer Pfanne erhitzen, die Zwiebeln und den Knoblauch darin glasig werden lassen. Das Hackfleisch dazugeben und krümelig braten. Das Tomatenmark einrühren und kräftig mit Salz und Pfeffer würzen.
• Ein Küchentuch auf dem Tisch ausbreiten und mit Mehl bestäuben. Die Arbeitsfläche daneben bemehlen und zunächst 1 Teigkugel darauf zu einem möglichst großen Rechteck ausrollen, dann vorsichtig über beide Handrücken nach allen Seiten hauchdünn ausziehen.
• Den ausgezogenen Strudelteig auf das Tuch legen, die dicken Ränder abschneiden und eventuell entstandene Löcher damit flicken. Mit der zweiten Teigkugel ebenso verfahren.
• Das Backblech einfetten*. Den Backofen auf 200° vorheizen.
• Die Teigplatten mit Öl bestreichen und mit den Semmelbröseln bestreuen. Den Spinat darauf verteilen, mit den Anchovisfilets und den Käsewürfeln bestreuen und die Hackfleischmasse darübergeben, dabei ringsherum einen 2 cm breiten Rand frei lassen. Die Ränder einschlagen und die Strudel mit Hilfe des Tuches aufrollen und auf das Backblech gleiten lassen.
• Das Eigelb mit der Milch verquirlen* und die Strudel damit bepinseln. Auf der mittleren Schiene des Ofens 30 Minuten backen. Heiß servieren.

Süßes Backwerk aus Vollkornmehl

Preiswert · Ganz einfach

Vollkörniger Mohn-Streuselkuchen

Zutaten für 1 Backblech:
Für den Teig: 250 g Weizenmehl (Type 550) ·
250 g Weizenmehl (Type 1050) · 1 Päckchen
Trockenhefe · 100 g Farinzucker* · 1 Eigelb ·
1 Teel. Salz · 1 Prise geriebene Muskatnuß ·
gut ¼ l lauwarme Milch · 75 g weiche Butter
Für den Belag: 500 g gemahlener Mohn · ⅜ l lau-
warme Milch · 4 Eßl. Rübensirup · 1 Päckchen
Vanillinzucker
Für die Streusel: 200 g Mehl (Type 550) ·
150 g Butter · 150 g Zucker · 1 Päckchen Vanillin-
zucker
Für das Backblech: Butter
Bei 24 Stücken pro Stück etwa 1 535 Joule/
365 Kalorien

Zubereitungszeit: 45 Minuten
Zeit zum Gehenlassen: 40 Minuten
Backzeit: etwa 30 Minuten

• Beide Mehlsorten in einer großen Schüssel mit der Trockenhefe mischen. Den Zucker, das Eigelb, das Salz, den Muskat und die Milch hinzufügen, die Butter in Flöckchen darüberschneiden. Alles zu einem Teig verkneten*.
• Den Teig mit einem Tuch zudecken und etwa 40 Minuten an einem warmen Platz gehen lassen*, bis er das doppelte Volumen erreicht hat.
• Den gemahlenen Mohn mit der Milch übergießen und mit dem Sirup und dem Vanillinzucker verrühren.
• Für die Streusel das Mehl mit der kleingeschnittenen Butter, dem Zucker und dem Vanillinzucker in eine Schüssel geben und alles mit kühlen Händen bröselig reiben. Die Streusel zugedeckt in den Kühlschrank stellen.

• Das Backblech einfetten*. Den Backofen auf 200° vorheizen.
• Die Arbeitsfläche mit Mehl bestäuben, den Hefeteig darauf nochmals gut durchkneten und in Größe des Backblechs ausrollen*. Die Teigplatte auf das Blech legen und ringsherum einen Rand formen*.
• Die Mohnmasse auf den Teig streichen und die gekühlten Streusel darauf verteilen. Den Kuchen auf der mittleren Schiene des Ofens etwa 30 Minuten backen.
• Den Mohn-Streuselkuchen auf dem Blech etwas abkühlen lassen und dann in 24 Portionsstücke schneiden.

Braucht etwas Zeit · Nicht ganz einfach

Rhabarberstrudel

Zutaten für 8 Personen:
Für den Teig: 250 g frisch gemahlenes Vollkorn-
weizenmehl* · 2 Eßl. Öl · 2 Eier · 1 Prise Salz ·
¹⁄₁₆ l lauwarmes Wasser
Für die Füllung: 1 kg Rhabarber · kochendes
Wasser · 80 g Rosinen · 100 g Haselnußkerne ·
100 g Honig · 1 Teel. Zimt · abgeriebene Schale
von ½ unbehandelten Zitrone · ¼ l saure Sahne
Zum Bestreichen: 1 Eßl. Öl · 80 g Butter
Zum Bestreuen: 2 Eßl. Semmelbrösel
Für die Form: Butter
Zum Backen: ¼ l heiße Milch
Pro Person etwa 1 975 Joule/470 Kalorien

Zubereitungszeit: 1 Stunde
Ruhezeit: 30 Minuten
Backzeit: 30–40 Minuten

• Das Mehl auf die Arbeitsfläche sieben* und in die Mitte eine Mulde drücken. Das Öl, die Eier, das Salz und das Wasser in die Vertiefung geben

Ausgezogene Nudeln, in Bayern »Küachl« genannt, ▷
gehören dort unbedingt zur Kirchweih und anderen
ländlichen Festen. Rezept Seite 292.

und alles zu einem glatten weichen Teig verkneten*.
• Den Teig mehrmals kräftig auf die Arbeitsfläche werfen und wieder durchkneten, bis er geschmeidig ist und seidig glänzt. Den Strudelteig halbieren, zu 2 Kugeln formen, mit etwas Öl bestreichen und unter einer angewärmten Schüssel 30 Minuten ruhen lassen.
• Den Rhabarber putzen, in kleine Stücke schneiden, mit kochendem Wasser überbrühen, 3 Minuten stehen lassen, dann in ein Sieb gießen und gut abtropfen lassen.
• Die Rosinen waschen und auf Küchenkrepp trocknen lassen. Die Haselnüsse durch die Mandelmühle* drehen.
• Ein Küchentuch auf dem Tisch ausbreiten und mit Mehl bestäuben. Die Arbeitsfläche daneben bemehlen und zunächst 1 Teigkugel darauf zu einem möglichst großen Rechteck ausrollen, dann vorsichtig über beide Handrücken nach allen Seiten hauchdünn ausziehen.
• Den ausgezogenen Strudelteig auf das Tuch legen, die dicken Ränder abschneiden und eventuell entstandene Löcher damit flicken.
• Die Butter in einem Pfännchen zerlassen und die Teigplatte mit einem Teil davon bestreichen und mit 1 Eßlöffel Semmelbröseln bestreuen.
• Mit der zweiten Teigkugel ebenso verfahren.
• Eine Bratenpfanne gut einfetten*. Den Backofen auf 200° vorheizen.
• Den Honig mit dem Zimt, der Zitronenschale und der sauren Sahne verrühren, den Rhabarber, die Rosinen und die Nüsse einmengen.
• Die Rhabarberfüllung gleichmäßig auf die Strudelplatten verteilen, dabei ringsherum 2 cm Rand frei lassen. Die Ränder einschlagen und die Strudel mit Hilfe des Tuches locker aufrollen. Die Ränder sanft andrücken.
• Die Strudel in die Bratenpfanne legen und mit zerlassener Butter bestreichen. Auf der mittleren Schiene des Ofens 30–40 Minuten backen.
• Die Strudel während des Backens mehrmals

mit zerlassener Butter bestreichen und nach 15 Minuten Backzeit mit der heißen Milch übergießen. Weiterbacken, bis die Milch ganz aufgesogen ist. Heiß servieren.

Braucht etwas Zeit

Vollkornkuchen mit Schwips

Zutaten für 1 Guglhupfform von 26 cm Ø:
400 g frisch gemahlenes Vollkornweizenmehl ·*
30 g Hefe · ⅛ l lauwarme Milch · 4 Eier · 2 Päckchen Vanillinzucker · 1 Prise Salz · 150 g weiche Butter
Zum Tränken: ¼ l trockener Weißwein · knapp ⅛ l Wasser · 3 Eßl. milder Honig*
Zum Garnieren: 3 Eßl. Pistazienkerne
Für die Form: Butter
Bei 12 Stücken pro Stück etwa 1365 Joule/ 325 Kalorien

Zubereitungszeit: 30 Minuten
Zeit zum Gehenlassen: 1 Stunde und 30 Minuten
Backzeit: 50 Minuten

• Das Mehl in eine Schüssel geben, in die Mitte eine Mulde drücken, die Hefe hineinbröckeln und mit der Milch und etwas Mehl zu einem Vorteig* verrühren. Zugedeckt an einem warmen Platz 25 Minuten gehen lassen*.
• Die Eier mit dem Vanillinzucker, dem Salz und der weichen Butter schaumig rühren.
• Die Schaummasse zu dem Mehl und dem Vorteig in die Schüssel geben und alles zu einem weichen, fast flüssigen Teig schlagen. Den Teig zugedeckt an einem warmen Platz etwa 40 Minuten gehen lassen*, bis er das doppelte Volumen erreicht hat.

◁ Gleichermaßen gut geeignet und beliebt als Haupt- oder Nachspeise ist Tiroler Topfenstrudel. Rezept Seite 309.

- Die Form einfetten*. Den Backofen auf 200° vorheizen.
- Den Teig noch einmal durchrühren, in die Form füllen und 25 Minuten gehen lassen.
- Den Kuchen dann auf der zweiten Schiene von unten im Ofen etwa 50 Minuten backen.
- Den Kuchen auf ein Kuchengitter stürzen und erkalten lassen.
- Den Weißwein mit dem Wasser und dem Honig in einem großen Topf erwärmen. Den Kuchen kopfüber in die Mischung legen, bis er alle Flüssigkeit aufgenommen hat.
- Den getränkten Kuchen auf einer tiefen Kuchenplatte anrichten. Die Pistazien grobhakken und darüberstreuen. Gekühlte Schlagsahne schmeckt gut dazu.

Braucht etwas Zeit

Mohnschnecken-kuchen

Zutaten für 1 Springform von 26 cm Ø :
500 g frisch gemahlenes Vollkornweizenmehl* ·
40 g Hefe · ⅛ l lauwarme Milch · 100 g weiche
Butter · 4 Eßl. Birnendicksaft* · 2 Eier · abgerie-
bene Schale von 1 unbehandelten Zitrone
Für die Füllung: 50 g Rosinen · 2 Eßl. Rum ·
⅛ l Milch · 50 g Butter · 4 Eßl. Honig ·
300 g frisch gemahlener Mohn · 100 g ungeschälte
gemahlene Mandeln · 4 Eßl. feingehacktes
Orangeat · 2 Eßl. Vollweizengrieß* · 2 Eiweiß
Für die Form: Butter · Mehl
Bei 15 Schnecken pro Stück etwa 1910 Joule/
455 Kalorien

Zubereitungszeit: 1 Stunde
Zeit zum Gehenlassen: 1 Stunde
Backzeit: 40–50 Minuten

- Das Mehl in eine Schüssel sieben* und in die Mitte eine Mulde drücken. Die Hefe in die Vertiefung bröckeln und mit der Milch und etwas Mehl zu einem Vorteig rühren. Den Vorteig mit wenig Mehl bestreuen und mit einem Tuch zugedeckt an einem warmen Platz 30 Minuten gehen lassen*.
- Die Butter mit dem Birnendicksaft, den Eiern und der Zitronenschale schaumig rühren.
- Den Hefevorteig mit dem Mehl und der Buttermischung vermengen und so lange schlagen, bis der Teig Blasen wirft und sich vom Schüsselrand löst.
- Den Teig zugedeckt an einem warmen Platz etwa 30 Minuten gehen lassen, bis er das doppelte Volumen erreicht hat.
- Die Rosinen waschen, mit Küchenkrepp trockentupfen und mit dem Rum übergießen.
- Die Milch mit der Butter und dem Honig zum Kochen bringen, den Mohn einrieseln lassen und alles unter Rühren einmal aufkochen lassen. Die Masse vom Herd nehmen. Die Mandeln, das Orangeat, den Grieß und die Rosinen mit dem Rum unter die Mohnmischung mengen. Das Eiweiß zu steifem Schnee schlagen* und unter die abgekühlte Mohnfüllung heben.
- Die Springform mit Butter einfetten* und mit Mehl ausstreuen. Den Backofen auf 200° vorheizen.
- Die Arbeitsfläche mit Mehl bestäuben und den Hefeteig darauf zu einem Rechteck von 45 × 40 cm ausrollen*. Die Mohnfüllung auf die Teigplatte streichen, dabei etwa zweifingerbreit vom oberen Längsrand frei lassen. Die Teigplatte in Längsrichtung von unten nach oben aufrollen, den unbestrichenen Rand sanft festdrücken. Die Teigrolle in 15 etwa 3 cm dicke Scheiben schneiden.
- Die »Schnecken« etwas nachformen und mit der Schnittfläche nach oben in die Form setzen. Den Kuchen auf der zweiten Schiene von unten 40–50 Minuten im Ofen backen.

Ganz einfach

Lüneburger Buchweizentorte

Zutaten für 1 Springform von 22 cm Ø :
Für den Teig: 200 g abgezogene Mandeln ·
4 Eier · 200 g weiche Butter · 200 g Zucker ·
1 Prise Salz · 200 g helles Buchweizenmehl ·
2 Teel. Backpulver · abgeriebene Schale und Saft
von 1 unbehandelten Zitrone
Für die Füllung: 250 g Erdbeerkonfitüre
Zum Besieben: 2 Eßl. Puderzucker
Für die Form: Butter · Semmelbrösel
Bei 12 Stücken pro Stück etwa 1955 Joule/
465 Kalorien

Zubereitungszeit: 35 Minuten
Backzeit: 25–30 Minuten

• Die Mandeln durch die Mandelmühle* drehen. Die Eier in Eiweiß und Eigelb trennen*.
• Die Butter mit dem Zucker cremig rühren, bis
der Zucker ganz aufgelöst ist. Das Eigelb nach
und nach unterrühren.
• Das Eiweiß mit dem Salz zu steifem Schnee
schlagen* und auf die Crememasse geben.
• Die Form einfetten* und mit Semmelbröseln
ausstreuen*. Den Backofen auf 200° vorheizen.
• Das Buchweizenmehl mit dem Backpulver,
den Mandeln und der Zitronenschale mischen
und mit dem Eischnee unter die Butter-Eigelb-
Masse ziehen. Den Zitronensaft unterrühren.
• Den Teig in die Form füllen und auf der untersten Schiene 25–30 Minuten backen.
• Die Torte aus der Form lösen, auf ein Kuchengitter stürzen und völlig erkalten lassen.
• Die Torte einmal quer durchschneiden*. Den
unteren Boden mit der Erdbeerkonfitüre bestreichen, den zweiten Boden daraufsetzen. Die Torte
mit Puderzucker besieben*.

Braucht etwas Zeit

Schweizer Rüblitorte

Zutaten für 1 Springform von 26 cm Ø :
Für den Teig: 200 g Mandeln · 10 abgezogene
bittere Mandeln · gut 200 g Möhren · Saft von
½ Zitrone · 4 Eier · 2 Eßl. heißes Wasser ·
200 g flüssiger Honig · 2 Eßl. Rum · 100 g frisch
gemahlenes Vollkornweizenmehl · 1 gehäufter*
Teel. Backpulver
Für die Füllung: ¼ l Sahne · 3 Eßl. Sanddorn-
sirup · 1–2 Eßl. flüssiger Honig
Zum Garnieren: 1 Eßl. Butter · 40 g Mandel-
blättchen · ¼ l Sahne · 1 Päckchen Vanillinzucker
Für die Form: Butter · Semmelbrösel
Bei 16 Stücken pro Stück etwa 1175 Joule/
280 Kalorien

Zubereitungszeit: 1 Stunde
Ruhezeit: 2 Stunden
Backzeit: 30–40 Minuten

• Die süßen und die bitteren Mandeln durch die
Mandelmühle* drehen. Die Möhren putzen,
waschen, feinreiben und mit dem Zitronensaft
beträufeln.
• Die Eier in Eiweiß und Eigelb trennen*. Das
Eigelb mit dem heißen Wasser 3–5 Minuten
schaumig schlagen. Den Honig und den Rum
nach und nach dazugeben. Das Vollkornmehl*
mit dem Backpulver mischen und über die
Eigelbcreme sieben*. Die Mandeln und die geriebenen Möhren hinzufügen und alles locker
vermengen.
• Die Form einfetten* und mit Semmelbröseln
ausstreuen*. Den Backofen auf 175–180° vorheizen.
• Das Eiweiß zu steifem Schnee schlagen* und
unter den Teig heben. Den Teig in die Form füllen und auf der untersten Schiene des Ofens
30–40 Minuten backen.

• Den Kuchen auf ein Kuchengitter stürzen und mindestens 2 Stunden ruhen lassen.
• Für die Füllung die Sahne steif schlagen*, den Sanddornsaft und den Honig sanft unterrühren.
• Den Kuchen zweimal quer durchschneiden und mit der Sanddornsahne füllen.
• Die Butter in einer kleinen Pfanne heiß werden lassen und die Mandelblättchen darin hellbraun rösten*. Die Sahne mit dem Vanillinzucker steif schlagen*.
• Die Torte mit der Schlagsahne bestreichen und mit den Mandelblättchen bestreuen.

Unser Tip Es ist ratsam, den Möhrenkuchen schon einen Tag vorher zu backen. Er läßt sich dann leichter durchschneiden.

Ganz einfach

Schwarzplententorte aus Südtirol

Wer die herzhafte Küche liebt, dem wird diese typische Torte sicher zusagen. Schwarzplenten, das ist Buchweizen, wird viel in der Bozener Gegend angebaut. Da die Wälder dort voller Preiselbeeren sind, liegt die Kombination nahe.

Zutaten für 1 Springform von 26 cm ⌀:
250 g ungeschälte Mandeln · 6 Eier · 250 g weiche Butter · 250 g Zucker · 1 Päckchen Vanillinzucker · 250 g Buchweizenmehl · 1 Päckchen Backpulver
Zum Füllen: 1 Glas Preiselbeerkonfitüre, etwa 400 g
Für die Form: Butter · Mehl

Bei 12 Stücken pro Stück etwa 2 395 Joule/ 570 Kalorien

Zubereitungszeit: 1 Stunde
Backzeit: etwa 45 Minuten

• Die Mandeln durch die Mandelmühle* drehen. Die Eier in Eiweiß und Eigelb trennen*.
• Die Butter mit 200 g Zucker und dem Vanillinzucker in einer großen Schüssel schaumig rühren. Das Eigelb nach und nach dazugeben, weiterrühren, bis die Masse feincremig ist. Die gemahlenen Mandeln untermischen. Das Buchweizenmehl mit dem Backpulver mischen und portionsweise unter die Crememasse rühren.
• Die Springform einfetten* und mit Mehl ausstäuben*. Den Backofen auf 180° vorheizen.
• Das Eiweiß flaumig schlagen. Den restlichen Zucker einrieseln lassen und weiterschlagen, bis der Eischnee glänzt und sehr steif ist. Den Eischnee mit einem Rührlöffel vorsichtig unter den Teig heben.
• Den Teig in die Form füllen und auf der untersten Schiene des Ofens etwa 45 Minuten backen.
• Den Kuchen in der Form etwas abkühlen lassen*, auf ein Kuchengitter stürzen und ganz kalt werden lassen.
• Den Tortenboden zweimal quer durchschneiden*. Zwei Kuchenplatten mit der Preiselbeerkonfitüre bestreichen und zu einer Torte zusammensetzen. Die Torte nach Belieben mit Schlagsahne servieren.

Ganz einfach

Mandelhonigkuchen

Zutaten für 1 Kastenform von 30 cm Länge:
200 g abgezogene Mandeln · 2 Eier · 100 g Puder-
zucker · 400 g frisch gemahlenes Vollkornweizen-
mehl* · 1 Eßl. Natron · 250 g flüssiger Honig ·
1 Teel. Zimt · ½ Teel. Nelkenpulver ·
½ Teel. Muskatblüte · ½ Teel. Vanillemark ·
gut ⅛ l Milch
Für die Form: Butter
Bei 30 Stücken pro Stück etwa 590 Joule/
140 Kalorien

Zubereitungszeit: 40 Minuten
Backzeit: etwa 1 Stunde und 10 Minuten

● Die Mandeln durch die Mandelmühle* drehen.
● Die Eier in einer kleinen Schüssel verquirlen*,
den Puderzucker dazusieben* und beides schaumig schlagen.
● Das Vollkornweizenmehl mit dem Natron in
eine große Schüssel sieben* und mit den gemahlenen Mandeln mischen. In die Mitte eine Mulde
drücken, den Honig und die Eischaummasse
hineingeben. Den Zimt, das Nelkenpulver, die
Muskatblüte und das Vanillemark hinzufügen.
Alle Zutaten kräftig zu einem geschmeidigen
Teig verkneten*, dabei nach und nach die Milch
dazugeben.
● Den Backofen auf 175° vorheizen. Die Form
einfetten*.

Unser Tip Sollte der Honig zu fest
sein, erwärmen Sie ihn bei ganz schwacher Hitze unter ständigem Rühren, bis
er flüssig ist. Vor der Weiterverarbeitung
auf Handwärme abkühlen lassen.

● Den Teig in die Form füllen und auf der mittleren Schiene des Ofens etwa 1 Stunde und
10 Minuten backen.
● Den Mandelhonigkuchen auf ein Kuchengitter stürzen und erkalten lassen. Nach 2–3 Tagen
kühler Lagerung schmeckt er, in Stücke oder
Streifen geschnitten, am besten.

Ganz einfach

Vollkorn-Honigkuchen mit Walnüssen

Zutaten für 1 Kastenform von 30 cm Länge:
200 g Walnußkerne · 4 Eier · 2 Eßl. warmes
Wasser · 400 g flüssiger Honig · 1 Teel. Zimt ·
½ Teel. Vanillemark · abgeriebene Schale von
½ unbehandelten Zitrone · 1 Prise geriebene
Muskatnuß · 250 g frisch gemahlenes Vollkorn-
weizenmehl* · 2 Teel. Backpulver · 1 Prise Salz
Für die Form: Butter
Bei 30 Stücken pro Stück etwa 545 Joule/
130 Kalorien

Zubereitungszeit: 40 Minuten
Backzeit: 1 Stunde und 15 Minuten

● Die Walnüsse grobhacken. Die Eier in Eiweiß
und Eigelb trennen*.
● Das Eigelb mit dem Wasser schaumig schlagen. Den Honig einfließen lassen und alles cremig rühren. Den Zimt, das Vanillemark, die
Zitronenschale und die geriebene Muskatnuß
hinzufügen.
● Das Vollkornmehl mit dem Backpulver
mischen und nach und nach in die Crememasse
rühren. Die Walnüsse einmengen.
● Die Form einfetten*. Den Backofen auf 175°
vorheizen.

• Das Eiweiß mit dem Salz zu steifem Schnee schlagen* und unter den Teig heben.
• Den Teig in die Kastenform füllen und im Ofen auf der zweiten Schiene von unten 1 Stunde und 15 Minuten backen. Nach 30 Minuten Backzeit die Temperatur auf 150° zurückschalten und den Kuchen mit Alufolie abdecken.
• Den Honigkuchen auf ein Kuchengitter stürzen und erkalten lassen. Erst nach 1 bis 2 Tagen anschneiden.

Braucht etwas Zeit

Reformierter Käsekuchen

Bild Seite 387

Zutaten für 1 Springform von 26 cm ⌀ :
Für den Teig: 200 g frisch gemahlenes Vollkornweizenmehl · ½ Teel. Backpulver · 1 Prise Salz · 1 Ei · 1 Eßl. flüssiger Honig · abgeriebene Schale von ½ unbehandelten Zitrone · 125 g kalte Butter*
Für die Füllung: ½ Tasse ungeschwefelte Rosinen · 2 Eßl. Rum · 750 g Magerquark · 4 Eßl. Milch · 175 g flüssiger Honig · 3 Eier · 1 Prise Salz · ausgeschabtes Mark von ½ Vanilleschote · ⅛ l Sahne
Für die Form: Butter · Vollkornmehl
Bei 12 Stücken pro Stück etwa 1 430 Joule/ 340 Kalorien

Zubereitungszeit: 40 Minuten
Ruhezeit: 30 Minuten
Backzeit: 55 Minuten

• Das Vollkornmehl mit dem Backpulver und dem Salz auf die Arbeitsfläche sieben*. In die Mitte eine Mulde drücken und das Ei, den Honig und die Zitronenschale hineingeben. Die Butter in Flöckchen auf den Mehlrand schneiden. Alle Zutaten mit einem Messer bröselig hakken, dann mit kühlen Händen zu einem glatten Teig kneten*. Den Mürbeteig zugedeckt 30 Minuten im Kühlschrank ruhen lassen.
• Die Rosinen waschen und mit Küchenkrepp trockentupfen. Den Rum in einem Töpfchen erhitzen, die Rosinen dazugeben und quellen lassen*.
• Den Quark mit der Milch glattrühren. Den Honig, die Eier, das Salz und das Vanillemark nach und nach hinzufügen.
• Die Form einfetten* und mit Vollkornmehl ausstäuben*.
• Die Arbeitsfläche leicht bemehlen und den Teig darauf rund ausrollen*. Den Boden und den Rand der Form mit der Teigplatte auslegen. Den Boden mit einer Gabel mehrmals einstechen*.
• Die Form auf die mittlere Schiene des kalten Backofens stellen, auf 200° schalten und den Kuchenboden 15 Minuten vorbacken.
• Die Sahne steif schlagen*, mit den Rumrosinen unter die Quarkcreme heben. Die Masse gleichmäßig auf den vorgebackenen Boden streichen. Den Käsekuchen in 40 Minuten fertig bakken.
• Den Kuchen auf ein Kuchengitter stürzen und erkalten lassen. Vor dem Servieren wenden und auf der Oberfläche 12 Stücke markieren.

Preiswert · Ganz einfach · Braucht etwas Zeit

Kartoffelbrot

Im Rheinland heißt das Kastenbrot Erdäppel-brot, in Schwaben Erdbirabrot (Erdbirnenbrot). Hier wird es mit Apfelkraut, dort mit Rübensirup verspeist.

Zutaten für 1 Kastenform von 30 cm Länge:
500 g frisch gemahlenes Vollkornweizenmehl* ·
50 g Hefe · ⅛ l lauwarme Milch · 100 g Rosinen ·
400 g Pellkartoffeln, am Vortag gekocht ·
100 g Honig · 60 g weiche Butter · 1 Ei ·
1 gute Prise Salz · abgeriebene Schale von
1 unbehandelten Zitrone
Zum Bestreichen: 1 Eigelb
Zum Bestreuen: 2 Eßl. Sesamsamen
Für die Form: Butter
Bei 15 Scheiben pro Scheibe etwa 1 010 Joule/ 240 Kalorien

Zubereitungszeit: 40 Minuten
Zeit zum Gehenlassen: 1 Stunde und 15 Minuten
Backzeit: etwa 45 Minuten

• Das Mehl in eine Schüssel geben, in die Mitte eine Mulde drücken, die Hefe hineinbröckeln und mit der Milch und etwas Mehl zu einem Vorteig* verrühren. Mit einem Tuch zugedeckt an einem warmen Platz 15 Minuten gehen lassen*.
• Die Rosinen waschen und auf Küchenkrepp trocknen. Die Kartoffeln schälen und auf der Küchenreibe feinreiben.
• Den Honig, die Butter, das Ei, das Salz, die Zitronenschale und die Kartoffeln zu dem Mehl und dem Vorteig in die Schüssel geben und alles zu einem festen glatten Teig verkneten*. Den Teig zugedeckt an einem warmen Platz 30 Minuten gehen lassen*.
• Die Kastenform gut einfetten*.

• Die Rosinen in den Teig einarbeiten. Den Teig in die Form füllen und nochmals zugedeckt 30 Minuten gehen lassen*.
• Den Backofen auf 180° vorheizen.
• Das Eigelb verquirlen* und die Oberfläche des Brotes damit bestreichen, den Sesamsamen darüberstreuen. Das Brot mit einer Gabel reihenweise einstechen.
• Das Kartoffelbrot auf der zweiten Schiene von unten im Ofen 45 Minuten backen. In der Form etwas abkühlen lassen, dann auf ein Kuchengitter stürzen und erkalten lassen.

Braucht etwas Zeit

Schwäbisches Schnitzbrot

Wenn einer tüchtigen Schwäbin Hutzelbrot in den Sinn kommt, denkt sie zunächst an das mühsame Zerkleinern der »Birnenschnitz« (getrocknete Birnen). Daher auch der Name. Aber einmal ans Werk gemacht, tut sie es so gründlich, daß Generationen davon leben können. Siehe Mengenangabe.

Zutaten für 5 Laibe zu je 10 Scheiben:
500 g getrocknete Birnen · 500 g getrocknete
Zwetschgen ohne Stein · 500 g getrocknete
Feigen · 250 g getrocknete Aprikosen ·
250 g Haselnußkerne · 250 g ungeschälte Mandeln · 250 g Rosinen · 500 g frisch gemahlenes
Vollkornweizenmehl* · 60 g Hefe · 100 g flüssiger
Honig · 2 Eßl. Zimt · 2 Eßl. Kirschwasser ·
je 30 g gewürfeltes Zitronat und Orangeat
Für den Teig und zum Bestreichen: lauwarmes
Einweichwasser der Früchte
Für das Backblech: Butter
Pro Scheibe etwa 905 Joule/215 Kalorien

Zubereitungszeit: etwa 2 Stunden
Ruhezeit: etwa 26 Stunden
Backzeit: etwa 1 Stunde und 30 Minuten

- Die Birnen und die Zwetschgen getrennt 12 Stunden gut mit Wasser bedeckt einweichen.
- Die Birnen im eigenen und dem Zwetschgen-Einweichwasser 20 Minuten köcheln lassen. Die heißen Birnen mit dem Sud über die Zwetschgen und die Feigen gießen, 2 Stunden quellen lassen*, dann in einem Sieb abtropfen lassen. Das Früchtewasser dabei auffangen.
- Die Birnen, die Zwetschgen, die Feigen und die Aprikosen in kleine Würfel schneiden. Die Haselnüsse und die Mandeln grobhacken. Die Rosinen heiß waschen und abtropfen lassen.
- Das Weizenvollkornmehl* in eine große Schüssel geben, in die Mitte eine Mulde drücken, die Hefe hineinbröckeln und mit ⅛ l lauwarmem Früchtewasser und etwas Mehl zu einem Vorteig* verrühren. Mit einem Tuch zugedeckt an einem warmen Platz 30 Minuten gehen lassen*.
- Den Honig, den Zimt und das Kirschwasser hinzufügen und mit dem Vorteig verrühren. Die Birnen, die Zwetschgen, die Feigen, die Aprikosen, die Rosinen, das Zitronat, das Orangeat, die Nüsse und die Mandeln dazugeben und alles zu einem festen Teig verkneten, wenn nötig, etwas Früchtewasser hinzufügen. Den Teig mit Mehl bestäuben und zugedeckt an einem warmen Platz etwa 1 Stunde gehen lassen*, bis sich kleine Risse an der Oberfläche zeigen.
- Das Backblech einfetten*.
- Den Teig noch einmal kräftig durchkneten, zu 5 gleich großen Laiben formen, auf das Blech legen und 12 Stunden stehen lassen.
- Das Schnitzbrot auf die mittlere Schiene schieben und bei 200° 1–1½ Stunden backen.
- Die Laibe noch heiß mit Früchtewasser bestreichen. Vor dem Anschneiden 2 Tage ruhen lassen.

Preiswert · Schnell · Ganz einfach

Belgrader Brot

Zutaten für 24 Stück:
Für den Teig: 175 g ungeschälte Mandeln · 2 Eier · 2 Eigelb · 100 g flüssiger Honig · 100 g Farinzucker · 1 Eßl. Zimt · 1 Prise Nelkenpulver · je 40 g feingewürfeltes Zitronat und Orangeat · 250 g frisch gemahlenes Vollkornweizenmehl* · 1 Teel. Backpulver · eventuell etwas Milch*
Für die Glasur: 150 g Puderzucker · 1 Eiweiß · 1 Teel. Zitronensaft
Für das Backblech: Butter
Pro Stück etwa 695 Joule/165 Kalorien

Zubereitungszeit: 35 Minuten
Backzeit: 15 Minuten

- Die Mandeln grobhacken.
- Die Eier und das Eigelb mit dem Honig und dem Zucker mindestens 15 Minuten cremig rühren, bis der Zucker ganz aufgelöst ist. Den Zimt und das Nelkenpulver hinzufügen.
- Das Backblech einfetten*. Den Backofen auf 200° vorheizen.
- Die Mandeln, das Zitronat und das Orangeat in die Crememasse mengen. Das Vollkornmehl mit dem Backpulver mischen und nach und nach in den Honigteig einarbeiten. Sollte der Teig zu fest sein, etwas Milch dazugeben.
- Die Arbeitsfläche mit Mehl bestäuben und den Teig darauf ½ cm dick ausrollen*. Aus der Teigplatte 24 Rauten, Quadrate oder Streifen ausschneiden, auf das Backblech legen und auf der mittleren Schiene etwa 15 Minuten backen.
- Den Puderzucker mit dem Eiweiß und dem Zitronensaft verrühren.
- Das Belgrader Brot noch heiß mit der Puderzuckerglasur bestreichen und auf einem Kuchengitter erkalten lassen.

Braucht etwas Zeit

Mürbe Seelen

Im Württembergischen nennt man oval geformte Blätterteigteilchen mit einer Vanilleglasur Seelen. Diese Seelen hingegen bekommen keine Glasur, dafür sind sie mürbe und aus Vollkornmehl.

Zutaten für 20 Stück:
100 g kernlose Rosinen · 750 g frisch gemahlenes Vollkornweizenmehl* · 40 g Hefe · ⅛ l lauwarme Milch · 3 Eßl. Honig · 2 Eier · 250 g weiche Butter · 1 Prise Salz · abgeriebene Schale von 1 unbehandelten Zitrone
Zum Bestreichen: 2 Eigelb
Für das Backblech: Butter
Pro Stück etwa 1175 Joule/280 Kalorien

Zubereitungszeit: 35 Minuten
Zeit zum Gehenlassen: 1 Stunde und 10 Minuten
Backzeit: 30 Minuten

● Die Rosinen waschen und auf Küchenkrepp trocknen.
● Das Mehl in eine Schüssel geben, in die Mitte eine Mulde drücken. Die Hefe in die Vertiefung bröckeln und mit der Milch und etwas Mehl zu einem Vorteig* rühren. Mit einem Tuch zugedeckt an einem warmen Platz 25 Minuten gehen lassen*.
● Den Honig, die Eier, die Butter, das Salz und die Zitronenschale hinzufügen. Alles gut durchkneten und den Teig so lange schlagen, bis er sich vom Schüsselrand löst und Blasen wirft. Den Teig zugedeckt an einem warmen Platz gehen lassen*, bis er das doppelte Volumen erreicht hat; das dauert etwa 40 Minuten.
● Die Rosinen in den Teig kneten.
● Das Backblech einfetten*. Die Arbeitsfläche mit Mehl bestäuben und aus dem Teig darauf

20 längliche Brötchen formen. Die Brötchen auf das Blech legen und nochmals 15 Minuten gehen lassen*.
● Den Backofen auf 200° vorheizen.
● Das Eigelb verquirlen* und die mürben Seelen damit bestreichen. Im Ofen auf der mittleren Schiene 30 Minuten backen.

Preiswert · Ganz einfach

Aniszwieback

Zutaten für 1 Kastenform von 30 cm Länge:
6 Eier · 200 g flüssiger Honig · Saft und abgeriebene Schale von ½ unbehandelten Zitrone · 1½ Eßl. Anissamen · 250 g frisch gemahlenes Vollkornweizenmehl*
Für die Form: Butter
Bei 30 Stücken pro Stück etwa 295 Joule/70 Kalorien

Zubereitungszeit: 45 Minuten
Ruhezeit: 12 Stunden
Backzeit: 45 Minuten
Röstzeit: etwa 7 Minuten

● 5 Eier in Eiweiß und Eigelb trennen*. Das Eigelb mit dem ganzen Ei, dem Honig, dem Zitronensaft und der Zitronenschale schaumig rühren. Den Anissamen und das Mehl dazugeben und unter die Schaummasse ziehen.
● Die Kastenform einfetten*. Den Backofen auf 200° vorheizen.
● Das Eiweiß zu steifem Schnee schlagen* und unter den Teig heben. Den Teig in die Form füllen und auf der mittleren Schiene des Ofens 45 Minuten backen.
● Den Kuchen etwas abkühlen lassen, dann auf ein Kuchengitter stürzen und 12 Stunden ruhen lassen.

- Den Backofen auf 150° vorheizen.
- Den Kuchen in 30 Scheiben schneiden, auf das ungefettete Backblech legen und auf der oberen Schiene des Ofens etwa 7 Minuten rösten.

Unser Tip Zum guten Gelingen des Gebäcks ist es wichtig, die Schaummasse möglichst lange zu rühren. 20 Minuten Zeit sollten Sie sich schon nehmen.

Braucht etwas Zeit

Ahornsiruphörnchen

Zutaten für 50 Stück:
150 g ungeschälte Mandeln · 3–5 abgezogene bittere Mandeln · 100 g feingeschroteter Weizen* · 50 g feingeschroteter Buchweizen* · 150 g Vollkornweizenmehl* · 150 g kalte Butter · 200 g Ahornsirup* · abgeriebene Schale von 1 unbehandelten Orange · ausgeschabtes Mark von ½ Vanilleschote · 1 Messerspitze Salz
Für das Backblech: Butter
Pro Stück etwa 335 Joule/80 Kalorien

Zubereitungszeit: 1 Stunde und 30 Minuten
Backzeit: 10–12 Minuten pro Blech

- Die süßen und die bitteren Mandeln durch die Mandelmühle* drehen.
- Alle Mehlsorten in einer großen Schüssel mischen. Die Butter in Stückchen darüberschneiden. Den Ahornsirup, die Orangenschale, das Vanillemark und das Salz zugeben. Alles zu einem geschmeidigen Teig zusammenkneten*.
- Das Backblech einfetten*. Den Backofen auf 200–220° vorheizen.

- Von dem Teig gut walnußgroße Stücke abteilen. Diese mit den Händen zu etwa 7 cm langen Röllchen drehen und zu Hörnchen biegen.
- Die Hörnchen auf das Blech legen und auf der mittleren Schiene des Ofens in 10–12 Minuten hellbraun backen.

Braucht etwas Zeit

Vollkornpfefferkuchen

Zutaten für 80 Stück:
250 g Rübensirup · 75 g Farinzucker* · 125 g weiche Butter · 2 Eigelb · 100 g Crème fraîche · je ¼ Teel. Nelkenpulver, gemahlener Koriander, geriebene Muskatnuß und schwarzer Pfeffer · ½ Teel. Ingwerpulver · 1 Eßl. Zimt · 4 getrocknete Aprikosenhälften · 700 g frisch gemahlenes Vollkornweizenmehl* · 1 Teel. Backpulver
Für das Backblech: Butter
Pro Stück etwa 275 Joule/65 Kalorien

Zubereitungszeit: 40 Minuten
Ruhezeit: 2 Tage
Backzeit: etwa 15 Minuten

- Den Rübensirup mit dem Zucker in einer großen Schüssel im heißen Wasserbad* so lange rühren, bis sich der Zucker ganz aufgelöst hat. Die Butter in Flöckchen unterrühren, die Sirupmischung aus dem Wasserbad nehmen und kalt rühren.
- Das Eigelb mit der Crème fraîche, dem Nelkenpulver, dem Koriander, der geriebenen Muskatnuß, dem Pfeffer, dem Ingwerpulver und dem Zimt verquirlen und in die Sirupmasse rühren.
- Die Aprikosen fein hacken und hinzufügen.
- Das Mehl mit dem Backpulver mischen und nach und nach in die Sirupmasse einrühren.

Den Teig zugedeckt etwa 2 Tage an einem kühlen Platz ruhen lassen.
• Das Backblech einfetten*. Den Backofen auf 180° vorheizen.
• Die Arbeitsfläche mit Mehl bestäuben und den Teig darauf noch einmal kräftig durchkneten, dann in Größe des Backblechs ausrollen*. Die Teigplatte auf das Blech legen und mit einer Gabel in gleichmäßigen Abständen einstechen. Den Kuchen auf der mittleren Schiene des Ofens in etwa 15 Minuten braun backen.
• Den Pfefferkuchen noch heiß auf dem Backblech in 80 kleine Rechtecke schneiden, etwas abkühlen lassen, vom Blech heben und auf einem Kuchengitter erkalten lassen.

Ganz einfach

Gewürzherzchen

Zutaten für etwa 50 Stück:
Für den Teig: 125 g ungeschälte Mandeln ·
125 g weiche Butter · 125 g Zucker · 2 Eigelb ·
½ Teel. Zimt · je 1 Prise Nelkenpulver, gemahlener Kardamom und geriebene Muskatnuß ·
abgeriebene Schale von knapp ½ unbehandelten Zitrone · 125 g frisch gemahlenes Vollkornweizenmehl · 125 g Biskuit- oder Semmelbrösel*
Zum Bestreichen: 1 Eigelb
Zum Verzieren: 25 abgezogene Mandeln
Für das Backblech: Butter
Pro Stück etwa 295 Joule/70 Kalorien

Zubereitungszeit: 45 Minuten
Ruhezeit: 1 Stunde
Backzeit: 10 Minuten pro Backblech

• Die Mandeln zweimal durch die Mandelmühle* drehen.
• Die Butter mit dem Zucker und dem Eigelb

cremig rühren, bis der Zucker ganz aufgelöst ist. Den Zimt, das Nelkenpulver, den Kardamom, die geriebene Muskatnuß und die Zitronenschale hinzufügen. Das Mehl, die Mandeln und die Brösel dazugeben und alles schnell mit kühlen Händen zu einem geschmeidigen Teig verkneten.
• Den Teig in Alufolie wickeln und 1 Stunde im Kühlschrank ruhen lassen.
• Das Backblech einfetten*. Den Backofen auf 200–220° vorheizen.
• Die Arbeitsfläche mit Mehl bestäuben und den Teig darauf ½ cm dick ausrollen*. Aus der Teigplatte Herzchen oder runde Plätzchen ausstechen und auf das Blech legen.
• Die Mandeln halbieren. Das Eigelb mit etwas Wasser verquirlen, die Plätzchen damit bepinseln und mit je 1 Mandelhälfte verzieren. Auf der mittleren Schiene des Ofens 10 Minuten backen. Mit einem breiten Messer vom Blech heben und auf einem Kuchengitter erkalten lassen.

> **Unser Tip** Dieser Teig ist sehr mürbe. Sollte er zu bröselig sein, kneten Sie etwas Milch ein.

Preiswert · Ganz einfach

Honigkuchenherzen

Zutaten für 60 Stück:
100 g Haselnußkerne · 100 g Butter · 200 g Honig · 125 g Rübensirup · 100 g feingehacktes Orangeat · 1 Teel. Ingwerpulver · je 1 gute Prise Zimt und Nelkenpulver · 1 Ei · 150 g Roggenmehl · 300 g Vollkornweizenmehl* · ½ Päckchen Backpulver*
Für das Backblech: Butter
Pro Stück etwa 315 Joule/75 Kalorien

Zubereitungszeit: 50 Minuten
Ruhezeit: 1–2 Stunden
Backzeit: 10–15 Minuten pro Blech

- Die Haselnüsse durch die Mandelmühle* drehen.
- Die Butter mit dem Honig und dem Rübensirup bei schwacher Hitze unter ständigem Rühren erwärmen, bis eine glatte Masse entsteht, dann vom Herd nehmen und abkühlen lassen.
- Die Nüsse, das Orangeat, das Ingwerpulver, den Zimt, das Nelkenpulver und das Ei in die Honigmasse rühren.
- Das Roggenmehl mit dem Vollkornweizenmehl und dem Backpulver mischen und löffelweise in die gewürzte Honigmasse einarbeiten. Den Teig in Alufolie einwickeln und 1–2 Stunden im Kühlschrank ruhen lassen.
- Das Backblech einfetten*. Den Backofen auf 180–200° vorheizen.
- Die Arbeitsfläche mit Mehl bestäuben und den Teig darauf portionsweise ½ cm dick ausrollen*. Aus der Teigplatte Herzen ausstechen* und auf das Backblech legen. Die Plätzchen im Ofen auf der mittleren Schiene 10–15 Minuten backen. Auf einem Kuchengitter abkühlen lassen*.

Unser Tip Die Honigkuchenherzen bekommen einen schönen Glanz und sehen dekorativer aus, wenn sie vor dem Backen mit einer Mischung von 1 Eßlöffel Honig und 1 Eßlöffel Wasser bestrichen und mit abgezogenen Mandelhälften oder Pinienkernen verziert werden.

Preiswert · Ganz einfach

Hafermehlkekse

Zutaten für etwa 40 Stück:
150 g Haselnußkerne · 250 g frisch gemahlenes Hafermehl · 1 Teel. Backpulver · 100 g flüssiger Honig · 4 Eßl. Milch · ½ Teel. Vanillemark · 1 Teel. gemahlener Anis · 75 g Butter
Zum Bestreichen: Milch
Zum Bestreuen: 4 Eßl. Kokosflocken
Für das Backblech: Butter
Pro Stück etwa 315 Joule/75 Kalorien

Zubereitungszeit: 40 Minuten
Ruhezeit: 30 Minuten
Backzeit: 10–15 Minuten

- Die Haselnüsse durch die Mandelmühle* drehen.
- Das Hafermehl mit dem Backpulver auf die Arbeitsfläche sieben* und mit den gemahlenen Nüssen mischen. In die Mitte eine Mulde drücken und den Honig, die Milch, das Vanillemark und den Anis hineingeben. Die Butter in Flöckchen auf den Mehlrand schneiden. Alle Zutaten mit einem Messer bröselig hacken, dann mit kühlen Händen zu einem glatten Teig kneten*. Den Teig in Alufolie wickeln und 30 Minuten im Kühlschrank ruhen lassen.
- Das Blech einfetten*. Den Backofen auf 180° vorheizen.
- Die Arbeitsfläche mit Mehl bestäuben und den Teig darauf 2–3 mm dick ausrollen*. Aus der Teigplatte kleine Rechtecke schneiden oder rädeln*.
- Die Kekse auf das Blech legen, mit Milch bestreichen, mit den Kokosflocken bestreuen und im Ofen auf der mittleren Schiene 10–15 Minuten backen.
- Die Plätzchen auf ein Kuchengitter heben und erkalten lassen.

Braucht etwas Zeit · Ganz einfach

Sesamschnitten

Sesamkörner, vielfach auch Sesamsaat genannt, sind die Samen des asiatischen Sesamkrautes, das heute vor allem in Indien, China und Afrika angebaut wird. Die aromatischen Körner, ob roh, geröstet oder gemahlen, werden unter anderem zur Herstellung von Brot und Süßwaren verwendet. Sie sind seit einigen Jahren auch in deutschen Küchen bekannt und beliebt. Man bekommt sie in Reformhäusern.

Zutaten für 40 Stück:
150 g Sesamkörner* · 75 g weiche Butter · 150 g dickflüssiger Honig · 1 Ei · abgeriebene Schale von 1 unbehandelten Zitrone · je ½ Teel. Zimt, Kardamom und Nelkenpulver · 150 g feingemahlener frischer Weizen
Zum Bestreuen: 2 Eßl. Sesamkörner*
Pro Stück etwa 295 Joule/70 Kalorien

Zubereitungszeit: 40 Minuten
Ruhezeit: 30 Minuten
Backzeit: 20 Minuten

• Die Sesamkörner in einer beschichteten Pfanne unter ständigem Rühren bei mittlerer Hitze goldgelb rösten*, dann abkühlen lassen.
• Die Butter geschmeidig rühren*. Den Honig, das Ei, die Zitronenschale, den Zimt, den Kardamom und das Nelkenpulver hinzufügen und alles zu einer cremigen Masse schlagen. Nach und nach die gerösteten Sesamkörner und das Mehl einrühren. Den Teig bei Raumtemperatur zugedeckt 30 Minuten ruhen lassen.
• Den Teig mit einem nassen breiten Messer oder dem Teigschaber ½ cm dick auf etwa die Hälfte des Backblechs streichen. Die ungerösteten Sesamkörner gleichmäßig darüberstreuen und fest andrücken.

• Das Blech auf die mittlere Schiene des kalten Backofens schieben und bei 180° in etwa 20 Minuten hell backen. Noch warm in 40 Rechtecke schneiden und auf einem Kuchengitter abkühlen lassen*.

Preiswert · Ganz einfach

Sesam-Moppen

Zutaten für etwa 60 Stück:
300 g Sesamsamen* · 200 g Vollkornweizenmehl* · 1 Päckchen Backpulver · 300 g Farinzucker* · abgeriebene Schale von 1 unbehandelten Zitrone · ¼ Teel. geriebene Muskatnuß · 5 Eier
Zum Besieben: 2 Eßl. Puderzucker
Für das Backblech: Öl
Pro Stück etwa 210 Joule/50 Kalorien

Zubereitungszeit: 1 Stunde und 20 Minuten
Ruhezeit: 30 Minuten
Backzeit: 15 Minuten pro Blech

• Die Sesamkörner in einer großen beschichteten Pfanne unter ständigem Rühren bei mittlerer Hitze hellbraun rösten*. Die Körner in eine Schüssel geben und abkühlen lassen.
• Das Mehl in der gleichen Pfanne unter Rühren hellgelb rösten*.
• Das Mehl, das Backpulver, den Farinzucker*, die Zitronenschale und den Muskat zu den Sesamkörnern in die Schüssel geben. Alles gut mischen und auf die Arbeitsfläche häufen. In die Mitte eine Mulde drücken und die Eier hineinschlagen. Alle Zutaten zu einem Teig verkneten* und diesen 30 Minuten bei Raumtemperatur ruhen lassen.
• Das Backblech einölen*. Den Backofen auf 200° vorheizen.
• Den Puderzucker in einen flachen Teller sie-

ben. Aus dem Teig mit geölten Händen walnußgroße Kugeln formen und von einer Seite kräftig
in den Puderzucker drücken. Die Moppen mit
der Puderzuckerseite nach oben in genügend
Abstand voneinander auf das Blech setzen und
im Ofen auf der mittleren Schiene etwa 20 Minuten backen.

Preiswert · Ganz einfach

Sesamkekse

Zutaten für etwa 60 Stück:
100 g Rosinen · 125 g weiche Butter · 250 g Farin
zucker* · 1 Ei · 150 g Weizenschrot* · 150 g Voll
kornweizenmehl* · 2–3 Eßl. Milch · 120 g Sesam
samen* · ¼ Teel. geriebene Muskatnuß
Für das Backblech: Butter
Pro Stück etwa 295 Joule/70 Kalorien

Zubereitungszeit: 40 Minuten
Backzeit: 10–15 Minuten pro Blech

• Die Rosinen waschen und auf Küchenkrepp
trocknen lassen.
• Die Butter mit dem Zucker und dem Ei cremig
rühren*.
• Das Backblech einfetten*. Den Backofen auf
200° vorheizen.
• Den Weizenschrot mit dem Vollkornmehl
mischen und nach und nach mit der Milch unter
die Buttercreme rühren. Die Sesamsamen, den
Muskat und die Rosinen in den Teig mengen.
• Mit feuchten Händen kleine Kugeln formen,
in gutem Abstand auf das Blech setzen und die
Häufchen mit einer Gabel etwas flachdrücken.
Die Kekse auf der mittleren Schiene des Ofens
10–15 Minuten backen.
• Die Kekse vom Backblech heben und auf
einem Kuchengitter abkühlen lassen*.

Preiswert · Ganz einfach

Sesamplätzchen

Zutaten für 50 Stück:
100 g Rosinen · 100 g Sesamsamen* · 70 g weiche
Butter · 120 g dickflüssiger Honig · 1 Ei ·
1 Eigelb · ½ Teel. geriebene Muskatnuß ·
3 Eßl. Himbeergeist · 80 g feingemahlene Hirse ·
100 g Vollkornweizenmehl*
Für das Backblech: Butter
Pro Stück etwa 230 Joule/55 Kalorien

Zubereitungszeit: 40 Minuten
Ruhezeit: 20 Minuten
Backzeit: etwa 20 Minuten pro Blech

• Die Rosinen waschen und auf Küchenkrepp
trocknen lassen.
• Den Sesamsamen in einer beschichteten Pfanne unter Rühren goldgelb rösten*, dann abkühlen lassen.
• Die Butter mit dem Honig, dem Ei und dem
Eigelb cremig rühren. Die Muskatnuß und den
Himbeergeist einrühren. Die Rosinen und die
Sesamkörner in die Honigmasse mengen.
• Die Hirse und das Vollkornweizenmehl
mischen und löffelweise in den Honig-Sesam-
Teig rühren. Den Teig bei Raumtemperatur
20 Minuten quellen lassen*.
• Das Backblech einfetten*. Den Backofen auf
180° vorheizen.
• Mit einem nassen Teelöffel kleine Teighäufchen auf das Blech setzen. Die Plätzchen im
Ofen auf der mittleren Schiene in etwa 20 Minuten goldgelb backen. Auf einem Kuchengitter
abkühlen lassen*.

Preiswert · Ganz einfach

Hirsekekse

Zutaten für 60 Stück:
100 g Haselnußkerne · 150 g weiche Butter ·
2 Eigelb · 100 g dickflüssiger Honig · 250 g frisch
gemahlene Hirse · 2 Eßl. Vollkornweizenmehl ·*
1 Teel. Backpulver · je 1 Prise Nelkenpulver und
Zimt · 2 Eßl. Honiglikör
Für das Backblech: Butter
Pro Stück etwa 230 Joule/55 Kalorien

Zubereitungszeit: 40 Minuten
Backzeit: etwa 12 Minuten pro Blech

• Die Haselnüsse durch die Mühle* drehen.
• Die Butter mit dem Eigelb und dem Honig
schaumig rühren*. Die Hirse und die Haselnüsse
dazugeben und in die Buttermasse einmengen.
• Das Mehl mit dem Backpulver, dem Nelkenpulver und dem Zimt mischen und in den Teig
einrühren, mit dem Honiglikör würzen.
• Das Backblech einfetten*. Den Backofen auf
180° vorheizen.
• Mit einem Teelöffel kleine Teighäufchen auf
das Blech setzen. Die Hirsekekse auf der mittleren Schiene etwa 12 Minuten backen.
• Die Kekse auf dem Blech einige Minuten
abkühlen lassen, dann mit einem Spatel auf ein
Kuchengitter heben und auskühlen lassen*.

Preiswert · Ganz einfach

Hirse-Leckerli

Zutaten für 80 Stück:
50 g Korinthen · 250 g weiche Butter · 100 g
Farinzucker · 2 Eier · 200 g frische feingemahle-*
ne Hirse · 200 g Vollkornweizenmehl · 1 guter*

Teel. Backpulver · 50 g feingehacktes Zitronat ·
2 Eßl. Kirschwasser
Zum Bestreuen: etwa 100 g Sesamsamen
Für das Backblech: Butter
Pro Stück etwa 250 Joule/60 Kalorien

Zubereitungszeit: 40 Minuten
Backzeit: 15 Minuten pro Blech

• Die Korinthen waschen und auf Küchen-
krepp trocknen lassen.
• Die Butter mit dem Farinzucker* und den
Eiern schaumig rühren*. Nach und nach die Hirse dazugeben. Das Vollkornweizenmehl mit dem
Backpulver mischen und in den Teig mengen.
• Das Backblech einfetten*. Den Backofen auf
180–200° vorheizen.
• Die Korinthen mit dem Zitronat mischen und
mit dem Kirschwasser beträufeln. Die Mischung
in den Teig einrühren.
• Mit einem Teelöffel kleine Häufchen nicht zu
dicht nebeneinander auf das Blech setzen. Die
Leckerli mit Sesamkörnern bestreuen und auf
der mittleren Schiene 15 Minuten backen.
• Die Plätzchen vom Blech nehmen und auf
einem Kuchengitter auskühlen lassen*.

Preiswert · Schnell · Ganz einfach

Kernbeißer

Zutaten für 40 Stück:
150 g Butter · 250 g kernige Haferflocken · 3 Eßl.
Honig · 100 g Farinzucker · 2 Eier · 1 Eßl.*
Rum · 50 g Mehl (Type 1050) · 1 Teel. Backpulver
Für das Backblech: Butter
Pro Stück etwa 335 Joule/80 Kalorien

Zubereitungszeit: 25 Minuten
Backzeit: etwa 20 Minuten pro Backblech

• Die Butter in einem Topf zerlassen und die Haferflocken einrühren. Abkühlen lassen.
• Den Honig mit dem Zucker und den Eiern cremig schlagen, bis der Zucker ganz aufgelöst ist. Den Rum hinzufügen.
• Das Backblech einfetten*. Den Backofen auf 180–200° vorheizen.
• Das Mehl mit dem Backpulver sieben* und in die Crememasse rühren. Die Haferflockenmischung in den Teig mengen. Alles gut verrühren.
• Mit 2 nassen Teelöffeln kleine Häufchen formen und auf das Blech setzen. Die Kernbeißer auf der mittleren Schiene des Ofens etwa 20 Minuten backen.
• Die Plätzchen auf einem Kuchengitter auskühlen lassen*.

Braucht etwas Zeit · Ganz einfach

Gesundheitsplätzchen

Zutaten für 50 Stück:
100 g abgezogene Mandeln · 100 g Sultaninen · 100 g weiche Butter · 125 g Rohrzucker · 1 Ei · 1 Eigelb · abgeriebene Schale von ½ Zitrone · knapp 1 Teel. Backpulver · 150 g Hirseflocken*
Für das Backblech: Butter
Pro Stück etwa 250 Joule/60 Kalorien

Zubereitungszeit: 50 Minuten
Ruhezeit: 1 Stunde
Backzeit: 15 Minuten pro Blech

• Die Mandeln durch die Mandelmühle* drehen. Die Sultaninen waschen und auf Küchenkrepp trocknen lassen.
• Die Butter mit dem Rohrzucker schaumig rühren*, das Ei, das Eigelb und die Zitronenschale dazugeben. Alles weiterrühren, bis die Masse cremig ist.

• Die Mandeln und die Sultaninen einrühren. Das Backpulver mit den Hirseflocken mischen und in die Crememasse einarbeiten. Den Teig zugedeckt 1 Stunde im Kühlschrank ruhen lassen.
• Das Backblech einfetten*. Den Backofen auf 200° vorheizen.
• Aus dem Teig kleine Kugeln formen, etwas flach drücken, die Plätzchen auf das Blech legen und im Ofen auf der mittleren Schiene in 15 Minuten knusprig backen.
• Die Plätzchen auf ein Kuchengitter heben und auskühlen lassen*.

Braucht etwas Zeit · Ganz einfach

Plätzchen nach Linzer Art

Zutaten für 70 Stück:
100 g ungeschälte Mandeln · 175 g Vollkornweizenmehl · 1 Teel. Zimt · 1 Prise Nelkenpulver · 100 g dickflüssiger Blütenhonig · 175 g Butter*
Zum Verzieren: 1 Eiweiß · 35 Haselnußkerne
Zum Füllen: 4 Eßl. säuerliche Marmelade
Für das Backblech: Butter
Pro Stück etwa 210 Joule/50 Kalorien

Zubereitungszeit: 1 Stunde
Ruhezeit: 1 Stunde und 30 Minuten
Backzeit: 10 Minuten pro Blech

• Die Mandeln durch die Mandelmühle* drehen.
• Das Mehl mit dem Zimt, dem Nelkenpulver und den Mandeln mischen und auf die Arbeitsfläche geben. Den Honig löffelweise hinzufügen und die Butter in Flöckchen darüberschneiden.

Polsterzipfel aus Bassano werden mit Grappa verfeinert. Rezept Seite 298.
Bild Seite 344: Zu einem Glas Wein sind Zwiebelfladen die passenden Begleiter. Rezept Seite 373.

Alles schnell mit kühlen Händen zu einem krümeligen Teig zusammenkneten. Den Teig in Alufolie wickeln und 1 Stunde im Kühlschrank
ruhen lassen.
• Das Backblech einfetten*. Den Backofen auf
220° vorheizen.
• Die Arbeitsfläche mit Mehl bestäuben und
den Teig darauf gut messerrückendick ausrollen*. Aus der Teigplatte runde Plätzchen von
3–4 cm Durchmesser ausstechen*, auf das Blech
legen und nochmals 30 Minuten kühl stellen.
• Das Eiweiß verquirlen* und die Hälfte der
Plätzchen damit bepinseln und 1 Haselnuß in die
Mitte drücken. Die Plätzchen im Ofen auf der
mittleren Schiene 10 Minuten backen.
• Die Plätzchen auf einem Kuchengitter abkühlen lassen*. Die unverzierten Plätzchen auf der
Unterseite mit der Marmelade bestreichen und
jeweils ein verziertes Plätzchen daraufsetzen.

Braucht etwas Zeit · Ganz einfach

Schrotmakronen

Zutaten für 30 Stück:
125 g Weizenvollkornschrot · etwa ½ l Milch ·*
100 g ungeschälte Mandeln · 50 g zerlassene
Butter · 150 g Zucker · 1 Teel. Vanillinzucker ·
1 Teel. Zitronensaft · 2 Eßl. Weizenkeime ·*
2 Eiweiß
Für das Backblech: Butter
Pro Stück etwa 355 Joule/85 Kalorien

Zubereitungszeit: 20 Minuten
Ruhezeit: 3 Stunden
Backzeit: 15–20 Minuten

• Den Weizenvollkornschrot* in eine Schüssel
geben, mit der Milch übergießen und 3 Stunden
quellen lassen*. Die Mandeln mittelfein hacken.

• Die Butter mit dem Zucker, dem Vanillinzuk-
ker und dem Zitronensaft cremig rühren. Die
Mandeln und die Weizenkeime* hinzufügen.
• Den Weizenschrot gut ausdrücken und in die
Mandelmasse mengen.
• Das Backblech gut einfetten*. Den Backofen
auf 175° vorheizen.
• Das Eiweiß zu steifem Schnee schlagen* und
unter den Teig heben.
• Mit 2 nassen Teelöffeln Häufchen formen, auf
das Blech setzen und in 15–20 Minuten auf der
mittleren Schiene des Ofens goldgelb backen.
Die Makronen mit einem breiten Messer vom
Blech heben und auf einem Kuchengitter erkal-
ten lassen.

Braucht etwas Zeit

Südfranzösischer Walnußkuchen

Der gar nicht süße Kuchen wird in Frankreich zu Käse, frischen Trauben und natürlich zu einem Glas Wein serviert.

Zutaten für 1 Fladen:
500 g Mehl · 30 g Hefe · 1 Teel. Zucker · gut
⅛ l lauwarme Milch · 1 Prise Salz · 100 g weiche
Butter · 100 g Walnußkerne
Zum Bestreichen: 1 Eßl. Speisestärke ·
1–2 Eßl. Wasser
Für das Backblech: Butter
Bei 10 Stücken pro Stück etwa 1 470 Joule/
350 Kalorien

Zubereitungszeit: 35 Minuten
Zeit zum Gehenlassen: 1 Stunde und 20 Minuten
Backzeit: 45 Minuten

● Das Mehl in eine Schüssel sieben* und in die Mitte eine Mulde drücken. Die Hefe in die Vertiefung bröckeln und mit dem Zucker, der Hälfte der Milch und etwas Mehl zu einem Vorteig* verrühren. Mit einem Tuch zugedeckt an einem warmen Platz 15 Minuten gehen lassen*.
● Die restliche Milch, das Salz und die Butter hinzufügen. Alles gut verkneten* und so lange schlagen, bis der Teig sich vom Schüsselrand löst und Blasen wirft.
● Den Teig wieder zudecken und an einem warmen Platz 30–40 Minuten gehen lassen*, bis er das doppelte Volumen erreicht hat.
● Die Walnüsse grobhacken. Das Backblech einfetten*.
● Die Arbeitsfläche mit Mehl bestäuben und den Teig darauf mit den gehackten Walnüssen kräftig durchkneten. Den Teig zu einer Kugel

formen, etwas flachdrücken, auf das Blech setzen und noch einmal etwa 30 Minuten gehen lassen*.
● Die Speisestärke mit dem Wasser glattrühren. Den Backofen auf 200° vorheizen.
● Den Kuchen mit einem scharfen Messer rautenförmig 1 cm tief einschneiden und auf der mittleren Schiene des Ofens 45 Minuten backen.
● Den Walnußkuchen auf ein Kuchengitter heben, mit der angerührten Speisestärke bestreichen und erkalten lassen.

Preiswert · Schnell · Ganz einfach

Walliser Käsepastete

Zutaten für 1 Pieform von 26 cm Ø :
420 g tiefgefrorener Blätterteig · 450 g Lauch ·
4 mittelgroße Pellkartoffeln, am Vortag gekocht ·
3 säuerliche Äpfel · 1 Eßl. Zitronensaft ·
2 Eßl. Öl · Salz · weißer Pfeffer · 200 g geriebener
Emmentaler Käse · 2 Teel. getrockneter
Majoran
Zum Bestreichen: 1 Eigelb
Bei 12 Stücken pro Stück etwa 775 Joule/
185 Kalorien

Zubereitungszeit: 25 Minuten
Backzeit: 25 Minuten

● 4½ Blätterteigplatten aus 2 Paketen nach Vorschrift auf der Packung auftauen lassen, die restlichen sofort wieder einfrieren.
● Den Lauch putzen, gründlich waschen und in etwa 3 cm lange Streifen schneiden. Die Kartoffeln schälen und in dünne Scheiben schneiden. Die Äpfel vierteln, schälen, vom Kerngehäuse befreien und ebenfalls in dünne Scheiben schneiden, mit dem Zitronensaft beträufeln.
● Das Öl in einer Pfanne erhitzen und die

Lauchstreifen darin leicht anbräunen lassen.
- Die Form mit kaltem Wasser ausspülen.
- Die Arbeitsfläche mit Mehl bestäuben und zwei Drittel des Blätterteiges darauf ausrollen*. Den Boden und den Rand der Form mit der Teigplatte auslegen. Den Teigboden mit einer Gabel mehrmals einstechen. Die Kartoffeln einfüllen, salzen und pfeffern und mit dem geriebenen Käse bestreuen. Die Lauchstreifen darübergeben und mit dem Majoran würzen. Die Apfelscheiben daraufschichten.
- Den Backofen auf 225° vorheizen.
- Den restlichen Teig zu einer runden Platte ausrollen* und auf die Füllung legen, die Ränder festdrücken.
- Das Eigelb verquirlen* und den Teigdeckel damit bepinseln. Mit einer Gabel ein paar Löcher einstechen. Die Pastete auf der mittleren Schiene des Ofens in 25 Minuten goldbraun backen. Heiß in der Form servieren.

Braucht etwas Zeit · Nicht ganz einfach

Finnische Fischpastete

In den nordischen Ländern gehören Pasteten mit verschiedenen Füllungen unbedingt zu einem festlichen Buffet. Sie werden in dicke Scheiben aufgeschnitten und nach Geschmack mit Cumberlandsauce, Preiselbeerkonfitüre oder Mayonnaisensauce gereicht. An hausgemachten Pasteten werden sich Ihre Gäste mit Vergnügen laben.

Für den Teig: 375 g Mehl · 1 Teel. Salz · 175 g Butter · etwa 1 Tasse kaltes Wasser
Für den Sud: 2 Möhren · 1 Zwiebel · 4 Gewürznelken · 1 Lorbeerblatt · Salz · ⅜ l Wasser
Für die Füllung: 500 g Kabeljaufilet · 100 g Langkornreis · 1 Bund Petersilie · je 1 Zweig Basilikum und Thymian · geriebene Muskatnuß ·

Salz · weißer Pfeffer · 2 kleine Zwiebeln · 200 g Champignons · 2 Eßl. Butter · 2 Eier
Zum Bestreichen: 2 Eigelb
Für das Backblech: Butter
Bei 8 Scheiben pro Scheibe etwa 2 205 Joule/525 Kalorien

Zubereitungszeit: 1 Stunde und 15 Minuten
Ruhezeit: 1 Stunde
Backzeit: 25 Minuten

- Das Mehl mit dem Salz auf die Arbeitsfläche sieben*. Die Butter in Flöckchen darüberschneiden. Alles mit einem Messer zerhacken, dann mit kühlen Händen zu einem glatten Teig kneten*, dabei das Wasser nach und nach dazugeben. Den Teig in Alufolie einwickeln und 1 Stunde im Kühlschrank ruhen lassen.
- Die Möhren putzen und waschen. Die Zwiebel schälen, die Nelken durch das Lorbeerblatt in die Zwiebel stecken. Das Salzwasser mit den Möhren und der Gewürzzwiebel zum Kochen bringen, den Fisch einlegen und 10 Minuten bei schwacher Hitze ziehen lassen.
- Das Fischfilet herausnehmen, abkühlen lassen und in kleine Stücke teilen. Die Möhren und die Zwiebel aus dem Sud nehmen, den Reis einschütten und 15 Minuten sprudelnd kochen lassen.
- Die Petersilie, das Basilikum und den Thymian waschen, trockenschleudern, von groben Stengeln befreien und feinhacken.
- Den Reis in einem Sieb abtropfen lassen. Den abgekühlten Reis mit dem Fisch, der Petersilie, dem Basilikum und dem Thymian locker vermischen. Mit geriebener Muskatnuß, Salz und Pfeffer würzig abschmecken.
- Die Zwiebeln schälen und feinhacken. Die Pilze putzen, waschen und in feine Scheiben schneiden.
- Die Butter in einer Pfanne erhitzen und die Zwiebeln und die Champignons darin 5 Minu-

ten braten. Die Champignonmischung in die Reis-Fisch-Masse mengen.
• Die Eier hart kochen, abschrecken und schälen. Das Backblech einfetten*. Den Backofen auf 225° vorheizen.
• Die Arbeitsfläche mit Mehl bestäuben und den Teig darauf zu 2 Rechtecken von etwa 15 × 30 cm ausrollen*. Ein Rechteck auf das Blech legen und die Hälfte der Füllung daraufgeben, dabei rundherum einen 3 cm breiten Rand frei lassen. Die ganzen Eier der Länge nach auf den Fischteig legen und sanft eindrücken. Die restliche Füllung darauf verteilen, alles mit der zweiten Teigplatte bedecken. Die Ränder der Teigplatten mit einer Gabel fest zusammendrücken, die Teigdecke mehrmals einstechen.
• Das Eigelb verquirlen und die Pastete damit bestreichen. Auf der mittleren Schiene des Ofens etwa 25 Minuten backen. Die Fischpastete warm servieren.

Braucht etwas Zeit · Nicht ganz einfach

Normannische Fischtorte

Zutaten für 1 Pastetenform von 22 cm ∅ :
450 g Blätterteig, tiefgefroren oder selbst zubereitet (Rezept Seite 240)
Für die Füllung: 500 g Kabeljau im Stück · Saft von 1 Zitrone · ¼ l Wasser · ⅛ l trockener Weißwein · Salz · 2 Zwiebeln · 1 Lorbeerblatt · 5 Pfefferkörner · 5 Wacholderbeeren · 3 kleine Eier · 100 g Champignons · 2 Eßl. Butter · weißer Pfeffer · Salz · 1 Bund Petersilie
Zum Bestreuen: Semmelbrösel
Zum Bestreichen: 1 Eigelb
Bei 8 Stücken pro Stück etwa 1490 Joule/ 355 Kalorien

Zubereitungszeit: 1 Stunde und 10 Minuten
Backzeit: 35 Minuten

• Den tiefgefrorenen Blätterteig nach Vorschrift auf der Packung auftauen lassen.
• Den Fisch waschen, abtrocknen und mit der Hälfte des Zitronensafts beträufeln.
• Das Wasser und den Wein in einem breiten Topf mit etwas Salz erhitzen. 1 Zwiebel schälen und mit dem Lorbeerblatt, den Pfefferkörnern und den zerdrückten Wacholderbeeren dazugeben. Die Flüssigkeit einmal aufkochen lassen. Den Fisch in den Sud legen und bei schwacher Hitze 10 Minuten ziehen lassen.
• Die Eier in 10 Minuten hart kochen, abschrecken und schälen.
• Die Champignons putzen, waschen, trockentupfen und in Scheiben schneiden. Die zweite Zwiebel schälen und feinhacken.
• Die Butter in einer Pfanne erhitzen und die Champignons und die Zwiebel darin 5 Minuten braten, mit Salz und Pfeffer würzen.
• Die Petersilie waschen, trockenschleudern, von groben Stengeln befreien und grobhacken. Die Eier in Scheiben schneiden.
• Den Fisch aus dem Sud nehmen, häuten, entgräten und in mundgerechte Stücke teilen. Mit dem restlichen Zitronensaft beträufeln und mit Salz und Pfeffer bestreuen.
• Die Arbeitsfläche mit Mehl bestäuben und den Blätterteig darauf dünn ausrollen*. 2 Teigplatten von 22 cm Durchmesser ausschneiden. Die Teigreste zu einem Streifen für den Formrand zurechtschneiden.
• Die Pastetenform mit kaltem Wasser ausspülen, 1 Teigplatte auf den Boden legen und den Teigstreifen an den Rand und den Boden drücken. Mit Semmelbröseln ausstreuen*.
• Die Fischstücke in die Form schichten, mit der Champignon-Zwiebel-Mischung bedecken, die Petersilie und die Eischeiben darüber verteilen, wenig salzen.

- Den Backofen auf 220° vorheizen.
- Die zweite Teigplatte auf die Füllung legen und fest an den Teigrand drücken. Mit einer Gabel mehrmals einstechen.
- Das Eigelb verquirlen* und die Tortenoberfläche damit bestreichen. Die Torte im Ofen auf der untersten Schiene 35 Minuten backen.
- Die Fischtorte in der Form in Portionsstücke schneiden und heiß servieren. Dazu paßt kalte Kräuterbutter.

Braucht etwas Zeit

Kapostoi

Die große ländliche Hefeteigpastete ist eine russische Spezialität. Sie wird heiß oder kalt mit gekühlter saurer Sahne serviert.

Für den Teig: 500 g Mehl · 40 g Hefe ·
1 Teel. Zucker · gut ¹⁄₁₆ l lauwarmes Wasser ·
150 g weiche Butter · 3 Eier · 2 Teel. Salz
Für die Füllung: 250 g große Weißkohlblätter ·
1 l Wasser · 1 Teel. Salz · 100 g durchwachsener
Speck · 1 große Zwiebel · 1 Eßl. Butter ·
600 g Schweinehackfleisch · 1 Prise geriebene
Muskatnuß · Salz · schwarzer Pfeffer
Zum Bestreichen: 1 Eiweiß · 1 Eigelb
Für das Backblech: Butter
Bei 8 Stücken pro Stück etwa 2940 Joule/
700 Kalorien

Zubereitungszeit: 50 Minuten
Zeit zum Gehenlassen: 1 Stunde und 15 Minuten
Backzeit: etwa 40 Minuten

- Das Mehl in eine Schüssel sieben*, in die Mitte eine Mulde drücken. Die Hefe in die Vertiefung bröckeln und mit dem Zucker, dem Wasser und etwas Mehl zu einem Vorteig* verrühren.

Mit einem Tuch zugedeckt an einem warmen Platz 15 Minuten gehen lassen*.
- Die Butter, die Eier und das Salz hinzufügen. Alles gut verkneten* und so lange schlagen, bis sich der Teig vom Schüsselrand löst und Blasen wirft. Den Teig wieder zudecken und an einem warmen Platz etwa 40 Minuten gehen lassen*, bis er das doppelte Volumen erreicht hat.
- Die Weißkohlblätter in kochendem Salzwasser 15 Minuten ziehen lassen, in ein Sieb abgießen, gut abtropfen und erkalten lassen. Die dikken Rippen der Kohlblätter flachschneiden.
- Den Speck würfeln. Die Zwiebel schälen und in Ringe schneiden. Die Butter in einer Pfanne zerlassen, den Speck darin glasig und die Zwiebelringe goldgelb braten.
- Das Hackfleisch mit der geriebenen Muskatnuß, Salz und Pfeffer kräftig würzen.
- Den Teig noch einmal durchkneten*. Die Arbeitsfläche mit Mehl bestäuben und den Teig darauf etwa ½ cm dick zu 2 gleich großen Rechtecken ausrollen*. 1 Teigplatte mit den Kohlblättern so belegen, daß sie einige Zentimeter über die Ränder herausragen. Die Speck-Zwiebel-Mischung und das gewürzte Hackfleisch daraufgeben. Den Kohl darüber zusammenschlagen. Die Ränder der zweiten Teigplatte mit Eiweiß bestreichen, auf die gefüllte Teigplatte legen und die Ränder fest andrücken.
- Das Backblech einfetten*. Die Pastete daraufgeben, mit verquirltem Eigelb bestreichen und nochmals 20 Minuten gehen lassen*.
- Den Backofen auf 200° vorheizen. Die Pirogge auf der mittleren Schiene in etwa 40 Minuten goldbraun backen.

Braucht etwas Zeit · Nicht ganz einfach

Lettische Fleischpastete

*Für den Teig: 250 g Mehl · 1 Teel. Salz · 1 Ei ·
5 Eßl. saure Sahne · 175 g Butter
Für die Füllung: 1 Zwiebel · 1 Bund Petersilie ·
75 g Champignons · 50 g Butter · 750 g gemisch-
tes Hackfleisch · 100 g geriebener Emmentaler
Käse · 1 Ei · 3 Eßl. Milch · Salz · schwarzer
Pfeffer
Zum Bestreichen: 1 Ei · 2 Eßl. Dosenmilch
Für das Backblech: Butter*
Bei 8 Stücken pro Stück etwa 2750 Joule/
655 Kalorien

Zubereitungszeit: 1 Stunde
Ruhezeit: 1 Stunde
Backzeit: etwa 45 Minuten

● Das Mehl mit dem Salz auf die Arbeitsfläche
sieben*. In die Mitte eine Mulde drücken und
das Ei und die saure Sahne hineingeben. Die
Butter in Flöckchen auf den Mehlrand schneiden. Alle Zutaten mit einem Messer zerhacken,
dann mit kühlen Händen zu einem glatten Teig
verkneten*. Den Teig in Alufolie wickeln und
1 Stunde im Kühlschrank ruhen lassen.
● Die Zwiebel schälen und feinhacken. Die
Petersilie waschen, trockenschleudern und kleinschneiden. Die Pilze putzen und grobhacken.
● Die Butter in einer Pfanne erhitzen und die
Pilze darin hellbraun braten. Die Champignons
aus der Pfanne nehmen und in eine Schüssel
geben. Die Zwiebel im gleichen Fett glasig braten, das Hackfleisch hinzufügen und leicht
anbräunen lassen. Die Fleischmischung zu den
Pilzen geben und mit der Petersilie, dem Käse,
dem Ei und der Milch vermengen. Mit Salz und
Pfeffer abschmecken.

● Das Backblech einfetten*. Den Backofen auf
200° vorheizen.
● Die Arbeitsfläche mit Mehl bestäuben und
den Teig darauf zu 2 Rechtecken von etwa
15 × 30 cm ausrollen*. Die Teigränder abschneiden. Aus den Teigresten Streifen für die Verzierung ausrädeln*.
● 1 Teigplatte auf das Blech legen, die Hackfleischmasse daraufgeben und so zu einem Laib
formen, daß ringsherum ein Teigstreifen von
3 cm frei bleibt. Den Fleischlaib mit der zweiten
Teigplatte bedecken. Beide Ränder mit einer
Gabel fest zusammendrücken, die Teigdecke
mehrmals einstechen.
● Die Fleischpastete mit den Teigresten verzieren. Das Ei mit der Dosenmilch verquirlen* und
die Pastete damit bestreichen. Auf der mittleren
Schiene des Ofens etwa 45 Minuten backen. Die
Pastete warm oder kalt servieren.

Braucht etwas Zeit · Nicht ganz einfach

Schweinefleischpastete

*Zutaten für 1 ovale Pastetenform von etwa 20 cm
Länge und 8 cm Höhe, oder für eine entsprechend
große feuerfeste Form oder Kastenform:
Für den Teig: 375 g Mehl · 1 Ei · 2 Eßl. kaltes
Wasser · ½ Teel. Salz · 175 g kalte Butter
Für die Füllung: 2 Brötchen · 400 g Schweine-
schulter · 2 Eßl. Kokosfett · Salz · 2 Zwiebeln ·
100 g fetter Speck · 1 Knoblauchzehe · 3 Wachol-
derbeeren · 2 Eßl. geschälte Pistazien ·
800 g Schweinehackfleisch · 1 Teel. schwarzer
Pfeffer · 2 Teel. edelsüßes Paprikapulver · 1 Teel.
getrockneter Majoran · 1 Ei · 4 Eßl. trockener
Sherry
Zum Bestreichen: 1 Eiweiß · 1 Eigelb*
Bei 10 Scheiben pro Scheibe etwa 3 865 Joule/
920 Kalorien

Zubereitungszeit: 1 Stunde
Ruhezeit: 1 Stunde
Backzeit: etwa 2 Stunden

● Das Mehl auf die Arbeitsfläche sieben*. In die Mitte eine Mulde drücken und das Ei, das Wasser und das Salz hineingeben. Die Butter in Flöckchen auf den Mehlrand schneiden. Alle Zutaten mit einem Messer durchhacken, dann mit kühlen Händen zu einem glatten Teig kneten*. Den Teig in Alufolie wickeln und 1 Stunde im Kühlschrank ruhen lassen.
● Die Brötchen in Wasser einweichen. Das Schweinefleisch in etwa 2 cm große Würfel schneiden. Das Fett in einer Pfanne erhitzen und die Fleischwürfel darin anbraten, leicht salzen und beiseite stellen.
● Die Zwiebeln schälen und feinhacken. Den Speck kleinwürfeln. Die Knoblauchzehe schälen und mit den Wacholderbeeren im Mörser* zerstampfen. Die Pistazien grobhacken. Die Brötchen gut ausdrücken.
● Das Hackfleisch mit dem angebratenen Fleisch, den Zwiebeln, dem Speck, der Knoblauchzehe, den Wacholderbeeren, den Pistazien und den Brötchen gut vermischen. Mit 1 Eßlöffel Salz, dem Pfeffer, dem Paprikapulver und dem Majoran würzen. Das Ei und den Sherry einmengen.
● Den Backofen auf 220° vorheizen.
● Die Arbeitsfläche mit Mehl bestäuben und den Mürbeteig darauf ½ cm dick ausrollen*. Die Form mit zwei Dritteln des Teiges auslegen, den überhängenden Teig am Rand abschneiden. Den Fleischteig einfüllen, gut festdrücken. Vom Rest des Teiges einen Deckel in Größe der Form ausschneiden, in der Mitte ein Loch ausstechen, damit beim Backen der Dampf entweichen kann. Den Teigdeckel am Rand mit Eiweiß bestreichen, auf die Pastete legen und gut andrücken.
● Aus dem restlichen Teig kleine Ornamente ausstechen, mit Eiweiß bestreichen und auf den Teigdeckel kleben. Das Eigelb verquirlen* und die Oberfläche der Pastete damit bepinseln. Die Pastete auf der untersten Schiene des Ofens in der mit Wasser gefüllten Fettpfanne etwa 2 Stunden backen.

Braucht etwas Zeit

Schweinefleischpastete vom Blech

Zutaten für 1 Backblech:
Für den Teig: 450 g Mehl · 1 Ei · 1 Eigelb ·
½ Teel. Salz · 300 g Butter
Für die Füllung: 2 Brötchen · ¼ l warme Milch ·
2 mittelgroße Zwiebeln · 2 Knoblauchzehen ·
1 Bund Petersilie · 2 Eßl. Butter · 750 g Schweinehackfleisch · 1 Ei · Salz · Pfeffer · geriebene Muskatnuß
Zum Bestreichen: 1 Eiweiß · 2 Eigelb
Für das Backblech: Butter
Bei 24 Stücken pro Stück etwa 1385 Joule/ 330 Kalorien

Zubereitungszeit: 50 Minuten
Ruhezeit: 30 Minuten
Backzeit: 35 Minuten

● Das Mehl auf die Arbeitsfläche sieben*, in die Mitte eine Mulde drücken und das Ei, das Eigelb und das Salz hineingeben. Die Butter in Flöckchen auf den Mehlrand schneiden. Alle Zutaten mit einem Messer krümelig hacken, dann mit kühlen Händen zu einem glatten Teig kneten*. Den Teig in Alufolie wickeln und mindestens 30 Minuten im Kühlschrank ruhen lassen.
● Die Brötchen in der warmen Milch einweichen. Die Zwiebeln schälen und in kleine Würfel schneiden. Die Knoblauchzehen schälen und

sehr fein hacken. Die Petersilie waschen, trockenschleudern, von groben Stengeln befreien und grobhacken.

• Die Butter in einer Pfanne erhitzen und die Zwiebeln und den Knoblauch glasig braten.

• Das Hackfleisch in einer Schüssel mit den gut ausgedrückten Brötchen, der Zwiebel-Knoblauch-Mischung, der Petersilie und dem Ei vermengen. Den Fleischteig mit Salz, Pfeffer und geriebener Muskatnuß würzig abschmecken, alles kräftig durchkneten.

• Das Backblech leicht einfetten*. Den Backofen auf 200–220° vorheizen.

• Die Arbeitsfläche mit Mehl bestäuben und die Hälfte des Teiges darauf in Größe des Backblechs ausrollen*. Die Teigplatte auf das Blech legen und rundherum einen 3 cm hohen Rand formen. Die Teigplatte mit dem Eiweiß bestreichen. Die Füllung auf den Teigboden verteilen.

• Die zweite Teighälfte ausrollen* und über die Füllung legen. Die Ränder gut andrücken.

• Das Eigelb verquirlen* und die Pastete damit bestreichen. Den Teigdeckel mit einer Gabel dicht nebeneinander einstechen.

• Die Pastete im Ofen auf der mittleren Schiene in 35 Minuten goldbraun backen. Warm oder kalt in Portionsstücke aufgeschnitten servieren.

Etwas teurer · Braucht etwas Zeit

Artischockenpastete

Zutaten für 1 Pieform von 26 cm Ø :
Für den Teig: 300 g Mehl · 1 Prise Salz ·
150 g kalte Butter · 4 Eßl. eiskaltes Wasser
Für die Füllung: 250 g Artischockenherzen aus
dem Glas · 200 g Leerdamer oder Emmentaler
Käse im Stück · 500 g gekochter Schinken
in 5 etwa 5 mm dicken Scheiben
Zum Bestreichen: 1 Eigelb

Für die Form: Butter
Bei 12 Stücken pro Stück etwa 1555 Joule/
370 Kalorien

Zubereitungszeit: 30 Minuten
Ruhezeit: 1 Stunde
Backzeit: etwa 35 Minuten

• Das Mehl mit dem Salz auf die Arbeitsfläche sieben*. Die Butter in Flöckchen darüber verteilen. Alles mit einem Messer bröselig hacken, dann mit kühlen Händen zu einem glatten Teig kneten*, dabei das Wasser nach und nach hinzufügen. Den Teig in Alufolie wickeln und 1 Stunde im Kühlschrank ruhen lassen.

• Die Artischockenherzen abtropfen lassen. Den Käse in dünne Scheiben schneiden.

• Die Form einfetten*.

• Die Arbeitsfläche mit Mehl bestäuben und zwei Drittel des Teiges darauf ausrollen*. Die Form mit der Teigplatte auslegen. Den Boden mit einer Gabel mehrmals einstechen* und mit der Hälfte der Käsescheiben belegen. Die Artischockenherzen darauf verteilen, den Schinken dicht darüberlegen und mit den restlichen Käsescheiben bedecken.

• Den Backofen auf 220° vorheizen.

• Den restlichen Teig zu einem dünnen Deckel ausrollen* und auf die Pastete legen, die Ränder mit etwas Wasser befeuchten und fest zusammendrücken. In die Mitte des Deckels ein kleines Loch schneiden, damit der Dampf entweichen kann. Aus den Teigresten kleine Ornamente ausstechen* oder ausschneiden und die Pastete damit garnieren.

• Das Eigelb verquirlen* und den Teigdeckel damit bestreichen. Die Pastete auf der mittleren Schiene etwa 35 Minuten backen. Nach 20 Minuten die Hitze auf 200° zurückschalten.

• Wenn die Pastete zu schnell bräunt, mit Pergamentpapier bedecken. Heiß in der Form servieren. Dazu schmeckt leichte Mayonnaisensauce.

Nicht ganz einfach

Banitza

Banitza heißt auf bulgarisch schlicht »Blätterteig«. Aber unter diesem Namen werden dort
auch feingefüllte Blätterteigtaschen oder Schüs-
selpasteten angeboten. Sie können mit Marmelade oder Nüssen oder pikant mit Fleisch, Gemüse
oder Quark gefüllt sein.

Zutaten für 1 Pieform von 26 cm Ø :
300 g tiefgefrorener Blätterteig · 300 g Schaf-
käse · 50 g weiche Butter · 2 Eier · 200 g saure
Sahne · 1 Bund Petersilie · 1 Bund Dill · 1 Prise
Zucker · weißer Pfeffer
Zum Bestreichen: 1 Eigelb
Bei 8 Stücken pro Stück etwa 1660 Joule/
395 Kalorien

Zubereitungszeit: 40 Minuten
Backzeit: 40–50 Minuten

• Den Blätterteig nach Vorschrift auf der Pakkung auftauen lassen.
• Den Schafkäse in eine Schüssel bröckeln, die
Butter hinzufügen und beides mit einer Gabel
zerdrücken.
• Die Eier in Eiweiß und Eigelb trennen*. Das
Eigelb und die saure Sahne zu der Käsemischung geben und alles mit dem Schneebesen zu
einer geschmeidigen Masse verrühren.
• Die Petersilie und den Dill waschen, trockenschleudern, von groben Stengeln befreien und
kleinschneiden. Die Kräuter in die Käsemasse
rühren. Mit dem Zucker und dem weißen Pfeffer
abschmecken. Das Eiweiß zu steifem Schnee
schlagen* und unterziehen.
• Die Arbeitsfläche reichlich mit Mehl bestäuben, die Blätterteigscheiben darauf übereinanderlegen und zu einem 30 × 60 großem Rechteck
ausrollen*.

• Die Form mit kaltem Wasser ausspülen.
• Aus der Teigplatte einen Kreis von 30 cm
Durchmesser schneiden und die Form sowie den
Rand damit auslegen. Die Käsemasse einfüllen.
• Eine zweite Platte von 26 cm Durchmesser
ausschneiden und über die Füllung legen. Die
Ränder gut zusammendrücken.
• Den Backofen auf 200–220° vorheizen.
• Aus den Teigresten schmale Streifen ausrä-
deln* und als Muster auf den Teigdeckel legen.
• Das Eigelb verquirlen und die Pastete damit
bestreichen.
• Die Banitza im Ofen auf der mittleren Schiene
40–50 Minuten backen. Warm in der Form zu
Tisch bringen.

Pizza Margherita

Die Schlichteste aus der großen Pizzafamilie
wurde der ersten Königin Italiens, Margherita,
gewidmet. Als die Königin in ihrer Sommerresi-
denz Capodimonte weilte, verspürte sie Lust, die
berühmte Spezialität zu kosten. Schleunigst wurde der derzeit bekannteste Pizzabäcker aus Nea-
pel in den Palast gerufen; von patriotischem
Eifer gepackt bereitete er eine Pizza in den Lan-
desfarben zu: rot die Tomaten, grün das Basilikum und weiß der Mozzarellakäse.

Zutaten für 2 Pizzen:
Für den Teig: 375 g Mehl · 20 g Hefe · gut ⅛ l lau-
warmes Wasser · 2 Eßl. Schmalz · Salz
Zum Belegen: 750 g Tomaten · 1 Bund frisches
Basilikum · 250 g Mozzarellakäse · Salz ·
2 Eßl. geriebener Parmesankäse · 2 Eßl. Olivenöl
Für das Backblech: Schmalz oder Olivenöl
Bei 16 Stücken pro Stück etwa 650 Joule/
155 Kalorien

Zubereitungszeit: 50 Minuten
Zeit zum Gehenlassen: 45 Minuten
Backzeit: 25 Minuten

● Das Mehl in eine Schüssel sieben*, in die Mitte eine Mulde drücken, die Hefe hineinbröckeln und mit dem Wasser und etwas Mehl zu einem Vorteig* verrühren. Mit einem Tuch zugedeckt an einem warmen Platz 15 Minuten gehen lassen*.
● Den Vorteig mit dem Mehl, dem Schmalz und etwas Salz gut verkneten*. Den Teig so lange schlagen, bis er sich vom Schüsselrand löst und Blasen wirft. Den Teig an einem warmen Platz so lange gehen lassen*, bis er das doppelte Volumen erreicht hat; das dauert etwa 30 Minuten.
● Die Tomaten brühen, häuten* und in Scheiben schneiden, dabei die Kerne und den Saft herausdrücken und die Stengelansätze entfernen. Das Basilikum grobhacken und den Mozzarellakäse in dünne Scheiben schneiden.
● Das Backblech gut einfetten* und den Backofen auf 220° vorheizen.
● Aus dem Hefeteig 2 große ½ cm dicke Fladen ausrollen*, die Ränder etwas hochdrücken. Die Fladen bis zu 2 cm vom Rand entfernt mit den Tomaten und dem Mozzarellakäse belegen. Etwas Salz, das Basilikum und den geriebenen Käse darüberstreuen und alles mit dem Olivenöl beträufeln.
● Die Pizzen auf der mittleren Schiene 25 Minuten backen. Frisch aus dem Ofen servieren.

Braucht etwas Zeit

Pizza ferragósto

Der 15. August ist für die Italiener ein wichtiger Feiertag. Viele nehmen noch ein paar Tage zusätzlichen Urlaub und genießen den Hochsommer in den Bergen oder am Meer. Zum Fest gehört natürlich eine fein belegte Pizza.

Zutaten für 1 Backblech:
Für den Teig: 375 g Mehl · 20 g Hefe · gut ⅛ l lauwarmes Wasser · Salz
Zum Belegen: 850 g geschälte Tomaten aus der Dose · 4 Peperoni aus dem Glas · 125 g Champignons aus der Dose · 12 gefüllte Oliven · 8 Anchovisfilets aus der Dose · 1 große Zwiebel · 100 g gekochter Schinken in Scheiben · 3 Eßl. Olivenöl · 50 g Salami in dünnen Scheiben · 250 g Mozzarellakäse · 1 Eßl. getrockneter Oregano · 1 Teel. getrockneter Rosmarin · schwarzer Pfeffer
Für das Backblech: Öl
Bei 16 Stücken pro Stück etwa 860 Joule/
205 Kalorien

Zubereitungszeit: 50 Minuten
Zeit zum Gehenlassen: 45 Minuten
Backzeit: 25–30 Minuten

● Das Mehl in eine Schüssel sieben*, in die Mitte eine Mulde drücken. Die Hefe in die Vertiefung bröckeln und mit dem Wasser und etwas Mehl zu einem Vorteig* verrühren. Mit einem Tuch zugedeckt an einem warmen Platz 15 Minuten gehen lassen*.
● Den Vorteig* mit dem Mehl und etwas Salz gut verkneten* und so lange schlagen, bis der Teig sich vom Schüsselrand löst und Blasen wirft. Den Teig an einem warmen Platz so lange gehen lassen, bis er das doppelte Volumen erreicht hat; das dauert etwa 30 Minuten.
● Die Tomaten abtropfen lassen und zerdrük-

ken. Die Peperoni entkernen und feinhacken. Die Champignons und die Oliven abtropfen lassen und halbieren, die Anchovisfilets zerkleinern. Die Zwiebel schälen und in dünne Ringe schneiden, den Schinken in breite Streifen schneiden.

• Das Backblech einölen*. Den Backofen auf 200° vorheizen.

• Den Hefeteig auf dem Backblech ausrollen* und rundherum einen Rand formen*. Den Teigboden mit 1 Eßlöffel Olivenöl bepinseln und die Tomaten darauf verteilen. Die Peperoni darüberstreuen. Die Pizza mit den zerkleinerten Zutaten und der Salami gleichmäßig belegen. Den Käse in kleine Würfel darüberschneiden. Alles mit dem Oregano, Rosmarin und Pfeffer würzen und mit dem restlichen Olivenöl beträufeln.

• Die Pizza auf der mittleren Schiene des Ofens 25–30 Minuten backen. In 16 Stücke schneiden und heiß servieren.

Etwas teurer · Braucht etwas Zeit

Pizza con tutto

Die üppig belegte Pizza ist hierzulande besonders beliebt. In den italienischen Restaurants wird sie auf der Speisekarte meist als »Pizza mit alles« angeboten.

Zutaten für 1 Backblech:
Für den Teig: 375 g Mehl · 30 g Hefe · 1 Prise Zucker · gut ⅛ l lauwarmes Wasser · 2 Eßl. Öl · 1 Ei · 1 Prise Salz
Zum Belegen: 500 g Champignons · 3 Knoblauchzehen · 2 Eßl. Öl · 1 Teel. getrockneter Thymian · Salz · weißer Pfeffer · 750 g feste Tomaten · 250 g Artischockenherzen · 8 Sardellenfilets aus der Dose · 250 g Mozzarellakäse · 200 g Greyerzer Käse · 125 g Salami in Schei-

ben · 150 g schwarze Oliven · 2 Teel. getrockneter Oregano
Für das Backblech: Öl
Bei 24 Stücken pro Stück etwa 840 Joule/ 200 Kalorien

Zubereitungszeit: 1 Stunde
Zeit zum Gehenlassen: 45 Minuten
Backzeit: 30–40 Minuten

• Das Mehl in eine Schüssel sieben*, in die Mitte eine Mulde drücken. Die Hefe in die Vertiefung bröckeln und mit dem Zucker, dem Wasser und etwas Mehl zu einem Vorteig* verrühren. Mit einem Tuch zugedeckt an einem warmen Platz 15 Minuten gehen lassen*.

• Das Öl, das Ei und das Salz hinzufügen. Alles gut verkneten und den Teig so lange schlagen, bis er sich vom Schüsselrand löst und Blasen wirft. Den Teig zugedeckt an einem warmen Platz etwa 30 Minuten gehen lassen*.

• Die Champignons putzen, waschen und vierteln. Die Knoblauchzehen schälen und in feine Scheiben schneiden.

• Das Öl in einer Pfanne erhitzen und die Champignons mit dem Knoblauch darin 5 Minuten anbraten. Mit dem Thymian, Salz und Pfeffer würzen. Die Pfanne vom Herd nehmen.

• Die Tomaten brühen, häuten* und in Scheiben schneiden, die Stengelansätze entfernen. Die Artischockenherzen halbieren. Die Sardellenfilets der Länge nach in 3 Streifen schneiden. Den Mozzarellakäse in Scheiben schneiden, den Greyerzer Käse grobraffeln.

• Das Backblech einfetten*. Den Backofen auf 220° vorheizen.

• Den Hefeteig auf dem Backblech ausrollen*, ringsherum einen etwa 1 cm hohen Rand formen*. Die Champignonmischung gleichmäßig auf die Teigplatte verteilen. Mit den Tomatenscheiben, den Artischockenherzen, den Salamischeiben, den Sardellenstreifen und den Oliven belegen und mit etwas Pfeffer und dem Oregano bestreuen. Die Mozzarellascheiben und den Greyerzer Käse darübergeben.

• Die Pizza auf der zweiten Schiene von unten 30–40 Minuten backen, bis der Käse goldbraun ist. In 24 Portionsstücke schneiden.

Braucht etwas Zeit

Pizza nach der Art von Nizza

Zutaten für 1 Springform von 26 cm ⌀ :
Für den Teig: 250 g Mehl · Salz · 15 g Hefe ·
knapp ⅛ l lauwarmes Wasser · 1 Eßl. Olivenöl
Zum Belegen: 750 g Zwiebeln · 1 Knoblauch-
zehe · 4–5 Eßl. Olivenöl · schwarzer Pfeffer ·
je 1 gute Prise getrockneter Thymian und getrock-
netes Basilikum · 5 Anchovisfilets aus der Dose ·
4 Tomaten · 125 g schwarze Oliven
Für die Springform: Olivenöl
Bei 12 Stücken pro Stück etwa 905 Joule/
215 Kalorien

Zubereitungszeit: 50 Minuten
Zeit zum Gehenlassen: 30 Minuten
Backzeit: 20 Minuten

• Das Mehl mit dem Salz mischen und in eine Schüssel sieben*. Die Hefe in ein Töpfchen brökkeln und mit dem Wasser verrühren. Die aufgelöste Hefe und das Öl zu dem Mehl geben und alles zu einem glatten Teig verkneten*. Zugedeckt an einem warmen Platz gehen lassen*, bis er das doppelte Volumen erreicht hat.
• Die Zwiebein schälen und in Ringe schneiden, die Knoblauchzehe schälen und feinhacken.
• Das Öl in einem Topf erhitzen und die Zwiebelringe darin glasig bis hellgelb braten. Den

Knoblauch dazugeben, mit Pfeffer, dem Thymian und dem Basilikum würzen. Die Masse abkühlen lassen.

• Die Anchovisfilets mit kaltem Wasser abspülen und mit Küchenkrepp abtrocknen. Die Tomaten brühen, häuten* und halbieren, dabei die Stengelansätze herausschneiden.
• Eine große Springform mit Öl auspinseln*. Den Backofen auf 200° vorheizen.
• Den Hefeteig nochmals kräftig durchkneten und die Springform damit auslegen und einen Rand formen*. Die Zwiebelmischung auf den Teig füllen, die halbierten Tomaten gleichmäßig darauf verteilen, die Anchovisfilets sternförmig auf die Pizza legen und mit den schwarzen Oliven garnieren.
• Die Pizza auf der zweiten Schiene von unten etwa 20 Minuten im Ofen backen. In 12 Stücke aufgeschnitten heiß servieren.

Braucht etwas Zeit

Pizza quattro stagioni

Bild Seite 369

Zutaten für 2 Pizzen von 30–35 cm ⌀ :
Für den Teig: 300 g Mehl · 20 g Hefe ·
⅛ l Wasser · ½ Teel. Salz · 2 Eßl. Olivenöl
Zum Belegen: 450 g geschälte Tomaten aus der
Dose · 300 g Miesmuscheln aus dem Glas ·
300 g Artischockenherzen aus dem Glas ·
300 g frische Champignons · Saft von ½ Zitrone ·
200 g schwarze Oliven · 60 g Sardellen aus dem
Glas · 2 Knoblauchzehen · 300 g gekochter Schin-
ken in Scheiben · Salz · schwarzer Pfeffer ·
je 1 Eßl. gehackte Petersilie und gehackter
Oregano · 1 Teel. gehacktes Basilikum ·
250 g Mozzarellakäse · ⅛ l Olivenöl
Für die Backbleche: Olivenöl

Bei insgesamt 16 Stücken pro Stück etwa
1 300 Joule/310 Kalorien

Zubereitungszeit: 50 Minuten
Zeit zum Gehenlassen: 30 Minuten
Backzeit: 20–25 Minuten

● Das Mehl in eine Schüssel sieben*, in die Mitte eine Mulde drücken. Die Hefe in die Vertiefung bröckeln und mit dem Wasser und etwas Mehl zu einem Vorteig* verrühren. Mit einem Tuch zugedeckt an einem warmen Platz 15 Minuten gehen lassen*.
● Die Tomaten, die Miesmuscheln und die Artischockenherzen getrennt abtropfen lassen. Die Champignons putzen, halbieren, in eine Schüssel geben und mit dem Zitronensaft beträufeln. Die Oliven entsteinen. Die Sardellen mit kaltem Wasser abspülen und trockentupfen.
● Das Salz und das Öl zu dem Mehl in die Schüssel geben und mit dem Vorteig gut verkneten*. Den Teig so lange schlagen, bis er sich vom Schüsselrand löst und Blasen wirft.
● Die Arbeitsfläche mit Mehl bestäuben und den Teig darauf zu 2 gleich großen Kugeln formen, dann zu 2 dünnen Fladen von 30–35 cm Durchmesser ausrollen.
● Zwei Backbleche einfetten*. Die Fladen darauflegen und mit einer Gabel mehrmals einstechen.
● Die Tomaten grobhacken und auf die Pizzen verteilen. Die Knoblauchzehen schälen und durch die Presse darüberdrücken. Mit einem Messer ein Kreuz auf die Pizzen einritzen.
● Das erste Viertel der Pizzen mit den Miesmuscheln und den halbierten oder geviertelten Artischockenherzen belegen. Den Schinken in Streifen schneiden und das nächste Viertel damit belegen. Das dritte Viertel mit den Champignons ausfüllen. Auf das letzte Viertel die Oliven und die Sardellen geben. Alles mit Salz, Pfeffer und der Hälfte der Kräuter bestreuen.

● Den Mozzarellakäse in Würfel schneiden und auf die Pizzen verteilen. Die restlichen Kräuter darüberstreuen. Die belegten Pizzen nochmals 10–20 Minuten an einem warmen Platz gehen lassen*. Den Backofen auf 220° vorheizen.
● Die Pizzen mit dem Olivenöl beträufeln und auf den mittleren Schienen des Ofens in 20–25 Minuten knusprig backen. In 16 Portionsstücke schneiden und heiß servieren.

Preiswert · Braucht etwas Zeit

Pizza bavarese

Die bayerische Pizza wird, wie könnte es anders sein, mit Sauerkraut (auf italienisch Krauti) und mit den hiesigen Regensburgern oder Pfälzern belegt. In anderen Regionen können Sie ersatzweise auch eine andere würzige Kochwurst verwenden.

Zutaten für 1 Backblech:
Für den Teig: 375 g Mehl · 30 g Hefe · 1 Prise Zucker · gut ⅛ l lauwarmes Wasser · 3 Eßl. weiches Schmalz · 1 Prise Salz
Zum Belegen: 1 große Zwiebel · 6 Wacholderbeeren · 3 Eßl. Schmalz · 1 kg Sauerkraut · 1 Lorbeerblatt · ½ Tasse trockener Weißwein · 150 g Tomatenmark aus der Dose · 1 Teel. getrockneter Thymian · Salz · schwarzer Pfeffer · je etwa 150 g Regensburger und Pfälzer Würstchen · 100 g geriebener Emmentaler Käse
Für das Backblech: Schmalz
Bei 16 Stücken pro Stück etwa 965 Joule/ 230 Kalorien

Zubereitungszeit: 50 Minuten
Zeit zum Gehenlassen: 45 Minuten
Backzeit: 30 Minuten

• Das Mehl in eine Schüssel sieben*, in die Mitte eine Mulde drücken. Die Hefe in die Vertiefung bröckeln und mit dem Zucker, dem Wasser und etwas Mehl zu einem Vorteig* verrühren. Mit einem Tuch zugedeckt an einem warmen Platz 15 Minuten gehen lassen*.

• Das Schmalz und das Salz hinzufügen. Alles gut verkneten und den Teig so lange schlagen, bis er sich vom Schüsselrand löst und Blasen wirft. Den Teig zugedeckt an einem warmen Platz 30 Minuten gehen lassen*, bis er das doppelte Volumen erreicht hat.

• Die Zwiebel schälen und in kleine Würfel schneiden. Die Wacholderbeeren zerdrücken.

• Das Schmalz in einem Topf erhitzen und die Zwiebeln darin hellgelb braten. Das Sauerkraut locker zupfen und mit den Wacholderbeeren und dem Lorbeerblatt dazugeben. Alles 3 Minuten unter Rühren anschmoren, den Wein dazugießen und 10 Minuten bei schwacher Hitze kochen lassen. Das Kraut vom Herd nehmen und auskühlen lassen.

• Das Tomatenmark und den Thymian verrühren, mit Salz und Pfeffer würzen. Die Würstchen häuten und in Scheiben schneiden.

• Das Backblech einfetten*. Den Backofen auf 220° vorheizen.

• Den Hefeteig auf dem Backblech ausrollen*, ringsherum einen kleinen Rand formen*. Die Teigplatte mit dem Tomatenmark bestreichen, das Sauerkraut darauf verteilen und die Wurstscheiben in gleichen Abständen leicht hineindrücken. Den Käse darüberstreuen.

• Die Krautpizza auf der mittleren Schiene des Ofens 30 Minuten backen. In 16 Portionsstücke schneiden und heiß servieren.

Preiswert · Braucht etwas Zeit · Ganz einfach

Fleischwurstpizza

Wir fanden uns schon sehr mutig, ausgerechnet italienische Freunde zum Testen von Pizzen nach deutscher Art einzuladen. Der Abend wurde ein voller Erfolg und der Austausch kulinarischer Themen äußerst rege. Der Chianti, den die Gäste mitbrachten, war ganz echt!

Zutaten für 1 Backblech:
Für den Teig: 375 g Mehl · 1 Päckchen Trockenhefe · 2 Eßl. Öl · 1 Ei · gut ⅛ l lauwarmes Wasser · Salz
Zum Belegen: 2 Dosen geschälte Tomaten (1 700 g) · 1 Eßl. getrockneter Oregano · 1 Teel. getrockneter Rosmarin · Salz · schwarzer Pfeffer · 400 g frische Fleischwurst (Lyoner, Jagdwurst oder Kochsalami) · 400 g Zwiebeln · 125 Butterkäse · 50 g geriebener Parmesankäse
Für das Backblech: Öl
Bei 16 Stücken pro Stück etwa 1 155 Joule/ 275 Kalorien

Zubereitungszeit: 50 Minuten
Zeit zum Gehenlassen: 40 Minuten
Backzeit: 25 Minuten

• Das Mehl in eine Schüssel geben. Die Trockenhefe, das Öl, das Ei, das Wasser und Salz hinzufügen. Alles kräftig zu einem glatten Teig verkneten*. Die Schüssel mit einem Tuch zudecken und den Teig an einem warmen Platz 40 Minuten gehen lassen*, bis er das doppelte Volumen erreicht hat.

• Die Tomaten mit dem Saft in einen großen Topf geben, mit dem Oregano und dem Rosmarin verrühren und bei starker Hitze dickflüssig einkochen lassen. Dabei ab und zu umrühren. Mit Salz und Pfeffer abschmecken.

• Die Wurst häuten und in Scheiben schneiden.

Die Zwiebeln schälen und in feine Ringe schneiden. Den Butterkäse feinwürfeln.
• Das Backblech einfetten*. Den Backofen auf 220° vorheizen.
• Den Hefeteig auf dem Backblech ausrollen* und rundherum einen Rand formen*. Die Tomatensauce gleichmäßig auf den Teigboden streichen. Die Wurstscheiben und die Zwiebelringe darauf verteilen. Mit den Käsewürfeln und dem geriebenen Parmesankäse bestreuen.
• Die Pizza auf der mittleren Schiene des Ofens 25 Minuten backen. In 16 Portionsstücke schneiden und heiß servieren.

Braucht etwas Zeit

Hackfleischpizza

Zutaten für 4 Stück:
Für den Teig: 375 g Mehl · 25 g Hefe · knapp ⅛ l lauwarmes Wasser · 4 Eßl. Öl · 1 Ei · 1 Prise Salz
Zum Belegen: 850 g geschälte Tomaten aus der Dose · 1 grüne Paprikaschote · 2 Zwiebeln · 3 Eßl. Öl · 350 g Rinderhackfleisch · Salz · schwarzer Pfeffer · ½ Teel. Rosenpaprikapulver · 1 Teel. getrockneter Oregano · 200 g Mozzarellakäse
Für das Backblech: Öl
Pro Pizza etwa 4765 Joule/1135 Kalorien

Zubereitungszeit: 40 Minuten
Zeit zum Gehenlassen: 50 Minuten
Backzeit: 15–20 Minuten

• Das Mehl in eine Schüssel sieben*. Die Hefe in ein Töpfchen bröckeln und mit dem Wasser verrühren. Die aufgelöste Hefe, das Öl, das Ei und das Salz zu dem Mehl geben und alles zu einem Teig verarbeiten.

• Die Arbeitsfläche mit Mehl bestäuben und den Teig darauf so lange kneten*, bis er geschmeidig und glänzend ist. Den Teig zurück in die Schüssel legen und mit einem Tuch zugedeckt an einem warmen Platz etwa 50 Minuten gehen lassen*, bis er das doppelte Volumen erreicht hat.
• Die Tomaten abtropfen lassen. Die Paprikaschote putzen*, waschen und in kleine Würfel schneiden. Die Zwiebeln schälen. 1 Zwiebel würfeln, die andere in dünne Ringe schneiden.
• Das Öl in einer Pfanne erhitzen und die Paprika- und Zwiebelwürfel darin anbraten, bis die Zwiebel hellgelb ist. Das Hackfleisch dazubröckeln und unter Rühren in etwa 5 Minuten bröselig braten. Mit Salz, Pfeffer, dem Paprikapulver und dem Oregano würzen. Die Mischung vom Herd nehmen.
• Das Backblech einfetten*. Den Backofen auf 220° vorheizen.
• Den Hefeteig in 4 gleich große Portionen teilen und jede Portion zu einem ½ cm dicken Fladen ausrollen, die Ränder etwas hochdrücken.
• Die abgetropften Tomaten grobhacken und auf die Pizzen verteilen, salzen und pfeffern. Die Hackfleischmischung darübergeben und mit den Zwiebelringen belegen. Den Mozzarellakäse in Streifen schneiden und gitterförmig über die Füllung legen.
• Die Pizzen auf dem Blech im Ofen auf der mittleren Schiene 15–20 Minuten backen. Frisch aus dem Ofen servieren.

Braucht etwas Zeit

Räucherfischpizza

Zutaten für 1 Backblech:
Für den Teig: 250 g Mehl · 15 g Hefe · 1 Prise
Zucker · knapp ⅛ l lauwarme Milch · 1 Eßl. Öl ·
½ Teel. Salz
Zum Belegen: 250 g Tomaten · 1 grüne Paprika-
schote · 1 Zwiebel · 50 g Champignons ·
500 g geräucherter Heilbutt oder Goldbarsch ·
2 Eßl. Kapern · 1 Teel. getrocknetes Basilikum ·
schwarzer Pfeffer · Salz · 125 g geriebener
Emmentaler Käse · 2 Eßl. Öl
Für das Backblech: Öl
Bei 8 Stücken pro Stück etwa 1660 Joule/
395 Kalorien

Zubereitungszeit: 1 Stunde
Zeit zum Gehenlassen: 45 Minuten
Backzeit: 20–30 Minuten

• Das Mehl in eine Schüssel sieben*, in die Mitte eine Mulde drücken. Die Hefe in die Vertiefung bröckeln und mit dem Zucker, der Milch und etwas Mehl zu einem Vorteig* verrühren. Mit einem Tuch zugedeckt an einem warmen Platz 15 Minuten gehen lassen*.
• Den Vorteig mit dem Mehl, dem Öl und dem Salz gut verkneten. Den Teig so lange schlagen, bis er sich vom Schüsselrand löst und Blasen wirft. Den Teig zugedeckt an einem warmen Platz 30 Minuten gehen lassen*, bis er das doppelte Volumen erreicht hat.
• Die Tomaten brühen, häuten* und in Scheiben schneiden, dabei den Stengelansatz entfernen. Die Paprikaschote putzen*, waschen und in feine Streifen schneiden. Die Zwiebel schälen und in dünne Ringe schneiden. Die Champignons putzen, waschen und feinblättrig schneiden. Den Räucherfisch von Haut und Gräten befreien und in Stücke zerpflücken.

• Das Backblech einölen*. Den Backofen auf 220° vorheizen.
• Den Hefeteig zu einem runden Fladen von etwa ½ cm Dicke dehnen, auf das Blech legen und einen leichten Rand formen*.
• Den Fladen mit den Tomatenscheiben, dem Fisch, den Paprikastreifen, den Pilzen, den Zwiebeln und den Kapern belegen. Mit dem Basilikum, Pfeffer und Salz würzen. Den Käse darüberstreuen. Die Pizza mit dem Öl beträufeln.
• Auf der mittleren Schiene 20–30 Minuten bakken, in Stücke schneiden und noch heiß servieren.

Preiswert · Braucht etwas Zeit

Anchovispizza

Zutaten für 1 Backblech:
Für den Teig: 375 g Mehl · 20 g Hefe ·
½ Teel. Zucker · gut ⅛ l lauwarme Milch ·
3 Eßl. Olivenöl · ½ Teel. Salz
Zum Belegen: 8 mittelgroße Tomaten ·
150 g Gouda- oder Chesterkäse in Scheiben ·
10 Anchovisfilets aus der Dose · grobgemahlener
schwarzer Pfeffer · 2 Teel. getrockneter Oregano ·
3 Eßl. Olivenöl
Für das Backblech: Olivenöl
Bei 16 Stücken pro Stück etwa 800 Joule/
190 Kalorien

Zubereitungszeit: 40 Minuten
Zeit zum Gehenlassen: 45 Minuten
Backzeit: 30 Minuten

• Das Mehl in eine Schüssel sieben*, in die Mitte eine Mulde drücken. Die Hefe in die Vertiefung bröckeln und mit dem Zucker, der Milch und etwas Mehl zu einem Vorteig* verrühren. Mit einem Tuch zugedeckt an einem warmen Platz 15 Minuten gehen lassen*.

• Das Öl und das Salz hinzufügen. Alles gut verkneten und den Teig so lange schlagen, bis er sich vom Schüsselrand löst und Blasen wirft. Den Teig zugedeckt an einem warmen Platz 30 Minuten gehen lassen, bis er das doppelte Volumen erreicht hat.

• Die Tomaten brühen, häuten* und halbieren, dabei die Stengelansätze herausschneiden. Die Käsescheiben in Quadrate schneiden.

• Das Backblech einfetten*. Den Backofen auf 200° vorheizen.

• Den Hefeteig auf dem Blech ausrollen*. Die Tomatenhälften mit der Schnittseite nach unten in gleich großen Abständen auf die Teigplatte legen. Die Zwischenräume mit den Käsequadraten ausfüllen. Die Anchovisfilets halbieren und auf dem Käse verteilen. Die Pizza mit schwarzem Pfeffer und dem Oregano bestreuen, das Olivenöl darüberträufeln.

• Die Pizza auf der mittleren Schiene des Ofens 30 Minuten backen. In 16 Portionsstücke schneiden und heiß servieren.

Etwas teurer · Braucht etwas Zeit

Pizza mit Meeresfrüchten

Zutaten für 1 Backblech:
Für den Teig: 375 g Mehl · 20 g Hefe · gut ⅛ l lauwarmes Wasser · 3 Eßl. Öl · Salz
Zum Belegen: 850 g geschälte Tomaten aus der Dose · 1 Zwiebel · 2 Knoblauchzehen · 2 Eßl. Öl · 1 Teel. getrocknetes Basilikum · Salz · schwarzer Pfeffer · 200 g Muscheln aus der Dose · 200 g Thunfisch aus der Dose · 200 g Krabben oder Shrimps · 4 Eßl. geriebener Parmesankäse · 3 Eßl. Peperoni-Olivenöl
Für das Backblech: Öl

Bei 16 Stücken pro Stück etwa 1 260 Joule/300 Kalorien

Zubereitungszeit: 50 Minuten
Zeit zum Gehenlassen: 50 Minuten
Backzeit: 25 Minuten

• Das Mehl in eine Schüssel sieben*, in die Mitte eine Mulde drücken. Die Hefe in die Vertiefung bröckeln und mit dem Wasser und etwas Mehl zu einem Vorteig* verrühren. Mit einem Tuch zugedeckt an einem warmen Platz 15 Minuten gehen lassen*.

• Den Vorteig mit dem Mehl, dem Öl und etwas Salz gut verkneten*. Den Teig so lange schlagen, bis er sich vom Schüsselrand löst und Blasen wirft. Den Teig an einem warmen Platz so lange gehen lassen*, bis er das doppelte Volumen erreicht hat, das dauert etwa 35–40 Minuten.

• Die Tomaten abtropfen lassen. Die Zwiebel und die Knoblauchzehen schälen und feinhacken.

• Das Öl in einem Topf erhitzen und die Zwiebel und den Knoblauch darin goldgelb braten. Die zerdrückten Tomaten und das Basilikum dazugeben. Bei schwacher Hitze etwa 30 Minuten zu einem dicken Brei einkochen lassen. Dabei gelegentlich umrühren. Mit Salz und Pfeffer abschmecken.

Unser Tip Peperoni-Olivenöl läßt sich in der Küche vielseitig verwenden, zum Beträufeln von Pizzen, zum Anmachen von Salaten und zum Würzen von Nudelspeisen. Geben Sie etwa 10 getrocknete Peperonischoten in ein gut verschließbares Glas und gießen Sie ¼ l gutes Olivenöl darüber. Je länger die Schoten ziehen, um so würziger wird das Öl. Haltbarkeit: mindestens 6 Monate.

- Die Muscheln und den Thunfisch abtropfen lassen, den Fisch grob zerpflücken.
- Das Backblech einölen*, den Backofen auf 200–220° vorheizen.
- Den Hefeteig auf dem Backblech ausrollen* und rundherum einen Rand formen*. Die Tomatensauce gleichmäßig auf den Teigboden streichen. Die Muscheln, den Thunfisch und die Krabben abwechselnd in kleinen Häufchen daraufsetzen. Alles mit dem Parmesankäse bestreuen und dem Peperoni-Olivenöl beträufeln.
- Die Pizza auf der mittleren Schiene des Ofens 25 Minuten backen. In 16 Portionsstücke schneiden und heiß servieren.

Preiswert · Ganz einfach

Thunfischpizza

Zutaten für 1 Backblech:
Für den Teig: 375 g Mehl · 25 g Hefe · ⅛ l lauwarmes Wasser · 4 Eßl. Öl · 1 Ei · 1 Prise Salz
Zum Belegen: 3 Dosen Thunfisch in Öl (jeweils 155 g) · 1 unbehandelte Zitrone · 3 Zwiebeln · 1 Bund Dill · 3 Eßl. Tomatenmark · grobgemahlener schwarzer Pfeffer
Für das Backblech: Öl
Bei 24 Stücken pro Stück etwa 590 Joule/ 140 Kalorien

Zubereitungszeit: 30 Minuten
Zeit zum Gehenlassen: 50 Minuten
Backzeit: 15–20 Minuten

- Das Mehl in eine Schüssel sieben*. Die Hefe in einem Töpfchen zerbröckeln und mit dem Wasser verrühren. Die aufgelöste Hefe, das Öl, das Ei und das Salz zu dem Mehl geben und alles zu einem Teig verarbeiten.
- Die Arbeitsfläche gut mit Mehl bestäuben und den Teig darauf so lange kneten*, bis er geschmeidig und glänzend ist. Den Teig zurück in die Schüssel legen und mit einem Tuch zugedeckt an einem warmen Platz etwa 50 Minuten gehen lassen*, bis er das doppelte Volumen erreicht hat.
- Den Thunfisch abtropfen lassen, das Öl dabei auffangen. Die Zitrone in hauchdünne Scheiben schneiden, die Enden entfernen. Die Zwiebeln schälen und feinwürfeln. Den Dill waschen, trockenschleudern, von groben Stengeln befreien und grobhacken.
- Das Backblech einfetten*. Den Backofen auf 200–220° vorheizen.
- Den Hefeteig auf dem Backblech ausrollen*, ringsherum einen Rand formen*.
- Das Tomatenmark mit 3 Eßlöffeln Thunfischöl verrühren und auf die Teigplatte streichen. Den Thunfisch grob zerpflücken und auf die Pizza verteilen. Die Zitronenscheiben, die Zwiebelwürfel und den Dill darübergeben, mit Pfeffer bestreuen. Etwas Thunfischöl darüberträufeln.
- Die Pizza im Ofen auf der mittleren Schiene 15–20 Minuten backen. In 24 Portionsstücke schneiden und heiß servieren.

Braucht etwas Zeit

Pilzpizza

Zutaten für 4 Pizzen:
Für den Teig: 250 g Mehl · 20 g Hefe · ½ Teel. Zucker · ½ Tasse lauwarmes Wasser · 4 Eßl. Öl · 1 Prise Salz
Zum Belegen: 4 große Fleischtomaten · 65 g durchwachsener Speck · 250 g Champignons, Egerlinge, Pfifferlinge oder gemischte frische Pilze · je ½ Bund Petersilie und Basilikum · 1 Eßl. Butter · Salz · weißer Pfeffer · 150 g Mozzarellakäse

Zum Beträufeln und für das Backblech: 3 Eßl. Öl
Pro Pizza etwa 2 835 Joule/675 Kalorien

Zubereitungszeit: 40 Minuten
Zeit zum Gehenlassen: 45 Minuten
Backzeit: 25 Minuten

● Das Mehl in eine Schüssel sieben*, in die Mitte eine Vertiefung drücken. Die Hefe in die Mulde bröckeln und mit dem Zucker, dem Wasser und etwas Mehl zu einem Vorteig* verrühren. Mit einem Tuch zugedeckt an einem warmen Platz 15 Minuten gehen lassen*.
● Das Öl und das Salz dazugeben und alles zu einem geschmeidigen Teig kneten. Den Teig zugedeckt an einem warmen Platz nochmals 30 Minuten gehen lassen*, bis er das doppelte Volumen erreicht hat.
● Die Tomaten brühen, häuten* und in Scheiben schneiden, dabei die Stengelansätze entfernen und die Kerne herausdrücken. Den Speck in kleine Würfel schneiden. Die Pilze putzen, waschen, trockentupfen und in Scheiben schneiden. Die Petersilie und das Basilikum waschen, trockenschleudern, von groben Stengeln befreien und grobhacken.
● Die Butter in einer Pfanne erhitzen und die Speckwürfel darin ausbraten. Den Speck herausnehmen und die Pilze in der Pfanne 5 Minuten dünsten. Die Petersilie und das Basilikum untermengen, mit Salz und Pfeffer abschmecken.
● Das Backblech einfetten*. Den Backofen auf 220° vorheizen.
● Aus dem Hefeteig 4 kleine ½ cm dicke Fladen formen und auf das Blech legen. Die Ränder etwas hochdrücken. Die Pizzen dicht mit den Tomaten belegen, die Speckwürfel und die Pilze darüber verteilen. Den Mozzarellakäse feinwürfeln und darüberstreuen. Sparsam mit Öl beträufeln. Die Pizzen auf der mittleren Schiene des Ofens 25 Minuten backen. Heiß servieren.

Etwas teurer · Braucht etwas Zeit

Patchwork-Pizza

Die »Flickwerk«-Pizza ist ein appetitanregender Anblick für eine rustikale Party. Sie wird in Streifen geschnitten angeboten und schmeckt am besten zu italienischem Weißwein.

Zutaten für 1 Backblech:
Für den Teig: 375 g Mehl · 25 g Hefe ·
½ Teel. Zucker · ⅛ l lauwarmes Wasser · 1 Ei ·
1 Eßl. Öl · ½ Teel. Salz
Zum Belegen: 8 Eßl. Tomatenmark · 1 gehäufter Eßl. getrockneter Oregano · 1 Eßl. Öl · Salz · schwarzer Pfeffer · je 1 rote und gelbe Paprikaschote · 1 Stange Lauch · 2 Tomaten · 100 g schwarze Oliven · 200 g Champignons aus der Dose · 100 g Sardellenfilets aus dem Glas · 250 g Krabben · 75 g geriebener Emmentaler Käse
Zum Beträufeln: 2 Eßl. Öl
Für das Backblech: Öl
Bei 40 Stücken pro Stück etwa 380 Joule/ 90 Kalorien

Zubereitungszeit: 1 Stunde
Zeit zum Gehenlassen: 50 Minuten
Backzeit: 30 Minuten

● Das Mehl in eine Schüssel sieben*, in die Mitte eine Vertiefung drücken. Die Hefe in die Mulde bröckeln und mit dem Zucker, dem Wasser und etwas Mehl zu einem Vorteig* verrühren. Mit einem Tuch zugedeckt an einem warmen Platz 15 Minuten gehen lassen*.
● Das Ei, das Öl und das Salz hinzufügen. Alles gut verkneten* und so lange schlagen, bis sich der Teig vom Schüsselrand löst und Blasen wirft. Den Teig wieder zudecken und 30 Minuten an einem warmen Platz gehen lassen, bis er das doppelte Volumen erreicht hat.

• Das Tomatenmark mit dem Oregano, dem Öl und etwas Salz und Pfeffer verrühren. Die Paprikaschoten putzen*, waschen und in feine Streifen schneiden. Den Lauch putzen, gründlich waschen und in dünne Ringe schneiden. Die Tomaten überbrühen, häuten* und in Scheiben schneiden, dabei die Stengelansätze entfernen. Die Oliven halbieren und entsteinen. Die Champignons abtropfen lassen und in Scheiben schneiden. Die Sardellenfilets in schmale Längsstreifen schneiden.

• Das Backblech einfetten*, den Teig darauf ausrollen*, die Ränder etwas hochdrücken. Die Teigplatte dann nochmals 5–10 Minuten gehen lassen*.

• Den Backofen auf 200° vorheizen.

• Die Teigplatte mit der Tomatenmarkmischung bestreichen. Die Sardellenstreifen gitterartig auf die Pizza legen, so daß 20 Rechtecke entstehen. Die Rechtecke jeweils nur mit einer Sorte der Zutaten dicht belegen, mit dem geriebenen Käse bestreuen und mit dem Öl beträufeln. Die Pizza auf der mittleren Schiene des Ofens 30 Minuten backen. Noch heiß in Streifen aufschneiden und sofort servieren.

Preiswert · Braucht etwas Zeit

Zwiebelpizza

Zutaten für 1 Backblech:
Für den Teig: 375 g Mehl · 20 g Hefe ·
½ Teel. Zucker · gut ⅛ l lauwarmes Wasser ·
3 Eßl. Olivenöl · ½ Teel. Salz
Zum Belegen: 1 kg Zwiebeln · 3 Knoblauchzehen · 1 Bund Petersilie · etwa 15 schwarze Oliven · 6 Eßl. Olivenöl · 1 Lorbeerblatt ·
2 Teel. getrockneter Thymian · Salz · schwarzer Pfeffer
Für das Backblech: Olivenöl

Bei 16 Stücken pro Stück etwa 755 Joule/ 180 Kalorien

Zubereitungszeit: 40 Minuten
Zeit zum Gehenlassen: 45 Minuten
Backzeit: 25–30 Minuten

• Das Mehl in eine Schüssel sieben*, in die Mitte eine Mulde drücken. Die Hefe in die Vertiefung bröckeln und mit dem Zucker, dem Wasser und etwas Mehl zu einem Vorteig* rühren. Mit einem Tuch zugedeckt an einem warmen Platz 15 Minuten gehen lassen*.

• Das Olivenöl und das Salz dazugeben. Alles gut verkneten* und den Teig so lange schlagen, bis er sich vom Schüsselrand löst und Blasen wirft. Den Teig zugedeckt an einem warmen Platz weiter etwa 30 Minuten gehen lassen, bis er das doppelte Volumen erreicht hat.

• Die Zwiebeln und die Knoblauchzehen schälen. Die Zwiebeln in dünne Ringe, die Knoblauchzehen in feine Scheiben schneiden. Die Petersilie waschen, trockenschleudern, von groben Stengeln befreien und grobhacken. Die Oliven halbieren und entsteinen.

• Das Öl in einer großen Pfanne erhitzen und die Zwiebeln und die Knoblauchzehen darin glasig braten. Das Lorbeerblatt fein zerrebeln und mit dem Thymian hinzufügen, kräftig mit Salz und Pfeffer würzen. Die Pfanne vom Herd nehmen.

• Das Backblech einfetten*. Den Backofen auf 220° vorheizen.

• Den Hefeteig auf dem Backblech ausrollen*, ringsherum einen kleinen Rand formen*. Die Zwiebelmischung darauf gleichmäßig verteilen, mit den Oliven belegen und die Petersilie darüberstreuen. Im Ofen auf der mittleren Schiene 25–30 Minuten backen. In 16 Portionsstücke schneiden und heiß servieren.

Braucht etwas Zeit

Calzoni con funghi

Ob Sie Calzoni mit Socke, Strumpf oder Schuh übersetzen, ist letztlich Jacke wie Hose; Calzoni ist eben Calzoni, basta.

Klar ist, daß die gefüllten Pizzen außen knusprig, innen saftig werden und sich zweifellos zur Pizza-Elite zählen dürfen.

Lassen Sie sich durch die folgenden Füllungsvorschläge anregen, welche Zutatenmischung Ihnen am besten schmeckt. Möglich ist so ziemlich alles.

Zutaten für 4 Stück:
Für den Teig: 375 g Mehl · 25 g Hefe · ⅛ l lauwarmes Wasser · 3 Eßl. Öl · Salz
Für die Füllung: 750 g Egerlinge oder andere frische Pilze · 1 große Zwiebel · 1 Bund Petersilie · 3 Tomaten · 2 Eßl. Butter · Salz · weißer Pfeffer
Zum Bestreichen: 1 Eßl. Öl · 1 Eiweiß · 1 Eigelb
Für das Backblech: Öl
Pro Calzoni etwa 2 520 Joule/600 Kalorien

Zubereitungszeit: 45 Minuten
Zeit zum Gehenlassen: 50 Minuten
Backzeit: etwa 15 Minuten

● Das Mehl in eine Schüssel sieben*, in die Mitte eine Mulde drücken. Die Hefe in die Vertiefung bröckeln und mit dem Wasser und etwas Mehl zu einem Vorteig* verrühren. Mit einem Tuch zugedeckt an einem warmen Platz 15 Minuten gehen lassen*.

● Den Vorteig mit dem Mehl, dem Öl und Salz gut verkneten*. Den Teig so lange schlagen, bis er sich vom Schüsselrand löst und Blasen wirft. Den Teig zugedeckt an einem warmen Platz etwa weitere 35 Minuten gehen lassen*, bis er das doppelte Volumen erreicht hat.

● Die Pilze putzen und in Scheiben schneiden.

Die Zwiebel schälen und feinhacken. Die Petersilie waschen, trockenschleudern, von groben Stengeln befreien und grobhacken. Die Tomaten waschen, abtrocknen und in Scheiben schneiden, dabei die Stengelansätze entfernen.

● Die Butter in einer Pfanne erhitzen und die Zwiebel darin glasig braten. Die Pilze hinzufügen und 10 Minuten mitbraten lassen. Die Petersilie einrühren, mit Salz und Pfeffer abschmekken. Die Pfanne vom Herd nehmen.

● Das Backblech einfetten*. Den Backofen auf 200° vorheizen.

● Die Arbeitsfläche mit Mehl bestäuben. Den Teig in 4 gleich große Stücke teilen. Jedes Teigstück möglichst dünn rund ausrollen. Die Teigplatten mit Öl bestreichen. Je eine Teighälfte mit den Tomatenscheiben belegen und leicht pfeffern. Die Pilzmischung darüber verteilen. Die Teigränder mit Eiweiß bestreichen, die unbelegten Hälften über die Füllung klappen und die Ränder fest andrücken.

● Die Calzoni auf das Blech legen und mit dem verquirlten Eigelb bestreichen. Im Ofen auf der mittleren Schiene in etwa 15 Minuten goldgelb backen. Frisch aus dem Ofen servieren.

Braucht etwas Zeit

Calzoni alla Campofranco

Zutaten für 4 Stück:
Für den Teig: 375 g Mehl · 25 g Hefe · ⅛ l lauwarmes Wasser · 3 Eßl. Olivenöl · Salz
Für die Füllung: 4 Eier · 200 g Mozzarellakäse · 50 g dünne Salamischeiben · 450 g geschälte Tomaten aus der Dose · 4 Teel. Kapern · Salz · grobgemahlener schwarzer Pfeffer
Zum Bestreichen des Teiges: 2 Eßl. Sardellen-

paste · 4 Eßl. Olivenöl · 1 Eiweiß · 1 Eigelb
Für das Backblech: Öl
Pro Calzoni etwa 3505 Joule/835 Kalorien

Zubereitungszeit: 35 Minuten
Zeit zum Gehenlassen: 50 Minuten
Backzeit: 15–20 Minuten

• Das Mehl in eine Schüssel sieben*, in die Mitte eine Mulde drücken. Die Hefe in die Vertiefung bröckeln und mit dem Wasser und etwas Mehl zu einem Vorteig* verrühren. Mit einem Tuch zugedeckt an einem warmen Platz 15 Minuten gehen lassen*.
• Den Vorteig mit dem Mehl, dem Olivenöl und Salz gut verkneten* und den Teig so lange schlagen, bis er sich vom Schüsselrand löst und Blasen wirft. Den Teig zugedeckt an einem warmen Platz weitere 35 Minuten gehen lassen.
• Die Eier in 8 Minuten wachsweich kochen. Den Mozzarellakäse in Würfel und die Salami in Streifen schneiden. Die Tomaten abtropfen lassen.
• Das Backblech einfetten*. Den Backofen auf 200° vorheizen.
• Den Hefeteig in 4 gleiche Portionen teilen und jedes Teilstück auf der bemehlten Arbeitsfläche möglichst dünn rund ausrollen*.
• Die Sardellenpaste mit dem Olivenöl verrühren und die Teigplatten damit bestreichen. Die Eier schälen und der Länge nach halbieren. Je eine Teighälfte mit den geschälten, etwas ausgedrückten Tomaten, dem Käse, der Salami und den Kapern belegen. Je zwei Eihälften darauf geben, leicht salzen und pfeffern. Die Teigränder mit Eiweiß bestreichen, die unbelegten Hälften über die Füllung klappen und die Ränder festdrücken.
• Die Calzoni auf das Blech legen und mit dem verquirlten Eigelb bestreichen. Im Ofen auf der mittleren Schiene 15–20 Minuten backen.

Schnell · Ganz einfach

Pizza alla casalinga

Grundlage dieser Pizza nach Hausfrauenart ist ein leichter Quark-Öl-Teig. Die Teigplatte darf hier ruhig etwas dicker ausgerollt werden.

Zutaten für 1 Springform von 28–30 cm ⌀ :
Für den Teig: 150 g Magerquark · 6 Eßl. Öl ·
1 Ei · 1 Prise Salz · 300 g Mehl · ¾ Päckchen
Backpulver
Zum Belegen: 4 Fleischtomaten · grobgemahlener
schwarzer Pfeffer · 2 Teel. getrockneter Oregano ·
Salz · 200 g Mozzarellakäse · 1 Zwiebel ·
6 Sardellenfilets · 1–2 Eßl. Kapern · 2 Eßl. Olivenöl
Für die Form: Olivenöl
Bei 6 Stücken pro Stück etwa 1995 Joule/
475 Kalorien

Zubereitungszeit: 35 Minuten
Backzeit: 15–20 Minuten

• Den Quark mit dem Öl, dem Ei und dem Salz gut verrühren. Die Hälfte des Mehls dazusieben*. Das restliche Mehl mit dem Backpulver sieben* und schnell kräftig unter die Quarkmischung kneten*, bis der Teig glatt und geschmeidig ist.
• Die Arbeitsfläche mit Mehl bestäuben und den Teig darauf rund in Größe der Form ausrollen*. Die Form mit Öl ausstreichen*. Die Teigplatte hineinlegen und einen Rand formen*.
• Die Tomaten* brühen, häuten* und in nicht zu dünne Scheiben schneiden, dabei den Stengelansatz entfernen. Die Tomaten auf den Teigboden verteilen, mit Pfeffer, dem Oregano und wenig Salz würzen. Den Käse in Scheibchen darüberschneiden.
• Den Backofen auf 200–220° vorheizen.
• Die Zwiebel schälen und feinwürfeln, mit den

ganzen Sardellen und den Kapern über die Pizza verteilen. Das Olivenöl darüberträufeln.
• Die Pizza im Ofen auf der mittleren Schiene 15–20 Minuten backen.
• Die Pizza aus der Form nehmen, in 6 Stücke schneiden und sofort servieren.

Braucht etwas Zeit

Calzoni nach Bauernart

Zutaten für 4 Laibe:
Für den Teig: 300 g Mehl · 25 g Hefe ·
1 Teel. Zucker · ⅛ l lauwarmes Wasser ·
2–3 Eßl. Olivenöl · 1 Prise Salz
Für die Füllung: 100 g Schinkenspeck · 4 mittelgroße Zwiebeln · 1 Knoblauchzehe · 750 g
Tomaten · ½ Bund Petersilie · 1 Stengel Basilikum · 250 g Champignons aus der Dose ·
2 Eßl. Olivenöl · 1 Dose Tomatenmark ·
1 Lorbeerblatt · 1 Prise getrockneter Oregano ·
1 Prise Zucker · Salz · schwarzer Pfeffer ·
150 g frischer Gouda Käse
Zum Bestreichen und für das Backblech: Olivenöl
Zum Bestreuen: 2 Eßl. geriebener Parmesankäse
Bei 8 Stücken pro Stück etwa 2 120 Joule/
505 Kalorien

Zubereitungszeit: 1 Stunde
Zeit zum Gehenlassen: 45 Minuten
Backzeit: etwa 15 Minuten

• Das Mehl in eine Schüssel sieben*, in die Mitte eine Mulde drücken. Die Hefe in die Vertiefung bröckeln und mit dem Zucker, dem Wasser und etwas Mehl zu einem Vorteig* verrühren. Mit einem Tuch zugedeckt an einem warmen Platz 15 Minuten gehen lassen*.
• Das Olivenöl und das Salz hinzufügen. Alles gut verkneten* und so lange schlagen, bis sich der Teig vom Schüsselrand löst und Blasen wirft. Den Teig wieder zudecken und an einem warmen Platz 20–30 Minuten gehen lassen*, bis er das doppelte Volumen erreicht hat.
• Den Schinkenspeck kleinwürfeln. Die Zwiebeln schälen und feinhacken. Die Knoblauchzehe schälen und sehr fein hacken. Die Tomaten überbrühen, häuten* und kleinschneiden, dabei die Stengelansätze entfernen. Die Petersilie und das Basilikum waschen, trockenschleudern, von groben Stengeln befreien und feinhacken. Die Pilze abtropfen lassen.
• Das Öl in einer großen Pfanne erhitzen und den Speck darin anbraten. Die Zwiebeln und den Knoblauch dazugeben und glasig werden lassen. Die Tomaten und das Tomatenmark einrühren. Das Lorbeerblatt und den Oregano hinzufügen. Alles unter ständigem Rühren 10 Minuten einkochen lassen.
• Das Lorbeerblatt herausnehmen. Die Champignons, die Petersilie und das Basilikum in die Sauce rühren. Mit dem Zucker, Salz und Pfeffer abschmecken. Die Pfanne vom Herd nehmen.
• Den Hefeteig in 4 Portionen teilen. Die Arbeitsfläche mit Mehl bestäuben und jedes Teigstück darauf etwa 3 mm dick zu einem Oval ausrollen* und mit etwas Olivenöl bestreichen. Zwei Drittel der Füllung auf die Mitte der Teigplatten verteilen.
• Den Käse auf einer Reibe grobraffeln und auf die Füllung streuen. Die Teigplatten wie Omeletts zusammenklappen, die Ränder fest zusammendrücken. Die Oberfläche mit eine Gabel mehrmals einstechen.
• Das Backblech einfetten*, die Calzoni daraufflegen und nochmals 10 Minuten gehen lassen*.
• Den Backofen auf 220° vorheizen.
• Die Teigtaschen auf der mittleren Schiene des Ofens etwa 15 Minuten backen.
• Die Calzoni auf vorgewärmte Teller legen. Die restliche Füllung erhitzen und darübergießen. Mit dem Parmesankäse bestreuen und servieren.

Braucht etwas Zeit

Calzoni rustico

Zutaten für 4 Stück:
Für den Teig: 375 g Mehl · 25 g Hefe · ⅛ l lau-
warmes Wasser · 3 Eßl. Schmalz · ½ Teel Salz
Für die Füllung: 200 g frischer Schafkäse · 200 g
gekochter Schinken · je ½ Bund Petersilie und
Basilikum · 3 Eier · Salz · schwarzer Pfeffer ·
200 g geriebener Pecorinokäse ·
Zum Bestreichen: 2 Eßl. Schmalz · 1 Eiweiß ·
1 Eigelb
Für das Backblech: Schmalz
Pro Calzoni etwa: 4160 Joule/990 Kalorien

Zubereitungszeit: 35 Minuten
Zeit zum Gehenlassen: 50 Minuten
Backzeit: etwa 20 Minuten

● Das Mehl in eine Schüssel sieben*, in die Mitte eine Mulde drücken. Die Hefe in die Vertiefung bröckeln und mit dem Wasser und etwas
Mehl zu einem Vorteig* verrühren. Mit einem
Tuch zugedeckt an einem warmen Platz
15 Minuten gehen lassen*.
● Den Vorteig mit dem Mehl, dem Schmalz und
dem Salz gut verkneten* und den Teig so lange
schlagen, bis er sich vom Schüsselrand löst und
Blasen wirft. Den Teig zugedeckt an einem warmen Platz etwa weitere 35 Minuten gehen lassen*, bis er das doppelte Volumen erreicht hat.
● Den Schafkäse in kleine Würfel schneiden.
Den Schinken in Streifen schneiden. Die Petersilie und das Basilikum waschen, trockenschleudern und grobhacken, dabei die groben Stengel
entfernen.
● Die Eier mit etwas Salz und Pfeffer verquirlen*. Den Schafkäse mit dem Schinken, der
Petersilie, dem Basilikum und dem Pecorinokäse
in einer Schüssel mischen und alles mit den verquirlten Eiern binden.

● Das Backblech einfetten*. Den Backofen auf
200° vorheizen.
● Den Hefeteig in 4 gleich große Portionen teilen. Die Arbeitsfläche mit Mehl bestäuben und
jedes Teigstück darauf möglichst dünn rund ausrollen*. Die Teigplatten mit Schmalz bestreichen. Je eine Teighälfte mit der Füllung belegen,
die Teigränder mit Eiweiß bestreichen. Die
unbelegten Teighälften über die Füllung klappen
und die Ränder fest andrücken.
● Die Calzoni auf das Blech legen und mit dem
verquirlten Eigelb bestreichen. Auf der mittleren
Schiene 20 Minuten backen und frisch servieren.

Braucht etwas Zeit

Calzoni aus Apulien

Zutaten für 4 Stück:
Für den Teig: 250 g Mehl · 20 g Hefe · ½ Tasse
lauwarmes Wasser · 3 Eßl. Olivenöl · Salz
Für die Füllung: 250 g Kabeljaufilet · Saft von
½ Zitrone · 1 Zwiebel · 3 Anchovisfilets ·
10 schwarze Oliven · 2 Tomaten · 1 Bund Peter-
silie · 2 Eßl. Olivenöl · 3 Eßl. geriebener Parme-
sankäse
Zum Bestreichen: 1 Eigelb · 1 Teel. Öl
Für das Backblech: Öl
Pro Calzoni etwa 2690 Joule/640 Kalorien

Zubereitungszeit: 45 Minuten
Zeit zum Gehenlassen: 50 Minuten
Backzeit: 25–30 Minuten

● Das Mehl in eine Schüssel sieben*, in die Mitte eine Mulde drücken. Die Hefe in die Vertiefung bröckeln und mit dem Wasser und etwas
Mehl zu einem Vorteig* verrühren. Mit einem
Tuch zugedeckt an einem warmen Platz
15 Minuten gehen lassen*.

• Den Vorteig mit dem Mehl, dem Öl und Salz
gut verkneten* und den Teig so lange schlagen,
bis er sich vom Schüsselrand löst und Blasen
wirft. Den Teig zugedeckt an einem warmen
Platz etwa weitere 35 Minuten gehen lassen, bis
er das doppelte Volumen erreicht hat.
• Das Kabeljaufilet in grobe Würfel schneiden
und mit dem Zitronensaft beträufeln. Die Zwiebel schälen und feinhacken. Die Anchovisfilets
in Stücke schneiden. Die Oliven entkernen und
kleinschneiden. Die Tomaten brühen, häuten*,
vierteln, von Kernen und Stengelansätzen befreien und in Würfel schneiden. Die Petersilie
waschen, trockenschleudern und grobhacken,
dabei die groben Stengel entfernen.
• Das Öl in einer Pfanne erhitzen und die Zwiebel darin glasig braten. Die Kabeljaustücke hinzufügen und 5 Minuten bei schwacher Hitze
dünsten lassen. Die Pfanne vom Herd nehmen.
• Das Backblech einfetten*. Den Backofen auf
200° vorheizen.
• Die Arbeitsfläche mit Mehl bestäuben. Den
Hefeteig in 4 gleich große Portionen teilen und
jede Portion möglichst dünn rund ausrollen.
• Die Kabeljaumischung mit den Anchovisstük-
ken, den Oliven, den Tomaten, der Petersilie und
dem geriebenen Käse locker vermengen und auf
die Hälften der Teigplatten geben, dabei einen
2 cm breiten Rand frei lassen. Die Teigränder mit
etwas Wasser befeuchten und die unbelegten
Seiten über die Füllung klappen. Die Ränder gut
zusammendrücken.
• Die Calzoni auf das Backblech legen. Das
Eigelb mit dem Olivenöl verquirlen* und die
Calzoni damit bepinseln. Im Ofen auf der mittleren Schiene etwa 25 Minuten backen.

Etwas teurer · Nicht ganz einfach

Leningrader Piroggenring

Das Backwerk ist ein Zwischending von pikan-
tem Hefekranz, Strudel und Pirogge, für Ihre
Freunde ganz sicher eine wohlschmeckende
Überraschung.

*Zutaten für den Teig: 600 g Mehl · 40 g Hefe ·
¼ l lauwarme Milch · 200 g weiche Butter ·
1 Teel. Salz*
*Für die Füllung: 2 Zwiebeln · 3 Eßl. Öl ·
1 Eßl. Rosenpaprikapulver · 600 g Tatar oder
Rinderhackfleisch · 150 g Schweinemett · 2 Eier ·
2 Eßl. Semmelbrösel · Salz · schwarzer Pfeffer*
Zum Bestreichen: 1 Eigelb
Für das Backblech: Öl oder Butter
Bei 24 Scheiben pro Scheibe etwa 1 030 Joule/
245 Kalorien

Zubereitungszeit: 40 Minuten
Zeit zum Gehenlassen: 30 Minuten
Backzeit: 45 Minuten

• Das Mehl in eine Schüssel sieben*, in die Mitte eine Mulde drücken. Die Hefe in die Vertiefung bröckeln und mit der Milch und so viel
Mehl wie möglich verrühren. Die Butter und das
Salz dazugeben und alles gut verkneten. Den
Teig so lange schlagen, bis er sich vom Schüsselrand löst und Blasen wirft. Den Teig mit einem
Tuch zudecken und 30 Minuten an einem warmen Platz gehen lassen*.
• Die Zwiebeln schälen und in feine Würfel
schneiden. Das Öl in einer Pfanne heiß werden
lassen und die Zwiebeln darin hellgelb braten.
Die Pfanne vom Herd nehmen, das Paprikapulver nach und nach einrühren und die Mischung
abkühlen lassen*.

◁ In dieser Torte wird Mohn einmal nicht süß verbacken, sondern in einer pikanten Mohnquiche, die in Frankreich als Vorspeise serviert wird. Rezept Seite 377.

• Das Tatar oder Rinderhackfleisch mit dem Schweinemett in einer Schüssel vermischen. Die Eier, die Semmelbrösel und die Zwiebelmischung zugeben, alles gut verkneten. Mit Salz und Pfeffer kräftig abschmecken.
• Das Backblech einfetten*. Den Backofen auf 200° vorheizen.
• Die Arbeitsfläche mit Mehl bestäuben und den Teig darauf zu einem etwa 70 × 45 cm großen Rechteck ausrollen*. Die Hackfleischmasse gleichmäßig darauf verteilen, dabei einen Rand von 2 cm Breite frei lassen.
• Die Teigplatte mit beiden Händen gleichmäßig von der Längsseite her aufrollen, auf das Blech legen und zu einem Kranz formen. Die Nahtstellen gut festdrücken.
• Das Eigelb mit etwas Wasser verquirlen* und den Hefekranz damit bepinseln.
• Den Piroggenring auf der mittleren Schiene in etwa 45 Minuten goldbraun backen. In 24 dicke Scheiben schneiden und heiß servieren.

Braucht etwas Zeit

Gefüllter Blätterteig auf ungarische Art

Das Originalrezept verlangt ungarische Paprikasalami, die hierzulande nicht überall angeboten wird. Sie können stattdessen eine andere würzige Frischwurst verwenden (Kochsalami, Jagdwurst, Fleischwurst). In Bayern probierten wir das Gericht zur vollen Zufriedenheit aller Gäste mit Nürnberger Stadtwurst. Der Durchmesser der Wurst sollte nicht größer als 4–5 cm sein.

Zutaten für 6 Personen:
500 g Weißkohl · 1 Zwiebel · 1 Eßl. Schmalz · ⅛ l trockener Weißwein · 6 Eßl. saure Sahne ·

1 Teel. edelsüßes Paprikapulver · Salz · 300 g tiefgefrorener Blätterteig · 1 grüne Paprikaschote · 2 Tomaten · ½ Bund Basilikum · 600 g Wurst im Stück
Zum Bestreichen: 1 Eigelb
Pro Person etwa 2940 Joule/700 Kalorien

Zubereitungszeit: 1 Stunde
Backzeit: 25 Minuten

• Den Weißkohl putzen, waschen und sehr fein hobeln. Die Zwiebel schälen und feinhacken.
• Das Schmalz in einem Topf erhitzen, die Zwiebel darin glasig braten, den Kohl hinzufügen und 2 Minuten mitschmoren lassen. Den Wein und die saure Sahne einrühren, mit dem Paprikapulver und Salz würzen. Alles bei schwacher Hitze 20 Minuten zugedeckt köcheln lassen.
• Den Blätterteig nach Vorschrift auf der Packung auftauen lassen.
• Die Paprikaschote putzen*, waschen und in ganz kleine Würfel schneiden. Die Tomaten waschen, abtrocknen, vierteln, von den Stengelansätzen befreien und ebenfalls in kleine Würfel schneiden. Das Basilikum abspülen, trockenschleudern und grobhacken. Die Wurst häuten und in zwei gleich große Stücke schneiden. Den Weißkohl in einem Sieb abtropfen lassen.
• Den Backofen auf 200° vorheizen.
• Die Arbeitsfläche mit Mehl bestäuben, die Blätterteigscheiben darauf übereinanderlegen und so dünn wie möglich ausrollen*. Die Blätterteigplatte in 2 gleich große Rechtecke schneiden.
• Den Kohl darauf verteilen, dabei an allen Seiten einen 3 cm breiten Rand frei lassen. Die Paprika-, die Tomatenwürfel und das Basilikum darüberstreuen. Jeweils 1 Wurststück in die Mitte legen, den Teig darüber zusammenschlagen. Die Enden zufalzen und mit einer Gabel fest andrücken.
• Das Backblech mit kaltem Wasser abspülen, die Teigrollen dara.legen. Mit dem verquirlten

Eigelb bestreichen. Die Seiten mit einer spitzzinkigen Gabel mehrmals einstechen.
- Die Blätterteigrollen im Ofen auf der mittleren Schiene in 25 Minuten goldbraun backen. Vor dem Servieren jedes Wurstpaket in 3 Teile schneiden. Heiß servieren.

Etwas teurer · Braucht etwas Zeit

Prager Schinken im Teig

Prager Schinken wird üblicherweise in Brotteig gebacken. Bei diesem Rezept wird er mit feinem Mürbeteig umhüllt.

Zutaten für 12 Personen:
1 kg Prager Schinken
Für den Teig: 500 g Mehl · 3 Eigelb · etwa ⅛ l kaltes Wasser · ½ Teel. Salz · 300 g Butter
Für die Füllung: 150 g Möhren · 2 Zwiebeln · 100 g Champignons · 1 kleine Stange Staudensellerie · 1 Bund Petersilie · 100 g Butter · 1 gute Prise getrockneter Thymian · weißer Pfeffer · Salz
Zum Bestreichen: 1 Eigelb
Zum Beträufeln: 3 Eßl. Madeirawein
Für das Backblech: Butter
Pro Person etwa 2750 Joule/655 Kalorien

Zubereitungszeit: 1 Stunde und 15 Minuten
Ruhezeit: 3 Stunden
Backzeit: 45 Minuten

- Etwa 2 l Wasser zum Kochen bringen. Den Schinken in einen genügend großen Topf legen und mit dem heißen Wasser übergießen, so daß er gerade bedeckt ist. 25 Minuten bei schwacher Hitze köcheln lassen.
- Das Mehl auf die Arbeitsfläche sieben*, in die Mitte eine Mulde drücken. Das Eigelb, zunächst die Hälfte des Wassers und das Salz in die Vertiefung geben. Die Butter in Flöckchen auf den Mehlrand schneiden. Alles mit einem Messer bröselig hacken, dann mit kühlen Händen zu einem glatten Mürbeteig kneten, dabei eventuell das restliche Wasser hinzufügen. Den Teig in Alufolie wickeln und 3 Stunden im Kühlschrank ruhen lassen.
- Die Möhren putzen, waschen und in kleine Würfel schneiden. Die Zwiebeln schälen und feinhacken. Die Champignons putzen, waschen, trockentupfen und feinblättrig schneiden. Den Staudensellerie putzen, waschen und in feine Ringe schneiden. Die Petersilie waschen, trokkenschleudern und feinhacken.
- Die Butter in einer Pfanne zerlassen. Die Möhren, die Zwiebeln und den Sellerie darin anbraten, bis die Zwiebeln glasig sind. Die Champignons und die Petersilie dazugeben und alles bei schwacher Hitze etwa 10 Minuten dünsten. Mit dem Thymian, Pfeffer und wenig Salz würzen. Die Pfanne vom Herd nehmen und beiseite stellen.
- Den Schinken abtropfen und etwas abkühlen lassen. Die Schwarte und überschüssiges Fett entfernen und den Schinken mit dem Kochsud beträufeln.
- Das Backblech einfetten*. Den Backofen auf 200–220° vorheizen.
- Die Arbeitsfläche mit Mehl bestäuben und den Teig darauf zu einem Rechteck ausrollen*, so groß, daß man den Schinken darin einwickeln kann. Etwas Teig für die Garnierung zurückbehalten. Die Teigplatte mit der Gemüsefarce bestreichen. Den Schinken darauflegen und in den Teig einschlagen, die Nahtstellen gut andrücken. Das Teigpaket mit der Verschlußseite nach unten auf das Blech legen.
- Aus dem restlichen Teig kleine Rauten, Halbmonde oder runde Plätzchen ausstechen und die Pastete damit garnieren. Das Eigelb verquirlen

und das Teigpaket damit bestreichen. Oben in der Mitte eine Öffnung herausschneiden. Den Schinken im Teig auf der zweiten Schiene von unten 45 Minuten im Ofen backen.

● Den gebackenen Schinken auf eine Servierplatte legen und in die Öffnung den Madeirawein hineinträufeln. Vor dem Anschneiden 10 Minuten ruhen lassen. Dazu passen feine Salate und eine Madeirasauce.

Braucht etwas Zeit

Lauchfladen nach Bauernart

Zutaten für 12 Stück:
Für den Teig: 200 g Magerquark · 6 Eßl. Milch ·
6 Eßl. Öl · 2 Eier · 1 guter Teel. Salz ·
300 g Mehl · 1 Päckchen Backpulver ·
100 g Vollkornroggenschrot
Für die Füllung: 1 kg Lauch · 2 Eßl. Öl · 2 Eier ·
150 g saure Sahne · 100 g geriebener Emmentaler
Käse · Salz · weißer Pfeffer · geriebene Muskat-
nuß · 12 dünne Scheiben durchwachsener Speck
Für das Backblech: Öl
Pro Fladen etwa 1 430 Joule/340 Kalorien

Zubereitungszeit: 45 Minuten
Backzeit: etwa 45 Minuten

● Den Magerquark mit der Milch, dem Öl, den Eiern und dem Salz gut verrühren. Das Mehl mit dem Backpulver sieben* und abwechselnd mit dem Roggenvollkornschrot in die Quarkmasse einarbeiten. Den Teig kräftig durchkneten und an einem kühlen Platz (aber nicht im Kühlschrank) ruhen lassen.

● Den Lauch putzen, waschen und in feine Ringe schneiden. Das Öl in einer Pfanne erhitzen

und die Lauchringe darin 5 Minuten bei schwacher Hitze anbraten und dann abkühlen lassen.

● Die Eier mit der sauren Sahne verquirlen, den geriebenen Käse einrühren und würzig mit Salz, Pfeffer und geriebener Muskatnuß abschmekken. Die Eiersahne mit dem angebratenen Lauch in einer Schüssel mischen.

● Das Backblech einfetten*. Den Backofen auf 200° vorheizen.

● Zwei Drittel des Teiges auf dem Blech zu einem Fladen von 28 cm Durchmesser ausrollen*. Aus dem restlichen Teig eine Rolle formen und ringsherum auf den Rand der Teigplatte drükken. Die Enden mit etwas Wasser befeuchten, übereinanderlegen und zusammendrücken.

● Die Lauchmischung gleichmäßig auf den Teigboden streichen. Die Speckscheiben von der Mitte aus sternförmig auf die Füllung legen. Den Lauchfladen auf der zweiten Schiene von unten im Ofen etwa 45 Minuten backen.

● Den fertigen Kuchen in 12 Stücke aufschneiden und heiß servieren.

Preiswert · Ganz einfach

Zwiebelfladen

Bild Seite 344

Zutaten für 4 Stück:
Für den Teig: 150 g Quark (20% Fettgehalt) ·
4 Eßl. Milch · 8 Eßl. Öl · 300 g Mehl · ½ Päck-
chen Backpulver · ½ Teel. Salz
Zum Belegen: 500 g Zwiebeln · 3 Knoblauch-
zehen · 2 Eßl. Butter · 250 g Quark (20% Fett-
gehalt) · 50 g geriebener Emmentaler Käse ·
Salz · schwarzer Pfeffer · 35 g Anchovisfilets
aus der Dose · 8 mit Mandeln gefüllte Oliven ·
1 Teel. getrockneter Rosmarin
Für das Backblech: Öl

Pro Fladen etwa 3 950 Joule/940 Kalorien

Zubereitungszeit: 35 Minuten
Backzeit: 20 Minuten

• Den Quark mit der Milch und dem Öl gut verrühren. Das Mehl mit dem Backpulver und dem
Salz sieben* und etwa die Hälfte einrühren, den
Rest einkneten*. Den Teig kühl, aber nicht in
den Kühlschrank stellen.
• Die Zwiebeln schälen und in dünne Ringe
schneiden. Die Knoblauchzehen schälen und
sehr fein hacken.
• Die Butter in einer Pfanne zerlassen und die
Zwiebelringe darin glasig braten.
• Den Quark mit dem Emmentaler Käse und
dem Knoblauch verrühren. Mit Salz und Pfeffer
abschmecken.
• Die Anchovisfilets mit kaltem Wasser abspülen, mit Küchenkrepp trockentupfen und der
Länge nach halbieren. Die Oliven in nicht zu
dünne Scheiben schneiden.
• Das Backblech einölen*. Den Backofen auf
220° vorheizen.
• Den Teig in 4 gleich große Stücke teilen. Jedes
Teigstück zu einem Fladen von etwa 12 cm
Durchmesser formen und auf das Backblech
legen. Die Quarkmischung auf die Fladen streichen, die angebratenen Zwiebeln darauf verteilen und mit den Anchovisfilets und den Oliven-
scheiben garnieren.
• Die Zwiebelfladen auf der mittleren Schiene
des Ofens 20 Minuten backen. Heiß servieren.

Braucht etwas Zeit

Schweizer Käsekuchen

Zutaten für 1 Springform von 24–26 cm ⌀ :
Für den Teig: 250 g Mehl · 1 Prise Salz ·
75 g Butter · 50 g Schmalz · etwa ⅒ l kaltes
Wasser
Für die Füllung: 100 g durchwachsener Speck ·
1 Zwiebel · 1 Eßl. Butter · 1 Knoblauchzehe ·
je 125 g geriebener Emmentaler und Sbrinzkäse ·
2 Eier · 1 Eßl. Mehl · gut ⅛ l Milch · ¼ l saure
Sahne · 1 Teel. Kümmel
Für die Form: Butter
Bei 12 Stücken pro Stück etwa 1 575 Joule/
375 Kalorien

Zubereitungszeit: 35 Minuten
Ruhezeit: 1 Stunde
Backzeit: 30 Minuten

• Das Mehl mit dem Salz auf die Arbeitsfläche
sieben*. Die Butter und das Schmalz in Flöckchen darauf verteilen. Alles mit einem Messer
krümelig hacken, dann mit kühlen Händen gut
verkneten*, dabei so viel Wasser nach und nach
dazugeben, daß ein glatter Teig entsteht. Den
Teig in Alufolie 1 Stunde ruhen lassen.
• Den Speck in kleine Würfel schneiden. Die
Zwiebel schälen und feinhacken.
• Die Butter in einer kleinen Pfanne erhitzen
und den Speck und die Zwiebel darin glasig braten. Die Knoblauchzehe durch die Presse dazudrücken. Die Mischung abkühlen lassen.
• Den geriebenen Käse mit den Eiern, dem
Mehl, der Milch und der sauren Sahne verrühren. Die Speckmischung einmengen und mit
dem Kümmel würzen.
• Die Form einfetten*. Den Backofen auf
200–220° vorheizen.
• Die Arbeitsfläche mit Mehl bestäuben und
den Teig darauf ausrollen*. Den Boden und den

Rand der Form mit der Teigplatte auslegen. Die Käsemischung in die Form füllen. Den Kuchen auf der mittleren Schiene des Ofens in etwa 30 Minuten goldbraun backen.
- Den Käsekuchen heiß servieren. Dazu schmeckt frischer grüner Salat.

Braucht etwas Zeit

Bauern-Wähe

Zutaten für 1 Springform von 30 cm ⌀ :
Für den Teig: 250 g Mehl · 100 g kalte Butter · 1 Teel. Salz · 1 Teel. Essig · knapp ⅛ l kaltes Wasser
Zum Belegen: je 250 g Möhren, Knollensellerie und Lauch · 1 Zwiebel · 2 Eßl. Butter · Salz · Pfeffer · 1 Eßl. Öl · 300 g gemischtes Hackfleisch · ½ Teel. getrockneter Oregano · 1 Prise Cayennepfeffer · 2 Eier · 3 Eßl. Dosenmilch · 6 Scheiben durchwachsener Speck
Für die Form: Butter
Bei 12 Stücken pro Stück etwa 1 280 Joule/ 305 Kalorien

Zubereitungszeit: 45 Minuten
Ruhezeit: 30 Minuten
Backzeit: etwa 40 Minuten

- Das Mehl auf die Arbeitsfläche sieben*. Die Butter in Flöckchen auf den Mehlrand schneiden, das Salz, den Essig und zunächst die Hälfte des Wassers in die Mitte geben. Alles mit einem Messer krümelig hacken, dann mit kühlen Händen zu einem glatten Teig kneten*, dabei das restliche Wasser hinzufügen. Den Teig in Alufolie wickeln und 30 Minuten im Kühlschrank ruhen lassen.
- Das Gemüse putzen und waschen. Die Möhren in Scheiben, den Sellerie in dünne Streifen

und den Lauch in feine Ringe schneiden. Die Zwiebel schälen und grobhacken.
- Die Butter in einem Topf zerlassen und die Zwiebelwürfel darin glasig braten. Das Gemüse dazugeben und bei schwacher Hitze 15 Minuten dünsten. Salzen und pfeffern.
- Das Öl in einer Pfanne erhitzen und das Hackfleisch darin bröselig braten, mit Salz, Pfeffer, dem Oregano und dem Cayennepfeffer würzig abschmecken. Das Hackfleisch mit dem Gemüse mischen.
- Die Arbeitsfläche mit Mehl bestäuben und den Teig darauf ausrollen*. Die Form einfetten* und mit der Teigplatte auslegen. Die Fleisch-Gemüse-Mischung einfüllen.
- Den Backofen auf 220° vorheizen.
- Die Eier mit der Dosenmilch verquirlen* und über die Gemüsemischung gießen. Die Wähe auf der zweiten Schiene von unten im Ofen etwa 40 Minuten backen.
- Die Speckscheiben in der Pfanne ausbraten.
- Die Wähe aus der Form nehmen, mit den Speckscheiben belegen und heiß servieren.

Braucht etwas Zeit · Nicht ganz einfach

Zwiebelwähe

Wähe ist der alemannische Ausdruck für flache Kuchen vom Blech oder aus der Springform. In der Schweiz bereitet man Wähen pikant oder süß zu.

Zutaten für 1 Springform von 30 cm ⌀ :
Für den Teig: 250 g Mehl · 1 Ei · 3 Eßl. saure Sahne · 1 Teel. Salz · 150 g kalte Butter
Zum Belegen: 100 g durchwachsener Speck · 500 g Zwiebeln
Für den Guß: je 60 g Emmentaler und Greyerzer Käse · 1 Eßl. Mehl · 200 g saure Sahne · 2 Eier ·

Salz · schwarzer Pfeffer · geriebene Muskatnuß ·
edelsüßes Paprikapulver
Für die Form: Butter
Bei 16 Stücken pro Stück etwa 1 090 Joule/
260 Kalorien

Zubereitungszeit: 45 Minuten
Ruhezeit: 1 Stunde
Backzeit: etwa 40 Minuten

• Das Mehl auf die Arbeitsfläche sieben*, in die
Mitte eine Mulde drücken und das Ei, die saure
Sahne und das Salz hineingeben. Die Butter in
Flöckchen auf den Mehlrand schneiden. Alles
mit einem Messer durchhacken und mit kühlen
Händen schnell zu einem glatten Teig verkneten*. Den Teig in Alufolie wickeln und 1 Stunde
im Kühlschrank ruhen lassen.
• Den Speck würfeln. Die Zwiebeln schälen
und in dünne Ringe schneiden. Den Speck in
einer Pfanne auslassen, herausnehmen und beiseite stellen. Die Zwiebeln im Speckfett glasig
braten (eventuell etwas Butter nachgeben).
• Den Emmentaler und den Greyerzer Käse
feinreiben und mit dem Mehl, der sauren Sahne
und den Eiern verquirlen. Mit Salz, Pfeffer, Muskat und Paprikapulver würzig abschmecken.
• Die Springform einfetten*. Den Backofen auf
200° vorheizen.
• Die Arbeitsfläche mit Mehl bestäuben und
den Teig darauf ausrollen*. Den Boden und den
Rand der Form mit der Teigplatte auslegen. Den
Teigboden mit einer Gabel mehrmals einstechen.
Die Zwiebeln auf dem Teigboden verteilen, die
Käse-Sahne-Mischung darübergießen und die
Speckwürfel darübergeben.
• Die Wähe auf der zweiten Schiene von unten
im Ofen in etwa 40 Minuten goldbraun backen.
Frisch aus dem Ofen oder auch kalt servieren.

Braucht etwas Zeit · Nicht ganz einfach

Quiche lorraine

Das ist eine saftige Specktorte mit Käse nach
guter alter Lothringer Art.

Zutaten für 1 Springform von 28 cm Ø :
Für den Teig: 200 g Mehl · 1 Ei · 1 Eßl. kaltes
Wasser · Salz · 100 g Butter
Zum Belegen: 200 g Frühstücksspeck · 4 Eier ·
weißer Pfeffer · edelsüßes Paprikapulver · 1 Tasse
Sahne · 200 g geriebener Emmentaler Käse · Salz
Für die Form: Butter
Bei 8 Stücken pro Stück etwa 2 350 Joule/
560 Kalorien

Zubereitungszeit: 50 Minuten
Ruhezeit: 30 Minuten
Backzeit: etwa 30 Minuten

• Das Mehl auf die Arbeitsfläche sieben*, in die
Mitte eine Mulde drücken. Das Ei, das Wasser
und das Salz in die Vertiefung geben, die Butter
in Flöckchen auf den Mehlrand schneiden. Alles
mit kühlen Händen zu einem glatten Teig kneten*. Den Teig in Alufolie wickeln und 30 Minuten im Kühlschrank ruhen lassen.
• Den Frühstücksspeck in dünne Scheiben
schneiden. In einer Pfanne bei mittlerer Hitze
knusprig braten und auf Küchenkrepp abtropfen
lassen.
• Die Springform einfetten*. Den Backofen auf
200° vorheizen.
• Die Arbeitsfläche mit Mehl bestäuben und
den Teig darauf rund ausrollen. Den Boden der
Form damit auslegen und einen zweifingerbreiten Rand formen*. Den Teigboden mehrmals
mit einer Gabel einstechen. Die Speckscheiben
darauf verteilen.
• Die Eier mit Pfeffer, Paprikapulver und der
Sahne verquirlen*, den geriebenen Käse unter-

rühren und die Mischung eventuell mit etwas Salz abschmecken. Die Käsesahne auf den Tortenboden gießen.

• Die Specktorte auf der zweiten Schiene von unten in etwa 30 Minuten goldgelb backen.

• Die Quiche mit einem Messer vom Formrand lösen, die Springform öffnen und die Torte noch heiß in 8 Portionsstücke schneiden und sogleich servieren.

Braucht etwas Zeit · Nicht ganz einfach

Mohnquiche

Bild Seite 370

Zutaten für 1 Tortenform von 26 cm Ø :
Für den Teig: 300 g Mehl · 1 Prise Salz · 1 Ei ·
2 Eßl. kaltes Wasser · 150 g Butter
Für die Füllung: ⅜ l Milch · 400 g gemahlener
Mohn · 6 Eßl. Grieß · Salz · 2 Eier · 150 g Crème
fraîche
Zum Bestreichen: 1 Eiweiß · 1 Eigelb
Für die Form: Butter
Bei 12 Stücken pro Stück etwa 2030 Joule/
485 Kalorien

Zubereitungszeit: 40 Minuten
Ruhezeit: 1 Stunde
Backzeit: 45 Minuten

• Das Mehl mit dem Salz auf die Arbeitsfläche sieben. In die Mitte eine Mulde drücken, das Ei und das Wasser hineingeben. Die Butter in Flöckchen auf den Mehlrand schneiden. Alles mit kühlen Händen zu einem glatten Teig kneten. Den Teig in Alufolie wickeln und 1 Stunde im Kühlschrank ruhen lassen.

• Die Milch erwärmen. Den Mohn in eine Schüssel geben und mit einem Drittel der Milch befeuchten. Den Grieß in die restliche Milch einrieseln lassen und unter Rühren einmal aufkochen, kräftig salzen. Die Grießmasse mit dem Mohn mischen. Die Eier und die Crème fraîche unterziehen.

• Die Form einfetten.

• Die Arbeitsfläche mit Mehl bestäuben und die Hälfte des Teiges darauf rund ausrollen. Den Boden und den Rand der Form mit der Teigplatte auslegen. Die Mohnmasse einfüllen.

• Die zweite Hälfte des Teiges ausrollen und einen Deckel in Größe der Form ausschneiden. In der Mitte mit einem Schnapsglas ein Loch ausstechen. Die Mohnmasse mit der Teigplatte abdecken. Die Ränder gut zusammendrücken. Aus dem restlichen Teig kleine Ornamente ausstechen.

• Den Backofen auf 190° vorheizen.

• Die Teigornamente mit Eiweiß bestreichen und als Muster auf den Teigdeckel kleben. Das Eigelb mit etwas Wasser verquirlen und die Quiche damit bestreichen.

• Die Mohntorte im Ofen auf der zweiten Schiene von unten in etwa 45 Minuten goldgelb bakken.

• Die Quiche aus der Form lösen, abkühlen lassen und kalt als Vorspeise servieren.

Braucht etwas Zeit · Ganz einfach

Räucherfischkuchen

Zutaten für 1 Springform von 24 cm Ø :
150 g Mehl · 100 g weiche Butter · 1 Ei ·
½ Teel. Salz · 750 g geräucherter Heilbutt ·
1 Bund Dill · 200 g Sahne · 4 Eigelb ·
1 Teel. scharfer Senf · schwarzer Pfeffer
Für die Form: Butter
Bei 8 Stücken pro Stück etwa 2140 Joule/
510 Kalorien

Zubereitungszeit: 30 Minuten
Ruhezeit: 30 Minuten
Backzeit: 1 Stunde

• Das Mehl in eine Schüssel sieben*, die Butter in Flöckchen darüberschneiden, das Ei und das Salz dazugeben. Alles zu einem geschmeidigen Teig verkneten.
• Die Arbeitsfläche mit Mehl bestäuben und den Teig darauf ausrollen*.
• Die Form einfetten* und mit dem Teig auslegen, dabei einen etwa 3 cm hohen Rand formen*. Den Teigboden mehrmals mit einer Gabel einstechen. Die Form mit dem Teig für 30 Minuten in den Kühlschrank stellen.
• Den Fisch häuten, entgräten und in grobe Stücke zerpflücken. Den Dill waschen, trockenschleudern und feinhacken. Die Sahne mit dem Eigelb, dem Senf, dem Dill verrühren und mit dem Pfeffer würzen.
• Die Fischstücke auf den Teigboden geben und mit der Sahnesauce übergießen.
• Den Kuchen auf die mittlere Schiene des kalten Ofens schieben und bei 175° etwa 1 Stunde backen.

Preiswert · Braucht etwas Zeit

Hackfleischkuchen

*Zutaten für 1 Spring- oder Pieform von 26 cm Ø:
Für den Teig: 250 g Mehl · 1 Päckchen Trockenhefe · ½ Teel. Zucker · 1 gute Prise Salz · ⅛ l lauwarme Milch · 1 Eigelb · 50 g weiche Butter
Zum Belegen: 1 große Zwiebel · 2 Knoblauchzehen · je 1 Bund Petersilie und Dill · 500 g Rinderhackfleisch · 2 Eier · 2 Eßl. Semmelbrösel · Salz · schwarzer Pfeffer · 1 Prise geriebene Muskatnuß · 2 Eßl. Butter
Zum Bestreichen: 1 Eigelb · 1 Eßl. Dosenmilch*

*Für die Form: Butter
Bei 12 Stücken pro Stück etwa 965 Joule/230 Kalorien*

Zubereitungszeit: 45 Minuten
Zeit zum Gehenlassen: 30 Minuten
Backzeit: etwa 40 Minuten

• Das Mehl mit der Trockenhefe, dem Zucker und dem Salz in einer Schüssel mischen. Die Milch, das Eigelb und die Butter dazugeben. Alles gut verkneten und den Teig so lange schlagen, bis er sich vom Schüsselrand löst und Blasen wirft. Den Teig zugedeckt an einem warmen Platz so lange gehen lassen*, bis er fast das doppelte Volumen erreicht hat; das dauert etwa 30 Minuten.
• Die Zwiebel schälen und in kleine Würfel schneiden. Die Knoblauchzehen schälen und sehr fein hacken. Den Dill und die Petersilie waschen, trockenschleudern und grobhacken.
• Das Hackfleisch mit den Eiern, den Semmelbröseln, den Zwiebelwürfeln, dem Knoblauch, dem Dill und der Petersilie gut mischen. Kräftig mit Salz, Pfeffer und dem Muskat abschmecken.
• Die Form einfetten*. Den Backofen auf 220° vorheizen.
• Die Arbeitsfläche mit Mehl bestäuben und den Hefeteig darauf ausrollen*, dabei etwas Teig zurückbehalten. Mit der Teigplatte die Form auslegen, einen 1 cm hohen Rand formen*. Aus dem restlichen Teig Streifen ausrädeln*.
• Die Hackfleischmasse auf den Teigboden verteilen, die Butter in Flöckchen darüberschneiden. Die Teigstreifen sternförmig auf den Kuchen legen.
• Das Eigelb mit der Dosenmilch verquirlen* und den Rand und die Teigstreifen damit bestreichen.
• Den Kuchen im Ofen auf der mittleren Schiene etwa 40 Minuten backen. Heiß servieren.

Braucht etwas Zeit

Gemüsekuchen aus Marseille

Zutaten für 1 Springform von 28 cm Ø :
Für den Teig: 250 g Mehl · 1 Teel. Salz · 1 Ei ·
2 Eßl. saure Sahne · 125 g Butter
Zum Belegen: 300 g Zucchini · je 1 kleine grüne
und rote Paprikaschote · 1 Aubergine ·
je ½ Teel. getrockneter Majoran und Thymian
Für den Guß: 3 Eier · gut ⅛ l Milch · je 100 g
geriebener Emmentaler und Greyerzer Käse ·
weißer Pfeffer · edelsüßes Paprikapulver
Für die Form: Butter
Bei 8 Stücken pro Stück etwa 1870 Joule/
445 Kalorien

Zubereitungszeit: 50 Minuten
Ruhezeit: 1 Stunde
Backzeit: etwa 50 Minuten

• Das Mehl mit dem Salz auf die Arbeitsfläche sieben*. In die Mitte eine Mulde drücken und das Ei und die saure Sahne hineingeben. Die Butter in Flöckchen auf den Mehlrand schneiden. Alle Zutaten mit einem Messer bröselig hacken, dann mit kühlen Händen zu einem glatten Teig kneten*. Den Teig in Alufolie wickeln und 1 Stunde im Kühlschrank ruhen lassen.
• Die Zucchini waschen und in ½ cm dicke Scheiben schneiden, dabei die Enden entfernen. Die Paprikaschoten putzen, waschen und in schmale Streifen schneiden. Die Aubergine waschen und ungeschält in etwa 1 cm dicke Würfel schneiden.
• Die Form einfetten*.
• Die Arbeitsfläche mit Mehl bestäuben und den Teig darauf rund ausrollen*. Die Form mit der Teigplatte auslegen, dabei einen daumenbreiten Rand formen*. Das Gemüse bunt auf den Teigboden verteilen, mit dem Majoran und dem Thymian bestreuen.
• Den Backofen auf 220° vorheizen.
• Die Eier mit der Milch verquirlen* und den geriebenen Käse unterrühren. Mit weißem Pfeffer und Paprikapulver abschmecken.
• Die Mischung über das Gemüse gießen. Den Kuchen im Ofen auf der untersten Schiene etwa 50 Minuten backen. Warm servieren.

Braucht etwas Zeit

Portugiesischer Fleischkuchen

Zutaten für 1 Springform von 28 cm Ø :
Für den Teig: 500 g Mehl · ½ Teel. Salz ·
25 g Hefe · 1 Teel. Zucker · 3 Eßl. lauwarmes
Wasser · 3 Eier · 2 Eßl. Olivenöl · 2 Eßl. weiches
Schmalz · 3 Eßl. weiche Butter
Für die Füllung: 250 g Cabanossi · 250 g gekoch-
ter Schinken im Stück · 125 g durchwachsener
Speck · 400 g gebratenes Hähnchenfleisch ·
200 g Bratenreste von magerem Fleisch · Salz ·
schwarzer Pfeffer
Zum Bestreichen: 1 Eigelb · 1 Eßl. Milch
Für die Form: Butter
Bei 16 Stücken pro Stück etwa 1785 Joule/
425 Kalorien

Zubereitungszeit: 1 Stunde
Zeit zum Gehenlassen: 1 Stunde
Backzeit: etwa 30 Minuten

• Das Mehl in eine Schüssel sieben* und mit dem Salz mischen. Die Hefe mit dem Zucker und dem Wasser in einem Töpfchen verrühren und zu dem Mehl geben. Die Eier, das Olivenöl, das Schmalz und die Butter hinzufügen. Alles gut verkneten* und den Teig so lange schlagen, bis er Blasen wirft. Mit einem Tuch zugedeckt an einem warmen Platz 40 Minuten gehen lassen*, bis er das doppelte Volumen erreicht hat.

• Die Wurst in Scheiben schneiden. Den Schinken in grobe, den Speck in feine Würfel schneiden. Das Hähnchenfleisch zerkleinern und das Bratenfleisch in Streifen schneiden. Alles mischen und leicht salzen und pfeffern.

• Die Form einfetten*.

• Den Hefeteig noch einmal durchkneten*, eventuell etwas Mehl hinzufügen. Den Teig in 3 Portionen teilen.

• Die Arbeitsfläche mit Mehl bestäuben und zunächst 1 Teigportion darauf ausrollen*. Die Form mit der Teigplatte auslegen. Die Hälfte der Fleischmischung auf den Teigboden verteilen.

• Die zweite Teigportion ausrollen*, auf die Füllung legen und leicht andrücken. Das restliche Fleisch einfüllen und wieder mit dem letzten ausgerollten* Teig bedecken.

• Das Eigelb mit der Milch verquirlen* und den Kuchen damit bestreichen. Nochmals 20 Minuten zugedeckt gehen lassen*.

• Den Backofen auf 220° vorheizen.

• Den Fleischkuchen auf der mittleren Schiene des Ofens gut 30 Minuten backen. Nach der Hälfte der Backzeit mit Pergamentpapier abdekken, wenn der Teig zu stark bräunt. Den Kuchen heiß servieren.

Unser Tip Das Originalrezept verlangt statt der Bratenreste gegartes Hasenfleisch, das sicher nicht in Ihrem Kühlschrank auf weitere Verarbeitung wartet. Da auch Bratenreste selten übrig bleiben, erhöhen Sie einfach die Hähnchenfleischportion.

Preiswert · Ganz einfach

Selleriekuchen aus Ligurien

Zutaten für 1 Pizza- oder Tortenbodenform von 30 cm ⌀ :
Für den Teig: 200 g Mehl · 60 g weiches Schmalz · knapp ⅛ l Wasser · ¼ Teel. Salz
Zum Belegen: 600–700 g Stangensellerie · ½ l Wasser · ½ Teel. Salz · 2 Zwiebeln · 6 Eier · 2 Eßl. Sahne · 100 g geriebener Parmesankäse · Salz · weißer Pfeffer · geriebene Muskatnuß
Für die Form: Schmalz
Bei 12 Stücken pro Stück etwa 985 Joule/ 235 Kalorien

Zubereitungszeit: 25 Minuten
Backzeit: 40 Minuten

• Das Mehl in eine Schüssel sieben*. Das Schmalz, das Wasser und das Salz hinzufügen. Alle Zutaten zu einem geschmeidigen Teig kneten*; am besten mit dem Knethaken des Elektrogerätes.

• Die Form einfetten*. Den Teig hineingeben und mit den Handflächen auseinanderdrücken, so daß der Boden und der Rand bedeckt sind. Die Form mit einem Tuch zudecken und kühl stellen.

• Den Sellerie von grünen Blättern und dem Wurzelansatz befreien. Die Stangen waschen, abtrocknen, der Länge nach vierteln und in kleine Würfel schneiden.

• Das Wasser mit dem Salz zum Kochen bringen und die Selleriewürfel darin 5 Minuten kochen, dann in ein Sieb abschütten und abtropfen lassen.

• Die Zwiebeln schälen und kleinwürfeln.

• Den Backofen auf 200–220° vorheizen.

• Die Eier mit der Sahne verquirlen*, den Parmesankäse unterrühren, die Sellerie- und die Zwiebelwürfel einmengen. Mit Salz, weißem Pfeffer und geriebener Muskatnuß kräftig abschmecken.

• Die Mischung auf den Teigboden in die Form füllen, die Oberfläche glattstreichen.

• Den Kuchen im Ofen auf der mittleren Schiene 40 Minuten backen.

• Den Selleriekuchen in 12 Portionsstücke schneiden und heiß servieren. Dazu schmeckt herber weißer Landwein.

Braucht etwas Zeit

Auberginentorte

Zutaten für 1 Springform von 26 cm Ø :
Für den Teig: 250 g Mehl · 1 Prise Salz ·
1 Ei · 150 g Butter
Für die Füllung: 600 g Auberginen · Salz ·
3 Eßl. Olivenöl · 150 g gekochter Schinken im Stück (ohne Fettrand) · 1 Bund Petersilie ·
1 Knoblauchzehe · 6 Eier · 4 Eßl. Sahne ·
3 Eßl. Tomatenmark · knapp ⅛ l kalte Fleischbrühe · 1 Teel. getrockneter Thymian · weißer Pfeffer
Für die Form: Butter
Bei 8 Stücken pro Stück etwa 2060 Joule/ 490 Kalorien

Zubereitungszeit: 45 Minuten
Ruhezeit: 30 Minuten
Backzeit: 50 Minuten

• Das Mehl mit dem Salz auf die Arbeitsfläche sieben*. In die Mitte eine Mulde drücken und das Ei hineingeben. Die Butter in Flöckchen auf den Mehlrand schneiden. Alle Zutaten mit einem Messer bröselig hacken, dann mit kühlen Händen zu einem glatten Teig kneten*. Den Teig

zugedeckt 30 Minuten im Kühlschrank ruhen lassen.

• Die Auberginen schälen und würfeln, dabei die Stengelansätze abschneiden. Die Würfel in eine Schüssel geben und mit 1 Eßlöffel Salz bestreuen, 20 Minuten ziehen lassen.

• Die Form einfetten*. Den Backofen auf 200° vorheizen.

• Die Arbeitsfläche mit Mehl bestäuben und den Teig darauf rund ausrollen*. Den Boden und den Rand der Springform mit der Teigplatte auslegen. Den Boden mit einer Gabel mehrmals einstechen. Den Kuchen auf der mittleren Schiene des Ofens 25 Minuten vorbacken.

• Die Auberginenwürfel in einem Sieb mit kaltem Wasser abbrausen, abtropfen lassen und mit Küchenkrepp trockentupfen.

• Den Kuchen aus dem Ofen nehmen und in der Form abkühlen lassen.

• Das Öl in einer Pfanne erhitzen und die Auberginenwürfel darin etwa 10 Minuten unter gelegentlichem Rühren anbraten. Vom Herd nehmen und abkühlen lassen.

• Den Schinken kleinwürfeln. Die Petersilie waschen, trockenschleudern, von groben Stengeln befreien und grobhacken. Die Knoblauchzehe schälen und durch die Presse zu den Auberginenwürfeln drücken. Den Schinken und die Petersilie untermischen.

• Die Eier in Eiweiß und Eigelb trennen*.

• Das Eigelb mit der Sahne, dem Tomatenmark und der Fleischbrühe verquirlen*, mit dem Thymian, Salz und Pfeffer abschmecken.

• Das Eiweiß zu steifem Schnee schlagen* und unter die Eigelbmischung heben.

• Die Auberginenmasse auf den Kuchenboden verteilen, die Eiermischung darübergießen. Die Torte auf der zweiten Schiene von unten im Ofen 25 Minuten backen. Warm servieren.

Preiswert · Ganz einfach

Pikanter Käsekuchen

Zutaten für 1 Springform von 26 cm ⌀ :
Für den Teig: 250 g Mehl · 1 Päckchen Trocken-
hefe · gut ¹⁄₁₆ l Milch · Salz · 1 Ei
Für die Füllung: 2 Zwiebeln · 2 Knoblauchzehen ·
1 kleine rote Paprikaschote · 1 Bund Schnitt-
lauch · 250 g Quark (20% Fettgehalt) ·
100 g Sahne · 2 Eier · 1 Teel. Speisestärke ·
weißer Pfeffer · Salz · 200 g geriebener Emmen-
taler oder Gouda Käse
Für die Form: Butter
Bei 12 Stücken pro Stück etwa 985 Joule/
235 Kalorien

Zubereitungszeit: 30 Minuten
Zeit zum Gehenlassen: 30 Minuten
Backzeit: 1 Stunde

• Das Mehl in eine Schüssel sieben*. Die Trok-
kenhefe, die Milch, Salz und das Ei dazugeben
und alles gut verkneten*. Den Teig an einem
warmen Platz so lange zugedeckt gehen lassen*,
bis er das doppelte Volumen erreicht hat, das
dauert etwa 30 Minuten.
• Die Zwiebeln schälen und feinhacken. Die
Knoblauchzehen schälen und sehr fein hacken.
Die Paprikaschote putzen, waschen und in kleine Würfel schneiden. Den Schnittlauch waschen,
trockenschleudern und kleinschneiden.
• Den Quark mit der Sahne, den Eiern und der
Speisestärke mit dem Schneebesen zu einer glatten Creme schlagen.
• Die Zwiebeln, den Knoblauch, die Paprika-
würfel und den Schnittlauch einrühren. Mit Pfeffer und Salz abschmecken.
• Die Form einfetten*. Den Backofen auf 200°
vorheizen.
• Den Hefeteig nochmals durchkneten und in
die Form drücken, den Rand formen*. Die

Quarkmischung daraufstreichen und den geriebenen Käse dick darüberstreuen.
• Den Kuchen auf der mittleren Schiene des
Ofens in 1 Stunde goldgelb backen. Noch warm
servieren.

Unser Tip Für flache Kuchen und viele Pasteten lohnt es sich, eine Pieform
aus feuerfestem Porzellan anzuschaffen.
Sie sehen nicht nur sehr dekorativ aus,
sondern haben noch den Vorteil, daß
man sie gleich aus dem Ofen auf den
Tisch stellen kann.

Braucht etwas Zeit

Gemüsekuchen aus Umbrien

Zutaten für 1 Springform von 26 cm ⌀ :
Für den Teig: 200 g Mehl · 1 Prise Salz ·
100 g kalte Butter · 1 Eßl. kaltes Schmalz ·
3–4 Eßl. eiskaltes Wasser
Für die Füllung: 50 g Walnußkerne · 2 mittelgroße
Stangen Lauch · Salz · 400 g Auberginen ·
250 g Zucchini · 4 Eßl. Olivenöl · 1 Bund Peter-
silie · 4 gehäufte Eßl. geriebener Parmesankäse ·
schwarzer Pfeffer · edelsüßes Paprikapulver
Für die Sauce: je ½ Becher Joghurt und Sahne
(75 g) · 2 Eigelb · 1 Eßl. Mehl · Salz
Für die Form: Butter
Bei 8 Stücken pro Stück etwa 1930 Joule/
460 Kalorien

Zubereitungszeit: 1 Stunde
Ruhezeit: 1 Stunde
Backzeit: 50 Minuten

• Das Mehl mit dem Salz mischen und auf die Arbeitsfläche sieben*. Die Butter und das Schmalz in Flöckchen darüberschneiden, alles mit einem Messer bröselig hacken und dann mit kühlen Händen unter Zugabe von Wasser zu einem glatten Teig kneten*. Den Teig in Alufolie 1 Stunde im Kühlschrank ruhen lassen.

• Die Walnüsse grobhacken. Den Lauch putzen, gründlich waschen und in daumendicke Stücke schneiden. In kochendem Salzwasser 3 Minuten blanchieren, in ein Sieb abgießen, mit kaltem Wasser abschrecken und abtropfen lassen.

• Die Auberginen und die Zucchini waschen, abtrocknen, die Enden entfernen und die Früchte in 1 cm dicke Scheiben schneiden.

• Das Öl in einer großen Pfanne erhitzen und beide Gemüse nacheinander darin unter öfterem Wenden fast gar schmoren. Die Auberginen und die Zucchini getrennt beiseite stellen und auskühlen lassen.

• Die Petersilie waschen, trockenschleudern und grobhacken.

• Die Arbeitsfläche mit Mehl bestäuben und den Teig darauf möglichst dünn ausrollen*. Die Form einfetten*. Den Boden mit gut zwei Dritteln des Teiges auslegen, einen etwa zweifingerbreiten Rand formen* und den Boden mehrmals mit einer Gabel einstechen. Das Gemüse abwechselnd einschichten. Jede Lage mit den Nüssen, der Petersilie und drei Vierteln des Käses bestreuen und mit Salz, Pfeffer und Paprikapulver würzen.

• Den Joghurt mit der Sahne, dem Eigelb, dem Mehl und etwas Salz verquirlen und über das Gemüse gießen. Alles mit einem Löffel leicht zusammendrücken und mit dem restlichen Käse bestreuen.

• Den Backofen auf 200° vorheizen.

• Aus dem ausgerollten Teigrest Streifen ausrädeln* und diese gitterartig über die Füllung legen. Den Kuchen auf dem Rost auf der zweiten Schiene von unten etwa 50 Minuten backen.

Ganz einfach

Sojabohnenkuchen

Zutaten für 1 Springform von 26 cm ⌀:
Für den Teig: 300 g Mehl · ½ Teel. Salz ·
3 Eßl. kaltes Wasser · 150 g Butter
Für die Füllung: etwa 380 g Sojabohnensprossen aus der Dose · 5 mittelgroße Zwiebeln · 2 Eßl. Öl · knapp ⅛ l Wasser · 1 Ei · 4 Eßl. Sahne · 150 g geriebener Emmentaler Käse · geriebene Muskatnuß · Salz · weißer Pfeffer
Für die Form: Butter
Bei 12 Stücken pro Stück etwa 1 220 Joule/ 290 Kalorien

Zubereitungszeit: 40 Minuten
Ruhezeit: 1 Stunde
Backzeit: etwa 35 Minuten

• Das Mehl auf die Arbeitsfläche sieben*. In die Mitte eine Mulde drücken und das Salz und das Wasser hineingeben. Die Butter in Flöckchen auf den Mehlrand schneiden. Alles mit einem Messer durchhacken, dann mit kühlen Händen zu einem geschmeidigen Teig kneten*. Den Teig in Alufolie wickeln und 1 Stunde im Kühlschrank ruhen lassen.

• Die Sojabohnensprossen abtropfen lassen. Die Zwiebeln schälen, halbieren und in Streifen schneiden.

• Das Öl in einem Topf erhitzen, das Wasser dazugießen und die Zwiebeln darin in etwa 10 Minuten weich, aber nicht braun werden lassen. In ein Sieb abgießen.

• Das Ei mit der Sahne verquirlen* und mit dem geriebenen Käse den Sojabohnensprossen und den Zwiebeln vermischen. Mit Muskatnuß, Salz und Pfeffer abschmecken.

• Die Form einfetten*. Den Backofen auf 225° vorheizen.

• Die Arbeitsfläche mit Mehl bestäuben und

den Teig darauf ausrollen*. Die Springform damit auslegen, einen 4 cm hohen Rand formen*. Die Füllung auf den Teigboden verteilen.
• Den Kuchen auf der mittleren Schiene des Ofens etwa 35 Minuten backen. Heiß servieren.

Braucht etwas Zeit

Lauchkuchen nach Schwyzer Art

Lauch, neben der Zwiebel das wohl älteste bekannte Gemüse, soll auch in einem Backbuch nicht zu kurz kommen. Er gibt pikanten Kuchen, Torten und Strudeln eine herzhafte Würze.

Zutaten für 1 Springform von 28 cm Ø :
Für den Teig: 250 g Mehl · 1 Eigelb · 3 Eßl. eis-
kaltes Wasser · 1 Prise Salz · 125 g kalte Butter
Für die Füllung: 1 kg Lauch · Salz · ½ Tasse trok-
kener Weißwein · 100 g Schinkenspeck · 4 Toma-
ten · 2 Eier · 1 Eigelb · ⅛ l Sahne · Salz · weißer
Pfeffer
Zum Bestreuen: 1 Eßl. Semmelbrösel
Für die Form: Butter
Bei 12 Stücken pro Stück etwa 1470 Joule/
350 Kalorien

Zubereitungszeit: 45 Minuten
Backzeit: etwa 40 Minuten

• Das Mehl auf die Arbeitsfläche sieben*. In die Mitte eine Mulde drücken und das Eigelb, 1 Eßlöffel Wasser und das Salz hineingeben. Die Butter auf den Mehlrand schneiden. Mit einem Messer alle Zutaten hacken, bis sie bröselig sind. Dann schnell mit kühlen Händen alles verkneten*, dabei das restliche Wasser hinzufügen.
• Die Form einfetten*. Die Arbeitsfläche mit

Mehl bestäuben und den Teig darauf ausrollen*. Die Form mit der Teigplatte auslegen und einen Rand formen*. Den Teig kühl, aber nicht in den Kühlschrank stellen.
• Den Lauch putzen, gründlich waschen und in 5 cm große Stücke schneiden. Etwas Salzwasser mit dem Wein zum Kochen bringen und die Lauchstücke darin bei schwacher Hitze 10 Minuten ziehen lassen, dann in ein Sieb abgießen und gut abtropfen lassen.
• Den Schinkenspeck in kleine Würfel schneiden. Die Tomaten brühen, häuten* und in Achtel schneiden, dabei den Stengelansatz entfernen. Die Eier, das Eigelb und die Sahne verquirlen, mit Salz und Pfeffer würzen.
• Den Backofen auf 200° vorheizen.
• Den Teigboden mit den Semmelbröseln bestreuen, den Lauch, die Schinkenspeckwürfel und die Tomatenachtel darauf verteilen mit der Eiersahne übergießen. Im Ofen auf der zweiten Schiene von unten etwa 40 Minuten backen.

Braucht etwas Zeit

Elsässer Lauchkuchen vom Blech

Die »Tarte aux Poireaux« aus dem Elsaß ist eine nahe Verwandte des benachbarten badischen Zwiebelkuchens.

Zutaten für 1 Backblech:
Für den Hefeteig: 375 g Mehl · 30 g Hefe ·
1 Prise Zucker · gut ⅛ l lauwarmes Wasser ·
75 g Schmalz · 1 Prise Salz
Zum Belegen: 300 g durchwachsener Speck ·
1½ kg Lauch · 100 g Butter · 3 Eßl. Mehl ·
4 Eier · ¼ l Sahne · Salz · weißer Pfeffer
Für das Backblech: Butter

Bei 24 Stücken pro Stück etwa 965 Joule/
230 Kalorien

Zubereitungszeit: 40 Minuten
Zeit zum Gehenlassen: 1 Stunde
Backzeit: etwa 30 Minuten

- Das Mehl in eine Schüssel sieben*, in die Mitte eine Mulde drücken. Die Hefe in die Vertiefung bröckeln, den Zucker dazugeben und das Wasser darübergießen. Das Schmalz in einem Töpfchen bei schwacher Hitze schmelzen lassen und auf den Mehlrand gießen, mit dem Salz würzen. Alles gut verkneten* und den Teig so lange schlagen, bis er sich vom Schüsselrand löst.
- Den Teig mit einem Tuch zugedeckt an einem warmen Platz etwa 40 Minuten gehen lassen*, bis er das doppelte Volumen erreicht hat.
- Den Speck in kleine Würfel schneiden. Den Lauch putzen, gründlich waschen und in feine Scheiben schneiden.
- Die Butter in einer sehr großen Pfanne oder in 2 Pfannen schmelzen lassen und die Speckwürfel darin glasig braten. Den Lauch dazugeben und bei schwacher Hitze darin braten, bis er anfängt, Farbe zu bekommen. Das Mehl darüberstäuben und einrühren. Die Lauchmischung vom Herd nehmen.
- Das Backblech einfetten*. Den Backofen auf 220° vorheizen.
- Den Hefeteig auf dem Backblech ausrollen* und ringsherum einen kleinen Rand formen*. Die Lauchmasse auf die Teigplatte streichen.
- Den belegten Teig noch einmal 20 Minuten gehen* lassen.
- Die Eier mit der Sahne verquirlen, mit Salz und Pfeffer abschmecken und über den Lauchbelag gießen.
- Den Lauchkuchen im Ofen auf der mittleren Schiene etwa 30 Minuten backen.
- Den fertigen Plattenkuchen in 24 Rechtecke schneiden und heiß servieren.

Preiswert · Ganz einfach

Niedersächsischer Kartoffelkuchen

Zutaten für 1 Torten- oder Pieform von 30 cm Ø :
100 g fetter Räucherspeck · 200 g beliebige Hartwurst in Scheiben · 150 g Mehl · 3 Eier · knapp
⅛ l Milch · Salz · geriebene Muskatnuß ·
1 kg Kartoffeln · 2 Eßl. Butter · 1 Bund Schnittlauch
Für die Form: Butter
Bei 12 Stücken pro Stück etwa 1 385 Joule/
330 Kalorien

Zubereitungszeit: 35 Minuten
Backzeit: 1 Stunde

- Den Speck in kleine Würfel, die Wurst in feine Streifen schneiden.
- Das Mehl, die Eier und die Milch in einer Schüssel mit dem Schneebesen zu einem glatten Teig schlagen. Mit Salz und Muskat würzen. Den Teig 10 Minuten quellen lassen*.
- Die Kartoffeln waschen, schälen, nochmals abspülen und auf einer groben Reibe in eine Schüssel raspeln. Den Eierkuchenteig mit den Kartoffeln vermengen, den Speck und die Wurst untermischen.
- Die Form einfetten*. Den Backofen auf 200° vorheizen.
- Den Kartoffelteig in die Form füllen und die Butter in Flöckchen darüberschneiden.
- Den Kartoffelkuchen im Ofen auf der mittleren Schiene auf dem Rost in 1 Stunde goldbraun backen.
- Den Schnittlauch waschen, trockenschleudern und kleinschneiden.
- Den fertigen Kuchen auf eine Platte stürzen und mit dem Schnittlauch bestreuen. Heiß servieren. Dazu paßt ein grüner Salat.

Kuchen aus Vollkornmehl schmeckt besonders würzig ▷
– Reformierter Käsekuchen liefert den Beweis. Rezept
Seite 331.

Preiswert · Ganz einfach

Kartoffelkuchen aus der Emilia

Zutaten für 1 Springform von 26 cm Ø :
300 g tiefgefrorener Blätterteig · 2 Zwiebeln ·
150 g durchwachsener Speck · 1 Bund Petersilie ·
2 Eßl. Butter · ½ Teel. getrocknetes Basilikum ·
Salz · weißer Pfeffer · 500 g mehlige Kartoffeln
Zum Beträufeln: 1 Eigelb · 2 Eßl. Olivenöl ·
Salz · weißer Pfeffer
Zum Bestreuen: 1 gehäufter Eßl. Parmesankäse
Bei 8 Stücken pro Stück etwa 1 660 Joule/
395 Kalorien:

Zubereitungszeit: 50 Minuten
Backzeit: 45 Minuten

● Den Blätterteig nach Vorschrift auf der Pak-
kung auftauen.
● Die Zwiebeln schälen und feinhacken. Den
Speck kleinwürfeln. Die Petersilie waschen, trokkenschleudern, von groben Stengeln befreien
und feinschneiden.
● Die Butter in einer Pfanne erhitzen, die Speck-
und die Zwiebelwürfel darin glasig braten. Die
Petersilie und das Basilikum hinzufügen und mit
Salz und Pfeffer würzen. Die Pfanne vom Herd
nehmen.
● Den Backofen auf 220° vorheizen. Die Form
mit kaltem Wasser ausspülen.
● Die Arbeitsfläche mit Mehl bestäuben, die
Blätterteigscheiben darauf übereinanderlegen
und zu einer runden Platte ausrollen*. Die Form
mit der Teigplatte auslegen, dabei einen Rand
formen*. Den Teigboden mit einer Gabel mehrmals einstechen. Im Ofen auf der mittleren
Schiene 10 Minuten vorbacken.
● Die Kartoffeln schälen, waschen und in 1 cm
große Würfel schneiden. Die Kartoffelwürfel gut

abtrocknen und auf den Blätterteigboden verteilen. Die Speck-Zwiebel-Mischung darübergeben.
● Das Eigelb mit dem Olivenöl, etwas Salz und
Pfeffer verquirlen* und über die Füllung träufeln. Mit dem Parmesankäse bestreuen. Den
Kuchen auf der mittleren Schiene des Ofens
35 Minuten backen.
● Den Kartoffelkuchen aus der Form lösen, auf
eine Platte heben und in 8 Stücke teilen. Heiß
servieren.

Preiswert · Ganz einfach

Spinatkuchen

Zutaten für 1 Springform von 24 cm Ø :
300 g tiefgefrorener Blätterteig · 1 kg junger
Spinat · 50 g geriebener Parmesankäse ·
175 g Crème fraîche · 2 Eier · 2 Eigelb ·
1 Teel. Sardellenpaste · Salz · schwarzer Pfeffer ·
2 Eßl. Semmelbrösel
Bei 8 Stücken pro Stück etwa 1 135 Joule/
270 Kalorien

Zubereitungszeit: 30 Minuten (ohne Auftauzeit)
Backzeit: etwa 30 Minuten

● Den tiefgefrorenen Blätterteig nach Vorschrift
auf der Packung auftauen lassen.
● Den Spinat gründlich waschen, in einen Topf
geben und bei starker Hitze zusammenfallen lassen, dann in einem Sieb gut abtropfen lassen.
● Die Arbeitsfläche mit Mehl bestäuben und
den Blätterteig darauf ausrollen*. Die Form mit
kaltem Wasser ausspülen und den Boden damit
auslegen, einen etwa 4 cm hohen Rand formen*.
Den Boden mehrmals einstechen und mit
1 Eßlöffel Parmesankäse bestreuen.
● Den Backofen auf 200° vorheizen.

◁ Niederrheinische Stütchen werden dick mit Butter und Apfelkraut bestrichen und mit einer Scheibe Schwarzbrot belegt. Rezept Seite 439.

• Die Crème fraîche mit den Eiern, dem Eigelb und der Sardellenpaste gut verquirlen*, mit Salz und Pfeffer würzen und den abgetropften Spinat unterheben. Die Masse auf den Teigboden geben.
• Den restlichen Käse mit den Semmelbröseln mischen und über die Spinatfüllung streuen. Den Kuchen im Ofen auf der zweiten Schiene von unten etwa 30 Minuten backen.

Ganz einfach

Tomatenkuchen mit Kräutern

Zutaten für 1 Springform von 26 cm Ø :
300 g tiefgefrorener Blätterteig · 2 Bund Schnittlauch · 2 Stengel Salbei · 1 Stengel Zitronenmelisse · 150 g Leerdamer Käse · 600 g feste Tomaten · Salz · schwarzer Pfeffer · 2 Eßl. Olivenöl · 4 Eier · 200 g Sahne · 1 Prise geriebene Muskatnuß
Bei 8 Stücken pro Stück etwa 1 280 Joule/ 305 Kalorien

Zubereitungszeit: 35 Minuten
Backzeit: etwa 30 Minuten

• Den Blätterteig nach Vorschrift auf der Pakkung auftauen lassen.
• Den Schnittlauch, den Salbei und die Zitronenmelisse waschen und trockenschleudern. Den Schnittlauch kleinschneiden. Die Salbei- und Melissenblätter von den Stengeln zupfen und grobhacken.
• Den Käse in sehr dünne Scheiben schneiden. Die Tomaten brühen, häuten*, in grobe Würfel schneiden. Dabei die Stengelansätze entfernen.
• Die Arbeitsfläche mit Mehl bestäuben und

den Blätterteig darauf ausrollen*. Die Springform mit kaltem Wasser ausspülen und mit der Teigplatte auslegen. Den Schnittlauch darüberstreuen.
• Die Tomaten vorsichtig mit dem Salbei und der Zitronenmelisse mischen, salzen und pfeffern und mit dem Öl beträufeln. Die Mischung in die Form füllen. Die Käsescheibchen darauf verteilen.
• Den Backofen auf 220° vorheizen.
• Die Eier mit der Sahne verquirlen*, mit Salz, Pfeffer und der geriebenen Muskatnuß würzen. Die Eiersahne über den Kuchen gießen.
• Den Tomatenkuchen im Ofen auf der mittleren Schiene etwa 30 Minuten backen. Warm oder kalt servieren.

Unser Tip Leerdamer Käse ist paradoxerweise ein »holländischer Emmentaler« von ausgezeichnetem Geschmack. Er eignet sich besonders gut zum Überbacken, da er wunderschön zerläuft.

Braucht etwas Zeit

Pilzkuchen mit Schinken

Zutaten für 1 Springform oder Pieform von 26 cm Ø :
Für den Teig: 250 g Mehl · 1 Eigelb · 1 Eßl. Wasser · ½ Teel. Salz · 125 g Butter
Zum Belegen: 1 kg Champignons oder Egerlinge · 3 Zwiebeln · 250 g gekochter Schinken im Stück · 3 Eßl. Öl · ⅛ l Sahne · 1 Bund Petersilie · Salz · weißer Pfeffer · 2 Eßl. geriebener Emmentaler Käse

Für die Form: Butter
Bei 12 Stücken pro Stück etwa 1 300 Joule/
310 Kalorien

Zubereitungszeit: 40 Minuten
Ruhezeit: 1 Stunde
Backzeit: etwa 25 Minuten

• Das Mehl auf die Arbeitsfläche sieben*. In die
Mitte eine Mulde drücken und das Eigelb, das
Wasser und das Salz hineingeben. Die Butter in
Flöckchen auf den Mehlrand schneiden. Alles
mit einem Messer bröselig hacken, dann mit
kühlen Händen zu einem glatten Teig kneten*.
Den Teig in Alufolie wickeln und 1 Stunde im
Kühlschrank ruhen lassen.
• Die Pilze putzen, waschen, trockentupfen und
in Scheiben schneiden. Die Zwiebeln schälen
und feinhacken. Den Schinken in kleine Würfel
schneiden.
• Das Öl in einer Pfanne erhitzen und die Zwie-
beln darin glasig braten. Die Pilze, den Schinken
und die Sahne hinzufügen und alles in der offenen Pfanne bei schwacher Hitze schmoren, bis
die Flüssigkeit fast verdampft ist.
• Die Petersilie waschen, trockenschleudern,
kleinschneiden und unter die Pilzmischung rühren, mit Salz und Pfeffer abschmecken. Die
Pfanne vom Herd nehmen.
• Die Form einfetten*. Den Backofen auf 220°
vorheizen.
• Die Arbeitsfläche mit Mehl bestäuben, den
Teig darauf ausrollen* und die Form mit der
Teigplatte auslegen. Die Pilzmasse einfüllen und
den Kuchen auf der mittleren Schiene des Ofens
etwa 25 Minuten backen. 10 Minuten vor Ende
der Backzeit den geriebenen Käse über die Pilzmischung streuen.
• Den Pilzkuchen in 12 Portionsstücke schneiden und warm oder kalt servieren.

Braucht etwas Zeit

Badener Zwiebelkuchen

Zutaten für 1 Backblech:
Für den Teig: 375 g Mehl · 25 g Hefe ·
1 Teel. Zucker · gut ⅛ l lauwarme Milch ·
4 Eßl. Öl · Salz
Zum Belegen: gut 1 kg Zwiebeln · 150 g durch-
wachsener Speck · 3 Eier · ¼ l saure Sahne ·
Salz · Pfeffer · edelsüßes Paprikapulver
Für das Backblech: Butter
Bei 20 Stücken pro Stück etwa 775 Joule/
185 Kalorien

Zubereitungszeit: 40 Minuten
Zeit zum Gehenlassen: 45 Minuten
Backzeit: 35 Minuten

• Das Mehl in eine Schüssel sieben*, in die Mitte eine Mulde drücken. Die Hefe in die Vertiefung bröckeln und mit dem Zucker, der Milch
und etwas Mehl zu einem Vorteig* verrühren.
Mit einem Tuch zugedeckt an einem warmen
Platz 15 Minuten gehen lassen*.
• Das Öl und Salz hinzufügen. Alles gut verkneten* und so lange schlagen, bis der Teig sich vom
Schüsselrand löst und Blasen wirft. An einem
warmen Platz so lange gehen lassen*, bis der
Teig das doppelte Volumen erreicht hat, das
dauert etwa 30 Minuten.
• Die Zwiebeln schälen und in sehr dünne Ringe schneiden oder hobeln, den Speck feinwürfeln. Beides mischen und zugedeckt beiseite stel-
len.
• Das Backblech einfetten*. Den Backofen auf
200–220° vorheizen.
• Den Hefeteig auf dem Backblech ausrollen*.
Einen Rand formen*. Die Zwiebelmischung
gleichmäßig auf den Teigboden verteilen.

• Die Eier mit der sauren Sahne verquirlen*, mit Salz, Pfeffer und Paprikapulver würzen. Die Eiersahne über die Zwiebelmischung gießen.
• Den Zwiebelkuchen auf der mittleren Schiene des Ofens 30–35 Minuten backen.
• Den Kuchen in 20 Portionsstücke schneiden und warm oder kalt servieren.

Braucht etwas Zeit

Pissaladière

Auf diese Weise backt man den Zwiebelkuchen in Südfrankreich. Er ist pikanter als der unsrige und allen, die es gerne »scharf« mögen, durchaus zu empfehlen.

Zutaten für 1 Tortenbodenform von 26 cm Ø :
Für den Teig: 300 g Mehl · 6 Eßl. Olivenöl ·
2 Eßl. Butter · gut ¹⁄₁₆ l Wasser · 1 Prise Salz
Zum Belegen: 750 g Zwiebeln · 4 Eßl. Olivenöl ·
1 Eßl. Butter · 3 Eßl. warmes Wasser ·
1 Teel. Essig · 1 Lorbeerblatt · 5 Pimentkörner ·
1 Teel. getrockneter Thymian · 500 g kleine
Tomaten · 2 Knoblauchzehen · Salz · schwarzer
Pfeffer · 8 Sardellenfilets aus dem Glas ·
50 g schwarze Oliven
Zum Beträufeln und für die Form: Olivenöl
Bei 8 Stücken pro Stück etwa 1720 Joule/
410 Kalorien

Zubereitungszeit: 50 Minuten
Backzeit: 40 Minuten

• Das Mehl in eine Schüssel sieben*. Das Olivenöl, die Butter, das Wasser und das Salz dazugeben. Alle Zutaten kräftig zu einem festen glatten Teig kneten*.
• Den Backofen auf 200° vorheizen. Die Form einfetten*.

• Den Teig in die Form drücken, mit etwas Öl bestreichen und im Ofen auf der mittleren Schiene 20 Minuten vorbacken.
• Die Zwiebeln schälen und feinhacken. Das Öl und die Butter in einer Pfanne erhitzen und die Zwiebeln darin unter Rühren glasig braten. Das Wasser und den Essig dazugießen. Das zerkrümelte Lorbeerblatt, die Pimentkörner und den Thymian in ein Mullsäckchen binden und auf die Zwiebeln legen. Alles in der zugedeckten Pfanne bei schwacher Hitze 10 Minuten schmoren lassen.
• Die Tomaten mit kochendem Wasser überbrühen, häuten* und in kleine Würfel schneiden, dabei die Stengelansätze und die Kerne entfernen.
• Den Kuchenboden aus dem Ofen nehmen und etwas abkühlen lassen.
• Die Knoblauchzehen schälen und feinhacken.
• Den Gewürzbeutel aus der Pfanne nehmen. Die Zwiebeln umrühren und auf den Kuchenboden geben. Die Tomatenwürfel gleichmäßig darüber verteilen. Mit Salz und Pfeffer würzen, den Knoblauch darüberstreuen.
• Die Sardellenfilets mit kaltem Wasser abspülen, mit Küchenkrepp trockentupfen und sternförmig auf die Füllung legen. Die Oliven auf den Kuchen verteilen. Den Zwiebelkuchen mit etwas Olivenöl beträufeln und auf der mittleren Schiene des Ofens 20 Minuten backen.
• Die Pissaladière in 8 Stücke schneiden und heiß servieren.

Braucht etwas Zeit

Krabbentorte

Zutaten für 1 Springform von 26 cm Ø :
Für den Teig: 200 g Mehl · 1 Prise Salz ·
125 g Butter · 4–5 Eßl. eiskaltes Wasser
Für die Füllung: 1 Zwiebel · 150 g Emmentaler
Käse in Scheiben · 100 g gekochter Schinken ·
3 Eßl. Butter · 4 Eier · ⅛ l Milch · 200 g Krab-
ben · Salz · weißer Pfeffer
Für die Form: Butter
Bei 12 Stücken pro Stück etwa 1 155 Joule/
275 Kalorien

Zubereitungszeit: 35 Minuten
Ruhezeit: 1 Stunde
Backzeit: etwa 50 Minuten

● Das Mehl mit dem Salz auf die Arbeitsfläche
sieben*. Die Butter in Flöckchen darüberschneiden. Alles mit einem Messer zerhacken, dann mit
kühlen Händen zu einem glatten Teig kneten*,
dabei das Wasser nach und nach dazugeben.
Den Teig in Alufolie wickeln und 1 Stunde im
Kühlschrank ruhen lassen.
● Die Form einfetten*. Den Backofen auf 200°
vorheizen.
● Die Arbeitsfläche mit Mehl bestäuben und
den Teig darauf ausrollen*. Den Boden der
Form mit der Teigplatte auslegen, dabei einen
gut zweifingerbreiten Rand formen* und leicht
andrücken. Den Teigboden mehrmals mit einer
Gabel einstechen. Den Kuchen auf der mittleren
Schiene des Ofens etwa 20 Minuten backen.
● Die Zwiebel schälen und sehr fein hacken.
Den Emmentaler Käse in Streifen, den Schinken
in Würfel schneiden. Die Butter zerlassen und
abkühlen lassen.
● Die Eier mit der Milch gut verquirlen*, die
abgekühlte Butter einrühren und die Zwiebel,
den Käse, den Schinken und die Krabben unter-

mischen. Mit Salz und Pfeffer abschmecken.
● Die Krabbenmischung auf den Tortenboden
verteilen und diesen auf der mittleren Schiene in
etwa 30 Minuten fertig backen. Die Krabbentorte heiß servieren.

Ganz einfach

Hackfleischtorte

Zutaten für 1 Springform von 26 cm Ø :
300 g tiefgefrorener Blätterteig · 2 Zwiebeln ·
1 Knoblauchzehe · 100 g durchwachsener Speck ·
5 Eßl. Öl · 200 g Schweinehackfleisch ·
200 g Rinderhackfleisch · 200 g Bratwurstfülle ·
4 Eßl. Semmelbrösel · Salz · schwarzer Pfeffer ·
125 g Knoblauchwurst in Scheiben · ½ Tube
Tomatenmark · 4 Eier · 2 Teel. getrockneter
Thymian
Bei 12 Stücken pro Stück etwa 1 680 Joule/
400 Kalorien

Zubereitungszeit: 40 Minuten
Backzeit: etwa 40 Minuten

● Den Blätterteig nach Vorschrift auf der Pakkung auftauen lassen.
● Die Zwiebeln schälen und in dünne Ringe
schneiden. Die Knoblauchzehe schälen und
feinhacken. Den Speck kleinwürfeln.
● Das Öl in einer Pfanne erhitzen und die Zwiebelringe, den Knoblauch und die Speckwürfel
darin 5 Minuten bei schwacher Hitze anbraten.
Die Mischung beiseite stellen.
● Die Arbeitsfläche mit Mehl bestäuben und
den Blätterteig darauf ½ cm dick ausrollen*. Den
Boden und den Rand der Springform damit auslegen.
● Den Backofen auf 200° vorheizen.
● Das Hackfleisch mit der Bratwurstfülle, den

Semmelbröseln und der Zwiebel-Speck-Mischung verkneten*, kräftig mit Salz und Pfeffer würzen. Den Fleischteig in die Form füllen. Die Wurstscheiben darauf verteilen und mit dem Tomatenmark ein Gitter darüberspritzen.
● Die Eier mit etwas Wasser und dem Thymian verquirlen*, leicht salzen und pfeffern und über die Torte gießen.
● Die Hackfleischtorte auf der zweiten Schiene von unten im Ofen etwa 40 Minuten backen. Warm servieren.

Braucht etwas Zeit

Würzige Fleischtorte

Zutaten für 1 Springform von 28 cm ⌀:
Für den Teig: 350 g Mehl · 2 Eigelb · 4 Eßl. kaltes Wasser · 1 Teel. Salz · 150 g kalte Butter
Für die Füllung: 1 Brötchen · ¹/₁₀ l heiße Milch · 1 große Zwiebel · 100 g durchwachsener Speck · ½ Bund Petersilie · 2 Stengel Basilikum · 2 Eßl. Butter · 300 g Schweinehackfleisch · 300 g Kalbshackfleisch · 100 g Sahne · je 1 Prise Cayennepfeffer, Piment- und Kardamompulver · Salz · weißer Pfeffer
Zum Bestreichen: 1 Eigelb · 1 Eßl. Dosenmilch
Bei 16 Stücken pro Stück etwa 1365 Joule/ 325 Kalorien

Zubereitungszeit: 1 Stunde
Ruhezeit: 1 Stunde
Backzeit: etwa 1 Stunde

● Das Mehl auf die Arbeitsfläche sieben*. In die Mitte eine Mulde drücken und das Eigelb, das Wasser und das Salz hineingeben. Die Butter in Flöckchen auf den Mehlrand schneiden. Alle Zutaten mit einem Messer durchhacken, dann mit kühlen Händen zu einem glatten Teig kne-

ten*. Den Teig in Alufolie wickeln und 1 Stunde im Kühlschrank ruhen lassen.
● Das Brötchen vierteln und mit der heißen Milch übergießen. Die Zwiebel schälen und feinhacken. Den Speck kleinwürfeln. Die Petersilie und das Basilikum waschen, trockenschleudern, von groben Stengeln befreien und kleinschneiden.
● Die Butter in einer Pfanne erhitzen und die Zwiebel und den Speck darin glasig braten. Das Hackfleisch in einer Schüssel mit dem gut ausgedrückten Brötchen, der Zwiebel-Speck-Mischung, der Petersilie, dem Basilikum und der Sahne verkneten. Mit dem Cayennepfeffer, dem Piment- und Kardamompulver, Salz und Pfeffer würzig abschmecken.
● Den Backofen auf 220° vorheizen.
● Die Arbeitsfläche mit Mehl bestäuben und den Mürbeteig darauf knapp ½ cm dick ausrollen*. Den Boden der Springform mit zwei Dritteln des Teiges auslegen, dabei einen etwa 3 cm breiten Rand formen*. Den Boden mit einer Gabel mehrmals einstechen, die Fleischfarce darauf verteilen und die Oberfläche glattstreichen. Vom Rest des Teiges einen Deckel in Größe der Form ausschneiden, in der Mitte ein Loch ausstechen. Den Teigdeckel auf die Füllung legen, die Ränder gut andrücken.
● Das Eigelb mit der Dosenmilch verquirlen* und die Oberfläche damit bestreichen.
● Aus dem Teigrest kleine Ornamente ausstechen, auf die Torte legen und mit der Eigelbmischung bestreichen.
● Die Torte auf der zweiten Schiene von unten im Ofen etwa 1 Stunde backen. Warm servieren.

Braucht etwas Zeit

Herrentorte

Pikant gefüllte Torten preist man häufig als Herrentorten an. Wir haben die Erfahrung gemacht, daß auch die Damen sie sehr gerne essen.

Zutaten für 1 Springform von 22 cm ⌀:
300 g tiefgefrorener Blätterteig · 400 g Frischrahmkäse · 2 Eigelb · ½ Teel. Salz · 1 Prise Zucker · 6 Tropfen Tabascosauce · ⅛ l Sahne · 1 eingelegte rote Paprikaschote · 50 g ungarische Salami in Scheiben · 1 Zwiebel · 1 Eßl. Kapern · je ½ Bund Schnittlauch und Dill · 1–2 Teel. edelsüßes Paprikapulver
Zum Garnieren: 12 gefüllte Oliven
Bei 12 Stücken pro Stück etwa 1240 Joule/ 295 Kalorien

Zubereitungszeit: 35 Minuten
Ruhezeit: 10 Minuten
Backzeit: 10–15 Minuten pro Boden

• Den Blätterteig nach Vorschrift auf der Pakkung auftauen lassen.
• Die Arbeitsfläche mit Mehl bestäuben, die Blätterteigscheiben darauf übereinanderlegen und etwa ½ cm dick ausrollen. Mit der Springform 3 Teigplatten ausstechen und diese 10 Minuten ruhen lassen.
• Den Backofen auf 200° vorheizen. Das Backblech mit kaltem Wasser abspülen.
• Die Blätterteigböden mit einer Gabel mehrmals einstechen und nacheinander auf der mittleren Schiene des Ofens in 10–15 Minuten goldgelb backen. Dann auf einem Kuchengitter erkalten lassen.
• Den Frischrahmkäse mit dem Eigelb, dem Salz, dem Zucker und der Tabascosauce cremig rühren. Die Sahne sehr steif schlagen* und unterziehen.

• Die Paprikaschote und die Salami in kleine Stücke schneiden. Die Zwiebel schälen und feinhacken. Die Kapern feinwiegen. Den Schnittlauch und den Dill waschen, trockentupfen und kleinschneiden.
• Die Käsecreme in 3 Portionen teilen. Eine Portion mit der Paprikaschote, der Salami und dem Paprikapulver mischen und auf einen Blätterteigboden streichen.
• Die zweite Portion mit der Zwiebel, den Kapern und den Kräutern vermengen und auf den nächsten Boden streichen. Alle Böden aufeinandersetzen.
• Die restliche Käsecreme in einen Spritzbeutel* mit Sterntülle* füllen und die Torte damit verzieren. Die Oliven halbieren und auf die Tortenoberfläche verteilen.

Braucht etwas Zeit · Nicht ganz einfach

Florentiner Ostertorte

Die »torta pasqualina« wird kalt als Vorspeise serviert oder ist Bestandteil eines festlichen, verlängerten Osterfrühstücks. In Italien wird sie mit dem trockenen Weißkäse »ricotta« zubereitet, der bei uns selten angeboten wird. Mit Sahnequark gelingt die pikante Torte auch sehr gut.

Zutaten für 1 Pieform von 26 cm ⌀:
Für den Teig: 500 g Mehl · 250 g kalte Butter · ¼ l Wasser · 1 Teel. Salz
Für die Füllung: 6 Eier · etwa 10 Artischockenböden aus der Dose · 500 g frischer junger Spinat · 1 Knoblauchzehe · 1 Bund Petersilie · 50 g Butter · 400 g Sahnequark · 100 g geriebener Parmesankäse · 3 Eßl. Mehl · Salz · weißer Pfeffer
Für die Form und zum Bestreichen: zerlassene Butter

Bei 12 Stücken pro Stück etwa 1510 Joule/ 360 Kalorien

Zubereitungszeit: 1 Stunde und 30 Minuten
Ruhezeit: 3 Stunden
Backzeit: 1 Stunde und 10 Minuten

• Das Mehl auf die Arbeitsfläche sieben*, die Butter in Flöckchen darüberschneiden und beides mit kühlen Händen zu Streuseln zerreiben. Das Wasser mit dem Salz verrühren, zu den Streuseln geben und alles schnell zu einem glatten Teig verkneten*. Den Teig in Alufolie wickeln und 3 Stunden im Kühlschrank ruhen lassen.
• Die Eier in 8 Minuten wachsweich kochen. Die Artischockenböden abtropfen lassen. Den Spinat gründlich waschen, in kochendem Wasser 3 Minuten blanchieren und in einem Sieb abtropfen lassen. Die Knoblauchzehe schälen und feinhacken. Die Petersilie waschen, trockenschleudern und grobhacken.
• Die Hälfte der Butter in einem Topf zerlassen. Die Artischockenböden grobhacken und mit dem Knoblauch in der heißen Butter unter Rühren 3 Minuten anbraten. Die Mischung in einer großen Schüssel mit der Petersilie mischen.
• Den Spinat kleinhacken.
• Die restliche Butter im Topf erhitzen und den Spinat darin bei schwacher Hitze möglichst trocken dünsten, dann abkühlen lassen.
• Die Pieform einfetten*. Die Arbeitsfläche mit Mehl bestäuben und die Hälfte des Teiges darauf ausrollen*. Die Form mit der Teigplatte auslegen und einen so hohen Rand formen*, daß er etwas über den Rand der Form steht. Die Oberfläche dünn mit zerlassener Butter bepinseln.
• Den Spinat in die Schüssel geben und mit der Artischockenmischung, dem Quark, 75 g Parmesankäse und dem Mehl gut vermengen. Kräftig mit Salz und Pfeffer abschmecken.
• Die Füllung in die Form streichen, mit einem

Eßlöffel gleichmäßig nebeneinander am Rand 6 tiefe Mulden drücken. Die Eier schälen und in die Vertiefungen legen, mit etwas zerlassener Butter bestreichen, salzen und pfeffern und mit dem restlichen Käse bestreuen.
• Den Backofen auf 220° vorheizen.
• Den restlichen Teig auf der bemehlten Arbeitsfläche ausrollen* und etwa 10 cm große runde Plätzchen ausstechen*. Die Plätzchen mit zerlassener Butter bestreichen, mit einer Gabel mehrmals einstechen und dachziegelförmig über die Füllung legen. Den überlappenden Teigrand mit Wasser bestreichen, über die Teigplätzchen schlagen und sanft andrücken. Die Oberfläche nochmals mit Butter bepinseln. Die Torte auf der zweiten Schiene von unten im Ofen etwa 1 Stunde und 10 Minuten backen.
• Die fertige Torte vor dem Anschnitt auskühlen lassen.

Preiswert

Offenburger Zwiebeltorte

Zutaten für 1 Pieform von 26 cm Ø :
Für den Teig: 200 g Mehl · ½ Teel. Salz ·
150 g Butter · 1 Eigelb · 4 Eßl. eiskaltes Wasser
Für die Füllung: 5 Zwiebeln · 2 Eßl. Butter ·
2 Eier · 1 Teel. Speisestärke · ½ Teel. geriebene
Muskatnuß · Salz · Pfeffer · je ¹⁄₁₆ l Milch und
Sahne
Für die Form: Butter
Bei 12 Stücken pro Stück etwa 1155 Joule/ 275 Kalorien

Zubereitungszeit: 35 Minuten
Ruhezeit: 1 Stunde
Backzeit: 25–30 Minuten

• Das Mehl und das Salz mischen und auf die Arbeitsfläche sieben*. Die Butter in Flöckchen und das Eigelb hinzufügen. Alles mit einem Messer hacken, das Wasser nach und nach dazugeben und die Masse mit kühlen Händen zu einem glatten Teig verkneten*. Den Teig in Alufolie wickeln und 1 Stunde im Kühlschrank ruhen lassen.

• Die Zwiebeln schälen und in Ringe schneiden. Die Butter in einer Pfanne erhitzen und die Zwiebelringe darin goldgelb braten, auf eine Platte geben und auskühlen lassen.

• Die Eier mit der Speisestärke, dem Muskat, Salz und Pfeffer in einer Schüssel schaumig schlagen. Die Milch und die Sahne mischen, in einem Topf zum Kochen bringen, vom Herd nehmen und die geschlagene Eimischung einrühren. Die Eiercreme unter ständigem Rühren bei schwacher Hitze heiß werden lassen, aber nicht mehr kochen. Die Masse abkühlen lassen*, dabei gelegentlich umrühren.

• Die Form einfetten*. Den Backofen auf 200° vorheizen.

• Die Arbeitsfläche mit Mehl bestäuben und den Teig darauf ausrollen*. Den Boden und den Rand der Form mit der Teigplatte auslegen. Den Boden mehrfach mit einer Gabel einstechen. Den Tortenteig auf der mittleren Schiene des Ofens 10 Minuten vorbacken.

• Die Form aus dem Ofen nehmen, die Zwiebelringe auf den Tortenboden verteilen und die Eiercreme darübergießen.

• Den Backofen auf 220° hochschalten und die Zwiebeltorte in etwa 15 Minuten goldgelb bakken. Heiß in der Form servieren. Die Torte kann auch kalt verzehrt werden.

Preiswert · Ganz einfach

Zwiebeltorte

Zutaten für 1 Springform von 28 cm Ø :
Für den Teig: 250 g Quark (20% Fettgehalt) ·
6 Eßl. Öl · 250 g Mehl · kaltes Wasser
Zum Belegen: 750 g Zwiebeln · 100 g Schinkenspeck · 3 Eßl. Butter · 1 Teel. Kümmel · grobgemahlener schwarzer Pfeffer
Für den Guß: 4 Eier · 1/8 l saure Sahne ·
75 g geriebener Emmentaler Käse · Salz ·
weißer Pfeffer · edelsüßes Paprikapulver
Für die Form: Butter
Bei 16 Stücken pro Stück etwa 1090 Joule/260 Kalorien

Zubereitungszeit: 40 Minuten
Ruhezeit: 1 Stunde
Backzeit: etwa 40 Minuten

• Den Quark mit dem Öl in einer Schüssel verrühren. Das Mehl nach und nach einarbeiten und alles zu einem festen Teig verkneten*, eventuell etwas kaltes Wasser hinzufügen. Den Teig zu einer Kugel formen, in Alufolie wickeln und 1 Stunde im Kühlschrank ruhen lassen.

• Die Zwiebeln schälen und in Ringe schneiden. Den Schinkenspeck würfeln.

• Die Butter in einer Pfanne heiß werden lassen und die Zwiebelringe darin glasig braten, mit dem Kümmel und schwarzem Pfeffer würzen. Die Pfanne vom Herd nehmen.

• Die Eier mit der sauren Sahne verquirlen, den geriebenen Käse einrühren. Mit Salz, weißem Pfeffer und Paprikapulver abschmecken.

• Die Form einfetten*. Den Backofen auf 200–220° vorheizen.

• Die Arbeitsfläche mit Mehl bestäuben und den Quark-Öl-Teig darauf ausrollen*. Die Form mit der Teigplatte auslegen. Die Zwiebeln auf den Teigboden verteilen, die Schinkenspeckwür-

fel darüberstreuen und die Eiersahne gleichmäßig darübergießen. Die Zwiebeltorte auf der
mittleren Schiene des Ofens etwa 40 Minuten
backen. Heiß servieren.

Preiswert · Braucht etwas Zeit

Englische Lauchtorte

Zutaten für 1 Springform von 24 cm Ø :
Für den Teig: 200 g Mehl · 150 g kalte Butter ·
1 gute Prise Salz · 3 Eßl. eiskaltes Wasser
Für die Füllung: 4 mittelgroße Stangen Lauch ·
2 Eßl. Butter · 2 Eßl. Mehl · ⅛ l Milch ·
4 Eßl. geriebener Emmentaler oder Chester
Käse · 5 Eßl. Sahne · Salz · schwarzer Pfeffer ·
abgeriebene Muskatnuß · 1 Eigelb
Zum Bestreichen: 1 Eigelb
Für die Form: Butter
Bei 12 Stücken pro Stück etwa 1 195 Joule/
285 Kalorien

Zubereitungszeit: 35 Minuten
Ruhezeit: 1 Stunde
Backzeit: etwa 30 Minuten

• Das Mehl auf die Arbeitsfläche sieben*. Die
Butter in Flöckchen darüberschneiden, das Salz
zugeben und das eiskalte Wasser darüberträufeln. Alles mit einem Messer durchhacken und
dann mit kühlen Händen schnell zu einem glatten Teig verkneten*. Den Teig in Alufolie wik-
keln und 1 Stunde im Kühlschrank ruhen lassen.
• Den Lauch putzen, gründlich waschen und in
feine Ringe schneiden. Die Butter in einem Topf
erhitzen und die Lauchringe darin 3 Minuten
unter Rühren anbraten. Das Mehl darüberstäuben und die Milch einrühren. Bei schwacher Hitze 5 Minuten köcheln lassen.
• Den Käse und die Sahne hinzufügen und so

lange rühren, bis der Käse ganz aufgelöst ist. Mit
Salz, Pfeffer und Muskat kräftig abschmecken.
Den Topf vom Herd nehmen, das Eigelb verquir-
len und die Lauchcreme damit legieren*. Während des Abkühlens öfter umrühren.
• Die Springform einfetten*. Den Backofen auf
220° vorheizen.
• Die Arbeitsfläche mit Mehl bestäuben und
den Teig darauf dünn ausrollen*. Boden und
Rand der Form damit auslegen. (Etwas Teig für
die Dekoration zurückbehalten.) Den Boden mit
einer Gabel mehrmals einstechen.
• Die Form für 10 Minuten auf die mittlere
Schiene in den Ofen stellen.
• Die Füllung auf den vorgebackenen Kuchenboden verteilen. Aus dem restlichen Teig Streifen
ausschneiden und gitterartig über die Füllung
legen. Das Eigelb verquirlen* und die Teigstreifen damit bepinseln. Die Torte in etwa 15 Minuten auf der mittleren Schiene goldbraun backen.
• Die Lauchtorte in der Form etwas abkühlen
lassen, dann auf eine Kuchenplatte gleiten lassen
und heiß servieren.

Braucht etwas Zeit · Nicht ganz einfach

Tomatentorte

Zutaten für 1 Springform von 26 cm Ø :
Für den Teig: 250 g Mehl · ½ Teel. Salz ·
2 Eigelb · 3 Eßl. saure Sahne · 125 g Butter
Für die Füllung: 500 g Frühlingszwiebeln
(Lauchzwiebeln) · 1 Bund Basilikum · 500 g
Quark (20% Fettgehalt) · 150 g Doppelrahm-
Frischkäse · 3 Eier · 2 Eßl. Semmelbrösel ·
2 Knoblauchzehen · Salz · schwarzer Pfeffer ·
500 g Fleischtomaten · 2 Eßl. Öl · 50 g geriebener
Emmentaler Käse
Für die Form: Butter oder Öl

Bei 12 Stücken pro Stück etwa 1 510 Joule/ 360 Kalorien

Zubereitungszeit: 50 Minuten
Ruhezeit: 1 Stunde
Backzeit: 1 Stunde

● Das Mehl auf die Arbeitsfläche sieben*, in die Mitte eine Mulde drücken. Das Salz, das Eigelb und die saure Sahne in die Vertiefung geben, die Butter in Flöckchen auf den Mehlrand schneiden. Alles mit einem Messer durchhacken und dann mit kühlen Händen schnell zu einem geschmeidigen Teig kneten*. Den Teig in Alufolie einwickeln und 1 Stunde im Kühlschrank ruhen lassen.
● Die Frühlingszwiebeln putzen, waschen und in Ringe schneiden. Das Basilikum waschen, trockentupfen und grobhacken.
● Die Springform einfetten*.
● Die Arbeitsfläche mit Mehl bestäuben und den Teig darauf ausrollen. Den Boden der Form mit der Teigplatte auslegen, einen etwa zweifingerbreiten Rand formen* und den Teigboden mehrmals mit einer Gabel einstechen.
● Den Backofen auf 200° vorheizen.
● Den Quark mit dem Frischkäse, den Eiern und den Semmelbröseln gut verrühren. Die Knoblauchzehen durch die Presse dazudrücken. Die Zwiebelringe und das Basilikum einmengen, mit Salz und Pfeffer abschmecken. Die Käsemasse auf den Teig streichen.
● Die Tomaten waschen, abtrocknen und in Scheiben schneiden, dabei die Stengelansätze entfernen. Die Tomatenscheiben dicht auf die Füllung verteilen und mit dem Öl beträufeln.
● Die Torte auf der mittleren Schiene des Ofens 1 Stunde backen. Nach 50 Minuten Backzeit den Käse über die Tomaten streuen. Heiß oder abgekühlt servieren.

Braucht etwas Zeit · Ganz einfach

Broccolitorte

Zutaten für 1 Springform von 26 cm ⌀ :
Für den Teig: 250 g Mehl · 1 Ei · 1 Prise Zucker ·
½ Teel. Salz · 125 g Butter
Für die Füllung: 750 g Broccoli · Salz · 1 Knoblauchzehe · 200 g Kasseler · 2 Eier ·
200 g Sahne · 75 g geriebener Emmentaler Käse ·
schwarzer Pfeffer · geriebene Muskatnuß
Für die Form: Butter
Bei 12 Stücken pro Stück etwa 1 385 Joule/ 330 Kalorien

Zubereitungszeit: 45 Minuten
Ruhezeit: 1 Stunde
Backzeit: 50–60 Minuten

● Das Mehl auf die Arbeitsfläche sieben*, in die Mitte eine Mulde drücken und das Ei, den Zucker und das Salz hineingeben. Die Butter in Flöckchen auf den Mehlrand schneiden. Alles mit einem Messer krümelig hacken, dann mit kühlen Händen zu einem glatten Teig kneten*. Den Teig in Alufolie wickeln und 1 Stunde im Kühlschrank ruhen lassen.
● Den Broccoli putzen, waschen und in Röschen teilen. Salzwasser mit der halbierten Knoblauchzehe zum Kochen bringen und den Broccoli darin etwa 10 Minuten köcheln lassen. Herausnehmen und in einem Sieb abtropfen lassen.
● Das Kasseler in Streifen schneiden.
● Die Form einfetten*. Den Backofen auf 200–220° vorheizen.
● Die Arbeitsfläche mit Mehl bestäuben und den Mürbeteig darauf ausrollen*. Die Form mit der Teigplatte auslegen und den gut abgetropften Broccoli auf dem Teigboden verteilen. Die Kasselerstreifen darübergeben.
● Die Eier mit der Sahne verquirlen, den Käse

unterrühren und mit wenig Salz, schwarzem Pfeffer und geriebener Muskatnuß würzen. Die Eiersahne über die Füllung gießen. Die Broccolitorte auf der zweiten Schiene von unten im Ofen 50–60 Minuten backen.

• Die Torte aus der Form nehmen und sofort heiß servieren.

Preiswert · Ganz einfach

Karottentorte

Zutaten für 1 Springform von 26 cm Ø:
Für den Teig: 250 g Mehl · 130 g Butter · 1 Prise Salz · etwa 3 Eßl. eiskaltes Wasser
Für die Füllung: 1 kg möglichst junge Möhren (Karotten) · 2 Zwiebeln · 1 Eßl. Butter · 1 Eßl. Öl · 4 Eßl. Wasser · Salz · weißer Pfeffer · gekörnte Brühe · ½ Bund Petersilie · ⅛ l Crème fraîche
Für die Form: Butter
Bei 12 Stücken pro Stück etwa 1 050 Joule/ 250 Kalorien

Zubereitungszeit: 40 Minuten
Ruhezeit: 30 Minuten
Backzeit: 35 Minuten

• Das Mehl auf die Arbeitsfläche sieben*, die Butter in Flöckchen darüberschneiden und das Salz dazugeben. Alles mit einem Messer krümelig hacken, dann mit kühlen Händen unter Zugabe des Wassers zu einem glatten Teig kneten*. Den Teig in Alufolie wickeln und 30 Minuten im Kühlschrank ruhen lassen.

• Die Möhren putzen, waschen und in dünne Scheiben schneiden. Die Zwiebeln schälen und sehr fein hacken.

• Die Butter und das Öl erhitzen und die Zwiebeln darin glasig braten. Die Möhren und das

Wasser hinzufügen, alles bei schwacher Hitze etwa 10 Minuten köcheln lassen, die Möhren sollen noch einen Biß haben. Mit Salz, Pfeffer und gekörnter Brühe abschmecken. Den Topf vom Herd nehmen.

• Die Form einfetten*. Den Backofen auf 220° vorheizen.

• Die Arbeitsfläche mit Mehl bestäuben und den Teig darauf ausrollen*. Den Boden der Form mit der Teigplatte auslegen. Aus dem restlichen Teig eine Rolle formen und an den Rand drücken. Die Möhrenmischung einfüllen und den Kuchen auf der mittleren Schiene des Ofens 20–25 Minuten backen.

• Die Petersilie waschen, trockenschleudern und grobhacken. Die Crème fraîche mit etwas Salz und der Petersilie verrühren und über die Möhren verteilen. Die Karottentorte weitere 10 Minuten überbacken. Heiß servieren.

Herzhaftes Kleingebäck

Braucht etwas Zeit · Nicht ganz einfach

Piroschki

Bild Seite 414

Die kleinen Varianten der großen Hefeteigpiroggen nennt man zärtlich Piroschki. Man ißt sie heiß oder kalt als Vorspeise.

Zutaten für 40 Stück:
Für den Teig: 500 g Mehl · 30 g Hefe · 1 Prise Zucker · 4 Eßl. lauwarme Milch · 100 g zerlassene Butter · 2 Eier · Salz
Für die Füllung: 1 Bund Suppengrün · 1 Zwiebel · 100 g Rinderleber · 2 Eßl. Öl · 200 g Rinderhackfleisch · 1 Eßl. Butter · Salz · schwarzer Pfeffer · 1 Eßl. Tomatenmark · 1 Eßl. Tomatenketchup
Zum Bestreichen: 1 Eigelb · 1 Eßl. Dosenmilch
Für das Backblech: Butter oder Öl
Pro Stück etwa 380 Joule/90 Kalorien

Zubereitungszeit: 50 Minuten
Zeit zum Gehenlassen: 45 Minuten
Backzeit: 30 Minuten

● Das Mehl in eine Schüssel sieben* und in die Mitte eine Mulde drücken. Die Hefe hineinbröckeln und mit dem Zucker, der Milch und etwas Mehl zu einem Vorteig verrühren. Mit einem Tuch zugedeckt 15 Minuten gehen lassen*.
● Die zerlassene Butter, die Eier und Salz dazugeben. Alles gut verkneten* und den Teig so lange schlagen, bis er sich vom Schüsselrand löst und Blasen wirft. Den Teig zugedeckt an einem warmen Platz 30 Minuten gehen lassen, bis er fast das doppelte Volumen erreicht hat.
● Das Suppengrün putzen, waschen und kleinschneiden. Die Zwiebel schälen und feinhacken. Die Leber in kleine Würfel schneiden.
● Das Öl in einer Pfanne erhitzen, das Gemüse

und das Hackfleisch darin unter Rühren 5 Minuten anbraten.
● Die Butter in einem Pfännchen heiß werden lassen und die Leber darin unter Wenden bei starker Hitze 2 Minuten braten. Die Leber mit der Hackfleischmasse vermengen. Alles kräftig salzen und pfeffern und mit dem Tomatenmark und dem Ketchup würzen.
● Die Arbeitsfläche mit Mehl bestäuben, den Teig darauf 1 cm dick ausrollen* und in etwa vierzig 10 cm große Quadrate schneiden. Die Fleischfüllung in kleinen Häufchen darauf verteilen. Die Ränder mit etwas Wasser befeuchten, dann die Teigquadrate zu Dreiecken zusammenklappen und die Ränder festdrücken.
● Den Backofen auf 180° vorheizen.
● Das Backblech einfetten und die Piroschki darauflegen.
● Das Eigelb mit der Dosenmilch verquirlen* und die Fleischtaschen damit bepinseln. Auf der mittleren Schiene des Ofens in etwa 30 Minuten goldgelb backen.

Braucht etwas Zeit · Nicht ganz einfach

Piroschki altrussische Art

Die folgende Methode Hefeteig zuzubereiten ist für Piroggen und Piroschki geeignet. Man sollte sie aber nicht auf andere Rezepte übertragen.

Zutaten für 30 Stück:
Für den Teig: 750 g Mehl · ½ Teel. Salz · 40 g Hefe · 2 Teel. Zucker · ⅛ l lauwarme Milch · ¼ l lauwarmes Wasser
Für die Füllung: Salz · 50 g Reis · 2 Eier · 50 g gekochter Schinken · ½ Bund Petersilie · 1 Eßl. zerlassene Butter

Zum Bestreichen: 1 Eiweiß · 2 Eigelb
Für das Backblech: Öl
Pro Stück etwa 525 Joule/125 Kalorien

Zubereitungszeit: 1 Stunde
Zeit zum Gehenlassen: 1 Stunde
Backzeit: 20 Minuten

• Zwei Drittel des Mehls mit dem Salz in einer Schüssel mischen. Die Hefe dazubröckeln und den Zucker darüberstreuen. Die Milch mit dem Wasser mischen und gut die Hälfte der Flüssigkeit in die Schüssel gießen. Alles gut verrühren*. Nach und nach die restliche Flüssigkeit dazugeben und den Teig mit einem Kochlöffel schlagen, bis er Blasen wirft.
• Den Teig etwas hochheben, die Hälfte des restlichen Mehls auf den Schüsselboden geben und den Rest über den Teig streuen. Mit einem Tuch zugedeckt 45 Minuten an einem warmen Platz gehen lassen*.
• Gut ¼ l Salzwasser zum Kochen bringen und den Reis darin in 15 Minuten körnig garen, in ein Sieb abgießen und gut abtropfen lassen.
• Die Eier in 10 Minuten hart kochen, abkühlen lassen, schälen und feinhacken. Den Schinken in kleine Würfel schneiden. Die Petersilie waschen, trockentupfen und feinhacken.
• Den Reis mit den Eiern, dem Schinken und der Petersilie in einer Schüssel behutsam vermengen, die zerlassene Butter darüberträufeln.
• Den Hefeteig mit dem Mehl auf die Arbeitsfläche geben und geschmeidig kneten, dann zu einer Rolle formen und in 30 Stücke teilen.
• Die Arbeitsfläche mit Mehl bestäuben und die Teigstücke darauf nacheinander ½ cm dick rund ausrollen*. Die Reisfüllung gleichmäßig darauf verteilen. Die Teigränder mit Eiweiß bestreichen und so über die Füllung zusammenfalten, daß sie wie Hahnenkämme aussehen.
• Das Backblech einfetten*, die Piroschki daraufsetzen und zugedeckt 15 Minuten an einem

warmen Platz gehen lassen*.
• Den Backofen auf 200° vorheizen.
• Das Eigelb verquirlen*, die Piroschki damit bepinseln und die Küchlein auf der mittleren Schiene des Ofens 20 Minuten backen.

Braucht etwas Zeit · Nicht ganz einfach

Piroschki mit Bratwurstfülle

Zutaten für 25 Stück:
Für den Teig: ¼ l Milch · 50 g Butter · 25 g Hefe ·
1 Teel. Zucker · ½ Teel. Salz · 1 Ei · 500 g Mehl
Für die Füllung: 4 Frühlingszwiebeln · 1 Eßl. Öl ·
375 g rheinische Bratwurst oder Schweinswürstchen · 3 Eßl. Semmelbrösel
Zum Bestreichen: 1 Eiweiß · 2 Eigelb
Für das Backblech: Öl
Pro Stück etwa 715 Joule/170 Kalorien

Zubereitungszeit: 45 Minuten
Zeit zum Gehenlassen: 30 Minuten
Backzeit: etwa 20 Minuten

• Die Milch mit der Butter erwärmen und in eine Rührschüssel gießen. Die Hefe hineinbröckeln, den Zucker, das Salz, das Ei und einen kleinen Teil des Mehls hinzufügen, alles mit dem Schneebesen glattrühren. Das gesamte Mehl dazusieben* und mit dem Vorteig* kräftig verkneten. Den Teig mit einem Tuch zugedeckt an einem warmen Platz 30 Minuten gehen lassen*.
• Die Frühlingszwiebeln putzen, das Zwiebelgrün in feine Ringe, die Zwiebeln in kleine Würfel schneiden. Das Öl in einer Pfanne erhitzen und die Zwiebeln darin 5 Minuten bei mittlerer Hitze braten.
• Die Bratwurstmasse in eine Schüssel drücken,

die Semmelbrösel und die Zwiebeln dazugeben und alles gut vermengen.

- Das Backblech einfetten*. Den Backofen auf 200° vorheizen.
- Die Arbeitsfläche mit Mehl bestäuben und den Teig darauf etwa ½ cm dick ausrollen*. 25 Kreise von 10 cm Durchmesser ausstechen, (dazu eignet sich am besten der bemehlte Rand einer kleinen Glasschüssel), die Ränder mit Eiweiß bestreichen. Je 1 Teelöffel Füllung in die Mitte jedes Kreises geben. Die Teigflecken halbmondförmig zusammenklappen und die Ränder mit einer Gabel zusammendrücken.
- Die Piroschki auf das Blech legen. Das Eigelb verquirlen* und die Teigtäschchen damit bepinseln. Im Ofen auf der mittleren Schiene etwa 20 Minuten backen.

Unser Tip Wenn auf dem Markt keine Frühlingszwiebeln zu haben sind, können Sie stattdessen 2 Stangen Lauch und 2 Zwiebeln verwenden.

Braucht etwas Zeit

Fischpiroschki

Zutaten für 20 Stück:
Für den Teig: 350 g Mehl · 1 Prise Salz ·
1 Eigelb · 150 g Butter · 4 Eßl. eiskaltes Wasser
Für die Füllung: 1 Ei · knapp ½ l Wasser ·
¼ Teel. Salz · 1 Eßl. Kräuteressig · ½ Lorbeerblatt · 2 Pfefferkörner · 500 g festes Fischfilet ·
1 Zwiebel · 2 Eßl. Butter · 1 Bund Dill · Salz ·
weißer Pfeffer
Zum Bestreichen: 1 Eigelb
Für das Backblech: Butter
Pro Stück etwa 715 Joule/170 Kalorien

Zubereitungszeit: 45 Minuten
Ruhezeit: 1–2 Stunden
Backzeit: 15 Minuten

- Das Mehl mit dem Salz auf die Arbeitsfläche sieben*, in die Mitte eine Mulde drücken und das Eigelb hineingeben. Die Butter in Flöckchen auf den Mehlrand schneiden. Alle Zutaten mit einem Messer zerhacken, dann mit kühlen Händen unter Zugabe des Wassers zu einem geschmeidigen Teig verkneten*. Den Teig in Alufolie wickeln und 1–2 Stunden im Kühlschrank ruhen lassen.
- Das Ei in 10 Minuten hart kochen, abschrekken, schälen und feinhacken.
- Das Wasser mit dem Salz, dem Essig, dem Lorbeerblatt und den Pfefferkörnern zum Kochen bringen. Das Fischfilet in dem Sud 8 Minuten bei schwacher Hitze ziehen lassen, dann aus der Flüssigkeit nehmen, erkalten lassen und kleinschneiden.
- Die Zwiebel schälen und feinhacken. Die Butter in einem Pfännchen erhitzen und die Zwiebeln darin glasig braten.
- Den Dill waschen, trockenschleudern und kleinschneiden. Das zerkleinerte Fischfilet vorsichtig mit dem Ei, der Zwiebel und dem Dill vermengen, mit Salz und Pfeffer abschmecken.
- Das Backblech einfetten*. Den Backofen auf 200–220° vorheizen.
- Die Arbeitsfläche mit Mehl bestäuben und den Teig darauf etwa 3 mm dick ausrollen*. Aus der Teigplatte 20 Scheiben von 8 cm Durchmesser ausstechen. In die Mitte jeder Scheibe 1 Eßlöffel Fischmasse geben. Die Ränder mit Wasser befeuchten, die Scheiben zusammenklappen und die Ränder mit einer Gabel gut andrücken und dann auf das Backblech setzen.
- Das Eigelb verquirlen und die Fischtaschen damit bestreichen. Auf der mittleren Schiene des Ofens in etwa 15 Minuten goldgelb backen. Heiß servieren.

Ganz einfach

Krim-Piroschki

Zutaten für 10 Stück:
300 g Blätterteig, tiefgefroren oder selbstbereitet
(Rezept Seite 240) · 50 g abgezogene Mandeln ·
1 Fleischtomate · 200 g Jagdwurst · 200 g Brat-
wurstfülle · edelsüßes Paprikapulver · Salz ·
schwarzer Pfeffer
Zum Bestreichen: 1 Eigelb
Pro Stück etwa 905 Joule/215 Kalorien

Zubereitungszeit: 30 Minuten
Ruhezeit: 15 Minuten
Backzeit: etwa 25 Minuten

• Den Blätterteig nach Vorschrift auf der Pakkung auftauen lassen.
• Die Mandeln grobhacken. Die Tomate brühen, häuten* und in kleine Würfel schneiden,
dabei den Stengelansatz entfernen. Die Jagdwurst kleinwürfeln.
• Die Bratwurstfülle mit den Mandeln, der
Jagdwurst, und den Tomatenwürfeln locker vermengen. Mit dem Paprikapulver, Salz und Pfeffer würzig abschmecken.
• Den Blätterteig ausrollen* und in 10 gleich
große Quadrate schneiden. Die Füllung auf die
Mitte der Teigplatten verteilen. Die Teigquadrate
zur Mitte hin briefumschlagförmig zusammenklappen und in der Mitte gut zusammendrücken.
• Das Eigelb mit etwas Wasser verquirlen* und
die Teigtaschen damit bepinseln.
• Das Backblech mit kaltem Wasser abspülen,
die Piroschki darauflegen und 15 Minuten ruhen
lassen.
• Den Backofen auf 200° vorheizen.
• Die Krim-Piroschki auf der mittleren Schiene
in etwa 25 Minuten goldbraun backen. Heiß servieren. Dazu schmeckt Knoblauchmayonnaise.

Braucht etwas Zeit

Anchovistaschen mit Knoblauch

Zutaten für 20 Stück:
Für den Teig: 350 g Mehl · 1 Prise Salz ·
1 Eigelb · 150 g Butter · 4 Eßl. eiskaltes Wasser
Für die Füllung: 4 Knoblauchzehen · je ½ Bund
Schnittlauch und Petersilie · 150 g weiche Butter ·
20 aufgerollte Anchovisfilets in Öl aus der Dose
Zum Bestreichen: 1 Eigelb
Für das Backblech: Butter
Pro Stück etwa 860 Joule/205 Kalorien

Zubereitungszeit: 35 Minuten
Ruhezeit: 1–2 Stunden
Backzeit: 10–15 Minuten

• Das Mehl mit dem Salz auf die Arbeitsfläche
sieben*, in die Mitte eine Mulde drücken und
das Eigelb hineingeben. Die Butter in Flöckchen
auf den Mehlrand schneiden. Alle Zutaten mit
einem Messer zerhacken, dann mit kühlen Händen unter Zugabe des Wassers zu einem
geschmeidigen Teig kneten*. Den Teig in Alufolie wickeln und 1–2 Stunden im Kühlschrank
ruhen lassen.
• Die Knoblauchzehen schälen und durch die
Presse in eine kleine Schüssel drücken. Den
Schnittlauch und die Petersilie waschen, trokkenschleudern und kleinschneiden, mit der weichen Butter in die Schüssel geben. Alles mit einer
Gabel gut verkneten*. Die Knoblauchbutter
zugedeckt in den Kühlschrank stellen.
• Das Backblech einfetten*. Den Backofen auf
220° vorheizen.
• Die Arbeitsfläche mit Mehl bestäuben und
den Teig darauf 3 mm dick ausrollen*. Aus der
Teigplatte 20 Scheiben von 8 cm Durchmesser
ausstechen. Auf jede Scheibe in die Mitte ein

aufgerolltes Anchovisfilet setzen und mit 1 Löffel Knoblauchbutter bedecken. Die Ränder mit Wasser bestreichen und die Teigscheiben zu Taschen zusammenklappen. Die Ränder mit einer Gabel fest zusammendrücken. Die Anchovistaschen auf das Blech legen.
• Das Eigelb verquirlen und die Taschen damit bepinseln. Auf der mittleren Schiene des Ofens in 10–15 Minuten goldbraun backen.

Ganz einfach

Pinneberger Röllchen

Zutaten für 10 Stück:
300 g Blätterteig, tiefgefroren oder selbstbereitet (Rezept Seite 240) · 250 g festes Fischfilet ·
1 Bund Dill · 100 g dicke saure Sahne oder Crème fraîche · 2 Eigelb · 2 Eßl. trockener Weißwein ·
Salz · weißer Pfeffer · 175 g Krabben
Zum Bestreichen: 1 Eigelb · 1 Eßl. Dosenmilch
Pro Stück etwa 610 Joule/145 Kalorien

Zubereitungszeit: 35 Minuten
Backzeit: etwa 15 Minuten

• Den tiefgefrorenen Blätterteig nach Vorschrift auf der Packung auftauen lassen.
• Das Fischfilet von anhaftenden Häuten und Gräten sorgfältig befreien, waschen, mit Küchenkrepp trockentupfen und in Würfel schneiden. Den Dill waschen, trockenschleudern und kleinschneiden. Die Fischwürfel und den Dill im Mixer* pürieren, die Masse in eine Schüssel geben.
• Die saure Sahne oder die Crème fraîche mit dem Eigelb und dem Weißwein verquirlen* und unter das Fischpüree rühren. Mit Salz und Pfeffer abschmecken. Die Krabben unter die Mischung heben.

• Den Backofen auf 220° vorheizen.
• Die Arbeitsfläche mit Mehl bestäuben und den Blätterteig darauf zu einem etwa 45 × 25 cm großen Rechteck ausrollen*. Die Teigplatte von der Breitseite her in 10 gleich große Streifen schneiden und die Fischfüllung in die Mitte darauf verteilen. Die Teigstreifen locker aufrollen.
• Das Backblech mit kaltem Wasser abspülen, die Röllchen daraufsetzen.
• Das Eigelb mit der Dosenmilch verquirlen* und die Röllchen vorsichtig damit bepinseln. Auf der mittleren Schiene des Ofens in etwa 15 Minuten goldgelb backen. Warm servieren.

Ganz einfach

Fischrissolen

Zutaten für 10 Stück:
300 g tiefgefrorener Blätterteig · 200 g geräucherte Sprotten · 100 g Roquefortkäse
Zum Bestreichen: 1 Eiweiß
Zum Wenden: 1 Ei · Semmelbrösel
Zum Ausbacken: 1 l Öl oder 750 g Kokosfett
Pro Stück etwa 755 Joule/180 Kalorien

Zubereitungszeit: 40 Minuten
Fritierzeit: 7 Minuten pro Einlage

• Den Blätterteig nach Vorschrift auf der Packung auftauen lassen.
• Die Sprotten sorgfältig häuten und entgräten. Die Filets in einer kleinen Schüssel mit einer Gabel zerdrücken. Den Roquefortkäse durch ein Sieb dazupassieren. Beides gut vermengen und kühl stellen.
• Die Arbeitsfläche mit Mehl bestäuben. Die Teigplatten aufeinanderlegen und zu einem 50 × 20 cm großen Rechteck ausrollen*. Die Platte in 10 Quadrate schneiden und die Füllung

darauf verteilen. Die Ränder der Teigquadrate mit verquirltem Eiweiß bestreichen. Die Scheiben zusammenklappen und die Ränder gut zusammendrücken.

● Das Fett in einem großen Topf oder der Friteuse auf 180° erhitzen.

● Das Ei mit etwas Wasser verquirlen* und die gefüllten Taschen zuerst darin, dann in Semmelbrösel wenden.

● Die Rissolen portionsweise im heißen Fett etwa 7 Minuten backen; nach der halben Fritierzeit mit einem Schaumlöffel wenden.

● Die Fischrissolen herausheben, auf Küchenkrepp abtropfen lassen und heiß servieren.

Schnell · Ganz einfach

Bunte Minipizzen mit Fisch

Der Plural von Pizza ist zweifellos Pizze, für unsere Ohren etwas ungewöhnlich. Zwischen den gebräuchlicheren Bezeichnungen Pizzas und Pizzen entschieden wir uns für die letztere.

Zutaten für 10 Pizzen:
300 g tiefgefrorener Blätterteig · je etwa
50 g Thunfisch und Ölsardinen aus der Dose ·
1 Zwiebel · 1 Knoblauchzehe · 5 kleine Tomaten ·
Salz · schwarzer Pfeffer · getrockneter Rosmarin
und Thymian · 1 Eßl. Kapern · 5 gefüllte Oliven ·
100 g geriebener Emmentaler Käse
Pro Pizza etwa 965 Joule/230 Kalorien

Zubereitungszeit: 15 Minuten
Backzeit: 15 Minuten

● Den Blätterteig nach Vorschrift auf der Pakkung auftauen lassen. Den Thunfisch und die

Ölsardinen abtropfen lassen, dabei das Öl auffangen. Die Zwiebel schälen und feinhacken, die Knoblauchzehe schälen und in feine Scheiben schneiden.

● Das aufgefangene Öl in einer kleinen Pfanne heiß werden lassen und die Zwiebel und die Knoblauchzehe darin hellgelb braten.

● Die Tomaten waschen, abtrocknen, halbieren und die Kerne mit einem Teelöffel herausnehmen. Die Tomaten mit Salz, Pfeffer, Rosmarin, Thymian und der Zwiebelmischung würzen.

● Das Backblech mit kaltem Wasser abspülen. Den Backofen auf 250° vorheizen.

● Die Blätterteigscheiben halbieren und auf das Blech legen. Die Tomatenhälften mit der Öffnung nach oben auf je 1 Teigscheibe legen.

● Den zerpflückten Thunfisch und die Kapern auf 5 Tomaten verteilen, die zerkleinerten Sardinen und die halbierten Oliven auf die restlichen 5 Tomaten legen. Alle Pizzen mit dem geriebenen Käse bestreuen und auf der mittleren Schiene des Ofens 15 Minuten backen. Heiß aus dem Ofen servieren.

Etwas teurer · Braucht etwas Zeit

Tatar-Taschen

Zutaten für 25 Stück:
Für den Teig: 500 g Mehl · 30 g Hefe · 1 Teel.
Zucker · knapp ¼ l lauwarme Milch · 4 Eßl. Öl ·
1 Teel. Salz
Für die Füllung: 2 Eier · 350 g Zwiebeln ·
50 g Butter · 500 g Tatar · je ½ Bund Petersilie
und Dill · Salz · Cayennepfeffer · schwarzer
Pfeffer
Zum Bestreichen: 1 Eiweiß · 1 Eigelb ·
2 Eßl. Milch
Für das Backblech: Butter
Pro Stück etwa 650 Joule/155 Kalorien

Zubereitungszeit: 45 Minuten
Zeit zum Gehenlassen: 1 Stunde und 15 Minuten
Backzeit: etwa 20 Minuten

• Das Mehl in eine Schüssel sieben*, in die Mitte eine Vertiefung drücken. Die Hefe in die Mulde bröckeln und mit dem Zucker, der Hälfte der Milch und etwas Mehl zu einem Vorteig* verrühren. Mit einem Tuch zugedeckt an einem warmen Platz 15 Minuten gehen lassen*.
• Die restliche Milch, das Öl und das Salz hinzufügen. Alles gut verkneten* und so lange schlagen, bis sich der Teig vom Schüsselrand löst und Blasen wirft.
• Den Teig wieder zudecken und an einem warmen Platz etwa 40 Minuten gehen lassen, bis er das doppelte Volumen erreicht hat.
• Die Eier in 10 Minuten hart kochen, abschrecken, schälen und erkalten lassen. Die Zwiebeln schälen und feinhacken.
• Die Butter in einer Pfanne erhitzen und die Zwiebeln darin glasig braten. Das Tatar dazugeben und unter öfterem Wenden braun und krümelig braten. Die Mischung in eine Schüssel geben und abkühlen lassen.
• Die Petersilie und den Dill waschen, trockenschleudern und feinhacken. Die Eier kleinschneiden. Die Kräuter und die Eier zu der Fleischmischung geben und alles mit einer Gabel gut verkneten. Mit Salz, Cayennepfeffer und schwarzem Pfeffer kräftig abschmecken.
• Das Backblech einfetten*. Den Backofen auf 220° vorheizen.
• Die Arbeitsfläche mit Mehl bestäuben und den Hefeteig darauf knapp 1 cm dick ausrollen*. Aus der Teigplatte 25 Scheiben von etwa 10 cm Durchmesser ausstechen. Die Ränder mit dem Eiweiß bestreichen. In die Mitte jeder Scheibe 1 Häufchen Füllung geben, die Teigplatten zu Taschen zusammenklappen und die Ränder fest andrücken. Auf das Blech legen.

• Das Eigelb mit der Milch verquirlen, die Tatar-Taschen damit bepinseln und weitere 20 Minuten gehen lassen*.
• Die Tatar-Taschen auf der mittleren Schiene des Ofens in etwa 20 Minuten goldbraun backen. Heiß servieren.

Braucht etwas Zeit · Nicht ganz einfach

Kurländer Speckkuchen

Frisch aus dem Ofen schmecken die kleinen Kuchen am besten als Imbiß zu Bier oder Wein. Hervorragend geeignet als Grundlage vor großen feucht-fröhlichen Festen.

Zutaten für 25 Stück:
Für den Teig: 500 g Mehl · 40 g Hefe · ½ Teel. Zucker · knapp ¼ l lauwarme Milch · ⅛ l Öl · 1 Ei · Salz
Für die Füllung: 200 g durchwachsener Speck · 1 große Zwiebel · 1 Bund Petersilie · grobgemahlener schwarzer Pfeffer
Zum Bestreichen: 1 Eiweiß · 1 Eigelb · 1 Teel. Dosenmilch
Für das Backblech: Öl
Pro Stück etwa 715 Joule/170 Kalorien

Zubereitungszeit: 45 Minuten
Zeit zum Gehenlassen: 50 Minuten
Backzeit: 20 Minuten

• Das Mehl in eine Schüssel sieben*, in die Mitte eine Mulde drücken und die Hefe hineinbröckeln. Den Zucker darüberstreuen und die Hefe mit 4 Eßlöffeln Milch und etwas Mehl zu einem Vorteig* verrühren. Zugedeckt an einem warmen Platz 15 Minuten gehen lassen*.

- Die restliche Milch, das Öl, das Ei und Salz dazugeben. Alles gut verkneten* und den Teig so lange schlagen, bis er Blasen wirft und sich vom Schüsselrand löst.
- Den Teig zugedeckt an einem warmen Platz so lange gehen lassen, bis er das doppelte Volumen erreicht hat; das dauert etwa 35 Minuten.
- Den Speck in kleine Würfel schneiden. Die Zwiebel schälen und ebenfalls in kleine Würfel schneiden. Die Petersilie waschen, trockenschleudern und feinhacken.
- Den Speck in einer Pfanne mit der Zwiebel glasig braten. Mit der Petersilie und dem Pfeffer würzen.
- Den Hefeteig ½ cm dick ausrollen*. Mit einem Glas von etwa 10 cm Durchmesser kleine Fladen ausstechen*. In die Mitte jeweils 1 Häufchen Füllung geben.
- Das Eiweiß leicht verquirlen und die Teigränder damit bestreichen. Die Fladen zu Halbmonden zusammenklappen und die Ränder mit einer Gabel fest zusammendrücken.
- Den Backofen auf 200° vorheizen. Das Backblech einfetten* und die Speckkuchen darauflegen.
- Das Eigelb mit der Dosenmilch verquirlen und die Kuchen damit bestreichen. Die Speckkuchen auf der mittleren Schiene des Ofens in 20 Minuten goldgelb backen.

Ganz einfach

Wildpastetchen

Zutaten für 10 Stück:
300 g Blätterteig, tiefgefroren oder selbstbereitet (Rezept Seite 240) · 250 g Wildbratenreste · 100 g Champignons · ½ Bund Petersilie · 2 Eßl. Butter · 1 Eßl. Mehl · 5 Eßl. saure Sahne · 1–2 Eßl. Johannisbeergelee · 1 Prise getrockneter

Thymian · Salz · Pfeffer
Zum Bestreichen: 2 Eigelb · 1 Eßl. Dosenmilch
Pro Stück etwa 735 Joule/175 Kalorien

Zubereitungszeit: 30 Minuten
Ruhezeit: 15 Minuten
Backzeit: etwa 25 Minuten

- Den tiefgefrorenen Blätterteig nach Vorschrift auf der Packung auftauen lassen.
- Die Wildbratenreste feinwürfeln. Die Champignons putzen, waschen und kleinschneiden. Die Petersilie waschen, trockenschleudern, von groben Stengeln befreien und feinhacken.
- Die Butter in einem Topf erhitzen und die Bratenwürfel und die Champignons darin anbraten. Das Mehl darüberstäuben und die saure Sahne einrühren. Alles dick einköcheln lassen. Das Ragout mit dem Johannisbeergelee, dem Thymian, der Petersilie, Salz und Pfeffer würzen. Die Masse abkühlen lassen.
- Den Blätterteig ausrollen* und in 10 gleich große Vierecke schneiden. Auf jede Teigplatte 1–2 Eßlöffel Füllung geben. Die Blätterteigquadrate zusammenklappen und die Ränder mit den Zinken einer Gabel zusammendrücken.
- Das Eigelb mit der Dosenmilch verquirlen und die Teigtaschen damit dick bestreichen.
- Das Backblech mit kaltem Wasser abspülen, die Pastetchen darauflegen und 15 Minuten ruhen lassen.
- Den Backofen auf 200° vorheizen.
- Die Wildpastetchen auf der mittleren Schiene in etwa 25 Minuten goldbraun backen. Heiß mit Preiselbeerkonfitüre oder Cumberlandsauce servieren.

Preiswert · Nicht ganz einfach

Brasilianische Empanadas

Die scharf gewürzten pikanten Pastetchen werden als Vorspeise zu einem Aperitif gereicht. Zu einem Glas Bier schmecken sie auch recht fein.

Zutaten für 40 Stück:
600 Blätterteig, tiefgefroren oder selbstbereitet
(Rezept Seite 240) · 4 Eßl. Rosinen · 2 Eier ·
1 große Zwiebel · 50 g durchwachsener Speck ·
1 Eßl. Butter · 200 g Rinderhackfleisch · Salz ·
schwarzer Pfeffer · Rosenpaprikapulver ·
Nelkenpfeffer · je 1 grüne und rote frische
Paprikaschote · 10 gefüllte Oliven
Zum Bestreichen: 2 Eigelb
Pro Stück etwa 230 Joule/55 Kalorien

Zubereitungszeit: 35 Minuten (ohne Auftauzeit)
Backzeit: 20 Minuten

• Den tiefgefrorenen Blätterteig nach Vorschrift auf der Packung auftauen. Die Rosinen waschen und auf Küchenkrepp trocknen. Die Eier in 10 Minuten hart kochen, abschrecken, schälen und grobhacken. Die Zwiebel schälen und grobwürfeln. Den Speck in kleine Würfel schneiden.
• Die Butter in einer Pfanne erhitzen und die Zwiebeln und den Speck darin glasig braten. Das Hackfleisch dazugeben und unter Rühren gut durchbraten. Mit Salz, Pfeffer, Paprikapulver und Nelkenpfeffer kräftig abschmecken. 3 Eßlöffel Wasser über das Fleischgemisch gießen. Die Pfanne vom Herd nehmen.
• Die Paprikaschoten waschen, abtrocknen, entkernen und kleinschneiden. Die Oliven grobhakken. Beides mit den Eiern und den Rosinen in die Fleischmasse mengen.
• Den Backofen auf 220° vorheizen.

• Die Arbeitsfläche mit Mehl bestäuben und den Blätterteig darauf gut messerrückendick ausrollen*. Aus der Teigplatte etwa vierzig 10 × 10 cm große Quadrate schneiden. Die Ränder mit Wasser befeuchten. Die Fleischfüllung jeweils auf die Hälfte der Teigquadrate verteilen, die andere Hälfte darüberschlagen und gut andrücken.
• Das Backblech mit kaltem Wasser abspülen und die Fleischtaschen darauflegen. Auf der mittleren Schiene in 20 Minuten backen.

Preiswert · Schnell · Ganz einfach

Traminer Türtlen

Die herzhaften Törtchen werden in Südtirol heiß zu jungem Wein serviert. Ein kühles frisches Glas Bier schmeckt auch dazu.

Zutaten für 4 Tortelettformen von etwa 10 cm Ø :
Für den Teig: 250 Roggenmehl · 1 Ei · Salz ·
100 g Butter · 4–6 Eßl. Milch
Für die Füllung: 100 g durchwachsener Speck im
Stück · 50 g Hartwurst im Stück · 100 g würziger
Hartkäse im Stück · 250 g Sauerkraut, bereits
gekocht · 8 Eßl. saure Sahne · 1 Eigelb · Salz ·
Pfeffer · edelsüßes Paprikapulver
Für die Förmchen: Butter
Pro Türtlen etwa 1 135 Joule/270 Kalorien

• Das Roggenmehl auf die Arbeitsfläche sieben*, in die Mitte eine Mulde drücken und das Ei und etwas Salz hineingeben. Die Butter in Flöckchen auf den Mehlrand schneiden. Alles mit dem Messer durchhacken. So viel Milch hinzufügen, daß sich ein krümeliger Teig kneten* läßt.
• Die Förmchen einfetten*. Den Backofen auf 220° vorheizen.

- Den Krümelteig auf den Boden und an den Rand der Förmchen drücken und im Ofen auf der mittleren Schiene 10–15 Minuten backen.
- Den Speck und die Wurst in feine Streifen schneiden, den Käse feinwürfeln. Alles mischen, das Sauerkraut auf die vorgebackenen Türtlen verteilen, die Speckmischung darüberstreuen.
- Die saure Sahne mit dem Eigelb verquirlen* und mit Salz, Pfeffer und Paprika abschmecken.
- Die gewürzte Sahne über die gefüllten Törtchen gießen und im Ofen auf der mittleren Schiene in 10 Minuten goldbraun überbacken.

Braucht etwas Zeit · Nicht ganz einfach

Schinkenkipferl

Zutaten für 15 Stück:
Für den Teig: 350 g Mehl · 250 g kalte Butter ·
250 g Magerquark · Salz · 1 Teel. edelsüßes
Paprikapulver · 1 Ei · 1 Eigelb
Für die Füllung: 250 g gekochter Schinken ·
1 Bund Petersilie · 2 Eßl. saure Sahne
Zum Bestreichen: 1 Eigelb
Für das Backblech: Butter
Pro Stück etwa 1 195 Joule/285 Kalorien

Zubereitungszeit: 45 Minuten
Ruhezeit: 1 Stunde
Backzeit: 15–20 Minuten

- Das Mehl auf die Arbeitsfläche sieben*, die Butter in Flöckchen dazuschneiden. Beides mit einem Messer bröselig hacken. Den Quark, Salz, das Paprikapulver, das Ei und das Eigelb dazugeben und alles schnell mit kühlen Händen zu einem glatten Teig kneten*. Den Teig in Alufolie 1 Stunde im Kühlschrank ruhen lassen.
- Den Schinken kleinschneiden. Die Petersilie waschen, trockenschleudern und feinhacken.

- Das Backblech einfetten*. Den Backofen auf 220° vorheizen.
- Die Arbeitsfläche mit Mehl bestäuben und den Teig darauf etwa 3 mm dick ausrollen*. Aus der Teigplatte langschenklige Dreiecke ausschneiden.
- Den Schinken mit der Petersilie und der Sahne mischen und jeweils 1 Häufchen Füllung auf die Mitte der Dreiecke setzen. Die Teigdreiecke von der Breitseite zur Spitze hin aufrollen und zu Hörnchen biegen.
- Die Hörnchen auf das Blech legen. Das Eigelb mit etwas Wasser verquirlen* und das Gebäck damit bepinseln. Im Ofen auf der mittleren Schiene 15–20 Minuten backen. Nach 5 Minuten Backzeit die Hitze auf 180° zurückschalten.
- Die Kipferl vom Blech nehmen und auf einem Kuchengitter etwas abkühlen lassen*. Warm oder kalt servieren.

Preiswert · Nicht ganz einfach

Spinattaschen

Zutaten für 24 Stück:
Für den Teig: 250 g Mehl · 1 Prise Salz · 1 Ei ·
50 g weiche Butter · 1/10 l lauwarmes Wasser
Für die Füllung: 600 g junger Spinat ·
2 Frühlingszwiebeln · 3 Eßl. Öl · 175 g frischer
Schafkäse · 1 Teel. Salz · je 1 gute Prise weißer
Pfeffer und geriebene Muskatnuß · 2 Eier
Zum Bestreichen: 1 Eiweiß · 1 Eigelb · 1 Eßl. Öl
Zum Bestreuen: 1 Eßl. Sesamsamen
Für das Backblech: Öl
Pro Stück etwa 525 Joule/125 Kalorien

Zubereitungszeit: 45 Minuten
Ruhezeit: 30 Minuten
Backzeit: etwa 25 Minuten

• Das Mehl in eine Schüssel sieben, in die Mitte eine Mulde drücken. Das Salz, das Ei, die Butter und das Wasser in die Vertiefung geben und alles schnell zu einem geschmeidigen Teig verkneten*.
• Den Teig mehrmals kräftig auf die Arbeitsfläche werfen und wieder durchkneten, bis er seidig glänzend ist. Den Strudelteig zu einer Kugel formen und unter einer angewärmten Schüssel 30 Minuten ruhen lassen.
• Den Spinat putzen, waschen und in einem Sieb abtropfen lassen. Die Frühlingszwiebeln putzen, waschen und in feine Ringe schneiden.
• Das Öl heiß werden lassen und die Zwiebeln darin hell anbraten. Den Spinat dazugeben und so lange bei mittlerer Hitze mitdünsten, bis die Spinatflüssigkeit verdampft ist, dabei ab und zu umrühren. Die Spinatmischung in eine Schüssel füllen und abkühlen lassen*.
• Die Arbeitsfläche mit Mehl bestäuben und den Strudelteig darauf zu einem 60 × 40 cm großen Rechteck ausrollen*. Aus der Teigplatte 24 Quadrate zu 10 × 10 cm ausschneiden.
• Das Backblech einfetten*. Den Backofen auf 200° vorheizen.
• Den Schafkäse zu dem Spinat in die Schüssel bröckeln und mit dem Salz, dem Pfeffer, dem Muskat und den Eiern unter den Spinat mischen. Die Spinatmasse auf die Mitte der Teigquadrate verteilen. Die Teigecken mit Eiweiß bestreichen und wie Briefumschläge über die Füllung übereinanderschlagen.
• Das Eigelb mit dem Öl verquirlen*, die Taschen damit bestreichen und mit dem Sesam bestreuen.
• Die Spinattaschen auf das Blech setzen und im Ofen auf der mittleren Schiene in etwa 25 Minuten goldbraun backen.

Schnell · Ganz einfach

Käsebiskuits

Zutaten für 30 Stück:
6 Eier · ⅛ l Sahne · 100 g Mehl · 1 Prise geriebene Muskatnuß · 150 g geriebener Emmentaler Käse · 1 Teel. Salz
Für das Backblech: Pergamentpapier · Butter
Pro Stück etwa 270 Joule/65 Kalorien

Zubereitungszeit: 25 Minuten
Backzeit: 15–20 Minuten

• Die Eier in Eiweiß und Eigelb trennen*.
• Das Eigelb mit der Sahne verquirlen*, das Mehl, die geriebene Muskatnuß und den Käse kräftig einrühren.
• Das Backblech mit Pergamentpapier auslegen und gut einfetten*. Den Backofen auf 200° vorheizen.
• Das Eiweiß mit dem Salz zu steifem Schnee schlagen* und unter die Eigelb-Käse-Masse heben.
• Die Biskuitmasse auf das Blech streichen. Das Papier am offenen Rand des Blechs hochfalzen, damit der Teig nicht herunterläuft.
• Die Teigplatte auf der mittleren Schiene des Ofens 15 bis 20 Minuten backen.
• Das Blech aus dem Ofen nehmen, den Biskuit auf die Arbeitsfläche stürzen und das Papier vorsichtig abziehen. Den Käsebiskuit in etwa 10 × 4 cm große Rechtecke schneiden. Warm servieren.

Unser Tip Reichen Sie die warmen Käsebiskuits als Vorspeise zum Aperitif. In kleine Quadrate oder Dreiecke aufgeschnitten schmecken sie gut als Suppeneinlage.

Bräucht etwas Zeit

Käsepastetchen

Zutaten für 20 Stück:
250 g Mehl · 200 g Magerquark · 200 g Butter ·
1 Teel. Salz · 1 Teel. edelsüßes Paprikapulver ·
150 g Schmelzkäse oder weicher Camembert ·
½ Bund Schnittlauch · ½ kleine rote Paprika-
schote · 1 kleine Essiggurke
Zum Bestreichen und Bestreuen: 1 Eiweiß ·
1 Eigelb · 1 Eßl. Dosenmilch · 1 Eßl. Kümmel
Für das Backblech: Butter
Pro Stück etwa 715 Joule/170 Kalorien

Zubereitungszeit: 30 Minuten
Ruhezeit: 3 Stunden
Backzeit: 25 Minuten

● Das Mehl auf die Arbeitsfläche sieben*, in die
Mitte eine Mulde drücken und den Quark hineingeben. Die Butter in Flöckchen auf den Mehlrand schneiden. Das Salz und das Paprikapulver
darüberstreuen. Alles mit einem Messer krümelig hacken, dann schnell mit kühlen Händen zu
einem glatten Teig verkneten*. Den Teig in Alufolie einwickeln und 3 Stunden im Kühlschrank
ruhen lassen.
● Den Käse in einer Schüssel cremig rühren.
Den Schnittlauch waschen, trockentupfen und
kleinschneiden. Die Paprikaschote putzen,
waschen und in kleine Würfel schneiden. Die
kleingeschnittenen Zutaten gut in die Käsecreme
mengen.
● Das Backblech einfetten*. Den Backofen auf
220° vorheizen.
● Die Arbeitsfläche mit Mehl bestäuben und
den Teig darauf nicht zu dünn ausrollen*. Aus
der Teigplatte mit einem Förmchen oder einem
bemehlten Glasrand 40 runde Plätzchen von
etwa 6–7 cm Durchmesser ausstechen. Auf
20 Plätzchen je 1 Häufchen Käsecreme in die

Mitte setzen. Die Teigränder mit Eiweiß bestreichen, die übrigen Plätzchen darüberlegen und
die Teigränder zusammendrücken.
● Das Eigelb mit der Dosenmilch verquirlen*
und die Pastetchen damit bestreichen, den Kümmel darüberstreuen.
● Die Käsepastetchen auf das Backblech legen
und im Ofen auf der mittleren Schiene in
25 Minuten goldbraun backen.

Preiswert · Ganz einfach

Käsehörnchen

Zutaten für etwa 10 Stück:
250 g Quark (20% Fettgehalt) · 6 Eßl. Milch ·
1 Ei · 1 Eigelb · Salz · 8 Eßl. Öl · 500 g Mehl ·
1 Päckchen Backpulver · etwa 10 Holländer- oder
Chester-Scheibletten · grobgemahlener schwarzer
Pfeffer
Zum Bestreichen: 1 Eiweiß · 1 Eigelb
Für das Backblech: Butter
Pro Stück etwa 1 575 Joule/375 Kalorien

Zubereitungszeit: 40 Minuten
Backzeit: etwa 20 Minuten

● Den Quark in einer großen Schüssel mit der
Milch, dem Ei, dem Eigelb, Salz und dem Öl
glattrühren.
● Das Mehl mit dem Backpulver sieben* und
nach und nach in die Quarkmasse rühren, den
Rest unterkneten*.
● Das Backblech einfetten*. Den Backofen auf
200° vorheizen.
● Die Arbeitsfläche mit Mehl bestäuben und
den Teig darauf 3–4 mm dick ausrollen*. Aus der
Teigplatte 10 etwa 15 cm große Quadrate schnei-
den. Auf jedes Quadrat eine etwas kleinere
Scheibe Käse legen und von einer Spitze her zu

Pfälzer Zwiebelbrote sind leicht zu backen und schmecken, frisch aufgeschnitten und mit Butter bestrichen, am besten. Rezept Seite 430.

Hörnchen aufrollen; die Spitzen mit Eiweiß bestreichen und gut andrücken.
• Die Hörnchen auf das Backblech legen. Das Eigelb verquirlen* und die Hörnchen damit bepinseln. Auf der mittleren Schiene in etwa 20 Minuten goldbraun backen. Frisch servieren.

Schnell · Ganz einfach

Französisches Käsegebäck

Zutaten für etwa 60 Stück:
75 g Roquefortkäse · 75 g weiche Butter ·
4 Eßl. Sahne · 1 Eßl. Cognac · 1 Prise Salz ·
1 Prise schwarzer Pfeffer · 125 g Mehl
Zum Bestreichen: 1 Eigelb
Zum Bestreuen: Paprikapulver · grobgemahlener schwarzer Pfeffer
Für das Backblech: Butter
Pro Stück etwa 125 Joule/30 Kalorien

Zubereitungszeit: 25 Minuten
Ruhezeit: 30 Minuten
Backzeit: 10 Minuten pro Blech

• Den Käse in einer Schüssel mit einer Gabel zerdrücken. Die Butter, die Sahne, den Cognac, das Salz und den Pfeffer hinzufügen und alles cremig rühren. Das Mehl dazusieben* und mit der Crememasse gut verkneten*. Den Teig zugedeckt 30 Minuten im Kühlschrank ruhen lassen.
• Das Blech einfetten*. Den Backofen auf 180° vorheizen.
• Die Arbeitsfläche mit Mehl bestäuben und den Teig darauf etwa 2 mm dick ausrollen*. Mit einem gezackten Förmchen oder einem Glas Plätzchen von etwa 4 cm Durchmesser ausstechen und auf das Blech legen.

• Das Eigelb verquirlen*, die Plätzchen damit bepinseln, einen Teil mit Paprikapulver überpudern, die anderen Plätzchen mit grobgemahlenem Pfeffer bestreuen. Die Plätzchen auf der mittleren Schiene des Ofens 10 Minuten backen.
• Das Gebäck vom Blech nehmen und auf einem Kuchengitter auskühlen lassen.

Braucht etwas Zeit · Ganz einfach

Käse-Windbeutelchen

Bild Seite 237

Zutaten für 16 Stück:
Für den Teig: ¼ l Wasser · 1 Prise Salz · 1 Messerspitze geriebene Muskatnuß · 100 g Butter ·
175 g Mehl · 4 Eier
Für die Füllung: 300 g Doppelrahm-Frischkäse ·
1 Eßl. Cognac · Saft von ½ Zitrone · 1 Messerspitze Cayennepfeffer · ⅛ l Sahne · je ½ Bund Schnittlauch und Dill · 5 Walnußkerne · grobgemahlener schwarzer Pfeffer · je 1 gehäufter Eßl. schwarzer und roter Kaviar
Für das Backblech: Butter · Mehl
Pro Stück etwa 925 Joule/220 Kalorien

Zubereitungszeit: 40 Minuten
Backzeit: etwa 15 Minuten

• Das Wasser mit dem Salz, dem Muskat und der Butter zum Kochen bringen. Das Mehl auf ein Stück Pergamentpapier sieben*, auf einmal hineinschütten und so lange rühren, bis sich der Teig als Kloß vom Topf löst.
• Den Teig in eine Schüssel geben, abkühlen lassen und die Eier nacheinander unterrühren.
• Das Backblech einfetten* und mit Mehl bestäuben*. Den Backofen auf 180° vorheizen.
• Mit einem bemehlten Teelöffel 16 kleine

◁ Piroschki werden heiß oder kalt als Vorspeise gegessen. Rezept Seite 400.

Häufchen vom Teig abstechen und auf das Blech setzen, oder mit dem Spritzbeutel* daraufspritzen, auf der mittleren Schiene 15 Minuten backen.
• Den Frischrahmkäse mit dem Cognac, dem Zitronensaft und dem Cayennepfeffer cremig rühren. Die Sahne steif schlagen und unter die Käsecreme ziehen.
• Den Schnittlauch und den Dill waschen, trockentupfen und kleinschneiden. Die Walnüsse grobhacken.
• Die Käsecreme in 4 Portionen teilen. Je 1 Teil mit Kräutern, den nächsten mit den Nüssen und dem schwarzen Pfeffer, den dritten mit dem schwarzen und den letzten mit dem roten Kaviar mischen.
• Die noch warmen Windbeutelchen quer durchschneiden und je 4 mit einer Käsecreme füllen. Die Deckelchen daraufsetzen.

Ganz einfach

Roquefort-Torteletts

Zutaten für 12 Tortelettförmchen von 8 cm Ø :
Für den Teig: 250 g Mehl · 1 Prise Salz ·
125 g Butter · 3 Eßl. eiskaltes Wasser
Für die Füllung: 150 g Roquefortkäse · 150 g weiche Butter · 1 Teel. edelsüßes Paprikapulver ·
1 Eßl. Cognac
Zum Garnieren: 36 Walnußkernhälften
Für die Förmchen: Butter
Pro Stück etwa 2 205 Joule/525 Kalorien

Zubereitungszeit: 30 Minuten
Ruhezeit: 30 Minuten
Backzeit: etwa 25 Minuten

• Das Mehl mit dem Salz auf die Arbeitsfläche sieben*. Die Butter in Flöckchen darüberschneiden. Alles mit einem Messer krümelig hacken,

dann mit kühlen Händen zu einem glatten Teig kneten*, dabei das Wasser hinzufügen. Den Teig in Alufolie wickeln und 30 Minuten im Kühlschrank ruhen lassen.
• Den Roquefortkäse in einer Schüssel mit der Gabel zerdrücken. Die Butter dazugeben und gut mit dem Käse verkneten*, das Paprikapulver und den Cognac einmengen. Die Käsecreme kühl stellen.
• Den Backofen auf 220° vorheizen.
• Die Arbeitsfläche mit Mehl bestäuben und den Teig darauf 2–3 mm dick ausrollen*. Die Förmchen einfetten* und mit dem Teig auslegen. Auf der mittleren Schiene des Ofens in etwa 25 Minuten goldgelb backen.
• Die Törtchen auf ein Kuchengitter stürzen und auskühlen lassen.
• Die Torteletts mit der Käsecreme füllen und mit den Walnußhälften garnieren.

Ganz einfach

Käsetörtchen

Zutaten für 12 Törtchenformen von etwa 8 cm Ø :
Für den Teig: 250 g Mehl · 1 kleines Ei ·
2 Eßl. saure Sahne · 1 Prise Salz · 125 g Butter
Für die Füllung: je 150 g Emmentaler, Greyerzer und Gouda-Käse im Stück · 3 Eier · gut ⅛ l saure Sahne · weißer Pfeffer · geriebene Muskatnuß
Für die Förmchen: Butter
Pro Stück etwa 2 060 Joule/490 Kalorien

Zubereitungszeit: 35 Minuten
Ruhezeit: 30 Minuten
Backzeit: 25 Minuten

• Das Mehl auf die Arbeitsfläche sieben*, in die Mitte eine Mulde drücken und das Ei, die saure Sahne und das Salz hineingeben. Die Butter in

Flöckchen auf den Mehlrand schneiden. Alles mit einem Messer krümelig hacken, dann mit kühlen Händen zu einem glatten Teig kneten*. Den Teig in Alufolie wickeln und 30 Minuten im Kühlschrank ruhen lassen.

• Den Käse in sehr kleine Würfel schneiden. Die Eier in einer Schüssel verquirlen*, die saure Sahne und die Käsewürfel einrühren und mit Pfeffer und geriebener Muskatnuß würzen.

• Die Förmchen einfetten*. Den Backofen auf 200° vorheizen.

• Die Arbeitsfläche mit Mehl bestäuben und den Teig darauf 2–3 mm dick ausrollen*. Aus der Teigplatte entsprechend große Scheiben ausstechen* und die Förmchen ganz damit auslegen, die Ränder gut andrücken. Die Käsemasse bis zum Rand in die Förmchen füllen. Die Törtchen auf der mittleren Schiene des Ofens 25 Minuten backen.

• Die Käsetörtchen aus den Formen stürzen und heiß servieren.

Ganz einfach

Chesterstangen

Zutaten für etwa 75 Stück:
150 g Mehl · ½ Teel. edelsüßes Paprikapulver · je 1 gute Prise weißer Pfeffer, geriebene Muskatnuß und Salz · 100 g geriebener Chesterkäse · 100 g geriebener Parmesankäse · 1 Eigelb · 150 g Butter
Zum Bestreichen: 1 Eigelb
Für das Backblech: Butter
Pro Stück etwa 145 Joule/35 Kalorien

Zubereitungszeit: 35 Minuten
Ruhezeit: 2 Stunden
Backzeit: etwa 10 Minuten pro Blech

• Das Mehl mit dem Paprikapulver, dem Pfeffer, der Muskatnuß und dem Salz mischen und auf die Arbeitsfläche geben. In die Mitte eine Mulde drücken, den Chesterkäse, den Parmesankäse und das Eigelb hineingeben. Die Butter in Flöckchen auf den Mehlrand schneiden. Alles mit einem Messer bröselig hacken und dann mit kühlen Händen zu einem glatten Teig kneten*. Den Teig in Alufolie wickeln und 2 Stunden im Kühlschrank ruhen lassen.

• Das Backblech einfetten*. Den Backofen auf 200–210° vorheizen.

• Die Arbeitsfläche mit Mehl bestäuben und den Teig darauf 4 mm dick ausrollen*. Aus der Teigplatte 1 cm breite und 10 cm lange Streifen schneiden und auf das Backblech legen.

• Das Eigelb mit etwas Wasser verquirlen* und die Chesterstangen damit bestreichen. Im Ofen auf der mittleren Schiene in etwa 10 Minuten goldgelb backen.

• Das Käsegebäck mit einem breiten Messer vom Blech heben und möglichst noch warm servieren.

Unser Tip Aus dem gleichen Teig können Sie gefüllte Plätzchen herstellen. Dazu wird der Teig nur knapp 3 mm dick ausgerollt und zu Plätzchen von 6 cm Durchmesser ausgestochen. 100 g Chesterkäse werden mit 1 Eßlöffel Butter und 1 Eßlöffel Sahne glattgerührt, mit Gewürzen abgeschmeckt und auf die Hälfte der gebackenen Plätzchen gestrichen. Die unbestrichenen Plätzchen werden daraufgesetzt.

Braucht etwas Zeit

Tantchens Käsestangen

Tantchens Käsestangen sind eigentlich Stängelchen, weil Tantchen meint, das wäre ergiebiger. Wie dem auch sei, das Gebäck ist köstlich und weil sie es im Tiefkühlgerät hortet, immer vorrätig.

Zutaten für 50 Stück:
100 g Mehl · 100 g geriebener Emmentaler Käse ·
100 g kalte Butter · ½ Teel. Salz
Zum Bestreichen: 1 Eigelb · 1 Eßl. Milch
Pro Stück etwa 145 Joule/35 Kalorien

Zubereitungszeit: 35 Minuten
Ruhezeit: 2 Stunden
Backzeit: 7 Minuten pro Blech

• Das Mehl auf die Arbeitsfläche sieben*. Den geriebenen Käse hinzufügen und die Butter in Flöckchen darüberschneiden, das Salz dazugeben. Alles mit einem Messer krümelig hacken und mit kühlen Händen zu einem glatten Teig kneten*. Den Teig zu einer Kugel formen, in Alufolie wickeln und 30 Minuten im Kühlschrank ruhen lassen.
• Die Arbeitsfläche mit Mehl bestäuben und den Teig darauf zu einem Rechteck nicht zu dünn ausrollen*. Die Teigplatte von oben nach unten und dann von rechts nach links einschlagen, so daß 6 Schichten übereinanderliegen. Das Teigpaket in Alufolie wickeln und 30 Minuten im Kühlschrank ruhen lassen. Den Vorgang des Ausrollens und Zusammenfaltens noch zweimal wiederholen.
• Das Backblech mit kaltem Wasser abspülen. Den Backofen auf 180° vorheizen.
• Den Teig auf der bemehlten Arbeitsfläche 4 mm dick zu einem Rechteck ausrollen*. Mit einem Teigrädchen* 1½ cm breite und 8 cm lange

Streifen ausrädeln*. Die Stängelchen auf das Blech legen.
• Das Eigelb mit der Milch verquirlen* und das Gebäck damit bestreichen. Im Ofen auf der mittleren Schiene 7 Minuten backen. Nach 3 Minuten Backzeit die Temperatur auf 150° zurückschalten.
• Die Käsestangen vom Blech nehmen und auf einem Kuchengitter abkühlen lassen*.

Preiswert · Schnell · Ganz einfach

Käsestangen

Zutaten für 26 Stück:
300 g Blätterteig, tiefgefroren oder selbstbereitet
(Rezept Seite 240) · 2 Eigelb · 80 g geriebener
Emmentaler oder Appenzeller Käse · 1 Teel. edelsüßes Paprikapulver · frisch gemahlener Pfeffer
Zum Bestreuen: grobes Salz · Kümmel
Pro Stück etwa 295 Joule/70 Kalorien

Zubereitungszeit: 30 Minuten (ohne Auftauzeit)
Ruhezeit: 15 Minuten
Backzeit: 10 Minuten

• Den tiefgefrorenen Blätterteig nach Vorschrift auf der Packung auftauen lassen.
• Die Arbeitsfläche mit Mehl bestäuben und den Teig darauf zu einer Platte von 20 × 40 cm ausrollen*. Das Eigelb verquirlen*. Die Teigplatte mit der Hälfte des Eigelbs bestreichen. Den geriebenen Käse auf eine Teighälfte verteilen, das Paprikapulver und etwas Pfeffer darüberstreuen. Die andere Teighälfte darüberschlagen und mit dem Wellholz* einige Male leicht überrollen.
• Den Teig in zwei 10 × 20 cm große Platten teilen, diese in 1½ cm breite und 10 cm lange Streifen schneiden und zu Spiralen drehen. Mit dem

restlichen Eigelb bepinseln und mit grobem Salz oder Kümmel bestreuen.
• Das Backblech mit kaltem Wasser abspülen und die Käsestangen darauflegen. 15 Minuten ruhen lassen.
• Den Backofen auf 220° vorheizen.
• Das Gebäck auf der mittleren Schiene des Ofens 10 Minuten backen. Frisch aus dem Ofen schmecken die Käsestangen am besten.

Ganz einfach

Langos

An der rumänischen Spezialität werden Knoblauchliebhaber ihre helle Freude haben. Wir essen die fettgebackenen Hefeteigscheiben gerne zu einer großen Schüssel frischem gemischtem Salat.

Zutaten für etwa 12 Stück:
30 g Hefe · ¼ l lauwarmes Wasser · 500 g Mehl ·
1 Teel. Salz · etwa 4 Knoblauchzehen
Zum Ausbacken: 750 g Kokosfett
Zum Bestreuen: grobes Salz
Pro Stück etwa 1 010 Joule/240 Kalorien

Zubereitungszeit: 25 Minuten
Zeit zum Gehenlassen: 40 Minuten
Fritierzeit: etwa 5–6 Minuten pro Einlage

• Die Hefe zerbröckeln und in einem Töpfchen mit ⅛ l Wasser auflösen.
• Das Mehl in eine Schüssel sieben*, in die Mitte eine Mulde drücken, die aufgelöste Hefe hineingeben und mit etwas Mehl verrühren. Das restliche Wasser und das Salz hinzufügen. Alle Zutaten so lange schlagen, bis der Teig sich vom Schüsselrand löst und Blasen wirft. Den Teig mit einem Tuch zudecken und an einem warmen

Platz 40 Minuten gehen lassen*, bis er das doppelte Volumen erreicht hat.
• Die Knoblauchzehen schälen (es können auch mehr als 4 sein). Das Fett in der Friteuse* oder einem breiten Topf auf 170° erhitzen.
• Die Arbeitsfläche mit Mehl bestäuben, den Hefeteig darauf nochmals kräftig durchkneten*, dann 1 cm dick ausrollen*. Aus der Teigplatte etwa 6 × 10 cm große Rechtecke rädeln oder schneiden und jeweils 2 Stück in dem heißen Fett in etwa 6 Minuten knusprig hellbraun backen. Nach der Hälfte der Backzeit die Langos mit dem Schaumlöffel wenden.
• Die fertigen Langos auf Küchenkrepp abtropfen lassen und sofort mit dem Knoblauch einreiben, oder besser noch mit dem durch die Presse gedrückten Knoblauch bestreichen und mit grobem Salz bestreuen. Heiß servieren.

Preiswert · Schnell · Ganz einfach

Fleurons

Das kleine Blätterteiggebäck in Halbmond-, Rauten- oder Dreiecksform trägt seinen Namen zurecht (fleurir = schmücken). Das Backwerk wird zu feinen Suppen, erlesenen Vorspeisen und Frikassees gereicht.

Zutaten für 25 Stück:
300 g tiefgefrorener Blätterteig · 1 Eigelb
Pro Stück etwa 85 Joule/20 Kalorien

Zubereitungszeit: 15 Minuten
Ruhezeit: 15 Minuten
Backzeit: 15 Minuten

• Die Blätterteigscheiben nebeneinander auf die Arbeitsfläche legen und in etwa 20 Minuten auftauen lassen. Die Teigscheiben nicht ausrollen.

• Mit einem Teigrädchen etwa 5 cm lange Dreiecke oder Rauten ausrädeln*, oder mit einem Glas Halbmonde ausstechen*. Die Teigreste übereinanderlegen, locker zusammendrücken, sanft ausrollen* und wieder nach Belieben ausrädeln* oder ausstechen*.

• Das Backblech mit kaltem Wasser abspülen und die Plätzchen darauf noch 15 Minuten ruhen lassen.

• Den Backofen auf 200° vorheizen.

• Das Eigelb mit etwas Wasser verquirlen und die Fleurons damit bepinseln. Die Oberfläche des Gebäcks mit einem scharfen Messer rautenförmig leicht einschneiden.

• Die Fleurons auf der mittleren Schiene des Ofens 15 Minuten backen. Warm servieren.

Unser Tip Blätterteiggebäck niemals in einer gefetteten Form oder auf dem eingefetteten Blech backen. Form und Blech nur mit kaltem Wasser abspülen.

Preiswert · Ganz einfach

Käseknusperchen

Zutaten für 40 Stück:
50 g mittelalter Goudakäse im Stück · 150 g feine Haferflocken · 50 g Mehl · 1 Teel. Backpulver · ¼ Teel. edelsüßes Paprikapulver · 1 Prise Salz · 1 Ei · 3 Eßl. Milch · 150 g Butter
Zum Bestreichen: 1 Eigelb
Für das Backblech: Butter
Pro Stück etwa 250 Joule/60 Kalorien

Zubereitungszeit: 25 Minuten
Ruhezeit: 1 Stunde
Backzeit: 10 Minuten pro Blech

• Den Käse auf einer Raspel reiben.

• Die Haferflocken, das Mehl, das Backpulver, das Paprikapulver und das Salz in einer flachen Schüssel mischen. In die Mitte eine Mulde drükken, das Ei und die Milch hineingeben. Die Butter in Flöckchen auf den Haferflockenrand schneiden. Alles mit einem Messer durchhacken und dann mit kühlen Händen zu einem festen Teig verkneten*. Den Teig 1 Stunde zugedeckt im Kühlschrank ruhen lassen.

• Das Backblech einfetten*. Den Backofen auf 180–200° vorheizen.

• Aus dem Teig daumendicke Rollen formen, 2 cm dicke Scheiben abschneiden und zu Kugeln drehen. Das Eigelb verquirlen*. Die Teigkugeln auf das Blech legen, etwas flachdrücken und mit dem Eigelb bestreichen.

• Die Käseknusperchen im Ofen auf der mittleren Schiene 10 Minuten backen. Die Knusperchen schmecken warm und kalt.

Braucht etwas Zeit · Ganz einfach

Käsemürbchen

Zutaten für 40 Stück:
150 g weiche Butter · 150 g geriebener Emmentaler Käse · 6 Eßl. Sahne · 1 Teel. edelsüßes Paprikapulver · 1 Prise Salz · 250 g Mehl · ½ Teel. Backpulver
Zum Bestreichen: 1 Eigelb
Zum Verzieren: Mohn, Kümmel, gehackte Pistazien, halbierte abgezogene Mandeln
Für das Backblech: Butter
Pro Stück etwa 315 Joule/75 Kalorien

Zubereitungszeit: 40 Minuten
Ruhezeit: 1 Stunde
Backzeit: etwa 10 Minuten pro Blech

- Die Butter in einer Schüssel mit dem geriebenen Käse gut verrühren. Die Sahne, das Paprikapulver und das Salz dazugeben. Das Mehl mit dem Backpulver mischen, über die Butter-Käse-Masse sieben* und alles schnell zu einem glatten Teig verkneten*.
- Den Teig in Alufolie wickeln und 1 Stunde im Kühlschrank ruhen lassen.
- Den Backofen auf 200° vorheizen. Das Backblech einfetten.
- Die Arbeitsfläche mit Mehl bestäuben und den Teig darauf 5–6 mm dick ausrollen* und mit verschiedenen Förmchen etwa 40 Plätzchen ausstechen*. Das Eigelb verquirlen*. Die Mürbchen auf das Backblech legen, mit dem Eigelb bepinseln und beliebig mit Mohn, Kümmel, gehackten Pistazien und Mandeln verzieren.
- Die Plätzchen im Backofen auf der mittleren Schiene in etwa 10 Minuten goldgelb backen.

Preiswert · Ganz einfach

Jiddische Zwiebelplätzchen

Zutaten für 50 Stück:
Für den Teig: 400 g frisch gemahlenes Vollkornroggenmehl · 30 g Hefe · ¼ l lauwarmes Wasser · 3 Eßl. Öl · 2 Teel. Salz
Zum Bestreichen: 2 Eigelb
Zum Bestreuen: 2 Zwiebeln · 1 Eßl. grobes Salz
Für das Backblech: Öl
Pro Stück etwa 170 Joule/40 Kalorien

Zubereitungszeit: 35 Minuten
Zeit zum Gehenlassen: 1 Stunde
Backzeit: 25 Minuten pro Blech

- Das Mehl in eine Schüssel sieben*, in die Mitte eine Mulde drücken. Die Hefe in die Vertiefung bröckeln und mit der Hälfte des Wassers und etwas Mehl zu einem Vorteig* verrühren. Mit einem Tuch zugedeckt an einem warmen Platz 15 Minuten gehen lassen*.
- Das restliche Wasser, das Öl und das Salz hinzufügen. Alles gut verkneten* und so lange schlagen, bis der Teig Blasen wirft.
- Den Teig wieder zudecken und an einem warmen Platz 30 Minuten gehen lassen*, bis er fast das doppelte Volumen erreicht hat.
- Das Backblech mit Öl einfetten*.
- Die Arbeitsfläche gut mit Mehl bestäuben und den Teig darauf messerrückendick ausrollen*, Plätzchen von etwa 5 cm Durchmesser ausstechen und auf das Blech legen. Das Eigelb verquirlen* und die Plätzchen damit bestreichen.
- Die Zwiebeln schälen und sehr fein hacken, auf die Plätzchen streuen, sanft in den Teig eindrücken und mit etwas grobem Salz bestreuen. Noch einmal 15 Minuten gehen lassen*.
- Den Backofen auf 180° vorheizen.
- Die Plätzchen auf der mittleren Schiene des Ofens 25 Minuten backen. Warm zu Tee, Bier oder Wein servieren.

Braucht etwas Zeit

Debrecziner Hörnchen

Zutaten für 8 Stück:
Für den Teig: 225 g Mehl · ½ Teel. Salz · 150 g kalte Butter · 4 Eßl. eiskaltes Wasser
Für die Füllung: 4 Eier · 1 Bund Petersilie · 1 Eßl. Butter · 1 Eigelb · 8 Debrecziner Würstchen
Zum Bestreichen: 1 Eigelb · 1 Eßl. Dosenmilch
Für das Backblech: Butter
Pro Stück etwa 2730 Joule/650 Kalorien

Zubereitungszeit: 40 Minuten
Ruhezeit: 1 Stunde
Backzeit: 20–25 Minuten

• Das Mehl mit dem Salz auf die Arbeitsfläche sieben*. Die Butter in Flöckchen darüber verteilen. Alles mit einem Messer krümelig hacken, dann mit kühlen Händen schnell zu einem glatten Teig kneten*, dabei nach und nach das Wasser dazugeben. Den Teig in Alufolie wickeln und 1 Stunde im Kühlschrank ruhen lassen.
• Die Eier in 10 Minuten hart kochen, abschrekken, schälen und erkalten lassen. Die Petersilie waschen, trockenschleudern, von groben Stengeln befreien und grobhacken.
• Die Butter in einem Pfännchen erhitzen und die Petersilie darin andünsten, dann abkühlen lassen.
• Die Eier feinhacken und in einer Schüssel mit dem Eigelb und der Petersilie vermengen.
• Das Backblech einfetten*. Den Backofen auf 220° vorheizen.
• Die Arbeitsfläche mit Mehl bestäuben und den Teig darauf zu einem 3–4 mm dicken Rechteck ausrollen*. Aus der Teigplatte 8 Dreiecke schneiden, deren Basislänge einem Würstchen entspricht. Die Eifarce darauf verteilen und mit je 1 Würstchen zu Hörnchen aufrollen. Zu lange Würstchen zurechtschneiden, sie sollten ganz vom Teig umhüllt sein.
• Das Eigelb mit der Dosenmilch verquirlen*. Die Hörnchen mit der Mischung bepinseln, auf das Blech setzen und im Ofen auf der mittleren Schiene in 20–25 Minuten knusprig braun backen. Heiß servieren.

Unser Tip Wenn Sie die Hörnchen lieber mit milderen Würstchen zubereiten wollen, sollte die Eifarce mit etwas Salz und Pfeffer abgeschmeckt werden.

Preiswert · Ganz einfach

Sardellenschnecken

Zutaten für 20 Stück:
300 g Blätterteig, tiefgefroren oder selbstbereitet (Rezept Seite 240)
Für die Füllung: 100 Sardellenfilets in Öl aus der Dose · ⅛ l Milch · 1 Bund Schnittlauch · 1 Bund Petersilie · 2 Eßl. Kapern · 150 g geriebener Emmentaler Käse
Pro Stück etwa 460 Joule/110 Kalorien

Zubereitungszeit: 30 Minuten
Backzeit: 10–12 Minuten

• Den tiefgefrorenen Blätterteig nach Vorschrift auf der Packung auftauen lassen.
• Die Sardellenfilets in eine kleine Schüssel legen und mit der Milch übergießen. Den Schnittlauch und die Petersilie waschen und trockenschleudern. Den Schnittlauch kleinschneiden, die Petersilie feinhacken.
• Den Backofen auf 200° vorheizen. Das Backblech mit kaltem Wasser abspülen.
• Die Arbeitsfläche mit Mehl bestäuben und den Blätterteig darauf zu einem Rechteck von etwa 25 × 30 cm ausrollen*. Die Ränder mit Wasser bestreichen.
• Die Sardellenfilets mit Küchenkrepp abtupfen und auf die Teigplatte verteilen. Den Schnittlauch, die Petersilie, die Kapern und den geriebenen Käse darüberstreuen. Die Teigplatte von der Längsseite her aufrollen, den Rand sanft andrücken. Die Blätterteigrolle in 1½ cm dicke Scheiben schneiden.
• Die gefüllten Scheiben auf das Backblech legen, nachformen und auf der zweiten Schiene von unten im Ofen 10–12 Minuten backen. Warm oder kalt servieren.

Braucht etwas Zeit · Nicht ganz einfach

Griebenplätzchen

Grieben können Sie aus frischem Schweineflomen selbst zubereiten: Den Flomen in kleine Würfel schneiden und bei schwacher Hitze auslassen, bis die Würfel goldbraun sind. Das flüssige Fett abgießen, die heißen Grieben salzen und abkühlen lassen.

Zutaten für etwa 80 Plätzchen:
1 Eßl. Trockenhefe · ⅛ l lauwarme Milch ·
175 g gesalzene Grieben · 250 g Mehl · 3 Eigelb ·
⅛ l trockener Weißwein · 1 gute Prise Salz ·
1 Prise Pfeffer
Zum Bestreichen: 60 g zerlassenes Schmalz
Für das Backblech: Schmalz
Pro Stück etwa 210 Joule/50 Kalorien

Zubereitungszeit: 40 Minuten
Ruhezeit: 2 Stunden
Backzeit: 25 Minuten pro Blech

• Die Hefe in der Milch auflösen. Die Grieben feinhacken.
• Das Mehl in eine Schüssel sieben* und mit den Grieben mischen. Die aufgelöste Hefe, das Eigelb, den Weißwein, das Salz und den Pfeffer hinzufügen. Alle Zutaten kräftig verkneten*. Den Teig an einem kühlen Ort (aber nicht im Kühlschrank) 30 Minuten gehen lassen*.
• Die Arbeitsfläche mit Mehl bestäuben und den Teig darauf 1 cm dick ausrollen*. Die Teigplatte mit etwas zerlassenem Schmalz bestreichen und vierfach zusammenklappen, dann wieder ausrollen*. Diesen Vorgang dreimal wiederholen, nach jedem Arbeitsgang den Teig 30 Minuten an einem kühlen Platz ruhen lassen.
• Das Blech einfetten*. Den Backofen auf 220–230° vorheizen.
• Die Arbeitsfläche erneut bemehlen und den

Teig darauf gut 1 cm dick ausrollen. Aus der Teigplatte runde Plätzchen von etwa 3 cm Durchmesser ausstechen, mit einem Messer ein Gittermuster einkerben.
• Die Plätzchen auf das Backblech legen und auf der mittleren Schiene im Ofen etwa 25 Minuten backen. Heiß servieren.

Braucht etwas Zeit

Rissoli italiani

Zutaten für 35 Stück:
Für den Teig: 500 g Mehl · 30 g Hefe · knapp ¼ l
lauwarmes Wasser · 3 Eßl. Schmalz · 1 Prise Salz
Für die Füllung: 250 g Mozzarellakäse ·
150 g gekochter Schinken · 1 Bund Petersilie ·
3 Stengel Basilikum
Zum Ausbacken: 1 l Öl oder 750 g Kokosfett
Pro Stück etwa 460 Joule/110 Kalorien

Zubereitungszeit: 50 Minuten
Zeit zum Gehenlassen: 55 Minuten
Fritierzeit: etwa 10 Minuten pro Einlage

• Das Mehl in eine Schüssel sieben*, in die Mitte eine Mulde drücken und die Hefe hineinbröckeln. Die Hefe mit dem Wasser und etwas Mehl zu einem Vorteig* verrühren. Mit einem Tuch zugedeckt an einem warmen Platz 15 Minuten gehen lassen.
• Das Schmalz und das Salz hinzufügen. Alles gut verkneten* und so lange schlagen, bis sich der Teig vom Schüsselrand löst und Blasen wirft. Den Teig wieder zudecken und an einem warmen Platz gehen lassen, bis er das doppelte Volumen erreicht hat, das dauert etwa 30 Minuten.
• Den Mozzarellakäse in dünne Scheibchen schneiden. Den Schinken feinwürfeln. Die Petersilie und das Basilikum waschen, trockenschleu-

dern, von dicken Stengeln befreien und grobhakken.

• Die Arbeitsfläche mit Mehl bestäuben, den Teig darauf nochmals durchkneten*, dann etwa 3 mm dick ausrollen*. Aus der Teigplatte 10 × 10 cm große Quadrate ausschneiden. Je eine Hälfte der Teigquadrate mit dem Mozzarellakäse, den Schinkenwürfeln, der Petersilie und dem Basilikum bedecken. Die Ränder mit Wasser benetzen und die Rissoli zusammenklappen. Die Ränder fest andrücken. Die Teigtaschen noch einmal zugedeckt 10 Minuten gehen lassen*.

• Das Fett in einem großen Topf oder in der Friteuse* auf 175° erhitzen und die Rissoli darin portionsweise in 10 Minuten ausbacken; nach der halben Fritierzeit mit dem Schaumlöffel wenden. Die Pasteten herausheben, auf Küchenkrepp* abtropfen lassen und heiß servieren.

Braucht etwas Zeit

Schinkenrissolen

Rissolen sind Pastetchen aus Mürbe-, Hefe-, oder Blätterteig mit einer feinen Fülle, die in schwimmendem Fett gebacken werden. Sie werden heiß, ohne jede Beilage serviert.

Zutaten für etwa 24 Stück:
Für den Teig: 300 g Mehl · 50 g Speisestärke · 1 Prise Salz · 150 g Butter · etwa 6 Eßl. eiskaltes Wasser
Für die Füllung: 200 g gekochter Schinken · 1 Zwiebel · 100 g Champignons · 2 Eßl. Butter · 1 gehäufter Eßl. Mehl · je ½ Tasse Fleischbrühe und Madeirawein · Salz · weißer Pfeffer
Zum Bestreichen: 1 Eiweiß
Zum Ausbacken: 1 l Öl oder 750 g Kokosfett
Pro Stück etwa 715 Joule/170 Kalorien

Zubereitungszeit: 40 Minuten
Ruhezeit: 1–2 Stunden
Fritierzeit: 7 Minuten pro Einlage

• Das Mehl mit der Speisestärke und dem Salz auf die Arbeitsfläche sieben*. Die Butter in Flöckchen hinzufügen. Alles mit einem Messer durchhacken, dann mit kühlen Händen zu einem glatten Teig kneten*, dabei das Wasser zugeben. Den Teig in Alufolie wickeln und 1–2 Stunden im Kühlschrank ruhen lassen.

• Den Schinken sehr fein würfeln. Die Zwiebel schälen und feinhacken. Die Champignons putzen, waschen und kleinschneiden.

• Die Butter in einem Topf erhitzen und die Zwiebel darin glasig werden lassen. Die Champignons dazugeben und 5 Minuten mitbraten. Das Mehl anstäuben und langsam die Fleischbrühe und den Madeirawein dazugießen. Alles unter Rühren 5 Minuten köcheln lassen. Den Schinken untermischen, mit Salz und Pfeffer abschmecken. Die Masse abkühlen lassen.

• Die Arbeitsfläche mit Mehl bestäuben und den Teig darauf etwa 3 mm dick ausrollen*. Aus der Teigplatte Scheiben von 10 cm Durchmesser ausstechen.

• Die Füllung in die Mitte der Teigscheiben verteilen. Die Teigränder mit Eiweiß bestreichen und die Rissolen halbmondförmig zusammenklappen. Die Ränder mit einer Gabel zusammendrücken.

• Das Fett in einem großen Topf oder in der Friteuse* auf 180° erhitzen und die Rissolen darin portionsweise in 7 Minuten ausbacken; nach der halben Fritierzeit mit dem Schaumlöffel wenden. Die Pastetchen herausheben, auf Küchenkrepp abtropfen lassen und heiß servieren.

Brot, Brötchen und Brezen

Preiswert · Ganz einfach

Blitzbrot

Für angehende Brotbäcker ist das Rezept ein guter Einstieg. Der Aufwand ist gering, die Arbeitszeit kurz und das Brot gelingt jedem. Sicher wird Sie das Erfolgserlebnis ermutigen, auch an kompliziertere Rezepte heranzugehen.

Zutaten für 2 Kastenformen von 28 cm Länge:
1 kg frisch gemahlenes Vollkornweizenmehl* ·
40 g Hefe · ¾ l lauwarmes Wasser · 2 Eßl. Kräutersalz
Zum Bestreichen: 2 Eigelb
Für die Formen: Butter
Bei insgesamt 40 Scheiben pro Scheibe etwa 400 Joule/95 Kalorien

Zubereitungszeit: 15 Minuten
Zeit zum Gehenlassen: 30–40 Minuten
Backzeit: 45–50 Minuten

• Das Vollkornmehl* in eine Schüssel geben, die Hefe darüber zerbröckeln. Das lauwarme Wasser und das Kräutersalz hinzufügen. Alle Zutaten gut verkneten* und so lange schlagen, bis sich der Teig vom Schüsselrand löst und Blasen wirft.
• Den Teig zugedeckt an einem warmen Platz 30–40 Minuten gehen lassen*.
• Die Formen mit Butter einfetten*. Das Eigelb verquirlen*.
• Den Teig noch einmal kräftig durchkneten, halbieren und in die Formen füllen. Die Oberflächen mit dem Eigelb bestreichen.
• Die Brote auf die zweite Schiene von unten in den kalten Backofen schieben und bei 250° 45–50 Minuten backen.
• Die Brote etwas abkühlen lassen, aus den Formen nehmen und auf einem Kuchengitter völlig erkalten lassen.

Braucht etwas Zeit · Ganz einfach

Sonnenblumenbrot

Zutaten für 2 Brotlaibe:
50 g Hefe · knapp ½ l lauwarme Milch · 100 g
Weizenmehl (Type 550) · 500 g Roggenmehl (Type 1150) · 50 g zerlassene Butter · 2 Teel. Salz ·
je 50 g Gerstenmehl und Weizenkleie · 4 Eßl.
geschälte Sonnenblumenkerne · 1 Eßl. Kümmel
Zum Bestreichen: 2 Eier
Für das Backblech: Butter
Bei 24 Scheiben pro Scheibe etwa 630 Joule/150 Kalorien

Zubereitungszeit: 35 Minuten
Zeit zum Gehenlassen: 1 Stunde und 15 Minuten
Backzeit: 40 Minuten

• Die Hefe in eine Backschüssel bröckeln und mit ⅛ l Milch verrühren, bis sie ganz aufgelöst ist. Die restliche Milch dazugießen. Das Weizenmehl und nach und nach einen Teil des Roggenmehls einrühren, den Rest einkneten. Die zerlassene Butter, das Salz, das Gerstenmehl, die Weizenkleie, 3 Eßlöffel Sonnenblumenkerne und den Kümmel hinzufügen. Alles gut verkneten und den Teig so lange schlagen, bis er sich vom Schüsselrand löst und Blasen wirft.
• Den Teig mit einem Tuch zugedeckt an einem warmen Platz so lange gehen lassen*, bis er fast das doppelte Volumen erreicht hat; das dauert etwa 40 Minuten.
• Die Arbeitsfläche mit Mehl bestäuben, den Teig darauf noch einmal durchkneten* und zu 2 Laiben formen. Mit einem Tuch zugedeckt weitere 35 Minuten gehen lassen*.
• Das Backblech einfetten*. Den Backofen auf 200° vorheizen.
• Die Eier verquirlen* und die Brote damit bestreichen, mit den restlichen Sonnenblumenkernen bestreuen.

- Die Brotlaibe auf das Blech legen und auf der untersten Schiene des Ofens in etwa 40 Minuten goldbraun backen.
- Vor dem Herausnehmen der Brote aus dem Ofen unbedingt mit einem Holzstäbchen die Garprobe* machen.

Braucht etwas Zeit · Ganz einfach

Schweizer Bauernbrot

Zutaten für 2 Laibe:
40 g Hefe · ½ l lauwarmes Wasser · 600 g Weizenmehl (Type 550) · 300 g Roggenmehl (Type 1150) ·
3 Eßl. Öl · 2 Teel. Salz
Zum Bestreichen: 2 Eigelb
Zum Bestreuen: Kümmel
Für das Backblech: Öl · Mehl
Bei 26 Scheiben pro Scheibe etwa 610 Joule/
145 Kalorien

Zubereitungszeit: 20 Minuten
Zeit zum Gehenlassen: 1 Stunde und 30 Minuten
Backzeit: 45 Minuten

- Die Hefe in ein kleines Gefäß bröckeln und mit ⅛ l lauwarmem Wasser verrühren.
- 400 g Weizenmehl und das Roggenmehl in eine Schüssel sieben* und vermischen. Die aufgelöste Hefe, das restliche Wasser und das Öl hinzufügen. Alles zu einem glatten Teig verarbeiten. Den Teig so lange schlagen, bis er sich vom Schüsselrand löst und Blasen wirft, dann zugedeckt an einem warmen Platz 1 Stunde gehen lassen*.
- Das Backblech einfetten* und mit Mehl bestäuben.
- Das restliche Mehl und das Salz in den Teig kneten*. Aus dem Teig 2 Laibe formen, auf das Blech legen und nochmals 30 Minuten gehen las-

sen*, bis sie fast das doppelte Volumen erreicht haben.
- Den Backofen auf 200° vorheizen.
- Das Eigelb mit 1 Eßlöffel Wasser verquirlen*. Die Brote mit einem scharfen Messer im Abstand von 3 cm tief einschneiden, mit dem Eigelb bestreichen und mit dem Kümmel bestreuen.
- Die Brote im Ofen auf der zweiten Schiene von unten 45 Minuten backen.

Preiswert · Braucht etwas Zeit

Grahambrot

Zutaten für 1 Brotlaib:
400 g Mehl · 400 g Weizenschrot (Type 1700) ·
40 g Hefe · ⅜ l lauwarme Milch · 1½ Teel. Salz ·
⅛ l Öl · 2 Eßl. Honig
Für das Backblech: Öl · Mehl
Bei 30 Scheiben pro Scheibe etwa 565 Joule/
135 Kalorien

Zubereitungszeit: 30 Minuten
Zeit zum Gehenlassen: 1 Stunde und 10 Minuten
Backzeit: 45–50 Minuten

- Das Mehl mit dem Weizenschrot in einer Schüssel mischen. In die Mitte eine Mulde drücken, die Hefe hineinbröckeln und mit der Hälfte der Milch und etwas Mehlmischung zu einem Vorteig* verrühren. Zugedeckt an einem warmen Platz 15 Minuten gehen lassen*.
- Die restliche Milch, das Salz, das Öl und den Honig dazugeben. Alles gut verkneten* und den Teig so lange schlagen, bis er Blasen wirft und sich vom Schüsselrand löst.
- Den Teig zugedeckt an einem warmen Platz gehen lassen*, bis er fast das doppelte Volumen erreicht hat; das dauert etwa 30 Minuten.

- Das Backblech einfetten* und bemehlen*.
- Den Teig noch einmal kräftig durchkneten*, zu einem Laib formen und auf das Blech legen. Nochmals 25 Minuten gehen lassen*.
- Den Backofen auf 200° vorheizen.
- Den Brotlaib mit Mehl bestäuben und auf der untersten Schiene 45–50 Minuten backen.
- Das Grahambrot auf ein Kuchengitter stürzen und auskühlen lassen*.

Braucht etwas Zeit

Schinkenbrot

Zutaten für 1 Kastenform von 26 cm Länge:
200 g Schinkenspeck · 250 g Mehl (Type 550) ·
250 g Weizenschrot (Type 1700) · 40 g Hefe ·
1 Teel. Zucker · ¼ l lauwarme Sahne ·
1 Teel. Salz
Zum Bestreichen: Milch
Für die Form: Butter
Bei 20 Scheiben pro Scheibe etwa 965 Joule/
230 Kalorien

Zubereitungszeit: 40 Minuten
Zeit zum Gehenlassen: 1 Stunde und 15 Minuten
Backzeit: 30 Minuten

- Den Schinkenspeck in kleine Würfel schneiden und in einer Pfanne bei schwacher Hitze glasig braten, dann abkühlen lassen.
- Das Mehl mit dem Weizenschrot in einer Schüssel mischen, in die Mitte eine Mulde drücken. Die Hefe in die Vertiefung bröckeln und mit dem Zucker, der Hälfte der Sahne und etwas Mehlgemisch zu einem Vorteig* verrühren. Mit einem Tuch zugedeckt an einem warmen Platz 15 Minuten gehen lassen*.
- Die restliche Sahne, das Salz und den Schinkenspeck hinzufügen. Alles gut verkneten* und

den Teig so lange schlagen, bis er sich vom Schüsselrand löst und Blasen wirft. Den Teig zugedeckt an einem warmen Platz so lange gehen lassen, bis er das doppelte Volumen erreicht hat; das dauert etwa 40 Minuten.
- Die Kastenform einfetten*.
- Den Teig noch einmal gut durchkneten*, zu einem Laib formen und in die Form legen. Zugedeckt nochmals 20 Minuten gehen lassen*.
- Den Backofen auf 225° vorheizen.
- Das Brot mit Milch einpinseln. Die Brotoberfläche mit einem spitzen scharfen Messer mehrmals quer schräg einschneiden.
- Das Schinkenbrot auf der zweiten Schiene von unten im Ofen 30 Minuten backen.

Braucht etwas Zeit

Walnußbrot

Zutaten für 1 Kastenform von 28 cm Länge:
100 g Walnußkerne · 500 g Mehl · 1 Päckchen
Trockenhefe · 2 Eßl. Zucker · 1 Messerspitze
Zimt · 1 Teel. Salz · abgeriebene Schale von
1 unbehandelten Zitrone · 50 g weiche Butter ·
¼ l lauwarme Milch
Zum Bestreichen: Milch
Für die Form: Butter
Bei 20 Scheiben pro Scheibe etwa 695 Joule/
165 Kalorien

Zubereitungszeit: 35 Minuten
Zeit zum Gehenlassen: 1 Stunde
Backzeit: etwa 30 Minuten

- Die Walnußkerne grobhacken.
- Das Mehl mit der Trockenhefe, dem Zucker und dem Zimt in einer Schüssel mischen. Das Salz, die Zitronenschale, die Butter und die Milch hinzufügen. Alles gut verkneten* und den

Teig so lange schlagen, bis er sich vom Schüssel-
rand löst und Blasen wirft.
- Den Teig zugedeckt an einem warmen Platz so
lange gehen lassen*, bis er das doppelte Volu-
men erreicht hat; das dauert etwa 35 Minuten.
- Die Kastenform einfetten*.
- Die Walnußkerne in den Teig kneten, und den
Teig zu einem Laib formen. In die Kastenform
legen und nochmals 25 Minuten gehen lassen*.
- Den Backofen auf 200° vorheizen.
- Das Brot mit Milch einpinseln und auf der
zweiten Schiene von unten 30 Minuten backen.
- Das Walnußbrot auf ein Kuchengitter stürzen
und erkalten lassen*.

Braucht etwas Zeit

Buttermilchbrot

Zutaten für 1 Kastenform von 24 cm Länge:
100 g Korinthen · 2 Eßl. Rum · 500 g Mehl (Type
550) · 1 Päckchen Trockenhefe · 3 Eßl. Honig ·
1 Teel. Salz · ¼ l lauwarme Buttermilch · 50 g wei-
che Butter · abgeriebene Schale von 1 unbehan-
delten Zitrone · ½ Teel. Kardamom · 1 Ei
Zum Bestreichen: Milch
Für die Form: Butter
Bei 16 Scheiben pro Scheibe etwa 650 Joule/
155 Kalorien

Zubereitungszeit: 30 Minuten
Zeit zum Gehenlassen: 55 Minuten
Backzeit: etwa 30 Minuten

- Die Korinthen mit heißem Wasser überbrühen, trockentupfen, in eine kleine Schüssel geben
und mit dem Rum beträufeln.
- Das Mehl mit der Trockenhefe in einer Schüssel mischen, in die Mitte eine Mulde drücken.
Den Honig, das Salz und die Buttermilch in die

Vertiefung geben. Die Butter, die Zitronenschale,
den Kardamom und das Ei hinzufügen. Alles gut
verkneten* und den Teig so lange schlagen, bis er
Blasen wirft und sich vom Schüsselrand löst.
Den Teig an einem warmen Platz gehen lassen*,
bis er das doppelte Volumen erreicht hat.
- Die Kastenform einfetten*.
- Den Teig noch einmal kräftig durchkneten*,
dabei die Korinthen untermengen; den Teig zu
einem Laib formen und in die Form legen.
Nochmals 25 Minuten gehen lassen*.
- Den Backofen auf 200° vorheizen.
- Das Brot mit Milch einpinseln und auf der
zweiten Schiene von unten 30 Minuten backen.

Preiswert · Ganz einfach

Hafer-Kräuterbrot

Zutaten für 1 Brotlaib:
25 g Hefe · 1 Teel. Zucker · ¼ l lauwarme Milch ·
400 g Mehl · 120 g kernige Haferflocken ·
2 Teel. Salz · je ½ Bund Schnittlauch, Petersilie
und Dill · je 1 Zweig Estragon und Basilikum
Zum Wenden: kernige Haferflocken
Zum Bestreichen: Milch
Für das Backblech: Butter
Bei 20 Scheiben pro Scheibe etwa 440 Joule/
105 Kalorien

Zubereitungszeit: 30 Minuten
Zeit zum Gehenlassen: 1 Stunde und 10 Minuten
Backzeit: etwa 30 Minuten

- Die Hefe in eine Rührschüssel bröckeln und
mit dem Zucker und der Milch verrühren. Etwa
zwei Drittel des Mehls dazusieben* und unterrühren. Das restliche Mehl über den Vorteig sieben, die Haferflocken und das Salz am Schüsselrand verteilen. Mit einem Tuch zugedeckt an ei-

nem warmen Platz 15 Minuten gehen lassen*.
• Den Schnittlauch, die Petersilie, den Dill, den Estragon und das Basilikum waschen, trockenschleudern und nicht zu klein schneiden.
• Die Kräuter in die Schüssel geben und mit allen Zutaten gut verkneten* und den Teig so lange schlagen, bis er sich vom Schüsselrand löst. Den Teig zugedeckt an einem warmen Platz gehen lassen, bis er das doppelte Volumen erreicht hat.
• Die Arbeitsfläche mit Mehl bestäuben, den Teig darauf zu einem Laib formen. Das Brot mit Milch bestreichen in Haferflocken wenden und weitere 25 Minuten zugedeckt gehen lassen*.
• Den Backofen auf 240–250° vorheizen. Das Backblech einfetten*.
• Das Haferbrot nochmals mit Milch bestreichen, auf das Backblech legen und auf der untersten Schiene des Ofens 30 Minuten backen.

Unser Tip Je nach Beschaffenheit der Haferflocken kann der Teig zu fest oder zu feucht geraten. Geben Sie dann entsprechend mehr Milch oder mehr Mehl dazu.

Schnell · Preiswert · Ganz einfach

Maisbrot

Zutaten für 1 Kastenform von 30 cm Länge:
200 g Vollkornweizenmehl* · 50 g Buchweizenmehl · 500 g Maisgrieß · 1 Teel. Salz · 1 Päckchen Backpulver · ½ l Milch · 3 Eßl. Butter · 2 Eier · 80 g dickflüssiger Honig
Für die Form: Butter · Mehl
Bei 20 Scheiben pro Scheibe etwa 820 Joule/ 195 Kalorien

Zubereitungszeit: 20 Minuten
Backzeit: etwa 35 Minuten

• Das Vollkornweizenmehl* mit dem Buchweizenmehl, dem Maisgrieß, dem Salz und dem Backpulver in einer großen Schüssel mischen.
• Die Kastenform einfetten* und mit Mehl ausstäuben*. Den Backofen auf 200° vorheizen.
• Die Milch in einem kleinen Topf leicht erhitzen, die Butter hinzufügen und darin schmelzen lassen. Die Eier und den Honig dazugeben und alles gut verquirlen.
• Die Eiermilch zu dem Mehlgemisch gießen und alles kräftig durchrühren.
• Den sehr flüssigen Teig in die Form füllen und auf der untersten Schiene des Ofens etwa 35 Minuten backen.
• Das Maisbrot auf ein Kuchengitter stürzen und auskühlen lassen.

Preiswert · Ganz einfach

Einfaches Schwarzbrot

Zutaten für 1 Kastenform von 30 cm Länge:
1 kg Roggenschrot (Type 1800) · 4–5 Teel. Salz · 60 g Hefe · knapp ½ l lauwarmes Wasser
Für die Form: Öl
Bei 30 Scheiben pro Scheibe etwa 525 Joule/ 125 Kalorien

Zubereitungszeit: 30 Minuten
Zeit zum Gehenlassen: 2 Stunden und 30 Minuten
Backzeit: 2 Stunden

• Den Roggenschrot mit dem Salz in einer Schüssel mischen. Die Hefe in ein Töpfchen bröckeln und mit der Hälfte des lauwarmen Wassers verrühren. Die aufgelöste Hefe zum

Schrot geben und alles kräftig durchkneten*, dabei nach und nach das restliche Wasser hinzufügen. (Mit dem Knethaken der Küchenmaschine geht es leichter, denn der Teig soll recht fest sein.)
• Den Teig mit einem Tuch zugedeckt an einem warmen Platz 1 Stunde und 30 Minuten gehen lassen*.
• Die Kastenform mit Öl einfetten*.
• Den Teig nochmals durchkneten*, zu einem Laib formen und in die Form legen. Noch einmal zugedeckt 1 Stunde an einem warmen Platz gehen lassen*.
• Den Backofen auf 200° vorheizen.
• Das Brot mit einem scharfen Messer mehrmals diagonal einkerben, mit Wasser bepinseln und im Ofen auf der untersten Schiene 2 Stunden backen.
• In den letzten 30 Minuten die Temperatur auf 250° hochschalten. Mit einem Hölzchen prüfen, ob das Brot gar ist (Garprobe*/Stäbchenprobe*).
• Das Schwarzbrot auf ein Kuchengitter stürzen und erkalten lassen, dann umdrehen und vor dem Anschnitt mindestens 24 Stunden ruhen lassen. Dick mit Butter bestrichen und mit frischen gehackten Kräutern bestreut schmeckt es besonders gut.

Braucht etwas Zeit · Ganz einfach

Berliner Hausbrot

Sauerteig selber anzusetzen ist für den noch ungeübten Bäcker ein schwieriges Unterfangen und nicht immer von Erfolg gekrönt. Erfreulicherweise können Sie jetzt in Reformhäusern fertigen Sauerteig kaufen, mit dem Ihr Brot garantiert gelingt.

Zutaten für 1 Brotlaib:
40 g Hefe · knapp ½ l lauwarmes Wasser ·
1 Teel. Zucker · 375 g Roggenmehl (Type 1150) ·
375 g Weizenmehl (Type 1050) · 150 g lauwarmer
Sauerteig · 2–3 Teel. Salz
Für das Backblech: Butter
Bei 20 Scheiben pro Scheibe etwa 715 Joule/ 170 Kalorien

Zubereitungszeit: 30 Minuten
Zeit zum Gehenlassen: 1 Stunde und 25 Minuten
Backzeit: 1 Stunde

• Die Hefe in ein Töpfchen bröckeln und mit 4 Eßlöffeln lauwarmem Wasser und dem Zucker verrühren.
• Beide Mehlsorten in eine Schüssel sieben*, in die Mitte eine Mulde drücken und die aufgelöste Hefe hineingießen. Die Hefe mit etwas Mehl verrühren und den Vorteig* mit einem Tuch zugedeckt an einem warmen Platz 15 Minuten gehen lassen*.
• Das restliche Wasser, den Sauerteig und das Salz hinzufügen. Alles gut vermengen und den Teig mindestens 10 Minuten kräftig durchkneten*. Den Teig wieder zudecken und an einem warmen Platz etwa 30–40 Minuten gehen lassen*, bis er das doppelte Volumen erreicht hat.
• Das Backblech einfetten*.
• Die Arbeitsfläche mit Mehl bestäuben und den Teig darauf noch einmal gut durchkneten*, dann zu einem Laib formen und auf das Blech legen. Zugedeckt nochmals an einem warmen Platz 30 Minuten gehen lassen*.
• Den Backofen auf 200–220° vorheizen.
• Den Brotlaib mit einem scharfen Messer der Länge nach etwa 2 cm tief einschneiden und mit lauwarmem Wasser bepinseln.
• Auf dem Boden des Backofens 1 feuerfeste Tasse mit Wasser stellen. Das Brot auf der mittleren Schiene etwa 1 Stunde backen. Auf einem Kuchengitter erkalten lassen.

In Frankreich und in der Schweiz dürfen frische Brioches auf keinem Frühstückstisch fehlen. Rezept Seite 438. ▷

Preiswert

Käse-Kräuterbrot

Bild Seite 432

Zutaten für eine Kastenform von 28 cm Länge:
½ gemischtes Kräutersträußchen (Dill, Rosmarin, Majoran, Schnittlauch, Petersilie) · 40 g Hefe · 1 Teel. Zucker · etwa ¼ l lauwarme Milch · 500 g Mehl (Type 550) · 1 Teel. Salz · etwa 50 g geriebener Parmesankäse · 50 g weiche Butter
Für die Form: Butter
Zum Bestreichen: Milch
Bei 20 Scheiben pro Scheibe etwa 530 Joule/130 Kalorien

Zubereitungszeit: 30 Minuten
Ruhezeit: 45 Minuten
Backzeit: 30 Minuten

● Die Kräuter waschen, trockenschleudern, von groben Stielen befreien und kleinschneiden.
● Die Hefe in ein Töpfchen bröckeln und mit dem Zucker und 5 Eßlöffeln von der Milch verrühren, bis die Hefe ganz aufgelöst ist.
● Das Mehl in eine Schüssel sieben*, in die Mitte eine Mulde drücken und die aufgelöste Hefe hineingießen, mit etwas Mehl verrühren.
● Die restliche Milch, das Salz, den Parmesankäse, die Kräuter und die Butter hinzufügen. Alles gut verkneten und den Teig so lange schlagen, bis er sich vom Schüsselrand löst und Blasen wirft. Jetzt den Teig zugedeckt an einem warmen Platz gehen lassen, bis er das doppelte Volumen erreicht hat.
● Die Kastenform einfetten. Den Backofen auf 220–240° vorheizen.
● Den Teig nochmals kräftig durchkneten und zu einem Laib formen. In die Kastenform legen und nochmals 15 Minuten gehen lassen.
● Die Oberfläche mit einem scharfen Messer

kreuzweise einschneiden und mit der Milch bepinseln.
● Das Käse-Kräuterbrot im Ofen auf der mittleren Schiene etwa 30 Minuten backen. Nach dem Herausnehmen nochmals mit Milch bestreichen, auf ein Gitter stürzen und erkalten lassen.

Braucht etwas Zeit

Pfälzer Zwiebelbrote

Bild Seite 413

Zutaten für 3 Laibe:
1 kg Roggenmehl · 100 g lauwarmer Sauerteig (Reformhaus) · etwa ¾ l Wasser · 60 g Hefe · 2 gehäufte Teel. Salz · ½ Teel. gemahlener schwarzer Pfeffer · 1 Messerspitze Kardamom · 4 große Zwiebeln · 2 Eßlöffel Butter
Für das Backblech: Butter
Zum Bestäuben: Mehl
Bei 40 Scheiben insgesamt pro Scheibe etwa 460 Joule/110 Kalorien

Zubereitungszeit: 35 Minuten
Zeit zum Gehenlassen: 12 Stunden
Backzeit: etwa 35–40 Minuten

● Die Hälfte des Mehls in eine Schüssel sieben.
● Den Sauerteig mit dem Wasser und der zerbröckelten Hefe verrühren, unter das Mehl mischen und diesen Vorteig zugedeckt an einem warmen Ort über Nacht stehen lassen.
● Das Salz, den Pfeffer und den Kardamom mit dem restlichen Mehl unter den gesäuerten Teig kneten. Den Teig so lange schlagen, bis er Blasen wirft und sich vom Schüsselrand löst.
● Die Zwiebeln schälen und in kleine Würfel schneiden.
● Die Butter in einer Pfanne zerlassen und die

430

◁ Das Käse-Kräuterbrot ist eine köstliche Bereicherung für jeden Brotkorb und besonders für den Sonntagsbrunch geeignet. Rezept Seite 430.

Hälfte der Zwiebeln darin anbraten. Die rohen und die angebratenen Zwiebeln unter den Teig kneten.

• Das Backblech einfetten. Den Backofen auf 220° vorheizen.

• Aus dem Teig 3 Laibe von je 35 cm Länge formen und auf das Blech legen. Die Brote zugedeckt noch einmal 15 Minuten ruhen lassen.

• Die Brote mit Wasser bestreichen und mit einem scharfen Messer mehrmals schräg einschneiden; leicht mit Mehl bestäuben. Auf der unteren Schiebeleiste des Ofens 30–40 Minuten backen.

Braucht etwas Zeit

Bulgarisches Käsebrot

Zutaten für 1 Springform von 24 cm ⌀:
Für den Teig: 30 g Hefe · ½ Teel. Zucker · 3 Eßl. lauwarmes Wasser · 50 g bulgarischer Schafkäse · 175 g Joghurt (aus 3%iger Vollmilch) · 375 g Mehl · 2 Eier · 1 Eßl. Öl
Zum Bestreichen: 1 Eigelb · 1 Eßl. Milch
Zum Belegen: 100 g schnittfester Schafkäse im Stück · 200 g gekochter Schinken im Stück (ohne Fettrand) · 8 schwarze Oliven · 1 eingelegte rote Pfefferschote
Für die Form: Öl
Bei 8 Stücken pro Stück etwa 1 595 Joule/ 380 Kalorien

Zubereitungszeit: 30 Minuten
Zeit zum Gehenlassen: 1 Stunde und 10 Minuten
Backzeit: 45 Minuten

• Die Hefe in ein Töpfchen bröckeln und mit dem Zucker und dem Wasser verrühren. Mit einem Tuch zugedeckt an einem warmen Platz 10 Minuten gehen lassen*.

• Den Schafkäse durch ein Sieb streichen und mit dem Joghurt glattrühren.

• Das Mehl in eine Schüssel sieben*. Die aufgelöste Hefe, die Käse-Joghurt-Mischung, die Eier und das Öl dazugeben. Alle Zutaten kräftig zusammenkneten* und so lange schlagen, bis sich der Teig vom Schüsselrand löst und Blasen wirft.

• Den Teig zu einer Kugel formen und zugedeckt an einem warmen Platz 1 Stunde gehen lassen*.

• Die Form einfetten*, die Teigkugel hineinlegen und mit den Händen zum Rand hin auseinanderdrücken.

• Das Eigelb mit der Milch verquirlen* und die Oberfläche des Teiges damit bepinseln.

• Den Käse in ½ cm dicke Streifen schneiden und sternförmig auf das Brot legen. Den Schinken in 8 Rechtecke schneiden und mit den Oliven in die Zwischenräume verteilen.

• Den Backofen auf 200° vorheizen.

• Die Pfefferschote sehr fein hacken und über das Brot streuen.

• Das Brot im Ofen auf der mittleren Schiene 45 Minuten backen. Nach 15 Minuten die Hitze auf 180° zurückschalten.

• Das Käsebrot aus der Form nehmen und auf eine Platte legen. In 8 Stücke schneiden und warm servieren.

Unser Tip Das bulgarische Käsebrot wird in seiner Heimat auch Paradiesvogel-Brot genannt, weil dies so hübsch bunt aussieht. Zur Abwechslung kann der Hefeteig auch mit Butterkäse, dickeren Salamischeiben und paprikagefüllten Oliven belegt werden.

Braucht etwas Zeit

Memminger Brot

Diese süddeutsche Spezialität, die noch vor
30 Jahren in jeder kleinen schwäbisch-
bayerischen Bäckerei verkauft wurde, ist heute
fast in Vergessenheit geraten. Ein Grund, einmal
selbst Hand anzulegen.

Zutaten für 1 Kastenform von 28 cm Länge:
500 g Mehl · 30 g Hefe · ¼ l lauwarme Milch ·
60 g Zucker · 2 Eßl. zerlassene Butter ·
½ Teel. Salz · 1 Eßl. Anissamen · 2 Eßl. Rum ·
je 30 g feingehacktes Zitronat und Orangeat
Für die Form: Butter
Bei 15 Scheiben pro Scheibe etwa 775 Joule/
185 Kalorien

Zubereitungszeit: 40 Minuten
Zeit zum Gehenlassen: 1 Stunde und 20 Minuten
Backzeit: etwa 30 Minuten

● Das Mehl in eine Schüssel sieben*, in die Mitte eine Mulde drücken. Die Hefe in die Vertiefung bröckeln und mit der Hälfte der Milch,
1 Eßlöffel Zucker und etwas Mehl zu einem Vorteig* verrühren. Mit einem Tuch zugedeckt an einem warmen Platz 15 Minuten gehen lassen*.
● Die restliche Milch, den restlichen Zucker, die
zerlassene Butter, das Salz und den Anissamen
dazugeben. Alles gut verkneten* und so lange
schlagen, bis der Teig Blasen wirft. Den Teig an
einem warmen Platz so lange gehen lassen*, bis
er das doppelte Volumen erreicht hat; das dauert
etwa 40 Minuten.
● Die Kastenform einfetten*.
● Den Rum, das Zitronat und das Orangeat in
den Teig kneten*. Die Arbeitsfläche mit Mehl
bestäuben und den Teig darauf 1 cm dick ausrollen*. Mit Hilfe eines Glases Plätzchen von etwa
8 cm Durchmesser ausstechen*. Die Plätzchen

halbmondförmig zusammenklappen und mit der
Rundung nach oben dicht nebeneinander in die
Form setzen. Den Kuchen noch einmal 25 Minu-
ten an einem warmen Platz gehen lassen*.

Für das Memminger Brot werden Plätzchen ausgestochen, zusammengeklappt und in die Form gesetzt.

● Den Backofen auf 200° vorheizen.
● Das Memminger Brot der Länge nach mit einem Messer in der Mitte einkerben und auf der
zweiten Schiene von unten im Ofen in etwa
30 Minuten goldbraun backen.
● Auf ein Kuchengitter stürzen und auskühlen
lassen.

Braucht etwas Zeit

Speckfladen

Zutaten für 2 Fladen:
500 g Mehl (Type 550) · 40 g Hefe ·
1 Teel. Zucker · ¼ l lauwarme Milch ·
200 g durchwachsener Speck im Stück ·
2 Zwiebeln · 1 Eßl. Salz · 1 Teel. grobgemahlener
schwarzer Pfeffer
Zum Bestreuen: 1 Eßl. grobes Salz
Für das Backblech: Öl · Mehl
Bei 16 Stücken pro Stück etwa 900 Joule/
215 Kalorien

Zubereitungszeit: 40 Minuten
Zeit zum Gehenlassen: 1 Stunde
Backzeit: 30 Minuten

• Das Mehl in eine Schüssel sieben*, in die Mitte eine Mulde drücken. Die Hefe in die Vertiefung bröckeln und mit dem Zucker, der Hälfte der Milch und etwas Mehl zu einem Vorteig* verrühren. Mit einem Tuch zugedeckt 15 Minuten an einem warmen Platz gehen lassen*.
• Den Speck in kleine Würfel schneiden. Die Zwiebeln schälen und feinwürfeln.
• Den Speck in einer Pfanne auslassen, die Zwiebelwürfel dazugeben und hellgelb braten. Die Mischung abkühlen lassen.
• Die restliche Milch, das Salz, den Pfeffer und die Speckmischung zu dem Vorteig in die Schüssel geben. Alles gut verkneten*und den Teig so lange schlagen, bis er sich vom Schüsselrand löst und Blasen wirft.
• Den Teig zugedeckt an einem warmen Platz etwa 30 Minuten gehen lassen, bis er das doppelte Volumen erreicht hat.
• Das Backblech einfetten* und mit Mehl bestäuben*.
• Die Arbeitsfläche bemehlen. Den Teig darauf noch einmal durchkneten und zu 2 gleich großen Kugeln formen. Die Teigkugeln zu 2 etwa 2 cm dicken Fladen ausrollen, auf das Blech legen und nochmals zugedeckt 15 Minuten gehen lassen*.
• Den Backofen auf 220° vorheizen.
• Die Fladen mit Wasser bestreichen, mit einem scharfen Messer rautenförmig einschneiden und mit dem groben Salz bestreuen. Im Ofen auf der zweiten Schiene von unten in etwa 30 Minuten goldbraun backen.

Preiswert · Ganz einfach

Griechisches Fladenbrot

Zutaten für 8 Stück:
250 g Weizenmehl · 250 g Roggenmehl · 1 Päckchen Trockenhefe · 1 Teel. Zucker · ⅓ l lauwarme Milch · ⅓ l lauwarmes Wasser · 1 Eiweiß · 1 guter Teel. Salz
Zum Bestreichen und Bestreuen: 1 Eigelb ·
1 Eßl. Sesamsamen · 1 Teel. Mohn
Für das Backblech: Butter
Pro Stück etwa 1 195 Joule/285 Kalorien

Zubereitungszeit: 25 Minuten
Zeit zum Gehenlassen: 1 Stunde
Backzeit: etwa 30 Minuten

• Beide Mehlsorten mit der Trockenhefe und dem Zucker mischen. Die Milch, das Wasser, das Eiweiß und das Salz hinzufügen. Alles gut verkneten* und so lange schlagen, bis sich der Teig vom Schüsselrand löst.
• Den Teig mit einem Tuch zudecken und an einem warmen Platz 40 Minuten gehen lassen*, bis er das doppelte Volumen erreicht hat.
• Das Backblech einfetten*.
• Die Arbeitsfläche mit Mehl bestäuben und den Teig darauf zu einem 2 cm dicken Rechteck ausrollen. Die Teigplatte auf das Blech legen und nochmals 20 Minuten gehen lassen*.
• Den Backofen auf 240° vorheizen.
• Das Eigelb verquirlen* und den Fladen damit bepinseln. Den Sesamsamen und den Mohn darüberstreuen. Den Fladen auf der mittleren Schiene des Ofens in 30 Minuten goldgelb backen. Beim Einschieben die Temperatur auf 200° zurückschalten.
• Das Fladenbrot warm mit Schafkäse, Oliven, Tomaten- und Zwiebelscheiben servieren.

Preiswert · Ganz einfach

Vinschgauer Fladen

Zutaten für 3 Fladen:
700 g Roggenmehl · 300 g Weizenmehl ·
60 g Hefe · ⅜ l lauwarmes Wasser · 1 Eßl. Salz ·
15 g gemahlener Fenchel
Für das Backblech: Butter
Pro Fladen etwa 5 185 Joule/1 235 Kalorien

Zubereitungszeit: 30 Minuten
Zeit zum Gehenlassen: 1 Stunde und 15 Minuten
Backzeit: 35–40 Minuten

● Beide Mehlsorten in eine Schüssel sieben*
und durchmischen. In die Mitte eine Mulde
drücken, die Hefe hineinbröckeln und mit der
Hälfte des Wassers und etwas Mehl zu einem
Vorteig* verrühren. Mit einem Tuch zugedeckt
an einem warmen Platz 15 Minuten gehen lassen.
● Nach und nach das restliche Wasser, das Salz
und den Fenchel dazugeben. Alles gut verkneten* und so lange schlagen, bis sich der Teig vom
Schüsselrand löst und Blasen wirft. Den Teig
wieder zudecken und an einem warmen Platz
gehen lassen*, bis er das doppelte Volumen
erreicht hat; das dauert etwa 40 Minuten.
● Das Backblech einfetten*. Die Arbeitsfläche
mit Mehl bestäuben, den Teig darauf kräftig
durchkneten*, in 3 gleich große Teile schneiden
und zu Kugeln formen.
● Die Teigkugeln zu etwa 1½ cm dicke Fladen
ausrollen*, auf das Blech legen, mit Mehl bestäuben und mit einer Gabel mehrmals einstechen.
Die Fladen nochmals 20 Minuten gehen lassen*.
● Den Backofen auf 220° vorheizen.
● Die Fladen auf der mittleren Schiene des
Ofens 35–40 Minuten backen. Noch warm in
Streifen schneiden und frisch servieren.

Braucht etwas Zeit

Salziger Osterfladen

Zutaten für den Teig:
500 g Mehl · 30 g Hefe · 1 Teel. Zucker · gut ⅛ l
lauwarme Milch · 120 g weiche Butter · 2 Eier ·
1 Prise Salz · 75 g abgezogene Mandeln
Zum Bestreichen: 1 Eigelb
Zum Bestreuen: grobes Salz · Kümmel
Für das Backblech: Butter
Bei 12 Stücken pro Stück etwa 1 260 Joule/
300 Kalorien

Zubereitungszeit: 20 Minuten
Ruhezeit: 12 Stunden
Backzeit: etwa 30 Minuten

● Das Mehl in eine Schüssel sieben*, in die Mitte eine Mulde drücken. Die Hefe in die Vertie-
fung bröckeln und mit dem Zucker, der Milch
und etwas Mehl zu einem Vorteig* verrühren.
Mit einem Tuch zugedeckt an einem warmen
Platz 15 Minuten gehen lassen*.
● Die Butter, die Eier und das Salz hinzufügen.
Alles gut verkneten* und den Teig so lange schla-
gen, bis er sich vom Schüsselrand löst und Bla-
sen wirft. Den Teig zugedeckt an einem kühlen
Platz 12 Stunden gehen lassen.
● Die Mandeln grobhacken. Das Backblech ein-
fetten*. Den Backofen auf 200–220° vorheizen.
● Die Mandeln in den Hefeteig kneten*. Das

> **Unser Tip** Sie können den Hefeteig
> natürlich auch nach der herkömmlichen
> Methode »warm« gehen lassen und
> gleich weiterverarbeiten. Uns macht es
> Spaß, den feinen Kuchenduft vor dem
> Osterfrühstück zu schnuppern. Frisch
> schmeckt der salzige Fladen am besten.

Eigelb verquirlen*. Aus dem Teig einen runden Laib formen und auf das Blech legen. Den Fladen mit einem scharfen Messer rautenförmig einschneiden, mit dem Eigelb bepinseln und mit Salz und Kümmel bestreuen. Auf der mittleren Schiene etwa 30 Minuten backen. Auf einem Kuchengitter erkalten lassen.

Preiswert · Schnell · Ganz einfach

Armenische Fladen

Die knusprigen Fladen nennt man auch »Das schnellste Brot der Welt«. Sie schmecken am besten noch warm mit angemachtem Quark oder gemischtem Salat und Wein.

Zutaten für 4 Fladen:
2 Zwiebeln · 1 Eßl. Butter · 250 g Mehl ·
¼ l Wasser · 3 Eßl. Öl · 1 knapper Teel. Salz
Für das Backblech: Öl
Pro Fladen etwa 1405 Joule/335 Kalorien

Zubereitungszeit: 35 Minuten
Backzeit: 3–5 Minuten pro Blech

• Die Zwiebeln schälen und feinhacken. Die Butter in einer Pfanne erhitzen und die Zwiebeln darin unter Wenden hellgelb braten, dann abkühlen lassen.
• Das Backblech einölen*. Den Backofen auf 250° vorheizen.
• Das Mehl mit dem Wasser, dem Öl und dem Salz mit dem Schneebesen zu einem Teig schlagen. Die Zwiebeln einmengen.
• Den Teig in vier Arbeitsgängen dünn auf das Backblech zu runden Fladen streichen. Auf der mittleren Schiene des Ofens in 3–5 Minuten knusprig backen. Die Fladen sind fertig, wenn sie sich vom Backblech lösen.

Preiswert · Nicht ganz einfach

Baguettes

Zutaten für 3 Stangenweißbrote:
40 g Hefe · 1 Teel. Zucker · 1 Tasse lauwarmes Wasser · 500 g Mehl · 1 guter Teel. Salz · knapp ⅜ l lauwarme Milch · 2 Eßl. Öl
Für das Backblech: Öl
Bei 60 Scheiben pro Scheibe etwa 145 Joule/ 35 Kalorien

Zubereitungszeit: 30 Minuten
Zeit zum Gehenlassen: 1 Stunde und 10 Minuten
Backzeit: 15–20 Minuten

• Die Hefe in ein Töpfchen bröckeln, mit dem Zucker bestreuen und mit dem warmen Wasser verrühren.
• Das Mehl in eine Schüssel sieben*, in die Mitte eine Mulde drücken und die aufgelöste Hefe hineingeben. Die Hefe mit etwas Mehl verrühren. Das Salz und nach und nach die Milch und das Öl dazugeben. Alles gut verkneten und den Teig so lange schlagen, bis er sich vom Schüsselrand löst und Blasen wirft.
• Den Teig zugedeckt an einem warmen Platz 45 Minuten gehen lassen*, bis er das doppelte Volumen erreicht hat.
• Das Backblech einfetten*.
• Den Teig in 3 Stücke teilen. Die Arbeitsfläche mit Mehl bestäuben und die Teigstücke darauf zu etwa 40 cm langen Rollen formen. Die Teigrollen auf das Blech legen und zugedeckt 25 Minuten gehen lassen*.
• Den Backofen auf 220° vorheizen.
• Die Bodenplatte des Ofens mit 1 Tasse heißem Wasser begießen oder eine feuerfeste Schale mit heißem Wasser daraufstellen.
• Die Brote auf dem Blech umdrehen und mit einem scharfen Messer 4–5 mal schräg ein-

schneiden. Die Brote auf der zweiten Schiene von unten im Ofen 15–20 Minuten backen.

● Gleich nach dem Herausnehmen die Brote leicht mit kaltem Wasser bepinseln, damit sie schön glänzen.

Braucht etwas Zeit · Nicht ganz einfach

Brioches

Bild Seite 431

Zum Backen der Butterhefeküchlein, die in Frankreich zum Frühstück gegessen werden, benötigen Sie kleine gezackte Förmchen.

Zutaten für 20 Stück:
500 g Mehl · 30 g Hefe · 60 g Zucker · ⅛ l lauwarme Milch · 3 Eier · 200 g weiche Butter ·
½ Teel. Salz
Zum Bestreichen: 1 Eigelb
Für die Förmchen: Butter
Pro Stück etwa 860 Joule/205 Kalorien

Zubereitungszeit: 35 Minuten
Zeit zum Gehenlassen: 1 Stunde und 5 Minuten
Backzeit: 15–20 Minuten

● Das Mehl in eine Schüssel sieben*, in die Mitte eine Mulde drücken. Die Hefe in die Vertiefung bröckeln und mit 1 Eßlöffel Zucker, der Milch und etwas Mehl zu einem Vorteig* verrühren. Mit einem Tuch zugedeckt an einem warmen Platz 15 Minuten gehen lassen*.

● Den restlichen Zucker, die Eier, die weiche Butter und das Salz dazugeben. Alles mit dem Vorteig verrühren und den Teig so lange schlagen, bis er Blasen wirft und sich vom Schüsselrand löst. Den Teig an einem warmen Platz zugedeckt etwa 30 Minuten gehen lassen*.

● Die Förmchen einfetten*.

● Die Arbeitsfläche mit Mehl bestäuben, den Hefeteig darauf zu einer langen Rolle formen und diese in 20 gleich große Stücke teilen. Von jedem Teilstück ein Viertel abschneiden. Aus den großen und den kleinen Teigstücken mit bemehlten Händen Kugeln formen. Die großen Teigkugeln in die Förmchen setzen und jeweils in die Mitte eine Vertiefung drücken. Das Eigelb verquirlen* und die Mulden damit ausstreichen, dann die kleinen Kugeln daraufsetzen und die Brioches mit Eigelb bestreichen. Die Hefeküchlein nochmals 20 Minuten gehen lassen*.

● Den Backofen auf 220° vorheizen.

● Die Brioches auf der zweiten Schiene von unten auf dem Rost in 15–20 Minuten goldbraun backen.

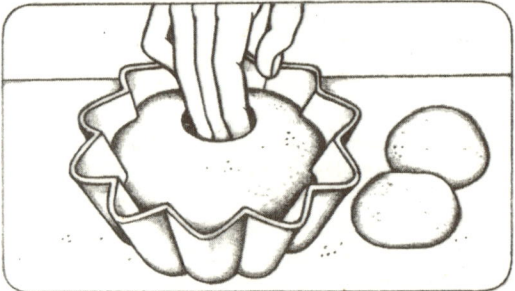

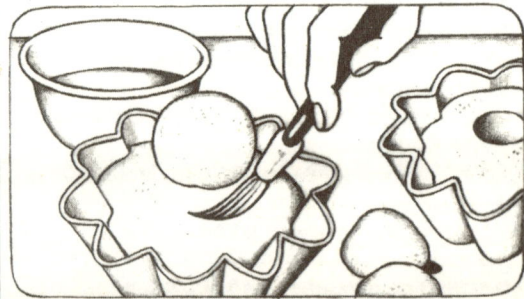

In jede Teigkugel wird eine Vertiefung gedrückt und mit Eigelb ausgestrichen. Darauf werden dann die kleinen Teigkugeln gesetzt.

Braucht etwas Zeit

Niederrheinische Stütchen

Bild Seite 388

Die leckeren Rosinenbrötchen verspeist man aufgeschnitten, mit Butter und Apfelkraut bestrichen und mit einer Scheibe Pumpernickel belegt.

Zutaten für 12 Stück:
500 g Mehl · 30 g Hefe · 50 g Zucker · knapp ¼ l
lauwarme Milch · 60 g weiche Butter · 2 Eier ·
Salz · je 1 Prise Zimt und geriebene Muskatnuß ·
125 g Rosinen
Zum Bestreichen: 2 Eßl. zerlassene Butter
Für das Backblech: Butter
Pro Stück etwa 1 215 Joule/290 Kalorien

Zubereitungszeit: 30 Minuten
Zeit zum Gehenlassen: 1 Stunde und 5 Minuten
Backzeit: 15–20 Minuten

● Das Mehl in eine Schüssel sieben*, in die Mitte eine Mulde drücken und die Hefe hineinbrökkeln. 2 Teelöffel Zucker darüberstreuen und die Hefe mit 4 Eßlöffeln Milch und etwas Mehl zu einem Vorteig* verrühren. Zugedeckt an einem warmen Platz 15 Minuten gehen lassen*.
● Den restlichen Zucker, die restliche Milch, die Butter, die Eier, Salz und die Gewürze hinzufügen. Alles gut verkneten* und so lange schlagen, bis der Teig sich vom Schüsselrand löst und Blasen wirft. An einem warmen Platz gehen lassen*, bis der Teig das doppelte Volumen erreicht hat; das dauert etwa 40 Minuten.
● Die Rosinen waschen und auf Küchenkrepp abtropfen lassen. Den Teig noch einmal durchkneten* und die Rosinen einmischen.
● Aus dem Teig 12 runde Brötchen formen. Die

Oberseite mit einem scharfen Messer kreuzweise einschneiden und mit der zerlassenen Butter bestreichen.
● Den Backofen auf 220° vorheizen. Das Backblech einfetten*.
● Die Stütchen auf das Blech nicht zu nahe nebeneinander legen und noch einmal 10 Minuten gehen lassen*. Auf der mittleren Schiene des Ofens 15–20 Minuten goldbraun backen.

Braucht etwas Zeit

Hetwichs aus Holstein

Die holsteinischen Heißwecken schmecken, wie schon der Name sagt, warm am besten. Sehr »g'schleckige« Leute bestreichen die Wecken zusätzlich noch mit Butter.

Zutaten für 30 Stück:
30 g Hefe · 50 g Zucker · ⅜ l lauwarme Milch ·
1 Teel. Kardamon · ½ Teel. Zimt · 500 g Mehl ·
1 Teel. Salz · 2 Eier · 150 g weiche Butter ·
125 g Korinthen
Für das Backblech: Butter
Pro Stück etwa 565 Joule/135 Kalorien

Zubereitungszeit: 45 Minuten
Zeit zum Gehenlassen: 55 Minuten
Backzeit: 15 Minuten

● Die Hefe in eine Schüssel bröckeln. Den Zucker, die Milch, den Kardamom und den Zimt dazugeben und alles vermengen.
● Das Mehl mit dem Salz mischen und über die Hefemischung sieben*. Die Eier und 100 g Butter hinzufügen. Alle Zutaten mit einem stabilen Holzlöffel zu einem geschmeidigen Teig schlagen. Der Teig darf nicht zu fest sein, er sollte wie ein Rührteig schwer vom Löffel fallen. Den Teig

mit einem Tuch zugedeckt 30 Minuten an einem warmen Platz gehen lassen*.
• Die Korinthen waschen, abtropfen lassen und mit Küchenkrepp trockentupfen.
• Den Hefeteig gut durchrühren, die Korinthen einmischen und weitere 25 Minuten an einem warmen Platz gehen lassen*, bis er das doppelte Volumen erreicht hat.
• Das Backblech einfetten*. Den Backofen auf 200° vorheizen.
• Den Teig noch einmal durchrühren und mit einem Eßlöffel Häufchen in genügendem Abstand auf das Blech setzen.
• Die restliche Butter zerlassen und die Wecken damit bepinseln.
• Die Hetwichs auf der mittleren Schiene des Ofens in 15 Minuten goldbraun backen.

Preiswert · Braucht etwas Zeit

Berliner Schusterjungen

Zutaten für 12 Stück:
350 g Roggenmehl* · 150 g Weizenmehl ·
25 g Hefe · ½ Teel. Zucker · ¼ l lauwarmes
Wasser · 1 Teel. Salz
Für das Backblech: Öl
Zum Bestäuben: Mehl
Pro Stück etwa 670 Joule/160 Kalorien

Zubereitungszeit: 25 Minuten
Zeit zum Gehenlassen: 35 Minuten
Backzeit: 20 Minuten

• Das Roggen- und das Weizenmehl in einer Schüssel mischen, in die Mitte eine Mulde drükken und die Hefe hineinbröckeln. Den Zucker darüberstreuen und die Hefe mit 4 Eßlöffeln

Wasser und etwas Mehl zu einem Vorteig* verrühren. Mit einem Tuch zugedeckt an einem warmen Platz 15 Minuten gehen lassen*.
• Das restliche Wasser und das Salz dazugeben und alles zu einem glatten Teig kneten*.
• Das Backblech einfetten*.
• Aus dem Teig mit gut bemehlten Händen 12 längliche Brötchen formen und auf das Blech legen. Die Schusterjungen mit der Hand etwas flachdrücken und zugedeckt nochmals 20 Minuten gehen lassen*.
• Den Backofen auf 220° vorheizen. Auf den Boden des Backofens eine feuerfeste Form mit Wasser stellen.
• Die Brötchen leicht mit Mehl bestäuben und mit einer Rasierklinge zweimal schräg einkerben. Auf der mittleren Schiene des Ofens in etwa 20 Minuten knusprig backen.

Preiswert · Ganz einfach

Scones

Scones sind englische Brötchen, die meist zum Afternoon-Tea, dem wichtigen Nachmittagstee im trauten Kreis, angeboten werden. Die Scones schneidet man noch lauwarm auf, bestreicht sie mit gesalzener Butter und Himbeermarmelade und setzt sie wieder zusammen.

Zutaten für 10 Stück:
330 g Mehl · 2–3 Teel. Backpulver · 1 gute Prise
Salz · 50 g weiche Butter · ⅜ l Buttermilch
Zum Bestreichen: 4 Eßl. Dosenmilch
Für das Backblech: Butter
Pro Stück etwa 755 Joule/180 Kalorien

Zubereitungszeit: 25 Minuten
Ruhezeit: 30 Minuten
Backzeit: 13–15 Minuten

• Das Mehl mit dem Backpulver und dem Salz in eine Schüssel sieben*. Die Butter mit einem Messer in die Mehlmischung hacken. Die Buttermilch hinzugießen und alles schnell zu einem geschmeidigen Teig verarbeiten. Den Teig in Alufolie wickeln und 30 Minuten im Kühlschrank ruhen lassen.
• Das Backblech einfetten*. Den Backofen auf 200–220° vorheizen.
• Die Arbeitsfläche mit Mehl bestäuben und den Teig darauf 2½ cm dick ausrollen*. Mit einem Ausstecher oder einem Glas Küchlein von etwa 7 cm Durchmesser ausstechen*.
• Die Scones auf das Blech setzen, mit der Dosenmilch bepinseln und auf der mittleren Schiene des Ofens in 13–15 Minuten hellgelb backen.

Preiswert · Schnell · Ganz einfach

Käsescones

Zutaten für etwa 12 Stück:
200 g Mehl · ½ Päckchen Backpulver · 60 g kalte Butter · 1 Ecke vollfetter Chester-Schmelzkäse (62,5 g) · 4 Eßl. saure Sahne · ¼ Teel. Zwiebelpulver · Salz · schwarzer Pfeffer
Zum Bestreichen: 1 Eigelb · 1 Eßl. Dosenmilch
Zum Bestreuen: Sonnenblumenkerne
Für das Backblech: Butter
Pro Stück etwa 590 Joule/140 Kalorien

Zubereitungszeit: 30 Minuten
Backzeit: etwa 10 Minuten

• Das Mehl mit dem Backpulver mischen und auf die Arbeitsfläche sieben*. Die Butter und den Schmelzkäse in kleinen Stückchen daraufschneiden. Die saure Sahne darüberträufeln, das Zwiebelpulver, etwas Salz und schwarzen Pfeffer

hinzufügen. Alles schnell mit kühlen Händen zu einem glatten Teig verkneten*.
• Das Backblech einfetten*. Den Backofen auf 250° vorheizen.
• Die Arbeitsfläche mit Mehl bestäuben und den Teig darauf etwa fingerdick ausrollen*. Mit Hilfe eines Glases 5 ½ cm große runde Plätzchen ausstechen und auf das Blech legen.
• Das Eigelb mit der Dosenmilch verquirlen und die Scones damit bepinseln, mit den Sonnenblumenkernen bestreuen.
• Die Käsebrötchen auf der mittleren Schiene des Ofens in etwa 10 Minuten goldbraun backen.

Preiswert · Schnell · Ganz einfach

Kräuterscones

Zutaten für 10 Stück:
200 g Mehl · 50 g Haferflocken · 1 Teel. Backpulver · 1 Teel. Salz · 3 Eßl. Öl · 4 Eßl. Crème fraîche · je ½ Bund Dill, Schnittlauch und Petersilie · 50 g geriebener Emmentaler Käse
Zum Bestreichen: 1 Eigelb · 2 Eßl. Dosenmilch
Für das Backblech: Öl
Pro Stück etwa 695 Joule/165 Kalorien

Zubereitungszeit: 30 Minuten
Backzeit: 10–12 Minuten

• Das Mehl in einer Schüssel mit den Haferflocken, dem Backpulver und dem Salz mischen. Das Öl und die Crème fraîche hinzufügen.
• Die frischen Kräuter waschen, trockenschleudern und kleinschneiden.
• Die Kräuter und den geriebenen Käse zu der Mehlmischung geben und alles schnell mit der Hand zu einem Teig verkneten*.
• Das Backblech einfetten*. Den Backofen auf 250° vorheizen.

● Die Arbeitsfläche mit Mehl bestäuben und den Teig darauf 2 cm dick ausrollen*. Küchlein von etwa 6 cm Durchmesser ausstechen*.
● Die Kräuterscones auf das Blech setzen. Das Eigelb mit der Dosenmilch verquirlen* und die Brötchen damit bepinseln. Auf der mittleren Schiene in 10–12 Minuten goldbraun backen.
● Die Scones etwas abkühlen lassen*, aufschneiden, noch warm mit Butter bestreichen.

Preiswert · Ganz einfach

Hot Buns

Die »heißen Brötchen« sind eine Spezialität aus Südengland. Zu Ostern wird ein Kreuz aus weichem Marzipan auf die Buns gespritzt, man nennt sie dann »Hot Cross Buns«. Das Zeichen ist aber nicht christlichen, sondern keltischen Ursprungs.

Zutaten für 14 Stück:
30 g Hefe · 3/16 l lauwarme Milch · 500 g Mehl · 3/16 l heißes Wasser · 60 g Zucker · 90 g weiche Butter · 1 gute Prise Salz · je 1 Teel. Zimt und Muskatblüte · je 1/4 Teel. Nelkenpulver und Kardamom · 90 g Rosinen · 60 g gewürfeltes Orangeat
Zum Bestreichen: 1 Ei
Für das Backblech: Butter
Pro Stück etwa 1 030 Joule/245 Kalorien

Zubereitungszeit: 30 Minuten
Zeit zum Gehenlassen: 1 Stunde
Backzeit: etwa 20 Minuten

● Die Hefe in ein Töpfchen bröckeln und mit etwas Milch zu einem Brei verrühren. Das Mehl in eine Schüssel sieben*, in die Mitte eine Mulde drücken und den Hefebrei hineingeben. Die rest-

liche Milch und das Wasser mischen und mit dem Zucker, der Butter, dem Salz, dem Zimt, der Muskatblüte, dem Nelkenpulver und dem Kardamom zu dem Mehl in die Schüssel geben. Alles gut durchkneten* und so lange schlagen, bis sich der Teig vom Schüsselrand löst und Blasen wirft. Mit einem Tuch zugedeckt an einem warmen Platz gehen lassen, bis der Teig das doppelte Volumen erreicht hat; das dauert etwa 40 Minuten.
● Die Rosinen waschen und trocknen. Das Backblech einfetten*. Das Eigelb verquirlen.
● Die Rosinen und das Orangeat in den Teig kneten. Den Hefeteig zu einer Rolle formen und in 14 Stücke schneiden, daraus runde Brötchen formen. Die Buns auf das Blech setzen und weitere 20 Minuten gehen lassen*.
● Den Backofen auf 240° vorheizen.
● Die Buns auf der mittleren Schiene im Ofen etwa 20 Minuten backen.

Preiswert · Braucht etwas Zeit

Mohnbrötchen

Zutaten für 12 Brötchen:
500 g Mehl · 30 g Hefe · 1 Teel. Zucker · 1/4 l lauwarme Milch · 50 g weiche Butter · 1 Prise Salz
Zum Bestreichen: 2 Eigelb
Zum Bestreuen: Mohn
Für das Backblech: Öl
Pro Stück etwa 880 Joule/210 Kalorien

Zubereitungszeit: 30 Minuten
Zeit zum Gehenlassen: 55 Minuten
Backzeit: 15–20 Minuten

● Das Mehl in eine Schüssel sieben*, in die Mitte eine Vertiefung drücken. Die Hefe hineinbröckeln und mit dem Zucker, der Hälfte der Milch

und etwas Mehl zu einem Vorteig* verrühren. Mit einem Tuch zugedeckt an einem warmen Platz 15 Minuten gehen lassen*.
• Die restliche Milch, die Butter und das Salz hinzufügen. Alles gut verkneten* und so lange schlagen, bis der Teig sich vom Schüsselrand löst und Blasen wirft. An einem warmen Platz so lange gehen lassen, bis der Teig das doppelte Volumen erreicht hat; das dauert etwa 30 Minuten.
• Das Backblech einfetten*.
• Aus dem Hefeteig 12 gleich große Kugeln formen, auf das Blech legen und mit der Hand etwas flachdrücken.
• Das Eigelb verquirlen. Die Brötchen mit dem Eigelb bestreichen, mit Mohn bestreuen und auf der Oberfläche kreuzweise leicht mit einem Messer einschneiden. Nochmals 10 Minuten an einem warmen Platz gehen lassen*.
• Den Backofen auf 220° vorheizen.
• Die Brötchen auf der mittleren Schiene im Ofen in 15–20 Minuten goldgelb backen.

Preiswert · Braucht etwas Zeit

Schwedenbrote

Zutaten für 6 Stück:
500 g Mehl · 500 g Gerstenmehl · 60 g Hefe · 2 Teel. Zucker · ½ l lauwarmes Wasser · 2 Eßl. Schmalz · 2 Eßl. flüssiger Honig · 2 Teel. Salz
Für das Backblech: Butter
Pro Stück etwa 2960 Joule/705 Kalorien

Zubereitungszeit: 35 Minuten
Zeit zum Gehenlassen: 1 Stunde und 30 Minuten
Backzeit: etwa 15 Minuten pro Blech

• Beide Mehlsorten in eine Schüssel sieben*, in die Mitte eine Vertiefung drücken. Die Hefe in die Mulde bröckeln und mit dem Zucker, gut

⅛ l Wasser und etwas Mehl zu einem Vorteig* verrühren. Mit einem Tuch zugedeckt an einem warmen Platz 15 Minuten gehen lassen*.
• Das restliche Wasser, das Schmalz, den Honig und das Salz hinzufügen. Alles gut verkneten* und den Teig so lange schlagen, bis er sich vom Schüsselrand löst und Blasen wirft.
• Den Teig wieder zudecken und an einem warmen Platz 45 Minuten gehen lassen, bis er das doppelte Volumen erreicht hat.
• Die Arbeitsfläche mit Mehl bestäuben, den Teig darauf nochmals gut durchkneten und in 6 Stücke teilen. Jedes Stück zu einem runden Fladen von etwa 25 cm Durchmesser ausrollen*. Aus der Mitte jedes Fladens ein Loch mit einem Schnapsglas ausstechen.
• Das Backblech einfetten*, die Fladen daraufslegen und zugedeckt noch einmal 30 Minuten gehen lassen*.
• Den Backofen auf 200–220° vorheizen.
• Die Schwedenbrote mit einer Gabel mehrmals einstechen und auf der mittleren Schiene des Ofens etwa 15 Minuten backen. Mit einem Tuch zugedeckt auskühlen lassen.
• Dazu schmeckt besonders gut würzig angemachter Quark.

Preiswert · Ganz einfach

Zwiebelbrötchen

Zutaten für 10 Stück:
400 g Mehl (Type 405) · 100 g Roggenmehl (Type 1370) · 30 g Hefe · gut ⅛ l lauwarme Milch · 125 g durchwachsener Speck · 2 mittelgroße Zwiebeln · ½ kleine Stange Lauch · 2 Eßl. Schmalz · Salz · schwarzer Pfeffer
Zum Bestreichen: 1 Eigelb
Zum Bestreuen: Kümmel, Mohn oder Sesamsamen

Für das Backblech: Butter · Mehl
Pro Stück etwa 925 Joule/220 Kalorien

Zubereitungszeit: 40 Minuten
Zeit zum Gehenlassen: 1 Stunde
Backzeit: etwa 20 Minuten

● Beide Mehlsorten in eine Schüssel sieben*, in die Mitte eine Mulde drücken und die Hefe hineinbröckeln. Mit der Milch und etwas Mehl zu einem Vorteig* verrühren. Mit einem Tuch zugedeckt an einem warmen Platz 15 Minuten gehen lassen*.
● Den Speck kleinwürfeln. Die Zwiebeln schälen und feinhacken. Den Lauch putzen, waschen und sehr klein schneiden.
● Das Schmalz in einer Pfanne erhitzen, den Speck darin auslassen, die Zwiebeln und den Lauch dazugeben und unter Rühren gut anbraten. Mit Salz und Pfeffer würzen. Die Mischung abkühlen lassen.
● Die Speck-Zwiebel-Mischung in die Schüssel geben und mit dem Vorteig und dem Mehl gut verkneten*, alles so lange schlagen, bis sich der Teig vom Schüsselrand löst und Blasen wirft. Den Teig wieder zudecken und an einem warmen Platz so lange gehen lassen, bis er das doppelte Volumen erreicht hat, das dauert etwa 30 Minuten.
● Das Backblech einfetten* und mit Mehl bestäuben*.
● Den Teig nochmals durchkneten*, zu 10 gleich großen Kugeln formen und auf das Blech legen. Das Eigelb verquirlen und die Teigkugeln damit bepinseln, mit etwas Kümmel, Mohn oder Sesamsamen bestreuen. Mit einem Küchentuch bedecken und noch einmal 15 Minuten gehen lassen.
● Den Backofen auf 200° vorheizen.
● Die Brötchen mit einem scharfen Messer in der Mitte einkerben und auf der mittleren Schiene in etwa 20 Minuten goldgelb backen.

Preiswert · Ganz einfach

Riemische Weckerl

Die Riemischen sind eine Münchner Spezialität, die bei keiner zünftigen Brotzeit fehlen dürfen. Man nennt sie auch Maurerlaiberl, und ganz feine Leute kaufen sie als »Römische«.

Zutaten für 8 Doppelweckerl:
40 g Hefe · ⅜ l lauwarmes Wasser · 200 g Roggenmehl (Type 997) · 200 g Weizenmehl (Type 812) · 200 g Sauerteig · 1 Teel. Salz · 3 Eßl. Kümmel
Zum Bestäuben: Roggenmehl
Für das Backblech: Butter
Pro Stück etwa 1175 Joule/280 Kalorien

Zubereitungszeit: 35 Minuten
Zeit zum Gehenlassen: 1 Stunde
Backzeit: 20–25 Minuten

● Die Hefe in ein Töpfchen bröckeln und mit ⅛ l Wasser verrühren.
● Beide Mehlsorten in eine Schüssel sieben* und in die Mitte eine Mulde drücken. Den Sauerteig und die aufgelöste Hefe in die Vertiefung geben und mit dem Mehl vermengen. Nach und nach das restliche Wasser und das Salz hinzufügen. Alles gut verkneten* und so lange schlagen, bis sich der Teig vom Schüsselrand löst und Blasen wirft. Zugedeckt an einem warmen Platz etwa 40 Minuten gehen lassen*.
● Die Arbeitsfläche mit Mehl bestäuben, den Teig darauf nochmals durchkneten* und zu einer langen Rolle formen. Die Rolle in 16 gleich große Stücke schneiden und zu Kugeln formen. Die Teigkugeln in dem Kümmel wenden, jeweils 2 zusammendrücken und nochmals zugedeckt 20 Minuten an einem warmen Platz gehen lassen.
● Das Backblech einfetten*. Den Backofen auf 220° vorheizen.

• Die Weckerl auf das Blech legen und mit etwas Roggenmehl bestäuben. 1 Tasse heißes Wasser vorsichtig auf die Bodenplatte des Ofens gießen. Die Riemischen auf die mittlere Schiene des Ofens schieben und 20–25 Minuten backen.

Preiswert · Nicht ganz einfach

Münchner Laugenbrezn

Zutaten für 15 Stück:
40 g Hefe · ⅜ l lauwarmes Wasser · 500 g Weizen-mehl (Type 550) · 1 Eßl. Salz
Zum Kochen: 1 l Wasser · 5 g Natron
Zum Bestreuen: grobes Salz
Für das Backblech: Öl oder Butter
Pro Stück etwa 525 Joule/125 Kalorien

Zubereitungszeit: 45 Minuten
Zeit zum Gehenlassen: 25 Minuten
Backzeit: etwa 25 Minuten

• Die Hefe in ein Töpfchen bröckeln und mit ⅛ l Wasser verrühren.
• Das Mehl in eine Schüssel sieben*, in die Mit-te eine Mulde drücken und die aufgelöste Hefe hineingießen. Die Hefe mit etwas Mehl verrüh-ren. Nach und nach das restliche Wasser und das Salz dazugeben. Alles gut verkneten und den Teig so lange schlagen, bis er sich vom Schüssel-rand löst und Blasen wirft.
• Die Arbeitsfläche mit Mehl bestäuben und aus dem Teig darauf eine lange Rolle formen, diese in 15 gleich große Stücke schneiden. Jedes Teigstück zu einem 30 cm langen Strang formen, der in der Mitte dick und an den Enden dünn sein soll. Aus den Rollen Brezeln formen, mit einem Tuch zudecken und 25 Minuten an einem warmen Platz gehen lassen*.
• Das Wasser in einem emaillierten Topf zum Kochen bringen, das Natron hinzufügen. Das Backblech einfetten*. Den Backofen auf 200° vorheizen.
• Die Brezeln einzeln in das kochende Wasser legen, nach 30 Sekunden mit dem Schaumlöffel herausheben, abtropfen lassen und auf das Blech geben.
• Die Brezeln mit Salz bestreuen und auf der mittleren Schiene im Ofen 25 Minuten backen.

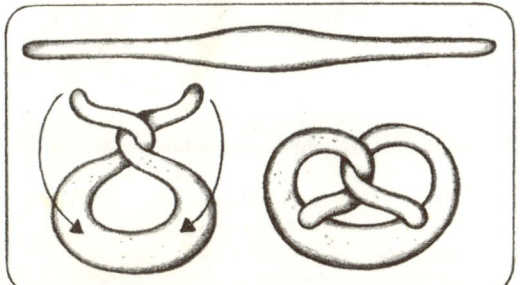

Für die Laugenbrezen werden die Teigrollen geformt, die in der Mitte dicker sind als an den Enden.

Rezept- und Sachregister

Die *kursiv* gesetzten Seitenzahlen verweisen auf die Farbbilder

A

Aachener Printen 285
Abgießen 12
Abkühlen lassen 12
Abschmecken 12
Abschrecken 12
Adventskuchen 185
Ahornsirup 12
Ahornsiruphörnchen 335
Aida-Torte 86
Albertle 248
Alufolie formen 12
Amaretti 250
Amerikaner 235
Amerikanische Ingwerschnitten 283
Amerikanischer Guglhupf 152
– Käsekuchen 172
– Kranzkuchen 159
Amsterdamer Pitmoppen 253
Ananastorte 109
Anchovistaschen mit Knoblauch 403
Anchovispizza 359
Angelika 13
Angelika-Torte 94
Anis 13
Anisplätzchen 278
Aniszwieback 334
Äpfel im Schlafrock 226
Äpfel schälen 13
Apfelausstecher 13
Apfelbeutel mit Rumrosinen 225
Apfelkraut 13
Apfelkuchen, baskischer 65
–, bretonischer 45
–, Burgenländer 42
–, englischer 62
–, gedeckter 60
– mit Calvados 42
–, normannischer 63
–, schwedischer 64
–, Sepps 47
–, Straßburger *44*, 62

–, versunkener 60
Apfelkücherl 302
Äpfeln, Haferflockentorte mit 112
Apfelquarkkuchen 61
Apfelstrudel, Wiener 311
Apfeltaschen 244
Apfeltorte, Pariser 99
Apfelwähe 45
Aprikosen, Mandelcremetorte mit 103
Aprikosenkuchen 59
–, feiner 59
– vom Land 48
Aprikosenringe 257
Aprikosentorte, Mailänder 179
Aprikotieren 13
Armenische Fladen 437
Arrak 13
Artischockenpastete 351
Auberginentorte 381
Aufbacken 13
Aufwallen 14
Ausbacken 14
Ausbraten 14
Ausgezogene Nudeln 292, *325*
Auskühlen lassen 12
Ausrädeln 14
Ausrollen 14
Ausstechen 14
Ausstechförmchen 14

B

Baba au Rhum 149
Backblech 15
Backformen 15
–, die wichtigsten 15
Backoblaten 17
Backofen 16
Backpflaumenkuchen, bretonischer 73
Backpinsel 17
Backpulver 17

Back-Spray 17
Backtrennpapier 17
Badener Zwiebelkuchen 390
Baguettes 437
Baiser 18, 30
Baisers, Orangen- 231
Bananen in Blätterteig 243
Banitza 352
Barbara-Kuchen 162
Baskischer Apfelkuchen 65
Basler Leckerli 286
Bauernbrot, Schweizer 425
Bauern-Wähe 375
Baumkuchentorte 77
Bayerische Schneeballen 304
Belgrader Brot 333
Berliner Brot 284
– Hausbrot 429
– Käsekuchen 173
– Napfkuchen 146
– Pfannkuchen 292
– Schusterjungen 440
Berner Nußtorte 78
Besieben 18
Bienenstich 139
– mit Honig 139
Birnen-Biskuittorte 97
Birnendicksaft 18
Birnenkuchen, französischer 64
– vom Blech 46
Birnenpie, feine 106
Biskuitomelettes 218
Biskuitrolle 221
Biskuits, Käse- 410
–, Löffel- 277
Biskuittorte, Birnen- 97
– mit Beeren-Sahne *69*, 98
–, Pfirsich- *25*, 124
Bitburger Reistörtchen 130
Blanchieren 18
Blätterteig 18, 240
– auf französische Art 242
– auf ungarische Art, gefüllter 371
–, Bananen in 243

–, klassischer 240
– nach altdeutscher Art 241
Blitzbrot 424
Böhmischer Kleckerkuchen 143
Bolzaner Zwetschgenkuchen 50
Brandenburgische Törtchen 228
Brandteig 18
Brasilianische Empanadas 408
braune Kuchen, Hamburger 286
Brauner Gewürzkuchen 204
– Hausfreund 261
– Kirschkuchen 68
Braunschweiger Zimtbrezeln 253
Bremer Klöben 188
– Wickelkuchen 150
Bretonische Mandelplätzchen 261
Bretonischer Apfelkuchen 45
– Backpflaumenkuchen 73
Brezeln, Braunschweiger Zimt- 253
–, Punsch- 257
Brezn, Münchner Laugen- 445
Brioches *431, 438*
Broccolitorte 398
Brombeertorte 107
Brot, Belgrader 333
–, Berliner Haus- 429
–, Blitz- 424
–, bulgarisches Käse- 433
–, Buttermilch- 427
–, einfaches Schwarz- 428
–, Früchte- *175, 198*
–, Graham- 425
–, Hafer-Kräuter- 427
–, Kartoffel- 332
–, Käse-Kräuter- 430, *433*
–, Mais- 428
–, Memminger 434
–, Schinken- 426
–, schwäbisches Schnitz- 332
–, Schweizer Bauern- 425
– Sonnenblumen- 424
–, Walnuß- 426
Brötchen, Himbeer- 272
–, Mohn- 442
–, Pomeranzen- 273
–, Zwiebel- 443

Brote, Pfälzer Zwiebel- *413,* 430
–, Schweden- 443
Brottorte 90
–, Tessiner 91
Brunsli 265
Bûche de Noël 224
Buchteln, Kärntner 208
–, Mohn- 207
Buchweizentorte, Lüneburger 328
Budapester Schokoladenkuchen 164
Bulgarisches Käsebrot 433
Bunte Minipizzen mit Fisch 405
Bunter Obstkuchen 72
Burgenländer Apfelkuchen 42
– Mohntorte 85
– Ostertorte 76
Butter zum Backen 18
Butterbrötchen, falsche 268
Buttercremetorte 118
Buttergebäck, feines 251
Butterkuchen *87,* 137
Buttermilchbrot 427
Buttermilchwaffeln 305

C

Calzoni alla Campofranco 364
– aus Apulien 367
– con funghi 364
– nach Bauernart 366
– rustico 367
Cassata-Torte 123
Chesterstangen 416
Christstollen 181
Cognacplätzchen, Pariser 266
Colomba pasquale 187
Cranberry-Torte 134
Cremeschnitten 245
Cremetorte mit Johannisbeeren 100
Croissants *201,* 209
Crostata di ricotta 82
Crostata al limone 121

D

Dänische Mandelschnecken 276
Dänischer Honigkuchen 247
Danziger Schokoladenbrot 262
Debrecziner Hörnchen 420
Doboschtorte *113,* 120
Doughnuts 295, *299*
Dreibeerenkuchen 56
Dreikönigskuchen, englischer 154
Dresdner Eierschecke 138
Dressieren 19
Dukatennudeln 208

E

Eberswalder Spritzkuchen 304
Eclairs 227
Eier zum Backen 19
Eierschecke, Dresdner 138
Einfaches Schwarzbrot 428
Einfrieren 19
Einschubhöhe 19
Eischnee schlagen 19
Eischwerkuchen 160
Eiweiß und Eigelb trennen 20
Elektrisches Rührgerät 20
Elisenlebkuchen 290
Elizatörtchen 246
Elsässer Lauchkuchen vom Blech
  384
Engadiner Walnußtorte *70,* 79
Englische Lauchtorte 397
Englischer Apfelkuchen 62
– Dreikönigskuchen 154
– Kuchen, klassischer 166, *176*
Entsteinen 21
Erdbeerkuchen, frischer 71
Erdbeermeringen 230
Erdbeertörtchen 128
Erdbeertorte à la Café-Kranzler 106
– mit doppeltem Boden 111
Erdbeer-Torteletts 127

F

Falsche Butterbrötchen 268
– Mandeltorte 134
Farinzucker 21
Feigenkuchen, spanischer 75
Feine Birnenpie 106
Feiner Aprikosenkuchen 59
– Kirschstrudel 312
– Sandkuchen 161
– Zwetschgenkuchen 74
Feines Buttergebäck 251
– Tiroler Kletzenbrot 198
Festlicher Honigkuchen 171
Festtagskuchen, ländlicher 51
–, Schweizer 178
–, Tiroler 148
Fettgebäck 21
Fingerkolatschen 263
Finnische Fischpastete 346
Fischpastete, finnische 346
Fischpiroschki 402
Fischoissolen 404
Fischstrudel 316
Fischtorte, normannische 347
Flachswickel 206, *282*
Fladen 21
–, armenische 437
–, gefüllter Hefe- 197
–, Kirsch- 68
– nach Bauernart, Lauch- 373
–, Nektarinen- 57
–, salziger Oster- 436
–, Speck- 434
–, Vinschgauer 436
–, Zwiebel- *344,* 373
Fladenbrot, griechisches 435
Fleischkuchen, portugiesischer 379
Fleischpastete, lettische 349
Fleischstrudel 317
Fleischtorte, würzige 393
Fleischwurstpizza 357
Fleurons 418
Flockentorte 115
Flockentorte, Sterzinger 126
Florentiner *88,* 290

– Ostertorte 394
– Rollen 230
Form ausstäuben 21
– ausstreuen 21
– einfetten 21
Förmchen, Ausstech- 14
Formen, Back- 15
–, Größe der Kuchen- 23
–, kleine 22
Frankfurter Kranz 96
Fränkischer Pilzstrudel 320
Französische Mandelhörnchen 215
– Walnußtorte 80
Französischer Birnenkuchen 64
Französisches Käsegebäck 412
Frischer Erdbeerkuchen 71
Friteuse 22
Fritieren 22
Fritierte Käsebällchen 308
Fritierthermometer 22
Früchtebrot *175,* 198
–, Hafer- 199
Früchtekuchen 165
Fruchtige Reistorte 125
Fruchtiger Zitronenkuchen *132,* 154
Fruchtkuchen, irischer 155
–, Ladiner 200

G

Garprobe 22
Gedeckter Apfelkuchen 60
Geeichtes Schnapsglas 22
Gefüllter Blätterteig auf ungarische
 Art 371
Gefüllter Hefefladen 197
– Teekranz 200
Gehen lassen 22
Gelatine 23
Gelbe-Rüben-Torte 92
Gemüsekuchen aus Marseille 379
– aus Umbrien 382
Genter Schokoladenkranz 159
Gerinnen 23
Germ 23

Gestürzte Stachelbeertorte 99
Gesundheitskuchen 151
Gesundheitsplätzchen 341
Gewürzherzchen 336
Gewürzkuchen aus Holland 204
–, brauner 204
Gewürzmuffins 236
Gewürzschnitten 289
Giraffentorte 83
Glacieren 23
Grahambrot 425
Grammeltorte 122
Graubündener Rahmkuchen 177
Griebenplätzchen 422
Griechische Liebesschleifen 294
Griechischer Osterkranz 186
Griechisches Fladenbrot 435
Grieß, Vollkornweizen- 39
Größe der Kuchenformen 23
Großmamas fruchtige Lebkuchen
 291
Guglhupf, amerikanischer 152
–, schwäbischer *131,* 146
Gunhildatorte 81

H

Hackfleischkuchen 378
Hackfleischpizza 358
Hackfleischtorte 392
Haferflockenhäufchen 273
Haferflockentorte mit Äpfeln 112
Haferfrüchtebrot 199
Hafer-Kräuterbrot 427
Hafermehlkekse 337
Haferplätzchen, schottische 273
Hagelzucker 23
Hägenmakronen 275
Hahnenkämme 212
Hamburger braune Kuchen 286
Haselnußmakronen 274
Haselnußroulade 223
Haselnußtorte 79
Hausbrot, Berliner 429
Haut abziehen 23

Hefe 24
Hefefladen, gefüllter 197
Hefenschlick 206, *282*
Hefeschnecken 205
Hefevorteig 24
Hefewaffeln 303
Heidelbeerkuchen 54
Heidelbeerstrudel 312
Heidesand 267
Herrentorte 394
Hetwichs aus Holstein 439
Himbeerbrötchen 272
Himbeeren, Käse-Sahnetorte mit 102
Himbeertörtchen 128
Hirschhornsalz 24
Hirsekekse 340
Hirse-Leckerli 340
Hohlhippen 231
Hollerkücherl 302
Honigkuchen, dänischer 247
–, festlicher 171
–, Mandel- 330
– mit Walnüssen, Vollkorn- 330
–, niederrheinischer 203
– vom Blech 288
Honigkuchenherzen 336
Honignußkuchen 140
Honigplätzchen, serbische 283
Hörnchen, Ahornsirup- 335
–, Debrecziner 420
–, französische Mandel- 215
–, Käse- 411
–, Nuß- 213
–, Plunderteig- *201, 209*
Hot Buns 442

I

Ingwerkuchen 165
Ingwerschnitten, amerikanische 283
Ingwer-Schokoladenrolle *220,* 223
Instant-Kaffee 24
Irischer Fruchtkuchen 155
– Weihnachtskuchen 171

Ischler Plätzchen 265
Israelitische Schokoladentorte 136

J

Jiddische Zwiebelplätzchen 420
Johannisbeeren, Cremetorte mit 100
Johannisbeerkuchen 57
– mit Eierguß 55
Johannisbeerschnitten 217
Johannisbeertorte 104

K

Kaffeeklatschkuchen 147
Kaiserhof-Torte 81
Kapostoi 348
Karamel 24
Kardamomstriezel, Stockholmer 191
Karnevalsmuzen 296
Kärntner Buchteln 208
Karottentorte 399
Kartoffelbrot 332
Kartoffelkipferl 214
Kartoffelkuchen aus der Emilia 386
–, niedersächsischer 385
–, Thüringer 144
Kartoffeltorte 90
Käsebällchen, fritierte 308
Käsebiskuits 410
Käsebrot, bulgarisches 433
Käsegebäck, französisches 412
Käsehörnchen 411
Käseknusperchen 419
Käsekrapfen 308
Käse-Kräuterbrot 430, *432*
Käsekuchen, amerikanischer 172
–, Berliner 173
–, pikanter 382
–, reformierter 331, *387*
–, Schweizer 374
Käsemürbchen 419
Käsepastetchen 411
Käsepasteten, Waliser 345

Käse-Sahnetorte mit Himbeeren 102
Käsescones 441
Käsestangen 417
–, Tantchens 417
Käsestrudel, Utrechter 317
Käsetörtchen 415
Käse-Windbeutelchen *237,* 412
Kastanientorte 92
Kastenpickert 167
Kekse, Hafermehl- 337
–, Hirse- 340
–, Sesam- 339
Kernbeißer 340
Kipferl, Kartoffel- 214
–, Schinken- 409
–, Vanille- *256,* 258
Kirschen, Schlupfkuchen mit 67
–, Streuselkuchen mit 67
Kirschfladen 68
Kirsch-Gittertorte 109
Kirschkuchen, brauner 68
–, neapolitanischer 178
–, Sauer- 51
–, Zürcher 71
Kirschquarkkuchen 66
Kirschstrudel, feiner 312
Kirschtörtchen 129
Kirschtorte, Schwarzwälder 116
–, Zuger 125
Kissinger Nußkuchen 163
Kiwitorte 110
Klassischer Blätterteig 240
– Englischer Kuchen 166, *176*
Kleine Marokkaner 239
Kletzenbrot, feines Tiroler 198
Kneten 24
Knoblauchpresse 27
Köcheln lassen 27
Kokosmakronen 274
Kokosraspel 27
Königskuchen 164
Kopenhagener Liebeskränze 254
– Schnecken 211
Korinthen 27
Krabbentorte 392
Krachkuchen 264

Kranzkuchen, amerikanischer 159
Krapfen aus Amsterdam, Rosinen- 293, *300*
Krapfen, Käse- 308
–, Quark- 295
Krapferl, Pignoli- 269
Kräuterscones 441
Krautstrudel, niederösterreichischer 319
Krim-Piroschki 403
Krokantstreusel 27
Kubanischer Rumkuchen 170
Kuchen aus der Form stürzen 27
Kuchenform mit Papier auslegen 28
Kuchenformen, Größe der 23
Kuchengitter 28
Küchenkrepp 28
Küchenwaage 28
Kunststoffbeschichtete Pfanne 28
Kurländer Speckkuchen 406
Kuvertüre *26*, 29

L

Ladiner Fruchtkuchen 200
Landfrauen-Kuchen 145
Ländlicher Festtagskuchen 51
Langos 418
Lauchfladen nach Bauernart 373
Lauchkuchen nach Schwyzer Art 384
Lauchkuchen vom Blech, Elsässer 384
Lauchstrudel 321
Lauchtorte, englische 397
Laugenbrezn, Münchner 445
Lebkuchen, Elisen- 290
–, Großmamas fruchtige 291
–, Nürnberger 289
Legieren 29
Leipziger Osterfladen 189
Leningrader Piroggenring 368
Lettische Fleischpastete 349
Liebesperlen 29
Lienzer Zopfstriezel 192, *202*

Linzer Torte 95, *114*
Lochtülle 29
Löffelbiskuits 277
Lüneburger Buchweizentorte 328

M

Madeirakuchen 166
Madeleines 232
Mailänder Aprikosentorte 179
Mailänderli 249
Maisbrot 428
Makronen, Hägen- 275
–, Haselnuß- 274
–, Kokos- 274
–, Mandel- *255*, 275
–, Schrot- 342
Mandelcremetorte 119
– mit Aprikosen 103
Mandelecken 236
Mandelhonigkuchen 330
Mandelhörnchen, französische 215
Mandelmakronen *255*, 275
Mandelmühle 29
Mandeln 29
–, bittere 18
Mandelnapfkuchen 152
Mandelplätzchen, bretonische 261
Mandelschnecken, dänische 276
Mandelschnitten, Urgroßmutters 271
Mandelstuten 195
Mandeltörtchen 228
Mandeltorte, falsche 134
Margaretenkuchen 141
Margarine 29
Marillen 29
Marmorkuchen 151
–, Vronis 163
Marzipankuchen 167
Marzipanrauten, polnische 264
Marzipan-Rohmasse 29
Marzipanstriezel 190
Mazarintorte, Stockholmer 135
Mehl 30

– sieben 30
–, Vollkorn- 39
Memminger Brot 434
Meringe 30
Meringel 30
Meringen, Erdbeer- 230
Meringue 30
Meßbecher 30
Milaneser Pangani 272
Milchrahmstrudel 310
Mirabellenkuchen 58
Mixer 30
Moccacremeschnitten 216
Modeln 30
Mohn 30
Mohnbeugerl 215
Mohnbrötchen 442
Mohnbuchteln 207
Mohnquiche *370*, 377
Mohnschneckenkuchen 327
Mohnstriezel 190
Mohnstrudel 315
Mohntorte, Burgenländer 85
Mohnzopf 195
Mohrchen im Hemd 153
Mohrenköpfe 231
Möhrentorte 91
Mokkacreme-Ring 120
Mokkakuchen 172
Moosbrot 174
Mörser 30
Mozartzopf 196
Münchener Mürbchen 267
Münchner Laugenbrezn 445
Mürbe Seelen 334
Mürbeteig 31
Mürbteigfinger 235
Mürbteiggebäck 235
Muskatziner 270
Muzemandeln, rheinische 296
Muzen, Karnevals- 296

N

Napfkuchen, Berliner 146
Napfkuchen, Mandel- 152
Natron 31
Neapolitanischer Kirschkuchen 178
Nektarinenfladen 57
Niederösterreichischer Krautstrudel 319
Niederrheinische Stütchen *388*, 439
Niederrheinischer Honigkuchen 203
Niedersächsischer Kartoffelkuchen 385
Nikolausbrot 184
Nonpareille 31
Normannische Fischtorte 347
Normannischer Apfelkuchen 63
Nougatmasse 31
Nudelwalker 40
Nürnberger Lebkuchen 289
Nüsse 31
Nußhörnchen 213
Nußkuchen, Kissinger 163
Nußtorte, Berner 78
Nußtorte mit Quark 76
Nußzwieback 260

O

Obers 31
Oblaten 31
–, Back- 17
Obstkuchen, bunter 72
Ofenkater 160
Offenburger Zwiebeltorte 395
Omelettes, Biskuit- 218
Orangenbaisers 231
Orangenschnitten 216
Orangentorte 94
–, Wiener 115
Osterfladen, Leipziger 189
–, salziger 436
Osterkranz, griechischer 186
Osterküchlein 234
Osterpinza, Trentiner *158*, 188

Ostertorte, Burgenländer 76
–, Florentiner 394
Ostfriesischer Küsterkuchen 144

P

Palette 31
Panettone 183
Paprikaschoten putzen 32
Pariser Apfeltorte 99
– Cognacplätzchen 266
– Waffeln 306
Pastetchen, Käse- 411
–, Wild- 407
Pastete, Artischocken- 351
–, finnische Fisch- 346
–, lettische Fleisch- 349
–, Schweinefleisch 349
– vom Blech, Schweinefleisch- 350
Pasteten, Waliser Käse- 345
Patchwork-Pizza 362
Petits fours 233
Pfaffenhütchen 269, *281*
Pfälzer Zwiebelbrote *413*, 430
Pfanne, kunststoffbeschichtete 28
Pfannkuchen, Berliner 292
Pfefferkuchen 287
–, Vollkorn- 335
Pfeffernüsse, weiße 287
Pfirsich-Biskuit-Torte *25*, 124
Pfirsichkuchen 48
Pflaumenmuskuchen 73
Pie 32
Pignolikrapferl 269
Pikanter Käsekuchen 382
Pilzkuchen mit Schinken 389
Pilzpizza 361
Pilzstrudel, fränkischer 320
Pinienkerne 32
Pinneberger Röllchen 404
Piroggenring, Leningrader 368
Piroschki 400, *414*
– altrussische Art 400
–, Fisch- 402
–, Krim- 403

– mit Bratwurstfülle 401
Pissaladière 391
Pistazien 32
Pistazienstollen *157*, 182
Pizza alla casalinga 365
–, Anchovis- 359
– bavarese 356
– con tutto 354
– ferragóto 353
–, Fleischwurst- 357
–, Hackfleisch- 358
– Margherita 352
– mit Meeresfrüchten 360
– nach der Art von Nizza 355
–, Patchwork- 362
–, Pilz- 361
– quattro stagioni 355, *369*
–, Räucherfisch- 359
–, Thunfisch- 361
–, Zwiebel- 363
Pizzen mit Fisch, bunte Mini- 405
Plätzchen, Anis- 278
–, bretonische Mandel- 261
–, Gesundheits- 341
–, Grieben- 422
–, Ischler 265
–, jiddische Zwiebel 420
– nach Linzer Art 341
–, Pariser Cognac- 266
–, schottische Hafer- 273
–, serbische Honig- 283
–, Sesam- 339
Plätzlein, Zimmet- 254
Plumcake-Schnitten 218
Plunderteig-Hörnchen *201*, 209
Polentatorte, Udineser 135
Polnische Marzipanrauten 264
– Torte 77
Polsterzipfel aus Bassano 298, *343*
Pomeranzenbrötchen 273
Portugiesischer Fleischkuchen 379
Portweinkuchen 153
Pottasche 32
Prager Schinken im Teig 372
Prasselteilchen 244
Preiselbeer-Sahnetorte 100

Printen, Aachener 285
Profiteroles 229
Puderzucker 32
Pumpernickelkuchen 170
Punschbrezeln 257
Punschkuchen aus der Kolonialzeit
  180
Punschtorte 85

Q

Quark, Nußtorte mit 76
Quarkballbäuschen 298
Quarkkrapfen 295
Quarkkuchen, Apfel- 61
–, Kirsch- 66
– mit Nüssen 174
Quarkstollen 183
Quarkstuten 194
Quarktorte aus Siebenbürgen 96
Quellen lassen 32
Quiche lorraine 376
–, Mohn- *370*, 377
Quittentorte 108

R

Rahmkuchen, Graubündener 177
Rand formen 32
Räucherfischkuchen 377
Räucherfischpizza 359
Reformierter Käsekuchen 331, *387*
Rehrücken 156
Reistörtchen, Bitburger 130
Reistorte aus Havanna 133
–, fruchtige 125
Rhabarber putzen 33
Rhabarberkuchen 52
– mit Makronenhaube 65
Rhabarberstrudel 323
Rhabarbertorte 105
– mit Baiser 101
Rheinische Muzemandeln 296
Ribiselkuchen 55

Riemische Weckerl 444
Rissolen, Schinken- 423
Rissoli italiani 422
Rohrzucker 33
Rollholz 40
Roquefort-Torteletts 415
Rosenkuchen 168
Rosenwasser 33
Rosinen 33
Rosinenhöckerli 271
Rosinenkrapfen aus Amsterdam
  293, *300*
Rosinenstuten 194
Rösten 33
Rübensirup 33
Rüblitorte, Schweizer 328
Rühren 33
Rührgerät, elektrisches 20
Rührschüssel 33
Rührteig 33
Rum 34
Rumkuchen, kubanischer 170

S

Sächsischer Klackskuchen *43*, 142
Safran 34
Safranzopf 193
Sahne steif schlagen 34
Sahneroulade mit Beeren 222
Sahnetorte, Preiselbeer- 100
Sahnewaffeln 307
Sahnewindbeutel 226
Salbeimäuschen 306
Salziger Osterfladen 436
Sandkuchen, feiner 161
Sardellenschnecken 421
Sauerkirschkuchen 51
Sauerkrautstrudel 318
Sauerteig 34
Savarin 148
Schillerlocken 245
Schinken im Teig, Prager 372
Schinkenbrot 426
Schinkenkipferl 409

Schinkenrissolen 423
Schlagen 34
Schlupfkuchen mit Kirschen 67
Schmalz 34
Schmalzzöpfli 297
Schmelzen lassen 34
Schnecken, dänische Mandel- 276
–, Hefe- 205
–, Kopenhagener 211
–, Sardellen- 421
Schneebälle 301
Schokoladenbrot, Danziger 262
Schokoladenkranz, Genter 159
Schokoladenkuchen, Budapester
  164
Schokoladenmuscheln 279
Schokoladenrolle, Ingwer- *220*, 223
Schokoladenstangen 277
Schokoladentorte 82
–, israelitische 136
– mit Rotwein 84
Schottische Haferplätzchen 273
Schrot 35
Schrotmakronen 342
Schrot, Vollkorn- 35
Schürzkuchen 294
Schwäbische Eßle 252
Schwäbischer Guglhupf *131*, 146
Schwäbisches Schnitzbrot 332
Schwarzbrot, einfaches 428
Schwarze Torte 89
Schwarzer Hauszwieback 246
Schwarzplententorte aus Südtirol
  329
Schwarzwälder Kirschtorte 116
Schwarzweiß-Gebäck 251
Schwedenbrote 443
Schwedische Knusperwaffeln 306
Schwedischer Apfelkuchen 64
Schweinefleischpastete 349
Schweinefleischpastete vom Blech
  350
Schweinsöhrchen *238*, 250
Schweizer Bauernbrot 425
– Chräbeli 276
– Festtagskuchen 178

Rezept- und Sachregister

– Käsekuchen 374
– Rüblitorte 328
– Zimtpitte 140
Scones 440
–, Käse- 441
–, Kräuter- 441
Selleriekuchen aus Ligurien 380
Sepps Apfelkuchen 47
Serbische Honigplätzchen 283
Sesamkekse 339
Sesam-Moppen 338
Sesamplätzchen 339
Sesamsamen 35
Sesamschnitten 338
Shortbread fingers 248
Sieben 35
Simnelkuchen 169
Sojabohnenkuchen 383
Sonnenblumenbrot 424
Spanische Vanilletorte 89
Spanischer Feigenkuchen 75
Spatel 35
Speckfladen 434
Speckkuchen, Kurländer 406
Speckwaffeln 307
Speisestärke 35
Spekulatius 284
Spinatkuchen 386
Spinatstrudel 322
Spinattaschen 409
Spitzkuchen 280
Springerle 279
Spritzbeutel 35
Spritzgebäck 259
Spritzkuchen, Eberswalder 304
Stäbchenprobe 36
Stachelbeerkuchen 53
Stachelbeertorte, gestürzte 99
Stanitzel, Walnuß- 259
Sterntülle 36
Sterzinger Flockentorte 126
St.-Martin-Brot 185
Stockholmer Kardamomstriezel 191
– Mazarintorte 135
Stollen, Christ- 181
–, Pistazien- *157,* 182

–, Quark- 183
Straßburger Apfelkuchen *44,* 62
Streusel 36
Streuselkuchen 137
– mit Kirschen 67
–, vollkörniger 323
Striezel, Lienzer Zopf- 192, *202*
–, Marzipan- 190
–, Mohn- 190
–, Stockholmer Kardamom- 191
Strudel, feiner Kirsch- 312
–, Fisch- 316
–, Fleisch- 317
–, fränkischer Pilz- 320
–, Heidelbeer- 312
–, Lauch- 321
–, Milchrahm- 310
–, Mohn- 315
–, niederösterreichischer Kraut- 319
–, Rhabarber- 323
–, Sauerkraut- 318
–, Spinat- 322
–, Tiroler Topfen- 309, *326*
–, Trauben 313
–, Türken 314
–, Utrechter Käse- 317
–, Wiener Apfel- 311
Südfranzösischer Walnußkuchen
    345

T

Tag-und-Nacht-Stangerl 239
Tantchens Käsestangen 417
Tarte tatin 111
Tatar-Taschen 405
Teeknoten 301
Teekranz, gefüllter 200
Teigboden einstechen 36
Teigrädchen 36
Teigrolle 40
Teigspatel 36
Tessiner Brottorte 91
Thunfischpizza 361
Thüringer Kartoffelkuchen 144

Tiroler Festtagskuchen 148
– Kuchen 162
– Topfenstrudel 309, *326*
Tomaten häuten 36
Tomatenkuchen mit Kräutern 389
Tomatentorte 397
Topfen 36
Topfenkolatschen 234
Topfenstrudel, Tiroler 309, *326*
Torte, polnische 77
– überziehen 36
Torteletts, Erdbeer- 127
–, Roquefort- 415
Tortenböden durchschneiden 37
Tortenguß 37
Totenbeinli 270
Touren 37
Tourieren 38
Traminer Türtlen 408
Tränken 38
Traubenstrudel 313
Traubentörtchen 129
Trentiner Osterpinza *158,* 188
Trunkene Jungfern 297
Türkenstrudel, 314

Ü

Überbacken 38
Überbrühen 38
Überziehen 38

U

Udineser Polentatorte 135
Unterheben 38
Unterziehen 38
Urgroßmutters Mandelschnitten 271
Utrechter Käsestrudel 317

V

Vanille 38
Vanillecreme-Taschen 213
Vanillekipferl *256*, 258
Vanilletorte, spanische 89
Vanillezucker 38
Vanillinzucker 39
Verquirlen 39
Versunkener Apfelkuchen 60
Vinschgauer Fladen 436
Vollkorn-Honigkuchen mit
   Walnüssen 330
Vollkörniger Streuselkuchen 323
Vollkornkuchen mit Schwips 324
Vollkornmehl 39
Vollkornpfefferkuchen 335
Vollkornschrot 35
Vollkornweizengrieß 39
Vorteig 39
Vronis Marmorkuchen 163

W

Waffeleisen 39
Waffeln aus dem Bergischen Land
   305
–, Buttermilch- 305
–, Hefe- 303
–, Pariser 306
–, Sahne- 307

–, schwedische Knusper- 306
–, Speck- 307
Waliser Käsepasteten 345
Walnußbrot 426
Walnußgutsle 260
Walnußkuchen, südfranzösischer
   345
Walnußstanitzel 259
Walnußtorte, Engadiner *70*, 79
–, französische 80
Wasserbad 39
Weckpuppen 205, *219*
Weihnachtskuchen, irischer 171
Weincremetorte 117
Weintraubentorte 103
Weiße Pfeffernüsse 287
Wellholz 40
Wespennester 266
Whiskykranz 156
Wiener Apfelstrudel 311
– Orangentorte 115
Wildpastetchen 407
Windbeutel, Sahne- 226
Windbeutelchen, Käse- *237*, 412
Windmühlen 211
Würzige Fleischtorte 393

Z

Zedernbrot 262
Zigeunertorte 117

Zimmertemperatur 40
Zimmetplätzlein 254
Zimtbrezeln, Braunschweiger 253
Zimtpitte, Schweizer 140
Zimtsterne 278
Zitronenkuchen 142
–, fruchtiger *132*, 154
– vom Blech 53
Zitronenroulade 221
Zitronentorte 93
Zitrusfrüchte, unbehandelte 40
Zuckrige Schuhsohlen 249
Zuger Kirschtorte 125
Zuppa romona 122
Zürcher Kirschkuchen 71
Zwetschgen einschneiden 40
Zwetschgendatschi 49
Zwetschgenkuchen, Bolzaner 50
–, feiner 74
– mit Biskuitguß 74
Zwieback, Anis- 334
–, Nuß- 260
–, schwarzer Haus- 246
Zwiebelbrötchen 443
Zwiebelbrote, Pfälzer *413*, 430
Zwiebelfladen *344*, 373
Zwiebelkuchen, Badener 390
Zwiebelpizza 363
Zwiebelplätzchen, jiddische 420
Zwiebeltorte 396
–, Offenburger 395
Zwiebelwähe 375

...und hier das »Zwillingsbuch«

Unser Kochbuch No.1
Raffiniert, vielseitig und international sind die
Rezepte dieses ersten kompletten Universalkoch-
buches, unkompliziert, praktisch und zuverlässig
ist jede Anweisung, jeder Tip. **Unser Kochbuch No.1**
führt Sie ohne Umwege direkt in die Praxis und es
zeigt, wie die schönsten Koch-Ideen aus aller Welt

ganz sicher gelingen. 700 köstlichste Rezepte von
leicht bis schnell über raffiniert und deftig bis
sehr festlich warten auf Kochbegeisterte und junge
Leute, die gern Gutes essen. Von den internatio-
nalen Salaten und Fleischspezialitäten bis zu
Eingemachtem und, und...Mit 100 Farbfotos und
einem großen praktischen Informationsteil
»So wird's gemacht«.
**Unser Kochbuch No.1 ist die Nummer 1 für alle,
die sich raffiniertes Kochen ganz leicht machen
wollen – ausgezeichnet mit der Silbermedaille der
Gastronomischen Akademie Deutschlands.**

**Gunhild von der
Recke
Annette Wolter
Unser Kochbuch
No.1**
456 S., 100 Farbf.,
100 Informations-
zeichng., Roter
Glanzeinband.

**Gunhild von der
Recke
Annette Wolter
Unser Backbuch
No.1**
456 S., 100 Farbf.,
75 Informations-
zeichng., Brauner
Glanzeinband.

GU
Gräfe und
Unzer